DaDa

Dada in Europa
Werke und Dokumente

DaDa

Dada in Europa
Werke und Dokumente

Städtische Galerie
im Städelschen Kunstinstitut
Frankfurt am Main
10. November 1977 bis 8. Januar 1978

Dietrich Reimer Verlag Berlin

Berlin

Ausstellung und Katalog wurden vorbereitet und zusammengestellt von Eberhard Roters und Hanne Bergius als dritter Teil der 15. Kunstausstellung des Europarates 1977 in Berlin „Tendenzen der Zwanziger Jahre".

Ausstellungsausschuß:
Hanne Bergius
Lorenz Dombois
Eberhard Roters

Wissenschaftliche Mitarbeiter:
Timothy Baum
Janos Brendel
Marie Louise Borras
Gérard de Cortanze
Marc Dachy
Michel Giroud
Katia Krivanek
Giovanni Lista
Andréi B. Nakov
Jon Pop
Karl Riha
Kurt Schippers
Hans Burkhardt Schlichting
Werner Spies
Andrej Turowski

Katalogbearbeitung:
Hanne Bergius

Redaktion: Hanne Bergius, Verena Haas, Eberhard Roters
Grafik Design: Wieland Schütz
Herstellungsbetreuung: Werner Weinberg
Satz: Druckerei Hellmich KG, Berlin
Lithographie: Schütte & Behling, Berlin
Druck: Elsnerdruck, Berlin
Buchbinderei: Wübben & Co., Berlin
Gesamtherstellung: Dietrich Reimer Verlag, Berlin

Wir danken für Beratung und vermittelnde Hilfe insbesondere Wilhelm Arntz, Emilio Bertonati, Hans Bolliger, François Chapon, Michel Giroud, Andréi B. Nakov, Werner Spies.

Frankfurt

Herausgeber: Klaus Gallwitz
Städtische Galerie
im Städelschen Kunstinstitut
Dezernat Kultur und Freizeit
der Stadt Frankfurt am Main

Arbeitsgruppe für die Ausstellung und Redaktion des Kataloges in Frankfurt
Ingo Begall
Monique Eckardt
Klaus Gallwitz
Karl Günther Schäfer

Gestaltung der Ausstellung:
Atelier Rambow, Lienemeyer, van de Sand

Verwaltung und Sekretariat:
Peter Bintakies, Elisabeth Heinemann, unter Mitarbeit aller Angestellten des Instituts

ISBN 3-496 0 1002-9

„Ich weiß, ich weiß. Eine Dada-Ausstellung. Noch eine! Was haben nur all diese Leute, daß sie aus Dada ein Museumsstück machen wollen?"

Max Ernst, 1958

Ein Freund des Malers, Patrick Waldberg, notierte diese Äußerung im Anschluß an eine sommerliche Boules-Partie im Garten von Max Ernst in Huismes, auf der er ihn mit dem Plan einer Ausstellung von Dada in Düsseldorf und Frankfurt bekannt gemacht hatte. Es war ein Glück, daß sich Ewald Rathke, mit Karl Heinz Hering Organisator der Ausstellung, durch diese Bemerkung nicht abschrecken ließ. So können wir uns heute darauf berufen, daß die Stadt Frankfurt auch eine Tradition im Hinblick auf Dada hat: Unsere Ausstellung ist die zweite. Auch wir haben uns nicht abschrecken lassen, aus Dada ein „Museumsstück" zu machen. Während vor 19 Jahren Dada im Karmeliterkloster gastierte, wird es diesmal, wie Max Ernst befürchtete, im Museum Station machen.
Die Dadaisten waren in Berlin, Köln und Hannover, in Zürich, Paris und New York, nicht aber in Frankfurt zu Hause. Dabei scheint die Stadt für Dadaisten disponiert wie kaum eine andere. An Widersprüchen und Paradoxien fehlt es ihr nicht. Dada-Material liegt sozusagen auf der Straße, aber die dadaistischen Inspiratoren sind nicht mehr zur Stelle.
Mit der Dada-Ausstellung übernehmen wir aus der Berliner Akademie der Künste einen Teil der 15. Europäischen Kunstausstellung „Tendenzen der Zwanziger Jahre", die in diesem Sommer in Berlin zu sehen war. Mit wenigen Ausnahmen kann die Ausstellung unverändert im Frankfurter Städel stattfinden. Wir danken dafür allen Leihgebern, die sich über die Berliner Ausstellung hinaus noch bereitfanden, uns ihre Beiträge zu überlassen. Sie hatten Verständnis für unsere Bitte, diesen besonders aktuellen Aspekt der 20er Jahre auch einem breiteren westdeutschen Publikum vorzustellen. Die Ausstellung weist nicht nur auf die besondere Rolle Berlins für Dada hin. Sie umfaßt zum ersten Mal Werke, Dokumente und Aktivitäten von Dada in einer internationalen Übersicht, wie sie bisher noch nicht zustande gekommen war. Wie kein anderer Teil der Ausstellungsreihe ist Dada zu einem Feld der Entdeckungen und Wiederentdeckungen geworden und zweifellos auch eine spezielle Berliner Angelegenheit.
In enger und kollegialer Zusammenarbeit haben wir den Umzug von Berlin nach Frankfurt vorbereitet. Unsere Ausstellung konnte nur gelingen durch die hilfsbereite und großzügige Unterstützung von Stephan Waetzoldt, Generaldirektor der Staatlichen Museen Preußischer Kulturbesitz, der für die 15. Ausstellung des Europarates in Berlin verantwortlich zeichnet und Eberhard Roters, Direktor der Berlinischen Galerie, der mit Hanne Bergius zusammen die Dada-Ausstellung konzipierte und vorbereitet hat.
Unter veränderten räumlichen Bedingungen wird sich hoffentlich erweisen, daß die Ausstellung auch in Frankfurt dieselbe vielschichtige Deutlichkeit behält, die sie in Berlin so überzeugend vorführte. Wir haben darum ohne Veränderungen nicht nur den Katalog übernommen, sondern auch das Material in der Gliederung, die ihm Eberhard Roters gegeben hat. Wenn sich aus dem transparenten Labyrinth der Berliner Ausstellung, das seine Dialektik souverän zur Schau stellte, in Frankfurt eine gröbere Konturierung ergibt, so liegt das auch an der härteren Fragestellung, der Dada in dieser Stadt heute unterworfen ist. Aus der wechselseitigen Beziehung, die sich in Berlin zu den benachbarten Ausstellungen „Vom Konstruktivismus zur konkreten Kunst" und „Surrealismus und Neue Sachlichkeit" ergab, ist bei uns ein Einzelgänger geworden, ein Thema mit Kanten und Ecken. Dada, ganz auf sich gestellt, wird darum bei uns auch neue Fragen stellen.
Wir schulden herzlichen Dank allen denen, die zum Gelingen der Ausstellung beigetragen haben: in Berlin Dr. Verena Haas, Bernd Schälicke, Traude Stürmer und in Frankfurt Ingo Begall, Monique Eckardt, Karl Günther Schäfer und die beteiligten Mitarbeiter des Städels. Mit der Zusage der Stadt Frankfurt am Main, einen finanziellen Beitrag für die Ausstellung und den Katalog bereitzustellen, konnten wir die Planung rechtzeitig aufnehmen. Für diese Unterstützung sind wir besonders dem

Kulturdezernenten Hilmar Hoffmann verpflichtet. Ebenso danken wir den Sammlern und Museen, die uns durch zusätzliche Leihgaben geholfen haben, einige Lücken in Frankfurt zu schließen.
Zum Ausstellungskatalog Dada 1958 hatten die noch lebenden Dadaisten Texte beigetragen, die wir in einigen Beispielen unserem Katalog voranstellen. Es schrieben damals Hans Arp, Man Ray, G. Ribemont-Dessaignes, Raoul Hausmann, Hannah Höch, Hans Richter. Ihre Texte machen den Abstand ein wenig geringer, der zwischen unserer Ausstellung und der Bewegung DADA liegt. Deshalb versuchen wir auch, in Zusammenarbeit mit Franz Mon, dem Hessischen Rundfunk und dem Schauspiel Frankfurt in einem Rahmenprogramm während der Ausstellung Lautpoesie und Literatur der Dadaisten und jüngerer Zeitgenossen vorzuführen. Sie ergänzen die Ausstellung um eine Dimension, die von Anfang an zu Dada gehört hat und vermindern vielleicht die Einwände, die Max Ernst seinerzeit äußerte. Denn, so formuliert und widerlegt zugleich Eberhard Roters unsere gemeinsamen Zweifel angesichts der Schwierigkeiten Dada zu zeigen: „Ein solches Vorhaben ist im Grunde undadaistisch, es wird in seiner Absurdität nur durch einen anderen Vorsatz übertroffen, den, keine Dada-Ausstellung zu veranstalten.“

Klaus Gallwitz

Basel, Kunstmuseum
Berlin, Akademie der Künste,
Berlin, Bauhaus-Archiv
Berlin, Berlinische Galerie
Berlin, Eckhart Düwal
Berlin, Elefanten Press-Galerie
Berlin, Galerie Werner Kunze
Berlin, Galerie Nierendorf
Berlin, Hannah Höch
Berlin, Staatliche Museen Preußischer Kulturbesitz
Braunschweig, Adolf Dörries
Chicago, Art Institute
Chicago, Collection Arnold H. Crane
Clamart, Nachlaß Arp
Cleveland, The Cleveland Museum of Art
Darmstadt, Hessisches Landesmuseum
Düsseldorf, Kunstsammlung Nordrhein-Westfalen
Düsseldorf, K.-H. Müller
Eindhoven, Stedelijk van Abbemuseum
Frankfurt, Galerie Loehr
Frankfurt, Städelsches Kunstinstitut u. Städtische Galerie
Frankfurt, Karl Ruppel
Genf, Musée d'Art et d'Histoire
Hagg, Obb., Kunstarchiv Arntz
Hamburg, Galerie Brockstedt
Hamburg, Hamburger Kunsthalle
Hamburg, Klaus Hegewisch
Hannover, Galerie Brusberg
Hannover, Kestner-Museum
Hannover, Niedersächsisches Landesmuseum
Kaiserslautern, Pfalzgalerie des Bezirksverbandes
Karlsruhe, Staatliche Kunsthalle
Keilberg, Christian Schad
Köln, Wilhelm Hack
Köln, WDR
Köln, Ursula Zwirner
Krefeld, Ernst Fischer
Leiden, Prentenkabinett der Rijksuniversiteit
Limoges, Marthe Prévot
Locarno, Frieda Richter
London, Fischer Fine Art Ltd.
London, Julia Granville
London, Marlborough Fine Art Ltd.
Los Angeles, County Museum of Art
Ludwigshafen, Städtische Kunstsammlungen und Wilhelm-Hack Stiftung
Maennedorf, Inge Bondi
Mailand, Collezione Mattioli
Mailand, Guido Rossi
Marbach, Dt. Literaturarchiv im Schiller-Nationalmuseum
Meppel, D. Rinsema
Modena, Galleria Mutina
München, Galerie Klihm
New York, Collection Murray B. Cohen
New York, The Museum of Modern Art
New York, The Solomon R. Guggenheim Museum
Nürnberg, Kunsthalle
Paris, Archives Nakov
Paris, Bibliothèque Nationale, Bibliothèque Littéraire Jacques Doucet
Paris, Elisa Breton
Paris, Simone Collinet
Paris, Fred Fischer
Paris, Galerie Raymond Creuze
Paris, Robert Lebel
Paris, Giovanni Lista
Saint-Denis, Musée d'Art et d'Histoire
Saint-Etienne, Musée d'Art et d'Industrie
Stockholm, Moderna Museet
Stuttgart, Margaret Baumeister
Stuttgart, Staatsgalerie
Utrecht, Centraal Museum
Vesenaz, Philippe Guy E. Woog
Waldkirch, Friedel Scholz
Wien, Museum des 20. Jahrhunderts
Zug, Peter Kamm
Zürich, Hans und Annemarie Bolliger
Zürich, Gimpel und Hanover Galerie
Zürich, Gustav Zumsteg

Almberg & Preinitz, Stockholm
Jörg Anders, Berlin

Bacci, Mailand
Thea Bauer-Sternheim
Baumeister-Archiv, Stuttgart
Wolf Bender, Zürich
L. M. Bickerton, Worthing
Paul Bijtebier, Brüssel
Borel-Boissonas, Genf
Brennwasser, New York
P. Bressano, Turin
Foto Brunel, Lugano
Gudrun Bublitz, Stuttgart

Camarphoto, Venedig
Clarifoto, Mailand
Photo Coddic, Paris
Martien Coppens, Eindhoven

De Antonis, Rom
G. Th. Delemarre, Bunnik
A. Dellavalle, Turin
P. Douzenel, Saint Denis
Walter Drayer, Zürich
Marcel Duchamp, Paris
Duffort, Paris

Herbert Eisenhauer, Hamburg

B. Frequin, Voorburg

Giraudon, Paris
Gnilka, Berlin
André Godin, Troyes
Gundermann, Würzburg

Oscar Halldin, Stockholm
Willy Hansen, Oslo
Raoul Hausmann, Limoges
H. Havas, Helsinki
John Heartfield, Berlin (DDR)
Hesse Photograph, Bern
Jacqueline Hyde, Paris

Iffland, Helsinki

Jonals, Kopenhagen

Källgrensateljé, Stockholm
Hermann Kiessling, Berlin
Walter Klein, Düsseldorf
Ralph Kleinhempel, Hamburg
Helmut Kodanek, Berlin

Atelier Kuhnel, Nürnberg
Kuhnert, Berlin (DDR)

Landesbildstelle Rheinland, Düsseldorf
Reinhold Lessmann, Hannover
J. Littkemann, Berlin

N. Mandel, Paris
Man Ray, Paris
Robert E. Mates
Mc Granahan Photography, Buffalo (N. Y.)
Woldemar Mertens, Berlin

E. Naess, Oslo
Chr. Norberg-Schulz, Oslo
Nordiske Pressefoto, Kopenhagen
Grete Nubacher, Zürich
Mario Perotti, Mailand
Photoarchiv des Schweizer. Instituts für Kunstwissenschaft, Zürich
Photoarchiv der Museen für Kunst- und Kulturgeschichte der Hansestadt Lübeck
Eric Pollitzer, Hemstead (N. Y.)

Istvan Rácz, Helsinki
Rheinisches Bildarchiv, Köln
Roos, Helsinki
Rosenberg, Paris
C. G. Rosenberg, Stockholm
Tage Rue & Jb. Lunding, Kopenhagen

A. Salokorpi, Helsinki
Schafgans, Bonn
Schambach & Pottkömper, Krefeld
Karl Schultz, Stockholm
Kidder Smith, Stockholm
Staatliche Landes-Bildstelle, Saarbrücken
Stickelmann, Bremen
Studio van Santvoort, Wuppertal
Laurent Sully Jaulmes, Paris
Swissair-Photo-CA.-G., Zürich
G. S. Swain, Helsinki

Taylor & Dull, Houston (Texas)
Teigen, Oslo

O. Vaering, Oslo

Nils Wasastjerna, Helsinki
G. Welin, Helsinki
Liselotte Witzel, Essen

Eberhard Zell, Lübeck
Ingrid Zess, Hannover

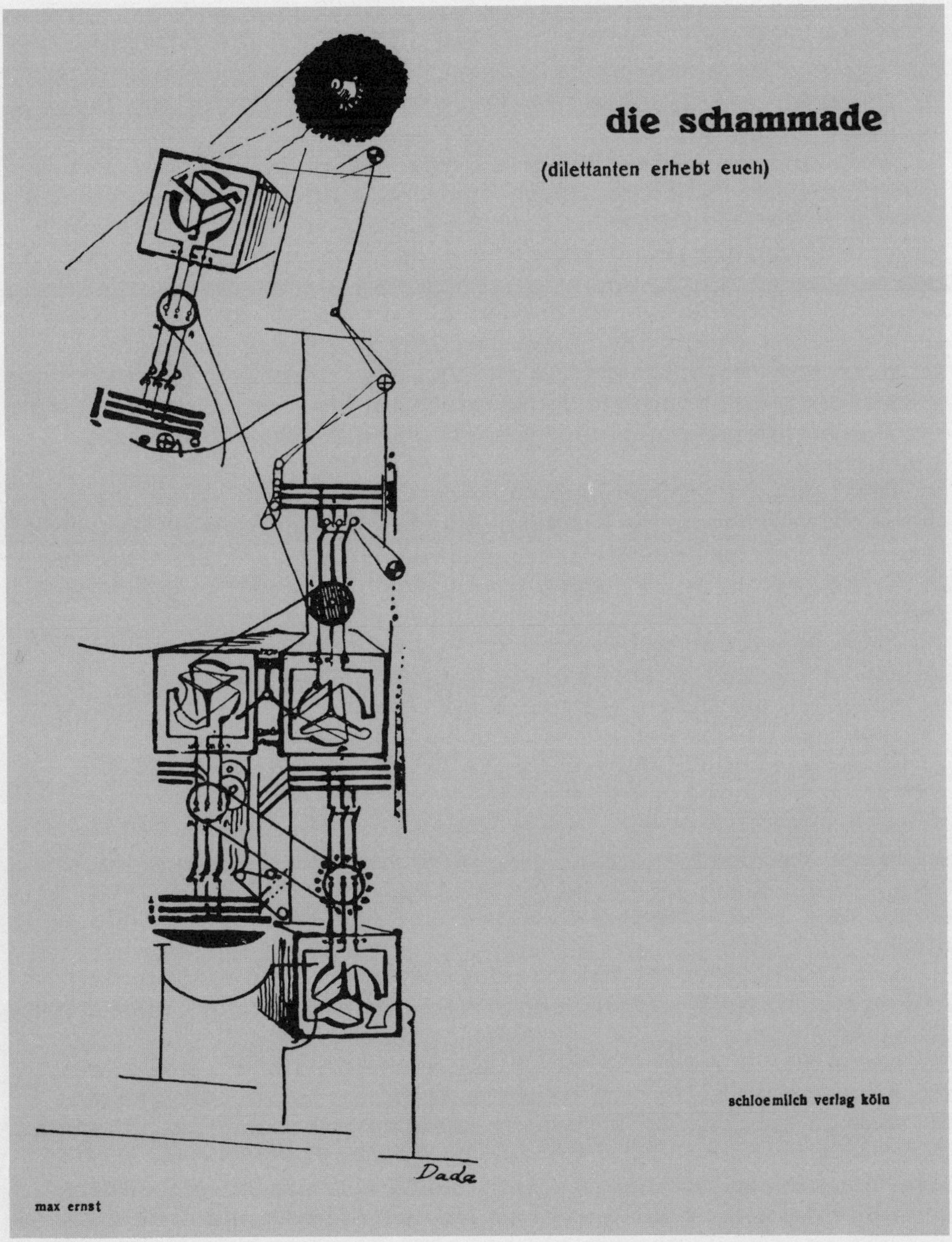

Die Schammade
Köln, 1920

DADA

Dadaisten gab es, bevor der Name Dada für Dada und die Dadaisten da- da- waren.

Gefunden wurde das Wort Dada 1916 in Zürich während des ersten Weltkrieges. Die Dadaisten waren, sind und werden stets gegen den Krieg sein. Die Dadaisten verabscheuen den Krieg aus tiefstem Herzensgrund. Dieser tiefste Herzensgrund der Dadaisten, der so oft in Zweifel gezogen wurde und wird, ist so etwas wie ein „verschämter Armer". Der Zynismus der Dadaisten ist eine Maske. Der Dadaist leidet unter der Tobsucht des menschlichen Größenwahnes, der mit dem Weltkrieg von 1914 begann. Aus dem Brei aus Stahl, Blut und Knochen erstand der ungeheuere mechanisierte Übervernunftroboter, der heute den Reigen führt. Dada glaubte nie, glaubt nicht und wird nie an die Übervernunft glauben.

Die Zürcher Dadaisten liebten sieben Sachen: Den Traum und nochmals den Traum, die Kesselpauke, das Lautgedicht, die Dadamasken, den Tanz, die farbigen Bilder und Gebilde, die, je mehr sie Vogelscheuchen gegen den Verstand waren, desto begeisterter geliebt wurden.

Dada ist ein magisches Wort. Es verhexte und verzauberte und verhext und verzaubert noch heute. Aus dadaistischen Träumern sind Metaphysiker geworden, wie z. B. Hugo Ball, der das wunderbare Buch „Byzantinisches Christentum" schrieb.

Dada war und ist und wird gegen die Rationalisierung der Welt sein. Ganz irrationell wurde auch das Wort Dada durch Stochern mit einem Zahnstocher in dem französischen Lexikon „Le Petit Larousse" gefunden. Wer nicht an Spuk glaubt, dem empfehle ich das Buch, welches im Auftrag von Professor Bleuler von seiner Sekretärin, Frau Moser, geschrieben worden ist. Das Buch heißt „Spuk". Dada ist ein Spuk.

Wir Dadaisten waren nicht gerade zimperlich. Und wenn ein Aschegreis einem Aschegreisen Ascheblumen überreichte, erklang die alleszermalmende Kesselpauke Huelsenbecks. Was hätten aber die Dadaisten zu der Zusammenkunft „auf höchster Ebene" gesagt, was zu dem Geschwätz über Hühnerdreck, wenn es sich um ein geeintes Europa handelt, das ein Abgrund zu verschlingen droht? Sie hätten das Geschwätz für ein schwindelerregendes Werk schwindelfreier genialer Schwindler erklärt und beinahe hätte sie Neid erfüllt ob solcher Kunst, denn die Dadaisten haßten wohl die Überheblichkeit, hatten aber eine

große Liebe für erstklassige Seeräuber, Hanswürste, Clowns, Jongleure, Spieler und ihre Streiche.

Dada ist gegen das Hintersinnen über die Leere und die trüben Früchte des Existentialismus. Dada ist aber für den Traum, die bunten Papiermasken, Kesselpauken, Lautgedichte, Konkretionen, Poèmes Statiques, für Dinge, die nicht weit vom Blumenpflücken und Blumenbinden entfernt sind. Viele dadaistische Aussprüche erinnern an die Koan des Zen, doch kein Dadaist hatte damals etwas von Zen gehört. Was wollte Dada-Tzara mit seinem Poème Statique? Was wollte Huelsenbeck-Dada mit seinem Biribum? Was wollten sie anderes sagen als „das da ist das, was es ist", also, daß ein roter Fleck ein roter Fleck, eine Blume eine Blume und ein Berg ein Berg sei. Die Dadaisten standen also, trotzdem sie Träumer waren, in dieser Welt auf ihren zwei Beinen.

Hugo Ball dichtete seine märchenhaften Lautgedichte, Emmy Hennings dichtete, Richard Huelsenbeck dichtete, Tristan Tzara dichtete, Hans Arp dichtete, alle dichteten wir aus Leibeskräften. Wie hinter Wällen von schlagenden Nachtigallen fühlten wir uns hinter unseren Dichtungen geborgen. Sophie Taeuber zeigte die Herrlichkeit der Kreise, Quadrate und Rechtecke. Die Farben dieser Gebäude waren heiter. In meinen Reliefs und Holzschnitten jener Zeit zeigte ich die Vielfalt und das Fließen der Dinge. Hans Richter malte die Köpfe der Dadaisten um. Mich hat er bald als Flügel, bald als schwarze Treppe, bald als klagende Nuß dargestellt. Um die Arbeiten von Janco zu besingen, müßte mir ein Arsenal von Leiern zur Verfügung stehen und hundert Seiten Text bewilligt werden. Ich schließe drum mit den Lobgesängen.

Dada ist gegen die vorgeschriebene Form des deutschen Schulaufsatzes. Dada ist, um es noch einmal und noch einmal zu sagen, gegen den Größenwahn, den „Fortschritt", die Rationalisierung und den Glauben, nur an Verkehrtes zu glauben. Heute können sich die Vernunftroboter schmunzelnd über ihren faulen Zauber die Hände reiben.

Hans Jean Arp
Juli 1958

Dadamade
Wer machte Dada? Keiner und jeder. Ich machte Dada, als ich ein Baby war und von meiner Mutter dafür Klapse bezog. Jetzt beansprucht jeder für sich, Dada erfunden zu haben. Seit den letzten dreißig Jahren.
In Zürich, in Köln, in Paris, in Tokio, in San Franzisko, in New York. Ich könnte für mich beanspruchen, daß ich Dada in New York erfunden habe. 1912 vor Dada.
Im Jahre 1919 brachte ich Dada mit Erlaubnis und Zustimmung anderer Dadaisten in New York heraus. Nur einmal. Das reichte. Die Zeit verdiente nicht mehr. Es war ein Dada-Datum. Die eine Ausgabe des New York Dada trug nicht einmal die Namen ihrer Schöpfer. Wie ungewöhnlich für Dada! Natürlich gab es eine Anzahl Mitarbeiter. Freiwillige und unfreiwillige. Überzeugte und Zweifelnde. Was kam dabei heraus? Nur eine Ausgabe. Vergessen – selbst nicht einmal von den meisten Dadaisten und Antidadaisten gesehen.
Jetzt versuchen wir, Dada wieder zum Leben zu erwecken.

DADAMADE

Who made Dada? Nobody and everybody.
I made Dada when I was a baby and
I was roundly spanked by my mother.
Now, everyone claims to be the author of
Dada. For the past thirty years.
In Zurich, in Cologne, in Paris, in London
in Tokyo, in San Francisco, in New York
I might claim to be the author of Dada in
New York. In 1912 before Dada.
In 1919, with the permission and with the
approval of other Dadaists I legalized
Dada in New York. Just once. That was
enough. The times did not deserve more.
That was a Dadadate. The one issue
of New York Dada did not even bear the
names of its authors. How unusual for
Dada! Of course, there were a certain
number of collaborators. Both willing
and unwilling. Both trusting and
suspicious. What did it matter?
Only one issue. Forgotten – not even
seen by most Dadaists or antidadaists.
Now, we are trying to revive Dada.

Why? Who cares? Who doesn't care?
Dada is dead. Or is Dada still alive?
We cannot revive something that is
alive just as we cannot revive any-
thing that is dead.
Is Dadadead?
Is Dadalive?
Dada is.
Dadaism.

Man Ray
Ramatuelle, Var, France
July 8, 1958

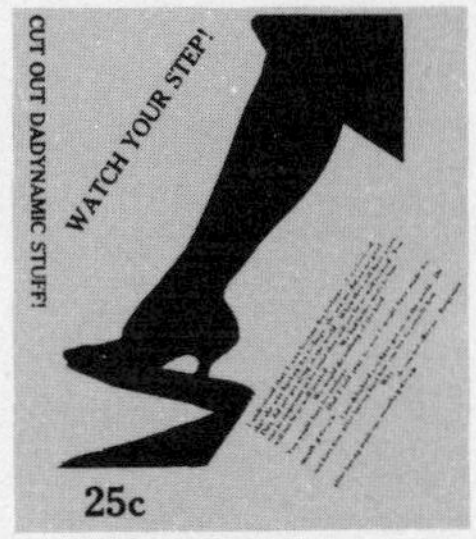

Warum? Wen kümmert's? Wen kümmert's nicht? Dada ist tot. Oder lebt Dada noch? Wir können nicht etwas Lebendiges zum Leben erwecken, ebensowenig wie wir etwas lebendig machen können, was schon tot ist.
Ist Dada tot?
Lebt Dada?
Dada ist.
Dadaismus. *Man Ray*
Ramatuelle, Var, Frankreich, 8. Juli 1958

Merz
Hannover, 1923

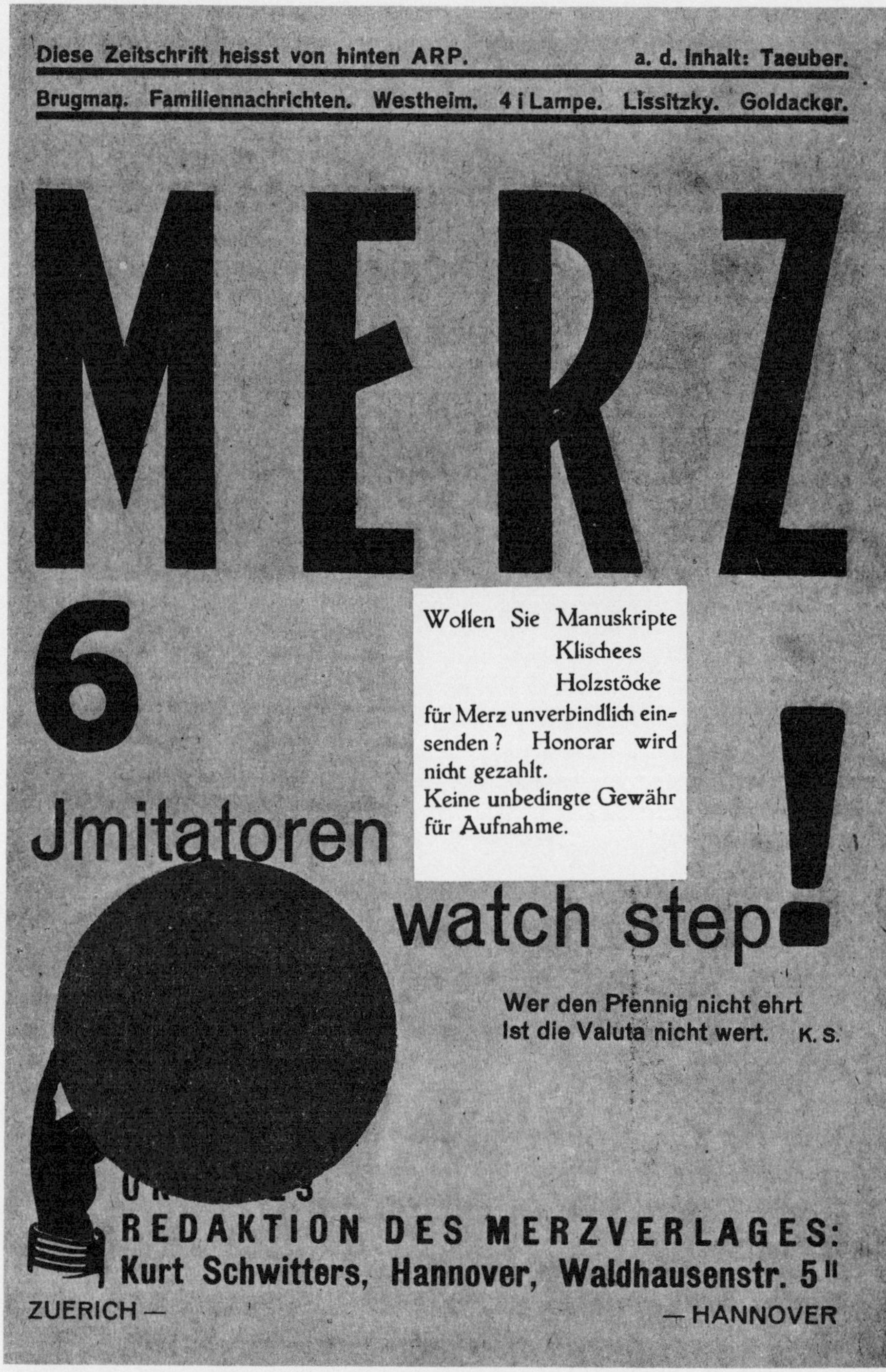

Die Revue

Eine der Reisen mit Kurt Schwitters

Es war wohl 1924. Kurt Schwitters war nach Berlin gekommen zu seiner Ausstellung und einem Vortrag im Sturm. An einem Abend sahen wir uns im Metropol-Theater „Halloh die große Revue" an. Eine der Kitschdarbietungen, die mit brutalen Mitteln nur auf Sex-Wirkung eingestellt waren. Kurt war sofort entschlossen selbst eine Revue zu machen. Eine Merzschau von gigantischen Ausmaßen sollte entstehen. Und von künstlerischer Form. Kurt Schwitters als Leiter des Ganzen, und die Texte übernehmend.

Als Komponisten war es bald gelungen St. zu gewinnen. Der war damals natürlich noch nicht ein so arrivierter Mann wie heute und zeigte sich bereit, sich an einer so abenteuerlichen Gemeinschaftsarbeit zu beteiligen.

Ich sollte Ausstattung und Figurinen machen. Acht Tage arbeiteten wir einträchtig und fieberhaft in Berlin. Schwitters mußte am Sonntag-Vormittag wieder in Hannover sein. Er hatte da eine seiner Matineen, die turnusmäßig in seiner Wohnung stattfanden. Zu diesen Veranstaltungen kam jahrelang ein bestimmter Hannoveraner Kreis. Freunde, aber auch neugierige Feinde und auch Leute, die Schwitters kraft seiner Persönlichkeit sozusagen gezwungen hatte, sich mit seiner Auffassung von Kunst zu befassen. Das waren manchmal Fabrikdirektoren oder auch ein Mann, der Schuhe flickte.

Sehr gern ließ er diese Matineen von Gästen bestreiten, die er damit den Hannoveranern persönlich vorstellte. Ich erinnere, daß da Arp, Doesburg, Hausmann, Lissitzky, Mynona, aber noch viele andere, Vorträge, Vorlesungen und ähnliches gehalten haben. Meist wurde auch gleich noch eine kleine Bilder-, Zeichnungen- oder Architekturschau mit geboten. Und hatte er niemand nach Hannover lotsen können, so bestückte er den Abend oder Vormittag selbst.

Kurt Schwitters mußte also, zu seinem großen Leidwesen, die Revue-Arbeit in Berlin abbrechen. Nun bestürmte er uns, doch mit nach Hannover zu kommen. St. war bereit dazu. Ich konnte mich nicht freimachen oder der Geldmangel erlaubte keine Reise mehr, ich hatte mich entschieden geweigert. Die zwei sollten also allein fahren. Sonnabend, morgens 6.30 Uhr ging der Zug. Personenzug vom Potsdamer Bahnhof. Nicht D-Zug vom Lehrter (den jeder vernünftige Mensch nach Hannover benutzte).

Nachts, gegen 2 Uhr, klopft es an meine Tür.

Hannaaah – ich erschrocken: Kurt was ist?

Hannah, hör mich an, Du m u ß t mitkommen.

Ich stelle fest: Du bist verrückt. Ich k a n n doch nicht.

Er beharrt. Beschwört mich: Du mußt.

Ich: aber nimm doch Vernunft an, selbst wenn ich wollte, ich könnte doch jetzt, in den drei verbleibenden Nachtstunden, gar nichts mehr machen ... und ... und ... was soll denn wohl mit der Ninn geschehen. (Ich hatte eine riesige bernsteinfarbene Angorakatze).

Die muß mit. Und ich helfe Dir jetzt.

Nun – wenn Kurt Schwitters so eisern etwas wollte, dann war es wie das Schicksal, unabwendbar. In diesem Stadium seiner Willensäußerung konnte sich ihm niemand entziehen.

Ich stehe also auf und richte alles für eine achttägige Reise.

Um 5.30 Uhr verlassen wir das Haus in Friedenau. Unser Abmarsch glich, wie immer mit K. Schw. einem Umzug. Er hatte vier oder fünf gewaltige, wie immer, unsinnig schwere Koffer. Dazu kamen: eine alte, gewichtige Schreibmaschine, ein Bilderpaket von kolossalen Ausmaßen, zusammengehalten von einer alten Helmaschürze und einem dicken Kabel. Ein Rucksack. Ein Paket Zeitschriften „Der Sturm" und andere. Dazu kamen: mein Köfferchen, ein großer Henkelkorb, in dem die Katze lag, ein Kakteentopf, den ich versprochen hatte mal mitzubringen und eine Mappe mit Zeichnungen von mir. Dreimal mußten die 107 Stufen zu meinem Atelier hinaufgestiegen werden um alles herunter zu bekommen. Der Weg zur Straßenbahn wurde in Etappen, mit zweimal zurückgehen und dann vorwärtsschleppen, gemacht.

Dann wuchteten wir in die morgenfrische Straßenbahn. Schon in Zeitnot. Aber die gute trollte sich nun stadtwärts.

Plötzlich – in der Potsdamer Straße – vor Waldens Sturm: wir müssen 'raus.

Kurt was ist los –?

Er läd ab. Alles ab. Zwölf Kolli. Stürzt zur Haustür vom Sturm. Die öffnet sich wie von Geisterhand und herausgeschoben wird – das umfangreiche Modell einer Bühne. In den Schwittersfarben bemalt, höchst absonderlich wirkend, wenigstens auf den Normalbürger.

Die nächste Straßenbahn kam auch schon gerollt und es begann das neuerliche Aufladen, Abfahren und kurz darauf wieder Abladen, am Potsdamer Bahnhof nämlich.

Schleppen .... schleppen. Die Bahnhofsstufen hinauf und ... da stand St. uns, oder eigentlich nur Schwitters erwartend. Sehr elegant, wie immer. Mit dünnem Stöckchen (das war zu dieser Zeit der letzte

Chick). Gepflegt wie stets. Sehr überlegen, wie es einem gescheiten und zielbewußten Menschen gemäß ist, ein internationaler Reisender. Wir schleppen. Schleppen. Zur Sperre. Da steht, unausgeschlafen, Hans Richter, stützend eine mannshohe Rolle, Zeichnungen enthaltend, die sollten mit. Die Matinee zu schmücken.

Der Zugabfertiger hielt den Zug nur mit Mühe zurück – wir schleppten.

Wir fielen in das letzte Abteil. Der bereits anwesende Herr floh.

Der Atem flog uns noch und unser letzter Wagen war noch nicht aus der Halle, da hatte Kurt Schwitters bereits die Schreibmaschine ausgepackt, sie auf einen umgekippten Koffer gestellt und tippte. An der Revue. Wir arbeiteten in die taufrische Landschaft hinein.

Plötzlich – wir hielten gerade mal wieder, sagt Kurt kühl: Wir müssen jetzt heraus.

St. und ich hatten nicht mal Zeit erstaunt zu sein. Raus ging's. Alles 'raus.

Wir waren in Magdeburg. Und da waren auch schon Hände schüttelnde Menschen – die sich über nichts wunderten – auch nicht über die Katz, auch nicht über das Theater, auch nicht über den ganzen lebenden und inventaren Zuwachs. Moltzans (der Maler) empfingen uns.

Am Nachmittag machten wir eine Stadtbesichtigung. Magedeburg hatte damals die ersten farbigen Häuserfassaden. Bruno Taut hatte die Stadt damit zu einer Attraktion gemacht.

Am Abend waren die Magdeburger Honoratioren zu einem Fest geladen und wir tanzten, tranken und waren vergnügt, als Kurtchen – es war 1.15 Uhr nachts – wieder mal plötzlich – sagte: In einer Viertel Stunde geht unser Zug. Es ist der letzte und wir müssen ihn kriegen. Um 10 Uhr beginnt meine Matinee.

Wir müssen wahrhaftig gefahren sein.

Nur ein vages Erinnern ist bei mir noch an eine Pferdedroschke, mit gehäkelten Deckchen an der Rücklehne, die mit einem unwahrscheinlichen Durcheinander vollgestopft war, die im ersten Tageslicht nach Waldhausen hinauszottelte.

Hier kam uns, im Nachtgewand, Helma die Treppe herunter entgegen. Lieb und hilfsbereit – wie immer.

Wenn es gälte, in einer Person die Geduld zu glorifizieren, so sollte diese Ehre Helma Schwitters zuteil werden. Schwitters Helma, Cousine, Frau und Mutter seines Sohnes.

Hannah Höch, Berlin-Heiligensee 1958

Dada-Cino, 1920

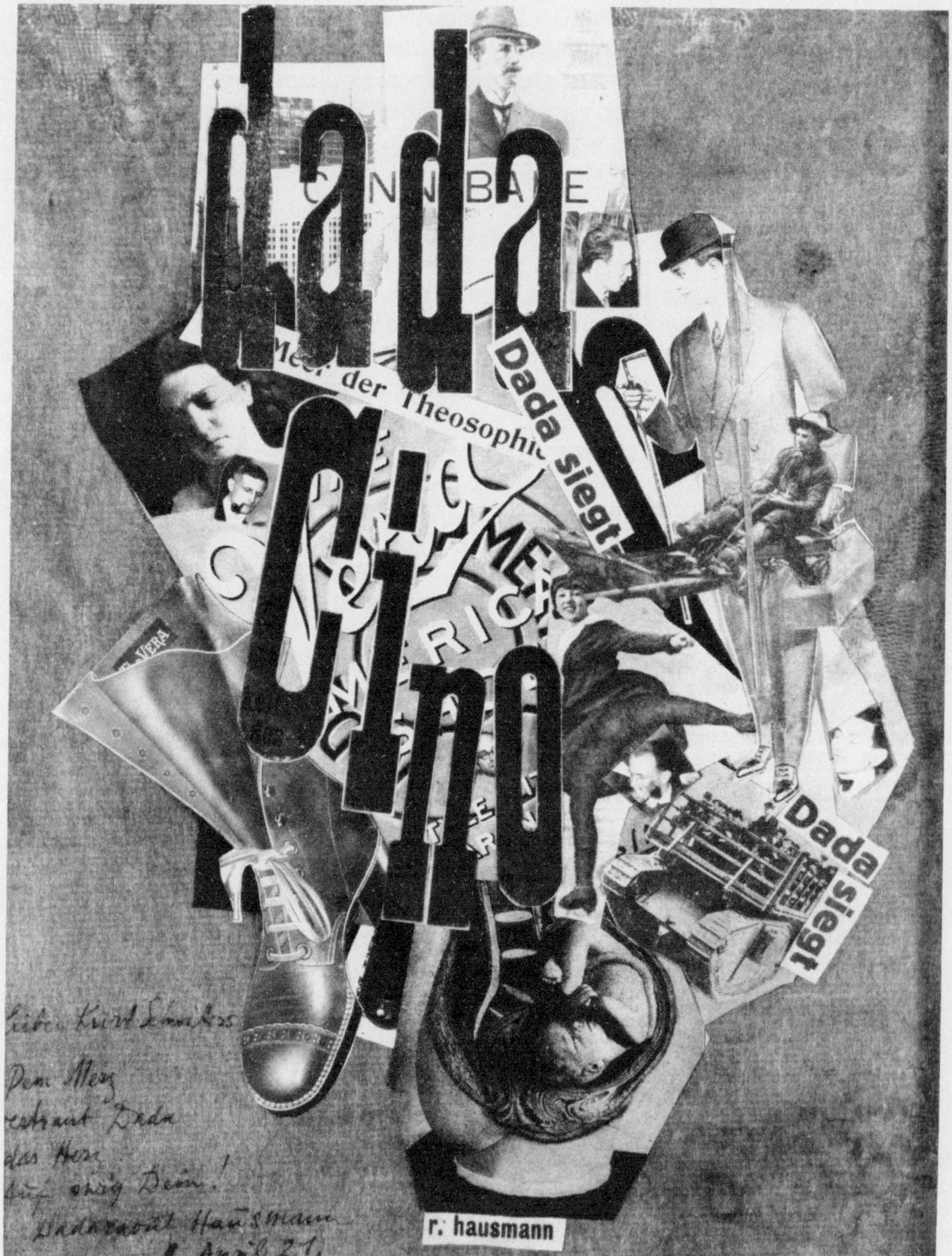

Club Dada

Berlin (1918–1920)

Es ist fraglos, daß das Wort DADA-Steckenpferd – erstmalig im Februar 1916 in Zürich von einer Gruppe junger Künstler angewandt wurde, ohne deshalb auch schon sehr klare, anderen Bewegungen entgegengesetzte Besonderheiten zu umreißen. Der Dadaismus Zürich's unterschied sich von den Bewegungen des Kubismus und des Futurismus zunächst scheinbar dadurch, daß er kein Programm hatte, sondern im Bewußtsein seiner Gründer ein Protest gegen veraltete Ästhetiken und gegen „vernunftvolle" Regeln der Dichtung war.

In Berlin hat der Dadaismus im Jahre 1918 Fuß fassen können, weil ihm die Zeitschrift „Die Freie Straße" eine psychologische Grundlage bot. Die „Freie Straße" wurde von Franz Jung und Richard Oehring im Februar 1916 gegründet, ihre Mitarbeiter waren: der Psychologe Otto Gross, der Maler Georg Schrimpf, zu denen später noch Raoul Hausmann und Johannes Baader kamen; Richard Huelsenbeck nahm am achten Heft, der Dada-Nummer, teil.

Die „Freie Straße" vertrat eine neue, gegen Freud gerichtete Psychoanalyse; es war Otto Gross, der die Grundformel gefunden hatte: die des Konflikts des „Eigenen" und des „Fremden" für die Entwicklung der Persönlichkeit. Hiermit war die Distanz zur Freud'schen Formulierung, daß aus dem Wahrnehmen des Ödipuskomplexes sich das ES und die moralischen Hemmungen ergeben, gefunden. Die mit der „Freien Straße" verbundenen Schriftsteller und Maler, zu denen auch George Grosz und John Heartfield zählten, entwickelten eine neue Einstellung zur Gesellschaft und zur Kunst, indem sie erkannten, daß alle geistige Gestaltung eine Art Selbsterziehung des Menschen darstellt, in der die Routine und die Konventionen unerbittlich ausgeschaltet werden mußten.

Diese geistige Haltung war es, in die Richard Huelsenbeck im Frühjahr 1917 aus der Schweiz zurückgekehrt, das Wort „dada" warf. Nach einem ersten, tastenden Versuch Huelsenbecks, gelegentlich eines Vortragsabends im März 1918 in der Galerie J. B. Neumann, wo er unerwarteter Weise von DADA sprach und nach mehreren Besprechungen mit Franz Jung, George Grosz, Raoul Hausmann und John Heartfield, wurde aus propagandistischen Gründen im Anfang April 1918 die Gründung des „Club dada" vorgenommen und der erste Vortragsabend auf den 12. April festgelegt.

Huelsenbeck schrieb ein erstes „Dadaistisches Manifest“, das von Tristan Tzara, Franz Jung, George Grosz, Marcel Janco, Richard Huelsenbeck, Gerhard Preiß, Raoul Hausmann unterzeichnet war, und das erstmalig eine Fortentwicklung vom Zürcher Antiästhetizismus umschrieb. Wenn in diesem ersten Manifest dada „existenzialistische“ Ideen spukten, so war dies keineswegs mehr der Fall in dem von Hausmann Ende April 1918 veröffentlichten „Manifest gegen die weimarische Lebensauffassung“. Die Abkehr von aller bisherigen Moral und Ästhetik findet sich darin erstmalig ausgesprochen und setzt hiermit die Berliner Bewegung scharf von Zürich ab. Ein elementarer Unterschied der beiden Bewegungen lag auch darin, daß in der Schweiz dada mehr als „künstlerisches Spiel“ auftreten konnte, während Berlin den Konflikten des Krieges und später des Bolschewismus unmittelbar entgegentreten mußte.

Als Huelsenbeck uns 1917 zum erstenmal mit seinen „Phantastischen Gebeten“ und dem „Cabaret Voltaire“ bekannt machte, sah die Gruppe, in welcher Richtung der Kampf um eine neue Kunst geführt werden konnte. Es bildeten sich zwei Anschauungen heraus: die eine neigte zu einer Art satirischem Überrealismus, die andere zur gegenstandslosen Kunst. In der bildenden Kunst wurde diese Tendenz durch die Schaffung der Fotomontage (Baader, Hausmann, Heartfield, Höch, Grosz) umschrieben, die in die bildhafte Darstellung gleichzeitige verschiedene Blickpunkte und perspektivische Ebenen, einem unbewegten Überlagerungsfilm ähnlich, einführte; in der Literatur war sie bezeichnet durch die Erkenntnis der Bedeutung des „Unbewußten“ und des Automatismus, wie sie das „Manifest von der Gesetzmäßigkeit des Lautes“ und die „Lautgedichte“ Hausmann's zeigten (1918).

Die bewußte neue geistige Haltung der Berliner Dadagruppe wurde dadurch unterstrichen, daß die Vortragsabende gewisse aggressive, jedoch nicht, wie stets fälschlich wiederholt wird, bolschewistische Absichten verfolgten, die in verschiedenen vorgetragenen Manifesten gegen die bürgerliche Verklitterung, gegen einen verschrobenen Expressionismus und gegen eine unwahre Pathetik kämpften.

Der Club dada hat zwölf Vortragsabende und Matineen veranstaltet: 12. April 1918 in der „Neuen Sezession“ in Berlin; im Juni 1918 im Café „Austria“; 30. April 1919 im „Graphischen Kabinett J. B. Neumann“; am 24. Mai 1919 im „Meister-Saal“ in Berlin; zwei Matineen am 7. und 13. Dezember im Theater „Die Tribüne“; Dresden und Leipzig im Januar 1920; im März 1920 in Teplitz-Schönau und zwei Abende in Prag.

Die Zeitschrift „Der Dada" wurde von Raoul Hausmann im Juni 1919 gegründet; die dritte Nummer wurde gemeinsam im Malik-Verlag von Hausmann, Heartfield und Grosz herausgegeben.

Einzelveranstaltungen, die öffentliches Aufsehen erregten, waren: die Ansprache Baaders am 16. November 1918 im Berliner Dom (Jesus Christus ist uns Wurst) und der Abwurf eines Flugblattes „Die grüne Leiche" in der Nationalversammlung von Weimar, in der Baader die Übernahme der Regierungsgewalt durch das „Dadaistische Centralamt" forderte.

Die erste Ausstellung (Mai 1919) von Dada-Malerei und Plastik wurde im Graphischen Kabinett J. B. Neumann gezeigt.

Der Höhepunkt und das Ende des „club dada" war die große „Internationale Dada-Messe" in der Galerie Burchard in Berlin im Jahre 1920.

Richard Huelsenbeck ließ im Verlag Erich Reiss in Berlin 1920 den „Almanach dada" erscheinen und er veröffentlichte ein kleines Buch „en avant dada" im Verlag Steegemann in Hannover.

Die politischen Ereignisse und die Uneinigkeit der Mitglieder führten ganz selbstverständlich zur Auflösung der Berliner Dadabewegung.

Diese Bewegung hat wichtige Beiträge zur Psychologie des Individuums und der Massen, sowie des bildenden Künstlers und des Dichters geliefert.

Raoul Hausmann, Limoges 1958

Mécanique, 1919

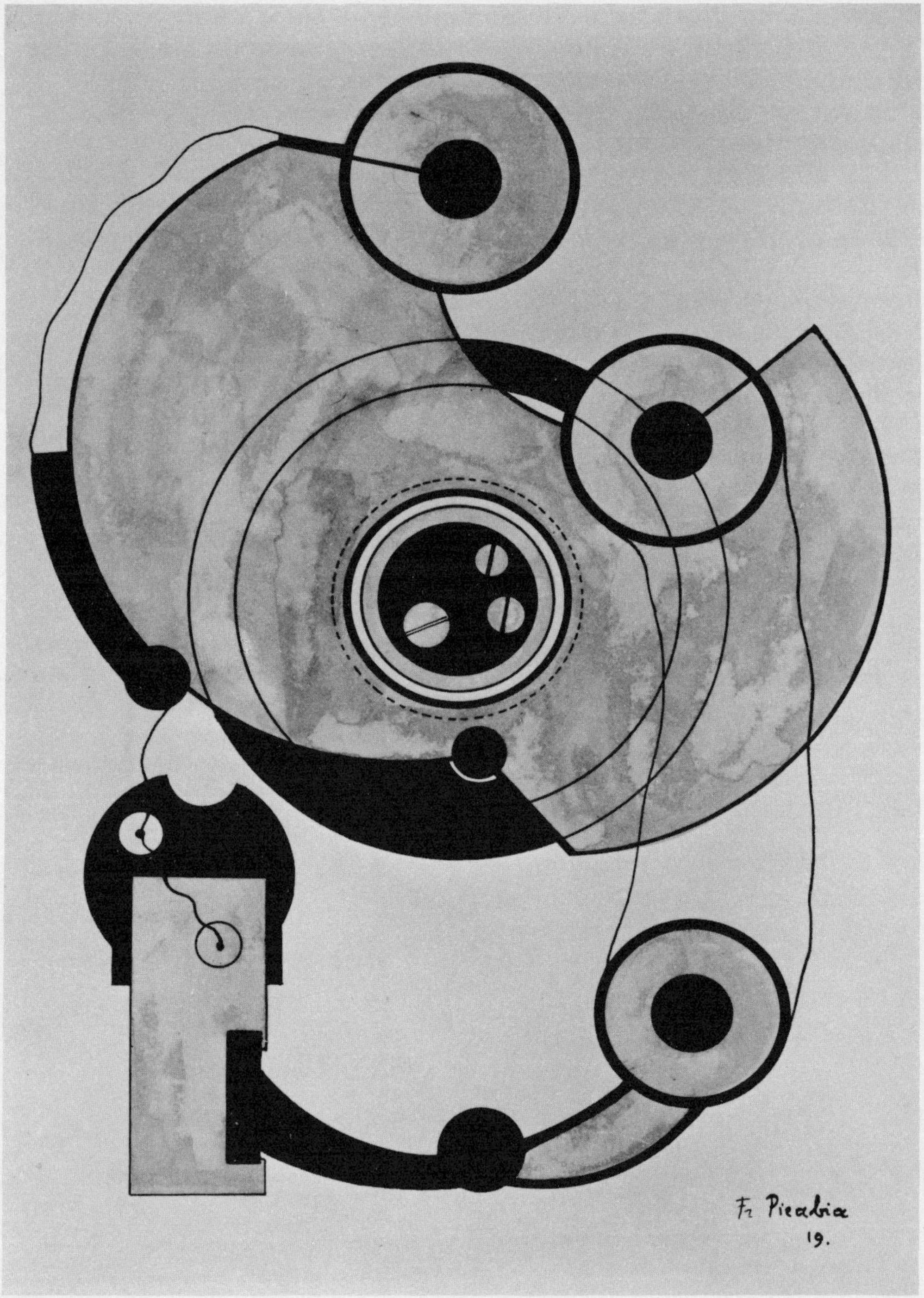

Jadis Dada à Paris

—

Un regard dans la lunette des souvenirs, braquée non pas devant soi (car même devant soi on trouve les reflets de ses souvenirs), mais vers l'arrière, vers ce que personne ne voit plus, vers ce fameux hier, et voilà que par miracle je vois Dada. Au fait, le vois-je? Je le ressuscite, je le dresse sur ses tréteaux. Aujourd'hui cela apparait comme une représentation préméditée, sur des tréteaux, alors qu'il s'agissait de tout autre chose. Et nous saisissons sur le vif la différence entre deux époques, l'aujourd'hui assez sinistre, et le bel hier, plein de verve et de jeunesse, de fraicheur, de virulence, d'allegresse. On vivait, on agissait, on riait, on hurlait parfois. On n'était pas métaphysiciens, on n'était surtout pas des esthètes. Aujourd'hui on a tout transformé en spectacle. La culture est un spectacle qu'on éclaire à grand renfort de projecteurs, de reflets colorés, qu'on explique à coups de hauts-parleurs: Tours de Notre-Dame, Tour Eiffel, Obelisque, Musée du Louvre, Palais des Papes, Aiguille du Midi, Profondeurs abyssales des grandes fosses océaniques. Un ballet n'est plus un ballet, un opera plus un opera. On a changé le sens de l'art, le spectacle de l'art est devenu un art, il n'y a plus qu'une universelle Académie des Faux-Arts coupée de la vie et on en est à se demander si celle-ci n'est pas une équivoque entreprise qui s'avance à pas de loup sur le sentier de la guerre, simplement pour rétablir l'Ordre, et quel Ordre!

Avec ce bel aujourd'hui au premier plan, comment voulez-vous qu'en regardant dans la lunette du passé on ait une

Dada damals in Paris.

Ein Blick durch die Erinnerungsbrille, die aber nicht vorwärts gerichtet ist (denn auch vor sich blickend findet man den Widerschein seiner Erinnerungen), sondern rückgewandt auf das was niemand mehr sieht, auf das berüchtigte Gestern, – und schon sehe ich wie durch ein Wunder Dada. Sehe ich es wirklich? Ich erwecke es wieder, ich hebe es auf ein Schaugerüst. Und so sieht heute wie eine wohlüberlegte Aufführung auf einer Bühne aus, was doch etwas ganz anderes war. Schmerzhaft wird der Unterschied von zwei Zeitaltern deutlich, zwischen der durchaus trüben Gegenwart und dem schönen Gestern voller Schwung und Jugend, Frische, Tatkraft und Beweglichkeit. Wir lebten, wir handelten, wir lachten und manchmal weinten wir auch. Wir waren keine Metaphysiker und erst recht keine Ästheten. Heutzutage verkehrt man alles zu einer Schaustellung. Die Kultur wird zur Schau gestellt, mit starken Scheinwerfern angestrahlt, farbig beleuchtet und durch Lautsprecher erklärt: die Türme von Notre-Dame, Der Eiffelturm, der Obelisk, das Louvre-Museum, der Palast der Päpste, der Nadelberg des Südens, das Naturleben in den Tiefen des Ozeans. Ein Ballett ist nicht mehr Ballett, eine Oper nicht mehr Oper. Man hat das Wesen der Kunst verfälscht, das Zurschaustellen der Kunst ist selbst eine Kunst geworden; übrig blieb nur eine Allgemeine Akademie der Falschen Künste, fernab vom Leben, von der man sich fragt, ob sie nicht eine höchst verdächtige Angelegenheit sein könnte, die unversehens auf den Weg zum Krieg führt, einfach damit wieder Ordnung werde, aber was für eine Ordnung!

Wie soll man von diesen „schönen" heutigen Zuständen aus durch die Verlegenheitsbrille sehend sich eine richtige Vorstellung von der Gestalt Dadas machen, dem Dada unserer Jugend? Doch darüber habe ich meine eigene Meinung. Ich gestehe nämlich geschichtlichen Vorgängen gar keine Bedeutsamkeit zu, wofür ich mich gern von einigen unserer Geschichtsphilosophen mit verächtlichem Spott bedenken lasse. Geschichtsbetrachtung ist eine von den kindlichen Erfindungen, auf die „Intellektuelle" so stolz sind, nach der Art von Generalen oder gar simplen Obersten, die die beliebten Staatsstreiche unternehmen, um den Lauf und damit das Gesicht der Geschichte zu ändern.

Ich ziehe es vor, freundschaftlich und brüderlich an Dada zu denken, namentlich an das Pariser Dada, weil ich es nah gekannt habe, und aus guten Gründen! Wenn ich mir nun auf die Schulter klopfe: „Erinnerst du dich?", so werde ich fragen, erinnerst du dich an jene Sitzung der Unabhängigen, in der wir unsere destruktiven Talente entdeckten? Was für hübsche Beleidigungen hast du nicht damals schon über die Anwesenden ausgegossen, und wie genoß diese Hörerschaft doch damals schon das Vergnügen beleidigt zu werden! Und da diese Hörer in den Manifesten und Proklamationen ich weiß nicht welche Anzeichen von was für einer „Neuen Kunstrichtung" zu wittern vermeinten, trieben sie uns dazu, Beleidigungen und Skandale als Mittel einer neuen Kunstrichtung zu brauchen! Und die Erklärung in L'Oeuvre! Erinnerst du dich noch an den Lärm des zerschlagenen Porzellans im Auditorium, das sich seinem sadistisch-masochistischem Entzücken überließ? Tristan Tzara, Breton, Soupault, Aragon, viele andere und auch ich, wir führten uns auf wie die Kinder, wir spielten die Provokateure, wir erklärten jeden ernsthaften Gedanken für eine Unmöglichkeit und bezeichneten das alles als einzigen Weg um zu überleben, zu leben. Gibt es etwas Ernsthafteres als Leben? Dennoch – welch Vergnügen hatten wir daran, nicht ernsthaft zu sein und am Rand des Abgrunds zu spielen! Die Öffentlichkeit freilich sah nur die eine Seite der Sache, unser Kreis der Dadaisten sah auch andere. Denn schon in der Zeit zwischen der Kundgebung in L'Oeuvre und der in der Salle Gaveau erkannten wir mehr oder weniger klar, wie Dada sterben würde; das hinderte uns aber nicht, Fehler auf Fehler zu häufen. Heißt das nicht Leben, besteht es nicht daraus, Fehler auf Fehler zu häufen, was am Ende zum Tode führt? Um unsterblich zu sein dürfte die Materie selber keine Fehler begehen. Es gibt keinen anderen Grundfehler als diesen, dessen Makel der gesamte Weltorganismus trägt, der weitere Fehler nach sich zieht und zu Herabminderung, Zerstörung und zum Tode führt. Das aber sind keine moralischen Fehler, sondern physische. Darum mußte Dada, verneinend und desorganisierend wie es war, zerstörerisch und herabmindernd, seine Fehler machen und folglich sterben. Ich sah es schwächlich bei St. Julien le Pauvre, wie es in falscher

2

juste idée du visage de Dada, du Dada de notre jeunesse!
Mais j'ai mon opinion là-dessus. Je n'accorde vraiment aucune
importance au visage historique, quitte à me faire couvrir
de méprisants sarcasmes par quelques-uns de nos métaphy-
siciens de l'Historicisme. Le visage historique est encore
une de ces inventions puériles dont s'enorgueillissent les
"intellectuels", à l'instar des généraux, ou même des sim-
ples colonels, organisateurs de coups d'État en fleurs des-
tinés à changer le cours, et par là le visage de l'histoire.
Je préfère songer amicalement, fraternellement à Dada,
et notamment au Dada parisien que j'ai particulièrement
connu, et pour cause! En me tapant sur l'épaule: te sou-
viens-tu, me dirai-je, te souviens-tu de cette séance des
Indépendants, où nous faisions l'apprentissage de nos
talents destructeurs? Quelles jolies injures déjà tu dé-
versais sur l'assistance, et comme déjà l'assistance sa-
vourait les délices de l'injure subie! Et comme déjà, croyant
renifler dans les manifestes et proclamations je ne sais quelle
odeur de je ne sais quelle "nouveauté artistique", cette
assistance nous poussait à user de l'injure et du scandale
comme moyen de nouveauté artistique! Et la manifesta-
tion de l'Oeuvre! Tu te rappelles le bruit de vaisselle
brisée que faisait la salle en proie au délire sado-maso
chiste? Tristan Tzara, Breton, Soupault, Aragon, et
tant d'autres, et moi-même, on faisait les enfants, on
faisait les provocateurs, on rendait toute idée de sérieux
impossible jusqu'à en faire un moyen de survivre, un
moyen de vivre. Y a-t-il quelque chose de plus sérieux
que de vivre? Pourtant ~~comme~~ on s'amusait à ne pas être sérieux,
à jouer au bord du gouffre! Le public, d'ailleurs, voyait

3

une chose, notre intimité de dadas en voyait d'autres,
car plus ou moins lucidement, déjà entre la Manifestation
de l'Oeuvre et celle de la Salle Gaveau, nous savions com-
ment Dada mourrait; cela n'empêchait pas d'accumuler
les fautes sur les fautes. Est-ce que la vie, ce n'est pas cela,
accumuler les fautes sur les fautes, ce qui en fin de compte amène
la mort? Pour être éternelle, il faudrait que la matière ne com-
mette pas de faute. Il n'y a pas de faute originelle, sauf
ceci qui s'inscrit dans l'organisation universelle, et qui par
une succession de fautes et provoque la dégradation; la ruine,
la mort. Fautes non morales, mais physiques.
Donc Dada négateur et désorganisateur, ruineux et dégrada-
teur, devait faire ses fautes et bien mourir. On l'a vu languis-
sant à St Julien le Pauvre, faussement dramatique à la Mise
en Accusation de Maurice Barrès, faussement inconscient
au Salon Dada de l'Avenue Montaigne... On l'a vu dans ses
luttes intestines et dans sa frénésie publique. On l'a vu dans
la conduite de quelques-uns de ses membres menant à l'A-
pothéose de St Sepulchre du Congrès de Paris. On l'a vu à
travers les amitiés et les hostilités privées. Eh bien, ce n'est
déjà pas si mal qu'on puisse se souvenir de tout cela sans
avoir l'esprit amer, et en venir à la vieillesse en songeant
à tous ces amis déchirés qu'on a été, avec un regret de ja-
mais plus, dans un battement de coeur à la fois joyeux et
blessé. Pour ma part, Dada m'a fait bien vivre. Salut,
passé!

G. Ribemont-Dessaignes

Weise dramatisch wurde bei der Verhängung des Anklagezustandes über Maurice Barrès und von falscher Unbewußtheit beim Salon Dada in der Avenue Montaigne ... Ich sah es bei seinen inneren Kämpfen und bei seinen öffentlichen Rasereien. Ich sah das Benehmen einiger seiner Mitglieder, das zu der Apotheose des Leichenbegängnisses auf dem Pariser Kongreß führte. Ich hab' es gesehen mit seinen privaten Freundschaften und Feindschaften. Wie dem auch sei: es ist schon nicht das schlimmste, daß man sich an das alles ohne Bitterkeit erinnern kann und altwerden darf im Gedanken an viele ehemalige Freunde, mit dem Schmerz zwar, daß jene Zeit niemals wiederkehrt, aber auch mit einem glücklichen und wehmütigen Gefühl im Herzen. Was mich betrifft, so hat mir Dada ein schönes Leben geschenkt. Drum sei gegrüßt. Vergangenheit!

G. Ribemont-Dessaignes,
Saint-Jeannet Alpes Maritimes
1958

Der Zufall

und die Entstehung von Collage, Montage, Rayogramm, neuer Typographie und Readymade. Der Sinn und Verstand, der uns (1916), die wir in Zürich zusammengewürfelt waren, endlich aufging, wollte von dem entsetzlichen Un-Sinn nichts mehr wissen, der den Unverstand als notwendiges geschichtliches Ereignis erklärte. Da der Krieg als Dokument eines vernünftigen Denkens alles zu wünschen übrig ließ, erhoben wir die A-Kausalität zum Gesetz, sollte der Zufall eine tiefere Weisheit offenbaren.

Wir ahnten kaum, was diese freie Ergänzung, diese Umkehrung der Kausalität in der Kunst anrichten sollte und noch anrichtet. Wenn Arp ein Stück Papier zerriß und die so zufällig entstehende Form bewunderte, Schwitters Trambahn-Billette, Zeitungsausschnitte, Drahtgitter und zerbrochene Stuhllehnen montierte und selbst die Schönheit von alten Käsepapieren zu würdigen verstand, Janco und ich Glas- oder Stoffetzen in Reliefs oder Bilder klebten, so träumten wir kaum davon, eines Tages eine ganze Generation von Zufalls-Collage-Künstlern in jeder Form, jedem Material und jeder Inspiration zu begrüßen.

Lange, ehe „Zen" zum Modewort wurde, oder Professor Jung den Zufall in einer bewundernswerten Theorie der Synchronizität eine geachtete Stellung verschaffte, geriet in Zürich, Berlin, Hannover, Köln und New York der von der Konvention geheiligte Sinn der Kunst, der Un-Zufall, ins Wanken. Nicht nur via Collage, die inzwischen von Max Ernst zur Bildung einer dämonischen Neu-Welt geführt hatte, oder via Hausmann und Heartfield, die eine sich in Trümmern auflösende Welt mit einem Fußtritt ins Jenseits beförderten. Die neue Freiheit brach auch andern geheiligten Gipstraditionen den Rücken.

Unsere Zeitschrift „Dada" in Zürich (der die in Berlin folgten) erlaubte dem einzelnen Buchstaben wie dem Wort, dem ganzen Satz neue Freiheiten, die sie seit Gutenberg nie besessen hatten: ein erleuchteter Griff in die Satzkiste unseres kleinen Druckers Heuberger unter dem blitzenden Monokel Tzaras veränderte die von Schultagen her erlernte „Recht-Schreibung" in eine „Link-Schreibung" derart, daß große und kleine Buchstaben neue Verbindungen eingingen, auf- und abtanzten, senkrechte und waagerechte Worte in sinnige Beziehung setzten und eine Belebung der gedruckten Seite herbeiführten, die dem Herzen wohltat, den Lesenden die neue Freiheit fühlen ließ und über die ganze Welt den Publicity-Agenten und Künstlern, den Buchdruckern und Zeitschriften-Verlegern neue Ideen in die Kasse strömen ließ.

Die Typographie also wurde auf ihre Elemente zurückgeführt und von da aus neu geschaffen ... und so auch die Fotografie! Eine neue Sensibilität, nicht nur der fotografischen Platte, sondern des Empfindens wurde auf die denkbar einfachste Weise in Paris von Man Ray entdeckt: Objekte auf die Platte gelegt und belichtet. Voilà, das Rayogramm. Sein erstes Sammelwerk dieser Art „Champs délicieux" entzückte uns in Weimar (1922) und bleibt in meiner Erinnerung als eine künstlerische Sensation ersten Ranges.

Während wir in Zürich mit der Erweiterung der künstlerischen Ausdrucksmethoden durch den Bruch der bestehenden Konvention beschäftigt waren und das Gesetz des Zufalls mit Kühn- und Weisheit verwalteten, ging das New York-Dada (zwar aus anderen Gründen als das Berliner Dada) einen endgültigen Schritt in einer scheinbar entgegengesetzten Richtung: zur Anti-Kunst.

Es ist ein Charakteristikum von Dada, daß auch das scheinbar Entgegengesetzte als zu ihm gehörig betrachtet werden kann, soweit es den Abbruch der Beziehungen zu einer verkalkten Tradition eindeutig formuliert. In einem Kleiderständer, einem Pissoir deklarierte Marcel Duchamp eine neue Realität, die in brutal Carthesianischer Konsequenz dem Laokoon und der Venus von Milo gegenüber gestellt wurde: als Purgativ gegen eine restlos verlogene Gegenwart und eine Gesellschaft, die zu ihr geführt hatte, eine verschandelte Gegenwart, welcher Duchamp in einer Mona Lisa mit Schnurrbart einen nicht unadaequaten Ausdruck fand. Wenn Duchamp anstatt der Definition Anti-Kunst eher von Nicht-Kunst sprechen möchte, so wurde in Berlin eindeutig Antikunst – gehandelt. Berlins Dada-Programm war eine politische radikale Posaune des allerjüngsten Gerichts, die keine sanften Flötentöne der Kunst mehr anerkennen konnte, sondern alles auf eine Karte einer überstürzt-radikalen Veränderung setzte. Das Resultat war erstaunlicher Weise, wie in allen unseren Fällen, eine neue ... Kunstform: die Foto-Montage: Raoul Hausmanns brüllend aufgerissene Mäuler, aus denen Schlagworte taumelten, Heartfield's beinahe klassisch komponierte politische Blätter, Hannah Höchs Lyrikas zeigten die künstlerischen Möglichkeiten, die inzwischen von drei Generationen in jedem der mehr oder weniger zivilisierten Länder verwendet wurden. Die Anti-Kunst hielt der Kunst nicht stand.

Resumé: Dada hat der Kunst die längst zu eng gewordenen Knopflöcher geöffnet und einige einfach aufgerissen, mit dem Resultat, daß einer neuen Realität, einem neuen Lebensgefühl neue Ausdrucksformen zugeführt wurden, die noch heute nach 40 Jahren, bei weitem

nicht in allen ihren Konsequenzen erfüllt sind. Im Gegenteil, einige scheinen sich erst jetzt in vollem Maße auszuwirken.

Nämlich: das Gesetz vom Zufall, hat nicht an unseren Versuchen Halt gemacht. Als ich vor drei Jahren André Masson in seinem Studio in Aix-en-Provence besuchte, demonstrierte er mir seine neuen Sandbilder. „Wenn ich mich mit dem Sand in meinen Händen über die leere (präparierte) Leinwand beuge, und, mich meiner Inspiration völlig anvertraue, erstmal tastend, und mit geschlossenen Augen, wie ein Tänzer die Arme über der Leinwand hin- und herschwinge, um dann im schöpferischen Moment den Sand auf die Leinwand herunterrieseln zu lassen, so folge ich damit einem unbewußten schöpferischen Drang und vertraue ihm. Der Körper von der Seele geleitet, weiß am besten wann und wie ich den Sand verteile".

Hier ist der Zufall psychologisch-ästhetisch „begründet" und mit dem Schöpfungsakt identifiziert in einer Methode, die der verstorbene Jackson Pollock anwandte und die vielen die seiner Unbeschränktheit folgen.

Es hieße das komplexe Phänomen Dada verneinen, wenn man in einer These vom Zufall nicht doch dem Anti-Zufall seinen Platz einräumte.

Heute nach 40 Jahren wird Dada oft so ausgelegt, als ob Anti-Kunst die eigentliche Arbeitshypothese dieser Bewegung gewesen sei. Das war keineswegs der Fall. Wenn die Logik uns ein Gesetz vom Zufall in der Kunst anerkennen ließ, so zwang uns die gleiche Logik ein Gesetz der Ordnung zu finden. Erst im Gleichgewicht zwischen Beiden: der Inspiration u n d dem Bewußtsein fanden wir, wenigstens wir in Zürich: Arp, Eggeling, Janco und ich, was wir suchten, „K u n s t: ein Gleichgewicht zwischen Himmel und Hölle". (Arp.)

Hans Richter, im Tessin 1958

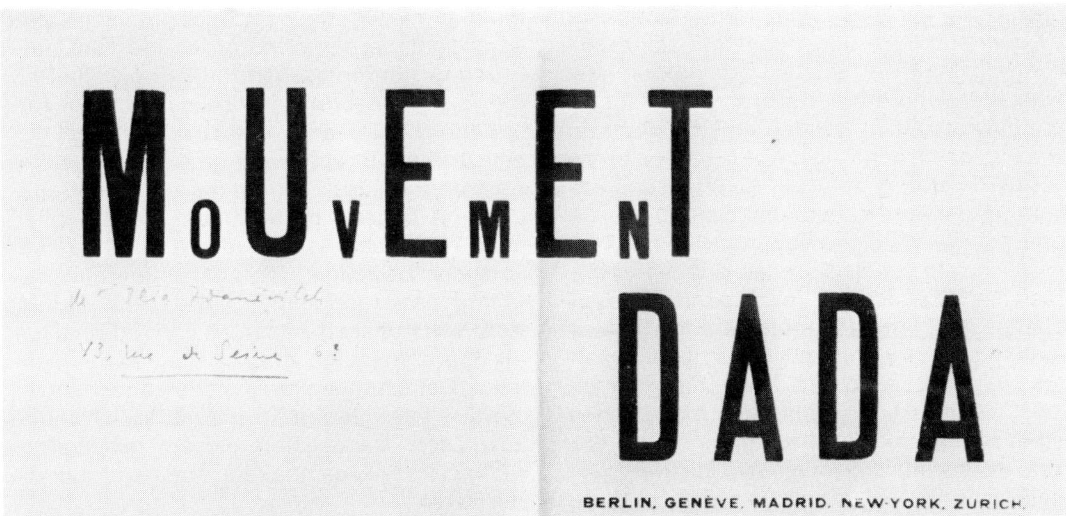

3/52
Mouvement Dada,
Briefbogen,
Zürich, um 1918

Im August 1914 brach der europäische Krieg aus. Im Frühjahr 1916 fand die am längsten dauernde, verlustreichste, völlig ergebnislose und damit schließlich unsinnigste Schlacht statt, die in der Kriegsgeschichte bis dahin je bekannt geworden ist, die Schlacht um Verdun, die Materialschlacht, letzte Konsequenz der Kriegsmaschinerie, mittels der die Autonomie des maschinenmäßigen Ablaufs eines von Menschen herbeigeführten Ereignisses über die Autonomie der menschlichen Entscheidung obsiegte. Im April 1917 kehrt Lenin aus der Schweiz nach Rußland zurück. Die am 25. Oktober (7. November) 1917 durch die Initiative der Bolschewiki ausgelöste Oktoberrevolution führt zur Gründung der UdSSR. Im November 1918 dankt Kaiser Wilhelm II. ab. Die Meuterei der Kieler Matrosen ist Auftakt einer nicht zuende geführten Revolution in Deutschland. Die Deutsche Republik wird gleich zweimal ausgerufen, einmal von Karl Liebknecht, einmal von Philipp Scheidemann. Das parteiendemokratische Modell setzt sich gegenüber dem räte-republikanischen durch. 1919 bestätigt die Nationalversammlung in Weimar die Verfassung der ersten Deutschen Republik; – Spartakusaufstand, Münchner Räterepublik, Ermordung Karl Liebknechts und Rosa Luxemburgs in Berlin, Unruhen im Ruhrgebiet, Reichswehr, Kapp-Putsch, Ermordung Erzbergers, Ermordung Rathenaus, Unruhen und Putsch in Italien, Revolution in Irland, die zur Entstehung eines unabhängigen Freistaats führt. Finnland wird Republik, Polen wird Republik, in Ungarn entsteht für kurze Zeit eine Räterepublik, die bald darauf durch ein restauratives Satrapenregime abgelöst wird.
Richtungskämpfe zwischen Revolution und Reaktion, zwischen Rechts und Links, Krieg zwischen Weiß und Rot in der UdSSR, Hungersnot überall, Arbeitslosigkeit, Demonstrationen, Schießereien, Straßenschlachten, Stahlhelme, Gamaschen, Schirmmützen, Räuberzivil, Flugblätter, Extrablätter, Plakate, Transparente, – Völkerbund. Die Salons sind zertrümmert, im Petersburger Winterpalast ebenso wie im Berliner Stadtschloß; die Auseinandersetzungen finden auf der Straße statt. 'Halt! Wer weitergeht, wird erschossen!' Europa hat die Qualität des Krieges verändert; zugunsten seiner Technik und zugunsten ihrer Erfinder. Der Krieg hat Europa verändert – und die Europäer.
Kubismus, Futurismus und Expressionismus standen als jüngste Zeichen der Kunst im Aszendenten der europäischen Kultur, bevor der Krieg ausbrach. Dada macht sich mitten im Kriege zum erstenmal deutlich bemerkbar; Dada beginnt 1916 und dauert bis 1923; Dada ist die erste übergreifende Bewegung des eu-

ropäischen Geistes, die dem kulturellen Selbstverständnis der zwanziger Jahre die Richtungsimpulse setzt. Dada öffnet den zwanziger Jahren die Tür. Das geschieht mit einem Knall. Doch handelt es sich nicht um eine Explosion sondern um eine Implosion der geistigen Haltung, denn auf die Frage nach der Sinn- und Wertsetzung des Seins, des gesamt-gesellschaftlichen ebenso wie des individuellen, die vor Beginn des Krieges wenigstens nach Auffassung der tragenden Gesellschaftsschichten wenn nicht gerade als gelöst so doch als befriedigt galt, hatte der Krieg anstelle einer Lösung ein Loch hinterlassen. Dada stellte die etablierten moralischen, ästhetischen und gesellschaftlichen Wertbegriffe insgesamt in Zweifel, doch die Heftigkeit des Prozesses, der, durch jene Initialzündung ausgelöst, ingestalt der Dada-Bewegung und der öffentlichen Auseinandersetzung um Dada ablief, ist darauf zurückzuführen, daß dort, wo früher die Vorstellungsbilder und Topoi eines verhältnismäßig intakt erscheinenden weltanschaulichen Gefüges Platz gefunden hatten, im Bewußtsein der Menschen innerhalb der europäischen Industriestaaten, der Sog eines Vakuums eingetreten war. Die politischen und gesellschaftlichen Zeitereignisse – Krieg, Materialschlacht, Revolution, Restauration, Reaktion, Straßenschlacht, Massenelend und Schiebertum, Straßendemonstration und Shimmy – sind daher zwar Hintergrund und Kulisse für die Aktionen der Dadaisten, aber nicht nur das, sie sind das Panorama einer Katastrophe, auf die Dada spiegelbildlich reagiert, doch das nicht allein, sie liefern den Fundus der Darstellungsformen, aus dem Dada Anregungen für seine Auftritte schöpft, aber auch das ist nicht alles, sondern, ebenso wie die generellen Ursachen für die Katastrophe, aus der die zwanziger Jahre in all ihrer Widersprüchlichkeit hervorgehen, bis weit ins 19. Jahrhundert hinein zurückverfolgt werden können, lassen sich die ersten Regungen künstlerischen Wahrnehmungsvermögens, das die zur Katastrophe hineinsteuernden gesellschaftlichen Entwicklungen präzis registriert und vorausspürt, aus entsprechend weit zurückliegenden Anlässen ableiten. Die Inkubationszeit, die dem Ausbruch von Dada vorangeht, verhält sich zu der, die zum Ausbruch der europäischen Katastrophe geführt hat, symmetrisch. Die gesellschaftliche Veränderung, die aus der Katastrophe folgte, war eine gründliche aber keine grundsätzliche. Die Anstrengung des Bürgertums zur Selbstregeneration begann mit heftigem Gestus, blieb aber auf halbem Weg stecken. Charakteristikum der zwanziger Jahre ist immerhin: daß Anlauf dazu genommen wurde, die Auffassung von Kunst als Ausdruck von Nationalkultur durch diejenige von Kunst als experimentellen Gestaltungsmittels großstädtisch intendierter internationaler Industrie-Zivilisation abzulösen. Dada liefert diesem das Zeitbewußtsein kennzeichnenden Umstand das erste Etikett.

Gegenstände in Ausstellungen gleichen histologischen Präparaten. Die Leichen geschichtlicher Ereignisse haben den Diagnostikern die Reste ihrer Epidermis hinterlassen. Anläßlich der Eröffnung der Düsseldorfer Dada-Ausstellung von 1958 äußerte Max Ernst seine Skepsis: die Teile einer explodierten Granate solle man nicht mehr zusammenleimen.

Anders gesagt: Das Wesen von Dada war seine Bewegung. Das, was von Dada übrigblieb, sind die Sedimente der Bewegung. Sie sind hier ausgestellt. Da sich daraus zwangsläufig eine präparathafte Darbietungsweise herleitet, blieb uns nichts als der Versuch übrig, die Dada-Sedimente möglichst so zu ordnen, daß der Besucher in die Lage gesetzt wird, wenigstens andeutungsweise auf Intensität und Richtung der einstigen Bewegung schließen zu können. Ein solches Vorhaben ist im Grunde undadaistisch, es wird in seiner Absurdität nur durch einen anderen Vorsatz übertroffen, den, keine Dada-Ausstellung zu veranstalten. Die Teile der explodierten Granate seien deshalb als historische Fundstücke zur Herstellung einer Material-Collage willkommen.

Für das Thema Dada bietet sich zuerst eine nach Zentren der Bewegung gegliederte Anthologie an. Die bisherigen Dada-Ausstellungen und -Veröffentlichungen sind auch meist

so verfahren. Die für diese Ausstellung gefundene Gliederung weicht insofern davon ab, als es uns darauf angekommen ist, Grundmotive der dadaistischen Ausdruckhaltung zu verfolgen und herauszustellen. Wir haben die Anordnung, die sich so ergeben hat, nicht von vornherein spekulativ festgelegt, sondern, nachdem wir eine annähernde Übersicht gewonnen hatten, welches Material uns für die Ausstellung zur Verfügung steht, aus dem betrachtenden Vergleich von Photographien und Originalen zu gewinnen versucht. Daraus haben sich folgende Gesichtspunkte ergeben: Die Betonung liegt, da es der Präsentationsrahmen so erfordert, auf den im weitesten Sinne des Wortes genommen bildkünstlerischen Hervorbringung von Dada. Der hauptsächliche Charakterzug der Dadabewegung ist ein nach allen Perspektiven offener Ideen-Austausch und daher alles andere eher als ausgerechnet der Drang nach einem einheitlichen Stilwillen. Zwischen einer abstrakten Assemblage von Hans Arp und einer realistisch gezeichneten gesellschaftskritischen Satire von George Grosz besteht auf Anhieb so gut wie keine stilistische Ähnlichkeit. Bei vergleichender Durchsicht der zur Verfügung stehenden Werke ergab sich aber von selbst die Feststellung von Gruppenzusammengehörigkeiten, die ihrer Tendenz nach weniger im üblichen Sinne stilistisch als – der Absicht der Künstler nach – intentionell und – der technischen Mittel, derer sie sich bedienten, gemäß – instrumental zu interpretieren sind. Ergebnis einer ersten Durchsicht war die Gruppierung nach drei Haupt-Komplexen:
Collage, Assemblage, Materialbild, typographische Collage etc.,
Montage, mit dem Akzent auf Photo-Montage,
Mechano-Dada, Metamaschine, Maschinenmannequin.
Aus dieser Grob-Gliederung ging eine Differenzierung hervor, die eine Abgrenzung weiterer Gruppen erbrachte, so z. B.:
das Readymade (als tautologische Sonderform des Material-Bildes)
das Photogramm,
die automatische Zeichnung,
die aggressiv politische Satire als spezifisch deutscher Beitrag zu Dada mit Zentrum Berlin.
Selbstverständlich ist es weder nötig noch angebracht, Dada in Schubladen einzuordnen. Deshalb sei ausdrücklich betont, daß die Gruppierung nichts anderes bedeuten kann als die Hervorhebung wechselnd ineinandergreifender Tendenzen. Die sichtbare Verdeutlichung des Ineinandergreifens dieser dadagenen Grundmotive ist aber unsere Absicht.

Tatsächlich hat Dada die bildende Kunst nicht anderen Künsten vorgezogen, sondern, gerade, weil Dada die klassische Ordnung der künstlerischen Disziplinen bekämpfte und zu zerstören suchte, gehen in der dadaistischen Produktion alle Bereiche kreativer Äußerungsmöglichkeiten – literarische, musikalische, bildnerische, gestische, tänzerische, rednerisch-evokatorische – gleichwertig fließend ineinander über und bilden zusammen ein dynamisches Ganzes. Das Prinzip Zufall z. B. ist Wesenselement der dadaistischen Poesie und Philosophie in der 'literarischen' ebenso wie in der 'musikalischen' und der 'bildkünstlerischen' Darstellungsform. Das gilt gleichermaßen für die Intentionen und Verfahrensweisen der Materialcollage, der Montage und des Automatismus. Die musikalischen, die mimischen, die kabarettistischen und die literarischen Aktionen Dadas haben sich in Dokumenten niedergeschlagen, – in Dada-Zeitschriften, in Plakaten, Programmzetteln, Katalogen, Flugblättern, Handzetteln, Aufklebern und darüberhinaus in Briefen, Postkarten, Notizen, Manuskripten usw., denn allem voran war Dada ein über ganz Europa (einschließlich seines überseeischen Ideenhandels-Vorpostens New York) verstreuter Korrespondenzclub schöpferischer Intellektueller, deren rege betriebene Ideen- und Reklame-Börse den Pulsschlag für Rhythmus und Intensität der dadaistischen Wirkung lieferte. Der Dada-Dokumentation kommt darum in der Ausstellung wenigstens die gleiche Bewertung zu wie der Präsentation der Arbeiten von Dadaisten, denen nach klassischer – und gegenwärtiger – Zuschreibung der Rang von

Werken der bildenden Kunst einzuräumen ist. Der dokumentarische Teil der Ausstellung ist, nach bewährtem Muster, topographisch nach Zentren der Dada-Bewegung geordnet. Jedoch sind nicht nur die bekannten Zentren New York, Zürich, Paris, Berlin, Hannover, Köln und Holland berücksichtigt, sondern es wird auch auf die Auswirkung von Dada in die Epizentren hingewiesen, die noch weitgehend unbekannt ist; nach Italien, Spanien und Südamerika, nach Polen, Ungarn, Serbien, Rumänien und Rußland. Da in den bisherigen zusammenfassenden Veröffentlichungen die Verbreitung von Dada über die bekannten Orte hinaus allenfalls beiläufig berücksichtigt wurde, ist dem Thema Dada-Topographie eine Reihe von Experten für den Katalog verfaßter Textbeiträge gewidmet. Das ebenfalls noch unbekannte Kapitel der Dada-Rezeption und der Publikums-Reaktionen auf die Provokation Dada im Spiegel der zeitgenössischen Presse konnte in der Ausstellung aus Platzgründen nur gestreift werden.

Die Vorstellung hat sich eingenistet, eines Tages im Jahre 1916 habe Hugo Ball in Papprollen verkleidet die Bühne des Cabaret Voltaire in Zürich erklommen und hinter einem Notenpult stehend 'jolifandro bambla o falli bambla' rezitiert, des weiteren habe einer seiner Freunde, welcher, sei strittig, im Lexikon das Wort Dada gefunden, das sich, einmal ausgesprochen, gleich einer Pfingstbotschaft des Infantilismus über alle Welt ausbreitete, und so sei Dada losgegangen. Damit ist der Beginn der Dada-Bewegung auf eine Formel gebracht, die zu kurz ist. 'Bevor Dada da war, war Dada da'. Die Erfinder und Promoter der Dada-Bewegung sind zum allergrößten Teil aus einer Situation der geistigen Vorbereitung hervorgegangen, die, ingestalt von Redaktionen, Künstlerbünden, Diskussionsclubs und Debattierzirkeln, schon Jahre vor Ausbruch des Kriegs das – vorwiegend expressionistisch und futuristisch gefärbte – weltanschauliche Klima der schöpferischen Intelligenz in Europa bestimmten. Die Künstler der Avantgarde dadaistischer Generation brauchten einander nicht unbedingt schon persönlich gekannt zu haben, sie kamen aus Kreisen ähnlicher Denkrichtung und fanden daher durch das richtige Gespür zueinander. Unter dem Eindruck des Kriegsgeschehens und der dadurch hervorgerufenen gemeinsamen Kriegsgegnerschaft verstärkte sich das Zusammengehörigkeitsbewußtsein. Daher kommt es, daß sich, durch den Krieg herausgefordert, Künstler, die den verschiedenen offiziell untereinander verfeindeten Staaten angehörten, im Gegenzug zu einer Internationale des Protestes gegen solchen öffentlichen Irrsinn zusammenfanden. Die dadaistische Internationale, diejenige, die die Nachkriegsepoche einleitet, besteht von 1916 bis spätestens 1923. Die Erste Internationale Dada-Messe in Berlin 1920 ist nicht allein Höhepunkt sondern bereits Resümee, und die beiden Vorhaben dadaistischer Selbstverewigung, Dadaco und Dadaglobe, Entwürfe enzyklopädischer Monumente der Monumentengegner, sind wohl nicht zuletzt deshalb im Sand stecken geblieben, weil ihnen bereits Mühsal und Müdigkeit des Epilogs innewohnte.

Die ersten unmittelbar dadaistischen Gesten hatten schon vor dem Krieg stattgefunden. 1913 stellte Duchamp sein erstes Readymade 'Roue de Bicyclette' her. 1914 signierte er einen gekauften Flaschentrockner, stellte ihn auf einen Sockel und führte so den Begriff des Kunstwerks funktionell ad absurdum. 1915 malte Picabia seine ersten Mechanomorphosen. Duchamps lapidare Gebärde setzt den Auftakt. Die Inkubationszeit des Dadaismus ist aber durch spezifische Symptome innerhalb der vorausgehenden Kunstrichtungen, insbesondere des Futurismus und des Expressionismus gekennzeichnet. Hauptmerkmal ist die Verachtung der bisher überlieferten Wertbegriffe zur Bestimmung der klassischen Konvention darüber, was Kunst sei, und der daraus hervorgehende Wille zur Zerstörung – nicht unbedingt der bestehenden Kunstwerke selbst sondern ihres Bewertungsrahmens und der die Wertungsmechanismen verwaltenden Institutionen, der Museen z. B., gegen die sich die futuristischen Manifeste wenden. Die Kritik zielt gegen die bürgerliche Gesellschaft, die sich auf die fraglichen Bewertungskonventionen geeinigt hat. Der künstlerische Akt, der die überlieferten Werte vernichten will, indem er ihre Regeln zerbricht, ist indes nicht nur ein zerstörerischer sondern auch ein befreiender. Der Futurismus, dessen fermentierende Auswirkung auf die gesamte europäische Kunstszene – infolge des frühzeitigen Verdikts vonseiten des orthodoxen Kubismus ebenso wie aufgrund des später wegen seines faschistischen Sündenfalls über ihn verhängten Tabus – lange Zeit verdrängt und erst seit kurzem richtig eingeschätzt wird, enthält wichtige Grundzüge der ästhetischen Umwertungstechnik, derer sich dann auch Dada bediente, bereits in voller Ausprägung: die befreite (zerbrochene, aktivierte, in Bewegung gesetzte) Form, das dynamisch-kinetische Prinzip der Simultaneität, das befreite Geräusch, das befreite Wort, den befreiten Buchstaben, die Abschaffung der künstlerischen Standesunterschiede und die Gleichbewertung der 'Hochkunst' mit der Trivialkunst, des Theaters mit dem Zirkus. Hinzu kommt im Futurismus ein durch die Begeisterung für die Dynamosymbolik des Maschinen- und Motorenrhythmus inspiriertes stakkatohaftes Pathos, von Marinetti und seinen Anhängern mit grandioser Emphase und sublimer Humorlosigkeit der Welt vorgeführt. Dem futuristischen Pathos entspricht die expressionistische Ekstase. Das sind Varianten einunddesselben gesteigerten 'Weltgefühls', das sich zu Kategorien wie Krieg und Macht teils durchaus mythisch-lustvoll (Georg Heym: 'Aufgestanden ist er, welcher lange schlief, Aufgestanden unten aus Gewölben tief'; Marinetti: 'Wir wollen den Krieg preisen – diese einzige Hygiene der Welt.'), teils ignorant verhält, das aber den Nährboden bietet für die Erzeugung einer antibürgerlichen Bürgerlichkeit in kleinen Gruppen, anarchistisch, nihilistisch, nietzscheanisch, stirnerianisch, bergsonianisch, sich selbst widersprechend und den Selbstwiderspruch genießend. Frühe Zeugen dafür sind in Paris Alfred Jarrys 'Ubu Roi' und dessen Folgen, in Berlin die utopischen Phantasien des einzigartigen Prä-Dadaisten Paul Scheerbart, ein Buckett voller Möglichkeiten der spirituellen Verwirklichung des Unausdenklichen; ein typisches Beispiel für die prädadaistische Haltung des antibürgerlichen Bürgertums aus dem Berliner Vorkriegsklima ist das 'Neopathetische Cabarett.'

Gegen das Pathos des Expressionismus und Futurismus, das zu Kriegs- und Machtbegeisterung mit beigetragen hatte, zeigten sich die Dadaisten allergisch. Sie setzten ihm ein militant pazifistisches, sarkastisches Anti-Pathos entgegen, das sich alsbald zum kontrapathetischen Pathos steigerte. Der Dadaist verkörpert einen neuen Typ des Künstlers, der, in den vorhergehenden Strömungen schon veranlagt, aus der Katastrophe der europäischen Gesellschaft gewissermaßen destilliert hervorgeht, den kritisch-intellektuellen Künstler, der sich seiner Intellektualität bewußt ist, mit ihr spielt und sich mit ihr bis zur Koketterie identifiziert. Dem Futurismus und dem Expressionismus entnahmen die Dadaisten die Erfindungen und Anregungen, die als ideelle Transportmittel ihrem eigenen Vorhaben zugute kamen: die technischen Erfahrungen und das beginnende know how für die künstlerischen Manipulationen der Form-Zerstörung, zur Negation der kompositorischen Regeln und zur Entwertung und Umwertung des ästhetischen Gehalts. Sie verbanden dies mit einer skeptischen Position und einer analytischen Schärfe des Urteils. Die im Expressionismus, noch mehr im Futurismus ansatzweise vorgeprägte Haltung der antibürgerlichen Bürgerlichkeit (eigentlich: die pseudoradikalistische Anpassung der Bohème an das Zeitalter der technischen Reproduzierbarkeit, der Bohèmien wechselt aus der Attitüde des Magiers hinüber in die des Operateurs) machten sie sich betont zu eigen, freilich nicht, um die bestehende Gesellschaftsordnung zu bestätigen, sondern um sie subversiv, von innen heraus in Zweifel zu ziehen, und das radikal. Sie durchschauten die Tricks, die sich die Bohème bisher selbst vorgemacht hatte, und sie versuchten deshalb, die Attitüde derart übertrieben zur Schau zu stellen, daß jeder sie durchschauen können sollte, (was selbstverständlich nicht gelang. Die Leute fühlten sich – wie das immer so ist – zwar provoziert, waren

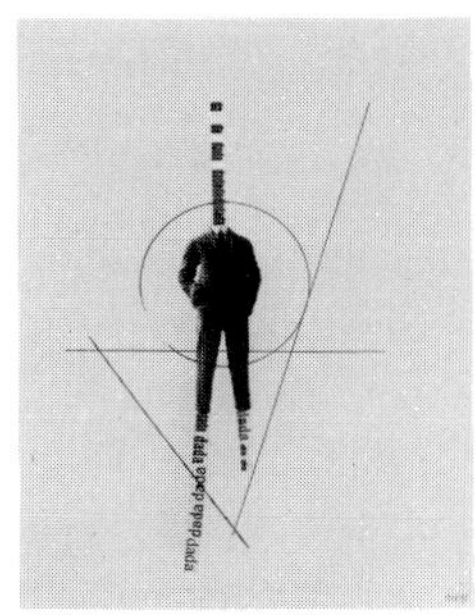

3/593
Grosz/Heartfield,
Dada-Mann, 1920

Picabia, Mouvement Dada, 391, 1919

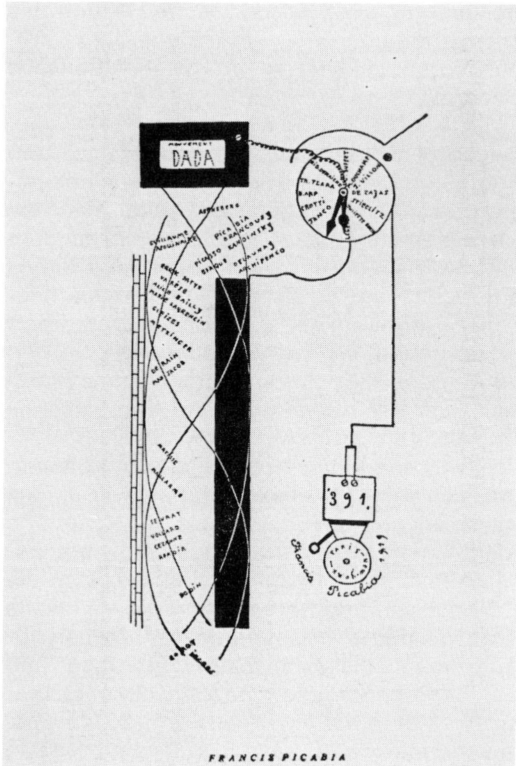

aber nicht in der Lage, zu verstehen, warum.) Die Konsequenz, die dieser Haltung des Zweifelns zugrunde liegt, ist daher letztlich die der bürgerlichen Verzweiflung: gesellschaftskritischer Irrationalismus.

Die Zentren der dadaistischen Internationale sind korrespontativ untereinander verbunden. Allerdings variiert die dadaistische Ausdrucksweise je nach dem Ort, an dem sie auftritt, denn logischerweise reagiert Dada auf die unterschiedlichen gesellschaftlichen Bedingungen, die es jeweils vorfindet, unterschiedlich, in der notorisch neutralen Schweiz anders als in der politisch polarisierten Hauptstadt des soeben verblichenen Kaiserreiches. In Zürich entsteigt die Bewegung jungfräulich, eine Venus dadadyomene, den Fluten des Expressionismus. Zürich während des Weltkriegs, das ist die Zuflucht der Pazifisten und Kriegsgegner, die Emigrantensituation, (bezeichnenderweise gibt es wohl außer Sophie Taeuber keinen in der Schweiz geborenen Dadaisten), ein Feld des Friedens, abgehoben gegen den wechselseitigen Massenmord an den ost- und westeuropäischen Fronten. Dada Zürich ist der erste Anlauf in Richtung auf einen ästhetischen Anarchismus. Den Spiegelgasse-Dadaisten geht es dabei zuweilen wie dem Hasen mit dem Igel; immer, wenn sie meinen, sie hätten die Regeln der klassischen Harmonie mittels der Provokation des sinnlosen Zufalls endgültig über den Haufen gerannt, sind diese ein bißchen weiter draußen wieder da. Man spielt Varieté. Dr. Serner irritiert die Society in einem eleganten Spiel von souveräner Arroganz in ihren eigenen Spielregeln, Tristan Tzara kommt mit Sprengstoff, ein literarischer Attentäter, – das Simultangedicht, Huelsenbeck erfindet den Dada-Journalismus. Währenddessen, unabhängig, vorher schon wie gleichzeitig findet Dada New York die radikalen Gesten der Absage an die Kunst, so lakonisch, daß Dada Zürich dagegen verschnörkelt wirkt. Als Dada 1919 nach Berlin kommt, ist dort alles schon vorbereitet. Die Berliner Dadaisten haben nur auf den Anstoß gewartet, Dadaisten werden zu können. In Berlin erfährt Dada nicht nur eine politische Aktualisierung sondern eine weitere ästhetische Radikalisierung. ‘fmbsw’ (Raoul Hausmann) ist etwas anderes als ‘gadjiberibimba’ (Hugo Ball), das verhält sich zueinander wie ein Haufen Wortmüll zu einer Vase mit Sprung. Die Berliner haben das Glück, einen geborenen Dadaisten ihr Eigen zu nennen. Johannes Baader, der Oberdada, voll der begnadeten Weisheit des natürlichen Aberwitzes, ist nicht nur Dadaist sondern zugleich dadaistischer Fundgegenstand, eine Trouvaille dadasophischer Inspiration. Besonders die ambivalente Beziehung zwischen Baader und Hausmann ist ein Musterbeispiel dadaistischer Haltung in der Ausnutzung der Spannungsenergien aus Irrationalität und bewußter Kontrolle. In Berlin sind die Dadaisten ‘links’, das heißt antinationalistisch, antibourgoiois und politisch engagiert. Sie setzen sich mit der unmittelbaren Tagespolitik und deren Hintergründen provokant auseinander. Eine Sonderform des Da-

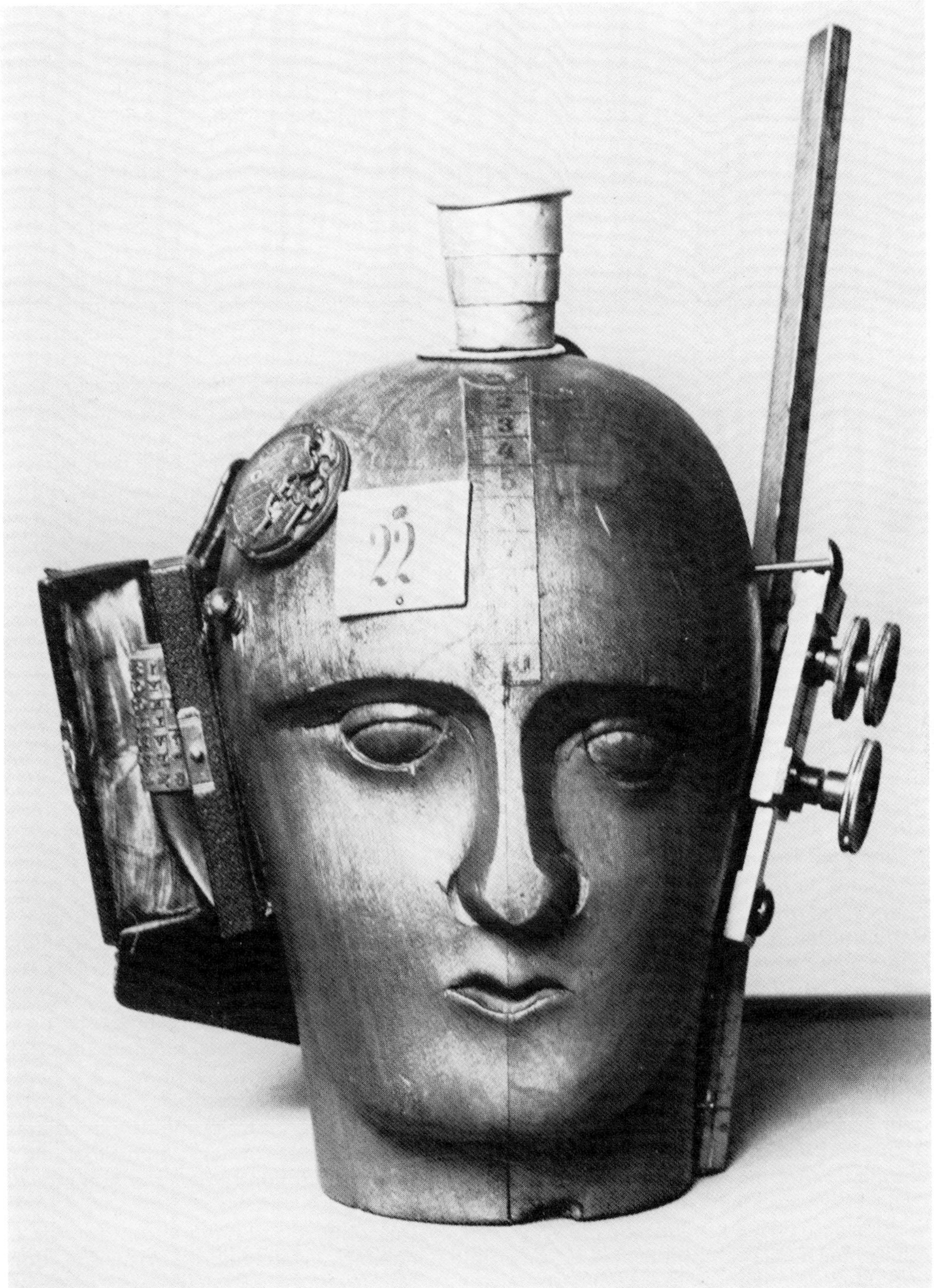

3/671
Hausmann,
Mechanischer Kopf,
Der Geist unserer
Zeit, 1921

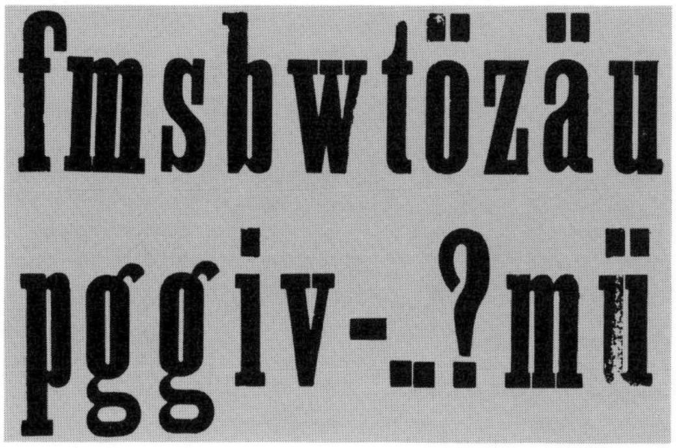

Hausmann, fmbsbw, Plakatgedicht, 1918 Paris, Musée Nationale d'art Moderne

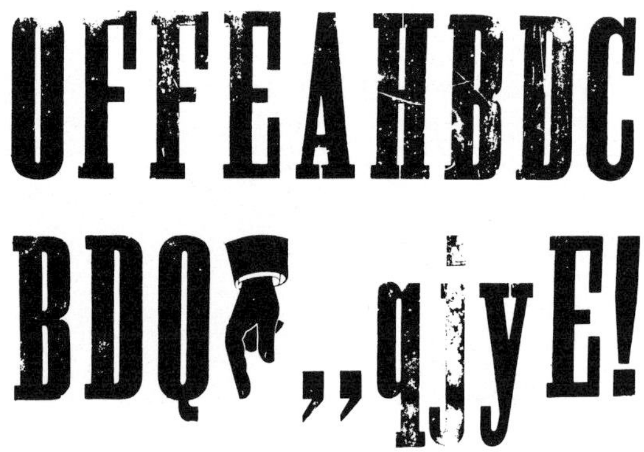

Hausmann, offea, Plakatgedicht, 1918 Paris, Musée Nationale d'Art Moderne

daismus ist deshalb nicht nur die realistisch gezeichnete Gesellschaftssatire, sondern daraus geht eine neue Technik hervor, die von Hausmann, Höch und Heartfield inaugurierte Photomontage, die schließlich von Heartfield zum meisterlich gehandhabten politischen Kampfmittel gegen Restauration, Reaktion und Faschismus ausgeformt wird. Trotz der Skandale, die Dada überall inszeniert, ist Berlin das einzige Dada-Zentrum, wo Dadaisten direkt politisch Stellung bezogen haben. Zürich-Dada hat sich inzwischen in die Salons zurückgezogen. Dr. Serner löst sich nach einem Zwischenspiel in Genf in geheimnisvolles Nichts auf. An der Schiffslaende haust Tzara wie die Spinne im Netz und zieht die Fäden der Dada-Korrespondenz, – bis er nach Paris geht. In Paris schließlich erhält Dada die Weihen einer Konfession, es kommt zum Religionsstreit, und die surrealistische Kirche bleibt übrig. In Hannover ist MERZ ein poetischer Einmann-Betrieb, in Köln zeigt Dada von Anfang an einen Stich ins Surrealistische, in Holland verbindet sich Dada mit dem Konstruktivismus. In der UdSSR, in Polen, in Ungarn, der Tschechoslowakei, Serbien und Rumänien gibt es aus regionalen Metamorphosen des Futurismus hervorgegangene dadaloge Entwicklungen. In Polen und Ungarn waren die linken Künstler, im Unterschied zu den Berlinern, Nationalisten, denn der Krieg, der den Untergang des Kaiserreiches herbeigeführt hatte, bewirkte zugleich die Rekonstitution des polnischen Staates, und in Ungarn gab es bis Anfang 1920 eine Räte-Regierung. Sonderformen sind auch der italienische Dadaismus mit einem verständlichen futuristischen Ödipuskomplex und der iberische Ultraismus, der die dadaistische Form aufgrund der traditionellen Neigung der spanischen Mentalität zum Absurden in genuiner Weise aufgriff und weiterspielte.

Dadaistische Haltung, was ist das? Die Vereinnahmung der Gestalten Charlie Chaplins und Karl Valentins, die Züricher Dadaisten mit den Masken Jancos, Ball in Papprollen verkleidet, Grosz als Tod verkleidet, Hannah Höch als Marionette verkleidet, Baader als Prinz verkleidet, Duchamp als Rrose Selavy, Picabia und Iliazd auf dem hölzernen Hoppereiterpferdchen Dada. Dadaisten sind nicht nur, – sie spielen eine Rolle; Freiheit, Schrankenlosigkeit, Anarchie, Nihilismus, Umwertung, Entwertung, Ent-Individualisierung, Ent-Identifizierung, Ironie, Sarkasmus, Zynismus, Widerspruch, Absurdität. Die Logik Dadas ist nicht einfach die Logik des Widerspruchs sondern diejenige der Gleichsetzung des Satzes vom Widerspruch mit dem Satz der Identität. A = A = nicht A, denn weil A = A ist, kann A unmöglich = A sein. Der Widerspruch, den Dada anspricht, ist nicht der dialektische, sondern der in sich unauflösliche Widerspruch, die contradictio in adjecto, die Aporie.
Das politische Engagement der Berliner Dadaisten – Hausmann, Grosz, Dix, Schlichter, Heartfield –, ihre Sympathie für den Kommu-

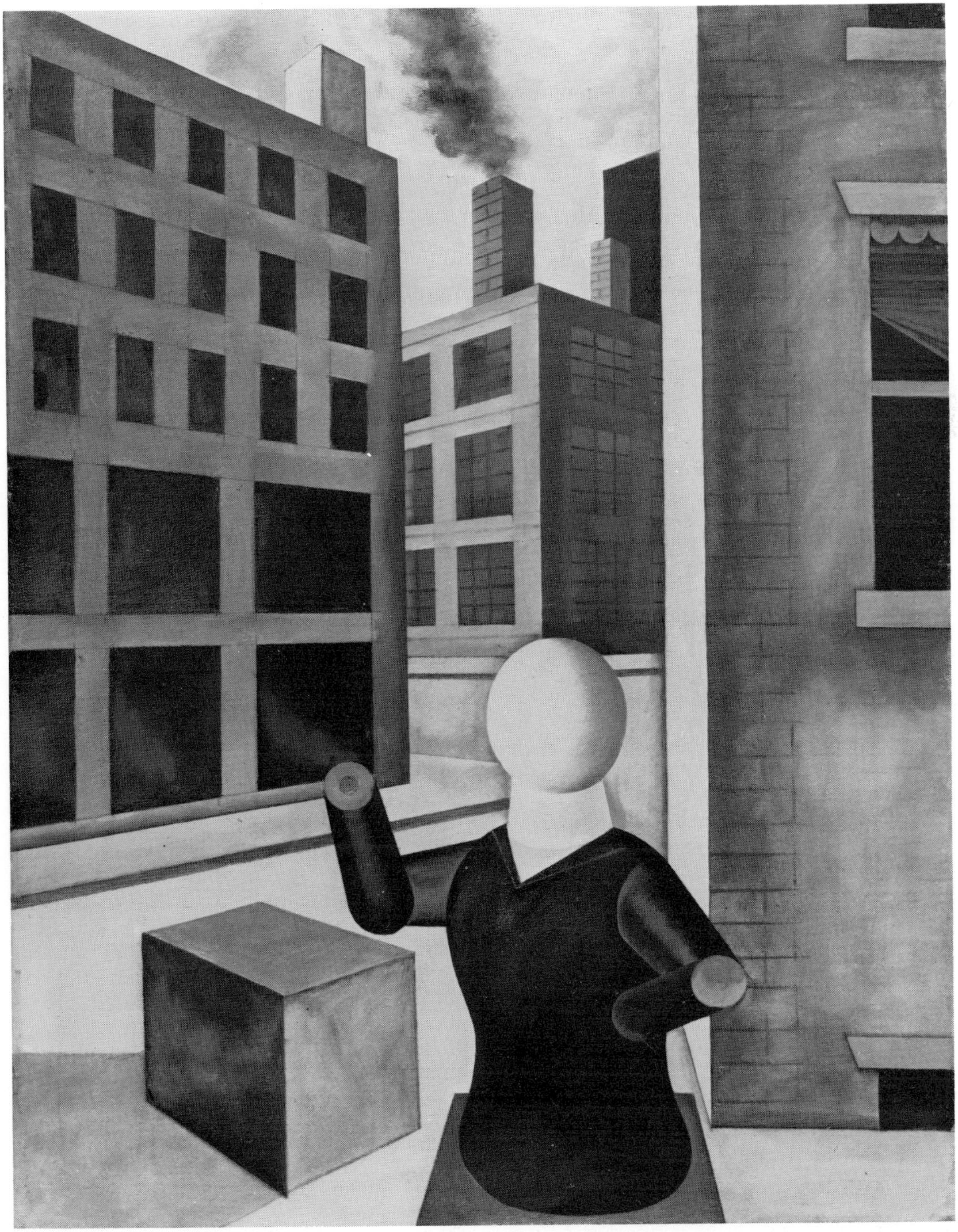

3/662
Grosz, Ohne Titel,
1920

nismus, (der Heartfield als einziger treu blieb), könnten zu der Vermutung veranlassen, dadaistische und kommunistische Revolution seien einander von den Voraussetzungen her verwandt gewesen. Das stimmt nicht, vielmehr verhält es sich so, daß die Dadaisten anfangs dem politischen Kommunismus überschwängliches Mißverständnis entgegengebracht haben, (wie dieser sich selber). Kommunismus und Anarchismus schließen einander aus. Sozialismus und Kommunismus unterscheiden sich voneinander durch ihre Verwirklichungsmethoden. Sozialismus und Kommunismus stimmen, soweit sie auf dem Marxismus gründen, im Glauben an die schließliche Erfüllung einer innerweltlichen Sinnsetzung des menschlichen Daseins überein, einem utopischen Entwurf, der auf der systematischen Geschlossenheit eines sozialpolitischen Zielstrebens beruht. Tragende Idee der Zielvorstellung ist der gemeinschaftsstiftende Wert der vom Kapitalismus befreiten Arbeit. Träger dieses Werts menschlicher Sinnsetzung auf ein Ziel hin ist daher die Gemeinschaft, – das Kollektiv. Kommunismus und Individualismus widersprechen infolgedessen einander. Der entscheidende Unterschied zwischen kommunistischer Weltanschauung und Dada besteht darin, daß Dada extrem individualistisch veranlagt ist, ja, daß der Dadaismus, soweit sich das überhaupt zusammenfassend feststellen läßt, das Problem des Widerspruchs nicht aus dem Widerspruch gesellschaftlicher Interessengruppen untereinander sondern aus dem Widerspruch des Individuums zu sich selbst ableitet. Mit seinem auf die Spitze getriebenen Individualismus erweist sich der Dadaist als eine Hybride der Gattung Bürger. Das eben ist es, was an ihm fasziniert, – und das weiß er. Aus der Summe dadaistischer Äußerungen in all ihrer Heterogenität können deshalb Spuren einer dadaistischen Philosophie gelesen werden. Grundlage dafür ist, wie gesagt, die anti-bürgerliche Bürgerlichkeit (oder auch bürgerliche Antibürgerlichkeit) des Bohèmien-Operateurs (Weininger, Scheerbart, Einstein, Friedlaender, Kraus) in den Jahren vor dem Kriege. Bürgerliche Antibürgerlichkeit, das Wort kennzeichnet einen Grundwiderspruch. Der Dadaist erkennt diesen Widerspruch, aber er ist nicht in der Lage, ihn zu lösen. Er verachtet das Bürgertum, dem er angehört, er verabscheut dessen Konventionen, aber er ist seinem Individualismus – der ihm scheinbar die Möglichkeit gibt, von der Masse der verachteten Mitbürger Distanz zu nehmen – derart innig verhaftet, daß er ihn nicht aufgeben kann noch möchte. Er befindet sich also von seiner individuellen Situation – dem Extremfall einer gesellschaftlichen – her in einem persönlichen Dilemma. Das macht ihn verletzlich. Die dadaistische Haltung ist daher traumatisch bedingt, sie reflektiert den Haß des Bürgers auf sich selbst, (seine Eltern, seine Lehrer, seine Herkunft, seinen Stand), und da dies auf schöpferische Weise geschieht, repräsentiert Dada den bürgerlichen Selbsthaß exemplarisch. Das ist die Rolle, die die Dadaisten spielen. Der bürgerliche Selbsthaß findet sich in den Zeichnungen von George Grosz ebenso wie in den mode-parodistischen Saloncoups Walter Serners. Der innere Widerspruch, der dem Selbsthaß zugrunde liegt, zwingt die Dadaisten, indem sie ihn bewußt als Rolle ausspielen, in einen ständigen Wechsel von Identifizierung (mit ihrer Rolle) und Distanzierung (von sich selbst – und umgekehrt), wie denn überhaupt die dadaistische Haltung dadurch gekennzeichnet ist, daß aus dem dadaistischen Grundwiderspruch eine unabsehbare Kette von Widersprüchen hervorgeht, eine anamorphotische Multiplikation des widersprüchlichen Verhaltens: distanziertes Engagement, unbeteiligtes Beteiligtsein, empfindungslose Anteilnahme, mitleidender Stoizismus, aggressive Feinfühligkeit, nackte Maske. Das daraus hervorgehende Bekenntnis zum Absurden in Antwort auf die wahrgenommene Absurdität der gesellschaftlichen Wirklichkeit ist ein Indiz dafür, an welche Vorgänge der Tradition des europäischen Denkens Dada mutatis mutandis anknüpft. Marcel Duchamp (Rrose Selavy) ist in den Mechanismus des Widerspruchs – von Selbstentfremdung durch Selbstidentifikation – wohl am weitesten eingedrungen. Johannes Baader, der Berliner Glücksfall, war ein reziproker Da-

daist. Er hatte es nicht nötig, seine Worte zu befreien. Auf der Prämisse seiner Überzeugung von seiner selbstverständlichen Gottgesandtheit entfaltete er eine kalauernde Beredsamkeit und baute seine Schlußfolgerungen in sauberem Kanzleideutsch, sozusagen mit gesundem Menschenverstand, ganz logisch auf jener irrationalen Voraussetzung auf. Für den kalkulierten Irrationalismus Hausmanns lieferte die gottgesandt absurde Logik Baaders den geeigneten Reibungswiderstand. Der kalkulierte gesellschaftskritische Irrationalismus ist die eigentliche dadaistische Haltung, die vernünftige Unvernunft, die unvernünftige Vernunft, die leidenschaftliche Leidenschaftslosigkeit, 'Der Geist unserer Zeit'.
Diese Pose ständigen Oszillierens der schöpferischen Selbstentladung infolge von autogen gesteuertem Dauerkurzschluß war selbstverständlich auf lange Sicht nicht durchzuhalten, denn erstens hatte der durch die Zerstörung der alten Syntax begonnene Befreiungsakt der Kunst zur Entdeckung neuer Strukturmuster geführt, die der Entwicklung in der Folgezeit neue Perspektiven vorschoben, zweitens sahen sich die Dadaisten aus dem Standpunkt der kalkulierten Aporie des Schöpferischen selbst zum Weiterdenken herausgefordert, und da sie Individualisten waren, folgten sie dem in unterschiedliche Richtungen. So kommt es beispielsweise, daß im Hinterhalt des provokanten Agnostizismus von Dada zuweilen unerwartet der Ansatz zum Glauben an eine Transzendenz ex negatio aufblitzt, etwa im Solipsismus Evolas, aber auch bei Hausmann, dem Dadasophen, oder in der künstlerischen Hieroglyphik Duchamps. Da das Wort Metaphysik darauf wohl nicht anzuwenden ist, wäre von Dadaphysik zu sprechen – oder Dadagnosis.
Ball wandte sich der katholischen Mystik zu, Duchamp gab die Kunst auf und spielte Schach, Picabia wandte sich von Dada ab, Heartfield wurde Kommunist, Grosz ging nach Amerika und bekannte sich zu seinem Kleinbürgertum, Ernst wurde surrealistischer Magier, Serner verschwand, Cravan verschwand, Baargeld wurde unter einer Lawine begraben, Hausmann mußte aus Deutschland fliehen und begann auf Mallorca zu photographieren und zu schreiben, Baader geriet für Jahrzehnte bis zu seinem Tode in Vergessenheit usw. Dada zersprühte in seine Facetten.
Neulich träumte mir, ich müsse dieses Vorwort schreiben. Mir erschien der 'Geist unserer Zeit' von Raoul Hausmann und begann zu sprechen. Aus ihm sprach zuerst der Geist des Heiligen Augustin die Worte: 'credo quia absurdum', darauf antwortete der Geist von Descartes: 'Cogito, ergo sum.' Der 'Geist unserer Zeit' verschmolz beide Sätze in einen und verkündete das Resultat: 'Cogito quia absurdum, ergo sum.' Aus dem dadaistischen Traum erwacht, fiel mir ein, daß ein Wort verlorengegangen war, das 'credo'. Daran ist Dada in Paris gescheitert. Das Credo gebührt den Surrealisten. Folgerichtig sind Breton und seine Freunde denn auch unmittelbar nach der Abdankung von Dada zugunsten des Surrealismus als gute Katholiken in die Kommunistische Partei eingetreten.

Eberhard Roters

DER DA-DANDY – DAS ‚NARRENSPIEL AUS DEM NICHTS‘

Dada als Versuch, ‚die Kunst aus den Gefilden der Richtungen ins konkrete Leben zurückzuschleudern‘ (1), steht im Zusammenhang einer Neubewertung der Kunst, bei der es um das Direktwerden 'ohne Umweg' (2) geht – wie es Carl Einstein kurz faßte, – um einen Prozeß, der die Identität von Subjekt und Objekt bruchlos wieder herstellt. Für die Wiederfindung voraussetzungsloser Kreativität wurden für die Dadaisten die ‚Umwege‘ zu Mitteln der bewußten Auseinandersetzung mit den Umständen, die sich diesem Prozeß widersetzten. Hierzu nahmen sie eine taktische Position ein, die noch dem Protagonisten von Carl Einsteins literarischer Arbeit ‚Bebuquin‘ (3) als dilettantische Suche nach dem 'Wunder' (4) erschien: ‚Bebuquin betrat einen mühsam beleuchteten Raum, wo eine Puppe dick, rot geschminkt, gemalte Brauen, stand, die seit ihrer Existenz einen Kuß warf. Erfreut über das Unkünstlerische setzte er sich wenige Schritte von der Puppe entfernt. ... Was ihn anzog, war der merkwürdige Umstand, daß ihn dieses ruhig konventionelle Lächeln bewußtlos machen konnte.‘ (5)

Diese exemplarische Begegnung mit der Allegorie der ‚Moderne‘, an der alles Leben abfließt, (6) findet für Bebuquin im ‚Museum zur billigen Erstarrnis‘ (6a) statt, in dem er auf der Suche nach dem ‚Wunder‘ der Selbstfindung, den idealen Zustand der ‚Bewußtlosigkeit‘ antrifft, die ‚Ruhe des Leblosen‘, in dem das bewußte Ich abgetötet ist und sich nicht mehr auf die Fiktionen eines Subjektbegriffs bürgerlich kausalen Denkens mit seinen vernunftbestimmenden normierenden Prinzipien einläßt. Da ihm dieser Indifferenzpunkt, der ‚Selbstmord‘ seines empirischen Ichs, noch durch die Gegenständlichkeit der Puppe entgegentritt, und Bebuquin ihn nicht autonom herstellen kann, schmeißt er die Puppe – angeekelt von ihrer Gegenständlichkeit – aus der Tür, schreit sie an und beschimpft sie.

Ausgehend von der gleichen Problematik ergreift Dada absichtlich nicht die Möglichkeit, sich der Gegenständlichkeit der Puppe zu entledigen, denn Dada setzt sich nicht dem Schöpfungsmythos der totalen Neubestimmung des künstlerischen Individuums, einer bestimmungslosen Utopie direkt aus, sondern versucht sich gerade in dieser ‚billigen Erstarrnis‘, im Bereich der Trivialität und Banalität, einen Raum zu erhalten und ihn produktions- wie wirkungsästhetisch zu verarbeiten.

Dada ist aus dem Variéte hervorgegangen, aus Kolportageromanen, Detektivgeschichten, Jahrmarktbudenzauber, Illustrierten, die Bewußtlosigkeit und ‚wirkliches Leben zu herabgesetztem Preis‘, ‚Stoff ohne Formung‘ (7) verbanden. Dada begibt sich – im Gegensatz zu ‚Bebuquin‘, der noch vor dem Krieg geschrieben wurde – auf das Niveau der Gleichzeitigkeit: Die Erfahrung von Gegenständlichkeit, von Verdinglichung und Entfremdung wird als überdimensional vermittelt. ‚Nun aber rückt im Kitsch die Dingwelt auf den Mensch zu‘ (8): In den trüben Alltag der ‚morsch verwesenden Kultur Europas‘ (Grosz) dringt zweideutig das Licht der amerikanischen Kulturindustrie. Dada richtet sich im ‚Museum zur billigen Erstarrnis‘ ein – im Unterschied zu Bebuquin.

Hausmann tritt für die ‚konventionelle Phantasie‘ ein, die ‚Phantasie der Brennschere, des elektrischen Bügeleisens, des Heisslufthaartrockners ...‘ (9) Duchamp fertigt bereits vor dem Krieg seine ersten Ready-mades. Das Fahrrad-Rad (Kat. Nr. 3/505)vermittelt ihm z. B. den eben erwähnten Zustand der Bewußtlosigkeit. Die Puppe – der ‚Geist unserer Zeit‘(Kat. Nr. 3/671) – ist die dadaistische Allegorie, die im Zusammenhang und unter dem Einfluß der ‚Musa Metafisica‘ den Überdruß Bebuquins produktions- und wirkungsästhetisch umsetzt: Dada bezieht ein neues Verhältnis zu den Dingen, indem Dada ‚diese Welt als Schicksal ohne Fatalismus, als seine eigene lächerliche Ernsthaftigkeit auf sich nimmt‘. (10)

Der enzyklopädisch verfügbar gewordenen Welt, ihrem logisch aufbereiteten Inventar listen die Künstler den banalen Namen Dada ab. Dada hält den Moment fest, an dem die Vernunft in Groteske, in Unsinn umschlägt; der Unsinn Dada, seine Affinität zum Wahnsinn – wie noch deutlich wird – läßt sich als eine Bezugsform der Vernunft bestimmen und kann im Zusammenhang von Foucaults Untersuchun-

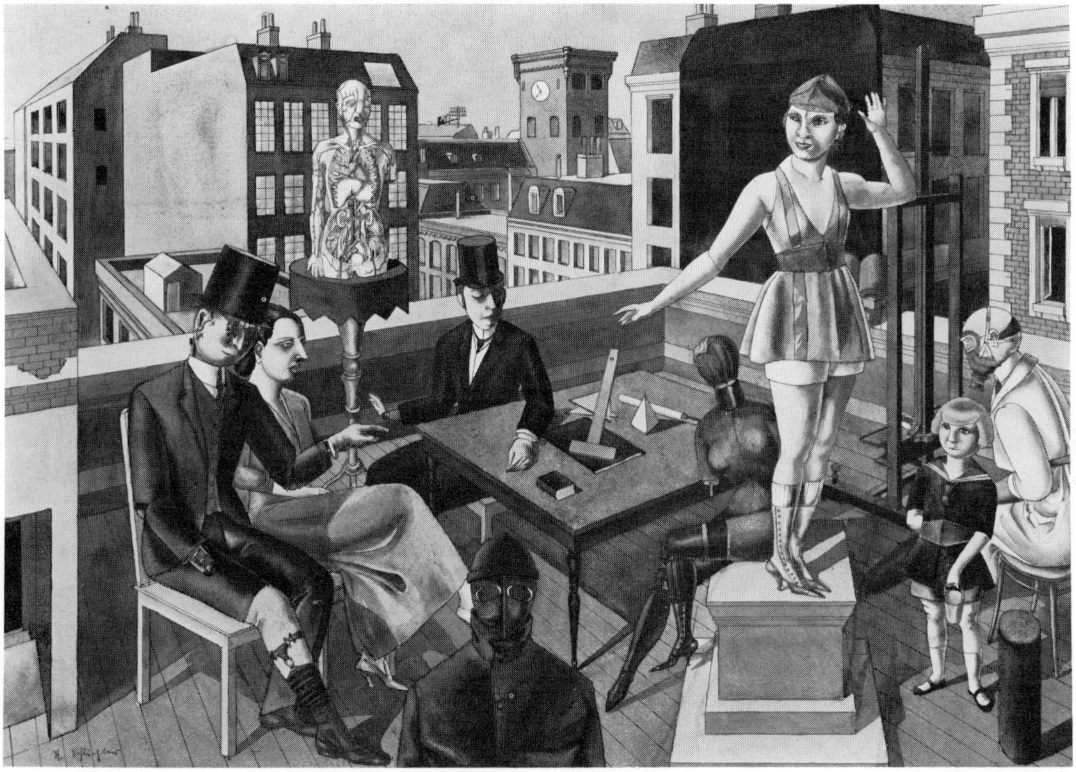

3/709
Schlichter,
Dachatelier, 1920

gen über ‚Wahnsinn und Gesellschaft' folgenden Bezug verdeutlichen: ‚Wahnsinn und Vernunft treten in eine ständig umkehrbare Beziehung, die bewirkt, daß jede Wahnsinnsform ihre sie beurteilende und meisternde Vernunft findet, jede Vernunft ihren Wahnsinn hat, in dem sie ihre lächerliche Wahrheit findet. Wahnsinn und Vernunft werden aneinander gemessen, und in dieser Bewegung reziproker Beziehung weisen beide einander ab, stützen sich aber gegenseitig.' (11) Die Beziehung, die W. Höllerer für Dada geltend macht zwischen ‚System' und ‚Systemstörung' (12), bestärkt dieses Spannungsverhältnis. Durch den Krieg – so Hugo Ball am 7. 4. 1917 – verlor der Mensch ‚seine Sonderstellung, die ihm die Vernunft gewährt hatte'. (13)

Die Bedeutung Dadas als kinderlallende Evozierung von Naivität gliedert sich darüberhinaus ein in dieses Bedeutungsspektrum. In der bildhaften Bedeutung von ‚Holzpferdchen' gehört es zur Kindheitsmetaphorik, die sich seit Baudelaire auf ein schöpferisches Genie bezieht. Für Dada fällt sie mit dem ‚Indifferenzpunkt des Nichts' zusammen, der Kunst und Wirklichkeit in einem nivellierenden Anästhesierungsprozeß angleicht. Dieser Prozeß entspricht der Tätigkeit des Allegorikers. Pegasus, das geflügelte Dichterpferd, wird auf die Erde geholt und zum trivialen Holzpferdchen – zum Dada. Da das Wort als lallendes Sprachstadium bereits erste Ansätze eines ‚principium individuationis' (C. Einstein), einer sich bildenden Subjektivität in sich birgt, wird diesem Dada gleich ein Antidada entgegengesetzt, das jeden Verdacht auf Herrschaft stabilisierende, sich bildende Kontinuität eines bürgerlichen Subjektbegriffs zersplittert und aufhebt. In Dadas Absicht liegt es, sich eine permanente Aufbruchs- und Unterwegsgestalt zu erhalten. ‚Der Dadaist nützt die psychologische Möglichkeit aus, die in seiner Fähigkeit liegt, seine Indivi-

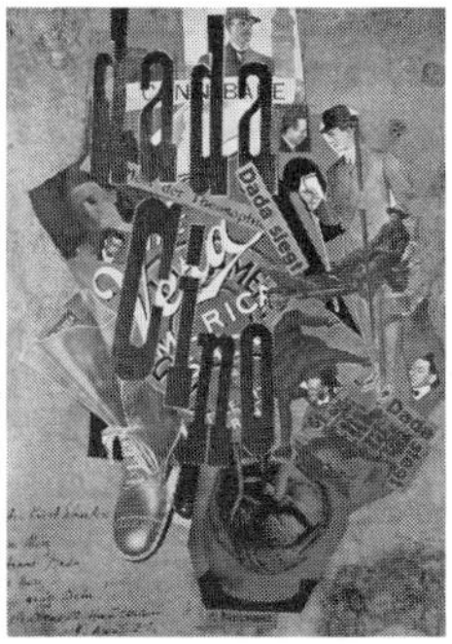

3/597
Hausmann,
Dada-Cino,
1920

dualität loszulassen wie man ein Lasso losläßt oder wie man einen Mantel im Wind flattern läßt. Er ist heute nicht mehr derselbe wie morgen, er ist übermorgen vielleicht ‚gar nichts', um dann ‚alles' zu sein.' (14) Dieses ständig variierende, sich auf nichts einlassende Stadium, das einem Nomadenbewußtsein (Picabia) gleicht, kann sich seine allumfassende Verfügbarkeit nur erhalten, indem es in simultaneistischem Verfahren eine größtmögliche relativierende Vielfalt erreicht, in der alle historischen Bedingtheiten aufgehoben sind. Im ‚Dada Cino' (Kat. Nr.3/597) von Raoul Hausmann wird diese Möglichkeit vorbildlich durch ein Embryo visualisiert. Dieses Sinnbild zielt auf die Rückverwandlung der zivilisatorischen Erstarrnis in Natur. Euphemia, die ‚Wachspuppe der billigen Erstarrnis' im ‚Bebuquin', fliegt mit ihrem Embryo auf dem Vogel ‚Schmerzkakadu', dem Sinnbild des Wahnsinns. In der Szene werden Wahnsinn und Kindheit als die Enklaven der Natur zusammengefaßt, die sich dem zersetzenden Zugriff zivilisatorischer Prozesse entzogen haben. Die Montage von Vogel und Frau – Metaphern von Max Ernst – ist auch in demselben Zusammenhang zu sehen.
Erst in der Auflösung des im Schema des Denkens überlieferten Subjekt-Objekt-Verhältnisses ist dieser Indifferenzpunkt zu erreichen, der dem ‚gar nichts' ein ‚alles' entgegensetzt. In der absoluten Ambivalenz zwischen ‚gar nichts', d. h. ‚alles' liegen sowohl kritische Möglichkeiten wie auch statische Momente von Dada. Die kritischen Ansätze von Dada reagieren negativ auf tradierte Formen und reflektieren ihre Position auf sich und die Gesellschaft im Bewußtsein der Gleichzeitigkeit. In der permanenten Beliebigkeit von Dada schaltet sich jedoch ein statisches Moment von Widersprüchlichkeit ein. In der Reise der ständigen Wechsel von Blickrichtungen gibt es im Reiz des immer Neuen ein erstarrtes Moment, das keine erkenntnissetzende Entwicklung, keine handlungsgerichtete Erfahrung zuläßt. ‚Alles' bezeichnet in letzter Konsequenz die Relativierung eines erkenntnismäßigen Prozesses bis zu begrifflosem Erleben, Schock und Faszination – Hausmann spricht vom ‚wirklichen Erleben aller Beziehungen'. (15) Dieser Ansatz kennzeichnet den aktionistischen Aspekt Dadas, vergegenwärtigt die substantielle Fülle des ‚Chaos', in dem sich Subjekt wie Objekt einem gleichermaßen umfassenden Prozeß aussetzen. Diesem Extrem korrespondiert das ‚Nichts', in dem die Dialektik zwischen Kontinuität und Diskontinuität, Erstarrung und Dynamik in dem indifferenzierenden Prozeß – der totalen Reduktion nivelliert werden, dem schöpferischen Nichts, das Mannigfaltigkeit in Undifferenziertheit umschlagen läßt: ‚Für mich gibt es, so sagt Duchamp, noch etwas anderes als Ja, Nein oder Unentschieden, nämlich das Beiseitelassen dieser Art Untersuchung und Beurteilung'. (16) ‚Ich bin gegen die Bezeichnung ‚anti', weil das an die Art der Unterscheidung zwischen Atheist und Gläubigen erinnert. Ein Atheist ist ebenso religiös wie ein Gläubiger und ein Antikünstler ist ebenso gläubig begabt wie der ‚herkömmliche' Künstler. Daher soll man statt ‚Antikünstler' wie bisher, ‚Anartist' sagen.' (17)
Die ambivalente Struktur zwischen ‚Chaos' und indifferenzierendem ‚Nichts' kennzeichnet die dadaistischen Kunstprodukte. Während die Collage sich an ‚chaotischer' Materialbeherrschung berauscht, die mechanische Zeichnung totale Reduktion, Anästhesierung versinnbildlicht, vermittelt die Montage produktive Relativierungen und dialektische Sehweisen.
Die Vielschichtigkeit der dadaistischen Ambivalenz ist in ihrer historischen Ursächlichkeit und ihrem Bedeutungszusammenhang intensiv von Hugo Ball durchdacht. Er benennt im folgenden Zitat die wesentlichen Aspekte von Dada, die diese Untersuchung über den Dadaismus aufgreift und analysiert: ‚Was wir Dada nennen, ist ein Narrenspiel aus dem Nichts, in das alle höheren Fragen verwickelt sind; eine Gladiatorengeste; ein Spiel mit den schäbigen Überbleibseln; eine Hinrichtung der posierten Moralität und Fülle.
Der Dadaist liebt das Außergewöhnliche, ja das Absurde. Er weiß, daß sich im Widerspruche das Leben behauptet und daß seine Zeit wie keine vorher auf die Vernichtung des Generösen zielt. Jede Art Maske ist ihm darum willkommen. Jedes Versteckspiel, dem eine düpierende Kraft innewohnt. Das Direkte und Primi-

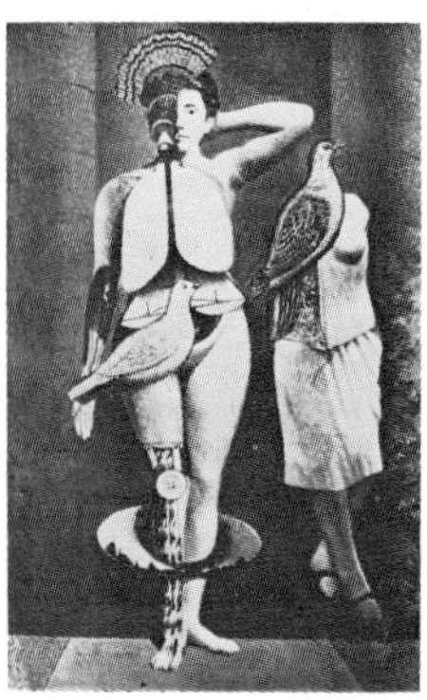

3/658
Ernst, santa conversazione,
1921

tive erscheint ihm inmitten enormer Unnatur als das Unglaubliche selbst. Da der Bankrott der Ideen das Menschenbild bis in die innersten Schichten zerblättert hat, treten in pathologischer Weise die Triebe und Hintergründe hervor. Da keinerlei Kunst, Politik oder Bekenntnis diesem Dammbruch gewachsen scheinen, bleibt nur die Blague und die blutige Pose.
Der Dadaist vertraut mehr der Aufrichtigkeit von Ereignissen als dem Witz von Personen. Personen sind bei ihm billig zu haben, die eigene Person nicht ausgenommen. Er glaubt nicht mehr an die Erfassung der Dinge aus einem Punkt, und ist doch noch immer dergestalt von der Verbundenheit aller Wesen, von der Gesamthaftigkeit überzeugt, daß er bis zur Selbstauflösung an den Dissonanzen leidet.
Der Dadaist kämpft gegen die Agonie und den Todestaumel der Zeit. Abgeneigt jeder klugen Zurückhaltung, pflegt er die Neugier dessen, der eine belustigte Freude noch an der fraglichsten Form der Fronde empfindet. Er weiß, daß die Welt der Systeme in Trümmern ging, und daß die auf Barzahlung drängende Zeit einen Ramschausverkauf der entgötterten Philosophien eröffnet hat. Wo für die Budenbesitzer der Schreck und das schlechte Gewissen beginnt, da beginnt für den Dadaisten ein helles Gelächter und eine milde Begütigung.‘ (18)
Der ‚Bankrott der Ideen‘ und der ‚Ramschausverkauf der entgötterten Philosophien‘ waren für die Künstler und Literaten Resultate, die auf die herrschende Ideologie der Weltkriegspropaganda zurückzuführen war, die die menschlichen Werte dazu verwandte, sie der Kriegsmoral dienlich zu machen. Der Widerspruch zwischen Ideologie und Wirklichkeit bewirkte eine tiefe Desillusionierung. Diese Inflation der Werte bezeichnete für sie die Folgenlosigkeit des ideellen Anspruchs der bürgerlichen Kultur, die weit entfernt von den Ansprüchen ihrer freiheitlichen Ideen sich selbst dechiffrierte. Während ein Wertsystem zusammenbrach, das die Kultur von innen zersetzte und daher unglaubwürdig geworden war, bemächtigte sich von außen das kalkulatorische Prinzip der ‚trockenen Vernunft‘ – konkret – die nivellierende Macht des Geldes, des industriellen Aufschwungs, die Massenkultur der Großstadt – der ‚auf Barzahlung drängenden Zeit‘, die das Individuum vehement in Frage stellte: ‚Das individuelle Leben starb. Die Melodie starb. . . . Maschinen entstanden und traten an Stelle der Individuen.‘ (19) Die monströse Brutalität der in den Materialschlachten und dem Gemetzel der Stellungskämpfe erfahrenen Entfesselung der Technik taten ihr übriges. Sie dämonisierten den Maschinenmythos des 19. Jahrhunderts, das mit dem Aufschwung der Wirtschaft nach dem Krieg einhergehende Prinzip der Kalkulation, Rationalisierung und Verdinglichung des Menschen. Das Bild ‚Ohne Titel‘(Kat.Nr.3/662) von Grosz zeigt einen durch die erstarrten Räume der Stadt umherirrenden, bezugs- und handlungsunfähigen ‚Manichino‘.
Die ‚Enthirnungsmaschine‘ Krieg (J. Vaché) offenbarte den Tiefpunkt einer schon lange sich anbahnenden, ins 19. Jahrhundert zurückführenden Krise. Die Zerstörung organischer Geschlossenheit gesamtgesellschaftlicher Zusammenhänge und das Schwinden der Substanz des Menschlichen beklagte schon Nietzsche unter dem lebensphilosophischen Verdikt gegen die zunehmende rationalisierende, entfremdende Macht der zivilisatorischen Prozesse: ‚Dies ist meinem Auge das Fürchterliche, daß ich den Menschen zertrümmert finde, und zerstreut wie über ein Schlacht- und Schlächterfeld. Und flüchtet mein Auge vom Jetzt zum Ehemals: es findet immer das Gleiche: Bruchstücke und Gliedmaßen und grause Zufälle aber keine Menschen!‘ (20) ‚Und das ist all mein Dichten und Trachten, daß ich in Eins dichte und zusammentrage, was Bruchstück ist und Rätsel und grauser Zufall.‘ (21) Aus der Sicht einer untergehenden Aristokratie erlitt auch Baudelaire das mit dem Bürgertum aufkommende demokratische für ihn nivellierende Denken als ‚Abgrund‘: ‚Für immer bewohne ich ein Gebäude, das einstürzen muß, ein Gebäude, das von einer geheimen Krankheit begleitet wird . . .‘ (22)
Da sich die Dadaisten noch negativ an einem ‚absolut‘ gesicherten Weltbild orientierten und lebensphilosophisch-kulturkritisch argumentierten – ‚Erleben‘, ‚Rhythmik‘, ‚Kontinuität‘ waren Begriffe, die immer wieder auf organische

Geschlossenheit zielten – war der Mensch für sie ‚zerstückelt, zerhackt' (H. Ball) unter den eskalierten Bedingungen der Kriegszeit und des industriellen Aufschwungs. Unter den Geschehnissen des letzten Kriegsjahres verwies Grosz auf diesen Untergang: ‚Darin, daß diese Epoche destruktiv nach unten segelt, bin ich in der Anschauung unverrückbar.' (23) Und Hugo Ball konstatierte 1917: ‚Eine Zeit bricht zusammen. Eine tausendjährige Kultur bricht zusammen. Es gibt keine Pfeiler und Stützen, keine Fundamente mehr, die nicht zersprengt worden wären. . . . Das Christentum bekam einen Stoß. Die Prinzipien der Logik, des Zentrums, Einheit und Vernunft wurden als Postulate einer herrschsüchtigen Theologie durchschaut . . .' (24) Die leblosen ‚Manichini' (Kat.Nr.3/631/632) von De Chirico, die ‚Anatonomie als Braut' (Kat.Nr.3/655) von Ernst, ‚Die Erschöpfung der Marionetten' (Kat.Nr.3/703) von Man Ray sind melancholische Verweise auf diese den Menschen zersplitternden zivilisatorischen Zusammenhänge, und die ‚Leimbereitung aus Knochen'(Kat.Nr.3/659) von M. Ernst visualisiert exemplarisch die das Leben einschnürende Rationalität.

Die übermächtige Dimensionierung der Dinge, die sich in der Warenwelt im Schein verselbständigten, ursächlich beteiligt an der ‚Zerstückelung' des Menschen, provozierten eine Trennung von den tatsächlichen Bedürfnissen und Möglichkeiten der Befriedigung, einen Widerspruch zwischen Schein, Illusion und Wirklichkeit, woraufhin W.Benjamin, auf die pompöse Aufbereitung der Dinge in den Weltausstellungen des 19. Jahrhunderts sich beziehend, feststellte, daß ‚in diesem trockensten Jahrhundert die gesamte Traumenergie der Gesellschaft sich ins lautlose, undurchdringliche Nebelreich der Mode geflüchtet hat, in das der Verstand ihr nicht folgen konnte'. (25) Mit der Verselbständigung des Scheins geht auch eine Verselbständigung der ‚Traumenergie' einher. Daher arbeiteten schon Lautréamont und Carroll – Schriftsteller des 19. Jahrhunderts, die maßgebend die Dadaisten und Surrealisten beeinflußten – mit dem sublimen Entzug der Dinge ins Irrational – Entfremdete und in den ‚Chants de Maldoror' (1868/69) findet sich jene berühmt gewordene zufällige Begegnung einer Nähmaschine und eines Regenschirms auf einem Seziertisch – die Verselbständigung der Dinge, die Man Ray und Breton schließlich personifizierten und sie mit libidinösen Bedeutungen besetzten: ‚Vous m'oublierez' (Sketch von Breton) und ‚L'enigme d'Isidore Ducasse' (Man Ray) (Kat.Nr.3/510). Der Schein der Warenwelt verdeutlichte sich für die Dadaisten radikal als brutaler Streik der Dinge, die sich hedonistischem Verlangen verweigerten und nur noch als sinnlich-fatales Surrogat in der Reklame bestanden – in der Tat als ‚billige Erstarrnis' – gerade in Berlin, in dem nach dem Krieg die größte Hungersnot herrschte: ‚Die Lichtreklamen sind dünne Entzündungen in Blau . . .' (26) Sie versinnbildlicht die tiefe Kluft, die zwischen den Massen und den Objekten aufbrach, zwischen gesellschaftlicher Herrschaft, Macht und Ohnmacht gerade jener Schichten, die nicht unmittelbar an der ‚gesellschaftlichen Kausalität' (Bloch) teilhatten, in denen nach Bloch ‚ein alogischer Raum sich bilden konnte, worin Wünsche und Romantizismen, Urtriebe und Mystizismen rezensent' (27) wurden.

Dada reagiert alogisch. Das ‚Narrenspiel aus dem Nichts' – aus der Entwertung und Vergleichgültigung aller Wert- und Wahrheitsnormen – ist die Reaktion der ins Abseits gedrängten Künstler, die an der Peripherie des Geschehens in ‚helles Gelächter' (Grosz) ausbrechen. Ihr Gelächter ist eine Abwehrreaktion gegen die ‚Angst, die Agonie und den Todestaumel der Zeit', wie es das Zitat von Ball verdeutlicht. – ‚Angst wurde ein Wesen mit Millionen Köpfen.' (28) Angst und mechanische Starrheit, erkennbar am Festhalten historischer Formen, die bereits objektiv in Frage gestellt sind, und für Hausmann als ‚mechanische Funktionalität' – im Gegensatz zur universalen – brutale Berechtigung sucht, kennzeichnet die ‚dominateurs par peur' (29) (die Herrscher aus Angst), die er vor allem sozialkritisch auf den Mittelstand und die bürgerlichen Kreise bezieht. Diese so erfahrene ‚Unnatur', die durch Herrschaftstechnik und Triebunterdrückung vergewaltigte Natur, die die Dadaisten als symptomatisch für europäische Kultur erkennen, bricht in ‚pathologi-

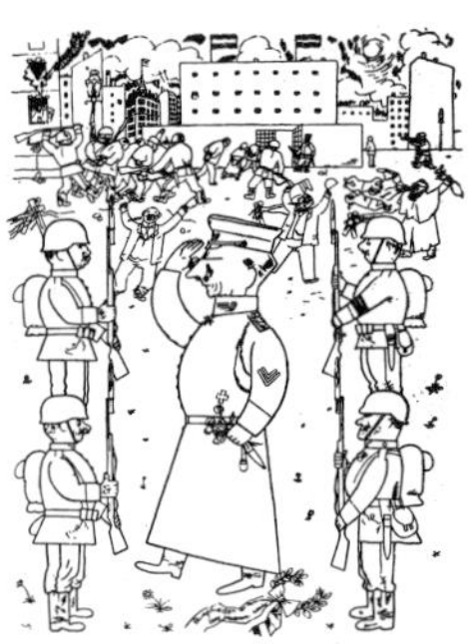

3/195
Grosz, Rückkehr geordneter Zustände
1919

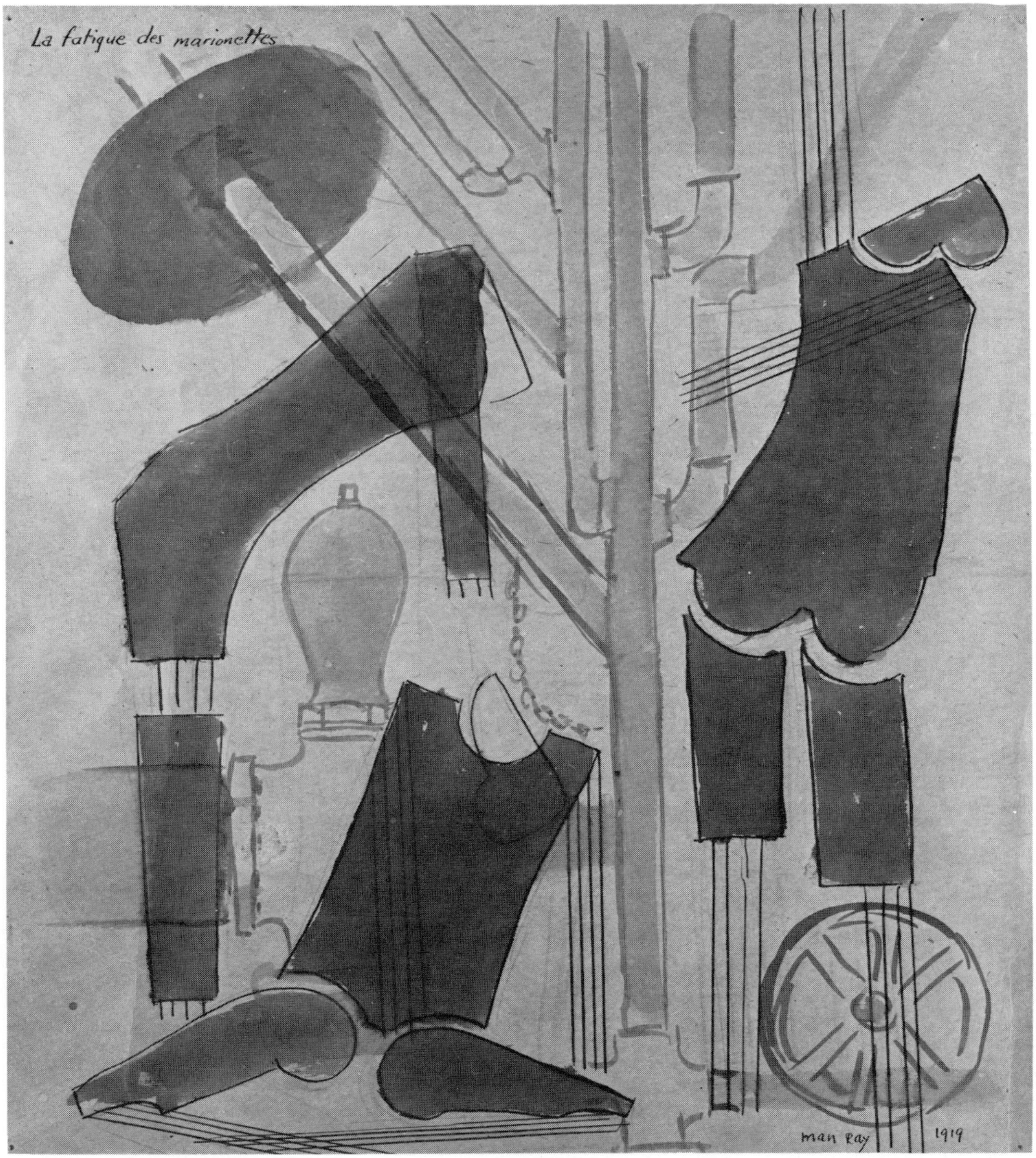

3/703
Man Ray,
Die Erschöpfung
der Marionetten,
1919

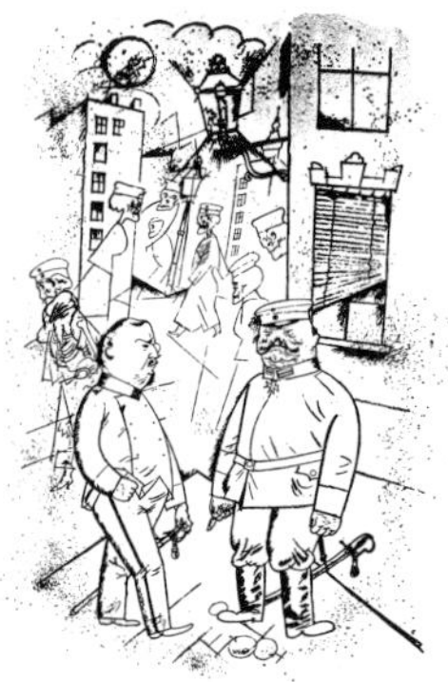

Grosz, Vampire des Todes, 1919

scher Weise' (30) in verdrängter irrationaler Panik und Wahnsinn aus. Die sozialkritischen Zeichnungen von Grosz, Lustmordszenen, Angstzustände dokumentieren einen gesellschaftlichen Zustand, dessen Affekthaushalt zusammengebrochen ist.

Das ‚Gelächter' des Dadaisten bekommt zunächst etwas selbstbezogenes. Er, der sich dem Auflösungsprozeß als nicht mehr aufhebbar aussetzt und das bedrängte, dissoziierte Subjekt lebt, zieht mit seinem Gelächter einen fatalen Schlußstrich: ‚Er glaubt nicht mehr an die Erfassung der Dinge aus einem Punkt, obwohl er bis zur Selbstauflösung an den Dissonanzen leidet.' Während der Expressionist sich an ‚Seele', ‚Wesen', ‚Religion' und ‚Glauben' festhält, der Architekt einen neuen ‚Stil' entwirft, füllt der Dadaist die kulturelle Absicht mit ‚Nichts' – er schockiert mit seinem Gelächter. Während der Expressionist den ‚Weltuntergang' tragisch reflektiert, stellt sich der Dadaist belustigt, zynisch in diesen ‚Untergang'.

Aus der Vielschichtigkeit seiner Bedeutung werden hier folgende Zusammenhänge bewußtgemacht:

Der Bezug zwischen Angst, Wahnsinn und Gelächter, diesem immanent die Relation zwischen Melancholie und Ironie und das notwendig an diese Problematik gebundene Wechselspiel der Dadaisten; weiterhin die sich aus der Hofnarrenrolle entwickelnde Stellung des Künstlers und Literaten als Dandy mit seiner in der Großstadt ausgebildeten Excentricität des Flaneurs, des Reisenden, des ‚distinguished foreigner' (Huelsenbeck).

Die Indifferenz der Ironie als Waffe und Taktik wird zum kennzeichnenden Verhalten des Da-Dandy, dessen dionysische Revolte asketisches Verhalten und Rausch ebenso beinhaltet wie seine tödliche Langeweile.

Das Gelächter der Dadaisten leitet sich aus dem traditionellen Verhalten einer Narrenrolle ab. Während der Hofnarr (31) noch zur Zeit adliger Hofkultur, die bedeutende Rolle hatte, die Melancholie des Herrschers mit seinen Späßen zu vertreiben, den Herrscher durch sein Gelächter zu entlasten und eigentlich erst dadurch Herrschaft zu ermöglichen, ist Dada das ‚Narrenspiel aus dem Nichts'.

Das kulturelle Zentrum des Narren, seine Bezogenheit auf ein in sich geschlossenes funktionierendes gesellschaftliches System, dessen Affekthaushalt durch sein Eingreifen reguliert werden sollte, bezeichnet Hugo Ball mit ‚Nichts'. Das Varieté, das Cabaret Voltaire, das seiner Herkunft und seiner Intention nach auf Zerstreuung der Massen ausgerichtet ist und das Cabaret ‚Schall und Rauch' wie die Dada-Soireen, sind Versuche an diese Tradition des Melancholieaustreibers wieder anzuknüpfen. Sie werden jedoch, auf das ‚Nichts' gestellt, zu gescheiterten Versuchen, sind schon im Ansatz subkulturelle Erscheinungen und können nur dort punktuelle Erfolge zeitigen, wo sie es schaffen, die bereits einsetzende durch die Kulturindustrie und die Medien organisierte Freizeit einzuholen und für sich zu benutzen. Ihr Umgang mit der Presse ist ebenso geschickt wie fatal, denn das Interesse der Gesellschaft im 20. Jahrhundert beginnt sich erst dort einzustellen, wo sich Sensation vermittelt. Wenn das Spiel jedoch als Sensation wieder in den Mechanismus der Gesellschaft eingespannt wird, verliert seine Narrenrolle an Effektivität. Im monologischen Gesang an die Welt von 1917 bekennt sich Grosz als ‚der traurigste Mensch in Europa! Ein Phänomen an Trauer.' (32) Der Topos des traurigen Spaßmachers, des Pierrot, verwandelt sich zum selbstbekennenden melancholischen Einzelgänger, der mit Zynismus und Ironie Realitätstüchtigkeit simuliert: ‚Steifen Hut . . . kein schlapper Hund !!!!' (32a) Sein Bezug zu Chaplins Melone ist offensichtlich. Chaplin wird zum Ehrendadaisten. Grosz malt ein Selbstporträt für Charlie Chaplin, und die Dadaisten protestieren gegen das Verbot, in Deutschland Chaplin-Filme zu zeigen. In Chaplin gewinnen sie ihre Identität – in dem ‚modernen Clown', dessen scheinbare Anpassung an die mechanische Starrheit stets mit Fehltritten beginnt.

Das Narrenspiel bezieht sich nicht nur auf die Rolle des Dadaisten. Es bezeichnet für ihn ebenso umfassend einen Zustand des Wahnsinns, den die Gesellschaft durch den Krieg und nach dem Krieg selbst produziert: denn die gesellschaftliche Realität ist für Grosz ‚ein seliges Abnormitätenkabinett'. (33) Hugo Ball be-

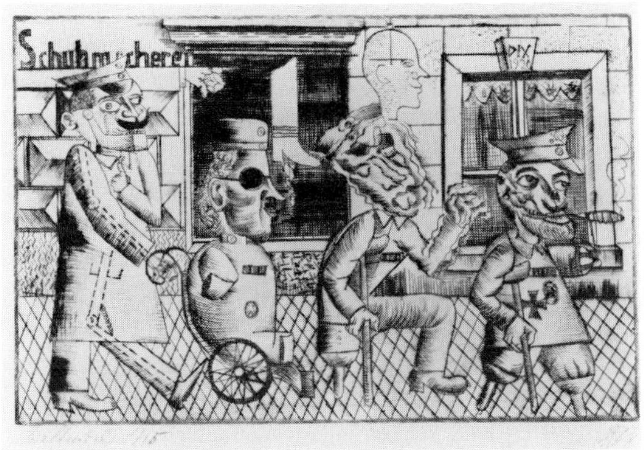

3/519
Dix, Kriegskrüppel, 45% erwerbsfähig, 1920

schreibt 1917 den Zustand des Wahnsinns, in dem der Mensch zum Narren, zum Irren wird: ‚Die Welt zeigte sich als ein blindes Über- und Gegeneinander entfesselter Kräfte. Der Mensch verlor sein himmlisches Gesicht, wurde Materie, Zufall, Konglomerat, Tier, Wahnsinnsprodukt abrupt und unzulänglich zuckender Gedanken. Der Mensch verlor seine Sonderstellung, die ihm die Vernunft gewahrt hatte. Er wurde Partikel der Natur, vorurteilslos gesehen ein Wesen frosch- und storchenähnlich, mit disproportionierten Gliedern, einem vom Gesicht abstehenden Zacken, der sich Nase nennt, abstehenden Zipfeln, die man gewohnt war ‚Ohren' zu nennen . . .' (34) Eine Beziehung zu Nietzsches Krüppelvision ist offensichtlich (35) und verdeutlicht, daß die Kriegskrüppel Narrenprodukte der zivilisatorischen Gesellschaft sind. Und Jacques Vaché konstatiert pessimistisch-unterkühlt: ‚Wie amüsant alles ist, sehr amüsant, das ist eine Tatsache – wie amüsant alles ist! – und wenn man sich auch tötete, anstatt davon zu gehen.' (36) Um den europäischen Wahnsinn nach dem Krieg durchgehend zu demonstrieren, sei noch Walter Mehring zitiert: ‚Antikem Brauchtum gemäß folge dem heroischen Kladderadatsch einer wieder einmal miserablen Geschichtstragödie die schadenfrohe Satyrfarce, dem Größenwitz der Schmieren-Caesaren der nun spottbillige Galgenhumor; dem Versagerspiel der Feste-Drauf-Gott-strafe-England-barden: der Gassenhauer. . . . Dem deklarierten Notstand zum Trotz mangelt es nicht an ‚mauvais sujets'; Ausschweifungen in den Preislagen jeder Geschmacklosigkeit; Hochstapelei in Sach- und Ewigkeitswerten; Schmalz- und Weltanschauung; Pornographie, Vaterlandsliebe und Hurrasozialismus; Lust- und Fememord; Landsknechtstum im Solde der Demagogie. Der ganze Troß der apokalyptischen Reiter, er ist zu haben so harlekinesk in unserem grauen Alltag wie im finstern Mittelalter; zu Lebzeiten unseres Schutzpatrons, des Pauvre François Villon.' (37) Oder Serner: 'Es wird in der Welt regiert, indem Komödie gespielt wird. In diesem Zeichen allein wird gesiegt.' (38)

Mit den Begriffen des Narrenspiels und dem Bild der ‚apokalyptischen Reiter' werden aus fatalistischer Sicht von Ball ebenso wie von Mehring Metaphern des Wahnsinns und des Schreckens eingeblendet, die auf die Anfänge des Wahnsinns in der europäischen Kultur im 15. Jahrhundert verweisen, und die von M. Foucault in reziproker Beziehung zur Entwicklung der Vernunft gesehen werden. Als Bedrohung der Gesellschaft wurden die Narren, die Irren im 15. Jahrhundert auf Narrenschiffe verfrachtet und vor den Toren der Stadt ausgesetzt. Die Serie der ‚Stultifera Navis' wie das ‚Narrenschiff' von Hieronymus Bosch, sind Zeugnisse und Parteinahme für diesen Wahn, der die Gesellschaft reflektiert, denn auf ihnen ist der Baum der Weisheit und des Wissens. (39)

Das Bild gewinnt in mehrfacher Hinsicht für Dada symbolische Bedeutung: Zunächst findet Dada als permanente Unterwegsgestalt, als ständiger für sich selbst gesetzter Aufbruch in dem Narren einen Urahnen. Diesem als unfreiwillig Ausgesetztem, der auf dem Meer treibt, entspricht die Liminarsituation, in der der dadaistische Künstler steht und schon im ‚Bâteau Ivre' von Rimbaud seine Gestalt im 19. Jahrhundert fand. Foucault nennt den Narren den ‚Gefangenen seines eigenen Aufbruchs' (40), dessen Reise , . . . 'zugleich rigorose Trennung und endgültige Überfahrt ist'. (41) Seine gefangene Situation an der Schwelle, an der des Übergangs – in der ‚unfruchtbaren Weite zwischen zwei Welten, die ihm nicht gehören können' (42) gewinnt für Dada eine Symbolkraft, die Hausmann ‚als Schweben zwischen zwei Welten' (43) bezeichnet. In dem Zusammen-

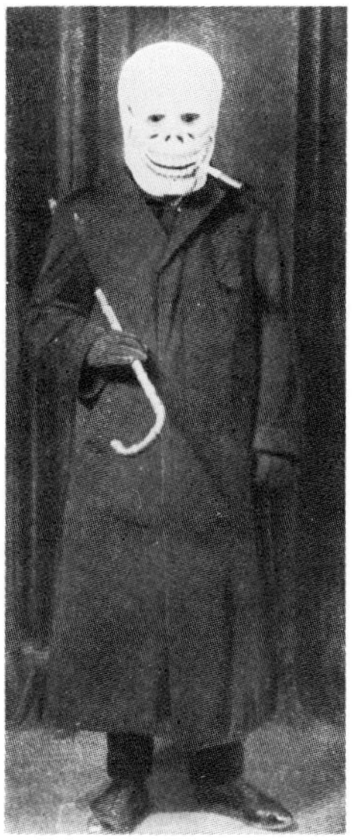

3/359
Grosz, als Tod verkleidet, um 1920

hang werden von ihm die dadaistischen Mittel und Taktiken benannt, die diesen fortwährenden freien Zustand der dennoch ‚gefangenen Situation' darstellen helfen: ‚Wenn wir mit der alten (Welt – H. B.) gebrochen haben und die neue noch nicht formen können, tritt die Satire, die Groteske, die Karikatur, der Clown, die Puppe auf; und es ist der tiefe Sinn dieser Ausdrucksformen, durch das Aufzeigen der Marionettenhaftigkeit der Mechanisierung des Lebens, durch die scheinbare und wirkliche Erstarrung uns ein anderes Leben erraten und fühlen zu lassen'. (44) Diese Unterwegsgestalt wird jedoch in einer Hinsicht sehr früh Ende 1918 von Heartfield und zum Teil von Grosz durchbrochen. Der Narrencharakter bezeichnet nicht mehr eine ‚gefangene' Unterwegsgestalt sondern eine ‚heitere' Verabschiedung von einer gesellschaftlich-komisch gewordenen Situation, einer ‚Komödie' ‚als letzter Phase einer weltgeschichtlichen Gestalt', (45) die in den Zusammenhang einer konkreten utopischen Konstruktion rückt, dessen Ufer zumindest vorgezeichnet ist. Von diesem Aspekt aus kann der ‚Narr' des Berliner Dadaismus zeitweilig operativ agieren.

Im Dadaismus selbst überwiegt das Bewußtsein des Wahnsinns, dieser ‚gefangenen' Situation, die Ball in enge Beziehung zum Todestaumel der Zeit setzt und die durch die Gesellschaft als ‚Narrenspiel' vorgeführt wird. Ball greift hier auf die im 15. Jahrhundert aufkommende Bedeutung des Wahns zurück, als bereits vorweggenommene Ankunft des Todes. H. Ball setzte sich intensiv damit auseinander und ließ selbst Texte aus dem 15. Jahrhundert auf den Dada-Soireen lesen. Im Narrenspiel liegt der Spott des Wahnsinns, der an die Stelle des Todes tritt. Das dadaistische Gelächter, das dadaistische Narrenspiel verinnerlicht die Angst vor dem Tod, dem Untergang in fortgesetzt vorgespielter Ironie (45a). Bezogen auf das Schwinden und den zunehmenden Verlust des gotischen Symbolismus beschreibt Foucault diesen Zusammenhang in seinen historischen Ansätzen: ‚Man entwaffnet die Angst im voraus, macht sie zum Objekt des Gespötts, indem man sie in jedem Augenblick . . . während des Schauspiels des Lebens erneuert, indem man sie in den Lastern, den Verschrobenheiten und Schrullen eines jeden zerstreut. Die Zerstörung durch den Tod bedeutet nichts mehr, weil sie bereits alles bedeutet, denn das Leben selbst besteht nur aus Abgedroschenheiten, hohlen Worten, leerem Geklingel und Narrenschellen.' (46)

Dieser Verbindung zwischen Wahnsinn und Nichts bemächtigt sich Dada in seinem Lachen als bereits ‚hergestellte Präsenz des Todes' (47) in der Gegenwart, dessen ‚billige Erstarrnis' hier erst ihre ausgesprochene Bedeutung erfährt. Der Wahnsinn, der über alles ‚Lichte, Lufte und Frivole' (48) herrscht, wird von Dada zum Narrenspiel mit der ‚billigen Erstarrnis', mit einer Gesellschaft, in der alles ‚rastaquoueresk' (Serner) ist, mit einer sich in Moden und Konventionen verlierenden kulturellen Stagnation. Dada vereinnahmt hier ebenfalls die symbolische Kraft der Kritik, die sich in den ‚Narren- und Possenspielen' ausdrückte. Denn ‚wenn der Wahnsinn jeden in eine Blindheit zieht, in der er sich verliert, verhilft der Wahnsinnige im Gegensatz dazu jedermann zu seiner Wahrheit; in der Kömodie, wo jeder die anderen täuscht und sich selber düpiert, spielt er die Komödie zweiten Grades, die Täuschung der Täuschung. Er sagt in seiner törichten Sprache, die kein Bild von Vernunft abgibt, die Worte der Vernunft, die im Komischen die Komödie entwirren . . .' (49) Im intendierten Unsinn, in der ‚Heiligkeit des Sinnlosen' (Hausmann) von Dada – in der Unvernunft der Simultan-, Lautgedichte, Collagen, der Dada-Produkte – liegt diese ‚Wahrheit' des Wahnsinnigen, die Dada sichtbar machen will.

Huelsenbeck zitiert im Dada-Almanach Nietzsche, um die dadaistische Bedeutung des Gelächters auf die zum Tode geweihte ‚billige Erstarrnis' selbstironisch in die Tradition der ‚Leichenbitter der abendländischen Kultur' (Hausmann) zu stellen: ‚Wir sind das erste studierte Zeitalter in puncto der ‚Kostüme', ich meine der Moden, Glaubensartikel, Kunstgeschmäcker und Religionen, vorbereitet, wie noch keine Zeit es war, zum Carneval großen Stils, zum geistigen Faschingsgelächter und Übermut, zur transcendentalen Höhe des höchsten Blödsinns und der aristophanischen Weltverspottung. Vielleicht, daß wir hier gerade

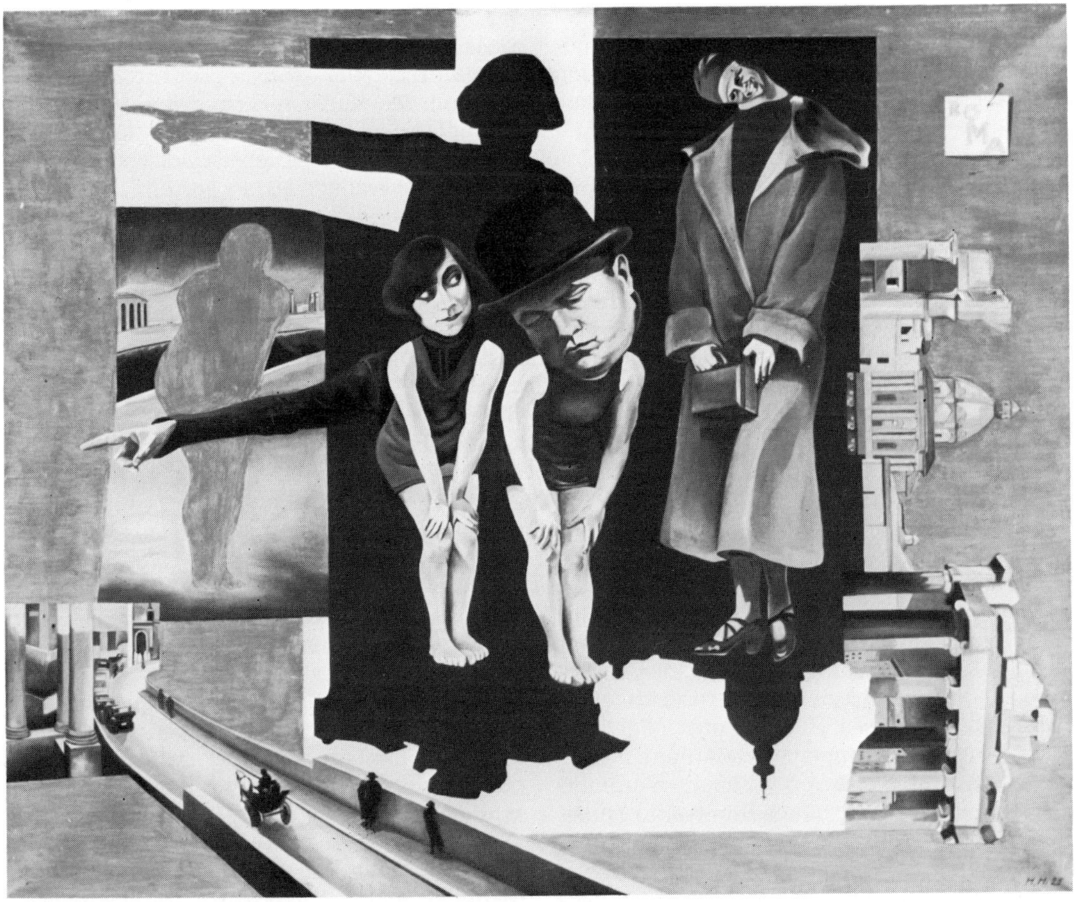

3/616
Höch, Roma, 1925

das Reich unserer Erfindung entdecken, jenes Reich, wo auch wir noch Original sein können, etwa als Parodisten der Weltgeschichte und Hanswürste Gottes – vielleicht, daß wenn auch nichts von heute sonst Zukunft hat, doch gerade unser Lachen noch Zukunft hat.‘ (50) ‚Fiat modes, pereat ars‘ (51) ist dazu das selbstironische Bekenntnis Max Ernsts, der den Kunstwillen des 19. Jahrhunderts persiflierend verdreht, denn dort hieß es noch: ‚Fiat ars, pereat mundus‘ (52), und John Heartfield und George Grosz reagieren zunächst mit dem ‚Ramschausverkauf der Kultur’ in ‚modischer’ Weise: ‚Prompteste Bedienung jedes Auftrages insbesondere von Kunsteilaufträgen. Ausführung jeder Kunstart: expr., futur., dada, metamech. garantiert.‘ (53) ‚Personen sind bei ihm ebenso billig zu haben.’ (54) Der Dadaist setzt sich also mit größtem Zynismus der modischen Hülle der Gesellschaft aus und trägt ihre flüchtige Substanz zur Schau, die der Unterstützung durch das Neue, Unerwartete und den ewigen Reiz des Wechsels bedarf.

Kurz: der Dadaist ist als ‚moderner‘ Narr der Dandy (55), der als Wahnsinniger mit dem Wahnsinn der Gesellschaft spielt, deren ‚billige Erstarrnis‘ zum ‚Spiegel wird, vor dem er leben und sterben muß.‘ (56) Denn er zieht seine ‚Erhabenheit‘ aus einer ständig kontrollierten Askese, die ihm nicht dem Zugriff der Wirklichkeit aussetzt. Er mimt die ‚lachende Gleichmütigkeit, die mit dem eigenen Leben Erhängen spielt, aus dem Wollen heraus, den europäischen Schwindel nicht mehr verantworten zu müssen.' (57) Der Dadaist spielt also vorsichtshalber selbst mit der Wirklichkeit erhängen, bevor sie ihn gänzlich negiert. ‚Bevor er seine Schwäche eingesteht' – schreibt Hugo Ball, dem das Verhalten des Dandy sehr wohl bewußt war, – ‚wird er geneigt sein die Stärke als eine Brutalität in Verruf zu bringen'. (58) Er weiß, daß wer den Rahmen der Wirklichkeit sprengt, gleich mitgesprengt wird. Er ist nicht der ‚poète assassiné' Apollinaires (59), der von den Massen wie Orpheus von den thrakischen Mänaden zerrissen wird, – denn seine Taktik als Dandy, notfalls sein Schweigen, bewahren ihn davor. Sein Narrentanz ist selbstbezogen der eines Narziß, der als ‚tänzerischer Geist über den Moralen der Welt' (Huelsenbeck) den ‚Balanceakt über dem Abgrund des Mordes, der Gewalt und des Diebstahls' (Hausmann) übt – ein Tanz, der auf sich selbst verweist im narzistischen Hinwegtäuschen der Angst, der Leere und Bestimmungslosigkeit.

Seine lachende Gleichmütigkeit wird mystifiziert als ‚halbbuddhistische Religion der Gleichgültigkeit' (Tzara), wird exotisch von Europa auf Indien und Amerika projiziert als ‚amerikanische Seite des Buddhismus' (Huelsenbeck). In dieser analogischen Montage zweier kultureller Systeme als Affront gegen hierarchisches europäisches Kulturbewußtsein koppelt Huelsenbeck modern amerikanisches Äquivalenzprinzip, das alles dem gleichförmigen Postulat der Austauschbarkeit unterwirft, und die Indifferenz als Buddhismus, als in sich ruhende Leb- und Bewußtlosigkeit. Vergegenwärtigen wir uns, daß der Dadaist sehr europäisch ‚bis zur Selbstauflösung an den Dissonanzen leidet', daß er im Grunde seines Herzens der melancholische Pierrot (s. Grosz, Ball) ist, dann wird deutlich, daß er sich mit dieser außereuropäischen Identifikation einen Kristallpanzer zulegt, an dem der Zugriff der Realität abprallen soll. Die Simulation von Härte, Realitätstüchtigkeit in seiner ironischen Arroganz, sollen identisch werden mit dem idealen Zustand eines ‚ausgeglichenen und ruhigen Geisteszustand' (Tzara), der Gegenwart überwindet. In dieser Indifferenz, dem ‚lächelnden Gleichmut' liegt psychoanalytisch interpretiert der ‚Triumph des Narzißmus', den Freud wesentlich als das Großartige am Humor erkennt: ‚Das Großartige am Humor – im Unterschied zur Komik und zum Witz – liegt offenbar im Triumph des Narzißmus, in der siegreich behaupteten Unverletzlichkeit des Ichs. Das Ich verweigert es, sich durch Veranlassungen aus der Realität kränken zu lassen, zum Leiden nötigen zu lassen, es beharrt dabei, daß ihm die Traumen der Außenwelt nicht nahe gehen können, ja, es zeigt, daß sie ihm nur Anlässe zu Lustgewinn sind'. (61) Gerade letzteres gewinnt schon für den Surrealismus Bedeutung und wird von Breton zur Definition für den ‚Schwarzen Humor' verwendet. Von der ‚Schönheit der Gleichgültigkeit' spricht auch Duchamp im Zusammenhang seiner Ironie, die er als ‚bejahend' betont, um in dieser Affirmation für sich jenen Moment der ‚Überwindung', der Bewältigung der Realität herauszukristallisieren. Die Junggesellenmaschinen des Dadaismus, die Junggesellen von Duchamp wie ‚Fille née sans mère' von Picabia oder die ‚wolkenpumpe' Arps sind Metaphern dieses hermetischen autoerotischen ‚Triumphes des Narzißmus'. Daher ist die Indifferenz für Duchamp sein ‚Lieblingsmittel' und geht einher mit einer ‚völligen Gefühllosigkeit' (62), die seine Kunst bestimmt und nicht zuletzt ‚guten wie schlechten' Geschmack (63) beiseite läßt. Die Indifferenz wird von Jack Burnham bei der Interpretation des ‚Großen Glases' bezogen auf gnostische und hermaphroditische Aspekte (64). Wie prinzipiell sich diese Indifferenz durch den Dadaismus zieht, verdeutlichen nicht nur Tzaras, Picabias, Duchamps Einstellung, sondern auch im Berliner Dadaismus hat sich der Begriff unbeeinflußt durchgesetzt – von Salomo Friedländers ‚Schöpferischer Indifferenz' (65) ausgehend, die sich auf den individualanarchistischen Ansatz von Stirners ‚Schöpferisches Nichts' (66) bezieht.

Die gleich-gültige Verwendung der Materialien in den Collagen wie die Schöpfung des Lautgedichts aus der ‚Indifferenz des Moments' (Hausmann) sind wesentlich Produkte dieser Einstellung. Auch für Carl Einstein gibt es nur einen Romandichter, den Humoristen, den Snob: ‚Er übt Abstand und stört nicht die Gruppe der Geschehnisse, Anschauung eines

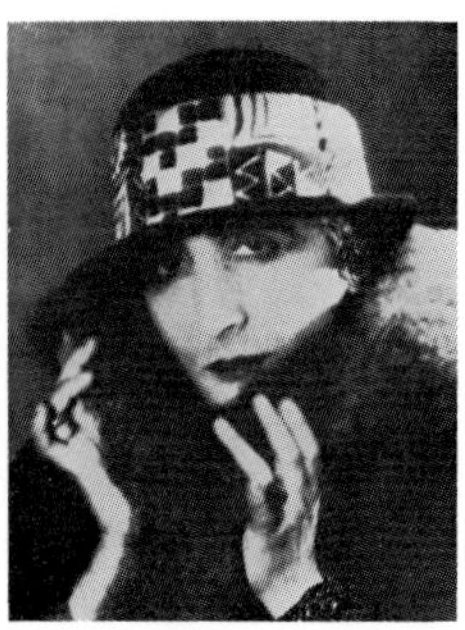

Duchamp, als Rose Selavy, Photo Man Ray, um 1921

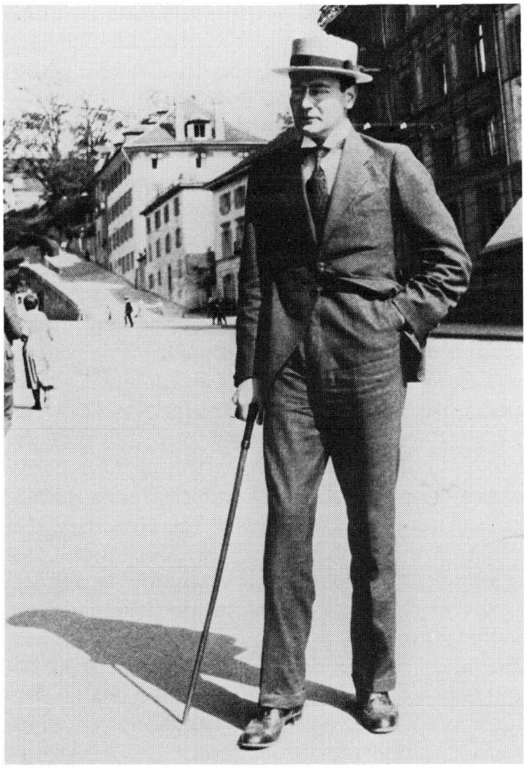

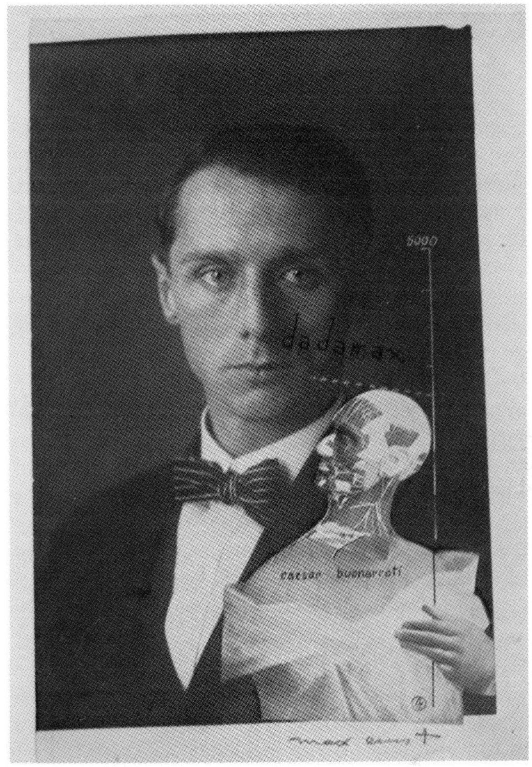

3/380
Serner, 1918/20

3/580
Ernst, the punching ball ou l'immortalité de buonarotti, 1920

solchen ist Fatalismus, Gleichmut. Er hört die Worte eines Menschenbezirkes und bleibt stumm, er übertrug das Recht der Erlebnisse seinen Menschen. Seine Seele kristallisiert sich zu Ereignissen' (67). Hugo Ball sagt im einleitenden Zitat: ‚Der Dadaist glaubt der Aufrichtigkeit von Ereignissen.' Er ist der Passagier, der Flaneur, der detektivisch beobachtet. Hierin liegt die Negation schöpferischer Subjektivität und die Identifikation mit der künstlerischen Maschine – künstlerischer ‚Objektivität' – die die scheinbare Zufälligkeit der Realität in ihrer Objektivität und Bewußtlosigkeit wieder herstellt. Während sich im Dadaismus diese Indifferenz vornehmlich extensiv bestimmt, sich an der ‚billigen Erstarrnis' orientiert, wird sie im Surrealsimus Aspekt der poetischen Einbildungskraft. Im ersten surrealistischen Manifest hebt Breton die ‚tiefe Gleichgültigkeit' hervor, die ‚sie (die Geisteskranken) unserer Kritik gegenüber zeigen und selbst den verschiedenen Strafen, die man über sie verhängt – sie läßt die Vermutung zu, daß sie aus ihrer Imagination einen großen Trost schöpfen und ihr Delirium hinreichend auskosten, um zu ertragen, daß es nur für sie selbst Gültigkeit besitzt.' (68)

Die Bestimmung der Indifferenz als Charakteristikum der Dadaisten mag verwundern, wenn man an jene affektgeladenen Dada-Soireen denkt. Diese Auftritte waren prinzipiell nicht dazu da, ein Publikum aufzurütteln, sondern es lächerlich zu machen, es dem Chaos zu überlassen oder dem Künstler zur eigenen poetischen dadaistischen Selbstdarstellung zu genügen. Wert gelegt wurde auf das aufsehenerregende Provozieren, auf die höhnische Abfertigung eines Publikums und auf den Triumph, sich keine Blöße gegeben zu haben, sondern als Garant eines bankrotten Unternehmens aufzutreten – einer kulturellen Reklamegesellschaft, die selbst nur noch von ihrer Hülle zehrt. Der Dadaist wahrt dabei das Prinzip, vornehm-

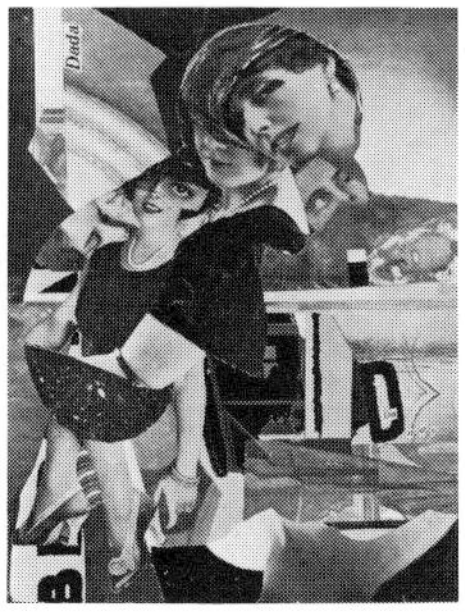

3/607
Höch, Der Da-Dandy, 1920

lich nicht sich, sondern die anderen preiszugeben. Er setzt hiermit die Tradition des Dandys Baudelaires fort, dessen Excentricität wesentlich sich selbst stabilisierte: ‚Man stelle sich einen Dandy vor, der zum Volke spricht, es sei denn, um es zu verhöhnen' (69). Auch bei Hausmann wird dies, wenn auch schwankend, gerade in der politischen Einstellung des Dadaismus ausgesprochen, wenn er die Massen als ‚ungeistig' und sich als ‚antigeistig' (70) bezeichnet, den Kommunismus als ‚schönen Wahnsinn' und die ‚Demokratie als Angst um unser täglich Brot' (71) lächerlich macht.
Mit der geistlosen Attitude – ‚wozu Geist haben in einer Welt, die mechanisch weiterläuft' (72) – trifft er den Kern des Dadaismus, das ‚desinteressierte Gehirn' (Tzara). Die Sinnlosigkeit zweckgerichteten Handelns wird immer wieder betont. Verbesserung ist eine Handlungsweise, die Dada ablehnt – eine ‚handwerklerische Betätigung', die ironisch dem ‚Puffke', ihrem Mittelstandstyp, ihrem ‚Philister', überlassen wird.
Wie bestimmt nun der Dandy sein Verhältnis zur Wirklichkeit, wenn er sich ständig mit der Maske der Indifferenz tarnt und in affektloser Distanz verharren möchte? Wie weit kann diese Form der Weigerung aufrechterhalten werden, wenn z. B. die Wirklichkeit konkret herausfordert?
Dada ist als Gruppe desertierter oder in die Schweiz geflüchteter Künstler entstanden, die dort ein Exil suchten. Das Exil war für sie ihr Narrenschiff. Die dandyistische Haltung hat am konsequentesten Jacques Vaché aufrechterhalten – für ihn wiederholte sich überall dieselbe Kömodie; daher wanderte er nicht aus, sondern zog sich das Kostüm des Soldaten an und erschien der Gesellschaft selbstironisch als deren unmittelbare Verkörperung. Seine Desertation war eine innere – wie Breton bemerkt, mit dem Entschluß, ‚völlige Teilnahmslosigkeit zu zeigen, niemandem und nichts zu dienen, oder besser, beflissentlich einen schlechten Dienst zu erweisen' (73). Der eigentliche Verfremdungseffekt und schwarze Humor – so schreibt E. Lenk dazu, – liegt darin, daß er diese in der ‚belle epoque' geprobte Attitude, – im Schlachthof des modernen Krieges einnimmt. Er ist der Dandy der Kaserne (74). In seiner marionettenhaften Anpassung liegt gerade sein Triumph: ‚Er übt sein gegen-den-Strich unter Bedingungen der totalen Überwachung und dennoch mit einer solchen Genauigkeit aus, daß ein rächendes, unterdrücktes, ja ganz innerliches Lachen knisterte, wo immer er ging' (75). Dieses innere Lachen ist die auf die Spitze getriebene Form des dadaistischen Gelächters. Es ist die Kontrollfunktion über die Marionettenhaftigkeit, die Verdinglichung und Erstarrung des Lebens. Es birgt jenen lebensphilosophischen Anspruch der ‚Vervollkommung', auf die Bergson verwies (76). Die oft auf Chaplin und Valentin bezogene Taktik ist eine Form der ironisch-komischen Bewältigung der Realität, die Brecht bei Valentin folgendermaßen beschreibt: ‚eine ganz trockene innerliche Komik, . . . bei der man unaufhörlich von einem innerlichen Gelächter geschüttelt wird, das nichts besonders Gutartiges hat. Hier wird gezeigt die Unzulänglichkeit aller Dinge, einschließlich uns selbst' (77).
Nur unter dem Vorwand marionettenhafter Anpassung, konventioneller Verhaltensweise dem ‚Lob des Konventionellen' (Hausmann), gelingt es dem dadaistischen Dandy zur subversiven Unterwanderung der erstarrten Wirklichkeit aufzubrechen: Das sarkastische Spiel von Grosz als ‚Kaufmann aus Holland' (78) verdeutlicht dieselbe Taktik wie von Jacques Vaché. Mit arrogantem, spekulativem Kalkul eines Kaufmanns, der am Krieg verdienen möchte, spielt George Grosz die melancholische Verzweiflung seiner expressionistischen Freunde aus. Mit dem Kauf des ‚Hauses Vaterland' in Berlin möchte Grosz Geschäfte machen, indem er Kriegskrüppel die Granatsplitter von Schlachtfeldern als Souvenir des Kriegs bemalen läßt mit Zierbuchstaben: ‚Aus großer Zeit' oder ‚Jeder Schuß ein Ruß'. . . ‚Der Gott der Eisen wachsen ließ', um sie dann zu verkaufen. Die ironische Strategie des Dandy ist gebunden an die Gesellschaft, die er provozieren will – an ‚den Spiegel, vor dem er leben und sterben muß': Dada ‚benützt alle Formen und Gebräuche, um die moralisch-pharisäische Bürgerwelt mit ihren eigenen Mitteln zu zerschlagen' (79). Seine Revolte besteht also darin, den subtilen

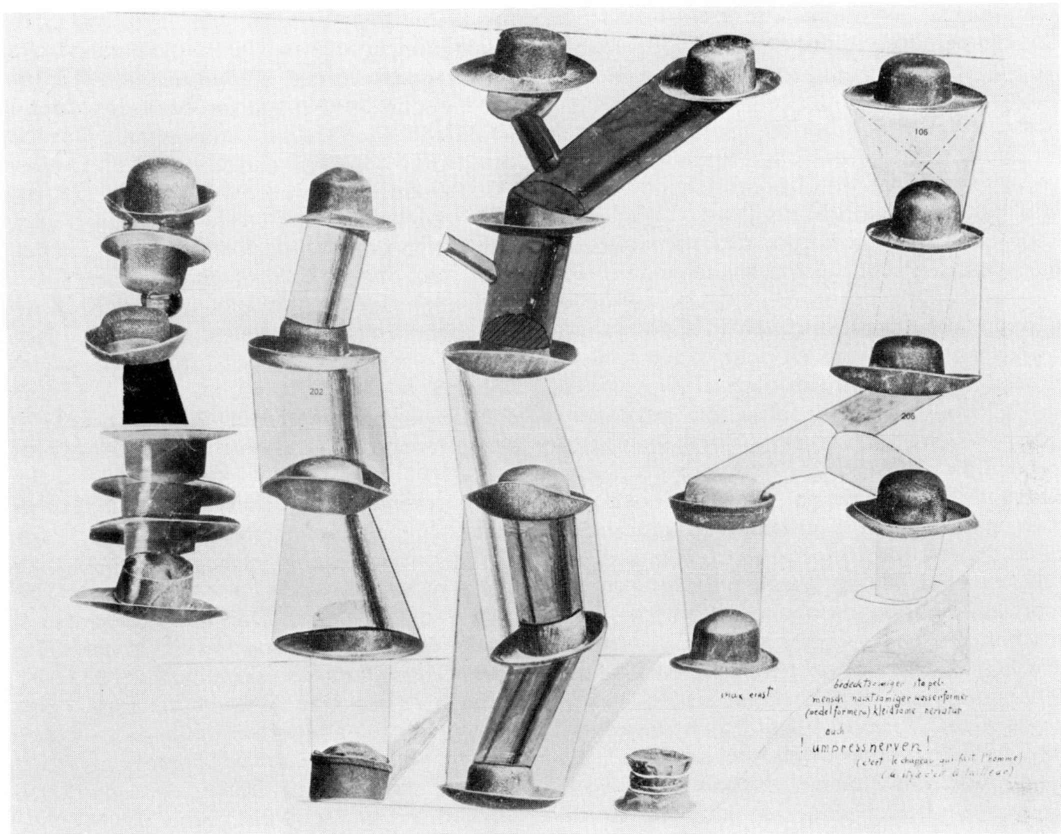

Ernst, Der Hut macht den Mann, 1920
New York,
The Museum of Modern Art

inneren Mechanismus der Gesellschaft zu bedienen, um ihr Instrumentarium wieder gegen sie zu verwenden mit allen Möglichkeiten, die diese Gesellschaft selbst zur Verfügung stellt. ‚Jede Art Maske ist dem Dadaisten daher willkommen', schreibt Hugo Ball in dem anfangs genannten Zitat. Sein Zynismus wird zur Waffe, zum Programm und zur Geste. Sein System ist Verhüllung, Täuschung und Bluff. Der Dandy arbeitet mit dem Wahnsinn der Gesellschaft. Der Narr, – wie schon erwähnt – spielt die ‚Täuschung der Täuschung', um die Wahrheit sichtbar zu machen. ‚Dada, das ist der Bluff . . .' sagt Hausmann ‚da Dada und Bluff gleichzusetzen sind, so ist der Bluff Wahrheit' (80). Hierin enthüllt Dada das kritische Element des Wahnsinns. Es enthüllt ironisch das Paradox, den fatalen Legitimationsversuch, der sich in Äußerlichkeiten verlierenden Gesellschaft. Während der Dandy Baudelaires noch den Salon als öffentlichkeitsbestimmendes Milieu hatte, der Flaneur als Typ des Dandys sich jedoch schon verselbständigte und die Straße zum Spiegelbild seiner Welt nahm, tritt der dadaistische Dandy noch weiter in die Öffentlichkeitsstrukturen ein: Seine Konventionalität ist der Alltag, die Banalität. Hugo Ball spricht vom ‚Dandyismus der Armen' (81). Er ist nicht nur der Spieler des Cabarets, der Soireen – er ist der Spieler der Nationalversammlung in Weimar, der Straße, der kulturindustriellen Sphäre des Amerikanismus. ‚Was ist dada? Eine Kunst, eine Philosophie? Eine Politik? Eine Feuerversicherung? oder: Staatsreligion? Ist dada wirklich Energie? oder ist gar nichts? d. h. alles?' (82). Dada ist der gutbürgerliche ‚Club' wie der

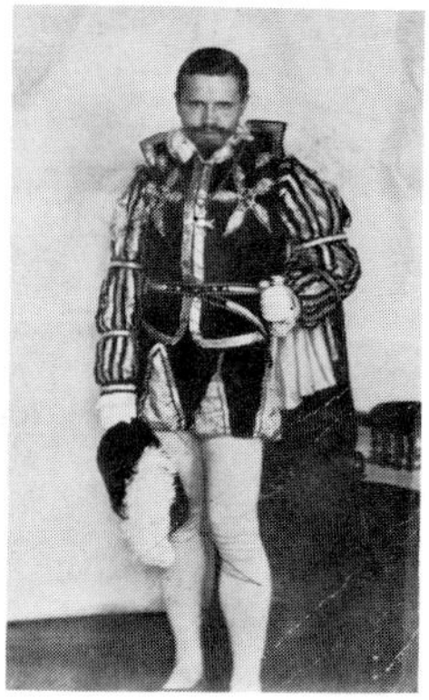

3/345
Baader, um 1915

‚Zentralrat'. ‚Der Dadaist', schreibt Serner, ‚ist der Desperado . . . , der als Prophet, Künstler, Anarchist, Staatsmann etc, kurz als Rasta Unfung treibt' (83). Die Dadaisten sind schließlich Präsidenten und Präsidentinnen, der Dadaist ist der Rowdy, der demoliert und mit dem Revolver aufs Theaterpublikum losgeht (J. Vaché), er ist der Boxer (A. Cravan), der Boxkämpfe austrägt, er ist der Kaufmann (Grosz), der Ingenieur im Monteuranzug (Heartfield), der Journalist (Huelsenbeck), der Arbeiter (Grosz), der schwitzend wie in tiefen ‚Bergwerks' arbeitet, er ist Prophet, Wahlkandidat, Staatsmann, Kirschbaumzüchter (Baader), er ist Philosoph und Modeentwerfer (Hausmann), er ist Reklameberater (Schwitters), amerikanischer Dandy, er ist der Dandy der luxuriösen Autos und Feste (Picabia), der Bibliothekar, der sich unauffällig mit dem Leben arrangiert (Duchamp), er ist der Dandy par excellence (Serner), der ‚Rasta', der asketisch lebt und trainiert, er ist ‚der Dandy, der unaufhörlich danach trachtet, erhaben zu sein. Ein großer Mensch . . . und ein Heiliger für sich selbst: das einzig wichtige – tagtäglich der größte Mensch zu sein' (84). Letzteres sagt Ball und verweist bereits auf das Bekenntnis, das der Dandy ablegen muß. Das Zitat selbst könnte eine Paraphrase von Baudelaires Definition der dandyistischen Attitüde sein: ‚Der Dandy muß sein ganzes Streben darauf richten ohne Unterbrechung erhaben zu sein' (85). Zu seiner verhüllenden Strategie gehört es auch zu schweigen. Otto Mann beschreibt den Dandy als ‚wirkungsvolles gefährliches Geheimnis; es ist nicht stumm . . . es ist unheimlicher als die Rede. In seiner geistigen Haltung ist seine Macht überall fühlbar, doch nirgends in ihren Ursprüngen zu enträtseln . . . immer ist er der Gesellschaft ein Phänomen der Bewunderung, des Staunens, der Furcht, immer ist er überraschend, immer verblüffend; er verblüfft seine Opfer, düpiert sie, bleibt verhüllt' (86). Auch gehört es zum Verhalten des Dandy zu betonen, daß seine Kunstprodukte nichts zu bedeuten haben – so z.B. Schwitters zu seinem Merzbau. Diese Strategie des Dandy kann von Duchamp bis Warhol verfolgt werden und steht in engem Zusammenhang zu seiner ironischen Einstellung zur Kunstproduktion: Letzte Konsequenz liegt für ihn darin, den 'Umour' zu haben, 'nicht schöpferisch zu sein' (87). (Vaché) Er protestiert mit dieser Entsagung. ‚Das beste Buch – so Serner – ist stets das unterlassene' (88). Die Stagnation der sinnentleerten, monotonen, erstarrten Gesellschaft – das Negative, den Betrug der ‚billigen Erstarrnis' trägt der Dandy bewußt ironisch in der substanzlosen, ephemeren Form seiner Kunstproduktion zur Schau und spielt mit seiner betonten Langeweile die Unmöglichkeit vor, ein kulturgebundenes Subjekt zu realisieren. Seine Langeweile ist das Vorstadium des Schweigens, denn – so Einstein – ‚Vernunft langweilt' (89). Für Serner ist der ‚jeweilige landläufige Etat der bewohnten Erdoberfläche lediglich das folgerichtige Resultat einer unerträglich gewordenen Langeweile' (90). Die ‚Einstellung, die Welt der Dinge nicht zu ernst zu nehmen', ist für Duchamp entstanden, ‚aus Angst vor Langeweile zu sterben' (91). Und Tzara meint, daß er ‚ein Abenteurer großen Stils und mit feinem Gestus geworden wäre, hätte er nur die psychische und physische Kraft, die eine Aufgabe zu vollbringen: sich nicht zu langweilen' (92). Schreiben – Kunst ist nur ‚eine Zuflucht' (Tzara).

Mit dem dadaistischen Dandy ist in die Kunstproduktion des 20. Jahrhunderts ein wesentliches gesellschafts- und kulturkritisches Phänomen eingegangen, das auf Auseinandersetzungen verweist, die immer noch aktuell sind. Abgesehen von den Künstlern, die sich ohnehin auf die Tradition des Dadaismus berufen – nennen wir so unterschiedliche Künstler wie Kienholz, Beuys, Vostell, Warhol, Gerz – ist die Frage nach einer Neubestimmung künstlerischer Produktivität mit dandyistischem Vorzeichen u. a. ebenso in Wim Wenders Film ‚Im Laufe der Zeit' wie in Handkes ‚Publikumsbeschimpfungen' vorgespielt.

Der dadaistische Dandy sucht hingegen nach einem ‚Sprung' aus seiner ‚gefangenen Situation' – seinem Narrenspiel, seinem ‚Schweben zwischen zwei Welten', seinem Maskenspiel mit der ‚billigen Erstarrnis': Seine Identitätssuche ist ebenso unterschiedlich wie sein Rollenverhalten. Im Bekenntnis des Dandy zum Surrealismus, Kommunismus, Katholizismus und zur Neuen Sachlichkeit finden sich verselbständigte Aspekte seiner Revolte. Im Surrealimus abstrahiert er vom Identitätsprinzip: ‚Wer weiß, ob wir uns nicht darauf vorbereiten eines Tages, dem Identitätsprinzip zu entkommen?‘ (93). Im Katholizismus findet der Dandy die ‚vita contemplativa‘ (94), das Mönchtum, das schon Baudelaire und Wilde nach Hugo Ball ausdrücklich betonten. In der gesellschaftskritischen Darstellung von Schein und Wirklichkeit versucht der dadaistische Dandy aus seiner indifferenten Haltung herauszutreten (95). Während diese Bekenntnisse vornehmlich die asketischen Elemente der Revolte verdeutlichen, verselbständigen sich in der nachdadaistischen Phase auch die dionysischen Elemente – die Feste von Francis Picabia geben dafür Beispiel ebenso wie die Schiffsreisen von Huelsenbeck.

Die Frage nach der Neubestimmung künstlerischer Produktion bleibt offen für diejenigen, die Dada als Lebenshaltung annehmen: Schweigen oder die gefangene Situation des Experiments sind die Alternativen. Duchamp oder Hausmann wie Tzara geben dieser Haltung u.a. Ausdruck.

‚Ich weiß nicht – schreibt Hugo Ball 1917 zum Dadaismus – ob wir trotz der Anstrengungen über Wilde und Baudelaire hinauskommen werden; ob wir nicht doch nur Romantiker bleiben?‘ (96)

Hanne Bergius

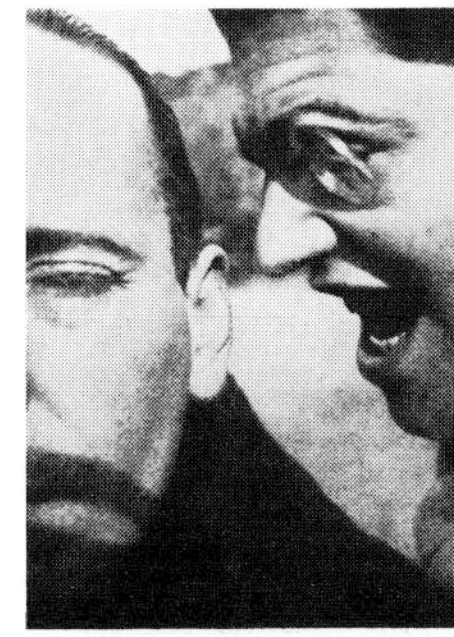

Heartfield/Hausmann, Berlin, 1920

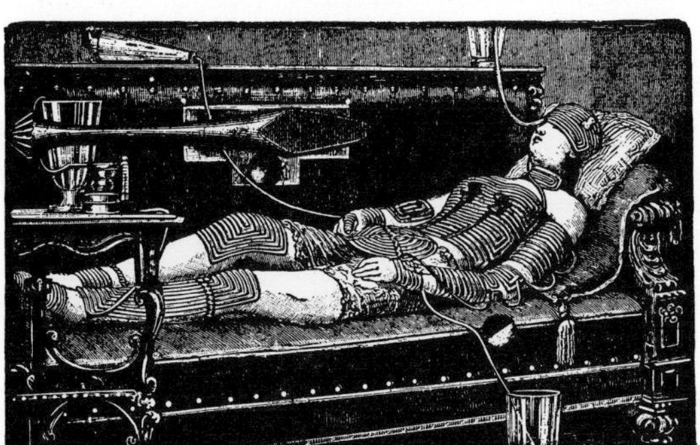

3/659
Ernst, Leimbereitung aus Knochen, 1921

Anmerkungen:

1. Herzfelde, W.: Der Malik-Verlag, 1916–1947, Deutsche Akademie der Künste zu Berlin (o. J.), S. 36
2. Einstein, C. zit. nach Oehm, H.: Die Kunsttheorie C. Einsteins, München 1976, S. 129 (Anm. 285: aus dem Pariser Nachlaß) *‚Die große Frage Beb(uquins). Wie werde ich direkt ohne Umweg;* diese frage führt zum nackten ich.‘
3. Einstein, C.: Bebuquin oder die Dilettanten des Wunders, Verlag Die Aktion, Berlin 1912
4. Das Wunder ist für Einstein das Anderssein: die rigorose Zerstörung und Negation des empirischen Ich mit seinen Fiktionen. Dilettantisch bleiben all jene Versuche, sich nicht absolut dieser Selbstentäußerung hinzugeben.
5. Einstein, C.: Bebuquin oder die Dilettanten des Wunders, Gesammelte Werke, Wiesbaden 1962, S. 192
6. vgl. Allegoriebegriff in: Benjamin, W.: Ursprung des Trauerspiels, hg. R. Tiedemann, Frankfurt 1963, S. 204: ‚Wird der Gegenstand unterm Blick der Melancholie allegorisch, läßt sie das Leben von ihm abfließen, bleibt er als toter, doch in Ewigkeit gesicherter zurück, so liegt er vor dem Allegoriker auf Gnade und Ungnade ihm überliefert.‘ Vgl. auch Bürger, P.: Theorie der Avantgarde, Frankfurt 1974, S. 94
6.a) Einstein, C.: GW, a.a.O., S. 192
7. Dadas Anknüpfen an populäre Kunst und Unterhaltung ist ein Affront gegen kulturelle Verstiegenheit, es erfaßt dabei jenen Moment, den Ernst Bloch folgendermaßen charakterisiert: ‚Jahrmarkt wie Kolportage bewahren derart entscheidende Kategorien verzerrt, die das bürgerlich-gebildete Wesen längst verloren hat; sie bewahren vor allem Seinwollen wie das fehlende Leben . . .‘, (Bloch, E.: Erbschaft dieser Zeit, Frankfurt 1973, S. 177)
8. Benjamin, W.: Traumkitsch, in: Angelus Novus, Frankfurt 1966, S. 160
9. Hausmann, R.: Lob des Konventionellen, in: Die Pille, Jg. 3, Nr. 1/2, Hannover 1922, S. 5
10. Hausmann, R.: Dada ist mehr als Dada, in: Am Anfang war Dada, Gießen 1972, S. 85
11. Foucault, M.: Wahnsinn und Gesellschaft, Frankfurt 1973, S. 51
12. ‚System und Systemstörung‘, Sprache im technischen Zeitalter, Hg. W. Höllerer, N. Miller, H. 61, Berlin, April 1977. Diese Ausgabe steht im Zusammenhang einer unfassenden Dokumentation und Analyse der Dada-Bewegung in H. 55 'Dada-Neodada – Kryptodada –?‘ und H. 60
13. Ball, H.: Kandinsky, Vortrag gehalten in der Galerie Dada, Zürich, 7. April 1917, in: Pörtner, P.: Literatur-Revolution 1910–1925, Dokumente, Manifeste, Programme, Bd. I: Zur Ästhetik und Poetik – unter dem Titel: Die Kunst unserer Tage, Darmstadt / Neuwied a. Rhein / Berlin 1960, S. 136
14. Huelsenbeck, R.: En avant dada, Hannover, Leipzig 1920, S. 32
15. Hausmann, R.: Synthetisches Cino der Malerei,

in: Am Anfang war Dada, hg. G. Kämpf und K. Riha, Gießen 1972, S. 28
16. Duchamp, M., zit. nach A. Schwarz: M. Duchamp, Luzern 1974, S. 21
17. ebd.
18. Ball, H.: Flucht aus der Zeit, Luzern 1946, S. 91/92 (12. VI. 1916)
19. Ball, H.: Kandinsky, a.a.O., S. 138
20. Nietzsche, F.: Also sprach Zarathustra, II. Teil, Werke, 2. Bd., hg. K. Schlechta, München 1955, S. 393
21. Nietzsche, F.: ebd., S. 394
22. Baudelaire, Ch., Monographie, v. P. Pia, Hamburg 1958, S. 107
23. Grosz, G.: Brief an O. Schmalhausen, 18. 2. 1917, aus: George Grosz Archiv, Berlin, Akademie der Künste
24. Ball, H.: Kandinsky, a.a.O., S. 136/137
25. Benjamin, W., zit. nach: Lenk, E.: Der Traum als Konstruktionsprinzip bei Lautréamont und Carroll, in: Lautréamont, Gesänge des Maldoror, München 1976, S. 303
26. Grosz, G.: New York I (Gedicht), in: Gedichte und Gesänge 1916–1917, Litomysil 1932
27. Bloch, E., a.a.O., S. 110
28. Ball, H.: Kandinsky, a.a.O., S. 138
29. Hausmann, R.: Nous ne sommes pas des photographes (1921), in: R. Hausmann, Courrier dada, Paris 1958, S. 92
30. s. einleitendes Zitat H. Balls, Anm. 18
31. vgl. Lepenies, W.: Melancholie und Gesellschaft, Frankfurt 1972, Kap. ‚Über den Hofnarren'
32. Grosz, G.: Gesang an die Welt, in: Gedichte und Gesänge, Litomysol 1932
32. ebd.
32a. ebd.
33. ebd.
34. Ball, H.: Kandinsky, a.a.O., S. 136/137
35. Nietzsche, F.: Zarathustra, II. Teil, Von der Erlösung, S. 392/393
36. Vaché, J.: Brief an Breton vom 9. 5. 1918 zit. nach Lenk, E.: Der springende Narziß, München 1971, S. 22
37. Mehring, W., zit nach Kreuzer, H.: Die Bohème Stuttgart 1968, S. 216
38. Serner, W.: Letzte Lockerung, Berlin 1964, S. 67
39. vgl. Foucault, M.: Wahnsinn und Gesellschaft, Frankfurt 1969, Kap. ‚Stultifera Navis', S. 19ff.
40. Foucault, M., ebd., S. 28
41. Foucault, M., ebd., S. 29
42. Foucault, M., ebd., S. 29
43. Hausmann R.: Die Neue Kunst, in: Führer durch die Abteilungen der Novembergruppe, Kunstausstellung Berlin, 1921, H. 1 der NG Veröffentlichungen, Berlin 1921, S. 9
44. Hausmann, R., ebd.
45. Marx, K.: Zur Kritik der Hegelschen Rechtsphilosophie, Einleitung, MEW 1, S. 382: ‚Die Geschichte ist gründlich und macht viele Phasen durch, wenn sie eine alte Gestalt zu Grabe trägt. Die letzte Phase einer weltgeschichtlichen Gestalt ist die Kömodie. Die Götter Griechenlands, die schon einmal tragisch verwundet waren im gefesselten Prometheus des Äschylus, mußten noch einmal sterben in den Gesprächen des Lucians. Warum dieser Gang der Geschichte? Damit die Menschheit *heiter* von ihrer Vergangenheit scheide.'
45.a) Foucault, M., a.a.O., S. 34
46. ebd.
47. ebd.
48. ebd., S. 43
49. ebd., S. 32
50. Nietzsche, F., zit. nach Huelsenbeck, Einleitung in: Dada-Alamanach, Berlin 1920, S. 7
51. Fiat modes, pereat ars: Max Ernst, Mappe mit acht Lithographien, Köln 1919
52. Fiat ars, pereat mundus: Kunst muß sein, mag auch die Welt zugrunde gehen.
53. Grosz, G.: Heartfield, J.: Silvestergruß zum Jahr 1921, Berlin, Akademie der Künste
54. vgl. Zitat H. Balls, Flucht aus der Zeit, Anm. 18
55. Der Dandy ist nicht zu verwechseln mit dem Mode-Dandy. Der Dandy verkörpert eine Lebenshaltung, eine Geisteshaltung: Untersuchungen zum Dandy, die in dem Text verarbeitet wurden: Baudelaire, Le Dandy, in: Curiosités esthétiques, L'Art romantique, Paris 1962, S. 481ff.; Mann, O.: Der Dandy, ein Kulturproblem der Moderne, Gerabronn 1962 (erstmals 1925 ersch.). Vorgänger des Da-dandys sind George Bryan Brummel, Oscar Wilde, Barbey d'Aureville, Alfred de Musset, Stendhal, Huysmans, Proust u. a.
56. Bezug wird auf Baudelaire genommen, zit. nach: Baudelaire, in selbstzeugnissen und bilddokumenten, dargestellt von P. Pia, Paris 1958, S. 68; Der Dandy nimmt die Gesellschaft zum ‚Spiegel'. Ein negatives Abhängigkeitsverhältnis zur Gesellschaft bestimmt sein Leben.
57. Hausmann R.: Dada ist mehr als Dada, in: Am Anfang war Dada, a.a.O., S. 89
58. Ball, H.: Flucht aus der Zeit, a.a.O., S. 98
59. Apollinaire, G.: Le poète assassiné (1916), Paris 1947, vgl. Kap. 16, 17 und 18
60. vgl. Zitat Balls, Anm. 18
61. Freud, S., zit. nach Breton, A.: Anthologie des Schwarzen Humors, München 1972, S. 18
62. Duchamp, zit. nach Schwarz, A.: Dada Geist und New York Dada, in: New York Dada, München, Tübingen 1974, S. 15
63. Cabanne, P.: Gespräche mit M. Duchamp, Köln 1972, S. 67
64. Burnham, J.: M. Duchamp, La Signification du Grand Verre, in: VH 101, Nr. 6, Paris 1972, S. 62ff.
65. Friedländer, S.: Schöpferische Indifferenz, München 1918
66. Stirner, M.: Der Einzige und sein Eigentum, München 1968
67. ‚Es gibt nur einen Romandichter', Berliner Nachlaß, Carl Einstein Archiv, Berlin
68. Breton, A.: Die Manifeste des Surrealismus, Reinbek bei Hamburg 1968, S. 12

69. Baudelaire, Ch., Monographie, a.a.O., S. 68
70. Hausmann, R.: Alitterel, Delitterel, Sublitterel, in: Der Dada, Nr. 1, Berlin 1919, S. 3
71. Hausmann, R.: Pamphlet gegen die Weimarische Lebensauffassung, in: Am Anfang war Dada, a.a.O., S. 76
72. Hausmann, R.: Dada in Europa, in: Der Dada, Nr. 3, Berlin 1920, S. ‚642 kg.'
73. Breton, A.: Anthologie des Schwarzen Humors, München 1972, S. 465
74. Lenk, E.: Der springende Narziß, a.a.O., S. 21
75. Breton, A., zit. nach Lenk, E.: Der springende Narziß, a.a.O., S. 21
76. Bergson, H.: Lachen, Meisenheim 1948, S. 16
77. Brecht, B.: GW, Bd. 15, Frankfurt 1967, S. 39, Kap. Karl Valentin
78. Herzfelde, W.: Immergrün, Berlin / Weimar 1975, S. 166 ff.
79. Hausmann R.: Dada in Europa, in: Der Dada Nr. 3, Berlin April 1920, S. ‚642 kg'
80. Hausmann, R.: ebd.
81. Ball, H.: Flametti oder vom Dandyismus der Armen, Berlin 1918 – Eine Parodie der Züricher Dada-Zeit
82. Dadaco-Reprint, Roma / Milano 1970
83. Serner, W.: Letzte Lockerung, a.a.O., S. 15
84. Ball, H.: Flucht aus der Zeit, a.a.O., S. 60
85. Baudelaire, Ch., Monographie, a.a.O., S. 68
86. Mann, O.: Der Dandy, a.a.O., S. 77
87. Vaché, J., zit, nach Breton, A.: Anthologie des Schwarzen Humors, a.a.O., S. 472
88. Serner, W.: Letzte Lockerung, a.a.O., S. 44
89. Einstein, C.: Bebuquin, in: GW, a.a.O., S. 208
90. Serner, W., a.a.O., S. 15
91. Duchamp, M., zit. nach A. Schwarz, New York Dada, a.a.O., S. 17 / 18
92. Tzara, T., zit. nach Lenk, E.: Der springende Narziß, a.a.O., S. 32
93. Breton, A., zit. nach Lenk, E.: Der springende Narziß, a.a.O., S. 72
94. Ball, H.: Flucht aus der Zeit, a.a.O., S. 149 (11. IV. 1917).
Die Konsequenz der vita contemplativa ist eine magische Verbundenheit mit den Dingen, und im weiteren Verlauf die Askese, als eine bewußte Methodik der Vereinfachung und Beruhigung in Sprache und Bild. Die vita contemplativa widerstreitet dem abstrakten Denken; aber die vita aesthetica ebenso. Nietzsche der Ästhet, wo er für die Bosheiten Luthers gegen die vita contemplativa auftritt, ist doch recht blind. Wilde und Baudelaire, die bewußteren Künstler, befürworten die vita contemplativa (und logischerweise das Mönchtum) ganz ausdrücklich. Bilder setzen ein Betrachten, Urbilder aber vielleicht ein Erstarren voraus.
95. Grosz, G., Herzfelde, W.: Die Kunst ist in Gefahr, Berlin 1925, S. 32
96. Ball, H.: Die Flucht aus der Zeit, a.a.O., S. 93

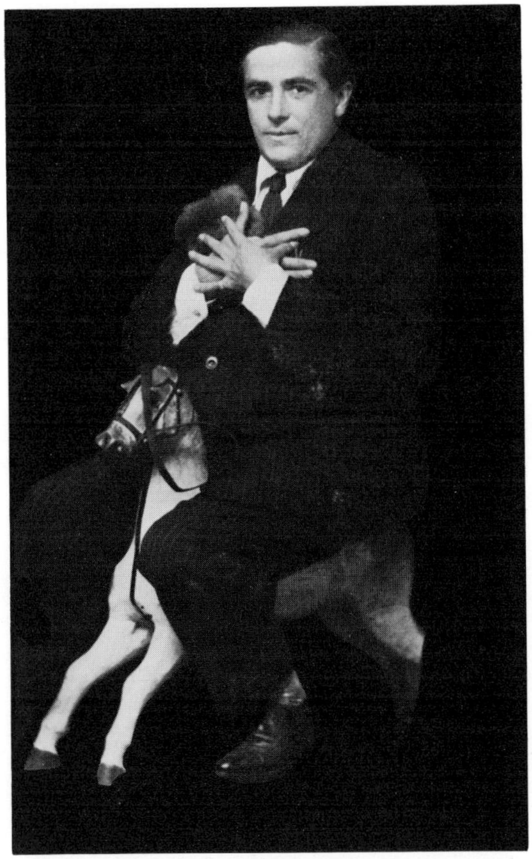

3/374
Picabia auf dem Holzpferdchen dada, um 1920

COLLAGE UND MONTAGE

Die Exponate in dieser Ausstellung folgen in ihrer Anordnung einer Gliederung, die sich nach den Prinzipien dadaistischer Selbstdarstellung und Weltdarstellung richtet. Daraus ist die Erscheinungsweise des Phänotyps dadaistischer (Anti-)Kunst in dreifacher (Anti-)Gestalt abzulesen: dem Prinzip Collage, dem Prinzip Montage und dem Prinzip Metamechanik. Die Prinzipien Collage und Montage sind eng miteinander verknüpft.

Für das Auftreten von Collage und Photomontage als neuer künstlerischer Medien gibt es, knapp gesagt, zwei Ursachen, eine technische: die Erfindung der Photographie und deren Rückwirkung auf die Kunst, und eine bewußtseinsmäßige: der Verfall eines von einer zentralen Idee zusammengehaltenen einheitlichen Weltbildes zugunsten eines pluralistischen, heterogen zusammengesetzten und nicht mehr in allen seinen Teilen zu erfassenden und zu überschauenden Bildes von Welt, das unserem Bewußtsein heute seine Vorstellungsinhalte vermittelt. Das ist eine Folge der Zivilisationsvorgänge, die aus der Konvergenz des Bedingungszusammenhanges Sein – Bewußtsein in ständiger Tempossteigerung der damit verbundenen Aktionen und Reaktionen hervorgegangen sind. Die industrielle Revolution hat u. a. die Bewußtseinshaltung der Menschen verändert, indem sie das Erlebnis der Nichtmehrüberschaubarkeit übergeordneter Strukturen mit sich brachte. Anstelle des Bildes von der Wechselwirkung zwischen Himmel und Erde, anstelle des Bildes von einem harmonisch in sich geschlossenen Ganzen von Natur und Geist tritt ein offenes Zeichensystem, mit den verwirrenden Möglichkeiten eines innerweltlichen Pluralismus. Der Mensch ist daher nicht mehr in die Lage gesetzt, sein Dasein wie sein Bewußtsein bedenkenlos einer höheren Fügung und Führung anzuvertrauen, sondern er sieht sich vor der Notwendigkeit, existentielle Entscheidungen ohne ein generelles Richtmaß vor ständig wechselnden Perspektiven – nicht mehr der Zentralperspektive – immer wieder von neuem treffen zu müssen. Hans Christian Andersen, aus dessen Hand ingestalt eines mit vielen Szenen und Figuren beklebten Ofenschirms eine frühe Collage von durchaus nicht ganz harmlosem Aussehen erhalten geblieben ist, (1) erzählt am Beginn seines Märchens von der Schneekönigin die Geschichte von einem Spiegel, den der Teufel gebaut hat, um sich an den darin stattfindenden Verzerrungen zu ergötzen. ‚Die Koboldschüler liefen damit durch alle Länder, und bald gab es keinen Menschen mehr, der darin nicht verzerrt worden wäre. Das genügte aber den Teufeln nicht. Sie wollten nun auch zum Himmel auffliegen, um sich über die Engel und den lieben Gott lustig zu machen. Je höher sie mit dem Spiegel flogen, desto mehr grinste er, sie konnten ihn kaum noch festhalten. Sie flogen höher und höher mit ihrer Last, Gott und den Engeln näher; da erzitterte der Spiegel so fürchterlich in seinem Grinsen, daß er den Händen entglitt, zur Erde herabfiel und in hundert Millionen und mehr Stücke zerbrach.‘

Die Stücke fliegen nun in der Welt herum, ‚manche nur so groß wie ein Sandkorn‘, manche größer. Es ergibt sich daraus ein zusammengesetztes Bild einer in ihrer Ganzheit nicht mehr einsichtigen Welt. Collage und Photomontage verkörpern diejenigen Bildprozesse im Schnittpunkt der Konvergenz zwischen Sein und Bewußtsein, die diesen Zustand reflektieren und protokollieren. Da sie sich im Bereich Kunst abspielen, liefern sie ein Bild des existentiellen Zustands und seiner Risiken, ohne die Risiken selbst zu enthalten. Franz Mon hat die Prinzipien des künstlerischen Mediums Collage in 8 Thesen definiert, (2) die unter anderem folgende Passi enthalten:

‚Collage transportiert vorgegebene, zivilisatorisch vermittelte Realität in eine neu zu konstituierende Kunst-Welt. Es gibt nichts Reales, das nicht Element von Collage werden könnte. Collage umgreift schließlich nicht nur Einzelgegenstände, sondern ganze Umwelträume, Handlungsabläufe, menschliche Aktionsmuster. In dem Maß, wie Natur reflektiert und vergegenständlicht, d. h. ein Moment des Zivilisationsprozesses wird, könnte auch ihre Erscheinung in Collagen verarbeitet werden.‘

‚In der Collage wird am abgekürzten und für unser Bewußtsein durchsichtigen Modell die

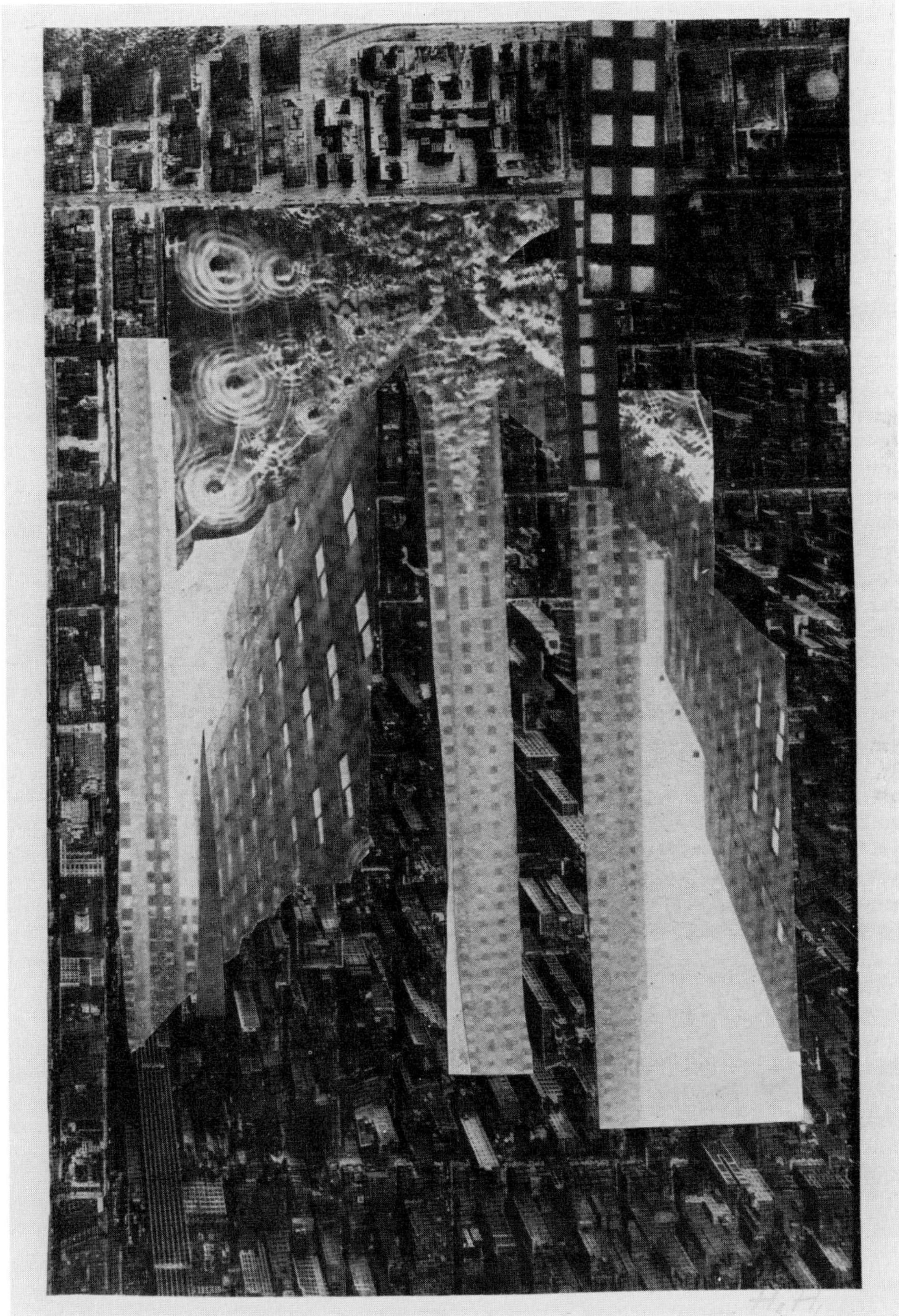

3/611
Höch, New York, 1921

moderne Existenzentscheidung, Wirklichkeit nur als vom menschlichen Subjekt vermittelte Wirklichkeit anzunehmen, vollzogen. Mit Hilfe des Prinzips Collage werden charakteristische Zivilisationsprozesse und Existenzsituationen ohne Ernstfallkonsequenzen nachvollziehbar. In der Vielzahl ihrer Arbeitstechniken – von Reißen (Déchirage) über Brennen (Brulage), Schneiden (Découpage), Knüllen (Froissage), Abreißen (Décollage) bis zum Abreiben (Frottage) – bilden sich analoge zivilisatorische Prozesse und Vorgänge ab. In ihren Hervorbringungen entdeckt sich, was die Ideologien, welche die zivilisatorischen Vorgänge begleiten, gewöhnlich überspielen. Collage bietet die Möglichkeit, die Einsicht in das, was sich in dieser unserer Realität mit uns selbst abspielt, voranzutreiben.'

Auch der äußerliche Aspekt der Voraussetzungen für die Entstehung der Collage ist nicht nur ein vordergründig technischer. Die Erfindung der Photographie geschieht in dem Moment der Bewußtseinsgeschichte, in dem der Verfallprozeß der prästabilierten Harmonie – der ja unter der Oberfläche schon eher begonnen hatte – sichtbar wird. Die Entwicklung der photographischen Technik begleitet die sichtbaren Stadien dieses Vorgangs getreulich das ganze 19. und das bisherige 20. Jahrhundert entlang. Bis in die Mitte des 19. Jahrhunderts ist das Verhältnis des Betrachters zur Photographie noch vorwiegend naiv, indem er davon ausgeht, daß die Photographie auf alle Fälle authentische Umweltrealität objektiv wiederzugeben imstande ist. Diese Auffassung ist aber auch der Grund dafür, weshalb sich die Malerei von der Photographie als einer vermeintlichen Konkurrentin und damit von der Wiedergabe der Umweltrealität ingestalt geschlossener Bildhaftigkeit zu entfernen beginnt. Charles Baudelaire ist Mitte des 19. Jahrhunderts der erste, der darauf hinweist, daß die Kunst durch den Siegeszug der Photographie vor eine neue Problematik gestellt worden sei, und daß hinter der faßbaren Realität noch andere Wirklichkeiten verborgen sein könnten, die das Reservat der Malerei seien. Von da an beginnt die Malerei um die Photographie einen großen Bogen zu machen, dessen Amplitude mit Paul Klees Satz ‚Kunst gibt nicht das Sichtbare wieder sondern macht sichtbar' bezeichnet ist. Das Ende des Bogens ist erreicht, nachdem sich die bildende Kunst von der Photographie endgültig emanzipiert hat. Denn nun hat sie die innere Freiheit gewonnen, mit der Photographie neue Verhältnisse eingehen zu können. Dies Stadium ist gekennzeichnet:

a) durch die Erkenntnis, daß Photographie zwar immer authentisch aber nicht unbedingt objektiv ist, genauer: das Authentische an der Photographie ist das Licht. Diese Erkenntnis hat in der Erfindung der ‚Subjektiven Photographie', vor allem aber in den Photogrammen Man Rays, Laszlo Moholy-Nagys und Christian Schads ihren Niederschlag gefunden.

b) durch die Erfindung einer autonomen Realität des Bildraums im Kubismus.

c) dadurch, daß die Photographie sich inzwischen selbst über die Momentphotographie zum Film weiterentwickelt hatte. So haben sich am Ende die Verhältnisse scheinbar umgekehrt. Der Film lieferte die große Illusion, die Kunst das große Reale. 1885 brachte Eastmann die erste in Serie hergestellte Rollfilmkamera mit Schlitzverschluß auf den Markt, die ‚Kodak'. Damit war die technische Voraussetzung für einen bemerkenswerten Augenblick in der Entwicklung der Photographie geschaffen, nämlich für die Sequenzen von Phasenabläufen wie sie etwa von Muybridge und Anschütz aufgenommen wurden. Diese wiederum konnten als Zeugnisse für einen Flirt mit der Photographie herhalten, den sich die Malerei leistete, indem sie analog dazu die Wiedergabe der Zeitabfolge mittels rhythmischer Muster von Bewegungsabläufen in stroboskopischer Oszillation in die Simultaneität der Bildfläche hineinzuzwingen suchte. So geschah es in den Bildern der Futuristen (Severini: ‚Ruhelose Tänzerin') und ebenso in einem der wohl intelligentesten Gemälde unseres Jahrhunderts, Marcel Duchamps ‚Akt eine Treppe herabsteigend.'

Das kritische Stadium der Entwicklung ist in den Jahren 1912/13 erreicht. Das Bestreben zur Herstellung einer autonomen Bildrealität im Kubismus einerseits und das Streben der Futuristen nach einem rhythmischen Zerhacken der

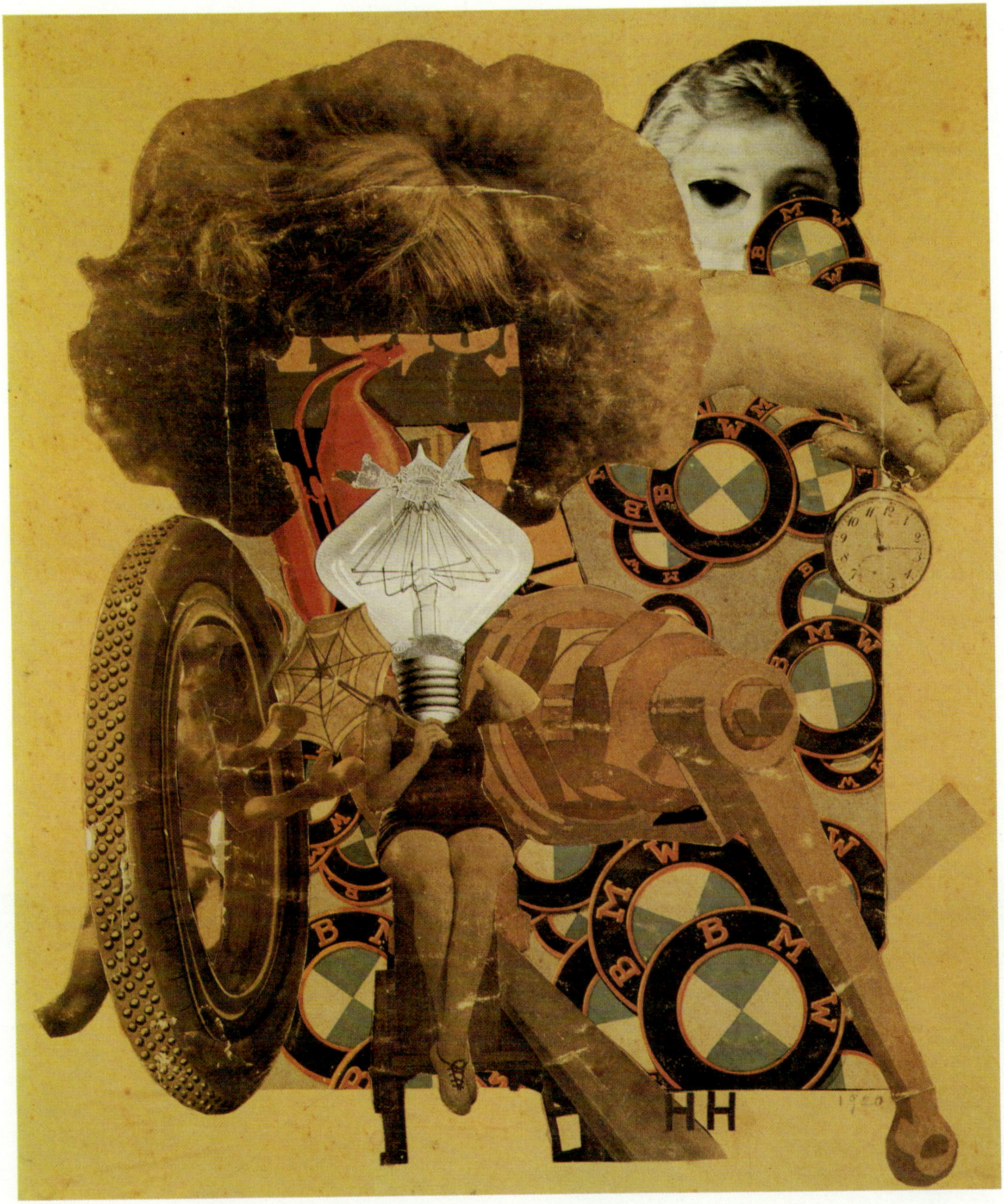

Höch
Das schöne
Mädchen
1920, Kat. 3/610

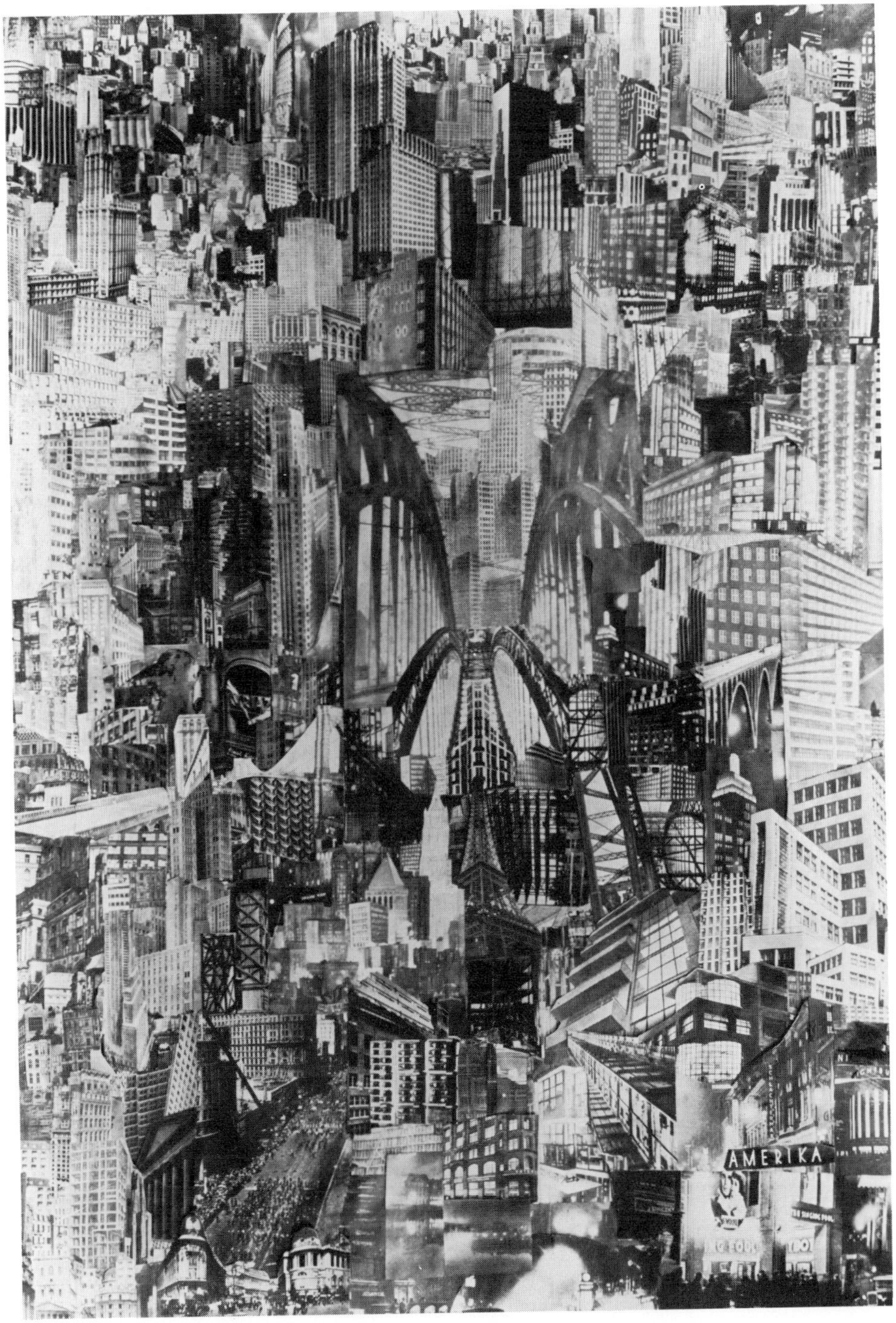

3/575a
Citroen, Metropolis,
1923

Raumeinheit zugunsten der Phasen von Zeitwahrnehmung andererseits bilden die Pole des Spannungsfelds, aus dem der zündende Funke für die Erfindung der Collage hervorgeht.
Von da aus nimmt die Entfaltung und Ausbreitung des Mediums Collage einen rasanten Verlauf, ein Geschehen, von dem übrigens nicht allein die bildende Kunst betroffen ist, sondern ebenso sind es Dichtkunst und Musik. Denn gerade die Entstehung der Collage kennzeichnet den Beginn einer künstlerischen Revolution, die dazu geführt hat, daß die Grenzen der bis dahin gesondert bestehenden künstlerischen Disziplinen zueinander aufgebrochen wurden. Der Weg der Entwicklung führt von der kubistischen Collage über die futuristische zur dadaistischen Collage und Montage.

Die kubistische Collage
Die Problemstellung der kubistischen Collage trägt erkenntnistheoretische Züge. Daniel Henry Kahnweiler verweist in seinem Buch ‚Der Weg zum Kubismus' (3) auf Kant. Die Kubisten wollten den illusionistischen Effekt, der den Dingen in einem vorgespiegelten dreidimensionalen Raum nur scheinbar anhängt, durchbrechen und dem Realitätsgehalt der von ihnen ins Bild gesetzten Dinge so nahe wie möglich kommen. Dies versuchten sie, indem sie die Körperhaftigkeit der in ihren Bildern gezeigten Dinge gemäß ihren verschiedenen Ansichtsseiten simultan ineinander verschränkten. So schufen sie aus Versatzstücken die Provokation einer autonomen Bildrealität, die das Wahrnehmungsvermögen des Betrachters dazu anregen sollte, die synthetische Rückvereinigung der verschiedenen gleichzeitig gebotenen Ansichtsflächen eines dargestellten Gegenstandes in der eigenen Vorstellung zu vollziehen. Die Darstellungstechnik, die daraus hervorging, ist die Verschlüsselung des Dinggehalts eines wiedergegebenen Gegenstands in grammatikalisch-syntaktischer Form. Um dem Betrachter nun eine Handhabe für die Entschlüsselung der Bildsyntax zu geben, der ihm den Übersprung von der Vorstellung zur Wahrnehmung der Dingrealität erleichtern sollte, war es nötig, einen Agent provocateur ins Bild zu bringen. Braque versuchte das über das trompe l'œuil, indem er in die kubistische Komposition ‚Violine und Topf' 1910 einen illusionistisch gemalten Nagel einfügte, um dem Betrachter die Eselsbrücke per Assoziation zu bauen. Kahnweiler begründet dies: ‚Indem nämlich ‚reale' Einzelheiten dieser Art in Gemälde eingebaut werden, entsteht dadurch ein Reiz, an den sich Erinnerungsbilder anknüpfen, die im Bewußtsein nun aus dem ‚realen' Reiz und dem Formenschema den fertigen Gegenstand konstruieren. So entsteht im Bewußtsein des Beschauers die volle gewünschte körperliche Darstellung.' Im Winter 1911 / 12 ist das erste collagierte Bild Picassos entstanden. Es heißt ‚Verre, Pipe, Citron, Couteau, Coquilles Saint Jacques'. Als Collage-Element ist ein textiles Flechtmuster verwendet. Zugleich sind in dem Bild die Lettern ‚journal' zu sehen, – noch gemalt. In der 1912 entstandenen collagierten Zeichnung ‚Bouteille de verre' erscheint das Wort ‚journal' bereits in Druckbuchstaben auf einem eingeklebten Zeitungsausschnitt. Das war der entscheidende Schritt. Von hier aus öffnete sich das Feld der Möglichkeiten in aller Vielfalt. Die Kubisten verwandten Collage-Elemente in erster Linie als Realzeichen, gemeint war aber die Realität, die das Auge ertastet, die textile, taktile und fakturelle Realität. Deshalb spielt z. B. die Rauhheit und die braune Farbe von Packpapier eine ästhetische Rolle. Auch die schwarzen Lettern auf einem Fetzen ins Bild geklebten Zeitungspapiers dienen als fakturelles Reizmuster. Die ‚Realien' innerhalb der kubistischen Collagen – die Papiere und die Buchstaben – sind im Sinne von Interpunktionszeichen einer Grammatik der autonomen Bildrealität verwendet.

Die futuristische Collage
Die Lettern in den Bildern der Kubisten sind Buchstabenstilleben. Sie wollen genausowenig auf ihren Wortinhalt hin gelesen werden, wie die Flaschen in jenen Bildern ausgetrunken werden wollen. Im Unterschied zum Kubismus ist der Futurismus eine ausgesprochen literarische Richtung. Es geht ihm nicht um Bildaufbau sondern um Bildzerstörung in einer Entsprechung zur Zerstörung der überlieferten Formen aller europäischen Kultur. – Der Futu-

rismus ist daher anarchistisch, aktivistisch und aggressiv, seine ästhetische Verherrlichung des Krieges ist wohl auch Ursache für die politischen Irrwege des Futurismus. Die Zerstörung und Vernichtung der tradierten Formzusammenhänge soll aber zugleich der Befreiung der elementaren Impulse dienen, die von den alten Formen zusammen- und gefangengehalten wurden. Ein wichtiges Indiz dafür sind die ‚mots libres', die befreiten Wörter. Die Wörter unserer Sprache, aus den alten Sinnzusammenhängen und aus der alten Syntax herausgerissen, entfalten befreit eine neue eigene Impulskraft: onomatopoetische Anarchie. Das energetische Prinzip verbreitet sich auch in stakkatohaftem Rhythmus der Bilddarstellung, die motorische Bewegung zu suggerieren sucht. Die Collagen der Futuristen gleichen daher Wort-Explosionen. Die Wörter, die darin enthalten sind, sollen gelesen werden, indem sie gesehen werden. Das eindrucksvollste Beispiel dafür ist Carlo Carràs ‚Manifestazione interventista' aus dem Jahr 1914. (Kat. Nr. 3/401)

Die dadaistische Collage

Auch Dada ist anarchistisch. Auch Dada operiert mit den Trümmern der überlieferten Werte. Im Gegensatz zu den Futuristen verbinden die Dadaisten ihren Anarchismus nicht mehr mit Kriegsgeschrei, sondern sie sind militante Pazifisten. Sie brauchen die Zerstörung der bürgerlichen Gesellschaft nicht mehr zu fordern. Die Selbstzertrümmerung der bürgerlichen Welt hat inzwischen begonnen und zu katastrophalen Ergebnissen geführt. Das Pathos der Dadaisten ist dehalb nicht mehr Emphase sondern das Pathos des Nichts; die Dadaisten nehmen das Nichts als Quelle ihres kreativen Ansatzes. Es geht ihnen darum, die bürgerliche Kultur als Kultur der Selbstzerstörung ad absurdum zu führen. Das geistige Mittel, das sie dafür verwenden, ist das Paradox. Die dadaistische Collage unterscheidet sich von der kubistischen und der futuristischen zuerst durch den Beweggrund für die Herstellung, der infolgedessen auch die Unterschiede im Aussehen bestimmt. Die dadaistische Collage ist durch die Bedeutungslosigkeit des Materials und durch den Zufall als Herstellungsverfahren charakterisiert.

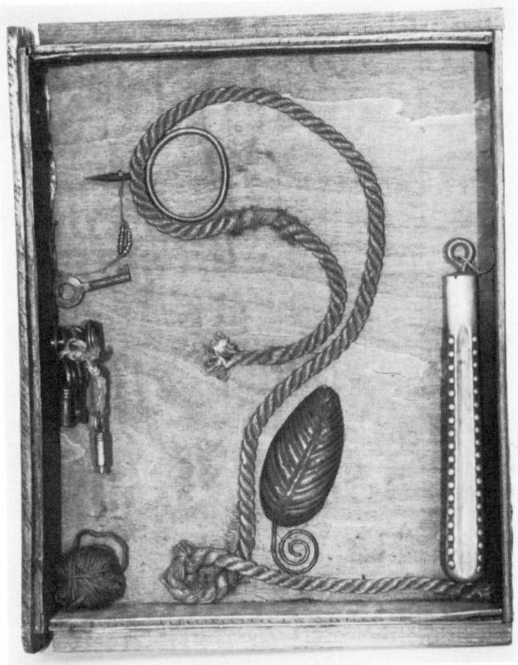

3/443
Joostens, Ohne Titel, um 1917

Der Zufall als Methode klingt in dem Titel einer frühen Collage Hans Arps an: ‚Quadrate nach dem Prinzip des Zufalls geordnet'. (Kat. 3/392) Arp hatte die viereckigen Papierteilchen auf ein auf dem Boden liegendes Stück Papier herunterfallen lassen und dann in der Anordnung, in der sie gelandet waren, festgeklebt. Das war eine Herausforderung gegenüber dem überlieferten Begriff des Genialen und Schöpferischen in der Kunst, und zugleich war es (unbewußt, uneingestanden) eine geniale und schöpferische Innovation. Ebenso geschah der Griff nach dem wertlosen Material aus Gegenwehr gegenüber den traditionellen ästhetischen Wertbegriffen, und der nach dem bedeutungslosen Material aus Abneigung gegenüber den überlieferten formalen und inhaltlichen Bedeutungen von Kunst. Die Künstler erbarmten sich des Abfalls. Während diejenigen Dadaisten, die sich für die eigentlichen hielten, das, was sie trieben, noch als Antikunst erachteten, machte Kurt Schwitters, der MERZ-Künstler, aus Abfall schon wieder mit Absicht und in Andacht Kunst, denn er liebte die Fahrscheine, Knöpfe, Wortbruchstücke, Schokoladenpapiere und all

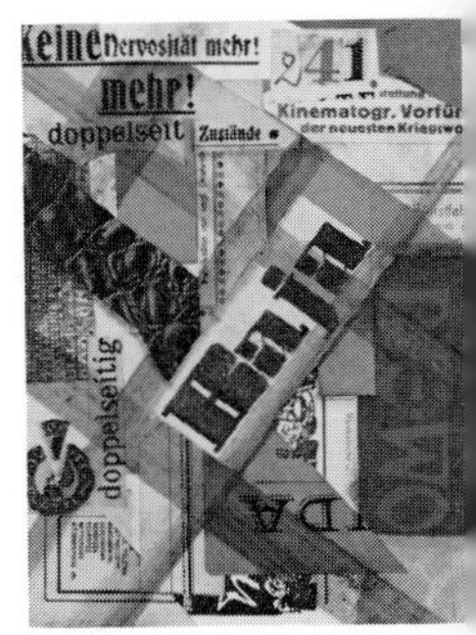

3/473a
Schwitters, Baja, 1919

3/390
Arp, Dada-Relief,
um 1916

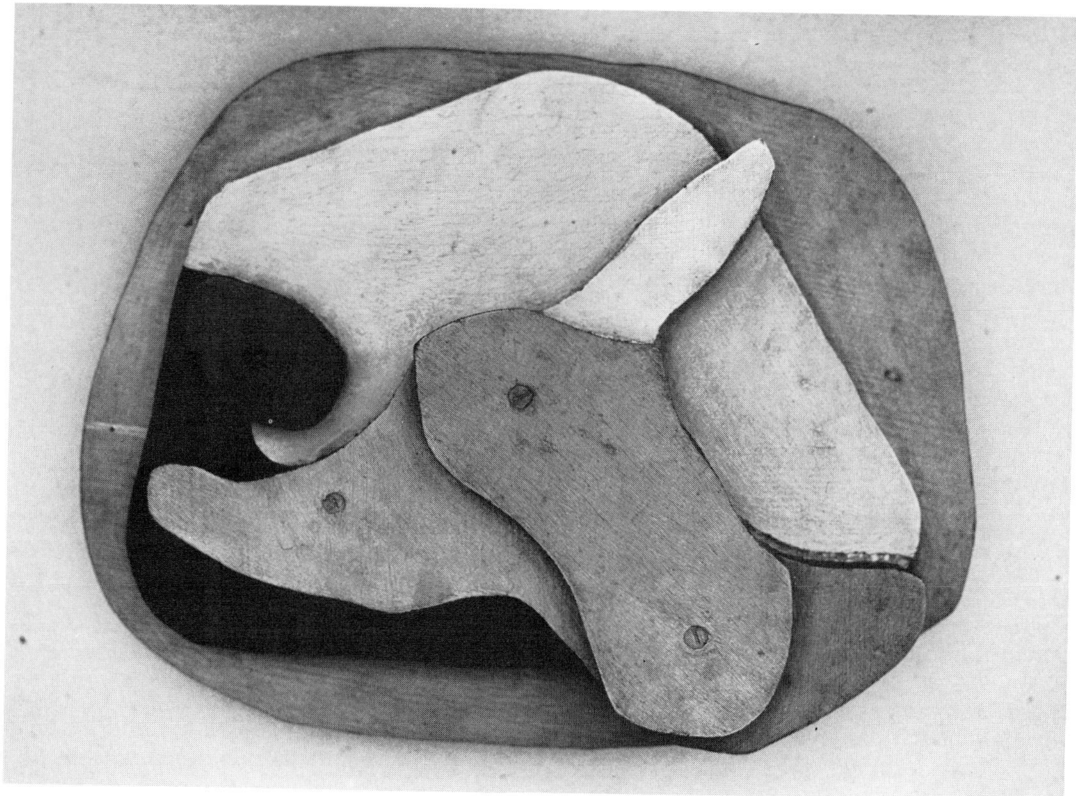

die unscheinbaren Dinge, die er da fand und in den Taschen seiner Anzüge und seines Herzens barg. In seinem Haus in Hannover hat er das einzige umfangreiche dadaistische Environment von architektonischem Ausmaß geschaffen, den ‚MERZbau‘, ein Labyrinth voller magischer und hermetischer Bezüglichkeiten. Er wurde im Bombenkrieg vernichtet. Im Unterschied zur Poesie des Weggeworfenen, die Schwitters in seinen hannoveraner Collagen erblühen ließ, kommt dem Betrachter aus den Collagen, die Raoul Hausmann in Berlin machte, heute noch der Hauch zähneknirschend zurückgehaltener Aggressivität entgegen. Er pulverisierte bedruckte Zeitungsstreifen beinahe, ehe er daraus geschichtslose Gesichter zusammensetzte. Die Geste des Zerreißens kommt uns von der Leidenschaftlichkeit ihrer Stoßkraft heute noch stärker entgegen als die Geste des Wiederzusammensetzens.

Die dadaistische Photomontage

Die dadaistische Photomontage ist eine Berliner Erfindung. Sie ist aus der dadaistischen Collage hervorgegangen. Daß die Berliner zur Photomontage fanden, ist vor allem auf den Standort zurückzuführen, auf den sie sich innerhalb der Zeitgeschichte gesetzt sahen. Von daher waren sie infolge der politischen Polarisierung innerhalb der Wirren in der Hauptstadt des soeben untergegangenen deutschen Kaiserreiches und in den Geburtswehen der ersten deutschen Republik viel stärker als Künstler anderswo politisch motiviert und engagiert. Grosz, Schlichter und Dix haben einen mit spitzer, kratzender Feder gezeichneten realistischen Stil der gesellschaftskritischen Satire vorgeführt. Diese Zeichnungen regten dazu an, mit authentischem Nachrichtenmaterial aus dem politischen und gesellschaftlichen Zeitgeschehen ergänzt und verstärkt zu werden, seien es Wortnachrichten oder Bildnachrichten. Die ersten von Hausmann, Grosz und Heartfield einzeln oder gemeinsam gefertigten Collagen mit Photomontage-Teilen sind daher auch in einer Art Montage-Mischtechnik entstanden. Grundlage ist oft noch die Federzeichnung, meist von Grosz, in die dann aus der Zeitung ausgeschnittene Buchstaben mit Interjektionen oder ganzen Slogans ebenso wie aus Zeitungsreklamen und Reportagephotos entnommene Teile eingeklebt sind. (4) Alle jene Blätter sind bis auf wenige nicht erhalten geblieben. Der nächste Schritt bestand darin, auf die Zeichnung zu verzichten und die Montage ganz oder vorwiegend aus Informationsmaterial aus der Zeitung zusammenzusetzen, dem Photo-Reproduktionen zugrundeliegen. In dieser Technik der Bild-Erfindung hat Hannah Höch bedeutende Blätter geschaffen. Von ihr stammt die im Format größte Photomontage ‚Schnitt mit dem Küchenmesser durch die erste Weimarer Bierbauchkulturepoche Deutschlands 1919‘. (Kat. 3/606) Zu den Materialien und Elementen, aus denen sich diese Montage zusammensetzt, gehören u. a.: Japanpapier, Reproduktionen technischer Gegenstände wie Kugellager, Baggergreifer, Zahnräder usw. zur Verkörperung motorischer Impulskraft, die das Zeitempfinden bestimmte, weiterhin Abbildungen von Gestalten zeitgeschichtlicher Persönlichkeiten aus Illustrierten, wie z. B. Albert Einstein, der Kronprinz, Wilhelm II., Max Reinhardt, Theodor Däubler, Asta Nielsen, Lenin usw., und Photos der Freunde, z. B. Hausmann, Mehring, Grosz und Heartfield; schließlich eigene Texte, z. B. eine aus dem Dada-Almanach von 1920 ausgeschnittene Zeile: ‚he, he, sie, junger mann, dada ist keine kunstrichtung / Einstein Relativierung der Kunst.‘ (5) Mit der Erfindung der Photomontage stellt sich die Frage nach der Spiegelung von Realität durch Kunst wieder anders, denn damit ist das Problem der Authentizität von Photographie, das von Anfang an im Verhältnis zwischen Photographie und bildender Kunst erheblich war, auf eine spezifisch neue Weise angeschnitten.

Dazu zitiere ich aus einer früheren Veröffentlichung (6): ‚Zweifellos setzt sich zwar die dadaistische Photomontage mit den Gegenständen, Personen und Ereignissen der zeitgenössischen gesellschaftlichen Umwelt auseinander, doch die Materialien, die sie dazu verwendet, die Photos und die nach ihnen hergestellten Illustriertenklischees sind selbst bereits nicht mehr Realität, sondern Abbild der Realität, Reproduktionen der Wirklichkeit nicht nur in technischer Hinsicht, sondern auch hinsichtlich der Entscheidung des Photographen, der die Auswahl für einen Ausschnitt aus der Wirklichkeit nach seinem Dafürhalten von dessen Wert, Wichtigkeit und Reiz getroffen hat. Die reine Photoreportage ist bereits Manipulation der Wirklichkeit. Für Walter Benjamins Titel vom ‚Kunstwerk im Zeitalter der technischen Reproduzierbarkeit‘ gibt es kaum einen besseren Reibungswiderstand als die Photomontage. Denn die Photomontage ist das Paradebeispiel für das Kunstwerk im Zeitalter der technischen Reproduktion, da die technische Reproduzierbarkeit hier nicht das Ergebnis, sondern die Voraussetzung für die Entstehung des Kunstwerks liefert.

Benjamin schreibt:

‚Magier und Chirurg verhalten sich wie Maler und Kameramann. Der Maler beobachtet in seiner Arbeit eine natürliche Distanz zum Gegebenen, der Kameramann dagegen dringt tief ins Gewebe der Gegebenheiten ein. Die Bilder, die beide davontragen, sind ungeheuer verschieden. Das des Malers ist ein totales, das des Kameramanns ist ein vielfach zerstückeltes, dessen Teile sich nach einem neuen Gesetz zusammenfinden. So ist die filmische Darstellung der Realität für den heutigen Menschen darum die unvergleichlich bedeutungsvollere, weil sie den apparatefreien Aspekt der Wirklichkeit, den er vom Kunstwerk zu fordern berechtigt ist, gerade aufgrund ihrer intensiven Durchdringung mit der Apparatur gewährt . . .‘

Das, was wir vom Photo und vom Film instinktiv und naiv erwarten, das, was auch Benjamin vom Photo erwartet hat, ist Authentizität, da wir wissen, daß das, was auf Photos wiedergegeben ist, tatsächlich auch irgendwo und irgendwann stattgefunden hat. Inzwischen haben wir aber die Erfahrung gewonnen, daß Photoreportagen ohne weiteres weltanschaulich-magisch aufgeladen werden können, da sie nicht ein-

Grosz, Hohenzollern-renaissance, um 1920

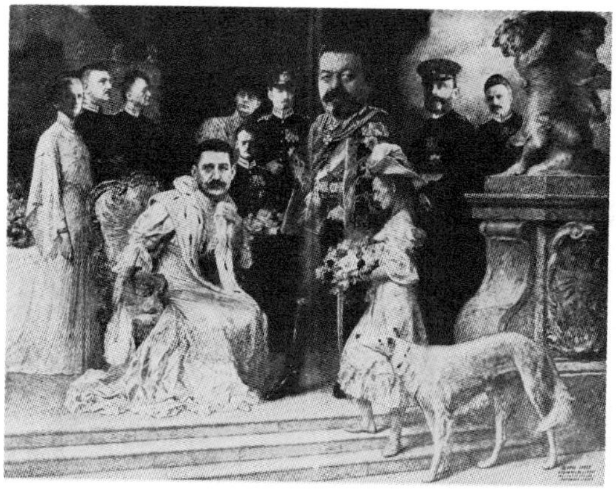

fach Realität, sondern tatsächlich stattgefundene Ereignisse aus der subjektiven Sicht trickreicher Kameramänner wiedergeben. Das Fernsehen liefert den täglichen Beweis dafür ins Haus.
Andererseits treffen die Merkmale, die Benjamin der Arbeit des Kameramanns zuschreibt, exakt auf die des Photomonteurs zu, nämlich, daß dessen Bild ein vielfach zerstückeltes sei, dessen Teile sich nach einem neuen Gesetz zusammenfügen.
Was lassen sich daraus für Schlußfolgerungen ziehen? Zunächst die, daß das Material, das dem Photomonteur als Arbeitsvorlage dient, nicht Realität wiedergibt, sondern photographische Meinung darüber. Meinungen über das, was das zeitgenössische Bewußtsein, vertreten durch diejenigen, die ihm als optische Antennen dienen, jeweils für Realität hält. Der Photomonteur interessiert sich in erster Linie für die Auseinandersetzungen mit jenen Meinungen, und, indem er die Meinungssymbole zerstückelt, nimmt er – engagiert oder distanziert – Stellung dazu. Das Gesetz der Zusammenfügung richtet sich nach seiner Entscheidung. Und diese ist abhängig von seiner Phantasie. Die Auseinandersetzung kann in vielerlei Form geschehen – satirisch oder metaphorisch oder poetisch oder phantastisch.'
Tatsächlich ist aus der dadaistischen Erfindung auch die politische Photomontage hervorgegangen, die versucht, Meinungen nicht mehr nur zu persiflieren, sondern mittels des Tricks der durch das Photo scheinbar vermittelten Authentizität, eines trompe la raison, Meinung zu beeinflussen, zu überzeugen oder zu irritieren. Daraus entsteht einerseits die Photomontage als Mittel der politischen Propaganda, zu deren bedeutendsten Zeugnissen El Lissitzkys Photomontagen ‚UdSSR baut den Sozialismus' sowie die Photomontagen Rodchenkos und die Zeugnisse der Plakatkunst in der UdSSR Ende der zwanziger, Anfang der dreißiger Jahre gehören. Sie lassen meist noch in den Prinzipien der Gliederung ihre Herkunft vom Konstruktivismus erkennen. Andererseits kommt von daher die Photomontage als Mittel meinungsbildender politischer Satire. Meister dieser Technik ist John Heartfield, der es verstanden hat, die Schere des Photomonteurs als wirksame Waffe im politischen Kampf zu nutzen.

Der Weg zur surrealistischen Photomontage und Collage

Montage, – das Wort bedeutet, das ‚vielfach zerstückelte Bild der Wirklichkeit' wird neu und anders zusammengesetzt, es wird neu montiert. Die Bezeichnung suggeriert einen Vorgang, der mit Apparat, Maschine und Mechanik zu tun hat. Die Künstler sind sich darüber im klaren und legen in ihrer Arbeit Wert darauf, daß die Art, wie sie die Photomontage handhaben, das Gegenteil des ‚apparatefreien Aspekts' darstellt. Heartfield hat den Beinamen Monteurdada von seinen Freunden verliehen bekommen. Auch Grosz und Hausmann nannten sich gern Monteure, Grosz signierte mit einem Stempel, der das Wort ‚Construiert' trug. Maschinenteile, Zahnräder etc. sind daher auch funktionstragende Bestandteile ihrer Photomontagen. Das Besondere der Wirkung, die dadurch erzielt wird, ist die Wiederzusammensetzung des Bildes der Welt aus den ursprünglich nicht zusammengehörigen Teilen, d. h. aus inhaltlich heterogenen Materialien. Das Prinzip der Heterogenität ist Wesensbestandteil von Collage und Photomontage. Der Überblick über die Aufeinanderfolge der Entwicklungsphasen führt zu der Feststellung, daß dieses Prinzip vom Stadium einer noch verhältnismäßig großen Homogenität der materialen Zusammensetzung zu einer immer größer wer-

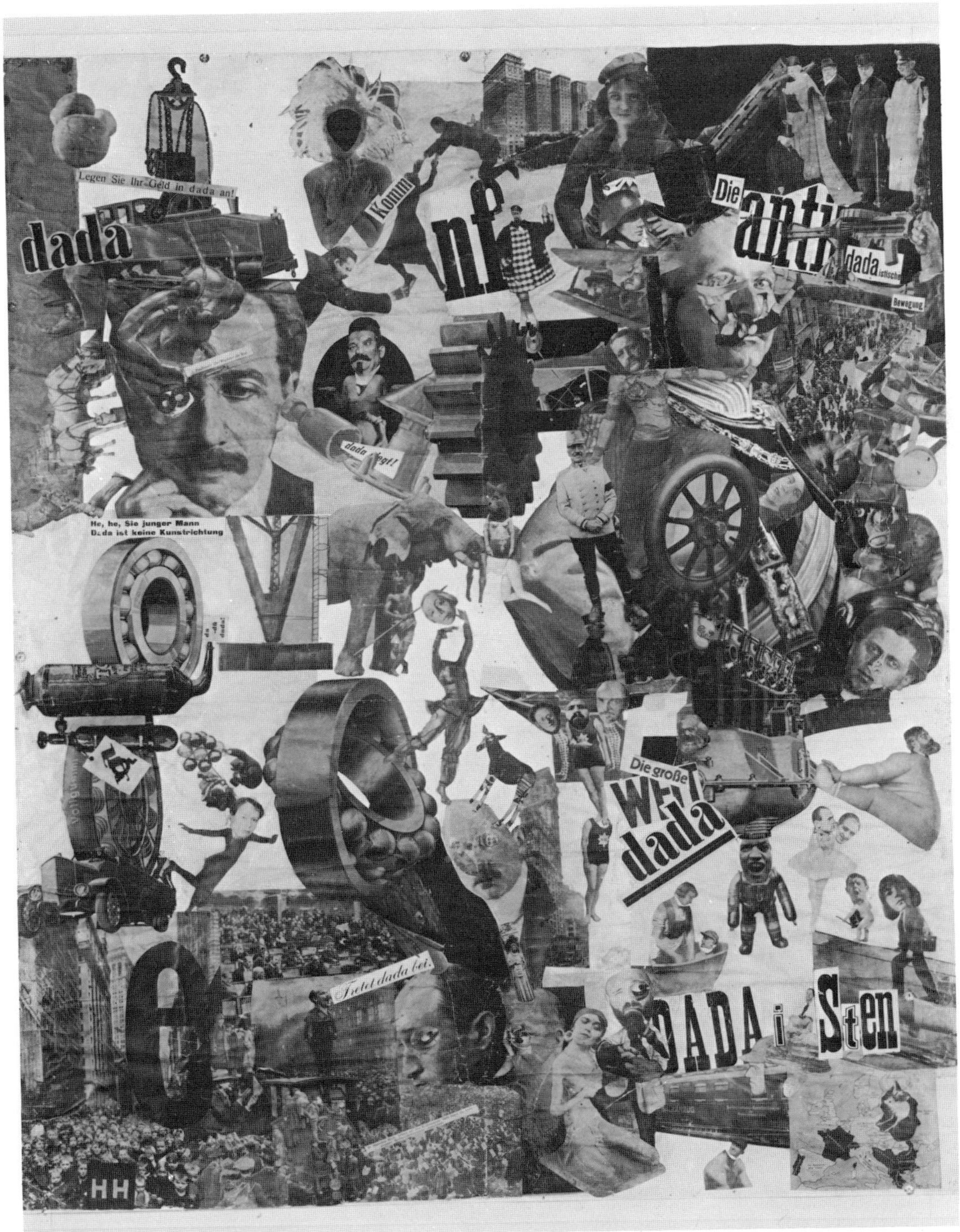

3/606
Höch, Schnitt mit dem Küchenmesser, 1920

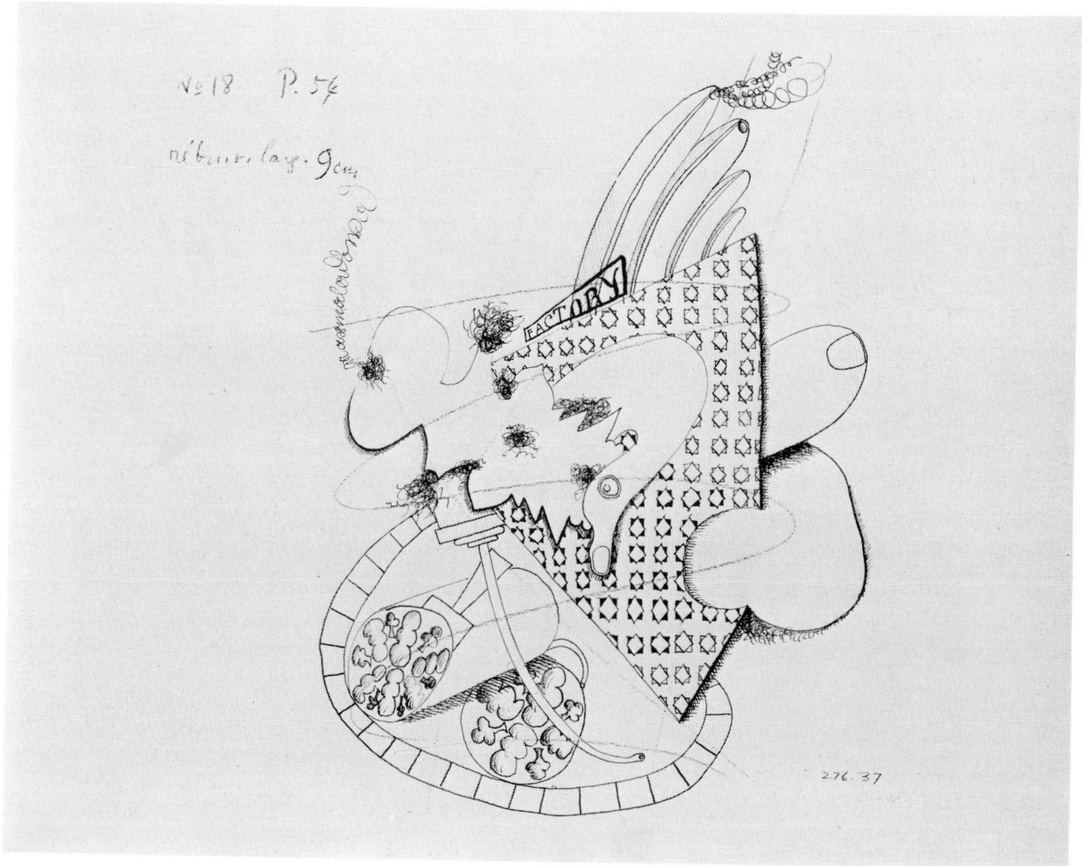

3/400
Baargeld, Factory,
um 1920

denden Heterogenität fortschreitet. Die Collagen von Sonia Delaunay sind noch weitgehend Homogen-Collagen, Kompositionen aus farbigen Papieren. Die Heterogenität in den Collagen des Kubismus ist keine inhaltliche sondern eine taktilstrukturelle; die Heterogenität der futuristischen Collagen beruht bereits auf einer gewollten System-Störung, vorwiegend aber im Bereich der ins Bild hineingenommenen Zeichen der Lautsprache, – der Buchstaben. In den dadaistischen Collagen erscheint die Störung weiter fortgeschritten und zusätzlich herausgefordert durch die absichtliche und – was an sich schon ein Vorgang von heterogener Logik ist – systematische, planerische Einschaltung des Zufalls. In den Collagen von Arp, Schwitters und den frühen Collagen von Hannah Höch ist der Wirkungsträger jedoch noch die Heterogenität strukturell verschiedenartiger Materialien, wie z. B. Fahrschein gegen Schokoladenpapier. Die Wortfragmente, die dort allenfalls noch zu erkennen sind, erscheinen zur formalen dekorativen Struktur verkommen, manchmal beinahe gleich Bestandteilen einer semantischen Ruinenromantik. Erst in der dadaistischen Photomontage greift die Heterogenität auf das Aufeinandertreffen unterschiedlicher und gegensätzlich gearteter inhaltlicher Bedeutungszeichen gegenständlicher Form über, die als Relikte authentischer Nachrichten zu bewerten sind. Erst in Beziehung hierauf gewinnt Lautreamonts berühmter Satz von der Bestimmung der Poesie als der Möglichkeit, daß eine Nähmaschine einem Regenschirm auf einem Seziertisch begegnet, Substanz. Die volle Anwendung auch in seiner hintergründigen Bedeutung erfährt der Satz in der surrealistischen Collage. Max Ernst hat Lautreamonts Metapher dahingehend erläutert: ‚durch Annäherung von zwei scheinbar wesensfremden Elementen auf einem ihnen wesensfremden Plan die stärksten poetischen Zündungen zu provozieren'. Bereits in der dadaistischen Zeit Max Ernsts, als ihn Arp in Köln besuchte, sind nach diesem Rezept gemeinsame Photomontagen entstanden, die von den beiden Künstlern mit dem Firmennamen FATAGAGA bedacht wurden. Das bedeutet ‚FAbrication des TAbleaux GAsometriques GArantis'. Im Unterschied zu den Arbeiten der Berliner Monteure kommen in den Kölner Photo-Collagen keine Schrauben und Zahnräder vor. Stattdessen erhalten sie zum Teil groteske Titel, manchmal fast im Umfang absurder Kurzgeschichten. Arp, statt eines Monteurs eher ein Dada-Gärtner, und Ernst, ein Dada-Biologe, arbeiten mit den Mitteln der möglichst organischen Zusammenfügung des Heterogenen so, daß es aussieht wie gewachsen, angewachsen oder nahtlos zusammengewachsen. In jener Nahtlosigkeit ist ein Wesensmerkmal der Montagekunst Ernsts zu erkennen. Darin besteht auch die Unheimlichkeit im Effekt seiner Collagen, daß die dort vorhandenen Wesen nicht wie durch eine technische Manipulation zusammengefügt aussehen, sondern so, als seien sie infolge einer genetischen Manipulation zustandegekommen.

Der weltanschaulich-gedankliche Fond, vor dem sich das abspielt, ist der versuchte Vorstoß in die Tiefenschichten des Bewußtseins mittels der Hervorrufung von Bildern, die aus der Synthese des Heterogenen etwas drittes, das Unerwartete schaffen. Die künstlerische Technik geht Hand in Hand mit der Übung einer Bewußtseinstechnik, der Selbsthalluzinierung mit Hilfe einer Gradwanderung am Rande der Kontrolle durch das Tagesbewußtsein. Der Weg dazu ist u. a. durch die von Aragon und Breton in die Kunst eingeführten Versuche mit der ‚écriture automatique' erschlossen worden, die zu einer Lockerung des logischen Denkens und damit zu einer Öffnung für das Eindringen von Assoziationen beigetragen haben. Nachdem Max Ernst nach Paris übergesiedelt ist, stellen Paul Eluard und er 1922 gemeinsam die Collagen zu ‚Les Malheurs des Immortels' her. Sie geben den Anstoß für den Wechsel des Ausgangsmaterials in der Collagetechnik, den Max Ernst endgültig vornimmt, und aus dem u. a. seine beiden großen Collagen-Romane ‚La Femme 100 têtes' und ‚Une semaine de bonté' hervorgegangen sind. (7)

Das Material, das Max Ernst dafür benutzte, stammt aus einer Sammlung von Illustrationen, besonders von Holzstichen aus Büchern und Journalen des späten 19. Jahrhunderts, u. a. ‚La magazine pittoresque', ‚La Nature' und ‚Journal du Dimanche'. Max Ernst hat auf Material aus der Vorgeschichte der Photographie zurückgegriffen, auf die Holzstich-Reportage Illustrationen des vorigen Jahrhunderts. Er bezieht sich damit erstens auf Informationen, die zwar früher einmal als Nachrichten gemeint waren aber inzwischen überholt sind und deshalb nichts mehr bedeuten, und zweitens auf eine Informationstechnik, die noch nicht Photographie direkt reproduziert, sondern, wenn auch oft nach der Vorlage einer Photographie, mit der Hand gearbeitet ist. Damit bedient sich Max Ernst eines Tricks, der ihm gestattet, das Bild der Nachricht über das Authentische mühelos in das Bild der mythischen Erzählung zu überführen. Die Wirkung, die seine Holzstichcollagen erzielen, zeitigt Nachrichten aus den Zeitungen des Mythos. Blättert man seine Collagenserien durch, so findet man mehr oder weniger versteckt-häufig Bilder von Opferungen. Die surrealistischen Collagen Max Ernsts antworten auf das zerstückelte Bild der Welt mit der Gegenspiegelung einer Rekonstruktion des zerstückelten Bildes vom Ich zu einer neuen Identität, einer zusammengesetzten, künstlich gefügt aus heterogenen Stücken.

Eberhard Roters

Gekürzte Fassung des Beitrages von Collage und Fotomontage. In Ausst.-Kat.: Kunstübermittlung, Neuer Berliner Kunstverein, Berlin 1977.

Anmerkungen:
1. Wescher, H.: Die Geschichte der Collage, Köln 1974 (1968), Abb. 7
2. Mon, F.: Arbeitsthesen zur Tagung, Prinzip Collage'. In: Prinzip Collage, Neuwied 1968, S. 13f.
3. Kahnweiler, D. H.: Der Weg zum Kubismus, München 1920
4. Vgl. Bergius, H.: Zur Wahrnehmung und Wahrnehmungskritik im Berliner Dadaismus. In: Siepmann, E.: John Heartfield Montage, Berlin 1977, S. 43ff. Analyse der Photomontage von Grosz / Heartfield ‚Leben und Treiben in Universal City um 12 Uhr 5 mittags', 1919
5. Vgl. Roters, E.: Hintergrundanalyse der Collage ‚Schnitt mit dem Küchenmesser' (1920) von H. Höch. In: Prinzip Collage, Neuwied 1968, S. 42f.
6. Roters, E.: H. Höch, In: Neue Deutsche Hefte, Jg. 18, H. 3, Berlin 1971, S. 219f.
7. Spies, W.: Max Ernst Collagen, Köln 1974.

MECHANOMORPHOSEN, MECHANO-MANNEQUINS, METAMASCHINEN

Theo van Doesburg hat die von ihm herausgegebene Dada-Zeitschrift 'Mecano' genannt. Der Titel scheint, gerade bei diesem Herausgeber, auf den ersten Blick eine Hinneigung Dadas zum Konstruktivismus anzudeuten. Tatsächlich zeigen zahlreiche dadaistische Arbeiten eine Vorliebe für das Spiel mit der technoiden, mechanischen und maschinellen Form. Diese Tendenz nimmt innerhalb der dadaistischen Gesamtproduktion einen derart breiten Raum ein, daß sie uns dazu bewogen hat, die dazugehörigen Arbeiten zu einer Hauptgruppe zusammenzufassen. Die Sympathie mancher dadaistischen Werke für die konstruktivistische Form ist indes nur eine scheinbare, und die Ähnlichkeit ist oberflächlich. Der Unterschied besteht darin, daß sich der Konstruktivismus im Prinzip zur Welt der Maschine und des Mechanischen im Sinne einer funktionssymbolisch bejahenden Bild-Analogie verhält. Das Verhältnis von Dada zur Maschine hingegen ist paradox; ja, die Mechanomorphose ist sogar die Zentralfigur des Paradoxons, das aus dem Grundwiderspruch der dadaistischen Haltung hervorgeht.

Der Effekt, in dem sich dies Paradoxon den Dadaisten präsentiert, ist bi-polar. Eine grobe Unterteilung der Arbeiten innerhalb dieser Gruppe erbringt zwei aufeinander bezogene Motive: den maschinisierten Menschen und die biomorphe und anthropomorphe Maschine. Beide stehen im Austausch miteinander, der Mensch ist maschinisiert worden, er hat von der Maschine mechanische Formen und Bewegungen übernommen, er funktioniert mechanisch. Die Maschine ist organisiert worden, sie hat organische Formen und Bewegungen angenommen, sie 'funktioniert' meta-mechanisch organisch.

Dem Wesen des dadaistischen Maschinen-Paradoxons ist am besten durch den Hinweis auf seine verschiedenen Perspektiven beizukommen.

Perspektive a., die dadaistiche Ironie: 'Ironie ist ein spielsamer Weg, um etwas zu akzeptie-

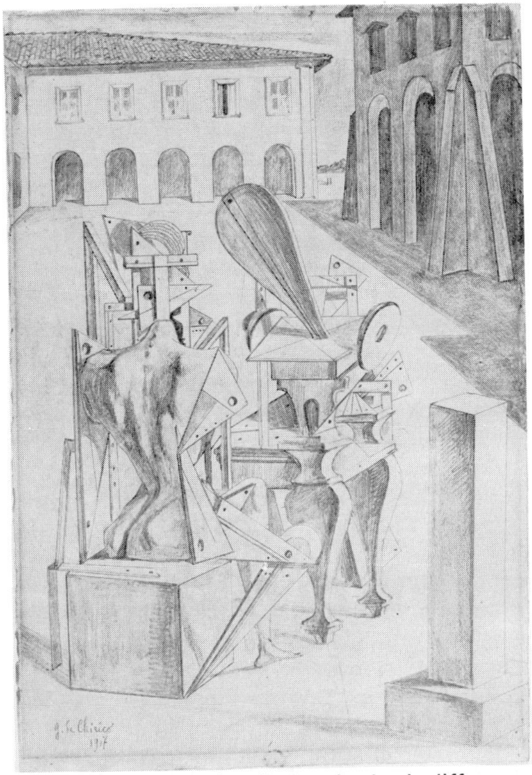

3/632
De Chirico,
Die Mathematiker,
1917

ren. Meine Ironie ist die Ironie der Indifferenz, ist 'Meta-Ironie' sagt Marcel Duchamp.[1]) Ähnlich haben sich auch andere Dadaisten geäußert. Die Ironie der Indifferenz kennzeichnet die Empfindungslage, die aus dem Grundwiderspruch der dadaistischen Haltung hervorgeht, die leidenschaftliche Leidenschaftslosigkeit, die teilnahmslose Anteilnahme. Diese Haltung ist, wie festgestellt, traumatisch bedingt. Die Indifferenz ist deshalb ironisch, weil sie nicht auf Lethargie beruht sondern der bewußt durchlebten Null-Stellung im Ausgleich zwischen zwei gegensätzlichen Empfindungs-Extremen entspricht, – der Gleichgültigkeit gegenüber den Forderungen, irgendetwas positiv oder negativ – Kunst oder Nichtkunst, Geschmack oder Geschmacklosigkeit, Moral oder Unmoral, Mona Lisa oder Pissbekken – zu bewerten. Die Ironie der Indifferenz, die von Hausmann noch zähnefletschend absolviert wird, erscheint bei Duchamp von minus nach plus gepolt, als ein möglicher Weg, mittels der Nutzung des Paradoxons, des Nadelöhrs als Transportmittel auf die Jenseite der Dimension des Widerspruchs zu gelangen.

Der Manichino, der Gliedermann als Symbol des mechanischen Menschen ist ein Topos, den die Pittura metafisica in die Malerei unseres Jahrhunderts eingebracht hat. Die Dadaisten – Hausmann, Grosz, Ernst – sind durch die Werke de Chiricos und Carràs zweifellos angeregt worden. Jedoch verlieren bei ihnen die Mechanomannequins das Gewicht der magisch-numinosen Bedeutung, mit dem sie in den Bildern der Italiener beladen sind, sondern sie verkörpern in Dada die Pappkameraden der ironischen Indifferenz. Ein Paradebeispiel dafür ist der Mechanische Kopf, über dessen Herstellung Raoul Hausmann berichtet: 'Ich wollte den Geist unserer Zeit darstellen, Jedermanns Geist in seiner Beschränktheit, einen Menschen, der immer nur gerade zu dem fähig ist, was ihm der Zufall von außen auf den Schädel geleimt hat. Das Gehirn ist leer.'[2]) Er nahm deshalb einen Perückenkopf wegen seines dümmlichen Aussehens und bepflasterte ihn mit Gegenständen, die den mechanistisch zufallsgesteuerten Leerlauf des Denkens markieren. Entscheidend ist, daß Hausmann versucht hat, sich der Rolle des individuell gestaltenden Künstlers zu entziehen, um der Gefahr jeglichen Einfließens von erkennbar emotionellem Ausdruck zu entgehen. Sein Anteil besteht lediglich in der Entscheidung über die Auswahl der zusammenmontierten Fertigteile. Die ironische Indifferenz ist daran zu erkennen, daß der Künstler sich der direkten, innerliches Beteiligtsein kundgebenden Gestaltung zugunsten der entindividualisierten, mechanisierten enthält. Das führt so weit, daß die Künstler sich persiflierend Ingenieure nennen und zur Vermeidung der individuellen Unterschrift mit Stempeln signieren, z. B.: 'George Grosz 1922 Construiert'.

Perspektive b., Perpetuum mobile: 1910 erschien eine kleine Broschüre 'Das Perpetuum mobile. Die Geschichte einer Erfindung.' (Kat. Nr. 3/10), verfaßt von Paul Scheerbart. Dieser hatte in seinem Roman 'Rakkóx, der Billionär'

3/649
Ernst, Dada Nobis
aus: Fiat modes
pereat ars, 1919

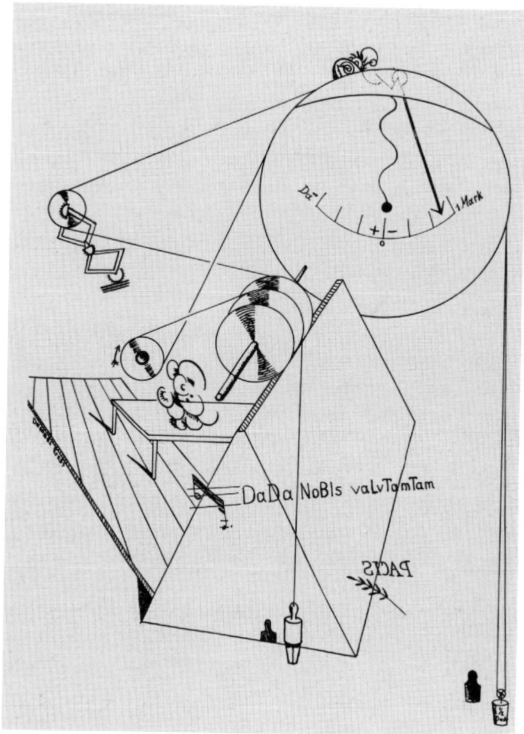

die Utopie eines durch Künstlerhand veränderten Erdballs entworfen. Der Künstler benötigte dazu ein Perpetuum mobile, und darum erfand Scheerbart eines. Er war fest davon überzeugt, daß seine Erfindung funktioniere, wenn nur jemand mit geschickteren Händen sie ausführen möchte. Nun hatte Hermann von Helmholtz bereits 1854 endgültig festgestellt: 'Es gibt durch die ganze Reihe der Naturprocesse keinen Cirkelweg, um ohne entsprechenden Verbrauch mechanische Kraft zu gewinnen. Das Perpetuum mobile bleibt unmöglich'.[3]) Das Ende des Perpetuum mobile, des Vertrauens in das Uhrwerk-Weltbild der prästabilierten Harmonie war durch die Erfindung der leistungsstarken Kraftmaschinen und Motoren und der daraus abgeleiteten Erkenntnis von Naturgesetzen eingetreten, dem Gesetz von der Erhaltung der Energie und später dem zweiten Hauptsatz der Clausius'schen Entropie-Regel. Scheerbarts Schrift beginnt mit dem Satz: 'Je größer die Verzweiflung – um so näher ist man den Göttern'. Die Verzweiflung wird als schöpferischer Impuls der Phantasie verwendet, den Glauben an die Unumkehrbarkeit der Naturgesetze mittels der Konstitution des Paradoxen als Denkmöglichkeit zu überwinden, ein in seiner herausfordernden Verkehrtheit rebellisch gegen den Zwang des naturwissenschaftlich-positivistischen Denkens gerichteter und damit eminent künstlerischer Akt prä-dadaistischer Herkunft, Beginn eines geistigen Abenteuers.

Perspektive c., die beseelte Maschine: Entropie ist der Ausgleich von Energiespannungen zu einem absoluten, endgültig ruhenden Gleichmaß. Ironische Indifferenz ist daher auch als Postulat der dadaistischen Empfindungs-Entropie aufzufassen. Moholy-Nagys nicht dadaistisches aber dadaverwandtes Gemälde von 1920 hat den Titel 'Das große Rad' oder 'Die große Gefühlsmaschine'. Hans Arp berichtet: 'Ich lernte Francis Picabia anläßlich seines Besuches 1917 in Zürich kennen. Er kam als Abgesandter der amerikanischen Dadaisten, seine Mitbrüder in Zürich zu grüßen. Tristan Tzara und ich begaben uns, neugierig und bewegt, in sein Hotel. Wir fanden ihn beschäftigt, er nahm gerade einen Wecker auseinander – ich mußte an die 'Anatomie' von Rembrandt denken, die im Amsterdamer Museum hängt. Man war immerhin einen guten Schritt vorwärts zum Abstrakten weitergekommen. Mitleidlos zerlegte er seinen Wecker bis zur Unruhe, die er triumphierend hervorzug. Einen kurzen Augenblick unterbrach er seine Beschäftigung, grüßte und rückte dann Rädchen, Zeiger, Feder und andere geheime Teile der Uhr auf Papierbögen.'[4]) So etwas hätten die Maler der pittura metafisica nie getan. 'Mitleidlos zerlegte er seinen Wecker', die Szene strotzt von fröhlichem Sadismus. Der Künstler Picabia hat keine Empfindungen mehr, die hat er auf den bedauernswerten Wecker übertragen. Beide sind ein intimes Verhältnis zueinander eingegangen. Die Pariser Dadaisten, Tzara und Breton, beriefen sich gern auf Descartes und die mechanistischen Ideen in seinem Denken. Descartes hat sich auch mit theoretischen Aspekten des Automatenbaus befaßt. 1748 erschien in Leiden anonym die Schrift 'L'homme machine', in der behauptet wird, das Tier sei nichts weiter als eine Maschine. Der Mensch sei eine etwas kompliziertere Maschine. Das Denken und Empfinden, dessen Funktion man gewöhnlich als Seele bezeichnet, sei ein physikalischer Vorgang, die Arbeit eines Gehirnmuskels. Der Verfasser des Werkes, der interessanterweise 1751 in Berlin im Alter von 41 Jahren am Genuß einer Pastete starb, hieß Julian Offray de La Mettrie. Der mechanistische Materialismus à la La Mettrie hat im Zeitalter des Industriekapitalismus das Denken nachhaltig beeinflußt. So ist es weltanschauliche Grundlage für das Taylor-System. Um 1900 hat Frederick Winslow Taylor sein System zur Messung des Potentials mechanischer Arbeitsenergie, die der Mensch statistisch zu leisten imstande ist, publiziert.[5]) Die Dadaisten reagieren auf diese Situation und deren weltanschauliche Grundlagen traumatisch und paradox. Das Paradoxon beruht auf dem Kalkül der Austauschbarkeit der Abhängigkeitswerte im Verhältnis Mensch–Maschine. Erscheint der mechanische Mensch – gesichtslos, auf die Stereotypie seiner Gelenkbewegungen reduziert und außengesteuert – als entseelte Figur, so legt die Frage danach, wo denn die Empfindungsenergien geblieben sein mögen, die Umkehrung nahe, die beseelte Maschine. Mit diesem Paradoxon operieren Picabias mechanomorphe Bilder. Den abgebildeten Maschinenteilen, Propellern, Glühlampen, Zündkerzen usw., Insignien der Gleichgültigkeit, der Indifferenz und äußersten Ignoranz unterschiebt er mit seinen Titeln den Effekt der gesteigerten Emotion. Eines seiner Maschinenbilder nennt er 'Paroxyme' de la Douleur' (Kat. Nr. 3/688), also etwa: akuter Migräneanfall'. Den auseinandergezogenen Mechanismus einer aufgeklappten Kamera nennt er 'Ici, c'est ici Stieglitz, foi et amour' (Kat. Nr. 3/689), und einen anderen Apparat bezeichnet er als ‚Porträt Marie Laurencin', (Kat. Nr. 3/670).

Perspektive d., Die Braut: Können Maschinen Lust empfinden? Haben sie die Lust gewonnen, die dem entseelten Automatenmenschen

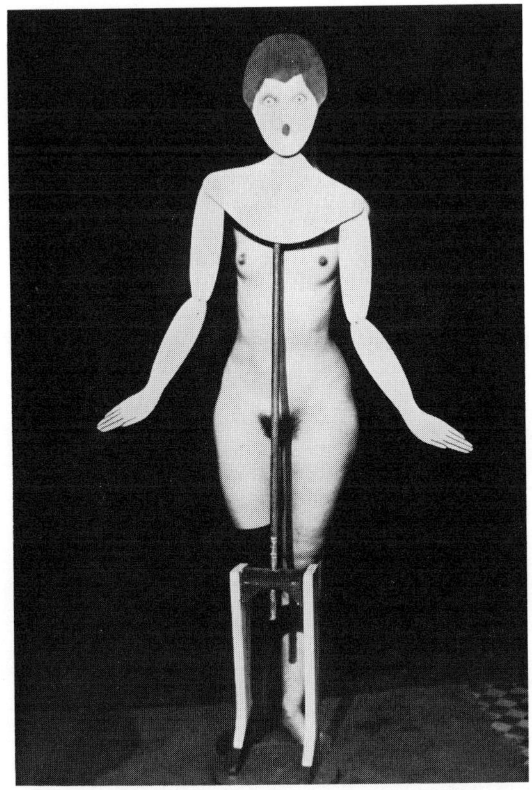

3/705
Man Ray,
Garderobenständer,
1920

verlorengegangen ist? Können sie die Lust wieder spenden? Die dadaistischen Maschinen zeichnen sich dadurch aus, daß sie sich die Freiheit nehmen. Sie folgen nicht den physikalischen Gesetzen, sie arbeiten weder rationell noch funktionell und erweisen sich insofern als Bastarde, als sie sich etwas einverleibt haben, das sie den Menschen weggenommen haben, Elastizität des organischen Wachstums. In Hannah Höchs Gemälde wachsen sie in einem 'Mechanischen Garten', und in Arbeiten Max Ernsts erscheinen sie als biomorphe Maschinoide. Der Siegeszug der Kraftmaschinen, der Mitte des 18. Jahrhunderts mit der Erfindung der Dampfmaschine begann, hat nicht nur die Umwelt verändert und die Gesellschaft umgeschichtet, in dem sie der Industrialisierung und dem Industriekapitalismus als Mittel diente, er hat auch das Denken in einem Ausmaß verändert, das selbst

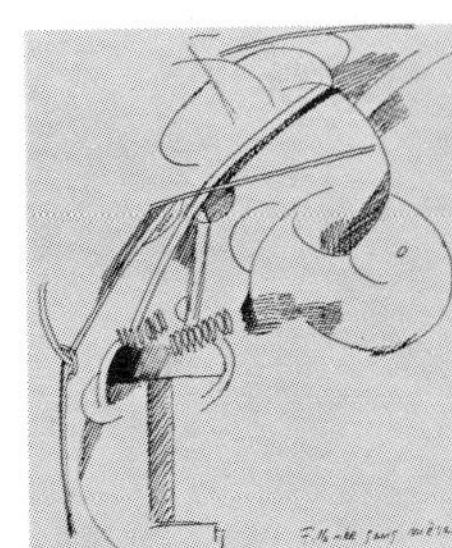

3/685
Picabia, Fille née
sans mère, 1913–15

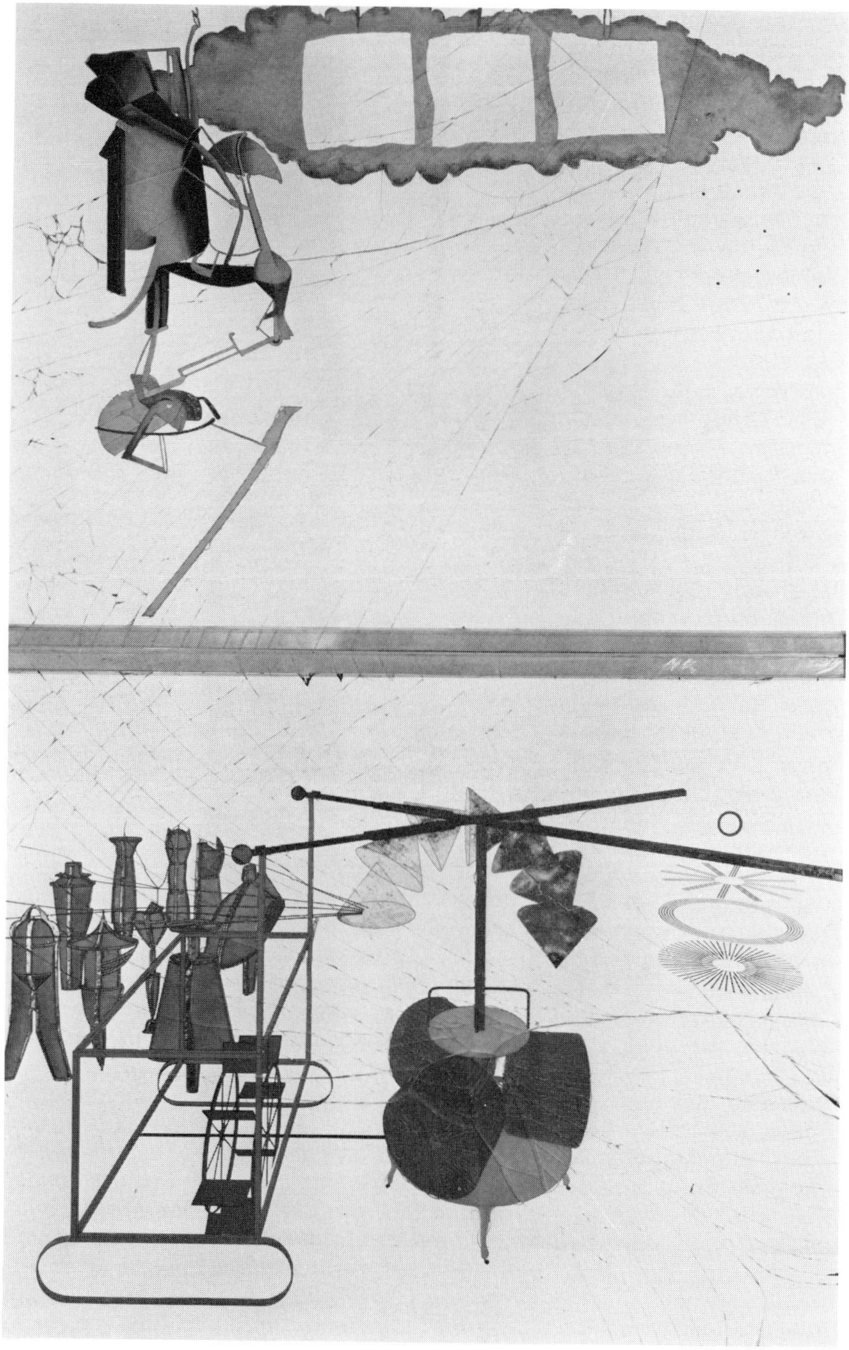

3/644
Duchamp, Das große Glas, Die Braut, von ihren Junggesellen nackt entblößt, sogar (La mariée mise à nue par ses célibataires même) Photogr. Reproduktion, Original 1915–1923

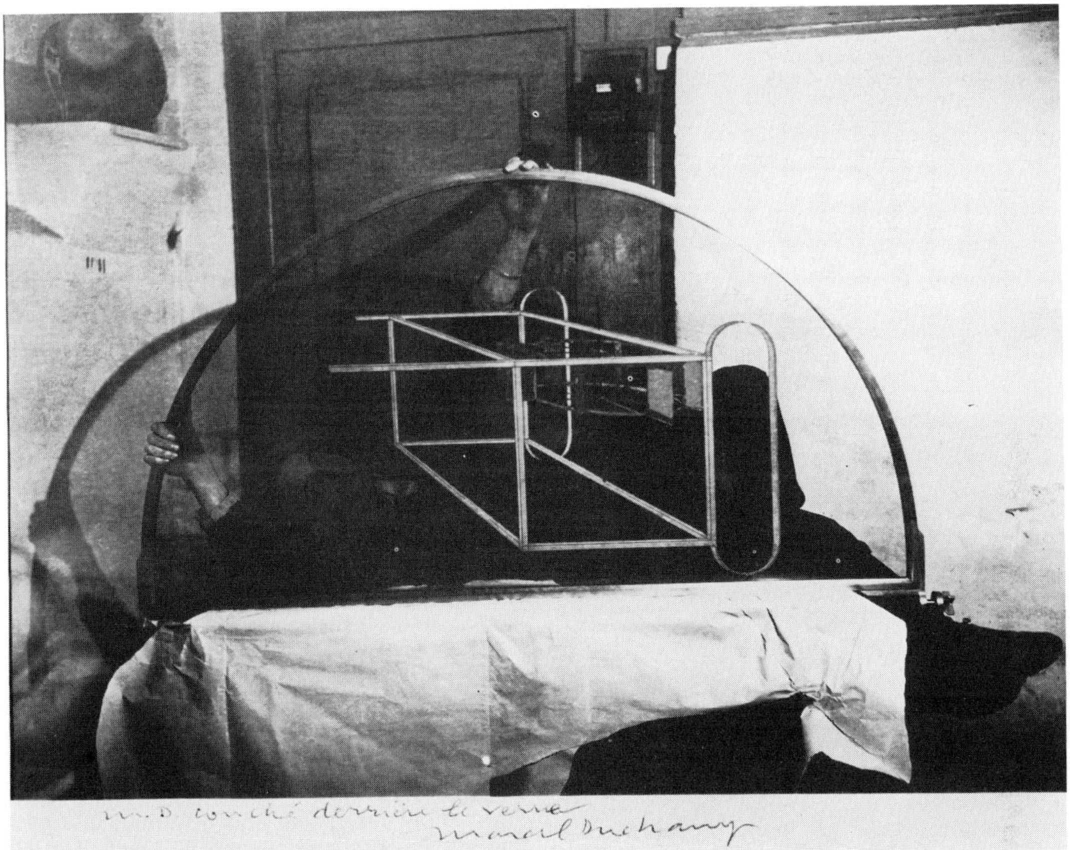

3/700
Man Ray, Duchamp hinter dem großen Glas liegend, 1917

heute noch nicht genau genug eingeschätzt werden kann. Die marxistische Wirtschaftstheorie beispielsweise wäre ohne die Modellsymbolik des Prinzips Dampfmaschine undenkbar. Das Perpetuum mobile konnte für die Mehrwerttheorie keinen Ansatz bieten; dazu gehörte die Erkenntnis, daß – wie bei der Dampfmaschine – beim Vorgang der Kraftübertragung von demjenigen, das die Kraft liefert, ein Überschuß erzeugt wird, obwohl erwiesen ist, daß dieser Kraftüberschuß gemäß dem Gesetz von der Erhaltung der Energie nur relativ aber nicht absolut verlorengeht. Das dadaistische Paradox potenziert sich dadurch, daß darin die Perspektive des Perpetuum mobile mit der Perspektive der mechanischen Kraftübertragung eine coincidentia oppositorum eingeht. Die Indizien für die Entstehung einer unterschwelligen Mythologie der Maschine als Spenderin und Entzieherin vitaler Kraft ist in der Publikation zur Ausstellung 'Junggesellenmaschinen[6]) dargelegt worden. In Festreden der Gründerzeit wurde die industrielle Energieerzeugung als Kind aus der Ehe der – männlichen – Naturkraft Dampf mit der – weiblichen – Maschine verglichen. 'Die Gattin ist ganz anderer Art. Ihr Geschlecht ist viel jünger als das ihres Mannes.'[7])
Die aus Schwungrad und Pleuelstange kombinierte Bewegung der Dampfmaschine gleicht der ungefügen Projektion der mechanischen Bewegungsdeterminierung des Geschlechtsakts in seiner rhythmischen Komik. Das ist aber nur eine Äußerlichkeit. Der entscheidende Gesichtspunkt der Maschinen-Erotik ist das Prinzip der Kraftübertra-

3/638
Duchamp, Die Braut,
1912

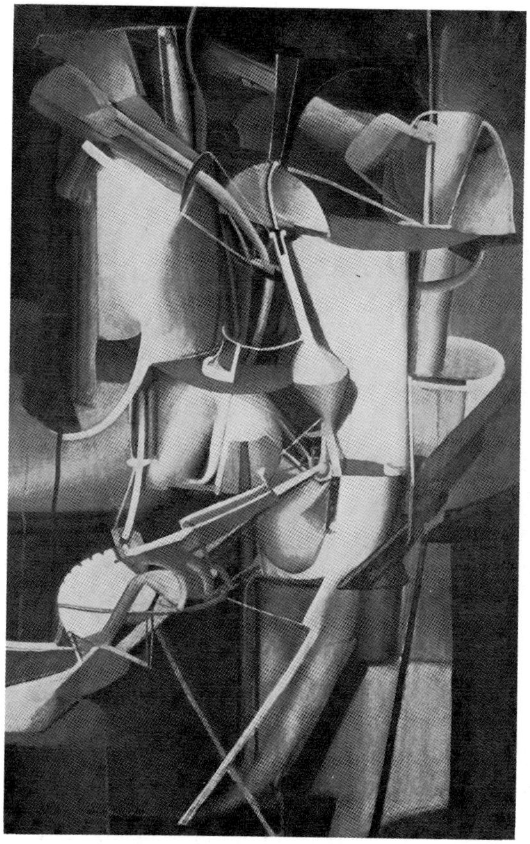

gung, auf das die dadaistische Metaphorik mit der Erfindung einer mythischen Gestalt reagiert, der Braut, deren imaginärer Werdegang aus den Werken verschiedener Dadaisten rekonstruiert werden kann. Schon 1912 erscheint sie dem seinerzeit in München weilenden Duchamp in einem Bild als 'Braut', (Kat. Nr. 3/638) eine Verkündigung. 1916 wird sie in einer Zeichnung Picabias (Kat. Nr. 3/685) als 'fille née sans mère', als mutterlos geborene Tochter zur Welt gebracht und gibt sich somit gleich von Anbeginn als parthenogenetisches Paradoxon zu erkennen, das sich zum Dogma von der unbefleckten Empfängnis seitenverkehrt verhält. 1920 geht sie in Berlin eine bürgerliche Vernunftehe ein. George Grosz zeichnet 'Daum marries her pedantic automaton George' (Kat. Nr. 3/591). Bald darauf, 1921, tritt sie – ein bißchen anrüchig – bei Max Ernst als 'Katharina ondulata d. i. frau wirtin an der lahn' auf (Kat. Nr. 3/652). Doch beginnt im gleichen Jahr ebenfalls in einem Blatt Max Ernst's die erste Phase ihrer Transsubstantiation 'vergasung der vulkanisierten eisenbraut zur erzeugung der nötigen bettwärme.' In einer Photomontage Max Ernst's geschieht die nächste Phase der Verwandlung, 'die anatomie der braut' (Kat. Nr. 3/655), Resultat eines dadaistischen Ritualmordes, der schließlich zur Verklärung der Geopferten führt. Diese findet ihren Höhepunkt in Duchamps Großem Glas, 'Die Braut, von ihren Junggesellen nackt entblößt, sogar', (Kat. Nr. 3/646) die Epiphanie des sich in ständiger Wiederholung aus sich selbst regenerierenden Orgasmus einer chymischen Hochzeit.[8]) In der unteren Hälfte, wo das Junggesellenkarussell im unendlichen Rücklauf der Drehbewegung mit der Schokoladenreibe verbunden ist, geschieht der meta-mechanische Ablauf. Die Gelehrten bewegen sich im Kreise ihrer gleichbleibenden Begriffs-Klischees. Zwischen oben und unten vollzieht sich das Mysterium des Energie-Austauschs. Die Braut erscheint, durch die Gebetsmühlen der Junggesellen (Baccalaurei) herbeizitiert, oben in einer Sphäre jenseits aller gravitorisch-mechanischen Notwendigkeit, als plasmatischer Abdruck eines energetischen Gegenbildes. Die Junggesellen sind gravitätisch, die Braut ist gravid, d. h. jungfräulich-schwanger. Das ist der Versuch Duchamps, aus der Position des Paradoxen ins Trans-Paradox zu finden. Damit reicht das Werk über Dada hinaus.[9])

'Was würden Sie als die eigentliche Lösung betrachten? – Offensichtlich kann es gar keine Lösung geben, wenn es kein Problem gibt, Probleme sind Erfindungen des Geistes. Sie sind unsinnig.' Marcel Duchamp.[10])

Eberhard Roters

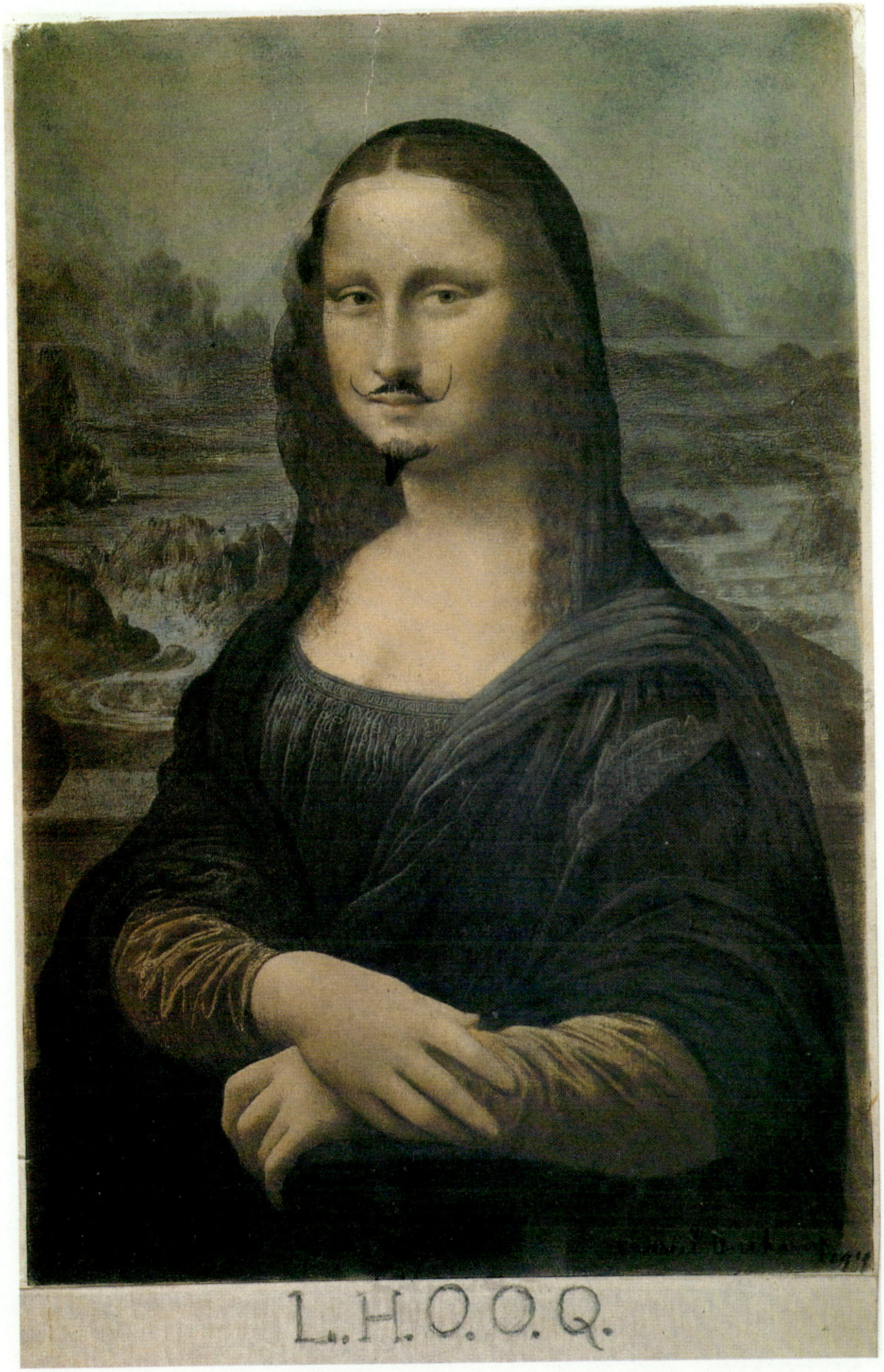

Duchamp
L. H. O. O. Q.
1919, Kat. 3/507

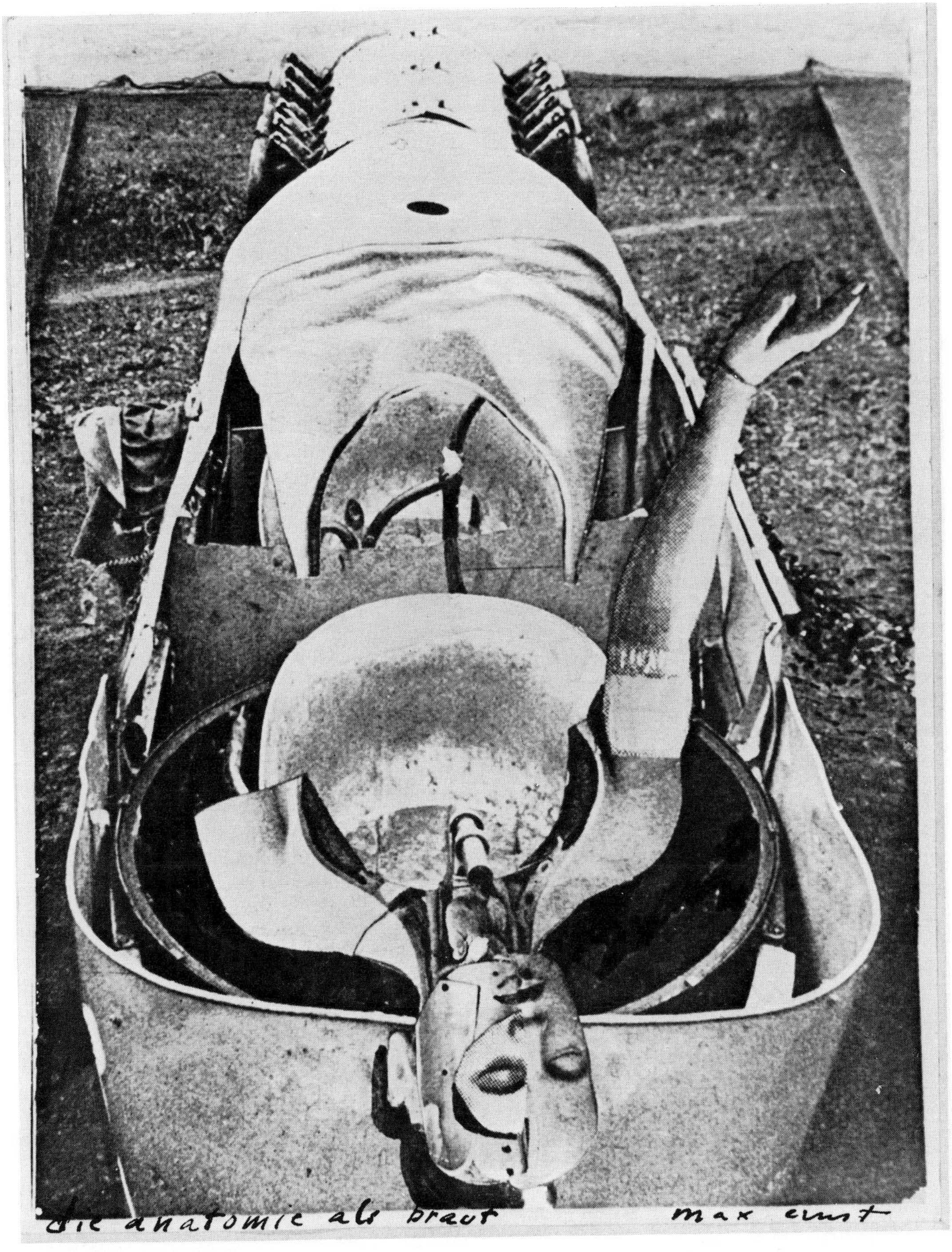

3/655
Ernst, Anatomie als Braut, 1921

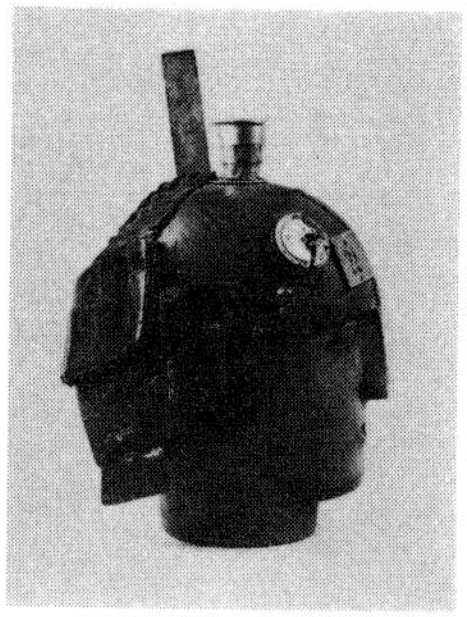

3/671
Hausmann, der mechanische Kopf, Der Geist unserer Zeit, 1921, Ansicht

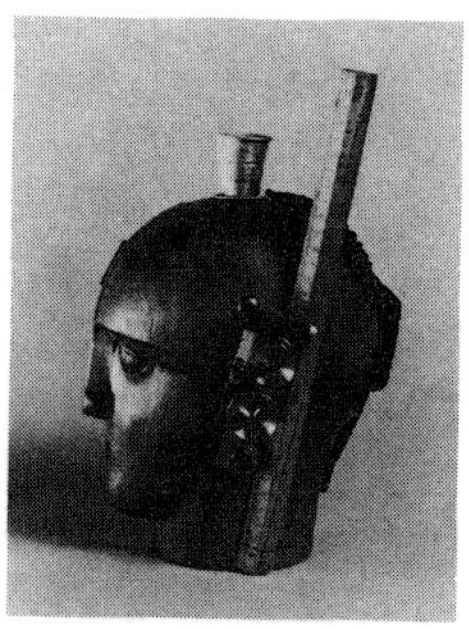

3/671
Hausmann, der mechanische Kopf, Der Geist unserer Zeit, 1921, Ansicht

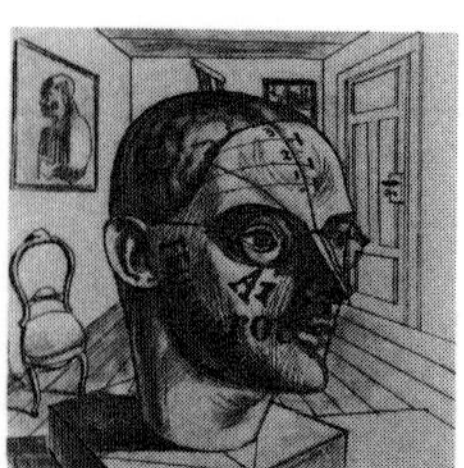

3/668
Hausmann, Porträt Felixmüller, 1920

Anmerkungen

1. Janis, Harriet u. Sidney: Marcel Duchamp – anti-artist, in: View, V, Nr. 1, march 1945, New York. Zit. in: Aussagen von Marcel Duchamp, in: Dokumentation über Marcel Duchamp, Kunstgewerbemuseum Zürich, 1960, S. 24
2. Ausst. Kat.: Raoul Hausmann, Stockholm 1967
3. Sternberger, R.: Panorama oder Ansichten vom 19. Jahrhundert, Hamburg 1938, S. 44
4. Arp, H., 1949, zit. in: Ausst. Kat. Picabia, Leverkusen 1967
5. Arbeitsorganisation – Ende des Taylorismus?, Kursbuch Nr. 43, Berlin, März 1976
6. Szeemann, H. (Hg.), Junggesellenmaschinen / Les Machines Célibataires, Civitanova, Marche 1975
7. Engel, E.: Ansprache zum Stiftungsfeste des Preußischen 'Vereins für Gewerbefleiß', Berlin, Januar 1875. Zit. in: Sternberger, a.a.O., S. 22f.
8. Schwarz, A.: Die alchemistische Junggesellenmaschine, in: Junggesellenmaschinen, a.a.O., S. 156ff.
Schwarz weist die Verbindungen des Großen Glases zur Alchimie nach. Er hält sich dabei ausführlich mit den Reibmühlen auf. Meines Dafürhaltens besteht der eigentlich alchimistische Vorgang im allmählichen Bebrüten des 'Glases' mit Staub.
9. Das Weiterleben der Braut nach ihrer Entrükkung findet eine gewisse Fortsetzung in den Darstellungen des Surrealismus. 1923 schuf Max Ernst das Gemälde 'Die schöne Gärtnerin'. Das Bild geriet in die Fänge der Nazi-Aktion 'Entartete Kunst' und ist seither verschollen. 1967 malte Max Ernst eine Neufassung: 'Die Rückkehr der schönen Gärtnerin'. Man beachte den unterschwellig eschatologischen Effekt.
Vgl. dazu Spies, W.: Max Ernst 1920–1950. Die Rückkehr der Schönen Gärtnerin, Köln 1971
10. Sargeant, W.: Dada's Daddy, in: LIFE-Magazin, April 28, 1952 New York. Zit. in: Aussagen von Marcel Duchamp, a.a.O., S. 26

RAOUL HAUSMANN
DER GEIST UNSERER ZEIT 1919

Dadaist sein, das hieß für mich: einen scharfen Wahrnehmungssinn haben und die Dinge sehen, wie sie sind.
Was, Mona Lisa? Ich sah jeden Tag in den Schaufenstern Puppen aus Pappmaché, und ich sah, daß sie schön waren.
Ich sagte mir: einen Gegenstand nehmen und seinen Namen darunter setzen ist zu einfach, man muß trotz allem eine Idee haben.
Schon seit langem hatte ich entdeckt, daß die Leute keinen Charakter haben und daß ihr Gesicht nur ein vom Friseur gemachtes Bild ist.
Warum also nicht einen von einem einfachen naiven Geist hergestellten Kopf nehmen, an dem die Friseurlehrlinge das Perückenmachen üben. Nur die Idee!
Ich wollte den Geist unserer Zeit enthüllen, den Geist eines jeden in rudimentärem Zustand.
Man erzählte Wunderdinge über das Volk der Denker und Dichter. Ich glaubte sie besser zu kennen.
Ein Alltagsmensch hatte nur die Fähigkeiten, die der Zufall ihm auf den Schädel geklebt hatte, äußerlich, das Hirn war leer.
Ich nahm also einen schönen Holzkopf und polierte ihn lange mit Sandpapier. Ich krönte ihn mit einem ausziehbaren Feldbecher.
Hinten brachte ich eine schöne Geldbörse an.
Ich nahm ein kleines Schmuckkästchen und setzte es an die Stelle des rechten Ohrs. Ich fügte innen noch eine Druckwalze hinzu und einen Pfeifenstiel.
Jetzt zur linken Seite.
Ach ja, ich hatte Lust, das Material zu wechseln. Ich setzte auf ein hölzernes Lineal ein Stück Bronze von einem alten und veralteten Photoapparat und sah mir das an. Ach, nun brauchte ich noch diese kleine weiße Pappe mit der Ziffer 22, denn natürlich hatte der Geist unserer Zeit nur numerische Bedeutung.
So steht er da noch heute mit seinen Schrauben in den Schläfen und einem Stück Zentimeter an der Stirn:
Denn erst in der Beschränkung zeigt sich der Meister. Ist er nicht lieb?
Limoges, 14. September 1967

RAOUL HAUSMANN: DADA IN EUROPA

Begreifen Sie, bester Leser – was DADA ist, weiß am genauesten der Dadasoph. Dada, sehen Sie, Dada wurde erfunden von drei Männern: Huelsenbeck, Ball und Tzara. Zunächst bedeutete Dada nichts, als vier Buchstaben, und damit war ein internationaler Charakter gegeben. Nachdem man also den eigentlichen Gehalt und die Reklamemöglichkeiten dieses Wortes, DADA, erfaßt hatte, gründete man das ‚Cabaret Voltaire' (Zürich 1916), in dem zwischen Musik, Tanz, Montmartre-Chansons, Kubismus und Futurismus ironisiert und neue Arten der Dichtung propagiert wurden. DADA war zunächst ein Bekenntnis zur unbedingten Primitivität, von dem Züricher Publikum teils verständnislos, teils erheitert begrüßt. DADA wurde aber die große Elastizität der Zeit, die ihren Maßstab an dem Bürger fand: je seniler und steifer dieser wurde, um so beweglicher wurde DADA, das heute über den ganzen Erdball verbreitet ist. Denn, dies müssen Sie wissen, DADA ist die Wahrheit, die allein zutreffende Praxis des realen Menschen, wie er heute ist, stets in Bewegung durch die Simultanität der Ereignisse, Reklame, des Marktes, der Sexualität, der Gemeinschaftsdinge, der Politik, der Oekonomie; ohne überflüssige Gedanken, die zu nichts führen. Ja, erlauben Sie, Dada ist (und dies ärgert die meisten Menschen grenzenlos) sogar ganz gegen jeden Geist; DADA ist die völlige Abwesenheit dessen, was man Geist nennt. Wozu Geist haben in einer Welt, die mechanisch weiterläuft? Was ist der Mensch? Eine bald lustige, bald traurige Angelegenheit, die von ihrer Produktion, von ihrem Milieu gespielt und gesungen wird. Sehen Sie, Sie glauben zu denken und Beschlüsse zu fassen, Sie glauben original zu sein – und was geschieht? Das Milieu, Ihre etwas staubige Atmosphäre hat den Seelenmotor angeworfen und die Sache läuft von allein: Mord, Ehebruch, Krieg, Frieden, Tod, Schiebung, Valuta – alles entglitt Ihren Händen, es ist Ihnen unmöglich, etwas aufzuhalten: Sie werden einfach gespielt. Sie sind das Opfer Ihrer Anschauungsweise, Ihrer sogenannten Bildung, die Sie aus den Geschichtsbüchern, dem Bürgerlichen Gesetzbuch und einigen Klassikern gleich en gros generationsweise beziehen. Sie scheitern an Ihren Voraussetzungen . . .Der dadaistische Mensch kennt keine Vergangenheit, die ihn bindet, er ist gestraft von der lebendigen Gegenwart, durch seine Existenz . . .Dada gestaltet die Welt praktisch nach ihren Gegebenheiten, es benutzt alle Formen und Gebräuche, um die moralisch-pharisäische Bürgerwelt mit ihren eigenen Mitteln zu zerschlagen. Sie werden einwenden: DADA, das ist der Bluff. Nun, die Menschen sind Sensationstiere, die das Gruseln nicht erst zu lernen brauchen; der dadaistische Mensch überspringt im Bluff seine eigene Sensationsgier und Schwere. Der Bluff ist kein ethisches Prinzip, sondern praktische Selbstentgiftung; da DADA und Bluff miteinander gleichzusetzen sind, so ist der Bluff Wahrheit – denn DADA ist die exakte Wahrheit. Demnach ist DADA eher ein Lebenszustand, mehr eine Form der inneren Beweglichkeit, als eine Kunstrichtung. DADA, das ist die Einsicht in die verlogene Art der dichterischen Tragik und der Feierlichkeit, die Einsicht in die Unverschämtheit der Wissenschaft. Dem Dadaisten dreht sich heute noch die Sonne um die Erde . . . sollte sie es aber nicht tun, so wird ihn auch dies nicht erschüttern. Wenn Sie bedenken, daß nach sechstausend Jahren vergeblicher geistiger Anstrengung die Philosophie kläglich versagte und daß Ihnen die Naturwissenschaften ebensowenig ein festes Programm bieten können, so müssen Sie einsehen, daß DADA, geboren aus der Unerklärbarkeit eines glücklichen Augenblicks, die einzig praktische Religion unserer Zeit darstellt. Sagen Sie sich von allen Hemmungen los, vergessen Sie Ihr Kartenspiel und die Wärme Ihrer Familientraulichkeit – und Sie werden des Schwindels, den die Künstler, die Dichter mit Ihnen treiben, inne werden; Sie werden begreifen lernen, daß diese Dinge nur einer besonderen Technik bedürfen, Eigenverkehrsprobleme sind, die durch DADA aller Prahlerei und Ambition entkleidet werden: werden Sie Dadaist und Sie erwerben sich Angriffslust und die unbesiegbare Macht der Ironie!

In: Der DADA 3, (Kat. Nr. 3/205)

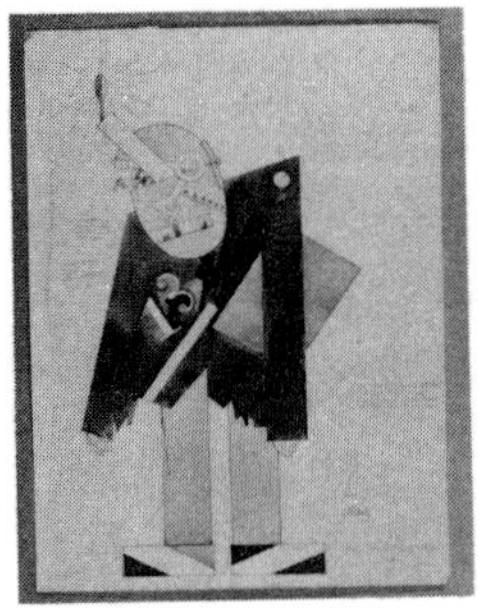

3/663
Grosz, Student, 1922

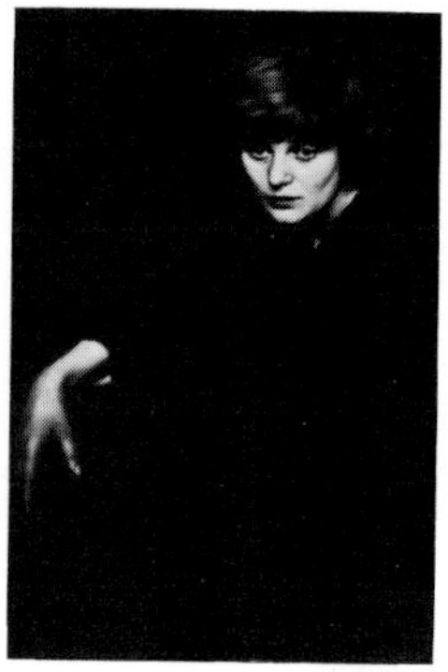
3/347
Emmy Hennings,
um 1917

DADA ZÜRICH

Der Züricher Dadaismus beginnt am 5. Februar 1916 mit der Eröffnung des 'Cabaret Voltaire'. In der 'Pressenotiz', die Hugo Ball in sein Tagebuch 'Die Flucht aus der Zeit' aufgenommen hat, heißt es: 'Cabaret Voltaire. Unter diesem Namen hat sich eine Gesellschaft junger Künstler und Literaten etabliert, deren Ziel es ist, einen Mittelpunkt für die künstlerische Unterhaltung zu schaffen. Das Prinzip des Kabaretts soll sein, daß bei den täglichen Zusammenkünften musikalische und rezitatorische Vorträge der als Gäste verkehrenden Künstler stattfinden, und es ergeht an die junge Künstlerschaft Zürichs die Einladung, sich ohne Rücksicht auf eine besondere Richtung mit Vorschlägen und Beiträgen einzufinden.'

Hugo Ball und Emmy Hennings hatten sich bereits in den Monaten zuvor, die sie sich im Schweizer Exil aufhielten, ihren Lebensunterhalt mit ähnlichen Auftritten in ähnlichen Unterhaltungsetablissements verdient; so lag es nah, nun in die 'eigene Regie' zu gehen. Walter Mehring spricht deshalb in seinen Dada-Erinnerungen vom 'Cabaret Voltaire' geradezu als einer Einrichtung für Emmy Hennings, die 'Schleswiger Chansonette', die Ball in einem 'Berliner Tingeltangel' kennen gelernt, in die er sich verliebt und die er zu seiner 'Frau und Jüngerin' erhoben hatte.

Am Eröffnungsabend war die 'kleine Kneipe', die sich als 'Variéte-Miniatur' präsentierte, überfüllt; unter den Gästen: die rumänischen Emigranten Janco und Tzara, aus Frankreich Arp. Am 11. Februar stieß aus Deutschland Huelsenbeck dazu, von Ball per Postkarte gerufen: beide kannten sich bereits aus ihrer Münchner bzw. Berliner Zeit seit 1912.

Obwohl mit den Genannten die Züricher Hauptdadaisten schon beisammen sind, hielt sich das durch Ball begründete 'Cabaret' zunächst durchaus im Rahmen herkömmlicher 'Brettl'-Kunst, wie sie sich seit der Jahrhundertwende von Frankreich aus speziell nach Deutschland hin entwickelt hatte. Wir finden deshalb zu den ersten Abenden Hinweise auf Vortragsnummern wie 'A la Vilette' von Aristide Bruant, das 'Donnerwetterlied' von Frank Wedekind oder das 'Revoluzzerlied' von Erich Mühsam. Neben Christian Morgenstern wurden Gedichte der Expressionisten Jakob van Hoddis, Oskar Kokoschka, Alfred Lichtenstein oder Else Lasker rezitiert. Aber die Unternehmung war durchaus offen im Sinn der Ankündigung: ein zwanzig Mann starkes russisches Balalaika-Orchester offerierte sich als'ständiger Gast', der sogenannte 'Schweizer Abend' brachte zwei Herren, von denen der eine das Lied vom 'Schönen Jungfer Lieschen', der andere 'Eichene Gedichte' (eigene Gedichte) darbot; schließlich ist der Überfall einer ganzen 'Gesellschaft holländischer Jungs' festgehalten, die Banjos und Mandolinen mitgebracht hatten und sich wie komplette Narren benahmen: Einen ihrer Clique nennen sie den 'Öl im Knie'. Dieser Herr Ölimknie macht den Obermimen, indem er drapiert aufs Podium steigt und unter allerlei Verrenkungen, Beugen und Schlottern der Knie Excentricsteps vorführt.

Für Ende Februar notiert Ball, ein 'undefinierbarer Rausch' habe sich aller bemächtigt; das kleine Kabarett drohe aus den Fugen zu gehen und eskaliere 'zum Tummelplatz verrückter Emotionen'. Ausdrücklich weist er darauf hin, daß die Tendenz zur künstlerischen Neufindung, der Drang zum 'ununterbrochen Lebendigen, Neuen, Naiven' unmittelbar aus der direkten Konfrontation mit dem Publikum resultiere. Der 'Öffentliche Vortrag' wird zum ausschlaggebenden Kriterium: 'Ich habe mich (vom Podium) belehren lassen, in welchem Ausmaße die heutige Literatur problematisch, das heißt am Schreibtische erklügelt und für die Brille des Sammlers, statt für die Ohren lebendiger Menschen gefertigt ist'.

Huelsenbecks Pseudo-Negergedichte, seine mit einem 'Stöckchen aus spanischem Rohr' skandierten 'Phantastischen Gebete' und das gemeinsam von Huelsenbeck, Tzara und Janco geschaffene 'poème simultan' handeln vom 'Wert der Stimme', sind akustische Poesie, die laut gesprochen und gehört, nicht gelesen sein will, leben aus der Vortragspose. Auch der Schritt in die Maske, den Janco anregt, ist auf die theatralische Wirkung im Kabarettraum, also auf Zuschauer berechnet. Die 'motorische Gewalt' der vorgebundenen Larven teilte sich

den Akteuren bereits im ersten Versuch in 'frappierender Unwiderstehlichkeit' mit: 'Die Masken verlangten einfach, daß ihre Träger sich zu einem tragisch-absurden Tanz in Bewegung setzten'. In Balls Lautgedichten, die in der Schlußphase des 'Cabaret Voltaire' gewissermaßen den Höhepunkt seiner Entwicklungsmöglichkeit markieren, treffen sich beide Linien: ausdrücklich als 'Klanggedichte' bezeichnet, wurden sie vor Notenständern zelebriert; für die Premiere hatte sich der Autor ein eigenes Kostüm konstruiert, er steckte in einem Obelisk aus Pappe mit riesigem Mantelkragen als Flügel und zylinderartigem Schamanenhut
Der Name 'Dada' war damals bereits gefunden. In den Tagebüchern Balls taucht er erstmals unterm Datum 18. April auf, verquickt mit dem Plan zur Gründung einer Zeitschrift; aber bekanntlich reklamierten auch Tzara und Huelsenbeck die Namensfindung für sich. Wichtiger als die Klärung der Urheberschaft ist allerdings die der Wortfindung selber, die sich in den unterschiedlichen Versionen stark ähnelt, – offensichtlich durch zufälliges Blättern in einem Wörterbuch oder Lexikon: 'Dada heißt im Rumänischen Ja, Ja, im Französischen Hotto- und Steckenpferd. Für Deutsche ist es ein Signum alberner Naivität und zeugungsfroher Verbundenheit mit dem Kinderwagen'.

Das Prinzip des Zufalls, das hier durchdringt, wird vor allem von Arp als das entscheidende dadaistische Moment herausgestellt. 'Producere heißt herausführen, ins Dasein rufen. Es müssen nicht Bücher sein'. Richter bezeichnet das 'Unbekannte' in diesem Sinn als das 'Zentralerlebnis von Dada' und merkt an, daß es sich hauptsächlich in der 'bildnerisch-visuellen Sphäre' entwickelt habe: Ich möchte hier eine Anekdote anführen (. . .). Arp hatte lange in seinem Atelier am Zeltweg an einer Zeichnung gearbeitet. Unbefriedigt zerriß er schließlich das Blatt und ließ die Fetzen auf den Boden flattern. Als sein Blick nach einiger Zeit zufällig wieder auf diese auf dem Boden liegenden Fetzen fiel, überraschte ihn ihre Anordnung. Sie besaß einen Ausdruck, den er die ganze Zeit vorher vergebens gesucht hatte.' An Balls Diarium läßt sich beobachten, in welcher Weise der Begriff 'Dada' die zuvor gegebenen Bestimmungen

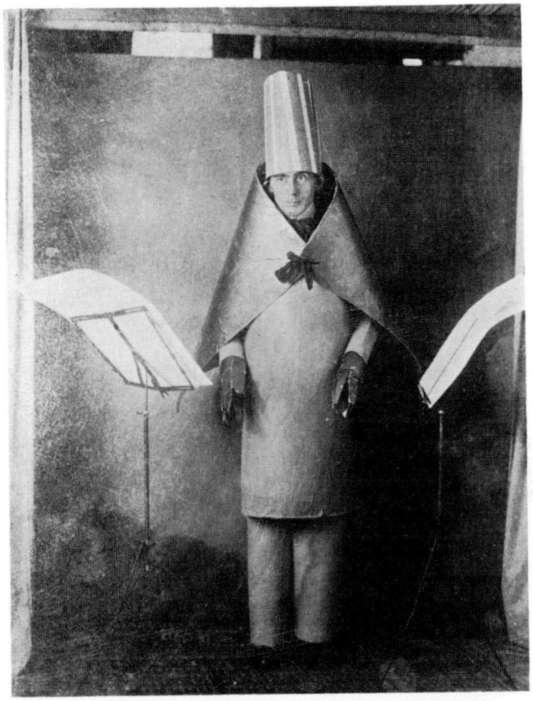

3/346
Hugo Ball, in kubistischem Kostüm, um 1917

des 'Cabaret Voltaire' in sich aufnimmt und transformiert, etwa die verschränkende, auf den Hintergrund des Weltkriegs zu projizierende Formulierung: 'Was wir zelebrieren, ist eine Buffonade und eine Totenmesse zugleich'. Eine Art Manifest stellen die in einzelne Abschnitte gegliederten Eintragungen des 12. Juni dar: 'Was wir Dada nennen, ist ein Narrenspiel aus dem Nichts, in das alle höheren Fragen verwickelt sind; eine Gladiatorengeste; ein Spiel mit den schäbigen Überbleibseln; eine Hinrichtung der posierten Moralität und Fülle. Der Dadaist liebt das Außergewöhnliche, ja das Absurde. Er weiß, daß sich im Widerspruche das Leben behauptet und daß seine Zeit wie keine vorher auf die Vernichtung des Generösen abzielt. Jede Art Maske ist ihm darum willkommen. Jedes Versteckspiel, dem eine düpierende Kraft innewohnt. Das Direkte und Primitive erscheint ihm inmitten enormer Unnatur als das Unglaubliche selbst.
Da der Bankrott der Ideen das Menschenbild bis in die innersten Schichten zerblättert hat, treten in pathologischer Weise die Triebe und

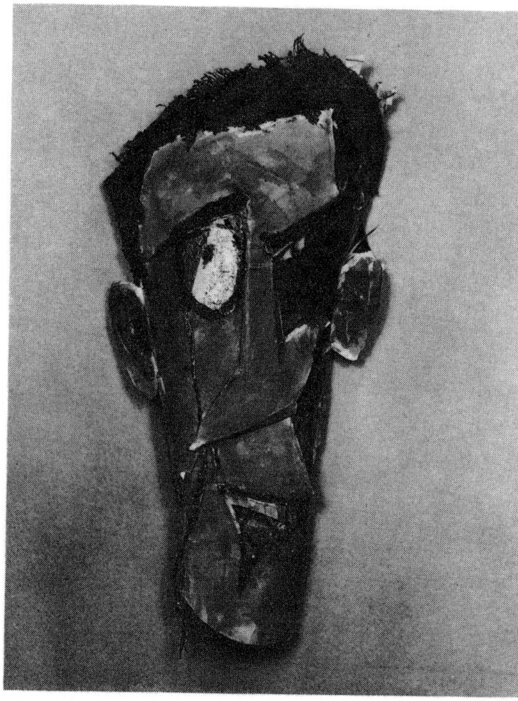

3/439
Janco, Maske
(Tzara), 1916

Hintergründe hervor. Da keinerlei Kunst, Politik oder Bekenntnis diesem Dammbruch gewachsen scheint, bleibt nur die Blague und die blutige Pose.

Der Dadaist vertraut mehr der Aufrichtigkeit von Ereignissen als dem Witz von Personen. Personen sind bei ihm billig zu haben, die eigne Person nicht ausgenommen. Er glaubt nicht mehr an die Erfassung der Dinge aus einem Punkte, und ist doch immer noch dergestalt von der Verbundenheit aller Wesen, von der Gesamthaftigkeit überzeugt, daß er bis zur Selbstauflösung an den Dissonanzen leidet.

Der Dadaist kämpft gegen die Agonie und den Todestaumel der Zeit. Abgeneigt jeder klugen Zurückhaltung, pflegt er die Neugier dessen, der eine belustigte Freude noch an der fraglichen Form der Fronde empfindet. Er weiß, daß die Welt der Systeme in Trümmer ging, und daß die auf Barzahlung drängende Zeit einen Ramschausverkauf der entgötterten Philosophien eröffnet hat. Wo für die Budenbesitzer der Schreck und das schlechte Gewissen beginnt, da beginnt für den Dadaisten ein helles Gelächter und eine milde Begütigung.'

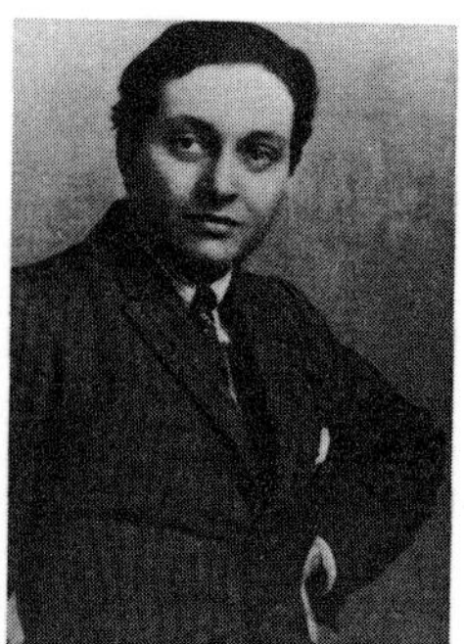

3/367
Janco, um 1920

Schon Mitte März 1916 zeigt das 'Cabaret Voltaire' erste Erschöpfungszustände: Huelsenbeck merkt dazu an, daß der holländische Wirt heftig nach 'Besserer Unterhaltung' verlangt habe, um mehr Zuschauer anzulocken, da sonst das Etablissement schließen müsse. Auch verlagerten sich die Interessen der Züricher Dadaisten; mit der am 29. März 1917 neugegründeten 'Galerie Dada' traten die bildenden Dada-Künstler entschiedener in den Vordergrund. Die Galerie agierte als Plattform für alle denkbare moderne Kunst, die während der Kriegsjahre sonst nirgends in Europa Ausstellungs- und Publikationsmöglichkeiten besaß. Balls Tagebuch enthält zum Juli 1916 keine Angaben, sein Manifest beim ersten öffentlichen Dada-Abend im Zunfthaus zur Waag am 14. Juli war nach seinen eigenen Worten 'eine kaum verhüllte Absage an die Freunde': nach längerer Abwesenheit kehrte er überhaupt erst Ende November nach Zürich zurück. Doch unter den späteren Notizen finden sich Rückverweise aufs 'Cabaret', aus denen zugleich die gewandelte Situation des Dadaismus in Zürich deutlich wird. Einerseits ist die 'Galerie' die 'Fortführung der Kabarett-Idee vom vorigen Jahr', andererseits aber sind die 'Barbarismen des Kabaretts' überwunden, dient die neue Unternehmung der Absicht, 'eine kleine Gesellschaft Menschen zu bilden, die sich gegenseitig stützen und kultivieren': 'Zwischen 'Voltaire' und Galerie Dada liegt eine Spanne Zeit, in der sich jeder nach Kräften umgetan und neue Eindrücke und Erfahrungen gesammelt hat'. Die Galerie, heißt es, habe drei Gesichter: Tagsüber ist sie eine Art Lehrkörper für Pensionate und höhere Damen. Am Abend ist der Kandinsky-Saal bei Kerzenbeleuchtung ein Klub der entlegensten Philosophien. An den Soireen aber werden hier Feste gefeiert von einem Glanz und einem Taumel, wie Zürich sie bis dahin nicht gesehen hat.

Die künstlerischen Entdeckungen, zu denen das 'Cabaret' den Anstoß gegeben hatte, verändern sich, wenn sie im Rahmen der 'Galerie' aufgegriffen und rekapituliert werden, nicht unentscheidend. Das zeigen exemplarisch die

Lautgedichte Balls, die nun – als 'abstrakte Tänze' vorgetragen – in den Bannkreis kontemplativer Kunstanschauungen geraten, die auf 'zauberische Beschwörung' als 'Befreiung von der Zeit' – bis ins Unterbewußte – aus sind. Man vergleiche daraufhin den Premierenbericht zur 'neuen Gattung von Versen, 'Verse ohne Worte'' im 'Cabaret Voltaire' – Ball in 'kubistischer Maske', zuletzt, physisch und seelisch völlig erschöpft, 'vom Podium schweißbedeckt als ein magischer Bischof in die Versenkung getragen' –, mit der neuen, stärker das Spielerische und Anmutige betonenden Charakterisierung: 'Hier im besonderen Fall genügte eine poetische Lautfolge, um jeder einzelnen Wortpartikel zum sonderbarsten, sichtbaren Leben am hundertfach gegliederten Körper der Tänzerin zu verhelfen. Aus einem 'Gesang der Flugfische und Seepferdchen' wurde ein Tanz voll Spitzen und Geräten, voll flirrender Sonne und von schneidender Schärfe'. – 'Die neuere Kunst ist sympathisch (. . .)'. Folglich mutiert auch die Bestimmung für 'Dada' und 'Dadaist'. So bringt Ball – in einer Art Wortspiel – den 'Rock des Dandysten und Dadaisten' eng zusammen oder merkt – 'fürs deutsche Wörterbuch' – an: 'Dadaist: kindlicher, donquichottischer Mensch, der in Wortspiele und grammatikalische Figuren verwikkelt ist'. Oder: 'Der Dadaismus – ein Maskenspiel, ein Gelächter? Und dahinter eine Synthese der romantischen, dandyistischen und – dämonistischen Theorien des 19. Jahrhunderts?' Diese Verschiebung in der Bedeutung, die nicht eigentlich im Widerspruch zu früher getroffenen Bestimmungen steht, aber doch modifiziert und einengt, ist deshalb von besonderer Bedeutung, weil sie in der resümierenden Betrachtung Balls auf den Züricher Dadaismus, dessen führender Kopf er war, wie im allgemeinen Urteil entscheidendes Gewicht erhalten sollte. Angestoßen durch die revolutionären Ereignisse in Rußland, erinnert sich Ball, daß während der Zeit' des 'Cabarets' in der Spiegelgasse visavis 'Herr Ulianow-Lenin' gewohnt habe sowie zeitlich parallel zur Eröffnung der 'Galerie' die Russen nach Petersburg gereist seien, 'um die Revolution auf die Beine zu stellen', und er·fragt sich – mit der Tendenz, die

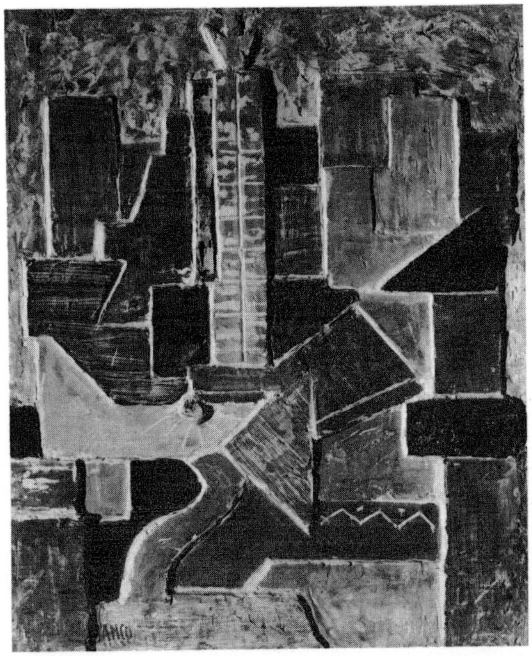

3/442
Janco. Petite architecture lumière
1919

Fragen positiv zu beantworten: Ist der Dadaismus wohl als Zeichen und Geste das Gegenspiel zum Bolschewismus? Stellt er der Destruktion und vollendeten Berechnung die völlig donquichottische, zweckwidrige und unfaßbare Seite der Welt gegenüber? Es wird interessant sein zu beobachten, was dort und was hier geschieht. –

Die entscheidenden Schritte des Züricher Dadaismus waren jedoch, als diese Sätze geschrieben wurden, bereits getan. Huelsenbeck war bereits Januar 1917 nach Deutschland zurückgekehrt, direkt veranlaßt, wie er selbst sagt, durch die 'Schließung des Kabaretts'. In Berlin gerät er in den Kreis um Franz Jung und veröffentlicht in der Zeitschrift 'Neue Jugend'. Er arrangiert zusammen mit Däubler, Hermann-Neisse, Grosz und Twardowsky den ersten Berliner Dada-Vortragsabend 'in einem der oberen Räume der Neumann-Galerie' und gründet später zusammen mit Grosz, Jung, Hausmann und Baader den 'Club Dada'. Das 'Dadaistische Manifest' des Jahres 1918 vereint die Schweizer und Berliner Dadaisten. Mit Blick auf die eigenen Provokationen, hinsichtlich des politischästhetischen Engagements der Gruppe um die Zeitschrift 'Neue Jugend' mit Jonny Heartfield und des Drangs zur 'direkten Aktion' bei Hausmann und Baader konnte Jung in seinen Erinnerungen (Der 'Torpedokäfer', Neuwied und Berlin) zu Recht behaupten, die lediglich kunstästhetischen Reformen in Zürich hätten mit den parallelen Herausforderungen in Berlin – 'von einzelnen zunächst an die einzelnen' – nur wenig zu tun gehabt, Huelsenbeck sei deshalb ein 'Fremdkörper' geblieben, ohne den 'geringsten Einfluß': 'Er wurde als Anhängsel geduldet, als eine Art Alibi für den Namen Dada, mehr nicht'. Das spielt die Bedeutung, die Huelsenbeck zweifellos hatte, herunter, macht aber deutlich, daß die Entwicklung des Dadaismus mit 'Cabaret Voltaire' und 'Galerie Dada' in Zürich nicht abgeschlossen war, sondern – im Gegenteil – an unterschiedlichen Orten neu aufgenommen werden konnte. Huelsenbeck seinerseits setzte sich, als er 1920 im Steegemann-Verlag 'En avant dada, Die Geschichte des Dadaismus' veröffentlichte, gegen den Rest-Dadaismus der 'Galerie Dada' ab. Sie habe in 'genialischer Willkür' kubistische, expressionistische und futuristische Bilder gezeigt: eine schon 'sehr alte Sache' und 'direkt rührend'.

Die internationale Bedeutung des Dadaismus herauszustreichen, wählt Huelsenbeck das Bild: der Dadaismus sei den 'Herren in Zürich' nun ernsthaft über den Kopf' gewachsen. Während Dada die Welt eroberte, sei man in Zürich weiter in seinem Stammkaffee sitzen geblieben und habe sich gegenseitig die Zeitungen vorgelesen, 'die aus aller Herren Länder kommen und durch ihre Entrüstung zeigen, daß man mit Dada irgend jemand ins Herz getroffen hat'.

Karl Riha

Ausgewählte Bibliographie:

Arp, H.: Dadaland, Züricher Erinnerungen aus der Zeit des Ersten Weltkriegs, in: Atlantis, Sonderheft 1948. Auch in: A., H.: On my way, Poetry and essays 1912–1947, New York 1948.

Arp, H.: Dada war kein Rüpelspiel, in: A., H.: Unsern täglichen Traum . . . Erinnerungen, Dichtungen und Betrachtungen aus den Jahren 1914–1954, Zürich 1955

Ball, H.: Die Flucht aus der Zeit, München, Leipzig 1927, 2. Aufl., Luzern 1947. Besonders der Abschnitt: Romantizismen – Das Wort und das Bild

Dada, Die Geburt des Dada, Dichtung und Chronik der Gründer, in Zusammenarbeit mit H. Arp, R. Huelsenbeck, T. Tzara, hg. v. P. Schifferli, Zürich 1957

Huelsenbeck, R.: En avant dada, Die Geschichte des Dadaismus, Hannover 1920, Reprint Hamburg 1976

Huelsenbeck, R.: Mit Witz, Licht und Grütze, Auf den Spuren des Dadaismus, Wiesbaden 1957

Meyer, R. u. a.: Dada in Zürich und Berlin 1916–1920, Literatur zwischen Revolution und Reaktion, Kronberg/Ts. 1973

Prosenc, M.: Die Dadaisten in Zürich, Bonn 1967

Richter, H.: Zürich-Dada 1915–1920, in: R., H.: Dada – Kunst und Antikunst, Köln 1964, 2. Aufl. 1970, 3. Aufl. 1973

Schad, C.: In memoriam W. Serner, in: Serner, W.: Die Tigerin, München 1971, S. 213–312

Tzara, T.: Chronique Zurichoise 1915–1919, in: Dada-Almanach, hg. v. R. Huelsenbeck, Berlin 1920. Engl. Übersetzung in: The dada painters and poets, hg. v. R. Motherwell, New York 1951

DADA GENF

‚Wo immer du auch seist, sage dir dieses: ‚Alles, was um mich herum vorgeht, kann auch gespielt sein.' Dann wirst du gesund bleiben und es wird dir wohlergehen auf Erden.'
Walter Serner
Letzte Lockerung II, 442.

‚Große Provinzstädte sind ganz besonders geeignete Operationsgebiete, weil sowohl der Mangel an Abwechslung als auch das Fehlen der häufigen Störungen der Großstadt deinen Charme und deine Trucs viel gründlicher wirken lassen.'
Walter Serner
Letzte Lockerung II, 122.

Dada in Genf, eine bisher wenig beachtete Episode, ist nicht allein Fortsetzung von Zürich-Dada, vorgeführt von aus der Schweiz in die Schweiz ausgewanderten Spiegelgasse-Dadaisten, sondern es unterscheidet sich von der Züricher Periode stilistisch im Charakter einer eigenen Handschrift; Walter Serner führt Regie. Serner, unter den Dadaisten einer der am schwersten ergründlichen, trägt die Maske des Zynikers und Menschenverächters zur Schau. Wie alle wahrhaften Anarchisten stets nach den Regeln der bürgerlichen Mode tadellos gekleidet, seriös und elegant, glänzt er durch perfekte Beherrschung gesellschaftlicher Umgangsformen. Indem Serner die Vorschriften des Anstands in seinen Aktionen demonstrativ durchbricht, ist der Schock, den er dem Publikum versetzt, infolge des Kontrastes besonders groß, denn dieses erlebt nichts geringeres als die Verächtlichmachung der guten Sitten durch einen Arbiter elegantium. Serners dadaistisches Stilmittel ist die Persiflage des gesellschaftlichen Ereignisses in direkter Begegnung mit den Angehörigen der ‚guten Gesellschaft', über deren Dekadenz er sich lustig macht, indem er sie die Perversionen der Etikette mit lüsternem Entsetzen genießen läßt, – eine Vorform des Happenings. Er bedient sich dabei der Slapstick-Effekte, der Gags und der Tricks mit der distanziert-überlegenen Gebärde eines erstklassigen Salonzauberers. Serner ist ein Meister der spielerisch kalkulierten Provokation. Seine Misanthropie, wie auch bei den anderen Dadaisten traumatisches Ergebnis bürgerlichen Selbsthasses, hat sich bei ihm zu einer Idiosynkrasie gegenüber der gesellschaftlichen Umwelt verstärkt.
Vom Dezember 1919 bis zum Januar 1920 tagt in der ‚Grand Salle des Eaux Vives' in Genf der ‚Dadaistische Weltkongreß' unter Leitung Serners. Zu den Teilnehmern gehören u. a. Arp, Breton, Tzara, Schad, Picabia, Eluard, Pansaers, Will Binyon, Archipenko und Strawinsky. Die Dadaisten stellen Anträge, es geht zu wie im Parlament. Arp plädiert für eine Sympathieadresse an die römischen Trappisten, die er zu verschämten Dadaisten erklärt. Schad schlägt vor, das Wort ‚Bilder' durch ein Fingerschnippen zu ersetzen. Anfang Januar referieren die Gazetten einen Bericht aus der ‚Vossischen Zeitung' über einen Vorfall, der zur polizeilichen Auflösung des Kongresses führt: ‚Es kam nämlich zwischen . . . Tristan Tzara, dem Gründer des Dadaismus, und dem bekannten deutschen dadaistischen Philosophen Serner, dem Vorsitzenden des Kongresses, zu einem heftigen Wortwechsel, in dessen Verlauf Serner plötzlich einen Browning zog und vier blinde Schüsse auf Tzara abgab, der soviel Geistesgegenwart besaß, sofort vom Stuhl zu sinken. Die Folge war, daß die zahlreich besetzte Galerie, die nicht daran zweifelte, daß scharf geschossen worden war, eine Panik ergriff, die nur durch das rasche Eingreifen einiger kluger Köpfe eingedämmt werden konnte . . .'
Die Slapstik-Inszenierung hat den vorausberechneten Erfolg. Die Polizei greift ein, die Zeitungen stürzen sich genüßlich auf die Sensation und sorgen so für kostenlose Dada-Reklame, ein Musterbeispiel dafür, wie die Dadaisten es verstanden, die Presse ebenso als Darstellungsmittel zu benutzen wie andere Künstler die Radiernadel oder die Schreibmaschine verwenden. ‚Polizeiorgane räumten den Saal und brachten Serner und Tzara auf das Kommissariat, von wo sie, nach kurzem Verhöre wieder freigelassen, von den auf der Straße wartenden Dadaisten im Triumphe auf den Schultern bis zu ihrem Hotel getragen wurden.

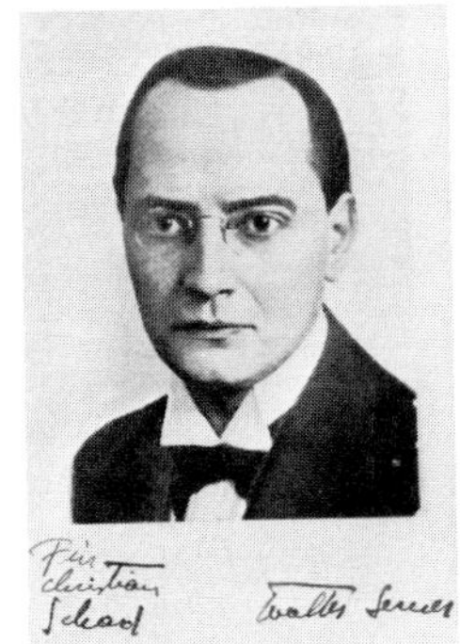
Serner, um 1920

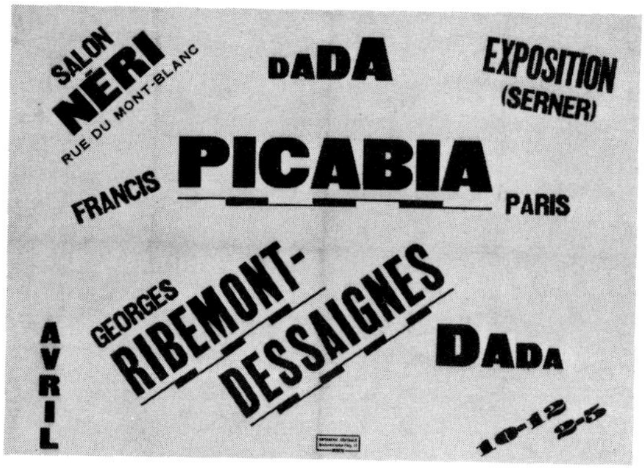

3/73 Ausstellung Picabia Ribemont-Dessaignes Genf, 1920

Am 1. Februar wird in der Genfer Galerie Neri die Dada-Ausstellung Christian Schad und Gustave Buchet eröffnet. Serner hält die Einführungsrede. ‚Das zahlreiche Publikum . . .', so berichtet die Berliner ‚Zeitung am Mittag', ‚wurde durch einzelne seiner Behauptungen immer unwilliger und versuchte schließlich, den Vortragenden durch Pfeifen und Fußscharren am Reden zu verhindern. In diesem kritischen Augenblick erhob sich jedoch Dr. Serner, trat auf die unter den Zuhörern befindliche Kinoschauspielerin Francesca Bertini zu und begann zur allgemeinen Verblüffung einen Tango mit ihr zu tanzen, zu dem die anwesenden Dadaisten sofort die Melodie pfiffen. Das Publikum, das sich mit Recht verhöhnt fühlte, verhinderte nach wenigen Takten das Paar am Tanzen. Da jedoch die Anhänger Dr. Serners tatkräftig für ihren Führer Partei ergriffen, kam es nach wenigen Sekunden zu einer handfesten Prügelei, in deren Verlauf die Wut des Publikums derart stieg, daß die Bilder von den Wänden gerissen, zerrissen und zertreten wurden . . .'

Das Hauptereignis der Genfer Dada-Saison aber ist der von Schad und Serner vorbereitete ‚Grand Dada Bal' im ‚Plainpalais' am 3. März 1920, mit viel Reklame angekündigt. Schad hat den Saal mit typischem Dada-Assemblagen-Material: Hosen, Regenschirmen, Dosen, Büchern usw. und amüsanten Inschriften dekoriert, überall läuten kleine Glöckchen. ‚Dazu' – so steht es im Prager ‚Tageblatt' vom 2. 4. 1920 – ‚machte eine Original-Jazz-Band-Dada-Kapelle, die sich zur Komplettierung ihrer Klangwirkung alter Töpfe, Autohupen, Kasserolen, Hundepfeifen und Flaschen bediente, einen geradezu beispiellosen Spektakel . . . Kurz vor Mitternacht wurden zu Hunderten kleine Dadapfeifen und Dadaflöten verkauft, die durchaus neue Quargeltöne von sich gaben, so daß im Nu Musik und Gespräche in einem ohrenbetäubenden Lärm untergingen. In diesem Augenblick jedoch erschien der Manager des Balls der Dadaistenführer Dr. Serner, im Frack, mit roter Weste auf dem Podium, auf dem er einen überlebensgroßen Papiermaché-Mops postierte, ihm eigenhändig das Maul öffnete und einen Klaps auf den Kopf versetzte, worauf

Tags darauf erschien zur allgemeinen Heiterkeit des Publikums in der ‚Tribune de Genève' ein geharnischter Artikel (als bezahltes Inserat), unterzeichnet von zahlreichen Dadaisten, in dem der Öffentlichkeit in einem sehr skurrilen Französisch mitgeteilt wurde, daß der Kongreß in geheimer Sitzung die Resolution gefaßt habe, die Verwendung von blinden Schüssen in dadaistischen Diskussionen sei nicht nur erlaubt, sondern sogar, weil erfrischend, erwünscht, allerdings nur unter der Bedingung, daß der Schießende sofort eine völlig neue dritte Meinung annehme.'

Serner wurde zur Zahlung von 3000 Francs, im Nichtzahlungsfalle zu drei Monaten Gefängnis verurteilt. Er erklärte, laut Berliner ‚Börsen-Courier' vom 5. 2. 1920, ‚daß er, da zu jeder besseren Biographie etwas Gefängis gehöre, leider gezwungen sei, die Geldstrafe zu erlegen, daß er aber dem Umstand gleichwohl dankbar sei, da eine längere Einzelhaft der Kontemplation und ähnlichen Ungezogenheiten Vorschub leiste.'

Ende 1919 hat im Genfer ‚Athénée' die Aufführung von Strawinskys ‚Le Chant du Rossignol' stattgefunden, die vom Publikum durch Pfeifen, Trampeln, Zischen und Zwischenrufe gestört wurde. Serner stieg auf einen Stuhl und rief: ‚Vive Strawinsky, vive Dada!' Der Abend endete, wie die ‚Münchner Neuesten Nachrichten' vom 1. 1. 1920 berichten, ‚mit mehreren Prügeleien auf der Straße, denen Dr. Serner und Strawinsky sich nur durch schleunigste Flucht per Auto entziehen konnten'.

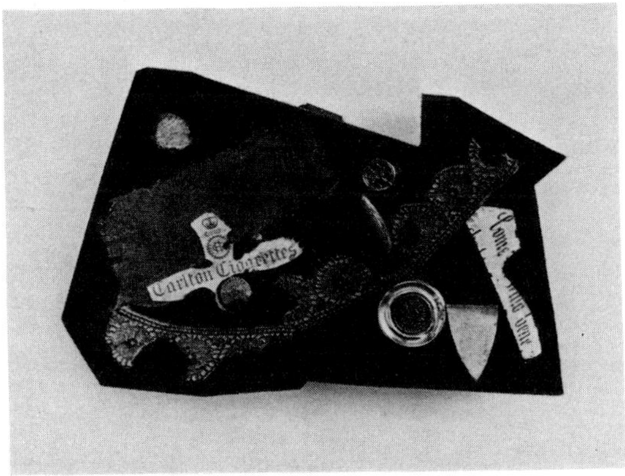

3/465
Schad,
Composition N, 1919

aus dem Hals des lieblichen Tieres eine alles übertönende Detonation erfolgte. Sofort erschienen die als Polizisten verkleideten Dadaisten und verhafteten Dr. Serner, schleiften ihn in den Saal und verurteilten ihn zur Arrangierung der Dada-Polonaise, welcher Aufgabe er sich in einer Weise entledigte, die solche Bedenken erregte, daß die echte Saalpolizei einschreiten mußte . . .' Der Bericht schließt mit dem Ausruf: ‚Das war wirklich noch nicht da.'
Die Genfer Dada-Saison endet mit einem Meeting unter freiem Himmel, über das der ‚Pester Lloyd', Budapest am 22. April berichtet hat. Die .Plaine de Carouge' in Genf war nachmittags um drei Uhr schwarz von Neugierigen.
‚Mit einiger Verspätung erschien Dr. Serner im ärmellosen Frack und grüner Weste, flankiert von etwa zwei Dutzend Dadaisten, die grüne Krawatten und in der Hand Megaphone trugen, auf dem eigens errichteten Podium, von dem aus er mit schneidender Stimme sein jüngstes ‚Manifest': , Dem Kosmos einen Tritt' hinunterschrie. Bei besonderen Kraftstellen (z. B. ‚Die Moral ist ein Kettenhandel' oder ‚Der Friede ist die Katastrophe' oder ‚Jede Regel ist eine Ausnahme' . . .) hob er feierlich die Hände, worauf die um ihn gruppierten Dadaisten ihre knallgelben Megaphone an den Mund nahmen und die Wiederholung so vorzüglich besorgten, daß lediglich gräßliche unartikulierte Schreie zu vernehmen waren.'
Abschließend kommt der Berichterstatter zu dem Ergebnis: ‚Immerhin muß festgestellt werden, daß Dr. Serner, der zweifellos eine sehr suggestive Persönlichkeit ist, einen gewissen Erfolg zu verzeichnen hatte, der freilich entmutigten und enttäuschten Arbeitern und Kleinbürgern gegenüber nicht viel besagen will, aber insofern berechtigt war, als in diesem Manifest neben durchaus verrückten Stellen zum ersten Male etwas gesagt wurde und oft sehr gut.'
Indem Serner ‚dem Kosmos einen Tritt' versetzte, verabschiedete er sich von Dada – auf seine Weise.

Eberhard Roters

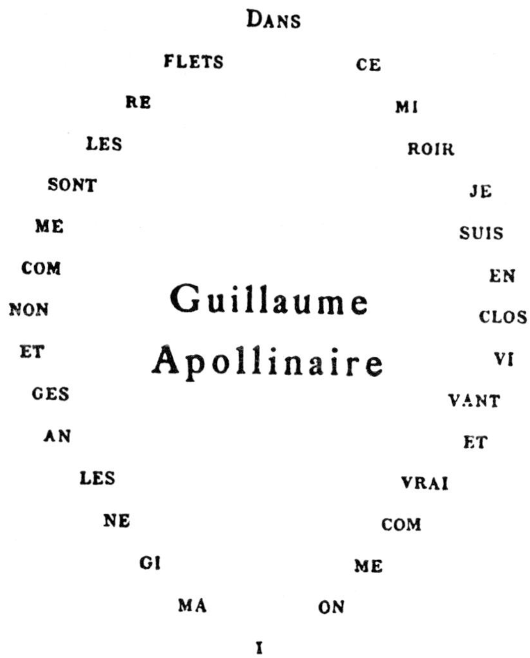

Appolinaire, Kalligramm, um 1914

DADA PARIS

Was kennzeichnet die künstlerische Situation in Paris, als im Januar 1920 Tzara zu Picabia stößt und den ersten von Breton organisierten ‚Littérature'-Freitag in eine improvisierte Dada-Soirée umfunktioniert?
Die erregende Atmosphäre des Paris der Jahre 1905–1913, der Jahre der großen modernen Ausstellungen, des internationalen Verkehrs Paris – Berlin – Moskau – Barcelona – Madrid – Mailand, der Geburt des Kubismus, des Simultaneismus Delaunays, der futuristischen Ausstellungen und Manifeste, der ‚Ballets Russes,' der neuen Musik ‚Ravels und Strawinskys, der ‚Soirées de Paris' Apollinaires (von denen 1913 eine Picabia gewidmete Sondernummer erscheint), der Zeitschrift ‚Maintenant' Cravans, des ersten gemalten Gedichts (der von S. Delaunay illustrierten ‚Prose du Transsibérien' von Cendrars) – diese Atmosphäre ist seit dem Krieg verflogen. Apollinaire ist Ende 1918 gestorben. Der Chauvinismus ist an der Macht. Seit Ende 1918 erscheint Reverdys Zeitschrift ‚Nord-Sud' nicht mehr. Pierre Abert-Birots ‚SIC' hat Ende 1919 ihr Erscheinen eingestellt. Einzig die von Gide und Valéry geleitete Nouvelle Revue Française' hat die Ereignisse durchgestanden. Mit der Anfang 1919 von Breton, Aragon und Soupault gegründeten Zeitschrift ‚Littérature' tritt die um die Jahrhundertwende geborene Generation gegen die bestehende Kultur an. Vaché, Rigaut, Eluard und Péret gehören zu diesem Kreis. Breton hat bei Apollinaire mit Dada Bekanntschaft gemacht. Er hat Tzaras Manifest von 1918 gelesen. Da er Reverdy bewundert (die neue Rolle des Bildes), kennt er die in ‚Nord-Sud' erschienenen Gedichte. Tzara stand auch mit Birot in Verbindung und veröffentlichte Gedichte Birots in Dada. In ‚Dada 4/5' tritt die Gruppe um ‚Littérature' auf und fordert: ‚Intensität, Diktatur des Geistes, die einzig interessierende . . . edle Kraft: die Zerstörung.'
Picabia debütiert in ‚Dada 3' (er ist in der Schweiz, entdeckt Dada, als er aus New York zurückkehrt, korrespondiert mit Tzara; Begegnungen, die für beide Seiten wesentlich sind; 1919 kommt es zur Zusammenarbeit an den vom einen und vom anderen in Zürich herausgegebenen Zeitschriften ‚391' und ‚Dada 4/5'). Die Zürcher Bewegung löst sich auf. Nach dem Weggang Balls kehrt Huelsenbeck Anfang 1917 nach Berlin zurück. Anfang 1919 bringt Arp Dada nach Köln. Tzara, isoliert, will nach Paris, seitdem er Picabia kennengelernt hat. Als er im Januar 1920 dort eintrifft, beginnt er sofort auch dort eine Dada-Bewegung ins Leben zu rufen, und S. Delaunay kommen aus Madrid zurück. 1920 kommen aus Köln Ernst und Arp, 1921 aus New York Duchamp und Man Ray. Veröffentlichungen, Soiréen, Manifestationen und Ausstellungen lassen Paris von neuem zu einem wichtigen Zentrum werden. Die Gruppe um ‚Littérature' und der sich entwickelnde Surrealismus haben den Nutzen davon. Ribemont-Dessaignes, ein mit Picabia und Duchamp befreundeter Maler, Musiker und Schriftsteller schreibt das Theaterstück ‚Le Serin muet' (Der stumme Kanarienvogel) – das erste Pariser Dada-Stück. Huidobro arbeitet an poetischen Transformationen und beginnt Artikel über seinen Kreationismus zu veröffentlichen.

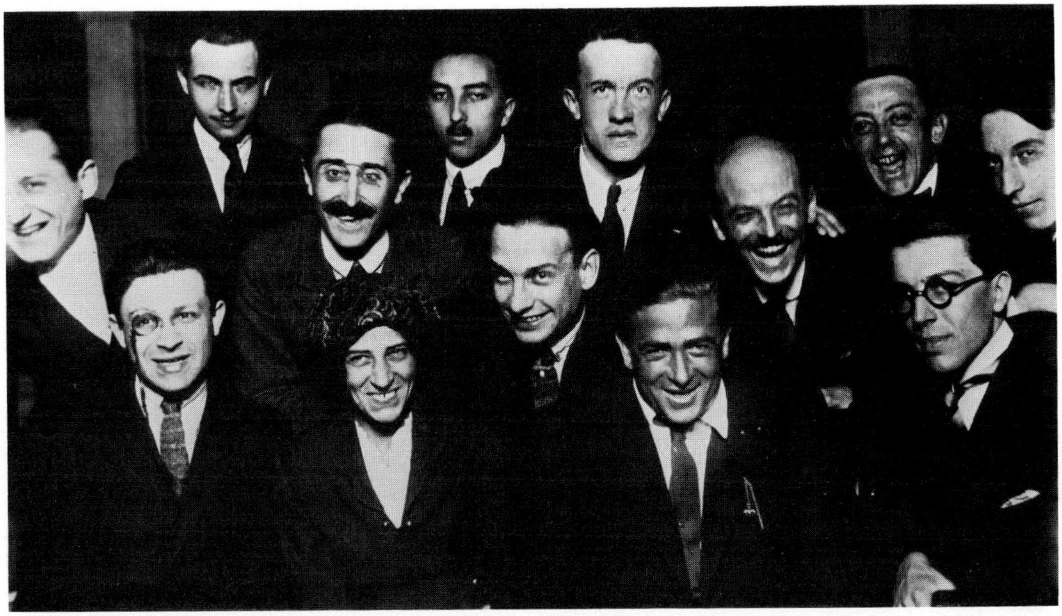

Dada-Gruppe, Paris, 1920
1. Reihe v. l.: Tzara, C. Arnauld, Picabia, Breton,
2. Reihe v. l.: Peret, Dermee, Soupault, Ribemont-Dessaignes.
3. Reihe v. l.: Aragon, Fraenkel, Eluard, Pansaers, Fay.

Aber die ganze dadaistische Bewegung wird zuletzt von drei Persönlichkeiten getragen, von deren Einverständnis oder mangelndem Einverständnis der Verlauf der Bewegung sich im wesentlichen bestimmt zeigt: Dies sind Picabia (mit seiner Zeitschrift ‚391'), Tzara (mit seiner Zeitschrift‚Dada') und Breton (mit seiner Zeitschrift ‚Littérature'). Während des ganzen Jahres 1920 ist bemerkenswertes Einvernehmen, ein allgemeiner Wille zu gemeinsamer Tätigkeit zu beobachten. Ein reger Verkehr besteht zwischen den Zeitschriften, und es gibt gemeinsame Programme, organisiert von Tzara, intensiviert von Picabia. Jeder will seine eigne Zeitschrift gründen. Dermée, der bereits 1919 eine Buchreihe ‚L'Esprit Nouveau' gestartet hatte, gründete Ende 1920 die gleichnamige Zeitschrift. Außerdem gibt er noch ‚Z' heraus und seine Frau, Céline Arnauld, die Zeitschrift ‚Projecteur.' Eluard gründet ‚Proverbe' und Ribemont-Dessaignes plant eine allerdings nie bis zur Veröffentlichung gediehene Zeitschrift mit dem Titel ‚M'amenez-y.' Die 1919 als flankierende Maßnahme zu ‚Littérature' gegründete Buchhandlung, Galerie und Verlagsanstalt ‚Au Sans Pareil' wird in den Jahren 1920–1921, ehe der Surrealismus dort einzieht, zum Hauptquartier des Dadaismus.

Doch, wenn der Wille zu gemeinsamem Handeln und zur radikalen Veränderung, ja Überwindung der Kunst das erste Jahr bestimmt, steht das zweite im Zeichen des Streits, der internen Querelen und öffentlichen Anfeindungen, der widersprüchlichen Erklärungen – eine Gruppendynamik wird sichtbar in der Auseinandersetzung beherrschender Persönlichkeiten. Der 1921 von Breton als dadaistische Veranstaltung aufgezogene Prozeß Barrès ist der erste Streitpunkt, der das dadaistische Einvernehmen stört. Weder Picabia noch Tzara können sich zur Ernsthaftigkeit des Unternehmens verstehen. Doch Tzara überwirft sich, als er den von Breton seit 1921 vorbereiteten Pariser Kongreß verhindert, auch mit Picabia, dem die exklusive Radikalität Tzaras und dessen Organisation der Dada-‚Bewegung' nicht paßt. Picabia, voller Widersprüche, lehnt Tzaras Radikalität ab und macht sich über alles lustig. Das Recht dazu gibt ihm sein wacher Sinn für das Groteske und für die Eitelkeit aller ernsthaften Ansprüche. Der konstruktive und historische Geist Bretons stellt sich gegen den destruktiven

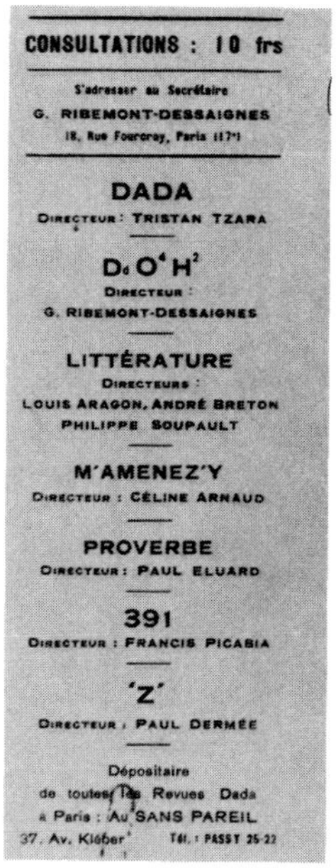
CONSULTATIONS : 10 frs

S'adresser au Secrétaire
G. RIBEMONT-DESSAIGNES
18, Rue Fourcroy, Paris (17e)

DADA
Directeur : Tristan Tzara

D. O⁴ H²
Directeur :
G. Ribemont-Dessaignes

LITTÉRATURE
Directeurs :
Louis Aragon, André Breton
Philippe Soupault

M'AMENEZ'Y
Directeur : Céline Arnaud

PROVERBE
Directeur : Paul Eluard

391
Directeur : Francis Picabia

'Z'
Directeur : Paul Dermée

Dépositaire
de toutes les Revues Dada
à Paris : Au SANS PAREIL
37, Av. Kléber Tél. : PASSY 25-22

Anzeigen von Zeitschriften auf Dada-Briefbogen, Paris (Ausschnitt)

und systematisch desartikulierenden Tzaras (der 1922 es sogar versteht, den Weimarer Konstruktivistenkongreß in einen Dada-Kongreß zu verwandeln). Picabia ist ein individueller Wirbelwind, der sich auf keine theoretische Grundlage festnageln läßt: Spöttischer Skeptizismus, der sich keine Richtung vorschreiben läßt und dem Augenblick lebt, ist alles, worauf man sich bei ihm verlassen kann. Er bleibt dieser Haltung treu, und 1924 organisiert er mit der letzten Nummer von ‚391' gemeinsam mit Satie und René Clair (der Film ‚Entracte') das Schauspiel ‚Relâche', zu dem Zeitpunkt, als die surrealistische Bewegung sich konstituiert. Die unterschiedlichen Standpunkte wurden nie miteinander versöhnt, obwohl jeder behauptet, gegen den Dogmatismus und jede Art von theoretischer Verhärtung zu kämpfen und für das Individuelle, das Recht auf Unterschiedlichkeit einzutreten: ‚Es sind vor allem die Unterschiede, die uns verbinden', sagt Breton in ‚Pour Dada' (NRF, 1920). Das graphische Gesicht der drei Zeitschriften charakterisiert wichtige Unterschiede der mit ihnen liierten Gruppen. ‚Littérature' und ‚Proverbe' sind wesentlich literarisch, Layout und Umbruch lassen keine revolutionären Tendenzen erkennen: diese äußern sich allein in der Sprache, die nach dem Muster der ‚Poésies' Lautréamonts verfremdet und pervertiert wird. Die ‚écriture automatique' zertrümmert die Semantik. (Die ‚Champs magnétiques' sind 1919 geschrieben und unmittelbar von Lautréamont und Rimbaud inspiriert, unbeeinflußt von Dada.) Die Syntax wird nicht angegriffen, typographische und phonetische Experimente finden nicht statt. Tzara mit ‚Dada' andererseits desartikuliert die Syntax und sucht durch brutale Gegenüberstellungen eine Physik der Wörter zu entwickeln. Der optische Effekt des Geschriebenen interessiert ihn weniger: er will die Energie der Wörter befreien, eine neue Intensität erreichen.

Tzara ist in Paris der einzige, der mit dem gesprochenen Wort experimentiert: Die Manifestationen und Soireen, die er organisiert, sind nicht bloße Lesungen, sondern echte Stimm-Inszenierungen. Die Sichtbarkeit der Sprache betont die Stimmlichkeit, die körperliche Basis des Wortes. Der Schwingungsaspekt seiner Sprache ist unübersehbar: plötzliche Brüche beschleunigen die Lektüre und vermitteln durch unerwartete und wie zufällige Zusammenstellungen den Eindruck intensiver Dynamik. In der ‚Littérature' strebt man nach Umwandlung und Verwandlung innerhalb eines als gegeben angenommenen Rahmens. Tzara zerschlägt, zerstört den syntaktischen Rahmen, um den Wörtern ihre ursprüngliche Energie, ihre Kraft, ihre Körperlichkeit wiederzugeben. Nichtsdestoweniger legt er, beginnend mit ‚Dada 3', dem Schriftbild seiner Zeitschrift zunehmend größere Bedeutung bei, unübersehbar bei der von Picabia mitgestalteten ‚Dada' 4/5, bei ‚Bulletin-Dada' und ‚Dadaphone'. Am wichtigsten nimmt aber Picabia die Fragen der graphischen Gestaltung. In seinen Publikationen ‚391' und ‚Cannibale' erscheinen seine mechanischen Zeichnungen, die zugleich visuelle Gedichte eines neuen Typs sind. Er ist nicht wie Hausmann eigentlich am typographischen Bild interessiert, sondern an den Beziehungen zwischen der Zeichnung und der gezeichneten Sprache. So stehen in Paris drei originale poetische Formen zur Diskussion: Apollinaires Kalligramme, Huidobros ‚Gemalte Gedichte' und Picabias, Mechanische Gedichte', bei denen die gezeichnete, graphische Qualiät dominiert. Picabia entdeckt das Zeichnungs-Gedicht. Das gibt seinen Zeitschriften und den Pariser Dada-Zeitschriften das unverwechselbare Gesicht. 1920 erscheinen Zeichnungen Picabias in ‚Proverbe' Nr. 4, wodurch das Erscheinungsbild der Zeitschrift vollkommen verändert wird, außerdem im ‚Bulletin Dada', auf dem Umschlag von ‚Dadaphone', in ‚391' und in ‚Cannibale'. Bei seinen Gedichtsammlungen montiert er Serien von Wort-Collagen beliebiger Bedeutung, der Text wird derart fast unlesbar, eine abstrakte Komposition aus Sprach-Material. In seinen Maximen und Reflexionen andererseits (‚Jesus Christ Rastaquouère') bietet er Absurditäten, Paradoxe, groteske Bemerkungen in der lapidaren Form des Aphorismus. Der Klang des Wortes interessiert ihn nur in zweiter Linie. Georges Ribemont-Dessaignes entwickelt in seinem Theater, in seinen dadaistischen Gedichten und Romanen (den einzigen übrigens ihres Genres: ‚Ariane, L'Autruche

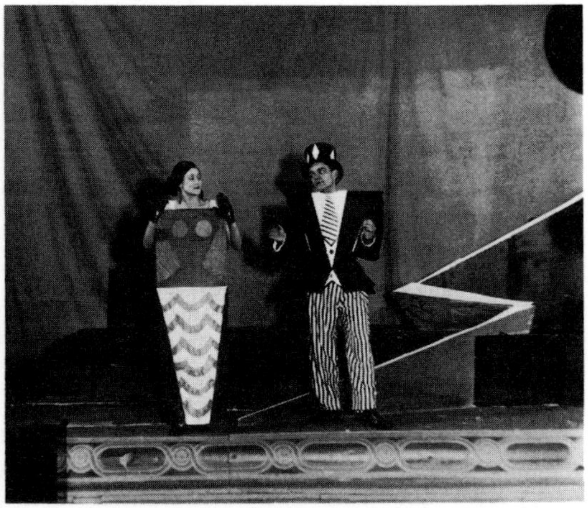

3/635
S. Delaunay, Kostüme, Le Coeur à Gaz, 1920

aux yeux clos') sowie in seinen aggressiven Manifesten eine über die poetischen Stereotypen hinausgehende Weltanschauung: Anschauung eines anderen imaginären neuen und rätselhaften Universums jenseits der abschirmenden und maskierenden Wirkung der Sprache.
Auch in der Musik gibt es Anzeichen eines derartigen Wandels. Seit 1908 sucht Varèse eine Musik total neuer Klänge. Womit er in Amerika (wo er sich zu Duchamp und Picabia gesellt) Anklang findet. 1916 sagt er: ‚Was ich suche, sind neue technische Mittel, mit deren Hilfe jeder beliebige Gedanke ausgedrückt und behauptet werden könnte.' Er will den Klang befreien, die Regeln zerstören, das musikalische Alphabet bereichern. Als 1913 Marcel Duchamp sein ‚Erratum-Musical' imaginiert (das erst 1975 zur Aufführung kommt), ist er einer neuen wiederholungsfreien, zufallsbestimmten Musik auf der Spur. Das gleiche Ziel verfolgt Georges Ribemont-Dessaignes mit der Musik der Dada-Soireen. In einem 1919 in ‚391' erschienenem Text ‚Musiques éventail et le Serin crocodile' (Fächermusik und der Krokodilskanarienvogel) behauptet er: ‚Es gibt weder Konsonanzen noch Dissonanzen so wie es auch keine Tonalitäten oder musikalische und unmusikalische Laute gibt. Alles, was einem zu Ohren kommt und sich in der Zeit bewegt, gehört zur Musik. Diese aber ist nur eine Zahl des Geistes.'
Damit sind die wesentlichen Anliegen der Epoche formuliert. Man hört ein Echo des bruitistischen Manifests von Russolo und erinnert sich, daß auch Satie zur gleichen Zeit die Harmonie, die Notierung, die Komposition in Frage stellte. Ribemont-Dessaignes Musikstücke klingen auch mit ihren humoristischen Titeln an Saties Schöpfungen an: Da gibt es ‚Le nombril interlope' (Der schmuggelnde Nabel, aufgeführt auf dem Dada-Festival am 20. Mai 1920) und ‚Pas de la Chicorée frisée' (Kein Chicoree, aufgeführt bei einer Dada-Veranstaltung am 27. März des gleichen Jahres). Wichtig ist die Anwesenheit Gabrielle Buffet-Picabias in Paris, denn sie stellt Kontakte zwischen den verschiedenen Experimentatoren her, macht Forschungsergebnisse bekannt und gibt zweifellos auch Anregungen. Seit 1906 ist sie mit Varèse befreundet. Als Musikerin nimmt sie an der Verwandlung des musikalischen Feldes teil. Sie verlangt eine wirklich neue, unbekannte Musik. Als Freundin Saties wohnt sie der Entstehung des neuen musikalischen Universums bei, dessen Erben wir sind. Endlich erhielten in Paris die darstellenden Künste neue Impulse durch Ribemont-Dessaignes und Tzaras Dada-Theater (Le Coeur à Gaz, Gas-Herz, wurde in Bühnenbildern von S. Delaunay 1923 gezeigt) durch das in Picabias Schau ‚Relâche' gebotene Dada-Ballet und den Dada-Film. Hier ist vor allem Man Rays ‚Le Retour à la Raison', Rückkehr zur Vernunft, zu nennen, wo man 1923 zuerst das Prinzip des Rayogramms auf den Film angewandt sah. Zu Man Rays erstem Rayogramm-Album ‚Les Champs Délicieux'. Die entzückenden Felder, 1922, hatte Tzara eine enthusiastische Einleitung geschrieben. 1923 während der Soirée der Zeitschrift ‚Coeur à Barbe' (Bärtiges Herz) stellt Tzara die ersten Dada-Filme vor: eben ‚Le Retour à la Raison' und Richters ‚Rhythme 23'. Im Rahmen der letzten Pariser Dada-Soiree (‚Relache', mechanisches Ballett mit dem Film ‚Entracte' von Picabia, Satie, Clair) leistet Picabia mit einem Lichtvorhang (aus Autoscheinwerfern) einen Beitrag zur Erneuerung der Bühnentechnik.
Das die verschiedenen Gruppen über alle Streitigkeiten und Kontroversen hinaus verbindende Motiv war ein gleicher Wille zur perma-

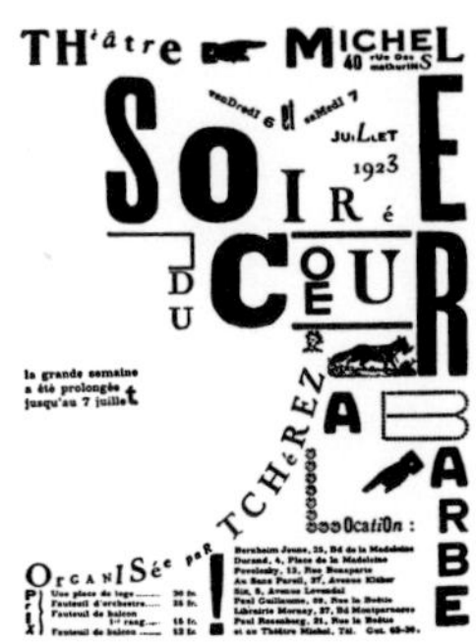

3/147
Plakat, Soirée du Coeur à Barbe, Paris 1920

SUICIDE

A b c d e f
g h i j k l
m n o p q r
s t u v w
x y z

Louis ARAGON.

Aragon, Suicide 1919

nenten Revolution, eine gleiche Ablehnung jedweder Fixierung auf ein bestimmtes Modell. Dada muß sich täglich selbst zerstören und von neuem geboren werden. Skandal und Provokation können als die Mittel betrachtet werden, jedes konstruktive Projekt, jeder Dauer, jede Wirkung in der Zeit zu verhindern.
Breton und die aufkommende surrealistische Bewegung wenden sich gegen diese selbstzerstörerische Dynamik und wollen etwas Dauerhaftes begründen. Dada lebt in der Gegenwart. Seine Kraft ist in seinem alle Bequemlichkeit austreibenden Gelächter, in seiner aufs Äußerste gesteigerten Intensität. Die Zerstreutheit und Beweglichkeit des Dadaismus sind nicht etwa negative Aspekte, sondern gehören sozusagen zur Technik der dadaistischen Weltanschauung, die sich über ihre eigenen Hervorbringungen lustig machen muß, denn nicht auf das Produkt, das Werk, kommt es an, sondern auf den Atem, die Intensität, die lebendige Gebärde, die die Energie freisetzt. Paris war einige Jahre lang der Schauplatz einer radikalen und gänzlich unbefangenen geistigen Auseinandersetzung, die in einem Spiel der Kooperation und Konfrontation sehr verschiedener Individuen vorangetrieben wurde. Es zeigt sich ein neuer Anspruch an die Kunst: Die Kunst soll sich auf das ganze Leben erstrecken. Alles ist Musik. Alles ist Kunst. Das eigene Leben ‚machen'. Alle Systeme abschaffen. Dada in Paris von 1918 bis 1924 ist ein Brodeln, das seine Kraft aus der Verwirrung aller herkömmlichen Begriffe zieht. Nicht wie der Surrealismus eine Bewegung, sondern die Erhebung verschiedener Individuen, die den Weg der Individuation erforschen. Täglich neue Werte erfinden. Täglich neugeboren sein.

Michel Giroud

Übersetzung aus dem Französischen:
Peter Hahlbrok

Ausgewählte Bibliographie:

Sanouillet, M.: Dada à Paris, Paris (Pauvert) IIe. edition 1977;
Dictionnaire Dada; hg. G. Hugnet. Paris (éd. Simeon) 1976; Almanaco Dada d'A. Schwarz, Mailand (éd. Feltrinelli) 1976; Almanach Dada d'Huelsenbeck, Paris (éd. Champ Libre) 1977; Documents Dada, hg. Poupart-Lieussou und M. Sanouillet, Paris (Weber) 1974 Bibliographie des Revues Dada (Paris-Zürich), hg. J. M. Place, o. O. 1977

Reprint: SIC facsimile, hg. J. M. Place, 1973 Aventures/Des, hg. J. M. Place, 1975; Dada, reprint, hg. M. Sanouillet und la Société du XX siècle, 1977; Proverbe, facsimile, hg. J. M. Place, 1977; Maintenant, facsimile, hg. J. M. Place, 1977; Manomètre, facsimile, hg. J. M. Place, 1977; Littérature, facsimile, hg. J. M. Place, 1977; 391, reprint 1976 (deuxième édition), (éd. Losfeld) o. J.; facsimile, hg. J. M. Place, 1977

Literatur:

Ribemont-Dessaignes, G.; Déjà Jadis, Paris (éd. 10/18) 1973; Théâtre, Paris (éd. Gallimard) o. J.; Ecrits dada, Paris (éd. Champ Libre) 1974; Romans dada, hg. J. M. Place, 1977 Duchamp, M.: Ecrits, éd. Flammarion 1975; Catalogue (4 vol.) hg. centre national d'art moderne georges pompidou 1977;
Entretiens avec P. Cabanne, IIe éd. 1977; Duchamp et la photographie, hg. J. Clair, Paris (éd. du Chêne) 1977; Duchamp, hg. S. Alexandrian, Paris (éd. Flammarion) 1977
Picabia: Ecrits (vol. 1), Paris, (éd. Belfond) 1975; Caravenserail, recrits de 1924, Paris (éd. Belfond) 1974; Catalogue du Grand Palais, Musée national d'art moderne Georges Pompidou, Paris 1976; Borras, M. L.: Monographie, Barcelona (éd. Polygrafe) 1977
Buffet-Picabia, G.: Aires Abstraites, nlle éd. élargie, Paris (éd. Belfond) 1977. Satie, E.:
Ecrits (vol. 1) Paris (éd. Flammarion) 1975; Numéro spécial Tzara, Europe, juillet-août 1975. Huidobro, V.: Poèmes et Manifestes, Paris (éd. Champ Libre) 1976. Aragon, L.:
Oeuvres complètes (vol. 1), Paris (club du livre Diderot) 1976. Breton, A. und Soupault, Ph.:
Les Champs Magnétiques, Paris (poésie poche gallimard) 1971. Péret: Ecrits (vol. 1), (éd. Losfeld) 1969. Eluard, P.: Oeuvre complète, Paris (éd. gallimard, Pléiade) o. I.

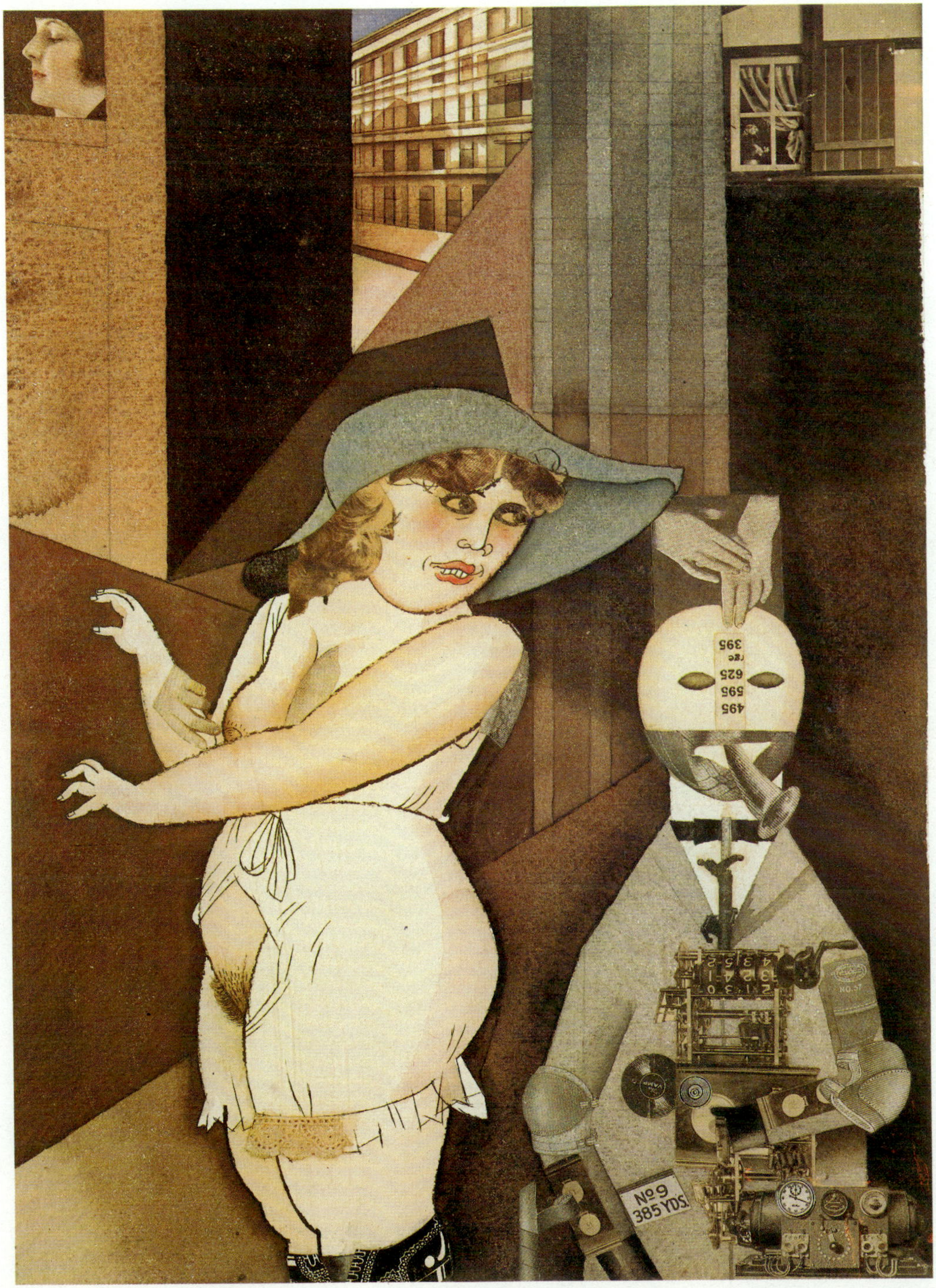

Grosz
Daum marries . . .
1920, Kat. 3/591

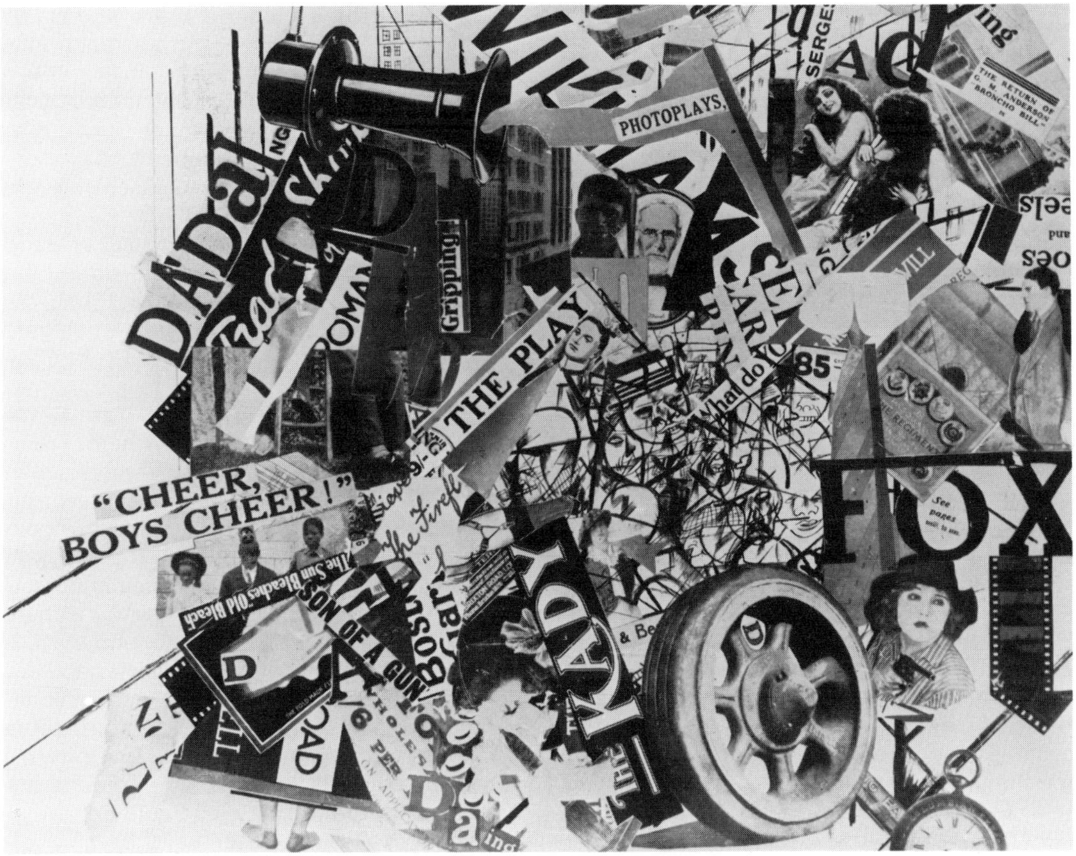

3/595
Grosz/Heartfield,
Leben und Treiben in
Universal-City um
12 Uhr 5 mittags,
um 1919

DADA BERLIN

Unter den veränderten Bedingungen der Nachkriegszeit, unter dem ins Wanken geratenen gedanklichen, wissenschaftlichen, ökonomischen Besitz (1), dokumentiert der Berliner Dadaismus ein vielschichtiges Stadium des Experimentierens, in dem neben seiner Kunstproduktion vor allem den Zeitschriften, Manifesten, Mappenwerken, Büchern, Aktionen, Soiréen große Bedeutung beigemessen wird, um das Verhältnis von Kunst und Leben aktiv-aggressiv zu verändern.
Die Berliner Dadaisten – hier die wichtigsten: Johannes Baader, George Grosz, Raoul Hausmann, Hannah Höch, Wieland Herzfelde, Richard Huelsenbeck, Franz Jung, Walter Mehring, am Rande Carl Einstein, Erwin Piscator, Hans Richter – sind schon maßgeblich vor dem Krieg an der Revolte der frühexpressionistischen Generation beteiligt. Franz Jungs ‚Trottelbuch' (1912) (Kat.Nr.3/159), Carl Einsteins ‚Bebuquin' (1906 - 1912) (Kat.Nr.3/13) sind für den Berliner Dadaismus literarische Schlüsselwerke. Die 1910 und 1911 gegründeten Avantgarde-Zeitschriften ‚Der Sturm' und ‚Die Aktion' geben den ins Abseits gedrängten Künstlern und Schriftstellern Möglichkeiten, erste kunst- und gesellschaftskritische Texte zu veröffentlichen. Am Rande formulieren kleinere Zeitschriften, unter ihnen vor allem die ‚Revolution' (1913) (Kat.Nr.14), an der Hugo Ball, Franz Jung und Richard Huelsenbeck mitarbeiteten, radikale Stellungnahmen gegen die kulturelle

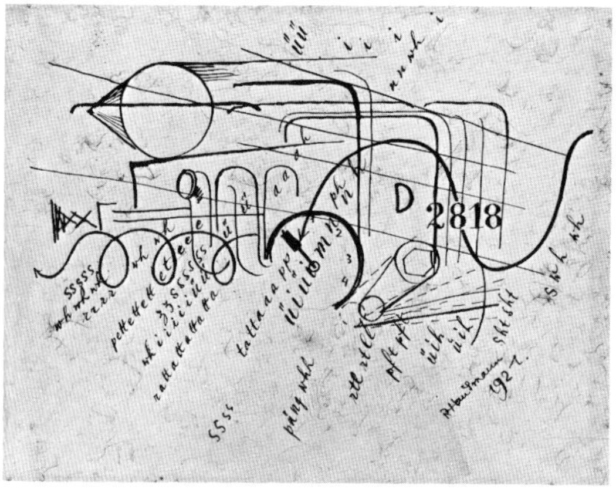

3/429
Hausmann, D 2818,
1921

Tradition (2) und für den trivialen und banalen Bereich, die bereits auf den dilettantischen Aspekt Dadas verweisen. Der ‚sterilisierten Geistigkeit und dem pastoralen Salbader einer edleren Kunst' ziehen sie das ‚Amerikanische, Geniale, Kitschige des Kintopp' (4) vor. In dieser Zeitschrift, der Nr. 5, findet die Revolte gegen das Wilhelminische Bürgertum nachhaltig ihren Ausdruck: in der Aktion, die Franz Jung für seinen Freund, den Psychiater Otto Gross, unternimmt. Der Konflikt, der aufgebrochen wird, weil der Vater seinen rebellierenden Sohn in eine Heilanstalt transportieren ließ, vergegenwärtigt den Künstlern die Härte und die Zensur, die ihrer antibürgerlichen Radikalität gesetzt wird: ‚Die Irrenwärter, Vermögensverwalter, Staatsbeamte halten zusammen. Wir, die nichts zu verlieren haben, halten auch zusammen. Wir unterlaufen sie, wir vernichten ihre Stellung, wir untergraben ihre Ehre, wir zerstören ihren Besitz. Unsere Pamphlete sind mächtiger als ihre Verbindungen.' (5)
Der Kriegsausbruch wird zunächst schwankend erfahren. George Grosz und Franz Jung melden sich als Kriegsfreiwillige. Nach kurzer Teilnahme am Krieg setzt ihre vehemente Kritik ein: Jung und Herzfelde desertieren; Grosz entzieht sich dem Dienst durch psychische Depressionen; Baader schreibt einen Protestbrief an den Enkel des Kaisers; Einstein wird Mitglied des Brüsseler Soldatenrates; Heartfield reagiert auf den Einberufungsbefehl mit krankhafter Verwirrtheit. Scharfe Kritik findet das ‚Manifest der 93', das von 93 Kulturträgern des Wilhelminischen Kaiserreichs 1914 unterzeichnet wurde und für Kriegsbereitschaft Deutschlands stimmte. Huelsenbeck nennt es den ‚Höhepunkt der Verlogenheit'! (6)
1915 gründet Franz Jung seine Zeitschrift ‚Freie Straße' (Kat.Nr.3/152, 3/158), die er als ‚Vorarbeit zur Revolution' versteht und 1916 Wieland Herzfelde zusammen mit seinem Bruder John Heartfield die ‚Neue Jugend' (Kat.Nr.3/153), die sie von dem Heinz Barger Verlag übernehmen. Die Zeitschriften sind ein einziger Protest gegen den Krieg.
Die ‚Freie Straße' stellt als ‚Vorarbeit zur Revolution' den Konflikt auf zwischen dem ‚Fremden' (7), den gesellschaftlich patriarchalischen Strukturen, und dem ‚Eigenen' (8) – den von allen Konventionen und Relationen gelösten Menschen. Unter den Dadaisten ist besonders Hausmann mit der zentralen Auseinandersetzung einer ‚Fremdautorität' (9) des Menschen, einer von außen die Kunst bedrohenden Kontrolle beschäftigt und sucht zunächst nach der Vorstellung der ‚Freien Straße' die ‚Erschließung des Unbewußten auf die Gesamtprobleme der Kultur und den Imperativ der Zukunft' (10) (Gross), um jenen vitalistischen Moment von Erleben und Kontinuität wiederzufinden.
Unter der Reflexion dieser kulturpsychologischen Erwägungen versteht Hausmann Dada ‚als praktische Selbstentgiftung' als ‚Keimblase des neuen Typus Mensch' (11). Für das künstlerische Selbstverständnis Dadas verweist der Ansatz der ‚Freien Straße' zunächst darauf, den Bereich der Kunst von innen her zu sprengen. In Analogie zu Gross' souverän angelegt – sozialer und angeboren – ethischer ‚Präformation' (12) bildet Hausmann die ‚Prämneme', den ‚Vorstoß vor die Kategorienordnung der Dingworte' (13) im sprachlichen wie im visuellen Bereich. Das Lautgedicht ist zunächst eine frühe Form dieser künstlerischen Konsequenz. Sie erreicht ihre dadaistische Wirkung jedoch erst als Plakatgedicht, als öffentlichkeitsbestimmendes Moment. Dieser am Beispiel des Lautgedichtes verdeutlichten regressiven Zerstörung des fremdbestimmten Ichs steht ein übersteigertes, gesellschaftliches Differenzie-

rungsbedürfnis des Künstlers gegenüber – der ‚Konflikt mit allem' (Hausmann).
Für die Aktionen von Hausmann und Baader wird der ‚Konflikt mit allem' durch eine ständige ritualisierte Revolte wachgehalten und ist daher schon kennzeichnend für ihr vordadaistisches Zusammensein; denn hier steht schon die Gründung einer ‚Christus GmbH' (15), die Reichstagskandidatur Baaders in Saarbrücken zur Diskussion, wie auch zahlreiche kleinere Konflikte und Empörungen von seiten Baaders.
Im Januar 1917 kommt Hülsenbeck von Zürich-Dada nach Berlin und schließt sich den Kreisen der Künstler um die ‚Freie Straße' und die ‚Neue Jugend' an. Berlin ist für ihn ‚die Stadt der festangezogenen Bauchriemen, des immer lautrollenden Hungers, wo die versteckte Wut sich in maßlose Geldgier umsetzte, wo das Interesse der Menschen immer mehr einseitig auf ihre nackte Existenz gerichtet war. Während man in Zürich wie in einem Luftkurort lebte, wo man mit schnuppernder Nase hinter den Frauen herlief und den Abend herbeisehnte, der Kähne, Lampions und Musik von Verdi brachte, wußte man in Berlin nicht, ob man am folgenden Tag noch ein warmes Mittagessen haben würde. Die Furcht saß den Menschen in den Gliedern, sie ahnten, daß die große Sache, die von den Hindenburg u. Co. geführt wurde, sehr schief gehen würde' (16). Huelsenbeck begreift die Wochenausgaben der ‚Neuen Jugend' bereits als dadaistisches Unternehmen, denn er berichtet im August 1917 Tzara von seinen Dada-Aktivitäten (17), von dem Plan einer Dadazeitschrift und einer Dadaausstellung in Berlin. Den Berliner Künstlern und Literaten war Dada bereits vor der Ankunft Huelsenbecks seit der Annonce vom ‚Cabaret Voltaire' im Septemberheft der ‚Neuen Jugend' (1916) bekannt, in dem zum erstenmal das Wort ‚Dada' verwandt wurde.
Die Wochenausgabe der ‚Neuen Jugend' in amerikanischem Zeitungsformat ist der erste aus Empörung und Zeitkritik gemischte Versuch der visuellen wie inhaltlichen Sprengung eines konventionellen Rahmens. Die ‚Hongkong Times' (Grosz) propagiert die Elastizität des amerikanischen Lebens. Den amerikani-

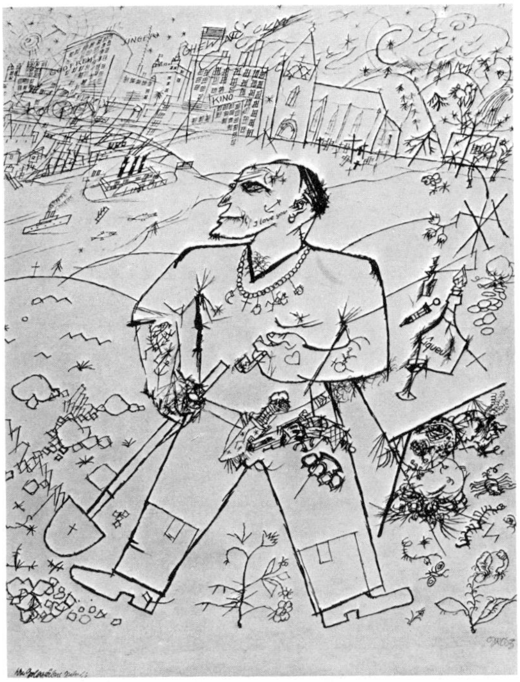

3/525
Grosz,
Der Goldgräber, 1916

schen Dandy, den Ragtimestepptänzer, den Nigger, den Goldgräber setzt Grosz der morsch verwesenden Kultur Europas (18) entgegen.
Die durch den Krieg so strapazierte ‚abgebrauchte ausgebeulte Freiheit' (19) gilt es neu zu bestimmen: ‚Rumort! explodiert! zerplatzt! . . ' (20) Eine einzige Absage an die Kunstsalons, Ölgemäldegalerien, literarischen Soireen demonstriert diese Wochenausgabe durch die sensationelle Anwendung von reklamewirksamer Typografie. Heartfield verwendet Typen-, Akzidenz- und Klischeematerial für die Werbung zur Kleinen Grosz-Mappe, die bereits in ihrer disparaten Setzung die Disparatheit gesellschaftlicher Konflikte aufnimmt und dem Berliner Dadaismus eine wesentliche Stoßrichtung hin zum ‚Neuen Material' (21) gibt.
Das ‚Neue Material' und seine Proklamation verweist auf die tatsächliche Existenz der Menschen: einer ‚bis zum äußersten getriebenen, abgehetzten und ausgesogenen Gesellschaft' (22), – im Gegensatz zum messianischen religiösen Pathos des vom Expressionismus beschworenen ‚Neuen Menschen'.
Die Proklamation des ‚Neuen Materials' findet

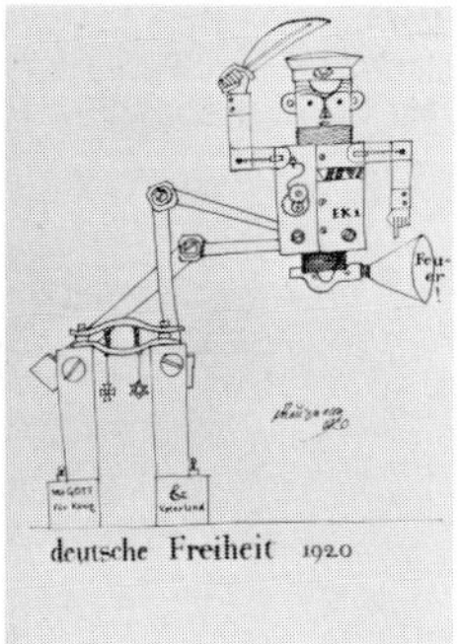

3/666
Hausmann,
Deutsche Freiheit,
1920

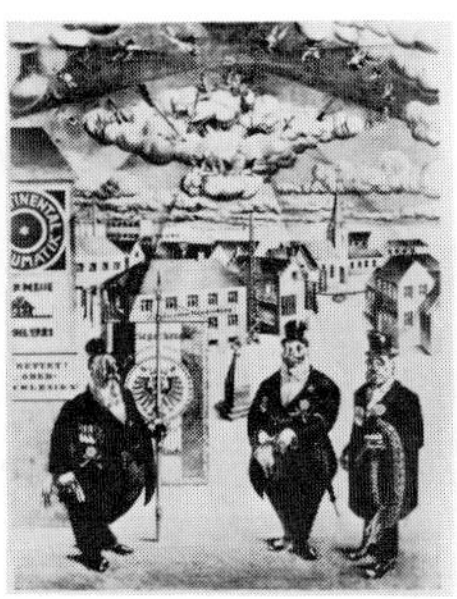

3/560
Scholz, Apotheose
des Kriegsvereins,
1921

am 12. April 1918 auf dem ersten Dada-Abend statt (Huelsenbeck hat Dada selbst am 22. Januar bereits verkündet), gleich mit zwei Manifesten: ‚Gegen den Expressionismus' von Huelsenbeck (23) und ‚Synthetisches Cino der Malerei' von Hausmann (24). Das Manifest – jene Anleihe der Kunst an die politische Bewegung – reißt das Publikum aus dem ästhetisch-kontemplativen Betrachtungsrahmen, wirkt impulsiv, marktschreierisch, deklamatorisch – ein dadaistisches Mittel, um im Reklamefeuerwerk der Ismen zu bestehen, ein aktionistischer Versuch, eine Eselsbrücke zwischen Kunst und Leben zu schlagen. Der Abend soll im Gegensatz zu den Züricher Soireen darauf verweisen, daß Dada dem Leben nicht mehr ‚ästhetisch' (25) gegenübersteht. Zu den futuristischen Versen Marinettis ‚Zang tumb tumb', gesprochen von Else Hadwiger, windet sich ein Soldat in feldgrauer Uniform in epileptischen Anfällen auf der Bühne – eine dadaistische Schocktherapie für ein Publikum, das vorwiegend die ‚Theorie einer melioristischen Weltanschauung' gewohnt war und nicht an die Härte des Krieges erinnert werden wollte. Aller tradierten Kunst zum Spott will Dada das ‚primitivste Verhältnis zur umgebenden Wirklichkeit' (26). Die umgebende Wirklichkeit bezeichnet Huelsenbeck als ‚Presse', ‚Straße', ‚Reklame'. Das Leben der Großstadt wird als Triebschicht begriffen, als Chaos, das als ‚brutale Realität' und mit ‚sensationellen Schreien und Fiebern seiner verwegenen Alltagspsyche' (27) in die Kunst eindringen soll. Grosz karikiert mit sozialsatirischen Zeichnungen den emotionalen Stadtuntergrund: ‚die Labyrinthe der Spiegel, Straßenzaubergärten, wo Circe die Menschen in Säue abwandelt', ‚die Verführung unseres beschmierten Paradieses, wo die Gesänge der Schilder ... der Reigen der Buchstaben und die portweinroten Nächte ... der Mord ist neben Infektion und schimpfendem Droschkenkutscher ... im staubigen Keller der Würgemord passiert ... oh Emotionen der großen Städte ... hinein in den Schutt!' (28) Auch im ‚Dr. Billig am Ende' (Kat.Nr.3/238), dem dadaistischen Roman Huelsenbecks, von dem ein Teil in der ersten Veröffentlichung ‚Club Dada' (1918) gedruckt ist, wird der sarkastische Prozeß gezeigt, in dem sich der sinnlich-chaotische Zerstörungsprozeß der Stadt eines Dr. phil., eines Vernunftgläubigen, bemächtigt. Raoul Hausmann proklamiert das ‚Neue Material' als Mittel, ein ‚wirkliches Erleben aller Beziehungen' (29) wiederzugewinnen. Das Material wird dazu benutzt, um Wirklichkeit wieder unmittelbar zu geben und den Widerspruch zum Erscheinungsbild der Wirklichkeit ironisch zu reflektieren. Karikierende satirische Momente sind daher für die Anwendung des ‚Neuen Materials' im Berliner Dadaismus bestimmend: ‚wunderbare Konstellationen in wirklichem Material, Draht, Glas, Pappe, Stoff organisch entsprechend ihrer eigenen geradezu vollendeten Brüchigkeit, Ausgebeultheit: Nur hier gibt es erstmals keinerlei Verdrängungen, Angstobstinationen. Durch die Vorzüglichkeit der Schlagkraft unserer Materialverwertung als letzter Kunst einer in Bewegung begriffenen fortschreitenden Selbstdarstellung mit Aufgabe traditioneller Sicherungen ...' (31). Daß Reklame und Fotografie in diese Materialverwertung als Wirklichkeitselemente der Stadt, der Presse eingehen, liegt nahe. Die Fotomontage wird von Hausmann im Sommer 1918 entdeckt. Die Anwendung der Fotografie umfaßt sowohl das dadaistische Bemühen, sich auf dem Stand der Gleichzeitigkeit die Verfügbarkeit der Dinge durch die Apparatur zu vergegenwärtigen, wie auch die Erkenntnis, daß die Ironie dieser Apparatur gerade in der Verfügbarkeit liegt – in ihrer scheinbaren Authentizität. ‚Dem Chaos der Kriegs- und Revolutionszeit ein optisches und gedanklich neues Spiegelbild' (31a) zu entreißen, ist das Anliegen. In dem Chaos kulminieren für Dada Zerstörung und Neuanfang: Novemberrevolution, die Abdankung Kaiser Wilhelms, die Ausrufung der Republik durch Philipp Scheidemann, die Proklamation der sozialistischen Räterepublik durch Liebknecht, der Sturz der Monarchie in Bayern, die Gründung des monarchistischen ‚Stahlhelm Bundes' fordert die Dadaisten heraus: Dada wird zur ‚Balance über dem Abgrund des Mordes, der Gewalt und des Diebstahls' (32). Ihre Ironie wird um so schärfer und aggressiver, je aussichtsloser der Prozeß sich abzeichnet, die ‚Verunsicherung des gedankli-

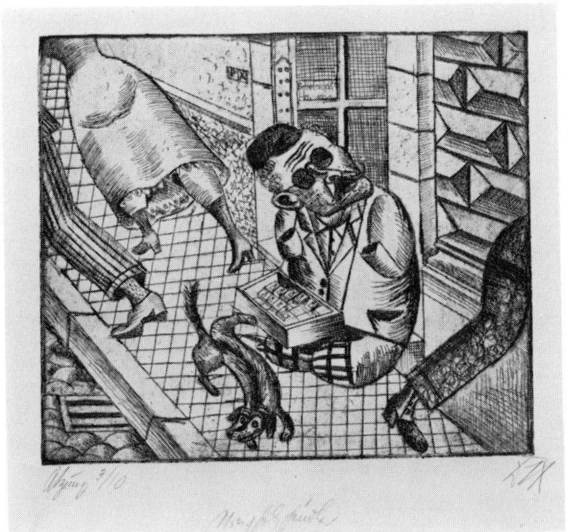

3/518
Dix, der Streichholzhändler, 1920

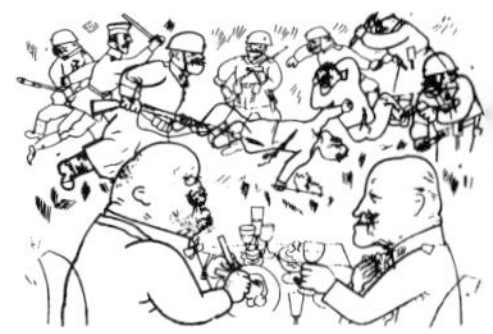

Grosz, Kommunisten fallen und die Devisen steigen, 1920

chen, wissenschaftlichen, ökonomischen Besitzes' in eine Revolution münden zu lassen, je rücksichtsloser sich Militär, Kriegsgewinnler, Schieber gegenüber dem aufständischen Proletariat durchsetzen – ‚die Kommunisten fallen und die Devisen steigen' (Grosz) (33) –, je brutaler die Opfer des Krieges, die Krüppel, als Randgruppe abgeschoben werden. Zweifellos ist die Oktoberrevolution in Rußland eine wesentliche Hoffnung dieser Künstler. Die Ermordung von Rosa Luxemburg und Karl Liebknecht im Januar 1919 vertieft für sie den bereits vollzogenen Bruch mit der Weimarer Republik, vor allem mit den Mittelschichten, deren Anpassung ihnen verhaßt ist. Daher üben die Dadaisten auch radikale Kritik an den Intellektuellen, die nicht Partei ergreifen. Aus diesem Zusammenhang hat Hausmann ein Boxmatch für einen Dada-Abend skizziert:
‚Es ist ein Ring aufgebaut mit allem Zubehör, wie Handtücher, Wasserkannen etc. Der Unparteiische erscheint und stellt die Boxer vor. Die Boxer treten an, stellen sich 3 Meter entfernt voreinander auf, führen einige Stöße in die Luft aus, worauf der links stehende umfällt und ausgezählt wird. Der Unparteiische verkündet den Sieg des rechten.' (34)
Die Zeitschriften ‚Jedermann sein eigener Fußball' (Kat.Nr.3/178) mit der ersten Fotomontage, die die Mitglieder der Weimarer Republik ironisch verfremdet, ‚Die Pleite' (Kat.Nr.3/231) und ‚Der Blutige Ernst' (Kat.Nr.3/192) protestieren gegen die Niederschlagung des proletarischen Aufstandes, gegen Verhaftungen und die Mißhandlungen in Gefängnissen: ‚Die Pleite glotzt euch an. Revolution wurde unterschlagen. Defraudanten der revolutionären Idee herrschen und betreiben die Sanierung des Spießers.' (35) ‚Der Blutige Ernst', von C. Einstein und G. Grosz im November 1919 herausgegeben, wendet sich gegen die ‚Ausbeuter' ebenso wie gegen die bürgerlichen Ideologien und verkündet proklamatorisch: ‚Wir arbeiten nicht für eine literarische Klique, nicht für eine einzelne Partei, wir gehen in die breite Masse des Volkes. Der Blutige Ernst nagelt die Krankheiten Europas fest, verzeichnet den restlosen Zusammenbruch des Kontinents, bekämpft die tödlichen Ideologien und Einrichtungen, die den Krieg verursachten, stellt den Bankerott der abendländischen Kultur fest.' (36) Das Pamphlet ‚Der Kunstlump' (37) vom März 1920, das zur Liquidierung des kulturellen Erbes auffordert, ist die bilderstürmerische Reaktion dieser dadaistischen Skepsis gegenüber den verhärteten Kulturtraditionen. Während Grosz, Heartfield, Einstein, Mehring, Herzfelde ihren Protest und ihre Parteinahme in diesen Zeitschriften rigoros vertreten, wenden Raoul Hausmann und Johannes Baader eine spielerisch-provokatorische Ironie an, die vorwiegend durch Hochstapelei politische Ansprüche parodiert: Sie gründen für den 1. April 1919 die dadaistische Republik in Nikolassee, um die dortigen Behörden zu irritieren, indem sie ihnen eine Botschaft über die geheime Eroberung von Nikolassee und die Expropriation aller dortigen Villenbesitzer zusenden. Am 12. März 1919 gründen sie anläßlich eines Dada-Abends den ‚Anationalen Rat der unbezahlter Arbeiter' als ironischen Verweis auf die Situation des Intellektuellen und Künstlers. Hausmann ‚nimmt sich und diese Welt . . . als seine eigene lächerliche Ernsthaftigkeit' (38), indem er der Demokratie ebenso ihren lächerlichen Platz zuweist als ‚Leben erarbeitet durch die Angst um unser tägliches Vaterunserbrot' (39) wie dem Kommunismus ‚als schönem Wahnsinn' (40). Er predigt die ‚Wachsamkeit

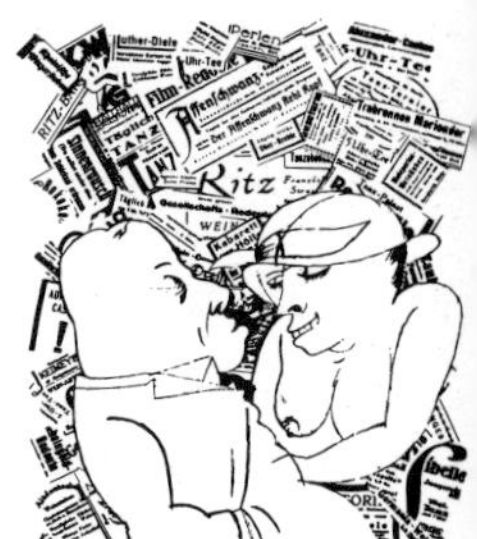

3/194
Grosz, Arbeiten und nicht verzweifeln, 1919

des Gelächters, der Ironie und des Nutzlosen . . . den Jubel des orphischen Unsinns . . . die Heiligkeit des Sinnlosen' (41).
Wie sonst keiner der Dadaisten arbeitet Baader als dadaistischer Don Quijote mit dem Bluff des Genies, er erfindet wahre Schlachtpläne, um sich Gehör zu verschaffen. Baader spielt eine Sonderrolle in dem Geschehen als ‚heiliger Narr': als Jesus redivivus umschreibt er mit seinen acht Weltsätzen kurz und knapp den ‚Akt der göttlichen Kömödie', und sein Leitspruch lautet: ‚Die Menschen wissen, daß sie im Himmel sind; ich aber wünsche, daß es im Himmel anständig aussieht . . ' (42). Sein fiktiver Tod – am 1. April (1919) – leitet für ihn den Anfang eines dionysischen Zeitalters mit einer neuen Zeitrechnung ein, in dem er als Friedensrichter, als ‚Präsident des Erd- und Weltballs' seine acht Weltsätze despotisch gegen die ‚Menschheit schleudert'. Mit dem sich selbst persiflierenden Verhalten als Hochstapler und Desperado verfolgt Baader in den Dokumenten der Weltgeschichte, an Litfaßsäulen, in Zeitschriften, Postkarten, Briefen, Reden einen irrationalen Anspruch, der weit den Rahmen des üblich Künstlerischen sprengt und die Wirklichkeit als große ‚Vorratskammer' (43) seiner Bezugsfelder nimmt, seiner megalomanischen Beziehungen und Autoritäten. So ernennt er Scheidemann angeblich zum Ehrendada in der Straßenbahn; als verkannter Prophet tritt er auf der Straße auf und hält Reden. Er wirft im November 1918 von der Empore der Kanzel des Berliner Doms den Gläubigen an den Kopf: ‚Jesus Christus ist Ihnen Wurst' (44) (vgl. Kat.Nr.3/167), und er verteilt in der sich neu konstituierenden Nationalversammlung in Weimar Flugblätter mit der Aufschrift: ‚Der Oberdada gegen Weimar u. a.', (Kat.Nr.3/175) auf denen rückseitig vom ‚weißen Pferd Dada' gesprochen wird. Als ‚grüne Leiche' droht er im geheimen mit einem Staatsstreich ‚dada'.
Die Ironie ist das Verbindende für die Berliner Dadaisten. Es kommt zu mehreren gemeinsamen Dada-Soireen: u. a. am 30. April und am 24. Mai und im Dezember (vgl. Chronologie u. Kat.Nr.3/183 u. 184). Im Mai wird außerdem eine erste Dada-Ausstellung im Graphischen Kabinett I. B. Neumann veranstaltet, die erste Ansätze von Assemblagetechnik bei Hausmann und Golyscheff zeigt. Die Abende sind ein großer Publikumserfolg. Die Künstler verleugnen in ihren faulen Tricks nicht, daß sie letztlich Komödianten sind, die für ein bankrottes Unternehmen die letzten geistreichen Funken sprühen lassen, die Kunst als Ware provokatorisch benutzen und willkürlich doppelte Eintrittsgelder verlangen. Auf den Soireen spielt Golyscheff den dadaistischen bruitistischen und simultaneistischen Gedichten analoge Musik. Der Wettlauf einer Nähmaschine, die meterlange Trauerflore näht, mit einer Schreibmaschine, die das Vernunftprinzip ad absurdum führt, bildet einen Teil der Veranstaltungen. Die Zeitungen bescheinigen den Dadaisten immer wieder Reklamesinn und Unsinn zugleich. Auf den Soireen treten die Dadaisten auf als Dadasoph Raoul Hausmann, Pipidada Mehring, Monteurdada Heartfield, Oberdada Baader, Progressdada Herzfelde, Politdada Grosz (Marschall Grosz), Weltdada Huelsenbeck.
Das Prinzip, der politischen Geschichte ihre zentralen Begriffe zu entleihen, sie im Bereich der Kunst wieder aufzunehmen und damit zu spielen im Sinne eines revoltierenden Dandyismus, ist auch im ersten Dada-Manifest von 1919 angewandt. ‚Was ist der Dadaismus und was will er in Deutschland?', unterzeichnet von Huelsenbeck, Hausmann und Golyscheff als ‚dadaistischer revolutionärer Zentralrat'. Politische Parodien und dadaistische Forderungen überschneiden sich in einer dadaistischen Apologie der 14 Punkte Wilsons: In diesem Manifest vermengen sich utopische, absurde, irrationale Momente, wenn u. a. gefordert wird: ‚Internationale revolutionäre Vereinigung aller schöpferischen und geistigen Menschen der ganzen Welt auf dem Boden des radikalen Kommunismus, Einführung progressiver Arbeitslosigkeit . . . sofortige Expropriation des Besitzes . . . Errichtung der Allgemeinheit gehörender Licht- und Gartenstädte.' (45) Dies Manifest ist am 22. 2. 1920 in der Ostpreußischen Zeitung in Königsberg abgedruckt. Die Publikationsfreudigkeit der Tageszeitungen machen sich die Dadaisten für die Strategie ihrer Antikulturpropaganda zunutze. Sie veröf-

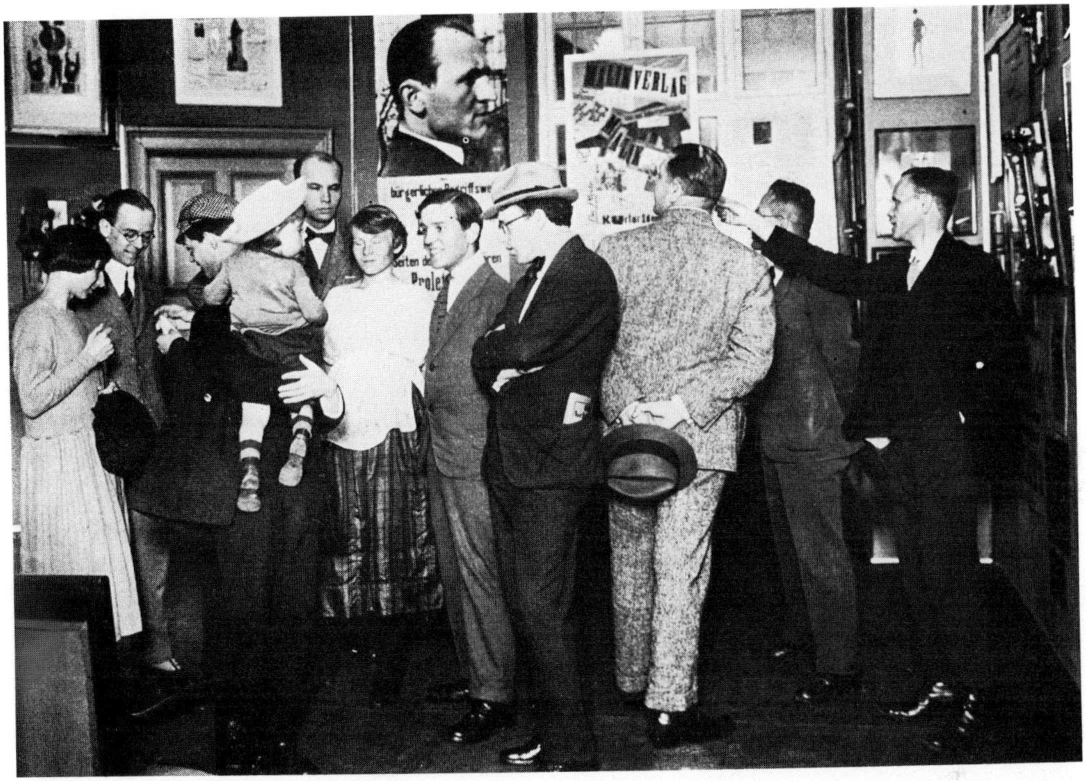

3/209
Erste Internat. Dada-Messe, Berlin 1920

fentlichen Bluff-Nachrichten, Banales, Erhebendes. Baader wird dabei nicht müde, mit Täuschung und Reklame den Nerv der Gesellschaft zu kitzeln, der reflexartig auf Sensationelles reagiert.
Dies wird besonders deutlich in der Anfang 1920 von Baader, Huelsenbeck und Hausmann vorbereiteten Dada-Tournee. Die Zeitschriften veröffentlichen schon vorher große Ankündigungen, die Dadaisten lancieren selbst Berichte in die Zeitschriften, und so kommt das Publikum mit einer bestimmten Erwartungshaltung zu den überfüllten Abenden – in einer ‚Radaustimmung', wie es eine Zeitschrift formuliert. Offenbar haben die Dadaisten das Publikum auf ihren Plakaten dazu angehalten, kleine Pfeifen und Musikinstrumente mitzubringen. Denn bevor sie überhaupt etwas zu den Abenden beitragen, muß das Publikum nach einem Zeitungsbericht schon selbst in Aktion getreten sein: ‚Das Publikum stimmte Instrumente, Pfeifen, Sirenen, Trompeten: Links wurde rhythmisches Pfeifen eingeübt, rechts etablierte sich ein improvisierter Männergebrüllverein . . .' Diese Abende stehen in der Geschichte des Dadaismus zwischen Kabarett und Happening.
Nachdem Baader auf der Tournee Hausmann und Huelsenbeck schon vorzeitig verlassen hat, angeblich mit der Kasse durchgebrannt ist, gründet er seine ‚Freiheitspartei'. Hausmann schließt sich nach der Tournee Heartfield und Grosz an. Es kommt zur Veröffentlichung von ‚Der Dada Nr. 3' (Kat.Nr.3/205). Als internationaler Beitrag ist das ‚Manifest Cannibale' von Picabia aufgenommen. Als Umschlagillustration ist eine Fotomontage von Heartfield mit Text- und Zeitungsfragmenten zu einem dadaistischen Simultangeschehen gebündelt. Die technischen und finanziellen Möglichkeiten erlauben es den Dadaisten erst 1920 – nach Herzfelde – Fotomontagen in größerem Umfang zu

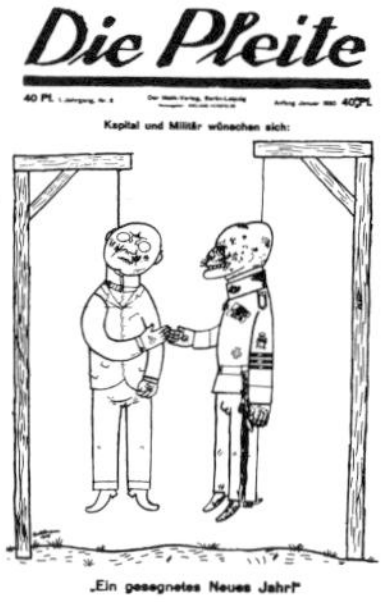

3/231
Die Pleite,
Berlin 1919

reproduzieren. Der Katalog der Dada-Messe (Kat.Nr.3/212) ist – neben dem ersten Versuch von ‚Jedermann sein eigener Fußball' – ein seltenes Dada-Dokument, das Fotomontagen abbildet.

Die Dada-Messe im Juni 1920 wird mit 176 Werken die umfassendste Ausstellung der Dadabewegung. Berlin-Dada, speziell Hülsenbeck, hat bereits 1919/1920 ein monumentales Projekt, den Dadaco (vgl.Kat.Nr.3/302-3/328) geplant, das im Frühjahr 1920 von Tzara übernommen wird. Wie der Dadaco so zeigt auch die Ausstellung nicht nur Werke von Berliner Dadaisten, sondern auch von Picabia, Arp, Max Ernst, Baargeld, ebenso von Scholz, Schlichter, Dix, die von Berlin Dada beeinflußt sind.

Die Reaktion der Presse ist heftig, und es kommt zu einem Prozeß, veranlaßt von seiten des Reichswehrministeriums wegen Beleidigung der Reichswehr. Anstoßerregend sind die Mappe ‚Gott mit uns' von Grosz sowie ein ‚ausgestopfter feldgrauer Soldat mit Offiziersachselstücken und der Maske eines Schweinskopfes, auf dem eine Feldmütze mit Offizierskokarden sitzt, entworfen von Schlichter und Heartfield, weitherhin ‚ein ausgestopfter Frauenrumpf, dessen Hinterteil ein eisernes Kreuz zeigt', von Grosz und Heartfield. Das Gericht verurteilt Grosz zu 300,– RM und den Verleger Herzfelde zu 600,– RM.

Die rechtsstehende Neue Preußische Kreuzzeitung vom 3. 7. 1920 spricht vom Bolschewismus. Die Dadaisten selbst werben für ihre Ausstellung in den Zeitschriften mit folgendem Text des ‚Generaldada': ‚Eröffnung der großen Dada-Ausstellung. Die Fäden des gesamten internationalen Dadaismus treffen sich in der Ausstellung Monstre-Dada ... Auf medialem Wege haben alle Dadaisten der Welt ihre psychotechnische Elastizität auf die Berliner Vertreter des unsterblichen Dada übertragen. Jedermann muß die Wunder dieser Psychometalogie gesehen haben. Dada übertrumpft jeden Okkultismus. Dada ist die Hellsicht der Einsicht in die Aussicht jeder Ansicht über Politik und Wirtschaft, Kunst, Medizin, Sexualität, Erotik, Perversion und Anästhetik. Die Arbeiten von George Grosz, John Heartfield, Baargeld, Max Ernst, Hannah Höch, Raoul Hausmann, Baader schlagen alles bisher Dagewesene. Der Generaldada: Otto Burchard.' (Frankfurter Oderzeitung, 1. Juli 1920, ebenso Lokal-Anzeiger, Berlin 26. Juni 1920 und dem Berliner Börsen-Courier, Berlin, 27.6.1920).

Die Ausstellung verdeutlicht Dadas ‚Schweben zwischen zwei Welten' (47), sein ungläubig zynisches Hin- und Herschwanken (48), bezogen auf eine Veränderungsmöglichkeit gesellschaftlicher Verhältnisse. In der dadaistischen Anwendung der Gliederpuppe wie der Maschine wird folgendes deutlich: In der Gliederpuppe werden sowohl die erstarrten gesellschaftlichen Zustände versinnbildlicht – unter dem Einfluß der metaphysischen Schule De Chiricos – wie in der radikalen Entindividualisierung das kollektive Moment des ‚Neuen Menschen'. In der Darstellung der Maschine liegt sowohl die Maschinenironie Picabias wie der Maschinenmythos entfesselter Technik, den die Dadaisten in Tatlins Turm der 3. Internationale vermuteten.

Nach der Dada-Messe tritt die Gruppe nicht mehr geschlossen auf. Vereinzelte satirische Veröffentlichungen folgen: ‚Hurrah, Hurrah, Hurrah!' (Kat.Nr.3/224) von Hausmann, ‚Deutschland muß untergehen' (Kat.Nr.3/221) von Huelsenbeck, ‚Das Gesicht der herrschenden Klasse' von Grosz. Nach vereinzelten Soireen unternehmen Hausmann, Hannah Höch und der bis dahin aus politischen Erwägungen abgelehnte Kurt Schwitters eine Dada-Tournee nach Prag und eröffnen eine postdadaistische Phase. Baader gründet 1921 im Alleingang seine ‚Erste Intertellurische Akademie' in Potsdam. Der Malik-Verlag von Wieland Herzfelde und John Heartfield löst seine Abteilung Dada auf. Grosz stellt 1922 in der Galerie von Garvens in Hannover aus. Mit dem Intellektuellen-Kongreß in Düsseldorf (30.Mai 1922) und dem Konstruktivisten- und Dada-Kongreß in Weimar (25.Sept.1922) geht der Dadaismus für Berlin zu Ende. Mehring geht nach Paris, Baader zieht nach Stettin. Huelsenbeck beginnt bald darauf seine Schiffsreisen.

Hanne Bergius

Ausgewählte Bibliographie zu Berlin Dada:
Primärliteratur:
Vgl. Berlin dada Dokumente (Kat.Nr.3/150 – Kat.Nr.3/256) und Prä-dada (Kat.Nr.3/1 – Kat.Nr.3/16)
Vgl. angegebene Literatur zu einzelnen Biographien von R. Hausmann, H. Höch, J. Heartfield, G. Grosz, W. Herzfelde, C. Einstein, W. Mehring, F. Jung, R. Huelsenbeck.
Hausmann, R.: Courrier dada, Paris 1958
Huelsenbeck, R.: Dada eine literarische Dokumentation, Reinbek b. Hamburg 1964
Heartfield, J. u. Grosz, G.: ‚Der Kunstlump' und Material zur Kunstlump-Kontroverse, in: Literatur im Klassenkampf, Zur proletarisch-revolutionären Literaturtheorie 1919-1923, Hg. W. Fähnders und Martin Rector, München 1971, S.47ff.
Hausmann, R.: Am Anfang war dada, Hg. G. Kämpf u. K. Riha, Gießen 1972;
Johannes Baader: Oberdada, Schriften, Manifeste, Flugblätter, Billets, Werke und Taten, Hg. H. Bergius, N. Miller, K. Riha, Gießen 1977;
Siepmann, E.: Montage: John Heartfield, Vom Club Dada zur Arbeiter-Illustrierten Zeitung, Dokumente-Analysen-Berichte, Berlin 1977
Berlin Dada, Texte, Dokumente, Aktionen, Hg. von K.Riha, in Zusammenarbeit mit H.Bergius, Stuttgart 1977
Sekundärliteratur
Mehring, W.: Berlin Dada, Zürich 1959
Richter, H.: Dada Kunst und Antikunst, Köln 1964
Herzfelde, W., Grosz, G., Heartfield, J., Piscator, E.: Dada und die Folgen – oder die Macht der Freundschaft, in: Sinn und Form, Jg. 23, H.6, Berlin 1971
Jung, F.: Der Torpedokäfer, Darmstadt 1972
Meyer, R. u.a.: Dada in Zürich und Berlin 1916-1920, Kronberg Ts. 1973
Grosz, G.: Ein Kleines Ja und ein großes Nein, Reinbek b. Hamburg 1974
Huelsenbeck, R.: Memoirs of a Dada Drummer, The Documents of 20th Century Art, New York 1974
Fähnders, W. u. Rector, M.: Linksradikalismus und Klassenkampf, Bd.1, Reinbek b. Hamburg 1974
Bergius, H.: Zur Wahrnehmung und Wahrnehmungskritik im Berliner Dadaismus in: Siepmann, E.; Montage: John Heartfield, Berlin 1977, S.43
Herzfelde, W.: John Heartfield, Dresden, 1976
Bergius, H.: Dissertation über Berlin Dada

Anmerkungen zu Berlin Dada

1. Hausmann, R.: Die Kunst und die Zeit, in: NG, Hg. S. von Heister u. R. Hausmann, H. 1, Berlin 1921, S. 3
‚Wie wir allen gedanklichen, wissenschaftlichen, ökonomischen Besitz in's Wanken geraten sahen, so gerieten auch unsere Vorstellungen auf dem Gebiet der sinnlichen Erkenntnisfähigkeit und ihrer verschiedenen Ausdrucksformen wie Malerei, Plastik, Architektur und Musik ins Wanken, sie traten plötzlich in ein bisher nicht dagewesenes Stadium des Experimentierens, für das die Kunsthistoriker nur schlechte Erklärungen hervorbringen konnten . . . ,'
2. Mühsam, E.: Revolution, in: Revolution, Jg. 1, Nr. 1, München 1913, S. 2:
‚Einige Formen der Revolution: Tyrannenmord, Absetzung einer Herrschergewalt, Etablierung einer Religion, Zerbrechen alter Tafeln (in Konvention und Kunst), Schaffen eines Kunstwerks; der Geschlechtsakt. Einige Synonyma für Revolution: Gott, Leben, Brunst, Rausch, Chaos. Laßt uns chaotisch sein!' Es wird deutlich, wie sich hier reine Radikalität und Revolutionsattitude selbst zum Ziel setzt.
3. Hasenclever, W.: Der Kintopp als Erzieher, Eine Apologie in: Revolution, Nr. 4, München 1913, S. 3:
‚Man soll uns diese Naivität nicht mit dem pastoralen Salbader einer edleren Kunst vergällen.'
4. ebd.: ‚Der Kintopp bleibt etwas Amerikanisches, Geniales, Kitschiges.'
5. Rubiner, L. (Paris), in: Revolution, Nr. 5, München 1913, ‚Sondernummer für Otto Gross', S. 2, Stellungnahmen von F. Jung. L. Rubiner, B. Cendrars, E. Mühsam, S. Guttmann, J. R. Becher, E. Blass, J. van Hoddis, A. Lichtenstein, R. Schickele, P. Baum, E. Lasker-Schüler, E. Unger, R. Huelsenbeck.
Auch ‚Die Aktion' (Dez. 1913) hat für Gross Stellung bezogen.
6. Huelsenbeck, R.: Zürich 1916, wie es wirklich war, in: Die Neue Bücherschau, Jg. 6, H. 11/12, 1928, S. 612ff.
7. vgl. Gross, O.: Vom Konflikt des Eigenen und Fremden, in: Freie Straße, Nr. 4: Um Weisheit und Leben, Hg. O. Gross, Berlin 1916
8. ebd.
9. Hausmann, R.: Zwei dadaistische Persönlichkeiten Huelsenbeck und Baader, in: Dada, eine literarische Dokumentation, hg. v. R. Huelsenbeck, Reinbek bei Hamburg 1964, S. 221
10. Gross, O.: Ludwig Rubiners ‚Psychonalayse', in: Die Aktion, Jg. 3, Berlin 1913, Sp. 507
11. Hausmann, R.: Dada ist mehr als Dada, in: Am Anfang war Dada, Hg. G. Kämpf u. K. Riha, Gießen 1972, S. 89
12. Gross, O.: Protest und Moral im Unbewußten, in: Die Erde, Jg. 1, Breslau 1919, S. 682
13. Hausmann, R.: Morphopsychologie Dadas, in: Am Anfang war Dada, a.a.O., S. 13
14. ebd.
15. Hausmann R.: Zwei dadaistische Persönlichkeiten . . . , a.a.O., S. 221
16. Huelsenbeck, R.: En avant dada, Hannover / Leipzig 1920, S. 26
17. Huelsenbeck, R.: Brief an Tzara, Zürich, 2. Aug. 1917 (vgl. Kat.-Nr. 3/156)
18. Grosz, G.: Brief an O. Schmalhausen v. 18. 2. 1917: ‚fern steht morsch Europas verwesende Kultur'
19. Grosz, G.: Brief an O. Schmalhausen v. 22. 4. 1917

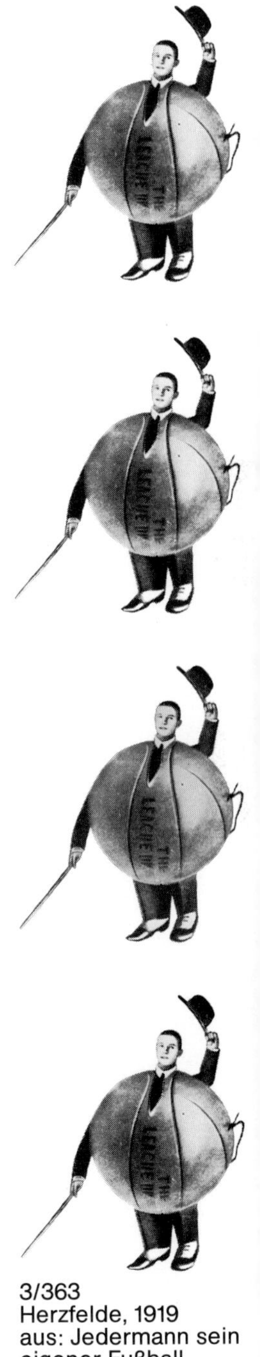
3/363
Herzfelde, 1919
aus: Jedermann sein eigener Fußball, Berlin 1919

20. Grosz, G.: Man muß Kautschukmann sein, in: Neue Jugend, Prospekt zur Kleinen Groszmappe, Berlin, Juni 1917
21. vgl. Programm der Dada-Soiree, Berlin 12. 4. 1918 (Kat.-Nr. 3/162)
22. Huelsenbeck, R.: En avant dada, a.a.O., S. 26
23. Huelsenbeck, R.: Was wollte der Expressionismus, in: Dada-Almanach, Berlin 1920, S. 35 ff.
24. Hausmann, R.: Synthetisches Cino der Malerei, in: Am Anfang war Dada, a.a.O., S. 27 ff.
25. Huelsenbeck, R.: Was wollte der Expressionismus, a.a.O., S. 38
26. ebd.
27. ebd.
28. Grosz, G.: Brief an O. Schmalhausen v. 30. 6. 1917
29. Hausmann R.: Synthetisches Cino der Malerei, in: Am Anfang war Dada, a.a.O., S. 28
30. ebd., S. 28/29
31. Hausmann, R.: Am Anfang war Dada, a.a.O., S. 50
31a. ebd.
32. Hausmann, R.: Zu Kommunismus und Anarchie (sign. Panarchos), in: Der Einzige, Jg. 1, Nr. 2, Berlin 1919, S. 6
33. Grosz, G.: Das Gesicht der Herrschenden Klasse, Berlin 1921, Bl. 18
34. Hausmann, R.: Es kam ein heller Morgen, oh weh! (1921) in: Sprache im technischen Zeitalter, Nr. 58, Stuttgart 1976, S. 166
35. Die Pleite, Ilustrierte Halbmonatsschrift Berlin / Leipzig 1919, S. 2
36. ‚Der blutige Ernst', Ankündigung (Flugblatt), Berlin, Nov. 1919
37. Grosz, G. u. Heartfield, J.: Der Kunstlump, in: Der Gegner, Jg. 1, H. 10–12, Berlin 1920, S. 48 ff. Die Aktion, Jg. 9, H. 10, Berlin, 12. 6. 1920, Sp. 327 ff.
38. Hausmann R.: Dada ist mehr als Dada, in: Am Anfang war Dada, a.a.O., S. 85
39. Hausmann, R.: Pamphlet gegen die Weimarische Lebensauffassung, in: Am Anfang war Dada, a.a.O., S. 76
40. ebd., S. 76
41. ebd., S. 75
42. Baader, J.: Vierzehn Briefe Christi, Berlin 1914, S. 4
43. vgl. K. Schwitters obsessionelles Verhältnis zu seinem Material
44. J. Baader zit. nach Hausmann, R.: Am Anfang war Dada, a.a.O., S. 56
45. Das Manifest war eingeklebt in: Der Dada, Nr. 1, Berlin 1919
46. Grosz, G.: Gott mit uns, Lithographie-Mappe, Berlin 1920
47. Hausmann, R.: Die Neue Kunst, in: Führer durch die Abteilung der Novembergruppe, Kunstausstellung, Berlin 1921, H. 1 der NG Veröffentlichungen, Berlin 1921, S. 9
48. vgl. Grosz, G.: Zu meinen neuen Bildern, in: Das Kunstblatt, Berlin, Jg. 5, H. 1, 1921, S. 16

JOHANNES BAADER
DEUTSCHLANDS GRÖSSE UND UNTERGANG

oder
Die phantastische Lebensgeschichte des Oberdada
Verlegt bei Paul Stegemann, Ernst Rohwohlt und Kurt Wolff (Hannover, Berlin, München)
Dadaistische Monumental-Architektur in fünf Stockwerken, 3 Anlagen, 1 Tunnel, 2 Aufzügen und 1 Cylinderabschluß. Das Erdgeschoß oder der Fußboden ist die praedestinierte Bestimmung vor der Geburt und gehört nicht zur Sache.
Die Beschreibung der Stockwerke:
1. Etage: Die Vorbereitung des Oberdada.
2. Etage: Die metaphysische Prüfung.
3. Etage: Die Einweihung.
4. Etage: Der Weltkrieg.
5. Etage: Weltrevolution.
Ueberstock: Der Zylinder schraubt sich in den Himmel und verkündet den Ruhm von Lehrer Hagendorfs Lesepult. Im Lokal für M. 7,85 pro Stück käuflich.

Nähere Beschreibung:

1. Stockwerk
Aus der Ebene der Metaphysik (auch ‚Kinderteich' genannt) erhebt sich leise am 21. Juni 1875, dem Geburtstag des Oberdada, die erste Andeutung der pathologischen Mentalität, die von Pallas, dem Walroß Dada (man vergleiche Karl Hagenbecks Tierpark) über den indischen Löwen der pommerschen Landwirte ohne Rücksicht auf irgendeine Zwangwirtschaft (dafür die Messinggoldstücke) neben dem abgebrochenen Kirchturm der Kreuzkirche (Dresden) als Rest von der Konkurrenz um den Neubau des Dresdener Rathauses übrig geblieben war. Scharfgeladene abgeschossene Patronen stehen im Rauchzeug der abmontierten Kirche. An dem großen Pulverfaß, das in der Mitte des Plans aufragt, dessen architektonische Einzelheiten plastisch gesteigert bis zur ausgehängten Karbidlampe in der die ursprüngliche Idee der Architektur, ausgegangen von der Dresdener Vereinigung Bildender Künstler für monumentalen Grabmalsbau.

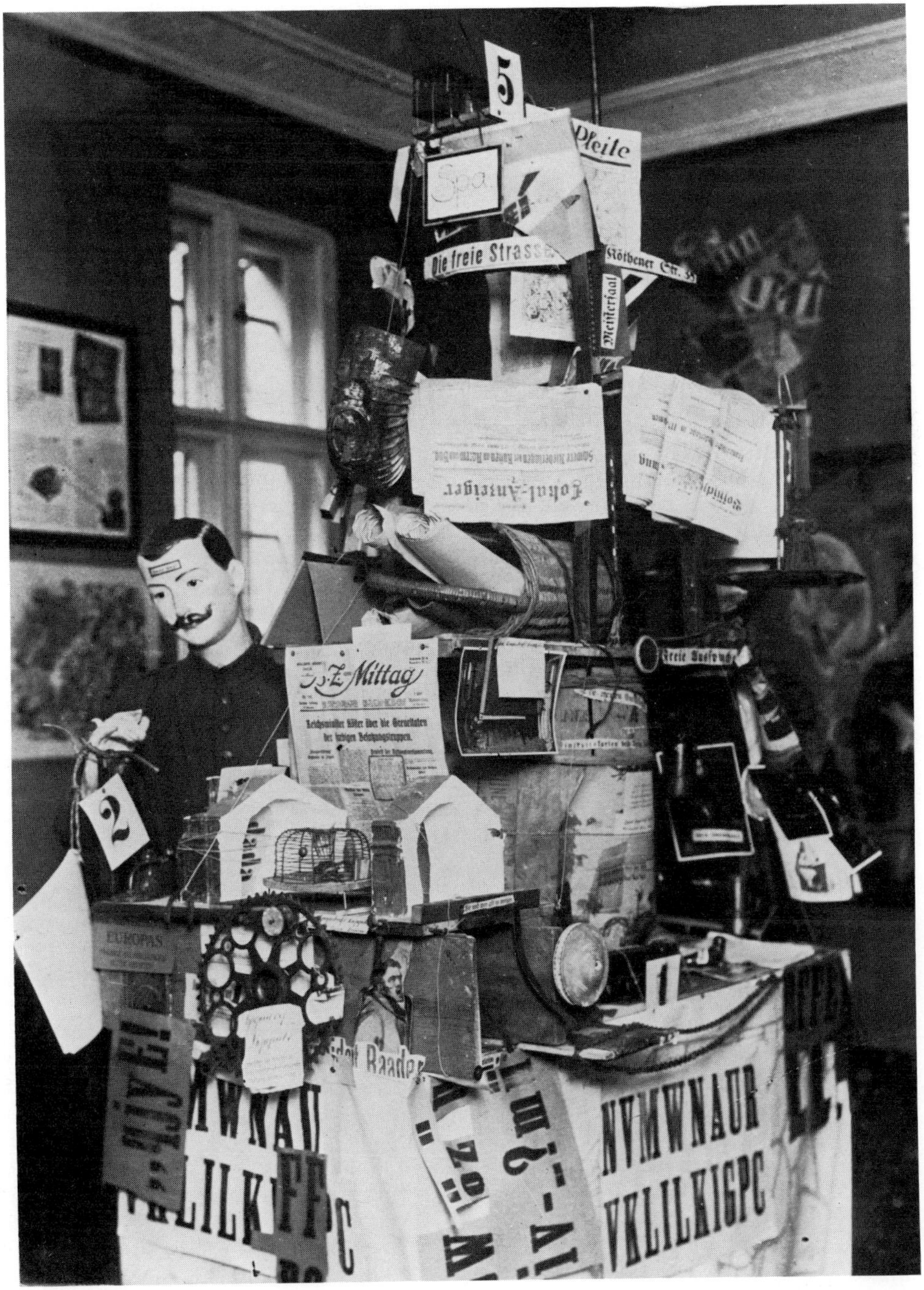

3/563
Baader, das Plasto
Dio Dada Drama,
1920

(Baader, Metzner, Rößler, Hempel), Dresden 1903/1904 zur Verbrennung gebracht wurde.
Um das Pulverfaß kriecht in der fälschlichen Irreführung der Voraussetzung einer ins Weite reisenden Zukunft zwischen Schillers Gedichten mit dem Motto ‚Dada siegt' und der Originalausgabe der Vierzehn Briefe Christi der D-Zug Kaiser Wilhelms des Großartigen, der, symbolisch umschrieben, durch die Rundschiene, immer nur das Pulverfaß umkreist, bis er schließich zur Explosion kommt.

2. Stockwerk
Aber zuvor erwächst im Tunnel des todgeweihten Reiches die ganze Epoche der künstlerischen Gesamtkultur. Ein Museum der Meisterwerke aller Jahrhunderte eröffnet sich unter dem Zucken der altgermanischen Mausefalle. Mitten entzwei gesprengt ist die Kirche und der dritte Teil wurde seiner Bestimmung gemäß abgerissen und steht als Zuchthaus auf dem Alexanderplatz (Behaglicher Aufenthalt an allen Werk-, Sonn-, Feier- und Putschtagen).
Das grüne Tuch unter der Mausefalle stellt die freie Natur dar, während an der Seite das Rad des Geschehens (um weiter zu wandeln die Runde durchs neue Leben – noch immer an das Rad gefesselt) über die metaphysische Prüfung triumphiert. Der Tunnel und die beiden Anlagen sind mit platonischen Ideen bis zum Rand übersättigt. Als sie den Oberdada packen, vergewaltigen, überwältigen, erscheint das Phantom und Resultat des Weltkrieges am 19. Januar 1908, 8./9. April 1910, 4. September 1912, 13. August und 26. September 1913; das Ausrufungszeichen, das schon auf der Geometrie der ersten Etage liegt, wurde zur Bohnenranke des Herrn von Münchhausen und an ihrer Fahne (der Oberdada hält ihr im Kosinus des gleichschenkligen Winkels aller quadratischen Dreiecke die Stange persönlich) schwingt er sich über alle illusionäre Pathologie in den Rang des dritten Stockwerkes, der Einweihung.

3. Stockwerk
Goethe gelangt nach Weimar, legt seine italienische Reise auf Lehrer Hagendorfs Lesepult und erklärt dem schwäbischen Pastor: ohne dieses Lesepult kann überhaupt keine Literatur verstanden werden. Der indische Löwe bietet die zweite Hälfte dem Blick des Publikums. Die letzten Restbestände der Architektur werden in einen zerbrochenen Korb verstaut. Der Engel der Verkündigung spricht: Siehe ich verkündige Euch große Freude, denn Euch ist heute der alte Hagenbeck erschienen. Auch Paul Scheerbart kommt in einer gläsernen Kristallkutsche und legt sich als Bombe neben den verstaubten Architekturkorb. Währenddessen an dem vorderen Aufzug erstmals das Weib auftaucht und die nackten Geheimnisse entschleiert (Präsident kann nur ein ganzer Mann werden). Die Tiefbauberufsgenossenschaft und die Deutsche Bank gehen zugrunde, holen die Feststellung des 2. August 1914 aus den Tiefen des Muttermunds der Vagina sanguinalis protastata und so entsteht organisch aus der embryonalen Konception des ‚W' (Krönung und Fundament des Kosmos; Kassiopeia; Kaiser; Flugzeug; Straßenbahnlinie; Summe allen Wehs (Offenbarung Johannis 19, Vers 17 und folgende). Die Abteilung vier, Der Weltkrieg.

4. Stockwerk
Der Weltkrieg ist ein Krieg der Zeitungen. In Wirklichkeit hat er niemals existiert. Die Figur der Geschichte, deren abgehackter Kopf aus echtem bayrischem Bienenwachs vor den Resten einer königlich preußischen ‚Rex'-Einkochmaschine aufgehängt ist, wird niemals zulassen, daß eine so maniakalische Paroxie wie der Weltkrieg Wirklichkeit wird. Darum glaube man keiner Zeitung. Es ist alles Gewäsch, von den ersten Nachrichten der Mobilmachung an bis zu Lüttich, der Marneschlacht, dem Rückzug aus Rußland und dem Waffenstillstand, die Presse hat den Weltkrieg geschaffen. Der Oberdada wird ihn beendigen.

5. Stockwerk
Das ist die Weltrevolution des Kommunismus, der Stein der Bauleute und der Wahnsinn der Proktatur des Diletariats (Hausmann), daß die Welt nach der großen Hand schreit und doch sich weigert, das Heil der Erlösung aus dem ‚W' in den Mund zu nehmen. Das ist das Unglück

der welthistorischen Situation und doch:
Ich werde sie in Klump schmeißen: Wer nicht für mich ist, der ist wider mich (Verzeihung, so sagte man früher) heute ist der Kommunismus der Zwangwirtschaft der Besen, mit dem ich die Welt sauber mache. Hier von diesem Zylinder, auf den Flügeln von Hagendorfs Lesepult funke ich in den Aether, die letzte Erlösung vom Leid und dem Tode. Ein Narr ist, wer noch ohne den Oberdada zu Bett geht.

aus: Dada-Almanach, Hg. Richard Huelsenbeck, Berlin, Erich Reiss Verlag, 1920, S. 91 ff.

DADA KÖLN

Anfang des Jahres 1919 lernt Max Ernst Johannes Theodor Baargeld (Pseudonym für Alfred Grünwald) kennen. Ziemlich rasch beginnen beide an der Zeitschrift 'Der Ventilator' mitzuarbeiten. Von 'Der Ventilator' erscheinen zwischen Februar 1919 bis März 1919 fünf Nummern, darunter eine Doppelnummer (Nr. 1–2, 3, 4, 5, 6). Als Herausgeber firmiert im Impressum Jos. Smeets, Cöln, Perlengraben 80–84. Die Behauptung, Baargeld und Max Ernst seien Mitherausgeber des Blattes gewesen, darf sich auf die Mitteilung Max Ernsts selbst beziehen. Baargeld habe das Unternehmen finanziert und auch weitgehend den Vertrieb organisiert. Max Ernst selbst hat, wie er mir sagte, vorwiegend an den ersten Nummern mitgearbeitet. 'Der Ventilator' trug den Untertitel 'Unterhaltungsbeilage zur Tagespresse'. Die erste Nummer (Doppelnummer 1–2) wurde in der Buchdrukkerei Carl Lutz, Köln-Ehrenfeld, gedruckt. Ab Nr. 3 übernahm die Druckerei Hertz, Köln, Mühlenbach 38, in der auch 'Bulletin D', 'Die Schammade' und die Dada-Anzeigen und Plakate angefertigt wurden, den Druck. . . . Von Kunst ist nur wenig die Rede. Die wichtigsten Beiträge dazu: 'Revolutionäre Künstler' (in Nr. 3, S. 8) und 'Zum Theaterputsch' (in Nr. 6, S. 6). Die Figur 'Macchab', die auftaucht, geht, nach Auskunft Max Ernsts, auf ihn zurück. 'Macchab' war ein Medium, das er und Freunde wie Walter Rainer und Franz Henseler zu Beginn des Krieges befragt hatten. Macchab habe ihnen den Tod August Mackes mitgeteilt. Bei der Durchsicht aller Texte in 'Der Ventilator', die ich mit Max Ernst zusammen unternommen habe, ließ sich seine deutliche Mitarbeit an dem Text '???Macchab in Cöln???' (in Nr. 1–2, S. 5–6) feststellen. Hier finden wir bereits die stakkatohafte Syntax, die wir später bei den Texten in 'Die Schammade' oder 'Der Sängerkrieg in Tirol' und in zahlreichen Collagetiteln feststellen werden. Außerdem unterscheidet sich dieser Text am stärksten von den übrigen, politisch konkret engagierten der Publikation. Wir haben es hier folglich mit dem ersten erhaltenen Text zu tun, der, unter maßgeblicher Mitarbeit Max Ernsts entstanden, den dadaisti-

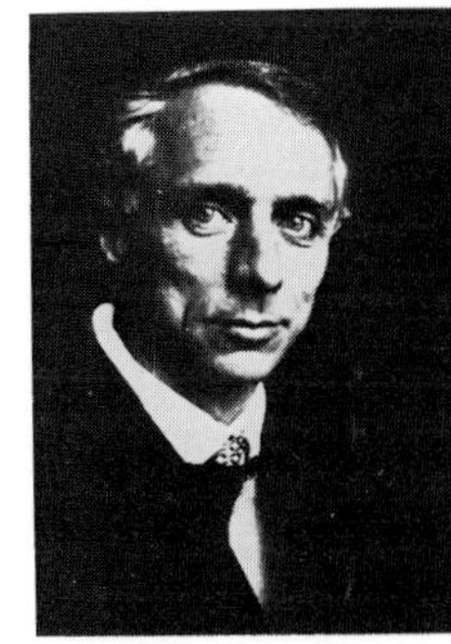

Ernst, um 1927

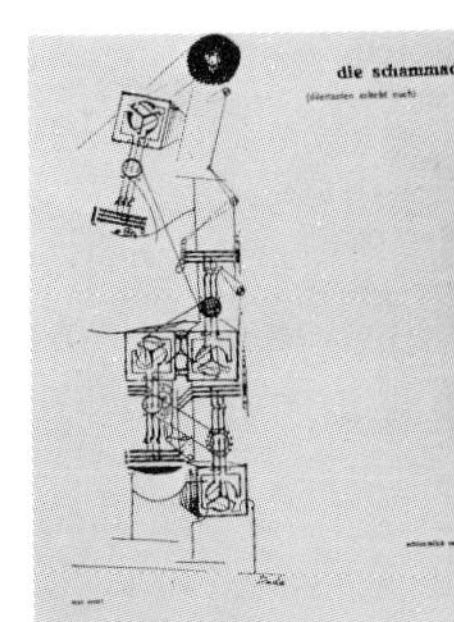

3/261
Die Schammade, Köln, 1920

Ernst, La bicyclette graminée, . . .ca. 1921 New York, The Museum of Modern Art

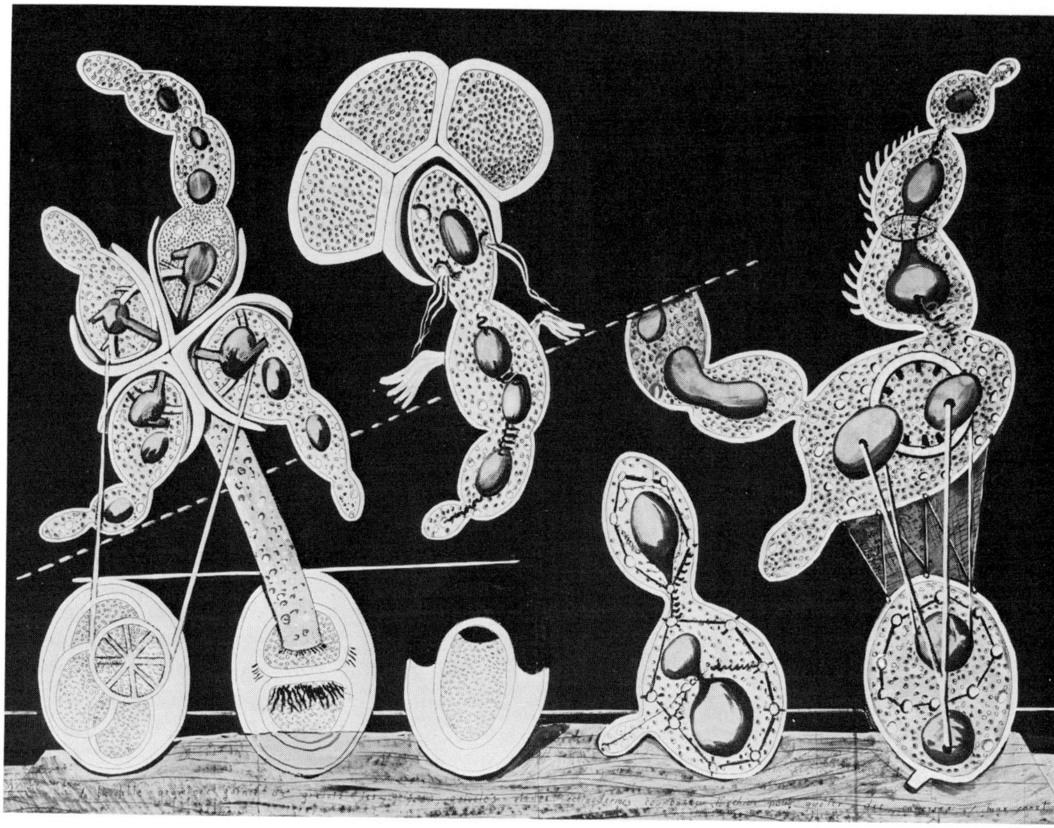

schen Ton in Köln nachweist. Die sechste und letzte Nummer geht auf den Theaterskandal um das Stück 'Der junge König' ein. Eine erste Provokation gegenüber alteingesessenem Kulturleben findet am 6. Februar 1919 statt. Der 'Kölner Stadt-Anzeiger' berichtet in seiner Nummer vom 7. Februar unter der Überschrift 'Literarische Spartakusse' in einem drei Spalten langen Artikel über einen gestörten Rezitationsabend. . . . Große Wellen schlägt der Theaterskandal am 4. März 1919. Die Zeitungen berichten davon am folgenden Tag, dem Aschermittwoch, ausführlich. . . . Als nächstes finden wir in der Nummer vom 1. Mai 1919 des 'Kölner Stadt-Anzeiger' eine Besprechung der Künstlervereinigung 'Der Strom' im Kölnischen Kunstverein. Über Max Ernst heißt es: 'Bei Marx (sic!) Ernst wird aus dem, was innere Erschütterung sein soll, naive Bilderbogenerzählung; nicht nur auf einem Revolutionsbild, auf dem ein bombenwerfender Kuli einige Bourgeois durcheinanderwirbelt, wähnt man sich in einem der höchst gemütlichen Hexenkessel des Höllenbreughel.'

Es ist wahrscheinlich, daß durch Hans Arp, der 1919 noch in Zürich lebte, die Zürcher Gruppe auf Dada in Köln aufmerksam gemacht worden ist. Tristan Tzara schreibt Max Ernst erstmals wohl im November 1919. Er hatte durch Arp das 'Bulletin D' (Kat. 3/257) kennengelernt. Selbstverständlich, daß Max Ernst seinem Freund aus der Vorkriegszeit Exemplare zugesandt hatte. Tristan Tzara und Max Ernst traten Ende 1919 miteinander in regelmäßige briefliche Verbindung. . . . Tristan Tzara war 1920 (5. Januar) von Zürich nach Paris umgesiedelt, von einem legendären Ruf begleitet. Arp blieb mit ihm in Verbindung, ebenso auch mit Picabia, der die

Nummer 9 von seiner Zeitschrift '391' in Paris erscheinen ließ. Arp kannte durch ihre Mitarbeit an der Anthologie Dada ('Dada 4–5'), die 1919 in Zürich erschienen war, das Werk Ribemont-Dessaignes', Soupaults, Aragons und Bretons. Im Kölner 'Bulletin D' (1919) taucht noch keiner von diesen Namen unter den Mitarbeitern auf. Erst 'Die Schammade' (April 1920) (Kat. 3/261) bringt den Anschluß an die internationale Dada-Bewegung. 'Schammade' wurde, wie Max Ernst mir versicherte, als bewußt defätistischer Titel gewählt. Schillers 'Schamade schlagen', 'Schamade' = Das Trommel- oder Trompetensignal, das zum Rückzug der Truppen aufrief, paßte zu dieser Nachkriegspublikation.

Die Berliner Szene wird nur durch Huelsenbeck und Serner vertreten, die Arp aus der Zürcher Zeit kannte. Aufschlußreich für die Abgrenzung Dada-Kölns ist ein Vergleich der Ehrentafel der 'Présidents et Présidentes du mouvement Dada', die im 'Dada-Almanach' 1920 erschien mit der Liste, die Baargeld und Max Ernst zu ihrem 'simultantriptychon' herangezogen. Weggelassen wurden in diesem die Namen Archipenko, Paul Citroen, H. Richter, Christian Schad, Arthur Segal und Alfred Vogts. Dafür kamen hinzu Baargeld, Carl Einstein und Lullu Ernst. Umgekehrt finden wir in 'Der dada' der Berliner weder Ernst noch Baargeld als Mitarbeiter. Arp wird in der Nummer 3 wiederholt erwähnt, wohl weil der Malik-Verlag, in dem die Nummer erschien, gleichzeitig 'Die Schwalbenhode' von Arp annoncierte. In dieser Nummer 3 taucht in einem Protest gegen die 'Ausschließung der Chaplin-Filme in Deutschland' neben der Signatur Arps auch die Ernsts auf. Die Franzosen dominieren in 'Die Schammade'. Wir finden unter ihnen Aragon, Breton, Eluard, Picabia, Ribemont-Dessaignes, Soupault und – nun zur Pariser Szene gehörig – Tzara.

Den wichtigsten Platz nimmt neben Tristan Tzara Francis Picabia ein. Von Tzara werden fünf Texte abgedruckt, von Picabia drei und dazu eine Zeichnung. Tzara beteiligte sich sehr früh an der Vorbereitung von 'Die Schammade'. Am 1. Dezember 1919 schrieb dieser aus Zürich an Picabia: 'Eine deutsche Zeitschrift wird eine Sondernummer 'Dada' herausbringen, die ich gestalte. Bitte schreiben Sie mir, ob Sie mir gestatten, einige Seiten aus Ihren 'Pensées sans langage' abzudrucken'. 'Die Schammade' brachte in der Tat einen Auszug aus 'Pensées sans langage'. Die Texte erscheinen in ihrer Originalsprache.

Offensichtlich war es Tzara, der Max Ernst noch von Zürich aus eigene Schriften zusandte. 'Ihr Brief auf Ihre qq Publikationen haben uns viel Spaß gemacht.' (31. Dezember 1919) 'Arp brachte uns von Ihnen herrliche Sachen mit. Aus den 'pensées sans langage' druckte ich 3 Gedichte ab – ich denke Picabia hat nichts dagegen; von Ihnen 3 maisons.' (17. Februar 1920) Arp, der in diesen Tagen in Köln eingetroffen war, beteiligte sich an der Schlußredaktion von 'Die Schammade'. Gleichzeitig schreibt Max Ernst: 'Die 'Schammade' wird in ca. 10 Tagen fertig.' (17. Februar 1920) Es wird indes beschlossen, die Publikation zu erweitern. 'Lieber Tzar Tristan. Bitte schicken Sie sofort Beiträge von Ribemont-Dessaignes, Soupault, Breton, Aragon u. Eluard. Wir reservieren 4 oder 5 Seiten (Format des bulletin D) der Schammade dafür. Die Beiträge müßten allerdings spätestens am 29. Februar oder 1. März hier sein. Wenn das nicht geht, schreiben Sie mir bitte umgehend.' (24. Februar 1920) Tzara schickt das Gewünschte. Max Ernst bedankt sich. 'Ihren Brief u. die Beiträge, die uns sehr gefallen, sind angekommen, die Beiträge schon in Druck gegeben, sodaß die schammade in einigen Tagen fertig ist.' (8. März 1920) Arp war damals bereits wieder aus Köln abgereist. Ein Brief vom 26. Februar, in Zürich abgestempelt, an Tzara beweist dies. Ein Brief Baargelds an Tzara (9. April 1920) zeigt das baldige Erscheinen an: 'Ich sende Ihnen heute die Probenummer der Schammade'. In diese Zeit fällt auch ein erster Versuch, Max Ernst in Paris in einer Gruppen-Ausstellung aufzunehmen. Archipenko, Survage und Gleizes wollen erneut – wie 1912 – eine Ausstellung der 'Section d'Or' zustandebringen. Picabia und Duchamp waren damals bereits vertreten. Picabia lädt die Mitglieder Dadas ein. Im Februar schickt Max Ernst an Tzara zwei Arbeiten von Baargeld und fünf von sich selbst. 'Ich hoffe, Sie können sie für die Ausstellung der 'Section d'Or' gebrauchen'. Die

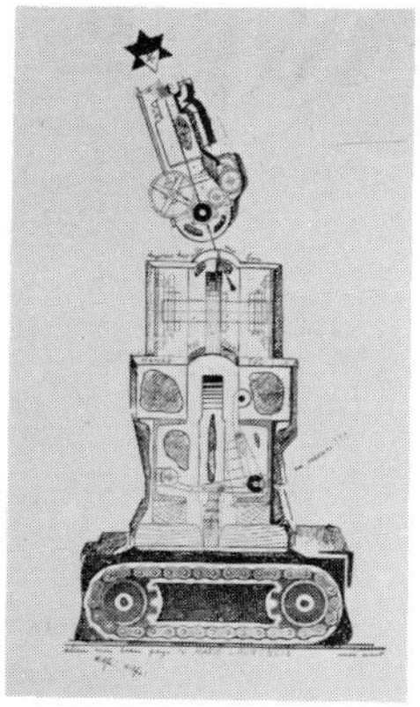

3/648
Ernst, adieu mon beau pays de Marie Laurencin, 1919

Perspektive, in einer Pariser Ausstellung präsent zu sein, stimuliert die Kölner: 'Wir möchten im März gern in Paris sein, aber das ist natürlich so gut wie unmöglich. Kommt nicht die ganze Familie Dada einmal nach Köln? Das wäre doch fein u. leicht zu haben u. für Sie doch beinah kostenlos. Soll nicht die Ausstellung der section d'or durch Deutschland wandern? Wenn Sie in Köln anfangen wollen, werde ich für Räume etc. sorgen'....

Über die Beteiligung Dadas kommt es am 25. Februar 1920 in der 'Closerie des Lilas' zu einer Auseinandersetzung. Max Ernst wird ausgeschlossen, wie auch die übrigen Dadaisten. Max Ernst hatte als Beitrag unter anderem 'trophée hypertrophique ...' eingereicht. Es erregte, nach Auskunft Max Ernsts, Anstoß, weil es nicht 'handgemacht' war. Vor allem Archipenko und Survage setzten sich für den Ausschluß der Dadaisten ein. 'Die nachricht von der scheidung der section d'or hat uns vielen Spaß gemacht, es ist sehr schön, daß auf diese Weise die 'idiots sérieux' an die Stelle gedrängt worden sind, auf die sie gehören. Da hilft kein formal-revolutionäres Gehabe mehr. Ich werde die Nachricht in die deutschen Zeitungen und Zeitschriften lanzieren, mit denen ich in Verbindung stehe. – Archipenko ist in der schammade mit einer reproduktion vertreten, und es ist jetzt leider zu spät, sie zu beseitigen. Statt dessen – und das ist sicher wirkungsvoller – publizieren wir in der schammade einige notizen über Archipenko; z. B. Ihre notiz: 'Archipenko a déclaré à Zürich ...' gleich neben der Reproduktion; außerdem einen Stempel über die Reproduktion: Erwünschte Schwächung als nebenverdienst vermittelt Bewegung DaDa'...

Offensichtlich sollten die Kölner überhaupt zu den Pariser Dada-Veranstaltungen beitragen: 'Für 'Anti-littérature' werden baargeld u. ich französische Sachen u. ein portrait mécanique de Dad'Arp schicken; für die Ausstellung im Juni des objets Dada. Wenn die Ausstellung nach Dtschld. wandern soll (Frankfurt od. Köln), dann kann ich gute Lokale besorgen.' Diese Mitteilung bezieht sich ursprünglich auf die Anzeige in Tzaras 'Bulletin Dada': 'Le 2 mars 1920, 2e manifestation de la Section d'or. Anti-littérature Dada – Antimusique Dada – Anti-peinture Dada. On exposera pour la première fois des tableaux Dada à Paris.' Nachdem die 'Section d'Or' die Dadaisten ausgeschlossen hatte, schlug wohl Tzara brieflich Max Ernst und Baargeld die Beteiligung an einer größeren Veranstaltung vor, die mit der 'Section d'Or' abrechnen sollte. Doch wurde keines der Werke, die Max Ernst und Baargeld nach Paris schickten, dort vor 1921 öffentlich gezeigt.

Es ist offenkundig, daß Arp, Max Ernst und Baargeld für Paris optieren und sich von Berlin absetzen. 'En Allemagne il y a déjà les contrefaçons de Dada (à Berlin). Ils s'appellent 'Néoexpressionistes-Dada'. C'est vraiment allemand. Les intellectuels allemands ne peuvent pas faire caca ni pipi sans des idéologies.' ... In Paris spielte sich Dada zunächst fast ausschließlich im literarischen Bereich ab....

Das erste öffentliche Auftreten von Dada in Paris, am 23. Januar 1920, brachte zwar, weil dies nun einmal zur Konvention von Dada gehörte, eine kleine Ausstellung. Doch neben Ribemont-Dessaignes und Picabia finden wir de Chirico, Juan Gris, Léger und Lipchitz. Holzschnitte von Arp tauchen 1920 in Tzaras 'Calendrier du cœur abstrait' auf. 1920 zeigt die Galerie 'Au Sans Pareil' im April Arbeiten von Picabia. Zum großen Ereignis indes wurde im Mai 1921 die Max Ernst-Ausstellung derselben Galerie. Max Ernst schreibt darüber: 'Sympathiebezeugung der Pariser Dada-Gruppe. André Breton hat den Brief abgefaßt. Er enthält den Vorschlag, in Paris die Collagen von Max Ernst auszustellen. Max Ernst, der 'Les champs magnétiques' gelesen hat, akzeptiert begeistert. Die brüderliche und mutige Geste Bretons wird vielleicht seine Zukunft bestimmen. Mutige Geste, denn es gehört etwas dazu, damals in Frankreich einen deutschen Maler vorzustellen'...

Die Ausstellung im Brauhaus Winter im Frühjahr 1920 und die Publikation der 'Schammade' waren die letzten aufsehenerregenden Ereignisse von Dada-Köln. Max Ernst beteiligte sich 1920 außerdem noch an der 'Ersten Internationalen DADA-Messe' in Berlin. Von der Frühjahrsausstellung der Arbeitsgemeinschaft Kölner Künstler im Lichthof des Kunstgewerbemu-

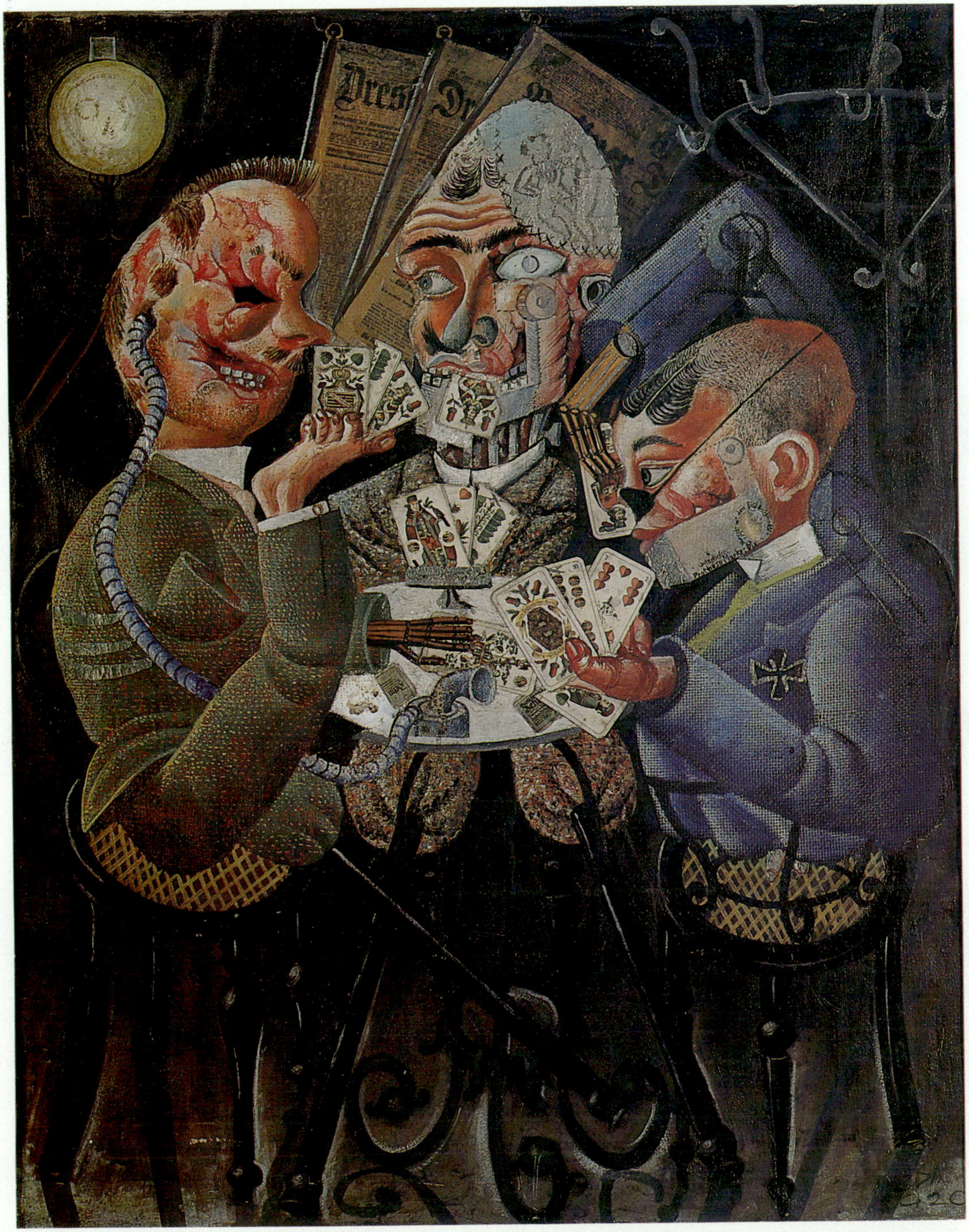

Dix
Kartenspielende
Kriegskrüppel
1920, Kat. 3/576

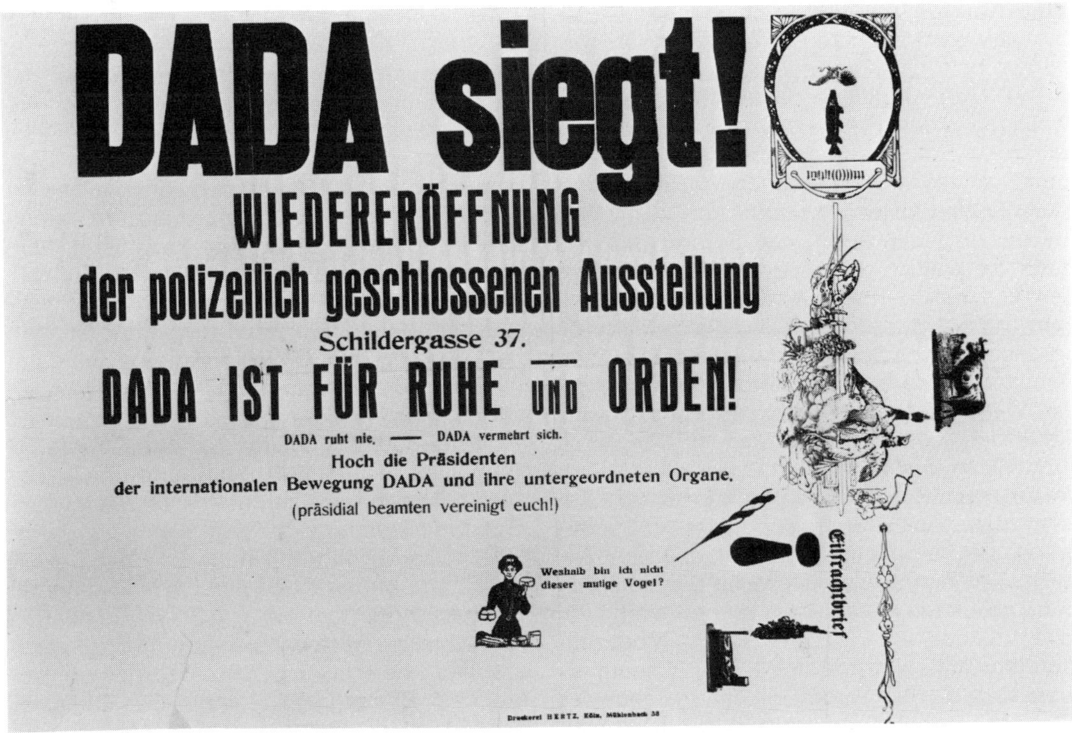

3/260
Dada siegt,
Plakat, Köln 1920

seums werden er und Baargeld ausgeschlossen. In der ausführlichen Besprechung im 'Kölner Stadt-Anzeiger! (2. Mai 1920) tauchen Heinrich und Angelika Hoerle auf, die an der 'Schammade' noch mitarbeiteten, im Katalog der Ausstellung im Brauhaus Winter jedoch nicht figurierten. Die Kölner Dada-Gruppe mußte sich bereits damals gespalten haben. Max Ernst und Arp suchten den internationalen Anschluß, Hoerle und seine Freunde waren darauf aus, eine feste lokale Gruppe zu konstituieren, die im Herbst des Jahres unter der Bezeichnung 'Stupid' am Hildeboldplatz 9 (im Atelier Räderscheidts) ausstellte. Max Ernst sagte mir dazu: 'Stupid war eine Sezession von Dada-Köln. Die Aktivitäten Dadas waren Hoerle und vor allem Seiwert ästhetisch zu radikal und sozial zu wenig konkret.' Dazu erschien im 'Verlag Stupid Köln' der Katalog 'Stupid 1'. Darin sind als Teilnehmer aufgeführt Wilhelm Fick, Angelika Hoerle, Heinrich Hoerle, Marta Räderscheidt, Anton Räderscheidt, Franz Wilhelm Seiwert. (vgl. Kat. 3/263)

Im Spätherbst 1920 taucht zum letzten Male in den Kölner Zeitungen eine Besprechung auf, in der von Max Ernst die Rede ist. Max Ernst war in einer Ausstellung des Kölnischen Kunstvereins, Leitgedanke 'Drei Generationen in vier Sälen', vertreten. . . .

Was aus der nachfolgenden Kölner Zeit erhalten ist und was auf eine weitere Aktivität schließen läßt: der sogenannte 'Entwurf für ein Manifest'. Der Titel, der in der Literatur gegeben wird, ist irreführend. Schon der erste Satz 'Ausstellung Gemälde Zeichnungen Fatagaga Plastoplastik Aquarell' spricht dagegen. Es handelt sich einwandfrei um den Entwurf für ein Ausstellungsplakat. Offenbar war dieser Entwurf für eine Ausstellung in Düsseldorf gedacht, von der wir aus Briefen Max Ernsts an Tzara Kenntnis haben: 'Ich habe jetzt viel mit den Vorbereitungen für meine Ausstellung in Düsseldorf zu tun (1. Nov.–15.)' und 'Eluard a vu l'exposition à Düsseldorf, il vous en parlera.' Eine Besprechung erschien in den 'Düsseldorfer Nachrichten' vom 4. November 1921. . . .

Diese Collage, die die verschiedenen Medien, die Max Ernst bis dahin zu Collagen herangezogen hat, mischt, bedeutet einen Schlußpunkt. Man vergleiche damit die Auswahl an Collagen, die im Herbst desselben Jahres Paul Eluard in Köln vornahm, um sie zur Illustration seines Gedichtbandes Répétitions' (Kat. 3/586) zu verwenden. Auch wenn man davon ausgehen kann, daß Eluard und Max Ernst die Wahl in einem bestimmten Sinne trafen, um eine Einheitlichkeit zustandezubringen, läßt sich doch folgern, daß die neue Art von Collagen nun nach und nach völlig die früheren Arbeiten verdrängte. Wir treffen von jetzt an auf fast keine Collagen mehr, die die Photographie heranziehen oder die Ausgangsbilder durch Übermalen umdeuten. . . .

Im Briefwechsel zwischen Max Ernst und Tristan Tzara findet sich eine wichtige Bemerkung, die die Behauptung stützt, daß sich Max Ernst von nun an vorzugsweise der Verarbeitung absoluten Materials zuwendet: 'Wenn Sie alte Kataloge von Warenhäusern u. Modezeitschriften, alte Illustrationen usw. finden, so bitte sie mir zu schenken, um die Bestände des Fatagaga-Rohmaterials aufzubessern.' Auffallend ist dabei die Wiederholung von 'alt' in 'alte Kataloge' und 'alte Illustrations'.

Werner Spies

Auszugsweise Wiedergabe des Textes aus: Spies, W.: Max Ernst – Collagen, Inventar und Widerspruch Köln 1974: S. 34: 1919–1921: Dada im apathischen Köln – die Reaktionen im Spiegel der damaligen Presse. 'Der Ventilator'; S. 37: November 1919: Die Ausstellung im Kunstverein, das 'Bulletin D'; S. 79: Frühjahr 1920: 'Die Schammade'. Kontakte zu Zürich und Paris; S. 90: Letzte Dada-Aktivitäten in Köln.

DADA HANNOVER

Die künstlerischen Auseinandersetzungen der Jahrhundertwende gehen an Hannover zunächst spurlos vorüber. Der expressionistische Aufbruch wird mit der Verspätung eines Jahrzehnts wahrgenommen, erst während des ersten Weltkrieges vollzieht sich bei einer kleinen Zahl Hannoverscher Künstler eine Lösung vom Akademismus und formalen Naturalismus. Mit der im Sommer 1916 gegründeten Kestner-Gesellschaft wird eine Institution für die Rezeption des Neuen geschaffen, die seit 1917 mit zahlreichen Veranstaltungen und Ausstellungen von Expressionisten auch überregional eine große Bedeutung erlangt. Mit ihrer Unterstützung wird im Juni 1917 die 'Hannoversche Sezession' gegründet, zu deren späteren Mitgliedern Max Burchartz und Otto Gleichmann zählen. Mit der Gründung der literarischen Gesellschaft 'Der Morgen' und den beiden Nummern der Zeitschrift 'Agathon' macht sich 1918 auch literarisch ein Aufbruch bemerkbar, der freilich erst nach der Novemberrevolution zu überregionaler Bedeutung gelangt. Der überwiegende Teil der Hannoverschen Modernisten bleibt auch in den beginnenden zwanziger Jahren an Expressionismus und Abstraktion orientiert, nimmt den Dadaismus allenfalls als beiläufige Erscheinung wahr. Als sich in Hannover erste Reaktionen auf den Dadaismus in der Hauptstadt zeigen, treffen sie bereits auf eine erneute Stagnation der politischen Verhältnisse. Im Unterschied zu Berlin ist Hannover auch bei Kriegsende kein zentrales politisches Konfliktfeld gewesen. Dem Dadaismus in Hannover – er stellt ein reines Nachkriegsphänomen dar – fehlt damit das politisch Aktivierende, das für die Berliner Dadaisten auch später stets gegenwärtig ist.

Mit einer Ausschließlichkeit wie bei keinem anderen der wichtigen Dada-Zentren beschränkt sich der innovative und produktive Anteil Hannovers am Dadaismus auf das Werk eines Künstlers: auf Kurt Schwitters, der seine Bestrebungen seit 1919 unter der Bezeichnung MERZ[1]) propagierte, damit aber keineswegs auf die Begründung oder Sammlung einer lokalen Künstlergruppe zielte. Bis 1918 geht die künstlerische Entwicklung von Schwitters weitgehend konform mit der fortschreitenden Entfaltung der Kunstszene in Hannover. Nach einem Kunststudium in Dresden, während dessen er sich vom Einfluß der 'Brücke'-Maler völlig freigehalten zu haben scheint, kehrt er 1914 als akademischer Maler nach Hannover zurück und findet erst im Alter von 30 Jahren Anschluß an die künstlerische Moderne. Seit Sommer 1918 steht er in engem Kontakt zu Herwarth Waldens Berliner 'Sturm'-Kreis und zu einigen Vertretern des Zürcher und Berliner Dadaismus (Hausmann, Höch, Arp und Tzara). Er partizipiert 1919 noch an der letzten Veröffentlichung des Zürcher Dada ('Der Zeltweg'), findet aber zu den organisierten Dadabewegungen in Deutschland keine Beziehung[2]). Erst während der Auflösungsphase – beim Dada-Treffen in Weimar 1922 – tritt er als integrierter Teilnehmer der internationalen Bewegung auf. Der Abend 'DADAREVON', den er danach mit Arp, Tzara, Hausmann und Doesburgs in der Galerie von Garvens organisiert[3]), bleibt der einzige größere Auftritt von Dadaisten in Hannover.

Man mag an der Berechtigung zweifeln, von der Ausprägung eines eigenen 'Hannover-Dada' [4]) zu sprechen; in einem sekundären Sinn wird man Hannover dennoch zu den Zentren des Dadaismus zählen müssen. Seit 1919 kommt es hier zu mehreren Ausstellungen (s. Chronologie) und Veranstaltungen (s. Chronologie), vor allem aber zu Verlags- und Zeitschriftengründungen, die Hannover in der Spätphase des Dadaismus zu einem wichtigen Ort der publizistischen Vermittlung machen. Neben der literarisch konservativeren Zeitschrift 'Das hohe Ufer' [5]) erscheint zwischen November 1919 und August 1920 die Zeitschrift 'Der Zweemann' [6]), die u. a. von Schwitters' Freund Christof Spengemann herausgegeben wird. In der Dezembernummer erscheint hier 1919 als erste dadaistische Publikation in Hannover das Manifest des Berliner 'dadaistischen revolutionären Zentralrats', in der nächsten Nummer gefolgt von dem großen 'dadaistischen Manifest'. In vielen Heften finden sich literarische und künstlerische Beiträge von Schwitters[2]) ebenso in der lokaler orientierten Zeitschrift 'Die Pille', die zwischen September 1920 und Januar 1922 von

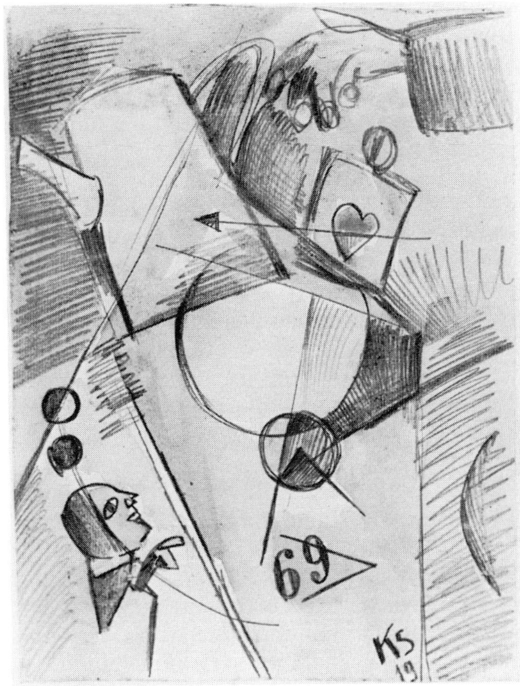

3/472
Schwitters, Das Herz geht vom Zucker zum Kaffee, 1919

Bernhard Göttrup herausgegeben wird. In ihr stellt Dada eins der Hauptthemen. Neben vielen Beiträgen von und über Schwitters erscheinen hier Beiträge von Raoul Hausmann, Johannes Baader und ein Dialog zwischen Walter Mehring und George Grosz. Der Paul Steegemann Verlag (gegr. 1919) ediert neben dem Berliner Malik Verlag das breiteste Programm an Texten aus dem Umkreis des literarischen Dadaismus. Dort erscheinen die ersten Bücher von Kurt Schwitters[7]), Hans Arp[8]), Walter Serner[9]) und Melchior Vischer[10]), Bücher von Mynona[11]) und die erste 'Geschichte des Dadaismus': 'En avant dada' von Richard Huelsenbeck (Kat. 3/220). Mit 13 000 Exemplaren erreicht die 'Anna Blume' von Schwitters die höchste Auflage, auch aufgrund eines öffentlichen Skandals, den Steegemann im Juni 1920 mit einer Werbeaktion inszeniert hatte. In der ersten Monatshälfte tauchte an den Litfaßsäulen ein großformatiges Plakat mit dem Text der Zehn Gebote auf, in der zweiten Monatshälfte plakatierte Steegemann darüber in gleicher Aufmachung das Titelgedicht 'An Anna Blume'. Die

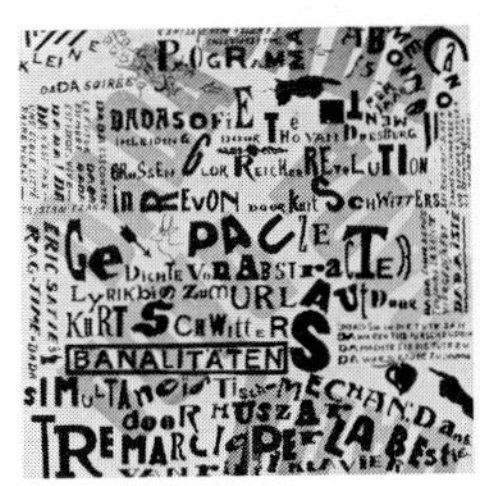

3/271
Dada-Revon
1922

empörten Publikums- und Pressereaktionen, die im Vorwurf des ‚geistigen Bolschewismus' und in der Forderung gipfelten, 'Mistpflanzen' wie den Verfasser zu ‚zertreten', veröffentlichte Steegemann in einer eigens aufgelegten Werbezeitschrift.[12])
Obwohl Schwitters selbst derart blasphemische Materialkonfrontationen durchaus fremd blieben, weist diese Aktion doch eine Form auf, die später auch seinen eigenen Auftritten während des 'Dada Feldzugs in Holland' zugrunde lag, den er 1922/23 gemeinsam mit den Stijl-Künstlern Huszar, Theo van Doesburg und mit Petro van Doesburg unternahm.
'Wir wecken den schlafenden Dadaismus der Masse . . . Denn unsere Kultur ist dada. In keiner Zeit gab es so enorme Spannungen wie in unserer. Es gab keine Zeit, die so stillos war wie die unsere. DADA ist das BEKENNTNIS zur STILLOSIGKEIT . . . Unser Publikum gab der Bewegung die Richtung. Wir spiegelten und waren das Echo des vor uns in dadaistischer Begeisterung lärmenden Publikums. Und nun erkennen sie, weshalb wir den Dadaismus nicht wollen. Der Spiegel, der Dein wertes Antlitz empört zurückweist und hinwegspiegelt, dieser Spiegel will Dich nicht, er will das Gegenteil. Und wir wollen den Stil.'[13])
Unterschiede zu der politischen Radikalität des Berliner Dada liegen bereits im Überwiegen der reinen Provokation des Publikums über eine inhaltliche Aktivierung des Publikums.[14]) Nie wird ein frontaler Angriff auf die Werte eines kulturellen oder sozialen Bedeutungssystems gesucht – wie dies noch bei Steegemanns Werbeaktion der Fall war. Vielmehr zielen die Aktionen auf die spielerische Verwandlung und 'Entformelung' solcher Systeme, auf den Eintritt des Publikums in einen ästhetischen Prozeß, der es zur Masse formiert und in ihm eine Bewegung erzeugt, die es zu ästhetischen Aktionen und zu Veränderung 'stilloser' Materialien des eigenen Alltags treiben soll.[15])
Die Kunstprogrammatik, die Schwitters in zahlreichen Manifesten und Repliken[16]), seit 1923 vor allem in seiner Zeitschrift MERZ[17]) vertritt, geht von der Forderung nach einer abstrakten Kunst aus, wie sie seit Worringer und Kandinsky in Deutschland verbreitet war und bleibt auch bei geringfügigen Modifikationen der Entwicklung des Prinzips der Abstraktion in allen Bereichen der Kunst verpflichtet[18]). 1920 greift Schwitters von dieser Position aus in eine Debatte ein, die sich noch in Zürich zwischen Richard Huelsenbeck und Tristan Tzara um den Begriff des Dadaismus entsponnen hatte. Während Tzara Dada zum 'enseigne de l'abstraction'[19]) erklärte, negierte Huelsenbeck jede Einfügung Dadas in eine Kontinuität 'moderner' Kunstentwicklung. Schwitters dürfte von dieser Kontroverse vor allem durch Huelsenbecks 'En avant dada' erfahren haben und bezog nach Erscheinen des Bandes Partei für Tzara und gegen die Politisierung des Dadaismus in Berlin. Er antwortet damit auch auf das von Huelsenbeck und Hausmann verfaßte Manifest des 'dadaistischen revolutionären Zentralrats', das im Dezember 1919 auch im 'Zweemann' erschien.[20])
'Es gibt zwei Gruppen von Dadaisten, die Kern- und die Hülsendadas, welch letztere besonders in Deutschland wohnen. . . . Das bekannte Manifest des dadaistischen revolutionären Zentralrates Deutschlands verlangt die Einführung des radikalen Kommunismus als dadaistische Forderung. Hülsenbeck schreibt 1920 in seiner Geschichte des Dadaismus bei Steegemann: 'Dada ist eine deutsche bolschewistische Angelegenheit.' . . . Merz erstrebt aus Prinzip nur die Kunst, weil kein Mensch zween Herren dienen kann. . . . Ich muß erwähnen, daß Merz mit dem Kerndadaismus in dieser d. i. Tzaras Fassung und mit der Kunst der Kerndadaisten Hans Arp . . . , Picabia, Ribémont-Dessaignes und Archipenko eine enge künstlerische Freundschaft verbindet. Hülsendada hat sich nach Huelsenbecks eigenen Worten 'zum Hanswurst Gottes gemacht'. Während der Kerndadaismus festhält an den guten alten Traditionen abstrakter Kunst.'[21])
Von dieser ästhetischen Position aus gelangt Schwitters um 1922/23 in die Nähe des Konstruktivismus und empfängt in den mittleren zwanziger Jahren entcheidende Einflüsse durch Doesburg und El Lissitzky, der sich 1923 in Hannover niederläßt. In dieser Zeit bilden sich lokale Konstruktivisten-Gruppen[22]), mit deren Gründung das Ende der dadaistischen

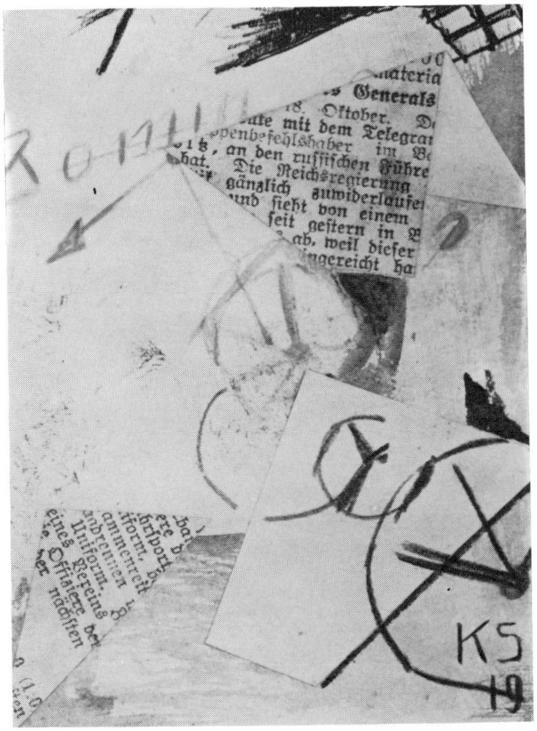

3/474
Schwitters, Mz 12,
Bommbild, 1919

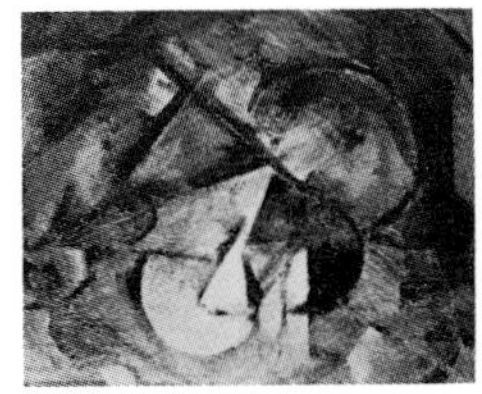

Schwitters,
Abstraktion 4, Die Eisenbetonstimmung, 1917,
(Schmalenbach Nr. 16)

Aktivitäten und der Dada-Rezeption in Hannover zusammentrifft. Auch in der Zeitschrift MERZ erscheinen seit dem gemeinsam mit El Lissitzky herausgegebenen Heft 8/8 (April/Juli 1924) keine dadaistischen Beiträge mehr. In einem gleichzeitig geschriebenen Artikel für die polnische Avantgardezeitschrift 'Blok' [23]) zieht Schwitters seine individuelle Bilanz des Dadaismus.

Wäre es bei den genannten Aktionen und Deklarationen geblieben – Hannover wäre kaum ein Dada-Zentrum, das neben den antikünstlerischen Dada-Aktivitäten in Zürich, Berlin, Köln oder Paris vergleichbare Bedeutung und Aktualität beanspruchen könnte. Daß das Werk von Schwitters, das sich bewußt nicht antikünstlerisch verstand, dennoch als entscheidende Fortführung des Dadaismus zu sehen ist, wird deutlich, wenn man sich die künstlerischen Mittel und Materialien vergegenwärtigt, in denen er die dadaistischen Formen der Collage und der mechanischen Zeichnungen aufnimmt. Von Beginn an zielt die Abstraktion bei Schwitters nicht auf jene Form absoluter Malerei, wie sie sich vor allem in der Kandinsky-Nachfolge ausgebildet hat, vielmehr auf ein analogisches Erfassen außerkünstlerischer Relationen in der Welt der Objekte. 1917/18 arbeitete Schwitters als Maschinenzeichner in einem Eisenwerk, entdeckte seine 'Liebe zum Rade, erkannte auch Maschinen als Abstraktionen menschlichen Geistes.' [24]) Dieser Zeit entstammt das Ölbild 'Die Eisenbetonstimmung' (Abb.) Die 'Überführung einer runden Form ins Kubische und dessen Verflächigung' – Othmar Metzger sieht dies als zentrales Formproblem der Schwitter'schen Abstraktionen[25]) – ist hier im Sinne der Dynamisierung einer vorgefundenen mechanischen Beziehung gelöst.

Das Rad bildet auch im 'Bommbild' (Abb.) von 1919 ein zentrales Bildelement. Die Dynamisierung ist hier jedoch nicht mehr mit den formalen Mitteln des Kubismus geschaffen. Die Spannung, in der die angedeuteten Räder graphisch stehen, ist mit der Aufschrift und der Pfeilverbindung durch ein bildfremdes Element gelöst und nur durch aufgeklebte Papierreste zu kompositorischem Ausgleich gebracht. – Das Bild ist im Zusammenhang einer Werkgruppe entstanden, die Werner Schmalenbach als die 'eigentlich dadaistische' bezeichnet[26]), ist selbst aber der Gruppe der 'Merzzeichnungen', der kleinformatigen Collagen zuzurechnen, sowohl wegen des geklebten Materials wie in der zitierenden Titelgebung. Die erstgenannte Gruppe steht den mechanischen Zeichnungen des Dadaismus nahe, holt die Darstellung technischer Beziehungen aber in subjektive Assoziationsverhältnisse zurück und projiziert sie dann auf unverbundene Bildmotive des Alltags. Das ausgesprochen allegorische Verfahren, dessen Schwitters sich dabei bedient, kann selten auf die Einbeziehung von Schrift in den Bildzusammenhang verzichten. Das gilt sowohl für die formal verwandten 'Stempelzeichnungen' ('Sturm-Bilderbuch IV', Kat. 3/270) wie für die eigentlichen Merzbilder. Die kompositorische Aufhebung des Subjektiv-Allegorischen in eine rein objektivierte Konstruktion

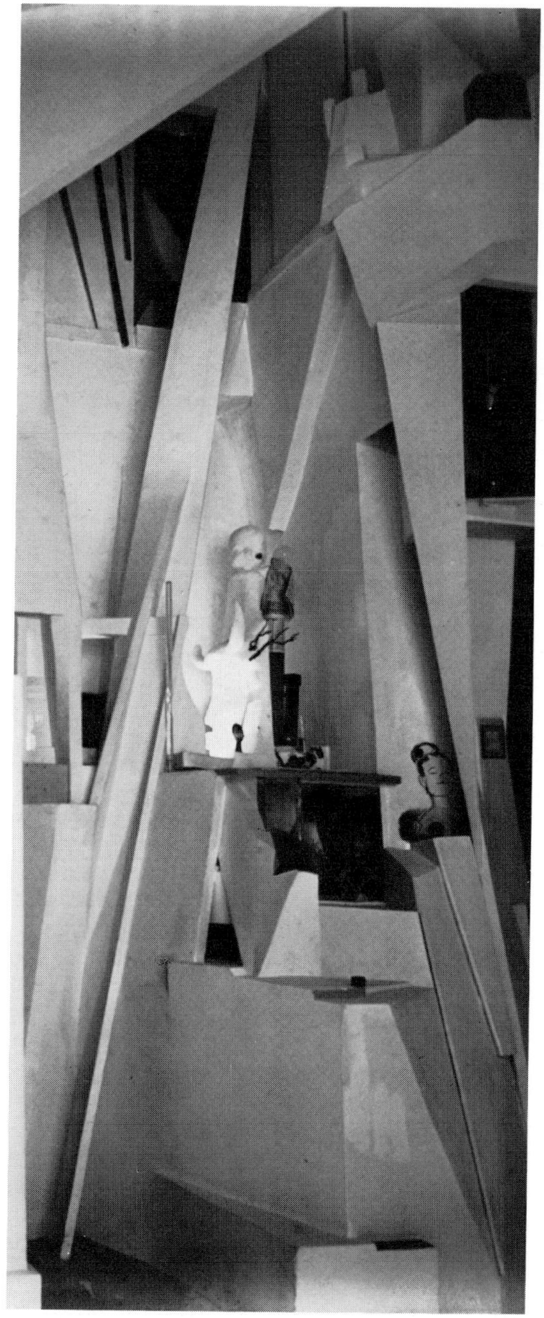

3/492
Schwitters, Merzbau, um 1923 (Ausschnitt)

gelingt in den Materialbildern nur vorübergehend, vor allem in den mittleren zwanziger Jahren. Mit allen bedeutungshaften Elementen tritt dann auch die Schrift im Bild zurück. In den Abstraktionen, die damit entstehen, läßt sich die ursprüngliche Intention von Schwitters, die einer analogischen Rekonstruktion von Objektverhältnissen, kaum noch wiedererkennen. Ihr aber bleibt Schwitters mit nur geringfügigen Abweichungen bis in sein Spätwerk verpflichtet.[27]) Unter dem Eindruck der kubistisch-dadaistischen Collageverfahren beschränkt er sich nicht mehr auf das spezifisch 'ästhetische' Medium der Ölbilder.

Die Konstruktion der Objektwelt nach ihren immanenten ‚natürlichen Gesetzen' und Notwendigkeiten erforderte für Schwitters eine Bereinigung des Werks von allen autonomen ‚Kunst'-Funktionen und eine Annäherung an die Objekte selbst. Anders als für die Berliner Dadaisten, die in ihren Montagen vornehmlich ein gesellschaftlich interpretierbares und dokumentarisch verifizierbares Material verwenden, sind für seine Collagen reine Abfälle das bevorzugte Material. Gegenüber der zweckhaften Verwendung des Materials in der dadaistischen Montage tritt hier bereits am Material selbst die Sichtbarkeit der praktischen wie der ornamentalen Funktionen zurück, denen gegenüber dann die innermaterialen Eigenschaften hervortreten und künstlerisch ausgestaltet werden. Die neue Materialästhetik, die Schwitters damit entwirft, überführt das Collageprinzip erstmals in die Dreidimensionalität. Die Arbeit an der neuen Konzeption des Raumes reicht von zahlreichen ‚Merzplastiken' bis zu städteplanerischen Überlegungen. – Mit der Erweiterung des Anteils dinglicher Materialien und der Ausweitung in die Dreidimensionalität steigert Schwitters den Realitätscharakter des Werks in einem Ausmaß, das es in den konzeptionellen Möglichkeiten noch über die Duchampschen Readymades hinausreichen läßt. Die Radikalität, mit der Schwitters den Schritt von der Abbild-Ästhetik zur Material-Ästhetik vollzieht, bleibt unter den deutschen Dadaisten nur den Ansätzen von Raoul Hausmann, Hannah Höch und Max Ernst vergleichbar.

Daß Schwitters die – ursprünglich noch im Rahmen einer überkommenen Abbild-Ästhetik erstrebte – Analogisierung von Kunst und Objektwelt an einem außerkünstlerischen Material vollziehen will, zwingt ihn, dessen banale Präsenz zu transzendieren, es nicht bei den verdinglichten Effekten dadaistischer Anti-Kunstwerke zu belassen. Er versucht dies vor allem durch die Einbeziehung einer semantischen Ebene, die zwischen den Dingen ein Spiel subjektiver Bedeutungsassoziationen erlaubt, die sich aber von dessen Fixierung an einen besonderen Alltagszusammenhang lösen können. In diesen nichtfiktiven Zusammenhang bringen sie insofern ‚alchimistisch' ein neues Geflecht von Beziehungen ein, das einen ausgesprochen hermetischen Charakter annehmen kann.[28]) Dies zeigte sich bei dem (zerstörten) ‚Merzbau' in Hannover, einem riesigen Collage-Environment in den Atelierräumen, an dem Schwitters ununterbrochen weiterarbeitete. In Höhlungen dieser von ihm so genannten ‚Kathedrale des erotischen Elends' legte er Erinnerungsstücke an Freunde und symbolische Gegenstände ab und verschloß sie dann, um sie von neuem Material zu überwuchern.

Mit der semantischen Ebene scheint ein Rest der abbildlichen Funktionen gewahrt zu sein, die zunächst noch dem Bild selbst zukamen. Durch die Lösung von allen homogenen Bezügen werden jedoch auch die Bedeutungen wieder zu materialisierbaren Dingen, an die sich neue Bedeutungen knüpfen lassen, die zu den ursprünglichen in keiner herkömmlichen *Sinn*verbindung mehr stehen müssen, sich vielmehr selbst collageartig aus *dinghaften* Bezügen des Materials ergeben. Solche ‚unsinnigen' Bedeutungsverknüpfungen stellen sich im Nebeneinander eingeklebter Schriftsätze her, im literarischen Werk vor allem in den physischen Eigenschaften von Sprache und Schrift, in den standardisierten Sprachformeln des Alltags und der Medien, besonders der Presse. Die Verfremdung aller vorgegebenen Lebensbezüge, die dadurch eintritt, behält die im modernen Alltag und in der von den Medien präsentierten Wirklichkeit gesteigerte Spannung von Objekten und Bedeutungen als realen Ausgangspunkt. Die zivilisatorische Krisenerfahrung, die sich darin artikuliert[29]), gibt den Anlaß zu einer Materialbearbeitung, mit der Schwitters auf eine Herstellung jener ‚natürlichen' Objektverhältnisse hinarbeitet, von denen er sich die Restitution eines ‚allgemeinen Stils', einer ‚kollektiven Weltgestaltung'[30]) erhofft.

Von dieser Orientierung her hat Schwitters sich allen kunstexternen Ansprüchen der parallelen Dadaismen, besonders einem politisch operativen Kunstverständnis verschlossen. Mit der Entfernung von den ultimativen Ansprüchen der frühen Avantgarde vollzieht Schwitters von seiner auf immanente Materialarbeit gerichteten Perspektive her eine umgreifende Destruktion der Sprache und der Medien. In seinem bildnerischen wie in seinem literarischen Werk führt er die Formen des Dadaismus weiter und realisiert sie unter den Bedingungen einer postavantgardistischen Moderne[31]). Mit den Umprägungen, die sich dabei ergeben, besonders mit der innerkulturellen Orientierung von Kunst auf eine kritische Materialarbeit, konnte er nach 1945 auf die Entwicklung von Collage, Happening, Environment und experimenteller Literatur mehr Einfluß gewinnen als viele der authentischen Dadaisten.

Hans Burkhard Schlichting

Anmerkungen:

1. Die Bezeichnung 'entstand beim Merzbilde, einem Bilde, auf dem unter abstrakten Formen das Wort MERZ aufgeklebt und ausgeschnitten aus einer Anzeige der KOMMERZ UND PRIVATBANK, zu lesen war. Dieses Wort MERZ war durch Abstimmen gegen die anderen Bildteile selbst Bildteil geworden, und so mußte es dort stehen. . . . Nun suchte ich, als ich zum ersten Male diese geklebten und genagelten Bilder im Sturm in Berlin ausstellte, einen Sammelnamen für diese neue Gattung, da ich meine Bilder nicht einreihen konnte in alte Begriffe, wie Expressionismus, Kubismus, Futurismus oder sonstwie. Ich nannte nun all meine Bilder als Gattung nach dem charakteristischen Bilde MERZ-bilder. Später erweiterte ich die Bezeichnung MERZ erst auf meine Dichtung, denn seit 1917 dichte ich, und endlich auf all meine entsprechende Tätigkeit. Jetzt nenne ich mich selbst MERZ.' (Merz 20. Kurt Schwitters. Katalog, Hannover 1927, S. 99f.) Die genannte Ausstellung mit ersten Collagen wurde im Juni 1919 in der Berliner 'Galerie Der Sturm' eröffnet und in der Kritik weitgehend als Skandal aufgenommen.

2. Hausmann zufolge hat Schwitters sich über ihn 1918 – während der Arbeit an den ersten Collagen –

um eine Aufnahme in den neugegründeten Berliner 'Club Dada' bemüht, was jedoch am Widerstand Huelsenbecks scheiterte (Hausmann, R.: Courrier Dada, Paris 1958, S. 109f.). 1920 heißt es in einer Polemik von Huelsenbeck gegen 'uneingeweihte' Dichter, die sich 'aus Ehrgeiz des Dadaismus bemächtigt' hätten: 'Dada lehnt Arbeiten wie die berühmte 'Anna Blume' des Herrn Kurt Schwitters grundsätzlich und energisch ab.' (Huelsenbeck, R.: Einleitung, in: Dada Almanach, ed. R. Huelsenbeck, Berlin 1920.) Über die Bedeutung Huelsenbecks für den Dadaismus hat sich Schwitters später durchaus positiv geäußert (vgl.: Dadaizm, in: Blok, revue internationale d'avantgarde, Warschau Nr. 6/7 (1924/25), sich jedoch entschieden gegen die politische Grundtendenz des Berliner Dadaismus gewandt (s. u.). Der Kontakt zu Hausmann und Hannah Höch intensivierte sich erst nach dem Ende der Berliner Bewegung. Im September 1921 kam es zu einer gemeinsam veranstalteten Soirée in Prag, die unter dem Motto 'MERZ und Antidada' angekündigt wurde (vgl. Hausmann, op. cit., S. 113f.) Vor allem von Arp wird Schwitters seine Kenntnis des Kölner Dadaismus (vgl.: Dadaizm, 1.c.) bezogen haben. Nennenswerte Kontakte gingen jedoch nicht über Besuche bei Max Ernst hinaus (Schmalenbach, W.: K. Schwitters, Köln 1967, S. 44). Ein öffentlicher Auftritt in Köln stand noch 1927 aus (Merz 20, 1.c., S. 104).

3. Vgl. Brief an Herbert von Garvens vom 24. Sept. 1922, in: Schwitters, K.: Wir spielen, bis uns der Tod abholt. Briefe aus fünf Jahrzehnten, ed. E. Nündel, Berlin 1975, S. 72/74.

4. So in der auf Schwitters sich beschränkten Darstellung von H. Richter: Dada – Kunst und Antikunst, Köln 1964, S. 141ff.

5. Einziger Beitrag zum Dadaismus: Spengemann, Ch.: Der Maler K. Schwitters, in: Das Hohe Ufer, H. 6 (Juni 1919), S. 157-158. Spengemanns Aufsatz sieht Schwitters noch ganz als Vertreter der reinen Abstraktion.

6. Vollständiger Nachdruck: Der Zweemann. Monatsblätter für Dichtung und Kunst, ed. F. W. Wagner (ab H. 4: H. Schiebelhuth) u. Chr. Spengemann, die erste Jahresfolge 1919–1920 Hannover, Nendeln (Kraus Reprint) 1969

7. Schwitters, K.: Anna Blume. Dichtungen. Hannover 1919 (Die Silbergäule 39/40); veränderte und erweiterte Neuauflage 1922. – Ders.: Die Kathedrale. 8 Lithos, Hannover 1920 (Die Silbergäule 41/42)

8. Arp, H.: die wolkenpumpe, Hannover 1920 (Die Silbergäule 50/51 (tatsächlich 52/53).

9. Serner, W.: Letzte Lockerung. Manifest dada, Hannover 1920 (Die Silbergäule 62–64); erweiterte Neuauflage 1927. Ders.: Zum blauen Affen. 22 hanebüchene Geschichten, Berlin-Hannover 1921 (Die Silbergäule 91–98). Ders.: Der elfte Finger. 25 Kriminalgeschichten, Hannover 1923. – Auch in den folgenden Jahren blieb Steegemann der wichtigste Verleger Serners.

10. Vischer, M.: Sekunde durch Hirn. Ein unheimlich schnell rotierender Roman, Hannover 1920 (Die Silbergäule 59–61). – Mit einer Titelzeichnung von Schwitters

11. Mynona (d. i. S. Friedländer): Unterm Leichentuch. Ein Nachtstück, Hannover 1920 (Die Silbergäule 45–47). Felix Brasil (d. i. Salomo Friedländer): Die Satanspuppe. Verse, Hannover 1922. Friedländer, Dr. S.: Kant für Kinder. Fragelehrbuch zum sittlichen Unterricht, Hannover 1924

12. Das enthüllte Geheimnis der Anna Blume. In: Der Marstall, 1.c., S. 11–31. Vgl. J. Meyer, op. cit., S. 42. – Daneben umschließt die Zusammenstellung eine Fülle realer und fiktiver Zitate zu Schwitters

13. Merz 1. Holland Dada (Jan 1923), S. 4/4/7

14. Das gilt auch für die Konzeption der 'Merzbühne', die als erster Programmentwurf der Happenings gelten kann. – Wie sehr die Veranstaltungspraxis von Schwitters nach dem Holland-Feldzug hinter diesen Vorstellungen zurückblieb, wird deutlich bei Karl Schodder: Hannovers erste Merz-Matinée. In: Störtebeker. Wochenschrift Nr. 1 (1924), S. 21f.

15. Ein Beispiel gibt der Artikel: K. Schwitters, Franz Rolan: Aus der Welt: 'MERZ', in: Der Sturm 14 (1923), S. 49–59, 67–76, 95f.

16. Neben den Texten 'Die Merzmalerei' und 'Die Merzbühne' (vgl. Anm. 14) und den Beiträgen in MERZ seien genannt: Merz. In: Der Ararat 2, H. 1 (Jan. 1921), S. 3–9. – i (Ein Manifest). In: Der Sturm 13 (1922), S. 80. – Konsequente Dichtung. In: G 1, H. 3 (Juni 1924), S. 45f.

17. Mit Ausnahme der Hefte 3, 5, 12, 13 inzwischen als Nachdruck mit einer Einleitung von F. Lach, Bern (Lang & Cie) 1976

18. Das gilt auch für den sprachlichen Bereich, dessen Semantizität Schwitters freilich eine besondere Problematik seines Unterfangens bewußt machen mußte. Vgl. K. Schwitters: Ich und meine Ziele. In: Merz 21. erstes Veilchen-Heft (1931), S. 114f.

19. Tzara, T.: manifeste dada 1918. In: T. Tz.: lampisteries précédées des sept manifestes dada, Paris 1963, S. 26

20. Hausmann, R., Huelsenbeck, R., Golyscheff, J. (Der dadaistische revolutionäre Zentralrat, Gruppe Deutschland): Was ist der Dadaismus und was will er in Deutschland? In: Der Zweemann 1, H. 2 (Dez. 1919), S. 18f.

21. Schwitters, K.: Merz. In: Der Ararat, 1.c., S. 5f. – Mit Tzara gehört Schwitters später zu den Unterzeichnern des 'Manifest Proletkunst' (Merz 2. Nummer i. (April 1923), S. 24f.), das die angedeutete Tendenz der Polemik fortsetzt.

22. 1924 wurden die Gruppen 'K' (Vordemberge-Gildewart, Nitzschke) und 'Der Quader' gegründet, 1927 die wichtige Gruppe 'die abstrakten hannover' (Buchheister, Jahns, Nitzschke, Schwitters, Vordemberge-Gildewart, Domela)

23. Dadaizm (Anm. 2)

24. Zitiert bei: Nebel, O.: K. Schwitters. In: Sturm-Bilderbücher IV: Kurt Schwitters, Berlin 1921, S. (2)

25. Metzger, O.: Die Anfänge von K. Schwitters. In: Bulletin der Museen in Köln 2, H. 10 (Okt. 1963), S. 218

26. Schmalenbach, W.: S. 110
27. Daß in dieser Intention noch die Prinzipien der aus dem 19. Jahrhundert tradierten Malübung seiner Akademiezeit nachklingen, macht Schwitters in seinen autobiographischen Aufzeichnungen immer wieder deutlich. Die Emanzipation von der Fessel eines dogmatischen Naturalismus verband sich mit einem abstrahierenden Rückgang auf Formprinzipien, die letztlich romantischen Ursprungs sind.
28. roters, e.: die historische entwicklung der collage in der bildenden kunst. In: prinzip collage, red. franz mon u. heinz neidl, neuwied und berlin 1968, S. 39.
29. Daß Collage und Montage erst in der Moderne zu paradigmatischen Kunstformen geworden sind, hängt wesentlich mit ihrer Nähe zu bestimmten zivilisatorischen Erfahrungsweisen zusammen. Dieser historische Zusammenhang wird besonders in folgenden Arbeiten entwickelt: Karl Riha: *Cross-Reading und Cross-Talking. Zitat-Collagen als poetische und satirische Technik,* Stuttgart 1971; Silvio Vietta: *Großstadtwahrnehmung und ihre literarische Darstellung. Expressionistischer Reihungsstil und Collage.* In: DVjs 48 (1974), p. 354–373; Hans-Georg Kemper: *Vom Expressionismus zum Dadaismus. Eine Einführung in die dadaistische Literatur,* Kronberg / Taunus 1974, p. 206–235; Hanne Bergius: *Zur Wahrnehmung und Wahrnehmungskritik im Berliner Dadaismus.* In: *Sprache im techn. Zeitalter,* Heft 55 (Juli–Sept. 1975), p. 234–255; Volker Klotz: *Zitat und Montage in neuerer Literatur und Kunst.* In: *Sprache im techn. Zeitalter,* Heft 60 (Okt.–Dez. 1976), p. 259–277. – Daß dem Schwitters'schen Werk bei der Erforschung dieses Zusammenhangs noch kein exemplarisches Interesse gegolten hat, mag mit seiner ‚naturalistischen' Wendung des Collageverfahrens zusammenhängen.
30. Merz 1. Holland Dada (Jan. 1923), p. 9.
31. Vgl. Bürger, P.: Theorie der Avantgarde, Frankfurt 1974 (es 727). – 'Theorie der Avantgarde'. Antworten auf P. Bürgers Bestimmung von Kunst und bürgerlicher Gesellschaft, ed. W. M. Lüdke, Frankfurt 1976 (es 825). Hier die Beiträge von Lindner, Schlichting und Kosler.

Auswahlbibl.:
I. Dada in Hannover – Quellentexte
Rischbieter, H. (red.): Die zwanziger Jahre in Hannover. Bildende Kunst – Literatur – Theater – Tanz – Architektur, 1916–1933. Ausst.-Kat. Hannover (Kunstverein) 1962; Schmied, W.: Wegbereiter zur modernen Kunst; 50 Jahre Kestner-Gesellschaft. Mit Beiträgen von S. Küppers-Lissitzky u. a., Hannover 1967; Vahlbruch, H.: Das war Dada in Hannover. Vom Zürcher Cabaret Voltaire zu den Ufern der Leine, in: Hannoversche Allgemeine Zeitung 12./13. 3. 1966; Meyer, J.: Der Paul Steegemann Verlag (1919–1935 und 1949–1960). Geschichte, Programm, Bibliographie, Stuttgart 1975; Pape, H.: Dada in Hannover, Phil. Diss. Hannover (in Vorbereitung)
II. Kurt Schwitters (bis 1923)
1. Bibliographien/Œuvre-Katalog; Bolliger, H.: Ausgewählte Bibliographie, in: Schmalenbach, W.: K. Schwitters, Köln 1967, S. 374–393; Nündel, E.: Kommentierte Auswahlbibliographie, in: Text + Kritik, H. 35/36 'Kurt Schwitters' (Okt. 1972), S. 80–85; Scheffer, B.: Literaturverzeichnis, in: B. S.: Anfänge 'experimenteller Literatur'. Das literarische Werk von K. Schwitters, Phil. Diss. Bonn 1976, S. 450–483 (unveröffentlicht); Ein Œuvre-Katalog des bildnerischen Werks von E. Schwitters ist bislang unveröffentlicht. Die vollständigste Werkübersicht bietet W. Schmalenbachs Monographie
2. Primärlit.: (Neudrucke) Das literarische Werk, Hg. F. Lach, Bd. 1–3, Köln 1973 ff.; Wir spielen, bis uns der Tod abholt. Briefe aus fünf Jahrzehnten, Hg. E. Nündel, Berlin 1975; Merzhefte. Faksimile-Nachdruck, Einleitung. F. Lach, Bern (Lang & Cie) 1976; Wichtige ältere Neudrucke: Anna Blume und ich. Die gesammelten 'Anna Blume'-Texte, Hg. E. Schwitters, Zürich (Arche) 1965; Auguste Bolte, Zürich (Die kleinen Bücher der Arche) 1966
3. Wichtige Kataloge: K. Schwitters, Hannover (Kestner-Gesellschaft, 1956; K. Schwitters, London (Marlborough Fine Art) 1963; K. Schwitters 1887–1948 Köln (Wallraf-Richartz-Museum) K. Schwitters, Düsseldorf (Städtische Kunsthalle usw.) 1971; K. Schwitters, London und Zürich (Marlborough Fine Art) 1972/73;
4. Sekundärlit.: Döhl, R.: Kurt Merz Schwitters. In: Expressionismus als Literatur, Hg. W. Rothe, Bern – München 1969, S. 761–774; Kemper, H.-G.: Vom Expressionismus zum Dadaismus. Eine Einführung in die dadaistische Literatur, Kronberg/Taunus 1974. (Scriptor Taschenbuch S. 50); Lach, F.: Der Merz Künstler Kurt Schwitters, Köln 1971; Last, Rex W.: German Dadaistic Literature. K. Schwitters, H. Ball, H. Arp, New York 1973; Liede, A.: Der Surrealismus und K. Schwitters' Merz, in: H. L.: Dichtung als Spiel. Studien zur Unsinnspoesie an den Grenzen der Sprache, Bd. 1, Berlin 1963, bsd. S. 136–141; Mon, F.: Zur 'Auguste Bolte' von K. Schwitters, in: Akzente 10 (1963), S. 238–240; Nündel, E.: K. Schwitters - Merz oder die Verfremdung, in: Bildnerische Erziehung 4, Heft 1 (Jan.1968), S.17-27. Retiz, L.: Schwitters and the literary tradition, in: GLL 27 (1973/74), S. 303–315; Rotermund, E.: Die Parodie in der modernen deutschen Lyrik, München 1963, S. 110–118; rühm, g.: der wortkünstler kurt schwitters, in: K. Schwitters, 12 Collagen, Wien (Galerie Klewan) 1976; Schmalenbach, W.: K. Schwitters, Köln 1967; Scheffer, B.: Anfänge 'experimenteller Literatur'. Das literarische Werk von K. Schwitters, Phil. Diss. Bonn 1976 (unveröffentlicht); Text + Kritik H. 35/36 'K. Schwitters' (Okt. 1972).
Eine eigene Arbeit zur Collageästhetik, die das literarische Werk von Schwitters zum Gegenstand hat, ist in Vorbereitung.

KURT SCHWITTERS
BESCHREIBUNG VOM MERZBAU

Der Name KdeE (Kathedrale des erotischen Elends) ist nur eine Bezeichnung. Er trifft vom Inhalt nichts, aber dieses Los teilt er mit allen Bezeichnungen, z. B. ist Düsseldorf kein Dorf mehr, und Schopenhauer ist kein Säufer. Man könnte sagen, die KdeE ist die Gestaltung aller Dinge, mit einigen Ausnahmen, die in meinem Leben der letzten sieben Jahre entweder wichtig oder unwichtig waren, zu reiner Form, in die sich aber eine gewisse literarische Form eingeschlichen hat. Sie hat $3^1/_2$ zu 2 zu 1 Raummeter und hatte einmal eine großangelegte elektrische Beleuchtung, die aber durch Kurzschluß im Inneren zerstört worden ist. Statt dessen stehen jetzt überall die Baulichter, das sind kleine Weihnachtskerzen, die beim Ausbau und Anstrich zum Ausleuchten der Winkel benutzt sind; sie gehören aber nicht eigentlich zur Komposition; wenn sie aber brennen, geben sie dem Ganzen den Eindruck eines unwirklichen, illuminierten Weihnachtsbaumes. Alle Grotten sind durch irgendwelche hauptsächlichen Bestandteile charakterisiert. Da gibt es den Nibelungenhort mit dem glänzenden Schatz, den Kyffhäuser mit dem steinernen Tisch, die Göthegrotte mit einem Bein Göthes als Reliquie und den vielen fast zu Ende gedichteten Bleistiften, die versunkene Personalunionsstadt Braunschweig-Lüneburg mit Häusern aus Weimar von Feininger, Persilreklame und dem von mir entworfenen Zeichen der Stadt Karlsruhe, die Lustmordhöhle mit dem arg verstümmelten Leichnam eines bedauernswerten jungen Mädchens, mit Tomaten gefärbt, und reichlichen Weihgeschenken, das Ruhrgebiet mit echter Braunkohle und echtem Gaskoks, die Kunstausstellung mit Gemälden und Plastiken von Michel-Angelo und mir, deren einziger Besucher ein Hund mit Schleppe ist, den Hundezwinger mit Abort und mit dem roten Hunde, die Orgel, die linksrum gedreht werden muß, damit sie ‚Stille Nacht, heilige Nacht' spielt, früher spielte sie ‚Ihr Kinderlein kommet', den 10%igen Kriegsbeschädigten mit Tochter, der keinen Kopf mehr hat, sich aber noch gut hält, die Mona Hausmann, bestehend aus einer Abbildung der Mona Lisa mit überklebtem Gesicht von Raoul Hausmann, wodurch sie ihr stereotypes Lächeln vollkommen verloren hat, das Bordell mit einer Dame mit 3 Beinen, gestaltet von Hannah Höch, und die große Grotte der Liebe. Die Liebesgrotte allein umfaßt ungefähr $^1/_4$ der Unterfläche der Säule; eine breite Freitreppe führt zu ihr hinaus, unterhalb steht die Klosettfrau des Lebens in einem langen, schmalen Gang, in dem sich auch Kamelslosung befindet. Zwei Kinder grüßen uns und treten ins Leben hinein; von einer Mutter mit Kind ist infolge von Beschädigung nur ein Teil geblieben. Glänzende und zerklüftete Gegenstände charakterisieren die Stimmung. In der Mitte das zärtliche Liebespaar: er hat den Kopf verloren, sie beide Arme: zwischen den Beinen hält er eine riesige Platzpatrone. Der verbogene große Kopf des Kindes mit syphilitischen Augen über dem Liebespaar warnt eindringlich vor Übereilungen. Es versöhnt aber wieder das kleine runde Fläschchen mit meinem Urin, in dem sich Immortellen aufgelöst haben. Ich habe hier nur einen geringen Teil des literarischen Inhalts der Säule wiedergegeben. Manche Grotten sind auch schon unter der augenblicklichen Oberfläche längst verschwunden, wie z. B. die Lutherecke. Der literarische Inhalt ist dadaistisch: aber das ist nur selbstverständlich, da er aus dem Jahre 1923 stammt, und da ich seinerzeit Dadaist war.

Aus: Schmalenbach, W.: Kurt Schwitters, Köln 1967, S. 136 f. (Auszug aus dem Text von Schwitters)

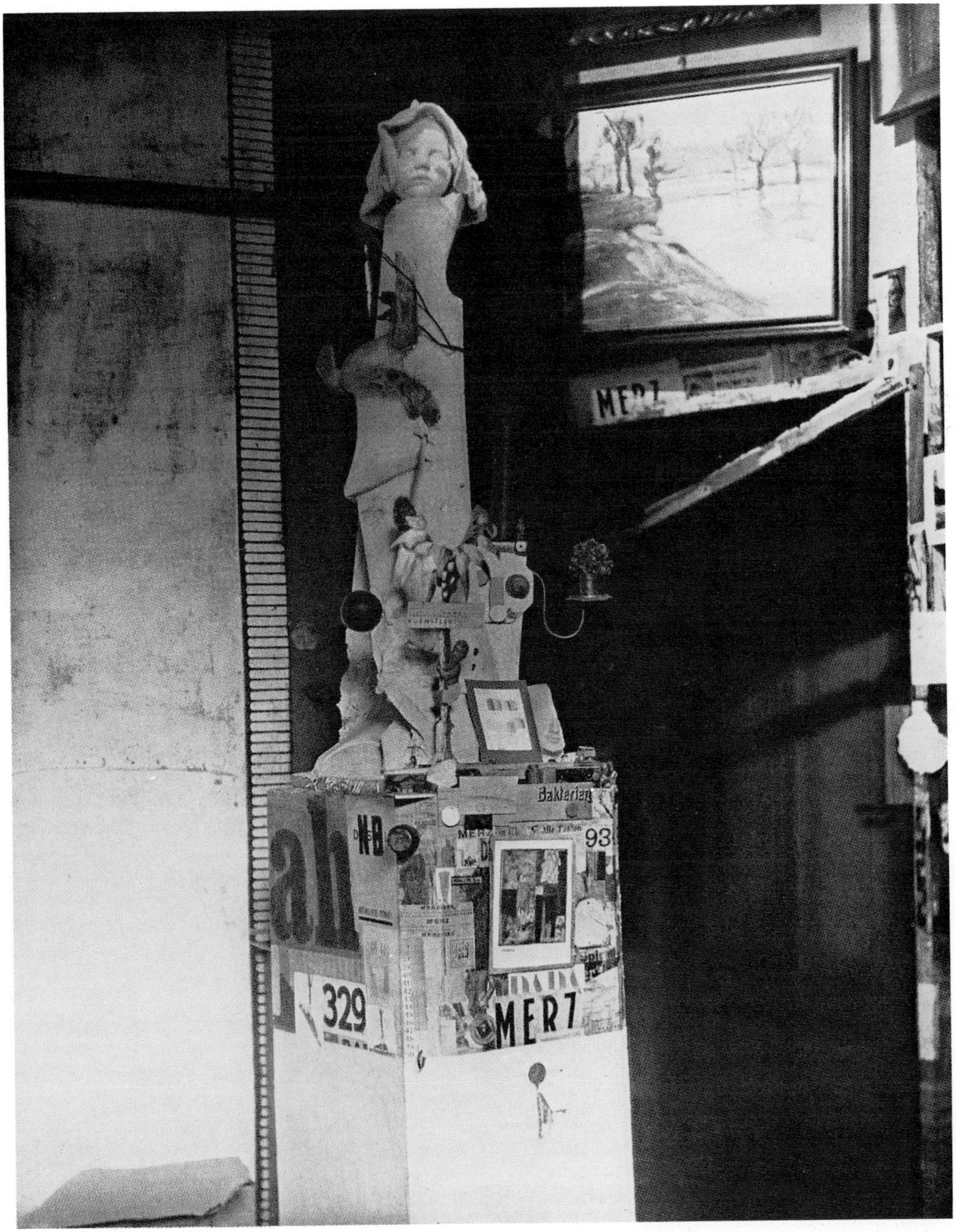

3/491
Schwitters, Merzsäule im Merzbau, um 1923

3/39 van Rees, Plakat, Zürich 1915

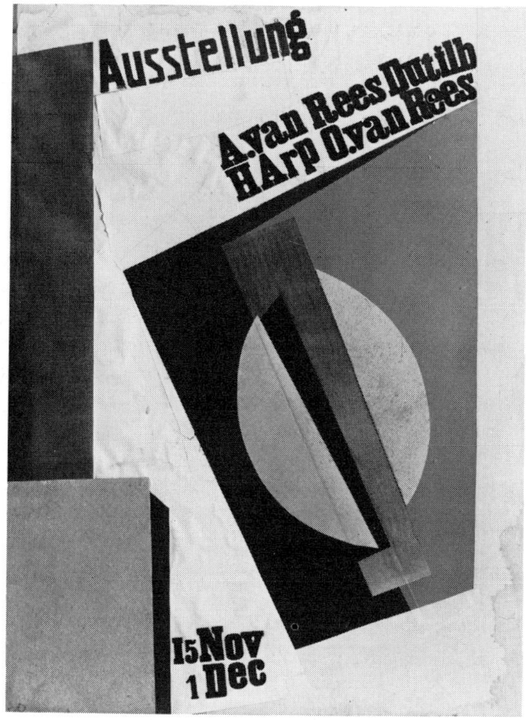

DADA HOLLAND

Dada in den Niederlanden? Es ist als Frage fast schon zu viel gesagt. Fast kein niederländischer Künstler interessierte sich für Dada. Man war nicht informiert über die echte Explosion in Zürich. Oder man wollte es nicht sein. Jedoch ist es gerade für Dada typisch paradox, daß Niederländer in Zürich (1916) ohne es zu wissen viel zur Entstehung des Dadaismus beigetragen haben und daß ein Deutscher in dem nord-niederländischen Ort Drachten (1923) die letzte Dadamanifestation betreute, als die eigentliche Bewegung bereits von Tristan Tzara für tot erklärt war. Im Jahre 1915 reisten Otto van Rees (1884 - 1957) und seine Frau A. C. van Rees-Dutilh (1876–1959) nach Zürich und machten dort die Bekanntschaft mit Han Corray, der dort Leiter einer Pestalozzi-Mädchenschule war; ein dynamischer Mensch, welcher als Anreger und Galeriebesitzer eine wichtige Rolle beim Anfang der Dadabewegung spielen sollte. Im Sommer des gleichen Jahres gab Corray van Rees einen enormen Auftrag: Den Entwurf für ein Fresko für die Außenwand des Schuleinganges.

Es ist nicht bekannt. ob van Rees schon in Paris die Bekanntschaft des Dichter-Malers Hans Arp gemacht hatte. Ein zweites Fresko für die Schule entstand auf jeden Fall in Zusammenarbeit mit Arp, der entweder von van Rees oder von Corray hierzu eingeladen wurde. Die Fresken wurden später übermalt. Im vergangenen Jahr wurde die weiße Farbschicht wieder beseitigt. Die Zusammenarbeit von Arp und Otto van Rees blieb nicht auf dieses Fresko beschränkt. Im November 1915 stellten sie gemeinsam mit A. C. van Rees-Dutilh in der Galerie Tanner, Bahnhofstraße 19 in Zürich aus. Jene Ausstellung wurde von Tristan Tzara als Ur-Dada-Manifestation beschrieben. Gemeinsam mit 4 weiteren Kollegen stellte van Rees aus. Von A. C. van Rees-Dutilh sah man neben Zeichnungen auch abstrakte Wandteppiche und Broderien. Hans Arp zeigte bei Tanner noch keine neue Arbeit, jenes konkrete Material, welches van Rees in Paris durch seinen Kontakt mit den Kubisten kennengelernt hatte. Es ist deshalb auch anzunehmen, daß Otto van Rees Arp mit seinen Klebereien (Collagen) beeinflußte und nicht umgekehrt. Hans Arps Mentalität paßte jedoch mehr zu Dada. Für van Rees war Papier und Stoff zwar brauchbares Material, doch auch nicht mehr als ein Einfall. Van Rees blieb ein Maler. Er hat sogar aus Collagen Trompe-l'oeil-Bilder gemacht. So regte van Rees den Dichter-Maler Arp dazu an, den Zufall und nicht die Farbe als neues Material zu verwenden. Es ist möglich, daß Hans Arp jenes spielerische Element, den leichten Humor, welcher so charakteristisch für seine Arbeiten ist, erst durch Bekanntschaft mit den Arbeiten van Rees' selbständig gebrauchte.

Paul Citroen (1896 in Berlin geboren und Sohn eines niederländischen Vaters) begegnete im Jahre 1916 George Grosz, den Brüdern John Heartfield und Wieland Herzfelde, Raoul Hausmann und Johannes Baader. Eine eventuelle enge Zusammenarbeit in jeden Tagen relativierte Paul Citroen so: ‚Ich glaube es war hauptsächlich, weil wir alle gleichaltrig waren. Man verstand einander. Und ich machte einfach mit. Ich fand Grosz prima, mit Mehring war ich befreundet und Bloomfield (Blumenfeld) habe ich auf diesen Kreis aufmerksam gemacht.' Mit dem Erscheinen von Huelsenbeck in Berlin 1917 scharte sich die Gruppe hinter den noch neuen Begriff Dada, aber der Ausgangspunkt war sofort viel politischer als jener der in der Schweiz operierenden Dadaisten. Erst 1919 in Amsterdam und nicht in Berlin entstehen Citroens erste Collagen, oder besser ‚Klebebilder', wie er sie selber nannte. Citroen: ‚Bloomfield machte auch einige dadaistische Anti-Kunstwerke. Auf einem klebte er zwei kleine Häuser, so wie man sie manchmal auf Ansichtskarten sieht, aneinander. Ich dachte: wie würde es sein, wenn man ein ganzes Blatt Papier mit Häusern bedecken würde? Es würde den Eindruck einer Metropolis ergeben. Und so kam 1919 meine erste große Fotomontage zustande. Jeder Millimeter so einer ‚Großstadt' ist dann auch *Stadt* und so taumelt man bei dem Anblick einer Citroen-Fotomontage immer in neue Tiefen. Das Auge hat keinen Halt.' Zusammen mit seinem Freund Bloomfield bekam Citroen die Leitung der holländischen Dada-Zentrale. Das muß ein winziger Zwei-Mann-Betrieb gewesen sein, denn niederländische Geistesverwandte gab es nicht. Im Jahre 1920 – auch wenn er danach noch einige Collagen machte – schrieb Citroen schon an Huelsenbeck, daß er von Dada Abschied nimmt. ‚Der Zynismus der Dadaisten ist nichts für mich. Aber als der ‚Macher' von Klebebildern werde ich wohl immer zu ihnen gehören.' Citroen war also durch eine geographische Zufälligkeit einige Zeit Dadaist. Sein Bruder Hans Citroen (geb. 1905) war der jüngste Teilnehmer einer großen Dada-Messe im Jahre 1920 in Berlin. In dem Katalog steht hinter seinem Namen: ‚14 Jahre, Jugendgruppe Dada'. Vier Kollagen – alle vergessen; von einem Werkstück existiert noch ein Foto.

Niederländische Dadaisten in Zürich, in Berlin: Spielte ‚Holland Dada' sich jenseits der niederländischen Grenzen ab? Auch der Gründer des ‚Stijl', Theo van Doesburg (1883–1931), lernte den Dadaismus im Ausland kennen. 1920 reiste er auf Einladung von Viking Eggeling und Hans Richter, die von Zürich wieder nach Deutschland gegangen waren, nach Berlin. Hier muß van Doesburg zum ersten Mal die Revolution von Dada zum Bewußtsein gekommen sein. Ihm war schon klar, daß Dada mit seiner lauten Protestkunst, bewußt gestammelter Anti-Ästhetik, etwas total Anderes war als ‚de Stijl' mit seinen strengen Prinzipien und seinen Schlagworten wie ‚das Erhabene', ‚das Geistige' und ‚neue darstellende Schönheit'. Aber er begriff auch, daß hier Künstler dabei waren, feste Werte in der Kunst und Gesellschaft anzugehen, welche er in ‚de Stijl' genauso, nur auf eine andere Art attackierte. Im April 1921 schrieb er in ‚de Stijl': ‚Die Dadaisten wollen Euren geistigen Ischias nicht anfallen. Sie möchten erklären. Was? Das Leben. . . . Sie haben die Relativität jeder Emotion, die sich als Kunstemotion zeigt, erkannt und die sich von A–Z und von 1–99 unterscheidet vom Wahn einer aus dem Grenzfall gekelterten Kunstproduktion.' Unter dem Pseudonym I. K. Bonset schrieb van Doesburg dadaistische Gedichte, bis er schließlich so weit gelangte, daß diese nur noch aus Buchstaben bestanden: Klang, Rhythmus, Typographie – nichts weiter. Unter seinem zweiten Pseudonym Aldo Camini schrieb er ‚Antiphilosophische Lebensbetrachtungen ohne Faden oder System'. Er machte nur wenige Collagen. Eine davon erschien in seiner zweiten Zeitschrift ‚Mécano', 1922 gegründet, von der fünf Nummern erscheinen sollten. In ‚Mécano' erschienen Werke von Tzara, Schwitters, Röhl, Bonset, Arp, Mondrian, Ribemont-Dessaignes, Ernst, Péret, Man Ray, Charchoune, Moholy-Nagy, Hausmann, Picabia, Eluard, Crotti, und sogar Ezra Pound war mit einem Gedicht vertreten. Obwohl es erschien, als Dada in der Schweiz und Deutschland schon vorbei war, und es sich in Paris bald im Surrealismus auflösen sollte, war ‚Mécano' eine der lebendigsten, streitbarsten Dada-Zeitschriften und natürlich nannte sich van Doesburg (als Schauspieler und Spieler, der er nun einmal war) Anti-Dadaist, um alles absichtlich noch etwas komplizierter zu machen. Von Freunden, die van Doesburg in Deutschland gewann, legte er auf Kurt Schwitters den größten Wert. Schwitters veröffentlichte in ‚de Stijl', van Doesburg im

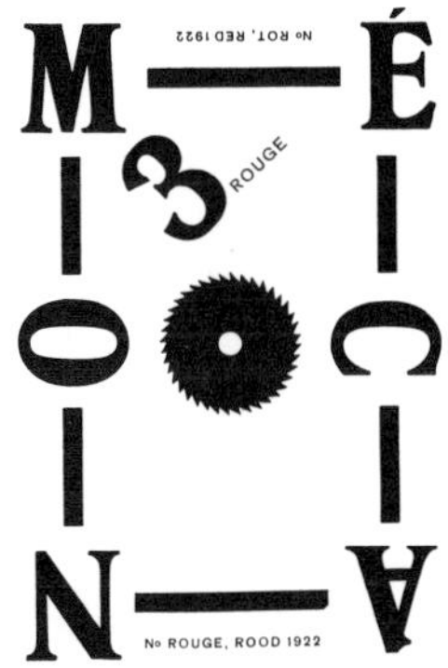

3/283
Mecano 3, Leiden, 1922

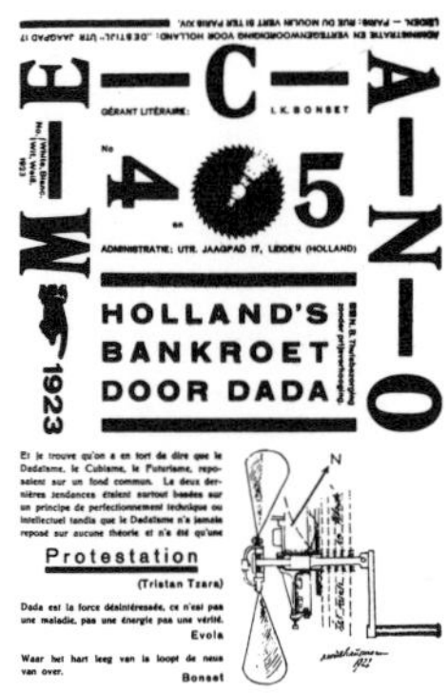

3/283
Mecano 4/5, Leiden, 1923

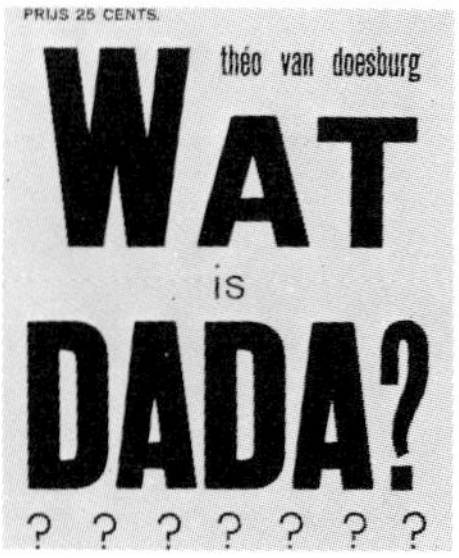

Theo van Doesburg, Wat is Dada? Den Haag, 1923

‚Merz'. 1923 beschlossen sie sogar, zusammen mit Nelly van Doesburg und dem Ungarn Vilmos Huszár einen Dadafeldzug durch die Niederlande anzutreten, eine Fortsetzung erfolgreicher Dada-Programme in Orten wie Jena und Hannover. Einige Fragmente aus Zeitungsberichten geben vielleicht den besten Eindruck über die Ausstellung in den Haag: ‚Kurt Schwitters sagte erst mal eben, falls Ruhestörer vorhanden wären, würde er eine Pause von 5–10 Minuten machen, um diesen Ruhelosen die Gelegenheit zu geben abzuziehen. Ist das nicht . . . echt dadaistisch, denn vernunftwidrig? . . . Wenn Schwitters dadaistische Poesie vorträgt, wird es wild im Saal. Sein Gedicht ‚Der Ofen' dauert erbärmlich lange, fängt immer wieder bei dem Selben an, kommt immer wieder auf das Selbe zurück . . . ‚die nächste Nummer', wird gejohlt. ‚Ober' ruft ein Durstiger. Der Saal dröhnt vor Lachen. Schwitters kommt fast nicht weiter, aber hält durch: ‚Der Braune fragte', ‚Der Rote sagte', immer wieder von vorne die gleiche Art und Weise. Er ist nicht mehr zu verstehen. Das Publikum brüllt, bläst, johlt, macht lauter verschiedene Geräusche. Der Ton einer Pfeife schrillt über alles hinaus . . .'

Verschiedene niederländische Orte werden angesteuert. Immer war Theo van Doesburg in einem schwarzen Anzug mit dazu gehörendem schwarzen Hemd und weißem Schlips, glänzenden Lackschuhen und weißen Socken gekleidet. Er trug ein Monokel. ‚Ein fotografisches Negativ', würde jemand schreiben. Van Doesburg las eine dadaistische Einführung auf niederländisch, französisch und deutsch und Gedichte von I. K. Bonset. Nelly spielte van Domselaer, Satie und Rieti. Huszár demonstrierte eine ‚Stijl'–Marionette. Die Kritik in Amsterdam: ‚Erst gegen Schluß der Veranstaltung hatte jemand einen hellen Moment und schrie: ‚Mein Geld zurück'. So machten die Niederlande doch noch die Bekanntschaft mit Dada, auch wenn Schwitters in seiner ersten Merz-Nummer, ‚Holland Dada' schrieb, daß van Doesburg mehr ‚Stijl' als Dada war, das er selber zur Merz-Kunst gehöre, und nur Nelly van Doesburg bekommt von Schwitters das Prädikat ‚Dadaistin'. Van Doesburg als ‚Stijl'-Mann und Schwitters von Merz waren sich schon bewußt, daß auch sie an diesen Abenden nicht zu den Ur-Dadaisten gehörten. Sie sympatisierten mit Dada, gingen aber nicht darin auf. Dabei hatte Schwitters, obwohl Rankünе nicht seine Art war, doch nicht ganz vergessen, daß er durch die deutschen Dadaisten 1920 auf ein Nebengleis geschoben wurde.

Durch seine Kontakte zu van Doesburg kam Schwitters oft und hauptsächlich in den kleinen nord-niederländischen Ort Drachten in der Provinz Friesland. Da lernte er zwei Freunde van Doesburg kennen: die Schuster Thijs und Evert Rinsema. Evert Rinsema (1880–1958) war ein Schriftsteller von kurzen Gedichten und Notizen. Sein schönstes Gedicht:

‚Geeft uw bloemen als u bloemen hebt
geleidelijk en langzaam water,
Maathouden.
Doe het als of gij 't niet dòet,
daarbij neuriend.'

Sein Bruder Thijs (1877–1947) fing unter dem Einfluß van Doesburgs immer mehr zu malen an. Ein Spiel in Kreide, Farbe und Papier mit Objekten und Formen, die leicht ironisiert wurden. Hauptsächlich in seinen Zeichnungen schafft es Rinsema, seinen Gesprächspartner wegen einer Pistole, einem Teeservice, einem Rasierpinsel oder einer Lampe, sogar wegen eines Vierecks oder eines Zirkels zum Lächeln zu bringen. Zusammen mit Schwitters am Tisch sitzend machte er glänzende Collagen in schönen hellen gedämpften Farbtönen. Er arbeitet mit Schwitters auch an kleinen furnierten Döschen, selten schöne Dada-Objekte, von denen nur wenige erhalten blieben: Dreidimensionale Collagen mit zerschnittenen Worten und zerschnittener Sprach- und Formbedeutung. Rinsema zeigte sich als Rassedadaist, in dem er später die vielen Briefe, die er von Schwitters bekam, dazu verwendete, den Fußumriß seiner Kunden daraus zu schneiden, als Modell für eine neue Schuhsohle.

Ungefähr vierzig Kilometer weiter arbeitete in Groningen ein Maler, der Thijs Rinsemas Isolierung hätte durchbrechen können. Der Druckkermeister H. N. Werkman (1882–1945) zog im Jahre 1923 den Nutzen der Geschäftemacherei

und der Auftragsdruckerei immer mehr in Zweifel. Werkman suchte nach einer Art, wie er seinen Widerwillen gegen das Kommerzielle und eigentlich gegen alles, was ohne Humor oder Poesie tagaus tagein immer wieder nützlich sein mußte, Ausdruck verleihen konnte. Die Liebe zum Material, welches er am besten und vielleicht auch besser als kein anderer kannte, muß ihn dorthin geführt haben. Mit dem Mut zum Unbekannten muß Werkman erkannt haben, daß die Rückseite oder Seitenfläche eines großen hölzernen Buchstabens für ein Plakat auch interessant oder schön und vielleicht *gerade* schön sein kann; daß er Flächen, Linien, Zahlen, Buchstaben und was nicht alles mehr – in einem Verhältnis drucken könnte, wie es noch nie von jemandem gesehen wurde. Er entwarf die merkwürdigsten Typen für das typographische Material, welches er so liebte und welches er erst jetzt mit großer Ehrfurcht innerhalb eines ungebundenen, satzfreien Ganzen setzen konnte, so wie es ihnen nach seiner Vorstellung gebührte.
Jedoch ist Werkmann, der auch Klang-Gedichte und dadaistische Prosa schrieb (auch wenn er es nicht so nannte), Rinsema nie begegnet. Vielleicht hat Rinsema sogar ‚The next call', Werkmanns einzigartige Ein-Mann-Zeitschrift, nie gelesen. Vierzig Kilometer waren damals wohl noch eine ganz schöne Entfernung. So waren also Evert Rinsema (Gedichte), Thijs Rinsema (Zeichnungen, Collagen, Döschen), H. N. Werkman (Gedichte, Drucke) wahrhaftige Dadaisten, ohne dieses Wort zu gebrauchen und ohne viel Aufhebens von ihrer Arbeit zu machen. Otto van Rees und A. C. van Rees-Dutilh waren für die erste Dadamanifestation wichtig, blieben aber echte Maler. Paul Citroen lebte in Berlin und machte nur einige dadaistische Montagen. Theo van Doesburg (I. K. Bonset, Aldo Camini) schärfte mit Dada seine Waffen für seine große Liebe ‚de Stijl'. Nelly van Doesburg (Pianistin) blieb ihr Leben lang das unentbehrliche dadaistische Musikinstrument Europas, dieses wurde schon auf dem ‚Internationalen Kongreß der Konstruktivisten' im September 1922 bestimmt.

K. Schippers

Übersetzung: Antje v. Beulwitz

Ausgewählte Bibliographie:
Schippers, K.: Holland Dada, Amsterdam 1974 mit umfassender Bibliographie

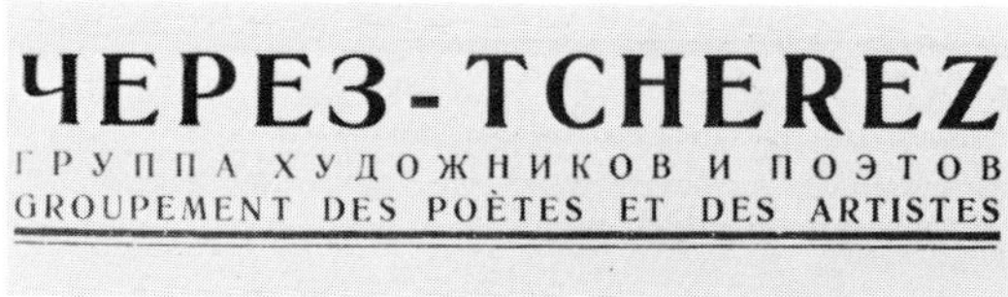
ЧЕРЕЗ - TCHEREZ
ГРУППА ХУДОЖНИКОВ И ПОЭТОВ
GROUPEMENT DES POÈTES ET DES ARTISTES

3/140
Tcherez, Karte,
Paris 1922

(DA) DA=NJET – DADA RUSSLAND

Wir sind die ersten Entdecker des Ariadne-Fadens ... Jetzt können wir vergnügt im Labyrinth spazierengehen.
A. Krutschenik, Troe, 1913

Vor 1918 gab es zwischen dem Zürcher und dem Berliner Milieu und den verschiedenen russischen Gruppen keine direkte Verbindung. Die Entwicklung dieser letzteren verlief vom Jahre 1912 an getrennt von der der westeuropäischen Avantgarde. Da auf diese Weise die Mehrzahl der radikalen Innovationen der Jahre zwischen 1913 und 1919 sich in Rußland sozusagen in geschlossener Gesellschaft ereigneten, kann man also für diese Periode bestenfalls von Parallelen zwischen russischen und westeuropäischen Erscheinungen sprechen. Während der ersten beiden Jahre nach der Oktoberrevolution blieben die Kontakte auf sporadisch von einer zur anderen Seite gelangende Gerüchte beschränkt, so daß die Berliner Dadaisten von Tatlin nichts wußten, als was sie in dem höchst oberflächlichen Artikel von Konstantin Umanskij 'Der Tatlinismus oder die Maschinenkunst' gelesen hatten, der 1920 in der Zeitschrift Der Ararat[1]) erschienen war.

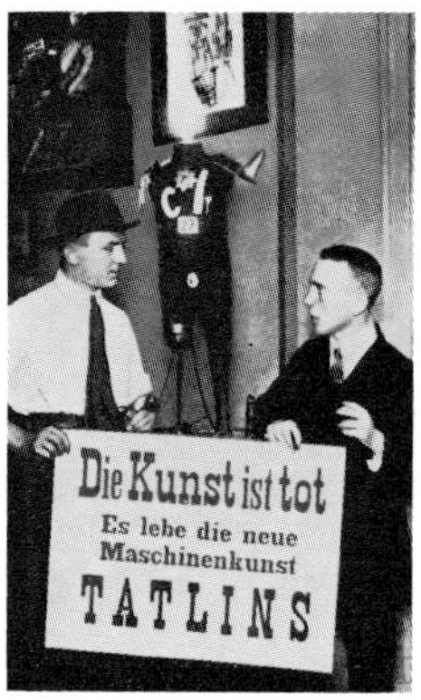

Heartfield, Grosz,
1920

Dadaismus vor dem Dadaismus:
'Wer Malewitsch mit einem großen Holzlöffel im Knopfloch sah, Krutschenik mit einem Kissen an einer Strippe um den Hals, Burljuk mit farbebeschmiertem Gesicht und Majakowski im gelben Hemd, war häufig nicht im Zweifel, daß hier seinem Geschmack eine Ohrfeige verabreicht wurde.'
Matjuschin, Erinnerungen an den Futurismus
Die Entwicklung der verschiedenen Gruppen russischer Futuristen zwischen 1910 und 1915 führte zur Erfindung gewisser Elemente des Dadaismus, ohne daß sich diese indessen zu jenem System zusammengefügt hätten, kraft dessen die Dadaisten den systematischen Umsturz der überlieferten Werte in Angriff nehmen konnten. Die Erfindungen des russischen Futurismus waren teils aus den gleichen Quellen geschöpft wie die der Zürcher Dadaisten – am Vorbild des von 1882 bis 1884 in Paris veranstalteten Ulk-Salons der 'Arts incohérents' orientiert, vom Geiste König Ubus inspiriert – Guillaume Apollinaire und die an dessen Soirées de Paris von 1914 beteiligten Russen hatten für die Verbreitung von Vorbild und Geist nach Rußland gesorgt – teils entsprangen sie unmittelbar aus einer spezifisch russischen Tradition, der nämlich des Anarchismus und sogenannten Nihilismus.
Gewisse Vorstellungen Ewreïnows, eines dem Futurismus nahestehenden Theatermannes und raffinierten Ästheten – eingegeben von jener typisch russischen Neigung zu ausschweifendem Theoretisieren, der das Absurde als die vernünftigste Sache der Welt vorkommen kann – brachten eine aggressive Tendenz in die Unternehmungen der russischen Futuristen, die schließlich die völlige Zerstörung der akademischen Disziplin bewirkte. Ewrenows Theorien über die 'Theatralisierung des Lebens' sind voller Extravaganz, und gelegentlich führten sie ihn bis zu einer Systematisierung bisher isolierter Phänomene, wie in seiner äußerst provozierenden (illustrierten!) Artikelsammlung zur Verteidigung der 'Nacktheit auf der Bühne' (so der Titel), erschienen in St. Petersburg im Jahre 1912.
Die Aktivitäten der Ego-Futuristen waren nicht ohne provozierende Aspekte. Außerdem kamen dabei gewisse mythische Neigungen zum Ausdruck, die Hugo Ball und Johannes Baader vertraut vorgekommen wären. Tatsächlich findet man bei Welimir Chlebnikow Ideen, die der analogischen und pantheistischen Orientierung der Schweizer weitgehend entsprechen. Die 'Entzifferung der Zeichen', mit der die Ego-Futuristen sich beschäftigten, sollte das nahende Ende der Welt beweisen, und dieses Ende wurde in Krutscheniks, Malewitschs und Matjuschins 'futuristischer Oper' 'Sieg auf der Sonne' (1913) mit Eklat vorweggenommen.[2])

Gleichzeitig mit den Werken der Ego-Futuristen erschienen 1913 andere Phantasien über das Ende der Welt (wie das Gedicht vom Ende von Gnedow); über den Nullpunkt (Krjutschkows Opus O); über den Tod der Kunst, der als Titel einer kleinen Schrift des Sprechers dieser Bewegung, Iwan Ignatjew, auftaucht. Guros Suche nach dem 'geheimen Zeichen' (Charmanka, 1909) führte Matjuschin (ihren Mann) zur Konzeption einer supra-realen Erkenntnissphäre, die durch Malewitsch 1915 als gegenstandlose Kunst (Suprematismus) auf die Malerei angewandt wurde. Wenn Ignatjew 1913 in 'Tod der Kunst' schrieb: 'Das Wort ist an seine Grenzen gestoßen . . . die Perfektion hat es umgebracht', so wollte er damit nicht etwa nur Sprachkritik treiben und lediglich neue Begriffe für die vorhandene Welt fordern, neue Bedeutungen erschließen, neue Sinnkombinationen aufdecken – wie dies das Anliegen der künstlerischen Avantgarde in den ersten Jahren des Jahrhunderts gewesen war – sondern im Gegenteil dazu aufrufen, einfach über diese Welt hinauszugehen, weil, wie er sagte, 'die Membrane des Menschen nunmehr imstande ist, Signale aus unbekannten Bereichen aufzufangen und zu erwidern.' . . .
Die trans-rationale Sprache des Dichters – wie Krutschniks 1913 in der Sammlung Troe veröffentlichter Text 'Die neuen Wege des Wortes' und Malewitschs ungegenständliche Kunst leisten den Übergang zu einem neuen Inhalt, dank einer neuen, einer rein erfundenen Form. Mit Hinsicht auf dieses Ziel erscheint das Stadium der destruktiven quasi dadaistischen Kritik als Übergangsphase. . . . Die Liquidation des alten Systems der Ausdrucksmittel sieht man auch in jenen Assemblagen Malewitschs betrieben, wo reale Gegenstände (Thermometer, Löffel) auf einen aus Bildern bestehenden Hintergrund geklebt sind, deren darstellende Qualität dadurch negiert wird. Und im täglichen Leben zeigten Malewitsch und Morgunow das gleiche Bestreben, dem gesunden Menschenverstand eins auszuwischen, wenn sie Anfang 1914 mit Holzlöffeln im Knopfloch durch die Straßen Moskaus spazierten. Im folgenden Jahr stellte Iwan Puni aus ähnlicher Gesinnung konzipierte Objekt-Kompositionen her – wo man etwa einen Hammer oder einen Teller auf ein Brett geklebt sieht; Olga Rosanowna nähte einen realen Knopf auf den Einband des transrationalen Buchs 'Zaumnajagniga' (Anfang 1916); und Larionow zeigte im Frühjahr 1915 ein 'Selbstporträt', das aus einem zur Hälfte rot angestrichenen Chapeau-Claque bestand; neben einer merkwürdigen Assemblage übrigens, die dadaistisch genannt werden kann.[3])
Wenn jedoch 1915 von dadaistischen Tentativen ziemlich bald zur ungegenständlichen Kunst übergegangen wurde, so kam zwei Jahre später eine echt dadaistische Bewegung in Rußland auf – als Seitenströmung, die in der Provinz begann und erst zuletzt nach Moskau eindrang. Es handelt sich um die Bewegung der 'Nitschewoki', die im April 1917 bei einem Vortrag vor dem 'Grünen Kreis' in Rostow am Don von dem Dichter Rurik Rok gestiftet wurde: Rok forderte bei dieser Gelegenheit die 'Zerstörung der Kunst' und die 'totale Leugnung jeder Möglichkeit ihrer Existenz'.[4]) Der Name der Bewegung war der Titel einer Novelle von Teffi (Pseudonym von N. A. Butschinskaja). Das Erscheinen dieser Bewegung erklärt sich aus der allgemeinen Radikalisierung der Künste in Rußland während dieser Jahre, stellt so etwas wie eine zweite Reifekrise dar, die zudem verschärft wurde durch die von der Februarrevolution des Jahres 1917 verursachte allgemeine Bewußtseinskrise. Danach tauchten in Chlebnikows Werk verstärkt kosmische Vorstellungen auf: sein 'Apell an die Präsidenten des.Erdballs' vom April 1917 ist ein Echo der ähnlichen Initiative Baaders.[5])
Gleichzeitig trat der 'Futurist des Lebens' Wladimir Robertowitsch Golzschmit mit ersten Aktivitäten hervor. Golzschmit war ein durch und durch dadaistischer Charakter, und seine sozialkritischen Aktionen waren nicht immer von ungefähr, wie seine 1918 veranstaltete Einweihung eines Denkmals für sich selbst beweist.[6]) Dadurch wurde indirekt die offizielle Kampagne für 'monumentale Propaganda' des neuen Regimes verhöhnt – die gleich nach dem Sieg der Revolution eifrig betriebene Errichtung öffentlicher Denkmäler revolutionärer Helden. Golzschmit stand nicht allein; er war nur eine von vielen ähnlichen Erscheinungen,

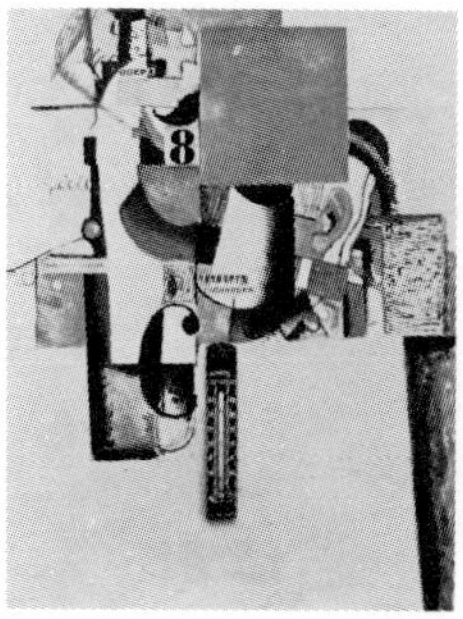

Malewitch, Private of the first division, 1914

die, als in den revolutionären Monaten Februar bis November 1917 die russische Gesellschaft förmlich aufgesprengt wurde, plötzlich zum Vorschein kamen. Zu nennen ist in diesem Zusammenhang die Bewegung' 'Nieder mit der Schamhaftigkeit' (Doloj Styd), deren ephemere Existenz ihre durchschlagende Wirkung nicht beeinträchtigte: die Bewegung forderte die Abschaffung der Schamhaftigkeit . . . durch das Beispiel. Also sah man plötzlich in den Straßen Petrograds und Moskaus Damen 'oben ohne' und Herren promenieren, die nur mit einem Hut bekleidet waren.
Die Bewegung der 'Nitschewoki' durchlief zwischen 1919 und 1921 eine sprunghafte Entwicklung, blieb dabei aber immer der ursprünglichen Forderung nach totaler Negierung der Kunst verbunden.
Erst 1919 kam in Moskau um R. Rok, W. Zemenkow, E. Nikolajewa und A. Rapow eine Art Gruppe zustande, die die Ziele dieser Bewegung nun auch dort vertrat. Zu diesem Zeitpunkt war das Monopol der ungegenständlichen Avantgarde gebrochen – Malewitschs Verzicht auf jede malerische Praxis und die antimalerischen Angriffe des 'Linearismus' Rodschenkos[7]) markieren den Beginn ihres Niedergangs – und die 'produktivistische' Reaktion begann sich abzuzeichnen. Bis 1920 traten die Nitschewoki nicht mit gemeinschaftlichen Veröffentlichungen hervor – ihre Aktivitäten beschränkten sich auf öffentliche Lesungen ihrer Texte und kritische Erörterungen im kleinen Kreise. Einige der von ihnen veranstalteten Soiréen sind in die legendäre Geschichte des 'Marginalismus' eingegangen. So wird erzählt, daß einmal der damals im Zenith seines Ruhms stehende Majakowski aus Neugier eine dieser Versammlungen aufgesucht habe. Er habe dort zu seiner Überraschung feststellen müssen, daß anscheinend niemand Notiz von ihm nahm, und um die Aufmerksamkeit auf sich zu lenken, ein Glas Wasser verlangt. Ein junger Mann habe ihm ein Glas – kochendes Wasser gebracht – und ihm auf die Bemerkung, das sei ja untrinkbar, bedeutet, er solle es eben abkühlen lassen.
Nach Veröffentlichung der ersten Anthologie 'Wam' (an uns) – Rapow hat sie 1920 in Moskau herausgebracht – zerstreute sich die Gruppe der Nitschewoki, um im Frühjahr 1921 von neuem in Erscheinung zu treten mit einem Manifest und mit dem Almanach 'Hundekiste' (zwei Lieferungen erschienen, 1921 und 1922, dazu der Supplementband 'Sauhund').
Die durch das 'Kreativ-Büro der Nitschewoki' vertretenen Forderungen zeigen eine ausgesprochen gesellschaftskritische Tendenz und stehen insofern denen der westeuropäischen Dadaisten nahe.

1. Liquidation der Kunst als ästhetische Abstraktion und Verpflanzung der Kunst in die Gesellschaft.
2. Zerstörung der Kunst unserer Vorgänger durch Diskreditierung. Mittel: Parodie, Groteske, Spott, paradoxe Komposition.[8])

Das offen im Zeichen 'der letzten Dada Internationale der Welt' veröffentlichte Manifest behauptet, daß 'an der Kunst nichts dran ist', und in einem anderen Appell liest man: 'Lest nichts, schreibt nichts, veröffentlicht nichts! An der Poesie ist nichts dran, es gibt nur die Nitschewoki.'[9])
Ihren Höhepunkt erreichte die Bewegung 1921: Über dreißig Demonstrationen veranstaltete die Gruppe in jenem Jahr in Moskau, Charkow und Rostow. Nach Verkündigung der NEP (der Neuen Ökonomischen Politik), Ende 1921, die fast allen öffentlichen Aktivitäten der Avantgarde den Garaus machte, löste sich die Gruppe endgültig auf. Zwar erschienen noch 1923 verschiedene Gedichtsammlungen doch in der Mehrzahl in Verantwortung einzelner Autoren. Gemeinschaftsanthologien, deren Erscheinen für 1923 angekündigt wurde – die 'Koordinaten des Nichts' (Koordinaty Nitschego) und 'Picknick im Westen: Expressionismus und Dada' – scheinen tatsächlich nicht erschienen zu sein.
Nachdem die durch Krieg und Revolution unterbrochenen Verbindungen zwischen Rußland und dem Westen allmählich wieder hergestellt worden waren, sprach man in 'marginalen' literarischen Zirkeln Rußlands oft von Dada – denn im Zentrum des künstlerischen Lebens standen die Formalisten – bis sie, ab 1923, durch die 'produktivistische' und 'faktistische'

Bewegung des 'Lef' daraus verdrängt wurden. Wenn auch Wiktor Chowins kleine Zeitschrift 'Knijnii Ugol' 1922 eine Analyse des Dadaismus ankündigte[10]) und der Almanach Moskowskij Parnas (1922, Nr. 2) eine Übersetzung von Wieland Herzfeldes 'Beerdigung Alfred Lichtensteins'[11]) veröffentlichte, scheinen doch in der sowjetischen Presse dieser Zeit wirkliche Studien über die Aktivitäten der westeuropäischen Dada-Gruppen nicht erschienen zu sein – Kommentare zu ihren Werken und Ausstellungen erst recht nicht.

Auf dem Gebiet der Dichtung geht Krutscheniks Erfindung der Lautfolgen, die berühmte 'dyr bul stschyl' der 'Pomada' im Jahre 1913 allem Anschein nach der ersten phonetischen Sequenz von Hausmann voraus, die Schwitters später in der Ursonate verwendete. Die Suche nach der 'tiefen Alchimie des Worts' (Hausmann)[12]) wurde nach 1919 in Rußland durch die kleine und periphere Gruppe '41' weitergetrieben, die Krutschenik in Tiflis gegründet hatte. Gemeinsam mit den Brüdern Zdanewitsch (Ilja und Cyrill) und Terentjew veröffentlichte er dort eine eindrucksvolle Reihe von Büchern, in denen sich wahrhaft dionysische Wortspiele und eine höchst einfallsreiche Typographie zu echten Glanzleistungen dieses Genres verbinden. Ilja Zdanewitschs (Iljazds) Reise nach Paris 1921 machte den Westen mit der 'Zaoum'-Schule bekannt. Doch als 1923 sein Buch 'Le Dantu afram' mit einem Vorwort von Ribemont-Dessaignes in Paris erschien, hatte in der französischen Hauptstadt Dada den Geist schon aufgegeben. Die verschiedenen 'bals transmentals' dieser Epoche gingen unter in dem großen mondänen Fest der 'wilden zwanziger Jahre'.

Andrej B. Nakov

Übersetzt aus dem Französischen
von Peter Hahlbrock

Anmerkungen:

1. Bei diesem Text handelte es sich um einen Vorabdruck eines Kapitels aus Umanskijs Buch 'Neue Kunst in Rußland', Berlin und Potsdam 1920.
2. Vgl. hierzu das in unserem Kommentar zu Malévitch Ecrits, Paris 1975 (im zweiten Kapitel) Gesagte.
3. Öl auf Leinwand und Collage, 49 x 49 cm, Slg. J. Rubinstein, Moskau.
4. Benjamin Gorielly hält in einer der wenigen Untersuchungen, die bisher zu diesem Thema erschienen sind (Dada en Russie, in: Cahiers dada surréalisme Nr. 1, Paris 1966, S. 31–42) die Gruppe von Tiflis für den Ursprung der Bewegung, was unserer Meinung nach nicht ganz zutreffend ist. Dennoch enthält diese Untersuchung wertvolle Informationen und gibt auch gewisse Texte der Nitschewoki wieder. Die Bezeichnung 'Nitschewoki' bedeutet übrigens so viel wie 'die Nichtser', 'Nitschewo' heißt: Nichts.
5. Ein Club der Präsidenten des Erdballs wurde – mit gleichzeitiger Weihung Chlebnikows – noch 1920 in Charkow gegründet; die Feier war in jeder Hinsicht eine typisch dadaistische Farce.
6. So hat Wladimir Markow diesen Mann in seinem Buch Russian Futurism: a History, California University Press 1968, S. 328 gezeichnet. Dieses für das Studium des russischen Futurismus grundlegende Werk gibt noch weitere Hinweise auf Einzelheiten der Tätigkeit Golzschmits.
7. Vgl. hierzu unseren Aufsatz 'Beyond the problematic of pictorialism' in Arts Magazine, New York, April 1973.
8. Wir zitieren nach der Zeitschrift 'Ermitage' Nr. 15, 22–28, August 1922, S. 3.
9. Zitat nach Gorielly op. cit. Anm. 4.
10. Diese Ankündigung erschien in der 8. und letzten Nummer der Zeitschrift.
11. Nach der deutschen Ausgabe des Malik Verlag, Berlin 1920.
12. Ball sprach von der 'Alchimie des Wortes': 'Man ziehe sich in die innerste Alchimie des Wortes zurück' (Tagebucheintragung vom 24. 6. 1916 in Flucht aus der Zeit, Luzern 1946, S. 100).

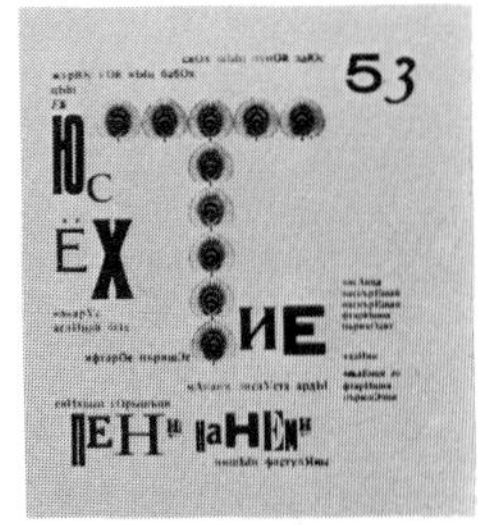

3/146
Iliazd, Ledentu le phare, Paris 1923 (Seite)

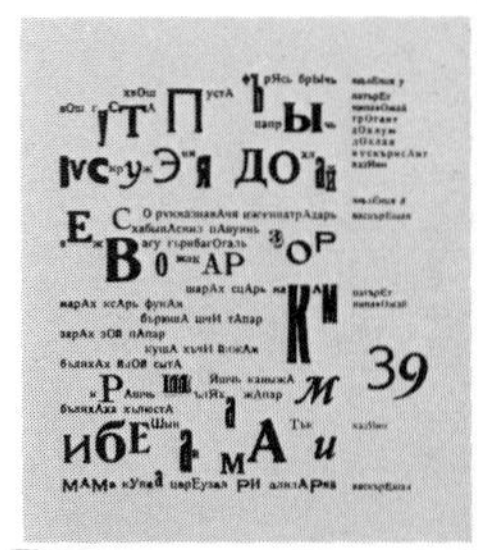

3/146
Iliazd, Ledentu le phare, Paris 1923 (Seite)

DADA POLEN

Was kann eine 'höhere Marke' als der Dadaismus haben? Für manche gilt selbst die Erwähnung des Problems als Unverschämtheit. Doch muß man endlich die Maske niederreißen. Die Maske, die uns seit Generationen drückte und die genialsten Aufschneider zum Verfaulen verurteilte, zum Verfaulen in eigener Sauce. Auch muß unterstrichen werden, daß allein schon das Erscheinen der Problematik eine Quintessenz des Problems bildet. Fragen wir nochmals: Was kann den Futurismus und den Dadaismus übertreffen? Nur die REINE AUFSCHNEIDEREI! Was für eine Freiheit! Was für ein Vergnügen! Endlich frei und mit Vergnügen aufzuschneiden. Hurra!
Marcoli Duszański: Die Aufschneiderei,
St. I. Witkiewicz: Das Lakmus-Blättchen
1921

Dada in Polen war in die futuristische Problematik verwickelt. Er hat niemals die Form einer selbständigen Bewegung angenommen, doch setzte er Impulse für Spielarten der neuen Dichtung wie auch der bildenden Kunst. In seiner hauptsächlichen Bedeutung war er eine Quelle neuer Möglichkeiten kultureller Orientierungen. Das geschah durch Kabarett, durch die Selbstironie, den Skandal, schockierende Kleidung und politische Provokation ebenso wie durch Flugblätter, Versammlungen, Ausstellungen, Zusammenkünfte von Dichtern. Alle diese Begebenheiten prägten die 'Lebensweise' der damaligen Kulturszene Polens nach dem ersten Weltkrieg.
Als Futurismus bezeichnete die Kritik und das Publikum die Extravaganz und das skandalöse Auftreten der Künstler in den zwanziger Jahren. Das Wort Futurismus galt als Ausrufzeichen zur Betonung alles Neuen: Es waren die Futuristen, welche in Polen ein öffentliches Begräbnis Walt Whitmans veranstalteten. Sie rollten auf Karren durch die Stadt und verteilten mit 'befreiten Worten' bedruckte Plakate. Das alles machte sie populär. 2000 Menschen nahmen 1921 an einem Dichter- und Künstlerabend in dem Warschauer Musiktheater teil. Auf den Veranstaltungen kam es wiederholt zu Feindlichkeiten des Publikums gegen die Künstler. Die Polizei unterbrach ein Dichtertreffen in Warschau. Der Stadtrat von Krakau verbot Jasińskis Dichterabend im Stadttheater. Jasiński wurde sogar offiziell aus der Stadt Krynica herausgeworfen, als er dort einen Dichterabend zu veranstalten versuchte. Seine Ankunft war 'vom Standpunkt der Interessen der Republik' nicht erwünscht.
1918 wurde in Krakau ein Futuristenklub gegründet – 'Der Spielkasten'. An ihm beteiligten sich der Dichter Bruno Jasieński, St. Mlodzieniec und Tytus Czyzewski. Im Juli wurde, an Stelle des ersten, ein neuer Klub – 'Die Muskatbirne' – gegründet. Dort trafen auch die Maler der Formisten-Gruppe zusammen. In Warschau erschien in dieser Zeit ein erstes Futuristen-Manifest: 'JA'. Die Aktivität der Futuristen bekam 1920, angesichts seiner massiven Aggression, seitens der traditionellen Warschauer und Krakauer Künstler neue Bedeutung. Damals wurde der erste Manifest-Almanach 'WGga' herausgegeben und sogleich von der Polizei beschlagnahmt. Im Mai fand in Warschau Mieczyslaw Szczukas Ausstellung statt, zu der ein dadaistischer Kommentar des Dichters Edmund Miller erschien. Fast in allen großen polnischen Städten wurden Dichterabende veranstaltet. Das nächste Jahr wurde zum Höhepunkt der futuristischen Bewegung. Im Juli erschien die 'Einmalige Veröffentlichung der Futuristen'. Damit war ein 'Manifest der sofortigen Futurisation des Lebens' abgedruckt. Der Verfasser war B. Jasieński. Im September erschien auf Initiative von Witkiewicz ein dadaistisches Flugblatt 'Das Lakmusblättchen', mit einer paraphrasierten Unterschrift von Duchamp. Im Oktober wurde der Almanach 'Das Messer im Bauch' – phonetisch geschrieben – herausgegeben mit Texten von Czyzewski, Jasieński und Wat. Er wurde sofort von der Polizei konfisziert. Das Jahr 1922 brachte eine Krise mit sich. Eine neue Problematik stand zur Diskussion – der Konstruktivismus!
Der Dadaismus zeigt sich im polnischen Futurismus von seiner spielerischen Seite. 'Die Kunst' sagte Jasieński 'muß eine Überraschung sein, eine Überraschung, die uns zu Boden schmeißt. Wir Futuristen wollen euch die Gele-

genheit zu einer Auswanderung aus der Ghetto-Welt der Logik geben. Der Mensch freut sich nicht mehr, weil er keine Hoffnung mehr kennt. Nur ein Leben, das als Ballett genommen wird – als ein Ballett der Möglichkeiten und Überraschungen – kann ihm die Lebensfreude zurückgeben. Im Teufelskreis der Dinge, die selbstverständlich werden, haben wir endlich verstanden, daß es nichts Selbstverständliches gibt, und außer der einen Logik existieren noch gigantische Ebenen der Unlogik. Jede solche kann ihre eigene Logik haben, worin A + B = F und 2 mal 2 777 ergeben . . .

'JEDER KANN EIN KÜNSTLER WERDEN.' Die Provokation der dadaistisch orientierten polnischen Futuristen, die eine allgemeine schöpferische Tätigkeit herausforderte, haben die Künstler durch selbstironisierende Kommentare unterstützt, in denen sie ihre eigene gesellschaftliche Rolle persiflieren: 'Der faule Tag von A. Watt' – schrieb der Dichter über sich selbst. Witkiewicz gab die 'reine' Malerei auf und gründete eine kommerzielle Porträt-'Firma', die den Mythos des freien Künstlers in Frage stellte. Diese Tätigkeit führte zur Entmystifizierung des Bildes und der Dichtung. Szczuka bezeichnet seine Bilder mit Nummern. Miller veröffentlicht ein Programm der Dichtung, die die Poesie des Satzes in Frage stellt, und schlug eine Dichtung der Kommas und Punkte vor. Der Zweifel an der Logik des Lebens führte zum Verwerfen der Kompositionsprinzipien. Die Selbstironie und die Negation der traditionellen, gesellschaftlichen Rolle des Künstlers erlaubte nur die 'Substanz des Lebens' zu benutzen. In der Plastik und der Dichtung wurde die visuelle und die phonetische Materie als einziges Element der Wirklicheit behandelt. Nur sie war ernst zu nehmen.

Das im Prinzip kosmopolitische Programm der Dada-Bewegung unterlag in Polen – infolge der konkreten historischen Situation – gewissen Modifizierungen. Der Futurismus erschien im Moment der Wiederherstellung des Staates nach dem Ersten Weltkrieg. Darum richtete sich die Bewegung auch deutlich in die Zukunft. Daher verwendete sie auch die Bezeichnung Futurismus, um ihren Zukunftscharakter zu unterstreichen. Der polnische Futurismus zeigte sich aber nicht so wie der italienische nationalistisch. Er näherte sich dem spielerischen Dadaismus. Jedoch zog er daraus nicht die letzte Konsequenz. In seinen Äußerungen wirkte er schockierend: aber er ordnete den Anarchismus der Suche nach dem Neuen unter. Er sagte der Phrase ab, in dem er die Form auseinandersprengte, während er gleichzeitig wieder Erneuerungsmöglichkeiten des Wortes zeigte. Den Ausgangspunkt dafür gab eine freie und anarchistische Zersetzung der Satzordnung oder der Komposition, dort waren die 'Worte befreit' und so muß man die 'alogische Form' verstehen. Das nächste Ziel war eine neue Konstruktion und ein Postulat der permanenten Kreation. Für solche Wahl war die historische Erfahrung von größter Bedeutung.

'Wir – polnischen Futuristen – hieß es in dem Manifest – huldigen der polnischen, romantischen Dichtung der Knechtschaftszeit, deren Gespenst wir erbarmungslos totschlagen werden. Unsere Huldigung kommt daher, daß in den Jahren der großen Andacht und Reifwerdung der Polnischen Nation die Kunst nicht 'rein' sondern tief national war . . . Diese Gründe sprechen auch heute für eine breite Öffnung der Türen, jetzt, wo wir durch die Freiheit in eine neue Lebenssphäre eingetreten sind. Es soll der Kellergestank und der Brandgeruch des kirchlichen Weihrauches, womit ihr seit der Kinderzeit geatmet habt, verjagt werden'. 'Bürger! Helft uns die alte Haut abreißen, welche im täglichen Leben bestaubt wurde. Nieder mit den parteiischen Schlagworten in der Art von: 'Gott und Vaterland!'.

In diesem Sinne meinte auch Jasieński sein Wort: 'Die Sprache macht mich müde', das in der ersten Phrase eines seiner Gedichte zu lesen ist. Eben in diesem Moment aber machte das dadaistische Zweifeln halt. Die Zukunft war ihre Hoffnung. Der polnische Dadaismus wurde durch das Prinzip der Aktivität zum Manifest der Tat, der künstlerischen Tat. 'Das Schicksal war alt und ist gestorben' – schrieb man in dem Manifest – 'also ist jetzt jeder der Schöpfer des eigenen Lebens und des allgemeinen Lebens'. In den Kreisen der polnischen Künstler wurde auch die Tradition wieder lebendig. Jasieński schrieb: 'Jeder Künstler ist durch das verpflichtet, was er schon gefunden hat. Doch er ist auch noch zu einem wunderbaren Sprung verpflichtet, den jeder in die Leere des Alls machen muß ... Die Kunst ist das Erschaffen von neuen Dingen'.

Andrej Turowski

Bibl.: I. Quellen
a) Manifeste:
'Gga. Pierwszy polski almanach futurystyczny', Warszawa 1920; 'To sa niebieskie pięty, które trzeba pomalować', Warszawa 1920; 'Jednodńuwka futurystów', Kraków 1921; 'Nuż w bżuhu', Kraków-Warszawa 1921; 'Pam – Bam', Warszawa 1921; Papierek lakmusowy', Zakopane 1921; 'Wiatr w rosole', Warszawa 1924;
b) Bücher:
Czyżewski, T.: Zielone oko. Poezje formistyczene, elektryczene wizje, Kraków 1920; ders.: Noc-dzień, Kraków 1922; ders.: Osioł i słońce w metamorfozie, Kraków 1922; Jankowski, J.: Tram wpopszek ulicy, Warszawa 1920; Jasieński, B.: But w butonierce, Kraków 1921; ders.: Nogi Izoldy Morgan, Kraków 1923; Młodozwniec, S.: Kreski i futureski, Kraków 1921; Stern, A.: Futuryzje, Warszawa 1919; ders.: Nagi człowiek w sródmiesciu, Warszawa 1919; Stern, A./Wat, A.: Nieśmiertelny tom futuryz, Warszawa 1921; Wat, A.: Ja z jednej strony i Ja z drugiej strony mego mopsożelaznego piecyka, Warszawa 1920;
II. Weitere Veröffentlichungen, Aufsätze:
Gazda, G.: Futuryzm w Polsce, Wrocław-Warszawa-Kraków 1974; Kostołowski, A.: Firma Portretowa, S. I. Witkiewicz. Próba interpretacji, in: Studia Muzealne, Poznań, Nr. 7, 1969; Lam, A.: Polska awangarda poetycka. Programy z lat 1917–1923 (An antology), 2 Bde., Kraków 1969; Pollakówna, J.: T. Czyżewski – formista in: Z zagadnień plastyki polskiej w latach 1918–1939, Wrocław–Warszawa-Kraków 1963; Pollakówna, J.: Formiści, Warszawa 1972; Porębski, M.: Miejsce Witkacego, in: Interregnum, Warszawa 1975; Zaworska, H.: O nowa sztukę, Warszawa 1963.

DADA UNGARN

Zerstört, daß ihr
bauen könnt
und baut, daß ihr
Sieger werdet.

Kassák 1922

Um das Bild der ungarischen Avantgarde anfang der zwanziger Jahre wiederzuspiegeln, sind zuerst einige Fragen zu stellen: Es muß gefragt werden, ob es überhaupt eine Dada-Bewegung in Ungarn gegeben hat, ob überhaupt von einem Dada-Milieu in Ungarn die Rede sein kann, ob endlich die Zeitschrift MA und die Künstlergruppe um Ludwig Kassák ausschließlich dadaistisch war.

In Anbetracht der dadaistisch geprägten Dichtung von Adam und Judith Csont, Sándor Barta, Tibor Déry, Erwin Enders, Ludwig Kudlák, Kassák oder Andor Sugár und ihrer Veröffentlichung in MA und mit Rücksicht auf die literarischen und künstlerischen Beiträge von Dragan Alexic, Arp, Blaise Cendrars, Cocteau, Huelsenbeck, Hausmann, Schwitters, Tzara und vielen anderen führenden Persönlichkeiten der Dada-Bewegung können diese Fragen rhetorisch erscheinen. Auch die Theater-Dichterabende, welche von MA-Künstlern veranstaltet wurden – und auf denen neben Schwitters' und Huelsenbecks Dichtung auch Kassáks 'Das Pferd stirbt und die Vögel fliegen hinaus' und Fragmente aus der Erzählung Bartas 'Sehr geehrtes Totenhaus' rezitiert wurden, könnten uns überzeugen, daß damals eine eigenständige Dadabewegung in Ungarn existierte. Das betrifft auch die Collagen, Zeichnungen und Bilder Kassáks und Moholy-Nagys, die bis 1965 auf vielen Dada-Ausstellungen zu sehen waren. Wie kann man dann über Zweifel sprechen? Es ist nicht zu verneinen, daß viele Werke der ungarischen Künstler – und ich meine hier die visuelle Kunst – dadaistisch beeinflußt sind. Im Zusammenhang aber des gesamten Œuvres der ungarischen Künstler bekommen sie doch eine vollständig andere Bedeutung. Diachronisch gesehen können sie in der ganzen Kunstentwicklung ihres Landes als künstlerische DADA-Visionen behandelt werden, doch aus dem synchronischen Standpunkt zeigen

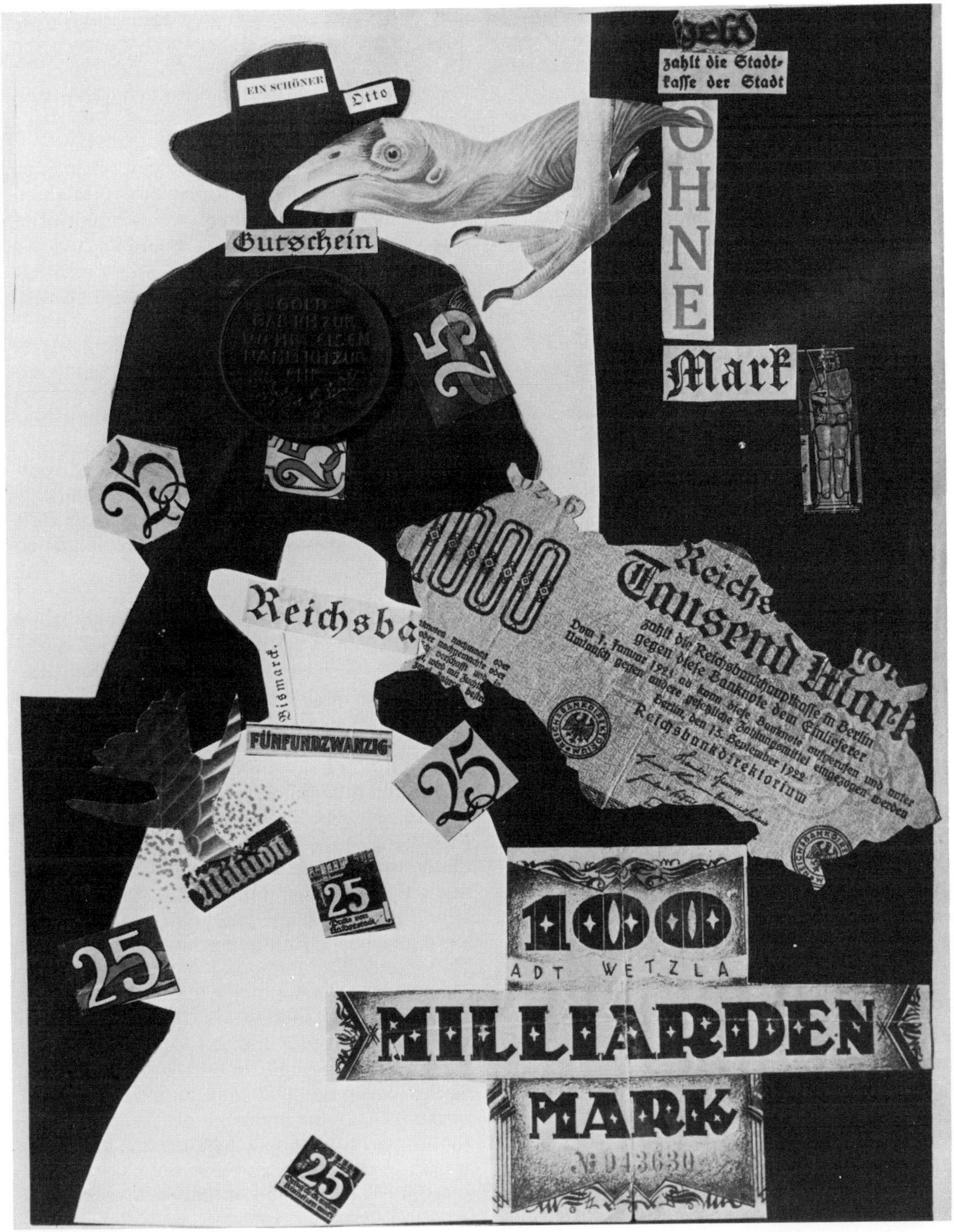

Moholy Nagy,
25 Pleitegeier,
um 1923,
Privatsammlung

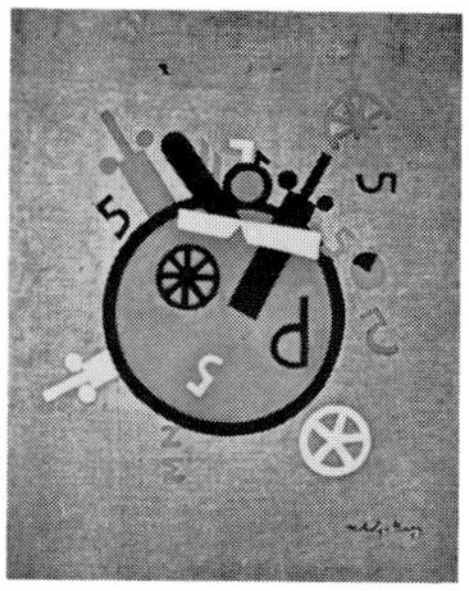

3/683
Moholy-Nagy,
Die große
Gefühlsmaschine,
1920

sie ihren eigenen Charakter und erlauben die Anschauung einer spezifischen Kunstentwicklung Kassáks und Moholy-Nagys, die schließlich zum Konstruktivismus führt.
Die künstlerische Avantgarde in Budapest, deren Mittelpunkt Kassáks Schaffen war, und die unter dem starken Einfluß des deutschen Expressionismus stand, wurde zu einer der intellektuellen Kräfte, die die kommunistische Revolution 1919 vorbereitet haben. Die ungarischen Künstler begrüßten mit Enthusiasmus die politischen Ereignisse der Revolution. Sie schien ihnen die Möglichkeit zu eröffnen, die eigenen Programme zu realisieren. In der Revolution sahen sie einen Platz für sich. Die bürgerliche Kunst in der Wirklichkeit als sehr abstrakt und unklar verstanden, sollte zerbrochen werden und es sollte an ihrer Stelle eine neue, sozialistische Kultur aufgebaut werden. In dieser neuen Ordnung erhofften sie eine wichtige Rolle zu spielen. Die Revolution wurde jedoch niedergeworfen und die Konsequenzen solcher Situation – Terror und Angriffe auf die Avantgarde, die als Repräsentanz der bolschewistischen Ideologie betrachtet wurde – zwang die Künstler zur Emigration.
Die Emigration beeinflußte sie in verschiedener Weise. Manche fühlten sich aus ihrem kulturellen und intellektuellen nationalen Zusammenhang gerissen. Dazu kam noch das bewußt gewordene Scheitern der Hoffnung auf eine neue Gesellschaft. Im Fall Dérys führte das zur vollständigen Isolierung. Die Welt wurde für ihn unverständlich, wurde zum Chaos, und gegen die so betrachtete Welt richtete sich seine anarchistische, mit größter Expression erfüllte und zum Surrealistischen drängende Revolte. Solche Stellungnahme war aber nur Déry eigen. Der Surrealismus fand bei den anderen keine Anerkennung (z. B. bei Kassák).
Die Mehrheit der ehemaligen MA-Mitglieder traf 1920 in Wien zusammen. Dort gab man weiter die Zeitschrift heraus und auch die politischen Überzeugungen wurden nicht aufgegeben, wie auch der aktivistische Charakter von MA beibehalten wurde. In dem Programm ist das anarchistische Element – die Vernichtungspostulate gegenüber den Überresten der 'alten Welt' – wiederzufinden. Es ist aber auch ein wichtiger Unterschied dazu gekommen. Man bemühte sich, neben dem destruktiven Drang auch um Versuche einer Gestaltung von neuen Inhalten und Bedeutungen zu zeigen. Man versuchte der Welt ein positives Gesicht zu geben, man wollte sie wieder neu aufbauen. Die moderne Technik, die die Ungarn im Westen kennengelernt haben, begeisterte und faszinierte sie – die ehemaligen Bürger eines schwach entwickelten Landes –. Man sah die technisch-industrielle Struktur als notwendige Bedingung der sozial-ökonomischen Revolution an.
Kurz nach seiner Ankunft in Berlin steht Moholy-Nagy schon in engster Verbindung mit der dortigen Dada-Bewegung. Er war auch von der modernen Technik begeistert, und unter dem Einfluß der neuen Umgebung zeichnet er eine Reihe von 'Maschinen-Zeichnungen'. Er versucht, die logische Maschinenkonstruktion in das Bild zu übertragen und wollte damit eine Logik und Klarheit der Bildkomposition erreichen. Die Bilder 'Die Brücken', 1920, (Kat. 1/186) und 'Die große Gefühlsmaschine', 1920, (Kat. 3/683) stehen dem Dadaismus am nächsten. Sie verkörpern aber in seiner künstlerischen Tätigkeit nur eine kurze Episode. Die frühesten, protokonstruktivistischen Bilder '19', 1919, '4' und 'D 8' (Abb. im September-Heft der 'MA', 1921), wie auch die oben erwähnten Zeichnungen sind von dada-fremden Inhalten erfüllt und erlauben uns nicht, über eine Dadaperiode in der künstlerischen Tätigkeit Moholy-Nagys zu sprechen. Dada-Inspiration ist aber in den Werken von 1919 bis 1920 zu sehen und auch noch in seinen Fotoplastiken nachzuweisen (Kat. 3/618–622).
Die dadaistische Reorientierung Kassáks findet 1921 statt. Im Januar-Heft von MA, das der Kunst von Schwitters gewidmet ist, erschien auch ein Dada-Manifest von Barta. Den neuen Interessen Kassáks und der Zeitschrift MA ist schon der Russische Abend vorangegangen, der im November 1920 stattgefunden hat. Dort zeigte Konstantin Umanskij die neuesten Versuche der russischen Avantgarde. Der Umschlag in der März-Nummer des Jahres 1921 von MA brachte den ersten konstruktivistischen Holzschnitt Kassáks. Von diesem Mo-

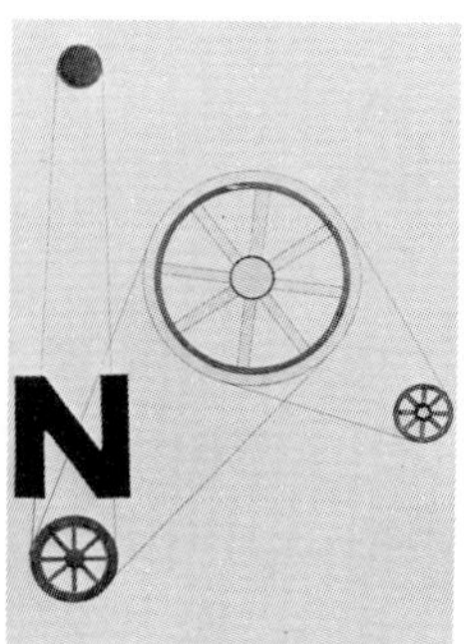

Moholy-Nagy,
Bewegung, 1920

ment an bis Ende 1922 wurde seine künstlerische Tätigkeit wie auch die typographische Gestaltung von MA durch diese zwei Tendenzen gekennzeichnet, den Konstruktivismus und den Dadaismus. Das beste Beispiel dafür ist das gleichzeitige Erscheinen der Gedichte von Arp und der Werke von van Doesburg, neben Gedichten von Huelsenbeck, Artikeln von Punin über den Tatlin-Turm, Bildern von Huszár und dadaistischer Typographie von Kassák. Die doppelte Orientierung zeigt auch der dadaistische Inhalt von Kassáks Bildgedichten, der in Verbindung mit konstruktivistischer Typographie steht. Barta war der einzige konsequente Repräsentant von Dada im Kassákschen Künstlerkreise. Seine und Kassáks Zusammenarbeit wurde dadurch immer schwieriger. Kein Wunder, daß es 1922 zu einer endgültigen Auseinandersetzung kam. Barta gründete in Wien eine eigene Zeitschrift – 'Akasztott Ember' ('Der Erhängte').

Nach einer langen, durch den Krieg verursachten, künstlerischen Isolierung geriet die ungarische Avantgarde – die dazu auch noch in ihrem Wirken keine selbständige Tradition hatte – immer mehr in Zerrissenheit. Ihre Inspiration kam nicht von eigener Tradition, aber es waren die von außen herangetragenen Impulse solcher Zeitschriften wie 'Die Aktion', 'Der Sturm', die den Experimenten der Ungarn Anregung brachten. Die Zerrissenheit wurde durch diese zwei Kunstrichtungen bedingt, den Konstruktivismus und den Dadaismus. Ein expressionistisches Nachspiel blieb ohne Wirkung. Der Zusammenstoß mit Dada war ein direkter, doch es kam dazu erst am Ende dieser Bewegung, andererseits war das Zusammentreffen mit dem Konstruktivismus ein indirektes. Die ersten Nachrichten kamen aus Rußland, und die Hauptzüge der russischen Bewegung deckten sich mit dem ungarischen Programm und mit der allgemeinen Zukunftsvision der ungarischen Künstler.

Für den Prozeß der Assimilierung des neuen konstruktivistischen Programms spielte der Dadaismus eine sehr wichtige Rolle. Man kann sie mit der des Kubofuturismus und der 'Außer-Vernunft-Dichtung' für die russische Kunst vergleichen. Dada wurde ein Instrument zur Entdeckung eines neuen Materials, der Morphologie der Collagen und einer Gestaltung der souveränen plastischen Sprache. Den Hauptsinn der Werke von 1920–1921 findet man schon in der konstruktivistischen Tendenz, die wohl die Kunst wie auch die Gesellschaftsvision bedingte. Diese Erscheinungen waren aber vollständig fremd für die 'klassische' Dada-Problematik.

Janos Brendel

Übersetzt aus dem Französischen
von Peter Hahlbrock

Bibl.: Moholy-Nagy, L. m. Kassák, L.: Buch neuer Künstler, Wien (MA) 1922; Barta, S.: Tisztelt hullaház (Manifeste), Wien (MA) 1922; Moholy-Nagy, Sibyl: Moholy-Nagy, Experiment in Totality, New York (Harper) 1950. 2. Auflage Cambridge, Mass. (MIT Press) 1969; Deutsche Übersetzung von L. Conradt: Laszlo Moholy-Nagy, ein Totalexperiment, Mainz/Berlin, (Florian Kupferberg) 1972; MA – Kassák, Basel (Ed. Panderma Carl Laszlo) 1968; Bori, I., Körner, E.: Kassák Irodalma és festészete, Budapest 1967; Radnóti, Z.: Volte-e magyar avantgarde dráma, 'Uj iras', Budapest 1967, Nr. 3; Bori, I.: A szecessziótól a dadáig. Ujvidék, 'Forum' 1969, S. 290–304; Bori, I.: A magyar dadaizmus sajátos arculata, 'Korunk' 1970, S. 30–39; Körner, E.: Kassák Lajos Kollázsai, Budapest 1970; Szabó, J.: A. magyar aktivizmus története, Budapest 1971; Szabó, J.: Magyar aktiviszmus (Ausst.-Kat.), Pécs (Janus Pannonius Múzeum) 1973; Rónai, G.: Kassák Lajos, Budapest 1971; Passuth, K.: Magyar Müvészek az európai avantgarde-ban 1919–1925, Budapest 1974; Laszlo Moholy-Nagy, Stuttgart (Gerd Hatje) 1974. (Mit Beiträgen von W. Herzogenrath, T. Osterwold, H. Weitemeier).

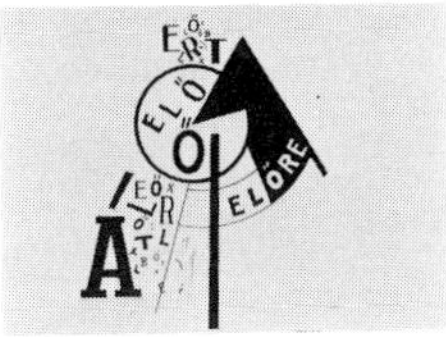

3/453
Kassak, Elöre, 1923

DADA JUGOSLAWIEN

Die dadaistische Bewegung in Jugoslawien ist bisher noch kaum in die kritischen und historischen Untersuchungen zur Geschichte der mitteleuropäischen Avantgardebewegungen einbezogen worden. Nicht ohne Grund: In diesem sowohl geographisch als auch linguistisch abgelegenen Land waren dadaistische Manifestationen vergleichsweise seltener und weniger spektakulär als in Zürich, Berlin oder Paris. Die gegenwärtige Ausstellung hat das Verdienst, den längst verstummten und vergessenen Stimmen der serbokroatischen Avantgardisten und Dadaisten erstmals wieder Gehör zu verschaffen. Die Mehrzahl von diesen Künstlern ist nicht einmal in den jugoslawischen Kunst- und Literaturhandbüchern verzeichnet. Ihre Werke werden nicht neu aufgelegt, und ihre Aktivitäten leben nicht wie die ihrer glücklicheren Freunde im Westen in einer Art Mythos fort. Frau Hanifa Kapidzic,-Osmanagic' geht in ihrer großen Arbeit über die surrealistische Bewegung in Serbien und deren Beziehungen zum französischen Surrealismus sogar so weit zu behaupten, ‚daß eine dadaistische Bewegung weder in Serbien noch überhaupt in Jugoslawien existiert hat'. Immerhin erwähnt sie die ‚gewissermaßen dadaistische Einstellung' jenes Dragan Aleksic (1901–1961), der 1922 in Zagreb eine Anthologie ‚Dada-Jazz' und eine Zeitschrift ‚Dada-Tank' (Kat. Nr. 3/293) veröffentlichte und die 1921 in der gleichen Stadt von Ljoubomir Micic' ins Leben gerufene sogenannte Zenitistische Bewegung (Kat. Nr. 3/295/296) – ohne allerdings nähere Angaben darüber zu machen. Glücklicherweise sind Exemplare der dadaistischen Zeitschriften erhalten: und sie beweisen, daß es tatsächlich eine Gruppe von Leuten gegeben hat, die nicht nur Wert darauf legten, die dadaistische Bewegung in Jugoslawien einzuführen, sondern auch bestrebt waren, diese durch eigene Leistungen zu bereichern.

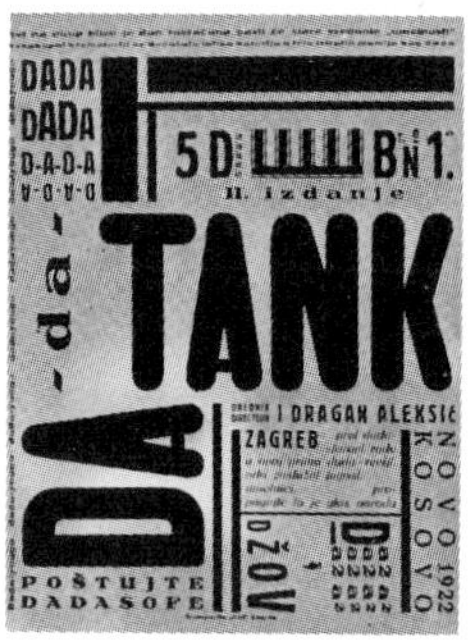

3/293
Dada-Tank, Zagreb, 1922

In welches kulturelle und historische Klima kamen in Jugoslawien die Avantgarde-Bewegungen der zwanziger Jahre? Da ist zunächst darauf hinzuweisen, daß der Krieg, der wesentliche Beweggrund der Züricher Dadaisten, für die jungen Südslawen nicht nur ein schreckliches Erlebnis, sondern auch und vielleicht vor allem die Quelle eines neuen Nationalbewußtseins war. Als mit dem Ende des Krieges der lange Kampf um die Unabhängigkeit und Vereinigung der verschiedenen Völker, die bisher unter dem Joch verschiedener Besatzungsmächte – der Österreicher, Ungarn und Türken – gelebt hatten, siegreich zu Ende gegangen und im Jahre 1919 Jugoslawien, der Staat der Südslawen, gegründet worden war, stand die Generation der um die Jahrhundertwende Geborenen vor einer neuen Hoffnung und einer neuen Aufgabe. In dem neuen Staat war alles neu zu machen. Vor allem galt es, eine neue Kultur zu schaffen. Tatsächlich war die Kultur der verschiedenen jugoslawischen Völker ziemlich jungen Ursprungs und noch recht beschränkt. Überdies waren die verschiedenen in dem neuen Staat vereinigten Völker zwar gemeinsamer ethnischer Herkunft, aber nach der Religion teils orthodox, teils katholisch und nach der von den verschiedenen fremden Landesherren beeinflußten allgemeinen Kultur recht verschieden voneinander. Auf Grund dieser komplizierten Situation bildete sich eine nationale Gesamtkultur vor allem auf dem Boden der reichen mündlichen Überlieferung der Völker, die während des 19. Jahrhunderts von romantischen Intellektuellen gepflegt und gesammelt worden war. Gegen Ende des 19. Jahrhunderts setzten sich die Serben gegen die obrigkeitlichen Germanisierungsbestrebungen dadurch zur Wehr, daß sie sich kulturell an Frankreich orientierten, und die Künstler Serbiens gewöhnten sich daran, ihre Vorbilder in Paris zu suchen. So wurden kurz vor dem ersten Weltkrieg in Serbien – dem kulturell am weitesten entwickelten Landesteil – auf recht künstliche Weise und ohne viel Verständnis für das daran Wesentliche – der Impressionismus und der ‚Parnassismus' in Gestalt eines imitierten Pseudosymbolismus eingeführt (der Dichter von Jovan Ducic'). Die Nachkriegsgeneration revoltierte gegen dieses Erbe und bemühte sich, aus der langen kulturellen Abkapselung auszubrechen. Man suchte nach Ausdrucksmitteln und Ideen, die den Bedürfnissen der Gegenwart angemessener wären. Diese Generation der zwanziger Jahre hatte den Krieg teils unmittelbar an der Front (der Rückzug der Serben in Albanien), teils in Frankreich oder der Schweiz in der Emigration erlebt. Diejenigen, die den Westen kennengelernt hatten, waren lebhaft an den internationalen modernen künstlerischen und geistigen Strömungen interessiert und machten dann die in der Heimat gebliebenen Kameraden damit bekannt. Unmittelbar nach dem Krieg war man also überall bestrebt, die Fenster zur Welt weit aufzureißen, und berauschte sich an der freien Luft all der begeisterten Ismen, die aus Mitteleuropa hereinströmten. Die Serbokroaten griffen derart den französischen Kubismus auf, den italienischen Futurismus, den russischen Konstruktivismus – doch ging ihnen keine der neuen Bewegungen so nahe wie der deutsche Expressionismus. So daß auch der Dadaismus in Jugoslawien zuerst als Spielart und Fortentwicklung des Expressionismus aufgefaßt wurde. Serben und Kroaten bekannten sich zuerst zum Expressionismus und einem elementaren Vitalismus und erst auf dieser Basis auch zu der dadaistischen Revolte gegen den traditionalistischen, passatistischen, utilitaristischen Kunstbegriff. Sie fühlten das Bedürfnis, sich dem Leben zu nähern und sich ungehindert und ohne jeden Zwang restlos auszudrücken und zu versuchen, ‚die Zuckungen der modernen Welt' und ihre innersten Regungen spontan wiederzugeben. Die Dynamik, die Bewegung der Epoche, die Funktion, die Konstruktion, die Verherrlichung der schöpferischen Ekstase und des freien schöpferischen Geistes – dies waren die Begriffe, an denen man sich berauschte. Der ihnen durch Tzara, Huelsenbeck und Hausmann vermittelte Dadaismus fand bei diesen jungen Anführern sofort Anklang wegen seiner Spontaneität, seines Dynamismus und seines internationalen Geistes. In Jugoslawien ging derart, anders als in anderen dadaistischen Kolonien, die Begeisterung für die Modernität und ihre Wunder Hand in Hand mit der Revolte gegen die herrschende traditionalistische und kleinbürgerliche Gesinnung. In der gezielten Beleidigung dieser Gesinnung (scandaliser le bourgeois) sah man ein wirkungsvolles Kampfmittel zur Durchsetzung eines neuen, ungezwungenen und freien Menschen. (Diese Haltung ist am besten belegt in der Poesie Rade Drainac's, des ‚tragischen Clowns' der serbokroatischen Literatur, dessen Sammlung ‚Der Bandit und der Dichter' noch 1928 (!) die kleinbürgerliche Belgrader Gesellschaft skandalisierte.) Häufig sahen sich dementsprechend die Modernisten, Progressisten und Dadaisten als ‚Irre' und ‚Verbrecher' aus der ‚besseren Gesellschaft' verbannt, was wiederum ihren Ekel vor dieser ‚kultivierten' Gesellschaft verstärkte und einige von ihnen dazu trieb, die Heimat zu verlassen, andere veranlaßte, anstatt in ihrer Muttersprache, in französischer Sprache zu schreiben. Da die Umwelt ihren Kundgebungen insgesamt feindlich gegenüberstand, blieb ihre Aktivität im wesentlichen auf die Veröffentlichung von Zeitschriften beschränkt. Die Feindlichkeit der Umwelt steigerte andererseits bei den Sympathisanten des Modernismus die Bereitschaft zur Revolte gegen bürgerliche Sekurität und Selbstzufriedenheit, führte Dada Rekruten zu. Allerdings ließen sich die jugoslawischen Dadaisten niemals auf die Verneinung aller Werte, aller etablierten Systeme und Kriterien ein. Die positive und undadaistische Gläubigkeit, die die jugoslawischen Dadaisten für bestimmte Ziele aufbrachten, erklärt sich aus der oben angedeuteten besonderen Aufbausituation, die sie in ihrer Heimat vorfanden. Sie wollten für die modernen Ideen kämpfen. Der Titel der von ihnen herausgegebenen Zeitschrift ist für diese Gesinnung bezeichnend: ‚Dada-Tank'. Der Zenithismus, eine autochthon jugoslawische Bewegung des Jahres 1921, suchte den Gegensatz Dada – Antidada durch die Formulierung neuer Werte in einer modernen Synthese zu überwinden. Zenith – Sonne – Wahrheit – Der Mensch! – Zenith!

So begannen in der Leere und der Kälte der Städte am Ende des Krieges, unter Ruinen sich Gruppen zu bilden, Zeitschriften erschienen. Hauptquartier der jugoslawischen Avantgardisten war das Café Moskau in Belgrad. Die von kosmopolitischem, internationalem und elektrischem Geist beflügelten Zeitschriften waren ausnahmslos polyglott. Besonderen Einfluß auf die nachfolgende Generation hatte die Literarische Gemeinschaft ‚Alpha'. Zu ihr gehörten die

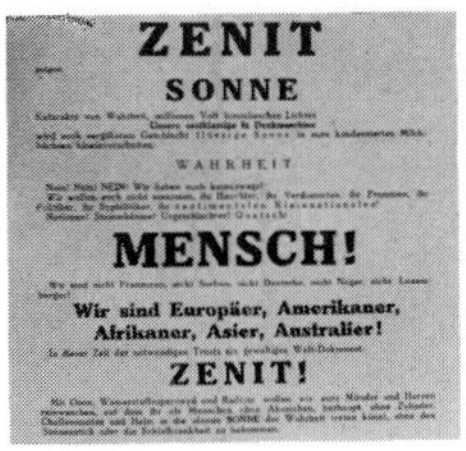

3/296
Zenit, Zagreb, 1921

folgenden Dichter und Publizisten: Milos Crnjanski (1893), in den Jahren 1920–1921 Korrespondent in Paris (seine in der Zeitschrift Nova Europa veröffentlichten Pariser Briefe wurden berühmt). Rastko Petrovic' (1898–1950), der 1920–1921 in Paris mit Dadaisten und Surrealisten verkehrte; sodann der bedeutende Dichter und Verfasser eines expressionistischen Manifests Stanislav Vinaver (1891–1955); und schließlich Dragan Aleksic' (1901–1961), Mitarbeiter an den Sammlungen Dada I und Dada II. Diese Gruppe äußerte sich vornehmlich in der Zeitschrift ‚Kritik' (1921). Die Zagreber Dadaisten brachten 1922, redigiert von Aleksic', die Zeitschrift ‚Dada-Tank' und die Anthologie ‚Dada-Jazz' heraus. Da findet man Lautgedichte, optische und absurde, auch Deklarationen, Provokationen und Selbstglorifizierung in allen Sprachen. Tzara, Huelsenbeck und Schwitters erscheinen in Dada-Tank mit Texten in deutscher und französischer Sprache. Ebenfalls in Zagreb gab Virgil B. Poljanski die Zeitschrift ‚Dada-Jok' (Kat. Nr. 3/292) heraus, die als ‚dada-antidada-zenithistisch' beschrieben wird. Ständiger Mitarbeiter war an diesem Organ der Erfinder des Zenithismus, Ljubomir Micic' (1895), ein ‚Antitalent und Scharlatan' nach Meinung der einen, ‚der größte Dichter des Balkans' nach anderen. Seine eigene Zeitschrift ‚Zenith' und das 1921 veröffentlichte ‚Manifest des Zenithismus' konnten auf die Unterstützung der Gruppe ‚Alpha' rechnen. Der Zenithismus war der Tendenz nach antieuropäisch und antidadaistisch. Aus der Perspektive dieser Bewegung erschien der Dadaismus steril, parasitär, Ausdruck einer charakteristisch westeuropäischen Dekadenz. Der Zenithismus dagegen hatte ein Ziel: die Verherrlichung der ungebrochenen und barbarischen Kraft der heilen und sonnenhaften Energie der Südslawen. Wie der Name sagt, strebte der Zenithismus nach dem Zenith, nach dem Höhepunkt des Geistes, und zwar nach dem Muster eines progressiven vertikalen Aufstiegs im Rahmen des metakosmischen Dreiecks Erde, Sonne, Mensch, wobei die schöpferischen Kräfte des Menschen von neuem erwachen sollten. Er wollte derart an der Schöpfung eines neuen freien und tätigen Menschen mitwirken und am Aufbau einer kollektiven, synthetischen und konstruktivistischen Kunst. Darüber hinaus hatte er den Ehrgeiz, Europa zu regenerieren, zu balkanisieren und Schöpferkraft, Brüderlichkeit und Kollektivismus auch dem Westen zugänglich zu machen. Indem der Zenithismus für sich in Anspruch nahm, die ‚erste geistige Revolution auf dem Balkan' zu sein, geriet er in Verdacht, auch in weiterem Sinne revolutionär zu wirken. Und obwohl die Zenithisten sich zwar auf die Entdeckung der russischen Konstruktivisten beriefen – Malewitsch, Ehrenburg, Lissitzky, Majakowski und Tatlin im Munde führten, übrigens aber politisch nicht engagiert waren –, galten sie doch beim bürgerlichen Publikum als ‚Söldlinge Lenins'. Micic' wurde 1922 aus seiner Stellung als Lehrer am Gymnasium in Zagreb entlassen, wegen ‚schwerer Verletzung der öffentlichen Moral' verurteilt und mußte seine Heimatstadt verlassen. Nach einem Aufenthalt in Belgrad ließ er sich in Paris nieder. Seine Gedichtsammlungen ‚In Gottes Namen!' und ‚Die Rettungswagen' wurden 1922 verboten. Der Zenithismus, der in Jugoslawien wenig Widerhall hatte, fand in Paris bei Iwan Goll begeisterte Zustimmung. Gemeinsam mit Micic' veröffentlichte dieser 1924 in der Zeitschrift ‚Der Sturm' ein zenithistisches Manifest. Noch 1927 versuchte Ferdinand Delak in Ljubljana in einer Neuausgabe von ‚Dada-Tank' die Jugend für eine kollektive, synthetische und konstruktivistische Kunst, kurz für die Ideen des Zenithismus zu begeistern. (Konkrete Beispiele zenithistischer Kunst hat man bei Kandinsky, unter den jugoslawischen Künstlern bei Vinko Foretic'-Vis, M. S. Petrov, Avgust Cernigoj; Konstruktivisten waren Ivan Cargo, Fran Tratnik, Veno Pilon und andere.) Hier kündigte Micic' mit einer kurzen Biographie in französischer Sprache seinen Entschluß an, sich in Paris niederzulassen. Einige andere Avantgardisten folgten seinem Beispiel und nahmen dann in Paris an der Entwicklung der surrealistischen Bewegung teil. (So etwa der Dichter Mony de Boully, der 1922 an Rade Drainac's Zeitschrift ‚Hypnos' mitgearbeitet hatte, die der Erforschung der halluzinatorischen Zustände und der intuitiven Erkenntnis hatte dienen wollen.) Andere verschwanden,

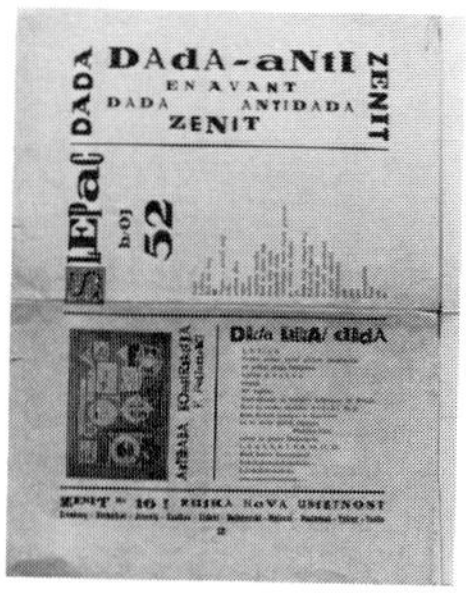

3/292
Dada-Jok, Zagreb, 1922

und es ist nicht mehr leicht zu sagen, wo sie geblieben sind.
Auch die jugoslawische Dada-Antidada-zenithistische Bewegung verlief sich sozusagen im Sande. Später wurde diese Revolte als infantil bezeichnet, und man ging mit der apolitischen Haltung eines Drainac', Aleksic' und Micic' streng ins Gericht: Man fand sie des anarchischen Individualismus schuldig. Ihr Kampf für eine geistige Revolution wurde als ideologischer Obskurantismus qualifiziert, und reine persönliche Geltungssucht wurde ihnen als Motiv unterstellt. Diesem offiziellen kritischen Urteil zufolge handelte es sich bei der ganzen Bewegung nur um ‚illusionären Kampf, machtlose, ehrgeizige leere Reden'. Mit dem wahren fortschrittlichen Kampf der entstehenden revolutionären Klasse habe jedenfalls das Ganze nichts zu tun gehabt.
Die Veränderung der Kriterien und der fernere Verlauf der europäischen sogenannten Avantgarde-Bewegungen hatten dann dazu geführt, daß sich in der unmittelbaren Folgezeit der Surrealismus der Hoffnungen der serbokroatischen intellektuellen Jugend bemächtigte. Ristic', Micic', Dedinac' und Vuco haben ihre Ziele durch die surrealistische Revolution zu erreichen gesucht.

Katia Krivanek

Aus dem Französischen übersetzt
von Peter Hahlbrok.

Anmerkung: Eine exakte Chronologie und Bibliographie des Dadaismus und Zenithismus in Jugoslawien sind bislang noch kaum zu erstellen, es scheint aber, daß gegenwärtig in Belgrad das kritische Interesse an diesen Bewegungen neu erwacht ist, so daß für die Zukunft mit genauerer Kenntnis und möglicherweise einer Rehabilitierung derselben gerechnet werden darf.

DADA TSCHECHOSLOWAKEI

Die Situation in der Tschechoslowakei am Ende des ersten Weltkriegs glich der in Jugoslawien. Sichere Spuren der dadaistischen Bewegung sind dort nicht nachzuweisen. Hier sollen einige der Ursachen skizziert werden, aus denen heraus der Dadaismus der zwanziger Jahre sich dort nicht durchsetzte.
Wie Jugoslawien entstand der tschechoslowakische Staat nach Ende des ersten Weltkrieges. Auch dieses Land hatte einen langen Kampf und die Wahrung seiner nationalen Integrität hinter sich, einen langen Kampf ums Überleben. Kultur und Literatur standen fest im Dienst der nationalen Sache, vertraten patriotische Ideen und Werte. Es gab eine solide Tradition ‚engagierter' Literatur. Auch hier war die avantgardistische Generation der zwanziger Jahre – organisiert in der Künstlergruppe ‚Devetsil' (Neun Kräfte) unter Karel Teige (1900–1951) – wie in Jugoslawien aufbaubegeistert. Von überströmenden Hoffnungen auf die Funktion der Kunst im neuen tschechoslowakischen Staat erfüllt, gründeten diese jungen Leute eine eigene Bewegung: den ‚Poetismus'. Dabei handelte es sich um ein lyrisches Pendant zum rationalistischen Konstruktivismus (Hauptpräsident dieser Bewegung war der Dichter Vitezslav Nezval). Die an den neuesten europäischen Ideen lebhaft interessierte tschechische Avantgarde wurde wie die jugoslawische einerseits von Frankreich aus beeinflußt (durch den Unanimismus, Vitalismus und Guillaume Apollinaires Kubo-Futurismus), andererseits durch den russischen Konstruktivismus. Ein bemerkenswerter Unterschied modifizierte jedoch die Wirkung dieser Einflüsse in den beiden Ländern: Die Tschechen machten sich von Anfang an auch politische revolutionäre Forderungen zu eigen. Schon 1921 waren die meisten jungen Künstler und Intellektuellen eingeschriebene Mitglieder der kommunistischen Partei. Nach langen Diskussionen über die Probleme einer proletarischen Kunst suchten sie mit Werken, die zum Zweck der ‚Begeisterung der Massen' eine post-revolutionäre Welt antizipierten, der Revolution auf die Sprünge zu helfen. Der Poetismus ist die Kunst zu leben und das Leben zu

genießen – eine Verherrlichung der Schönheit einer in kollektiver Arbeit geschaffenen modernen Welt. Das Leben soll in dieser Welt zu einem ‚grandiosen unterhaltenden Schauspiel, einem exzentrischen Karneval, zu einer Harlekinade der Illusionen und der Sinne' werden. Der höchste Anspruch der Bewegung ist es, ‚das historische Ideal des Glücks' zu verwirklichen, denn der Mensch hat die Kunst erfunden, um glücklich zu sein. Das wird, nach Teige, in der zukünftigen sozialistischen Welt auch die einzige Funktion der Kunst sein: das Glück zu konstruieren. Die Kunst muß in einer Gesellschaft, in der das rationale Element eine immer bedeutendere Rolle spielt, die Sensibilität kultivieren und erneuern (Manifest des Poetismus, Prag 1924).

Es ist leicht einzusehen, daß bei den Befürwortern des Poetismus der Dadaismus kaum Chancen hatte, Anhänger zu finden. Die dekadente, nihilistische und apolitische Tendenz des Dadaismus lag dem revolutionären Idealismus und der konstruktivistischen Begeisterung der Gruppe ‚Devetsil' durchaus konträr. Nach Teiges Meinung bot der Poetismus eine neue Lösung der Dialektik von Disziplin und Freiheit, überwand den Widerspruch von Vernunft und Phantasie, ein Widerspruch, der in Zukunft ja den Tschechen schwer zu schaffen machen sollte, was Teige schon 1919 geahnt zu haben scheint. Die Beschäftigung mit dem Problem der Phantasie und des Ausdrucks in der Dichtung (wobei Rimbaud und Apollinaire ihm Vorbilder waren) führte Teige auch zu einer Rechtfertigung des Dadaismus in einem 1925 erschienenen Artikel über ‚Humor, Clowns und Dadaisten'. Er scheint dort jedenfalls dadaistische Komik, dadaistisches Gelächter als gesunde Reaktion auf die Absurdität des Lebens zu schätzen. Allerdings gilt ihm die Bewegung als ausschließlich humoristisch und zu literarisch. Doch wollte er sich als ‚frisches und erfrischendes Elixier' (Teige), als belebenden launigen, spontanen Ausdruck des Lebens einen gewissen hyperdadaistischen Geist gern selbst aneignen. ‚Devetsil' griff den unsterblichen Dada-Geist auf und beabsichtigte, ihn ins Leben einzuführen. Von 1926 an spielte man die Stücke Georges Ribemont-Dessaignes, in denen die Tendenz zur Befreiung durch Gelächter sich besonders deutlich ausspricht im ‚Befreiten Theater', dem ‚Osvobozene Divadlo' (der dramatischen Abteilung der Gruppe Devetsil) in Prag häufiger als selbst in Paris. Auch Tzara weiß man zu schätzen. Die Aktivitäten der deutschen Dadaisten jedoch stießen auf völliges Unverständnis, wozu möglicherweise ein aus der langen kulturellen und linguistischen Unterdrückung der Tschechen durch die Deutschen geborenes Ressentiment beitrug. Teige und die übrigen Mitglieder der Gruppe Devetsil verurteilten 1920 und 1921 die dadaistischen Auftritte Schwitters' und Hausmanns in Prag und behandelten sie als Kindereien. Die tschechische Avantgarde könne solchen ‚kopflosen Dadaismus nicht ernst nehmen, der nur auf Zerstörung aus sei, reiner ‚Hyänismus' hieß es. ‚Hyänismus' war den idealistischen und konstruktivistischen jungen Tschechen gänzlich fremd.

Doch führte die ständige Beschäftigung mit den Problemen der poetischen Imagination und das Ausbleiben der ersehnten realen Revolution schließlich auch die Tschechen zur Übernahme der positiven Errungenschaften des dadaistischen Abenteuers – was eine Annäherung der tschechischen Avantgarde an den französischen Surrealismus zur Folge hatte. (Allerdings blieben Teige und Nezval in Hinsicht auf den ‚Anarchismus der écriture automatique' Bretons lange kritisch; der Surrealismus Ivan Golls schien ihnen akzeptabler.)

Nichtsdestoweniger hatte schon zu Anfang der zwanziger Jahre auch der Dadaismus deutscher Prägung einen Verteidiger in der Tschechoslowakei: 1925 gab auf einer von der dortigen Sektion der Devetsil organisierten Vortragsveranstaltung in Brünn der junge Dichter Frantisek Halas (1901–1949) einen Abriß des Dadaismus. (In Brünn war das Interesse an den neuesten Entwicklungen in Deutschland überhaupt größer. Dort erschienen auch, in der Zeitschrift ‚Pasmo', Zone, MERZ-Texte von Schwitters.) Gegenwärtig wird Halas paradoxerweise als Randerscheinung der von Teige repräsentierten ‚offiziellen' Avantgarde gewertet. In seinem Vortrag versuchte er, das Wesen der Bewegung zu analysieren, wies auf ihre Ambiva-

lenz, ihre Widersprüche hin und den dahintersteckenden Haß des Kleinbürgers. Er gab zahlreiche Zitate nach Tzara und dem in Karlsbad geborenen W. Serner. Er meinte überdies auch, in der Tschechoslowakei Vertreter eines sozusagen prädadaistischen Geistes nachweisen zu können. Seines Erachtens zeigten Jaroslav Hasek, der Erfinder des berühmten Schweik (1921) und Ladislav Klima, mit F. Böhler Verfasser des in deutscher Sprache geschriebenen Romans ‚Die Mißgeschicke der blinden Schlange' eine echte Verwandtschaft mit dem absurden und relativistischen Dada-Geist. Halas berief sich gegen die Forderungen einer revolutionären und engagierten Kunst auf die Ehrlichkeit und Unmittelbarkeit des Dadaismus, die dem Leben näher sei als jede restriktive Ideologie.
Die dadaistische Bewegung hat demnach in der Tschechoslowakei keine unmittelbare Wirkung gehabt. Gewisse Ideen (das freie Spiel der Phantasie betreffend) wurden durch den Poetismus absorbiert. Doch trotz Halas' Eintreten dafür fand das Prinzip keine Anhänger. Dada ist in der Tschechoslowakei heute ein Synonym für den lustigen Streich, die Clownerie Charlie Chaplins.

Katia Krivanek.

Aus dem Französischen übersetzt
von Peter Hahlbrok.

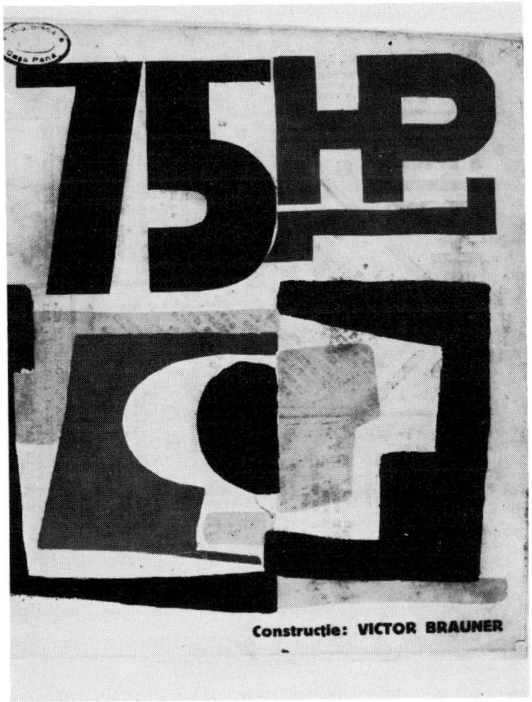

75 HP,
Victor Brauner (Hg.),
1924

DADA RUMÄNIEN

Im Unterschied zur deutschen und französischen Kultur ist es dem Dadaismus nicht gelungen, sich innerhalb der rumänischen Avantgarde als selbständige und zeitdeckende Strömung zu behaupten. Die seltenen Manifestationen des dadaistischen Geistes sind als spätes und kurzfristiges Echo zu werten, dessen Widerhall sich erst spürbar machte, nachdem die in Zürich entstandene Strömung sich bereits zersetzt hatte. Als im Oktober 1924 in Bukarest die erste und letzte Nummer der Zeitschrift '75 H. P.' erschien – die einzige rumänische Publikation, die dem Dadaismus verpflichtet ist – zählte man immerhin schon zwei Jahre nach dem Höhepunkt des Pariser Dadaismus, und auch die angeführte Zeitschrift verkörperte dadaistischen Stilwillen nicht in 'Reinkultur': die erste der Avantgarde zugehörige Künstlervereinigung fußte schon auf konstruktivistischen Grundlagen und scharte sich um die Zeitschrift 'Contimporanul' ('Der Zeitgenosse'), deren 'Aktivistisches Manifest an die Jugend', von Ion Vinea, verfaßt, im Mai 1924 veröffentlicht wurde, und dessen Ausstrahlung auch '75 H. P.' in seinen Bann schlug. Ein aufmerksamer Blick auf die rumänische literarische Landschaft, in der ein Tristan Tzara aufwuchs, entdeckt günstige Voraussetzungen für eine avantgardistische Bewegung. Tendenzen sind an den Texten der jungen Generation abzulesen, die sich im zweiten Jahrzehnt unseres Jahrhunderts zu Wort meldete. Beschleunigt durch die klaffenden Gegensätze zwischen traditionalistisch-idyllisierenden und symbolistisch-modernistischen Literaturbestrebungen, nimmt der Entwicklungsprozeß radikale Formen an, weshalb in der Zeitspanne 1914–1915 die deutlichen Zeichen einer anti-literarischen Haltung unverkennbar sind. Dichter wie Adrian Maniu, Ion Vinea und Tristan Tzara, die aus der Schule Jules Laforgues ('Les moralités légendaires') hervorgingen, pflegen ein ironisches, betont antikonventionelles Gedicht, in dem die 'Antipathie' der tradierten Literatur gegenüber so unmißverständlich artikuliert wird, daß es sich der Schwelle des künftigen Dadaismus nähert. Die enge Freundschaft zwischen Vinea und Tzara festigt die gemeinsamen Bestrebungen, die der nonkonformistischen Literatur zum Durchbruch verhalfen.

In den Gedichten, die Tzara in rumänischer Sprache schrieb (1913–1915) machen sich, jenseits eines noch vorhandenen Gefühlsüberschwangs, Strategien der Ironie und Selbstironie bemerkbar. Die lyrisch-intellektuelle Reflexion deckt Konventionen und Klischees auf, die Diktion wird bewußt von Redeformen der Prosa untergraben, sie löst sich in diskontinuierliche Fragmente auf und bedient sich einer Bildlichkeit, die heterogene Bereiche schockierend verknüpft. Es mangelt nicht an spektakulären Gesten, an Rebellion gegen das gutbürgerliche Verhalten – Vorspiele des 'Skandals', der später vom Dadaismus inszeniert und gepflegt werden sollte. Wenn auch Tzaras Gedichte aus dieser Zeitspanne als Weiterführung der ironischen Haltung Laforgues zu verstehen sind, kann man ihre Berührungspunkte mit dem Dadaismus keinesfalls übersehen. In einem Brief, der 1934 an den rumänischen Verleger dieser Verse gerichtet war, weigert sich selbst der Dichter, sie als 'poèmes d'avant Dada' eingestuft zu wissen.

Einige dieser Texte wurden in der Sammlung 'De nos oiseaux' (1923) in französischer Übersetzung wieder aufgenommen und verdeutlichen diesen Sinn. In einem Kommentar zur rumänischen Schaffensperiode Tzaras spricht Claude Sernet, der Übersetzer der im Jahre 1965 im Pariser Verlag Seghers erschienenen Ausgabe der Texte Tzaras, vom 'Gefühl einer notwendigen Revolution', von dem Bereitstellen der 'Waffen', deren Handhabung Tzara schon damals beherrschte. In der vierten Nummer der Zeitschrift 'Chemarea' ('Der Ruf'), die 1915 von Vinea herausgegeben wurde, erschien ein 'Avertissement', dessen Aussagen den Geist des Dadaismus vorwegnahm: 'Laßt uns mit harten Harnischen unter den Westen an die Öffentlichkeit treten. Laßt uns die Landkarten in unseren Redaktionen durch Waffensammlungen ersetzen; wir fordern Steckbomben für unsere Schornsteine und Messer für unsere Bleistifte'.

Um das Bild der früh-avantgardistischen Haltungen in Rumänien zu vervollständigen, muß die ungewöhnliche Leistung von Urmuz (D. Demetrescu-Buzau, 1883–1923) erwähnt werden. Er ist der Autor einiger 'bizarrer Blätter', an denen er schon 1908-1912 zu arbeiten begann: sie legen Koordinaten einer Art 'Sprachkomödie', wobei sie literarische Klischees und Konventionen parodieren, groteske Personen in Szene setzen, die zur Hälfte Menschen, zur Hälfte Marionetten sind; sie schlachten sprachliche Automatismen geschickt aus und pflegen den Nonsens sowie das Absurde.

Urmuz' Prosa ist ein erstes Beispiel der 'Anti-Literatur' innerhalb des rumänischen Kulturraumes, verdeutlicht einen frühen dadaistischen Aspekt in Rumänien und weist zugleich daraufhin, daß Dada selbst auf europäischer Ebene wesentlich das Resultat zusammenmündender Revolten war – ein Konzentrat protestierender Energien, die aus unterschiedlichen kulturellen Räumen kamen. Die dadaistischen Negationsbestrebungen konnten deshalb zu jenem Zeitpunkt in einer Literatur wie der rumänischen keine Breitenwirkung erreichen, da diese bestrebt war, ihre modernen Grundlagen zu festigen. Die Vorbereitung und Verwirklichung der nationalen Einheit (1918) forderte ein gewisses Gleichgewicht auch innerhalb der Erneuerungsvorgänge. Desgleichen darf auch die Tatsache nicht außer acht gelassen werden, daß die Geschichte der rumänischen Kunst noch nicht so ausgeprägt war, daß sie die Negation des Bestehenden herausforderte. Die gleiche Feststellung gilt auch für die Literatursprache, die damals noch entwicklungsfähig war und kaum als 'ausgetrocknet' empfunden werden konnte, wie das anderwärts geschah.

Der rumänische Modernismus, der auf einer soliden theoretischen Konzeption fußt, die sich 1919–1920 herauskristallisierte, geht den ersten Anzeichen der Avantgarde voraus, der er dann später, zur Zeit ihrer vollen Entfaltung, zurückhaltend gegenübersteht. Eugen Lovinescu, der Kritiker und Chefideologe des Modernismus, umschreibt die Avantgarde als 'saturnalische Freiheit des trunkenen Sklaven'.

In Rumänien tritt die avantgardistische Bewegung schon in ihren ersten Manifestationen als Synthese des europäischen Avantgarde-Geistes auf. Sie vereint hauptsächlich futuristische und konstruktivistische Elemente. Das 'Aktivistische Manifest an die Jugend' der Zeitschrift 'Contimporanul' sowie die Tätigkeit einiger Zeitschriften wie 'Punct' (1924–1925) und 'Integral' (1925–1928) sind Zeugen dieser Sachverhalte. Marcel Janco, der zusammen mit Tzara beim 'Züricher Aufstand' dabei war, zählt zu den einflußreichsten Persönlichkeiten der Gruppe des 'Contimporanul'.

Auch die Zeitschrift '75 H. P.' spiegelt diese zwiespältige Lage wider. Ihre Ausrichtung schwankt zwischen Dadaismus, Konstruktivismus und Futurismus. Von einer Gruppe Jugendlicher herausgegeben – den Dichtern Ilarie Voronca, Stefan Roll (Gheorghe Dinu) und dem Maler Victor Brauner – repräsentiert '75 H. P.' die bilderstürmerische Revolte und erscheint als ein knappes 'Resümee' schon angeführter Haltungen. 'Aviograma', der Text, den Voronca' anstelle eines Manifestes' veröffentlichte, kann eher konstruktivistisch-futuristischen Bestrebungen zugeordnet werden. Es ist ein lärmendes Schwelgen im Maschinenzeitalter, ein Hohelied auf die Geschwindigkeit, auf die hypertechnisierten modernen Städte. Auf den beiden Seiten, deren Schreibtechnik sowohl dem Dadaismus als auch den 'Wörtern futuristischer Freiheit' zugeordnet werden könnte, tauchen stellenweise zusammenhängende Sätze auf, die die radikale Neuheit des eigenen Schaffensprozeßes feiern: 'der künstler imitiert nicht der künstler gestaltet/die linie das wort die farbe die du nicht im wörterbuch findest/ . . . /er erfindet erfindet'. 'Grammatik, Logik, Sentimentalität' werden angegriffen und ironisch als 'Wäscheleinen' abgefertigt oder eine entschieden anti-traditionalistische und anti-konventionelle Haltung ausgeschrieben: 'Leser, befreie dein Hirn von Parasiten', 'Entfernt die abführenden Formeln, denn wenn unsere Taten Formeln werden, entfernen wir uns von uns selbst'. Die Definition der 'pictopoèsie' (eine Art plastisch-literarischer Collage, die Ilarie Voronca und Victor Brauner schufen) spricht von der Verwirklichung einer 'vraie synthèse des futurismes dadaismes constructivis-

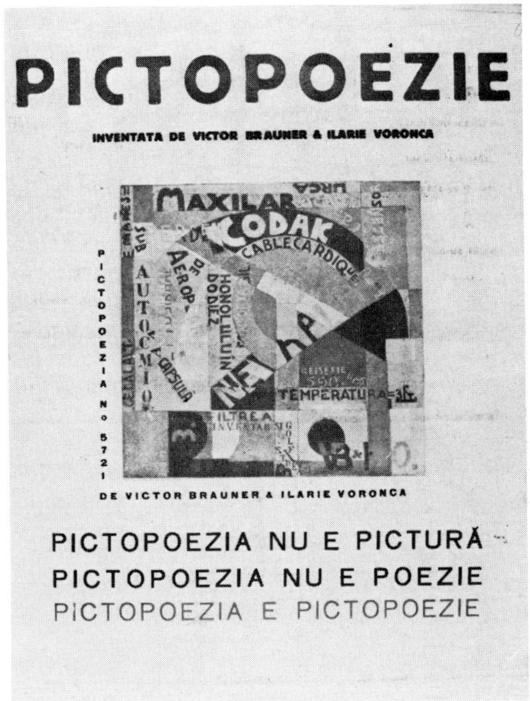

Pictopoezie, Brauner u. Voronca (Hg.)

mes', die jedoch dem ironischen Publicity-Stil des Dadaismus verpflichtet war: 'La PICTO-POESIE . . . est le dernier cri de l'heure actuelle. Tous les dandys doivent se tailler leurs habits d'après la coupe pictopoètique . . . PICTO-POESIE TRIOMPHE SUR TOUT ENREGISTRE TOUT REALISE L'IMPOSSIBLE'. . . Die gleiche Vorliebe für das Spektakuläre, für ausgefallene Karikaturen und für eine anti-literarische Haltung wird auch im Stil Tristan Tzaras ausgedrückt. Ganz besonders erinnert folgendes Pseudo-Plakat, in welchem der futuristische Enthusiamus für moderne Technik in dadaistischer Manier ausgesprochen wird, unmittelbar an Pariser Dada-Ausführungen: 'LE GROUP 75 H. P. organise un grand théatre antithéatral avec des représentations foudres asphaltes hépatisme (sic!) diatermie (sic!) acide carbonique LES SPECTATEURS DOIVENT VENIR EN TOILETTES SPECIALES PREVUS (sic!) de gants de boxe de chaussures de pomme de terre de claxons trompettes signaux de revolvers préférables browning des perruques d'asbest (sic!) b b b b b b b b b b b b b'.

Trotz des Vorsatzes, 'keine Literatur zu machen', veröffentlicht die Zeitschrift zwei Gedichte von Vinea und Roll, die sich vom Dadaismus distanzieren. Die Mehrzahl der Texte fällt jedoch unter die Kategorie des Antigedichtes. Es ist vor allem Voronca, der sich in der Herstellung von Antigedichten übt, in denen der poetische Schaffensakt und sakrosankte Mythen Zielscheiben seiner karikierenden Verve sind.

Diese Verfahrensweisen waren auch den vorangegangenen Techniken eines Urmuz nicht fremd, der in seiner bekannten 'Fabel', die den Titel 'Chronisten' trägt, Nonsense-Behauptungen aneinanderreiht, sie in korrekter Metrik aufbaut und in der abschließenden 'Moral' die Wahl zwischen der Bedeutung zweier Synonyme offen läßt: Nutzlosigkeit und Leere der 'Botschaft', die auf das anfängliche diskursive Nichts folgen. Andere Texte, die Ilarie Voronca verfaßte, erinnern bloß in ihren äußeren Bauformen an Dichtung: im Schriftbild und im rhythmisch strukturierten Sprachablauf. Das Innere dieser Leerform wird von bizarren Wort- und Satzverknotungen bevölkert, die der Zufall zusammenbrachte, als seien sie dem 'Sack' entnommen, von dem Tzara sprach, als er das Rezept des Dada-Gedichtes vorschrieb. Die Vorliebe für den Kalauer, den ironisch-sentenzhaften Stil, den absurden Humor wurzelt gleichermaßen in den Gebilden 'Urmuz' und Tzaras und wirkte sich auf die Entfaltung der rumänischen Avantgarde aus.

Das verspätete dadaistische Zwischenspiel der Zeitschrift' 75 H. P.' blieb Episode. Konstruktivismus und Surrealismus, die innerhalb der rumänischen Avantgarde größere Ausmaße annahmen, lösen den Dadaismus schnell ab. Und selbst die Poeten der Avantgarde nennen den Dadaismus aus einer distanzierten Sicht 'eine mit Schall geladene Flinte' oder 'ein Maschinengewehr aus Konfetti'.

Ion Pop

Bibl.: Primärlit.:
Pană, S.: Antologia literaturii române de avangardă, Bucureşti (Editura pentru literatură) 1969; Urmuz: Pagini bizare, Ediţie íntocmitǎ de Saşa Pană, Bucureşti, (Editura Minerva) 1976; Tzara, T.: Primele poeme si Insurectia de la Zürich prezentată de Saşa Pană, Bucureşti (Editura Cartea Românească) 1971; Tzara, T.: Les premiers poèmes, présentés et traduits du roumain par C. Sernet, Paris (Seghers) 1965; Tzara, T.: Poèmes roumains, traductions de S. Fauchereau, Paris (Ed. de la Quinzaine littéraire) 1974; Tzara, T.: Œuvres complètes, vol. I, Paris (Flammarion) 1975; Pastiar, O. (Hg. u. Übers.): Urmuz, Das gesamte Werk, München 1976.
Sekundärlit.: Crohmălniceanu, O. S.: T. Tzara en Roumanie, in: Revue roumaine, 1967, Nr. 2; Marino, A.: Dictionar de idei literare, vol. I (A–G), Bucureşti (Editura Eminescu) 1973; Pop, I.: Avandardismul poetic românesc, Bucuresti (Editura pentru literatură) 1969; Fauchereau, S.: T. Tzara et l'avantgarde roumaine, in: Expressionisme, Dada, surréalisme et autres ismes, vol. I, Paris (Denoël) 1976.

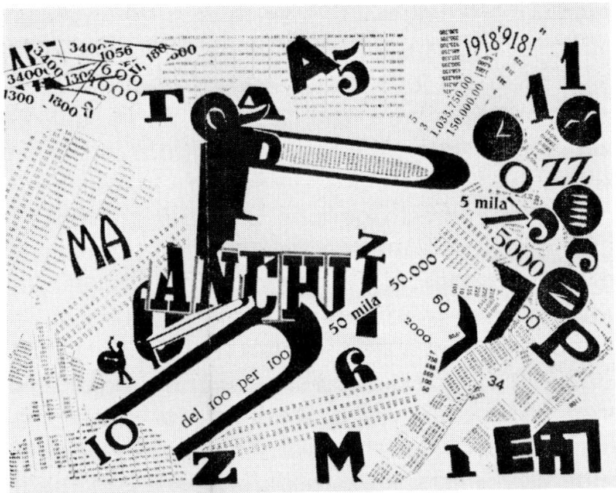

Marinetti, Une sensibilité numérique, 1919, aus: Les mots en liberté –", Mailand 1919

DADA ITALIEN

Die italienische Avantgarde trat in Gestalt des von Marinetti kreierten Futurismus im Jahre 1909 auf den Plan. Das eigentümlich Neue dieser Bewegung zeigte sich in ihrem radikalen und beharrlichen Antitraditionalismus und in dem aktivistischen Pragmatismus, mit dem sie die bürgerliche Kultur in Frage stellte. Tatsächlich war Marinettis Futurismus freilich – mit seiner Verherrlichung der Modernität, der durch das rasche Wachstum der oberitalienischen Industrie verursachten technischen Revolution – unmittelbar Ausdruck des imperialistischen Charakters der neuen Industrie-Bourgeoisie. In der ursprünglichen, von Marinetti konzipierten Gestalt richtete sich die futuristische Ideologie mit ihrer Insistenz auf den 'élan vital', mit ihrem kriegerischen Nationalismus, titanischem Maschinismus, ihrem Kult des Übermenschen zwar gegen die Kultur der alten agrar- und textilkapitalistischen Bourgeoisie jedoch einzig zu dem Zweck, der neuen industriekapitalistischen Bourgeoisie an die Macht zu helfen.
Indes war der italienische Futurismus insgesamt eine sehr umfangreiche, vielschichtig strukturierte Bewegung, innerhalb der Persönlichkeiten und Ideen zum Zuge kamen, die später den Charakter nachfolgender, andersgearteter Bewegungen bestimmen sollten. In Italien konnte der Dadaismus nur aus dem Futurismus hervorgehen. Ein heterodoxer Futurismus bereitete in Italien den Dadaismus ähnlich vor, wie der avantgardistische Synkretismus die Unternehmungen der Gruppe des Café Voltaire.
Die etwa bis 1918 reichende Anfangsphase des Züricher Dadaismus war zwar vom Expressionismus inspiriert, hat sich aber auch des szenischen Instrumentariums des Futurismus bedient. So hat Dada Marinettis typographischen und motlibristischen Experimente aufgegriffen, den von Russolo erfundenen Bruitismus, Boccionis Materialassemblagen, die von Carrá initiierte Radikalisierung der kubistischen Kollagetechnik ('Manifestazione interventista', Kat. Nr. 3/401), sowie verschiedene Elemente der von Marinetti entwickelten Strategie der 'futuristischen Soirée' zur Provokation des bürgerlichen Publikums: Vortrag satirischer Texte, simultane Deklamation verschiedener sinnleerer, rein lautmalerischer Texte oder bruitistisch untermalter Gedichte. Jedoch hat Dada diesen übernommenen Elementen schließlich eine neue Orientierung gegeben, so daß der tiefgreifende Unterschied zwischen den beiden Bewegungen auf ideologischem Niveau zu suchen ist. Erst Dada hat die vom Futurismus entwikkelten Techniken zu wirklich subversiven Zwecken eingesetzt.
Prädadaistische Gesinnung ist bei Marinetti selbst kaum anzutreffen – man begegnet ihr vielmehr gerade bei jenen italienischen Avantgardisten, die nicht vom 'Marinettismus' infiziert sind und der Revolutionsromantik und den apodiktischen (und also undialektischen) Postulaten des Stifters der futuristischen Ideologie fremd gegenüberstehen.
Die Farbe – wenn nicht der Ton – dadaistischen Vortrags ist aber überall da schon getroffen, wo Humor und Ironie den heiligen Ernst des Stifters relativieren und dialektisch von sich selbst befreien. Beispiele hat man in Cangiullos typographischen Spielereien und motlibristischen Kompositionen, oder in den Marinettis Rhetorik parodierenden Gedichten von Fedoro Tizzoni.
Derart ketzerischer Futurismus gedieh vor allem in Florenz. Das Organ der dortigen Futuristen, die Zeitschrift 'Lacerba' hat viele Texte namentlich von Palazzeschi, Rosai, Licini veröffentlicht, die eine deutliche Neigung zu Humor und Groteske in der Manier Laforgues und

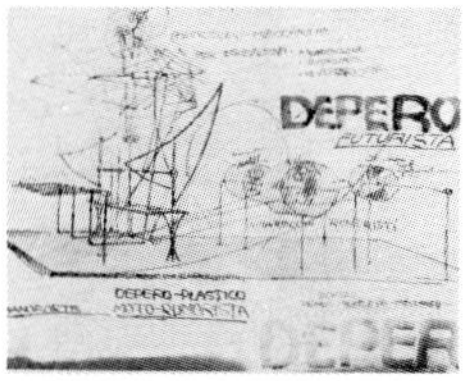

Depero, Plan einer motobruitistischen Plastik, 1915

Jarrys verraten. Als der erste echte Vertreter des Dadaismus innerhalb des italienischen Futurismus muß aber Depero angesehen werden, der mit der seinem Manifest 'Plastische Komplexität – Freies futuristisches Spiel – Das künstliche Lebewesen' zu Grunde liegenden Poetik des Kunst-Spiels bereits 1914–1915 die Paradigmen des marinettischen Futurismus umstieß. Dieses Manifest blieb zwar unveröffentlicht, bildete aber die theoretische Grundlage des einige Monate später veröffentlichten und von Depero und Balla gemeinsam unterzeichneten Manifests. 'Die futuristische Rekonstruktion des Universums.' Gegen Ende des Jahres 1914 konstruierte Depero dann, ausgehend von Boccionis Dynamismus und Russolos Bruitismus, sogenannte 'plastische Komplexe', die Marinettis krampfhaften und romantischen Maschinismus insofern parodierten, als es sich dabei um wirkliche aber spielerische und nutzlose Maschinen handelte, die sich bewegten, lärmten und farbigen Rauch absonderten. Vom gleichen dadaistischen Geist beseelt, entwikkelte er dann auch Marinettis vitalistische und naturalistische Lautmalerei, die sogenannte 'onomalingua', eine abstrakte Sprache, deren Lautfolgen synästhetisch das Äquivalent von Sinneswahrnehmungen hervorrufen. In Deperos onomalinguistischen Poemen kündigt sich unverkennbar Hugo Balls Lautdichtung an.

Zur gleichen Zeit zwischen 1914 und 1915 zog, von Depero und Cangiullo inspiriert, in die von Sprovieri in Rom und Neapel eröffneten futuristischen Kabarettgalerien protodadaistischer Geist ein. Die Florentiner Gruppe sagte sich sogar von Marinetti los. Es ging diesen Abweichlern der Lacerba-Gruppe vor allem um die Wahrung der Autonomie der Kunst gegen Marinettis doktrinäre Ansprüche und politische Zielsetzungen. Unmißverständlich proklamierte diese Haltung Sofficis Manifest 'Der Adamsfurzismus', wo man die Kunst als 'Furz Adams' definiert findet, daß heißt, nach Ungarettis Exegese, daß sie als 'nutzlose Übung' aufzufassen sei, als 'Pflege eines natürlichen Instinkts', der sich zur 'Ironie' und zum 'Sinn der Sinne' aufschwingen müsse, welcher nichts anderes sei als der 'Un-Sinn'. Sofficis Programm, das den Futurismus zu überholen und überflüssig zu machen behauptete, forderte vom 'adamfurzistischen' Künstler: . . .'Denn, das wollen wir mit aller Kraft auf jede Weise und in jedem Augenblick proklamieren, die letzte, höchste, definitive Bestimmung des Adamfurzismus ist – entsprechend dem Bergson'schen Diktum, wonach das Leben über die Ufer der Intelligenz tritt –, in allen Dingen für alles und auf immer die Ersetzung des Genies durch die STUPIDITÄT.' Sofficis 'Adamfurzistisches' Manifest ist zweifellos eines der ersten Dokumente der Dada-Haltung. Historisch gesehen erscheint also das dadaistische Stadium des Avantgardismus als ein befreiter, entmarinettisierter Futurismus. Indes konnte damit vorläufig nicht Ernst gemacht werden. Vierzehn Tage nach der Veröffentlichung von Sofficis Manifest stellte 'Lacerba' das Erscheinen ein: Italien beteiligte sich am Kriege. Aus diesem Grunde trat der italienische Dadaismus als autonome Bewegung erst viel später und dann auf anderen ideologischen Grundlagen auf. Immerhin wurde die von Soffici innerhalb des Futurismus begründete Tradition dadaistischen Humors von Primo Contis Florentiner Zeitschrift 'L'Enciclopedia' fortgeführt und später von Fabbris Mailänder 'Antenna'. Auch Vittorio Rietis 'Drei Märsche' sind ihr zweifellos verpflichtet: Nämlich der 'Hochzeitsmarsch für ein Krokodil', der ,Trauermarsch für einen kleinen Vogel', der ,Militärmarsch für Ameisen'.

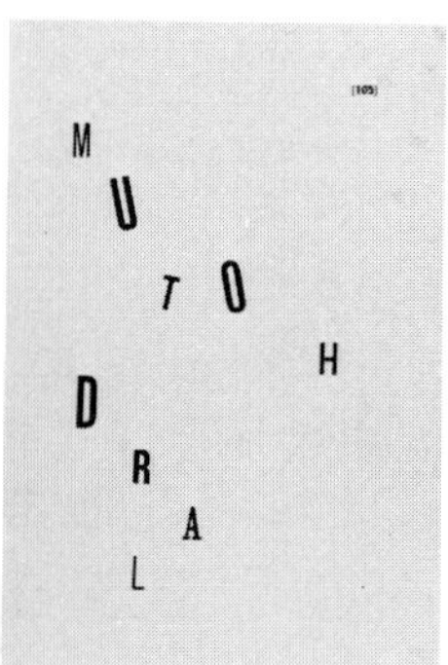

Cangiullo, Gedicht „befreiter Worte", in: „Poesia", Mailand, 1916

Der Nährboden, auf dem die italienische dadaistische Bewegung entstand, bildete sich in den Jahren des Krieges, als sich das Zentrum futuristischer Aktivitäten nach Rom verlagerte. De Pisis, Raimondi, Moscardelli, Ravegnani, Maria d'Arezzo, junge Dichter, die damals ziemlich regelmäßig mit Tzara korrespondierten, debütieren in einem von Postfuturismus und Arte Metafisica bestimmten Milieu.

Der Krieg hatte zwar die patriotischen und nationalistischen Ambitionen gewisser Futuristen befriedigt – doch hatte er zugleich eine Internationalisierung der europäischen Avantgarde befördert. Zeitschriften wie die von Albert-Birot in Paris herausgegebene 'Sic', wie Hugo Balls Zürcher 'Cabaret Voltaire', wie Cantarellis und Fiozzis in Mantua erscheinende 'Procellaria' und die in Rom von Prampolini redigierte 'Noi'

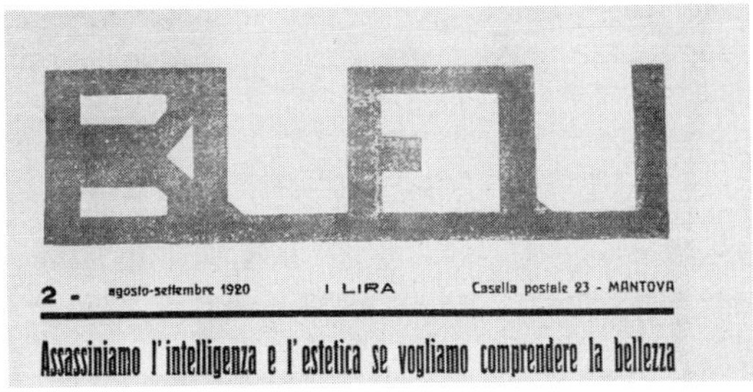

3/291
Bleu, Hg. Cantarelli u. Evola, Mantova 1920

bildeten eine gemeinsame Front der internationalen Avantgarde quer durch Europa.
Der italienische Dadaismus ging aus dem Umkreis dieser Zeitschriften – 'Procellaria' in Mantua und 'Noi' in Rom – hervor. Die zu Anfang des Jahres 1917 von Gino Cantarelli, Aldo Fiozzi gegründete 'Procellaria' veröffentlichte Gedichte von Tzara, Albert-Birot und Reverdy, zeigte aber auch den Einfluß des Spiritualismus und experimentierte mit der von den Lehrern der Arte Metafisica inspirierten 'medialen Schrift'. Cantarelli selbst hatte mit einem Band 'parole in libertà' debütiert: Chromatische Aszendenzen, einem Werk, das sich als Sammlung 'lyrischer und spiritueller Delirien' empfahl. Eines dieser Gedichte lieferte ihm den Titel der dadaistischen Zeitschrift, die er 1920 gründete, nachdem er Procellaria aufgegeben hatte. Er nannte sie 'Bleu'. Fiozzi dagegen hat in stärkerem Maße Einflüsse der Zürcher Gruppe verarbeitet. Die Holzschnitte und Zeichnungen, die er in der Procellaria veröffentlichte, sind von futuristischem Dynamismus inspiriert; doch noch in der letzten Ausgabe dieser Zeitschrift im Februar 1920 erschien ein ganz abstrakter Holzschnitt von seiner Hand, ein weiterer folgte in der ersten Nummer des Nachfolgeorgans 'Bleu'. Danach entstand sein bekanntestes Gemälde ‚Abstrakte Werte eines Individuums-Y', das den Künstler auf der Suche nach einer stark vom mechanistischen Konstruktivismus geprägten synthetischen und analogischen Poetik zeigt. Auch Prampolini veröffentlichte abstrakte Holzschnitte sowohl in 'Dada' als auch in 'Bleu'. 'Bleu' und 'Procellaria', ihre Vorgängerin, können als das Zentralorgan des italienischen Dadaismus gelten: hier erschienen die Manifeste und Gedichte von van Doesburg, Aragon, Reverdy, Tzara u. a. Erst die dritte (und letzte) Nummer aber brachte – im Januar 1921 – auch Texte Evolas, des Begründers des römischen Dadaismus.
Die synkretistische formative Periode des römischen Dadaismus wird durch die von Prampolini und Sanminiatelli herausgegebene Zeitschrift 'Noi' dokumentiert. Prampolini selbst hat sich die dadaistische Geisteshaltung allerdings nie wirklich zu eigen gemacht, und 1918 kam es sogar zum Bruch zwischen ihm und Tzara. 'Noi' war finanziell wesentlich besser gestellt als 'Procellaria' und konnte auf die Mitarbeit von Cendrars, Chirico, Savinio, Albert-Birot, Tzara und anderer zählen. Im Januar 1920 veröffentlichte hier der aus der Schule Ballas hervorgegangene futuristische Maler und Verfasser 'befreiter Wörter' Evola sein erstes Manifest mit dem Titel 'Die Kunst als Freiheit und Egoismus' und bot eine systematische Begründung des andeutend schon von Boccioni und Tzara vertretenen individualistischen künstlerischen Glaubensbekenntnisses. Evolas Stirnersche Lehre war – wie seine Malerei – vollkommen ausgebildet, ehe er Bekanntschaft mit den Veröffentlichungen der Dadaisten machte, die ihn also in seinen Anschauungen – besonders hinsichtlich der Abstraktion – allenfalls bestärkt haben. Evolas erste Einzelausstellung wurde wenige Tage, nachdem er Tzara seinen Beitritt zur dadaistischen Bewegung angekündigt hatte, bei Bragaglia in Rom eröffnet. Hier stellte er sich als 'abstraktionistischer Maler' vor. Sein Werk hatte er in zwei aufeinanderfolgenden Perioden eingeteilt, von denen die erste (1915–1918) von einem 'sensorischen Idealismus', die zweite (1918–1920) von 'mystischem Abstraktionismus' zeugen sollte. Die Bilder der ersten Periode gehören durch ihre Sujets wie durch den Bildaufbau zweifellos zum Futurismus, sind in ihrem Spiritualismus aber auch expressionistisch beeinflußt. Mit den Bildern seiner zweiten Periode hat er unter Verzicht auf jede Formen-Analogie auf sehr persönliche Weise die postsymbolistische Idee einer unmittelbaren Darstellung von Seelenzuständen verwirklicht. Hiervon hatten die Futuristen kaum eine Ahnung gehabt: Mystik, an-

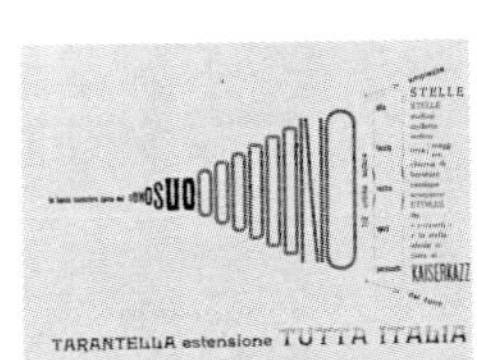

3/24
Marinetti, Seite aus „Zang tumb tumb", Mailand 1917

stelle von sensorischem Reiz und dynamischen Appell. Evola malte 'innere Landschaften', ein Gewebe abstrakter Symbole, in denen sich unmittelbar das tiefste Innere des Künstlers plastisch äußert (vgl. 'Dadapaessaggio', Kat. 3/408). Seine dadaistischen Schriften und Gemälde strebten ausnahmslos nach dieser mystischen Abstraktion jenseits von Psychologie und Metaphysik. In seinem 1920 veröffentlichten Buch ‚Arte astratta': teorica, composizioni, poemi schrieb er: 'Mit dem Dadaismus hat die Kunst endlich und zum ersten Mal eine geistige Lösung gefunden: unlogische und beliebige Rhythmen von Linien, Farben und Klängen; Zeichen, die nichts anderes mehr andeuten als die innere Freiheit und den profunden Egoismus, die man erreicht hat; die sich selbst genügen; die nichts ausdrücken wollen, absolut nichts.' Evola verstand also den Dadaismus als Antithese des Futurismus: Dadaismus strebte nach der vollen Verwirklichung des Ich in der absoluten Freiwilligkeit, aus der absoluten Indifferenz, indem er den dialektischen Schritt über die futuristische 'libido volendi' hinaus tat. In Beziehung zu der Mantovaner Gruppe trat er erst gegen Ende des Jahres 1920, als er Tzara, Schad und Serner bereits kannte. Die dritte Nummer der Zeitschrift 'Bleu' war die Frucht dieser Kontakte. Eine vierte wurde geplant, aber nicht verwirklicht. Im April 1921 veranstaltete Evola bei Bragaglia in Rom die erste dadaitische Ausstellung. Als er am Abend der Eröffnung den Futurismus für tot erklärte, wurde er von Bragaglia selbst und den anwesenden Futuristen heftig angegriffen. Die aggressive Reaktion der Anhänger Marinettis zwang übrigens Cantarelli und Fiozzi zum Rückzug, und in Zukunft verzichteten die beiden auf jede offizielle Betätigung. Evola setzte, umgeben von einem Kreis junger römischer Freunde, in dem von Arturo Ciacelli betriebenen Kabarett Grotte dell'Augusteo seine Agitation bis zum folgenden Juni fort. Wenig später veröffentlichte er seine 'Dunklen Worte aus einer inneren Landschaft', das innere Erlebnis, als erste Stufe auf dem Wege zur Realisation seiner individualistischen Doktrin. Darauf sollte als zweite Stufe der gelebte Dadaismus den Zugang zur Dimension des absoluten Ich, zur äußersten Grenze existentieller Erfahrung erschließen. Gleichzeitig kündigte er seinen bevorstehenden Selbstmord an. Tatsächlich vertiefte er sich aber in ausgedehnte philosophische, politische und religiöse Studien; als Künstler trat er in Zukunft nicht mehr hervor. Jahre später hat er bei der Ausarbeitung seines auf eine 'Phänomenologie des absoluten Individuums' zielenden philosophischen Systems die dadaistische Ideologie als den Ausdruck eines mystischen Egoismus gedeutet.

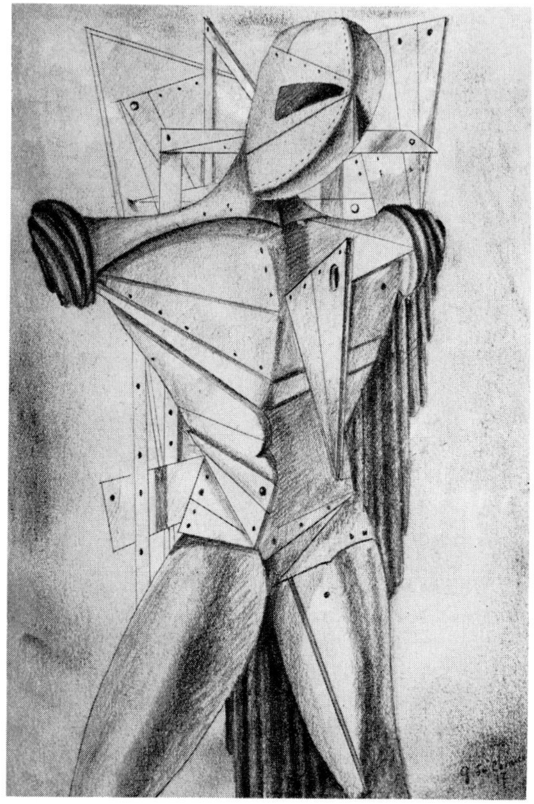

3/631
De Chririco,
Mannequin, 1917

Innerhalb des internationalen Dadaismus nahm Evola mit seinen Stirnerschen Überzeugungen kraft seines mystischen Radikalismus eine Sonderstellung ein. Wenn er jedoch praktisch der einzige Vertreter des Dadaismus in Italien gewesen ist, mag das daran liegen, daß dieser hier nur in offener Opposition gegen den Futurismus Anspruch auf Autonomie erheben konnte. Andererseits konnte vielleicht auch nur diese direkte Auseinandersetzung zur Formulierung eines so rigorosen und extremistischen Dadaismus führen, wie wir ihn von Evola vertreten sehen.

Giovanni Lista

Übersetzt aus dem Französischen
von P. Hahlbrok

Bibl.: Cangiullo, F.: Piedigrotta (Manifest La Déclamation dynamique et synoptique de Marinetti), Mailand (Edizioni Futuriste di 'Poesia'), 1916; Cafféconcerto, Mailand (Edizioni Futuriste di 'Poesia'), 1919; Cantarelli, G.: Ascendeze cromatiche, Mantua 1917; ders: Nostra volontà, in: Marciare non Marciare, Mantua Nr. 1, 23. 11. 1924; Depero, F.: Esposizione futurista Depero – Motorumorismo, drame abstrait, architecture dynamique, mots en liberté (Manifest, publiziert anläßlich seiner am 20. 4. 1916 in Rom eröffneten Ausstellung); Evola, J.: Arte astratta, Collection Dada, Rom 1920; ders.: Gehst zu Frauen?, in Cronache d'Attualità Rom, 5. Jahrgang, Nr. 1, Jan. 1921; ders.: La parole obscure du paysage intérieur – poème à 4 voix, Collection Dada, Rom 1921; ders: A proposito di Dada, in: L'Impero, Rom, 1. Jg., Nr. 31, 15. 4. 1923; ders.: Teoria dell'individuo assoluto, Bocca, Turin 1927; Meriano, F.: Equatore notturno – parole in libertà Mailand (Edizione Futuriste di 'Poesia'), 1916; ders.: Dall'ideogramma al simbolo e più in là, in: La Brigata, Bologna, 1. Jg., Nr. 1, Juli 1916; ders.: Dada, in: Il Secolo XX, Mailand, 1. Jg.., Nr. 3, 1. 3. 1931; ders.: Bilancio del futurismo, in: Fontana viva, Cagliari, 2 Jg., März 1927; Soffici, A.: Adampetonismo, in: Lacerba, Florenz, 3. Jg., Nr. 17, 24. 4. 1915; ders.: Primi principi di una estetica futurista, Florenz, (Vallecchi), 1920; Alta tensione, Mailand, 1925, 2 Nummern, Mitarbeiter: Tronchi, Casavola, Vianello, etc., Redakteur: G. Ghidini L'Atenna, Mailand, 1926, 3 Nummern, Mitarbeiter: Tzara Casavola Servrancky, Malespine, Linze, van Doesburg, Marinetti, Cosma, Vianello, Azari etc., Redakteur: G. Fabbri, Bleu, Mantua, 1920–1921, 3 Nummern, Mitarbeiter: van Doesburg, Dunan, Bacchi, Reverdy, Gigli, Cantarelli, Venna, Pannaggi, Fiozzi, Evola, Aragon, Eluard, Ribemont-Dessaiges, Dermée, Tzara etc. Redakteur: G. Cantarelli; Enciclopedia, Florenz, 1920–1023, 4 Nummern, Mitarbeiter: D'Arezzo, Meriano, Janco, Pavolini etc., Redakteur: E. Prampolini; Procellaria, Mantua, 1917–1920, 5 Nummern, Mitarbeiter: Conti, Franchi, Pavolini etc., Redakteur: Conti Noi, Rom 1917–1925, 17 Nummern, Mitarbeiter: D'Arezzo, Meriano, Janco, etc. Redakteure: G. Cantarelli und A. Fiozzi; Crispolti, E: G. Evola, Katalog Galleria Medusa, Rom, November 1963; ders.: Dada à Rome, in: Palatino, Rom, 10. Jg., Nr. 3–4, 11. Jg., Nr. 1–4, 13. Jg., Nr. 1–3, 1968; Turris, G. de: Testimonianze su Evola, Rom, (Edizioni Mediterranee), 1973; Flora, F.: Dadaismo, in: Cronache d'Attualità, Rom, 5. Jg., Nov., Dez.; Fongaro, A.: Textes français cubistes et dada publiés en Italie, in: Studi francesi, Turin-Lyon, Nr. 1 1974; Gori, G.: Dada, in: L'Impero, Rom, 1. Jg., Nr. 30, 14. 4. 1923; Grimod, J.: Le mouvement futuriste et le mouvement dada, in: Marinetti et le futurisme, études, documents, iconographie réunis par G. Lista, Lausanne, (L'Age d'Homme), 1976; Lista, G.: Marinetti et Tzara, in: Les Lettres Nouvelles, Paris, Nr. 3, Mai/Juni 1972; Prampolini, Tzara, Marinetti: inédits sur le futurisme, in: Les Lettres Nouvelles, Paris, Nr. 3, Sept./Okt. 1973; Encore sur Tzara et le futurisme, in: Les Lettres Nouvelles, Paris, Nr. 4, 1974; Francesco Meriao parolibero futurista, in: Si e No, Rom, Nr. 4 März 1975; T. Tzara et le dadaisme italien, in: Europe, Paris, Nr. 555–556 Juli / August 1975; La poetica dell'arte-gioco: noi e l'Europa dadaista, in: La Fiera letteraria, Rom, Nr. 47, 23. 11. 1975; J. Evola, in: Universalie 75, Paris, (Universalis), 1975; La scena futurista e l'avanguardia storica, Vorwort zu Béhar, H.: Teatro dada e surrealista, Turin, (Einaudi) 1976; Depero et le Futurisme, in: Dinamo futurista, Paris, (reprint Editions Jean Michel Place), 1977; Maaza, A.: Il pittore futurista J. Evola, in: Roma futurista, Rom, 3. Jg., Nr. 79, 18. 4. 1920; Orazi, V.: Tzara a Prampolini, in: La Fiera letteraria, Rom, Nr. 13, 9. 4. 1961; Pàl, S.: Futurizmustol a Dadaizmusig, in: Ma, Wien, 8. Jg., Nr. 1, Oktober, 1922; Palazzoli, D.: Dada in Italia, in: Dada 1916–1966, Mailand (Ausstellungskatalog) (Civico Padaglione d'Arte Contemporanea), Juni / September 1966; Raimondi, G.: La favola Dada, in: La Nazione, Florenz, 7. 8. 1973; Scaparro, M.: Futurismo e dadaismo, in: Roma futurista, Rom, 3. Jg., Nr. 35, 24. 8. 1919; Toppas, J.: Essai sur les nouveaux modes de l'expression plastique et littéraires: Cubisme, Futurisme, Dadaisme, in: Marinetti et le futurisme, études, documents, iconographie réunis par G. Lista, Lausanne (L'Age d'Homme) 1976; Ungaretti, G.: La doctrine de Lacerba, in: Marinetti et le futurisme, études, documents, iconographie réunis par G. Lista, Lausanne (L'Age d-Homme) 1976; Viazzi, C. und Scheiwiller, V.: Poeti futuristi dadaisti e modernisti in Italia, Mailand (All'Insegna del Pesce d'Oro) 1974.

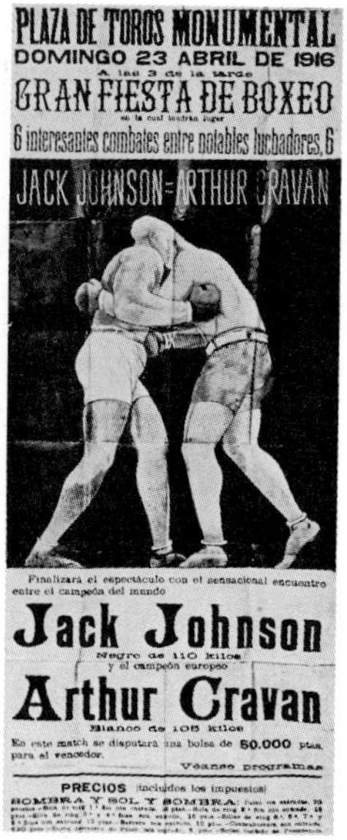

Boxkampf Cravan/Johnsohn, 1916

DADA BARCELONA

Unruhig war zu Beginn des Jahres 1916 das politische und soziale Klima in Barcelona. Selbst was den europäischen Krieg anging, war die Stadt weniger neutral als etwa Zürich: Tausend katalonische Freiwillige kämpften an der französischen Front auf alliierter Seite. In künstlerischer Hinsicht war die schon seit langem stark nach Paris orientierte Hauptstadt Kataloniens in zwei Lager gespalten: Da gab es einerseits die ‚Noucentistes', die die Unterstützung der Regierung genossen. Sie waren durchweg einem griechischen Klassizismus verpflichtet, Canals, Nogués, Sunyer, Vayreda, Casanovas oder Clará gehörten dieser Gruppe an. Andererseits waren da, um die Galerie Dalmau geschart, die Avantgardisten. Der Geist der Avantgarde hatte in Barcelona tiefe Wurzeln. Heute wird kaum noch bestritten, daß Marinetti die Vokabel ‚Futurismo' als Namen für die von ihm angeführte Bewegung nicht erfunden, sondern von der katalanischen Avantgarde übernommen hat. Und die erste kubistische Ausstellung außerhalb von Paris fand 1912 in eben den Galeries Dalmau zu Barcelona statt, die auch zum ersten Mal Duchamps ‚Nu descendant l'escalier' zeigten. Katalanische Dichter veröffentlichten typographische Gedichte in der Tagespresse. El Poble Català brachte zum Tode Boccionis auf der ersten Seite ein typographisches Gedicht von Josep Maria Junoy (1887–1955) mit der Botschaft: ‚Boccioni vibra en paz'. Apollinaire gratulierte dem jungen Dichter mit der schmeichelhaften Versicherung: ‚Ich beglückwünsche mich zur Erfindung dieser poetischen Technik, in der Sie das erste Meisterwerk geschaffen haben.' Der bedeutendste Dichter jener Jahre, Salvat Papasseit (1894–1924), der zunächst der Arbeiterbewegung verbunden gewesen war, stieß nun zur Avantgarde. Auch der Maler Torres Garcia, eine kraftvolle Persönlichkeit, löste sich vom ‚Noucentisme' und ging in aller Entschiedenheit zur Avantgarde über.
In diesem Klima nun konnte, als Arthur Cravan und Francis Picabia in die Stadt kamen, auch Dada in Barcelona in Erscheinung treten.
Das fängt an mit der Ankunft der Brüder Otho und Fabian Lloyd – deren einer, nämlich Fabian, sich Arthur Cravan nennt. Sie kommen in Gesellschaft ihres Freundes van Dongen, der zum Jahresende in den Galeries Dalmau ausstellt, und zweier Freundinnen: der beiden aus Tiflis stammenden Malerinnen Olga Sackaroff und Dagmar Mouat, deren Bekanntschaft Otho Lloyd – der ebenfalls malt – in dem russischen Zirkel am Montparnasse gemacht hat. Von den zahlreichen Russen, die damals in der neutralen Stadt Barcelona Zuflucht suchen, finden allerdings zwei andere, nämlich Charchoune und Hélène Grunhoff hier die meiste Beachtung. Ebenfalls auf der Flucht vor dem Krieg kommt Anfang März auch die erst jüngst mit Otto von Wätgen, einem Deutschen, verehelichte Marie Laurencin nach Barcelona. Die Presse feiert sie als ‚illustren Gast' und ‚hervorragende Künstlerin'. Ende Mai treffen, aus New York kommend, Albert Gleizes und Juliette Roche ein (sie sind seit September 1915 miteinander verheiratet). Wenig später stößt Valentine de St. Point zu ihnen, eine enge Freundin Juliettes, Verfasserin des ‚Manifestes der futuristischen Frau' und gemeinsam mit Ricciotto Canudo tonangebend bei der Zeitschrift ‚Montjoie'. Alle diese Leute stehen in engem Verkehr miteinander und sind ständige Gäste der Galeries Dalmau.
Keiner aber kommt in der neuen Umgebung auch nur annähernd so zum Zuge wie Arthur Cravan, der allerdings nicht auf die Kunst angewiesen ist, sondern andere Mittel hat, sich durchzusetzen: Schon zu Anfang des Jahres erhält er eine Anstellung als Box-Lehrer beim Real Club Maritimo, dem vornehmsten Sportclub der Stadt. Cravan wird berühmt vor allem auf Grund seines Kampfes mit Jack Johnson im April 1916: um diese Zeit ist fast täglich in den Zeitungen von ihm die Rede.
Im Sommer 1916 kommen Francis Picabia und Gabrielle Buffet. Wegen der großen Hitze verläßt die ganze Gruppe die Stadt und zieht sich nach Tossa del Mar an der Costa Brava zurück. Im Herbst nahmen die Picabias in Barcelona eine geräumige Wohnung, wenig später schon reist Gabrielle Buffet jedoch nach Gstaad zu ihren Kindern. Picabia bleibt daraufhin aber nicht allein, sondern erneuert seine Freundschaft mit Marie Laurencin, die bald sehr innig wird.

Laurencin macht ihn mit Dalmau bekannt, und alle drei planen gemeinsam die Herausgabe einer Zeitschrift nach dem Muster derjenigen, die Picabia aus New York mitgebracht hat. Die geplante Zeitschrift erscheint auch unter dem Titel ‚391' Kat. Nr.3/83 als Fortsetzung gewissermaßen der neun Monate zuvor eingegangenen ‚291'. Die erste Nummer besteht im wesentlichen aus einer Zeichnung und einem Gedicht von Laurencin und aus einem Gedicht und einer Zeichnung – ‚Braut' – von Picabia. Der ebenfalls zu dieser Zeit in Barcelona weilende Maximilian Gauthier rückt in die Stellung eines Redaktionssekretärs des Unternehmens ein. Es erschienen allerdings nur vier Nummern der Publikation im Verlag Dalmaus in Barcelona – während der ersten drei Monate des Jahres 1917 – denn am 9. April, genau am Tage des Kriegseintritts der USA, ist Picabia wieder in New York.

Gleichzeitig mit den letzten in Barcelona veröffentlichten Nummern der ‚391' erscheint ‚Un enemic del poble' (ein Volksfeind) als ‚Organ geistiger Subversion' in der Verantwortung des Dichters Salvat Papasseit. Im Februar 1918 tritt an die Stelle des ‚Volksfeinds' eine Zeitschrift mit dem Titel, Arc Voltaic' (der Voltasche Bogen), deren Umschlag, auf Wunsch Papasseits, der hier seine ‚Poemas en ondes hertzianes' veröffentlicht, von Miró entworfen wird; Miró erhält damit zum ersten Mal Gelegenheit, eine seiner Zeitungen zu veröffentlichen.

Auch die von Junoy 1916, schon vor der ‚391', erstmals herausgegebene Publikation ‚Trocos' (Stücke) wird im Juni 1917 in eine periodisch erscheinende Zeitschrift umgewandelt und veröffentlicht Gedichte von P. A. Birot, Soupault und Reverdy sowie Illustrationen von Miró, Gleizes und Frank Burty, dem Bruder Havilands, der sich ebenfalls in Barcelona aufhält.

Am 22. Februar 1917 hält Torres Garcia einen interessanten Vortrag in den Galeries Dalmau: Er redet der Gegenwart das Wort, weist die Tradition zurück und fordert so etwas wie eine Identität von Leben und Kunst.

Am 23. April, genau ein Jahr nach dem Match Johnson-Cravan, eröffnet M. Saglio, Vertreter der französischen Regierung, die ‚Exposicion de Artistas Franceses'; hier werden Bilder dreier Salons gezeigt, die in diesem Jahr wegen des Krieges in Paris nicht stattfinden können. Die von der Allgemeinheit und namentlich von den ‚Noucentistas' gutgeheißene Schau spart – wie Picabia in der ‚391' vermerkt – die Avantgarde sorgfältig aus. Picabia kehrt aus New York bald in die Alte Welt zurück: Am 16. 9. 1917 läuft das Schiff aus, das ihn von neuem nach Barcelona bringt, wo im Oktober bei Josep Dalmau sein erstes Buch erscheint. Später dann setzten Picabia und Dada ihr gemeinsames Abenteuer in der Schweiz fort.

Wenn wir eine der Abteilungen dieser Ausstellung – die Collage, Maschine, Aktion – mit dem Gedanken an die Jahre 1916 und 1917 in Barcelona mustern, werden sofort zwei Schwerpunkte sichtbar: Picabias intensive Maschinenproduktion und Cravans Herausforderung Jack Johnsons. Unter Picabias zahlreichen Maschinen ist die ‚Braut', (Abb. S. 165) die auf dem Umschlag der ersten Nummer der ‚391' abgebildet ist, nur eine von mehreren Versionen des als erotische Metapher par excellence aufgefaßten Zweirades. Man unterscheidet mit Carrouges (2) wohl zutreffend daran zwei gleiche und äquivalente Komplexe, den mechanischen und den sexuellen: Das männliche Element oder untere und größere Rad und das weibliche Element oder obere und kleinere Rad, das wie im Tantrismus als das aktive Element zu betrachten ist. Zweifellos handelt es sich hier, wie Carrouges sagt, um eine ‚machine célibataire', eine Junggesellen-Maschine, da durch ihren

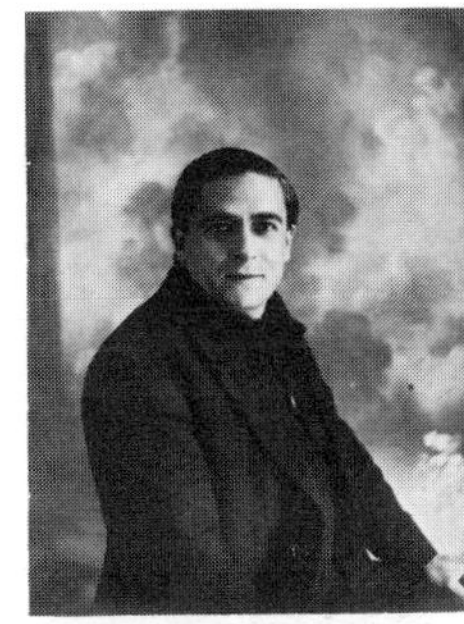

3/374
Picabia,
um 1920

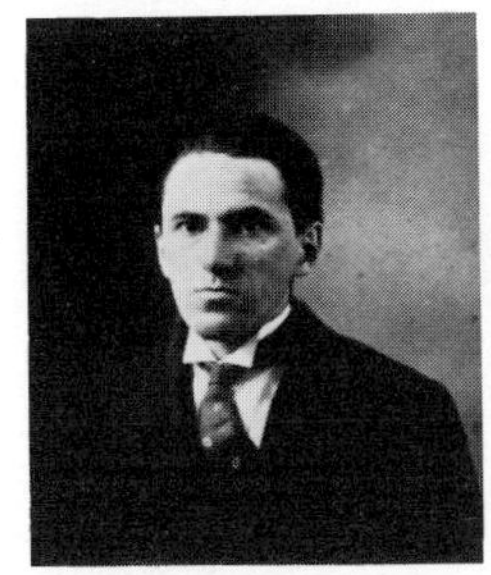

3/350
Charchoune,
um 1920

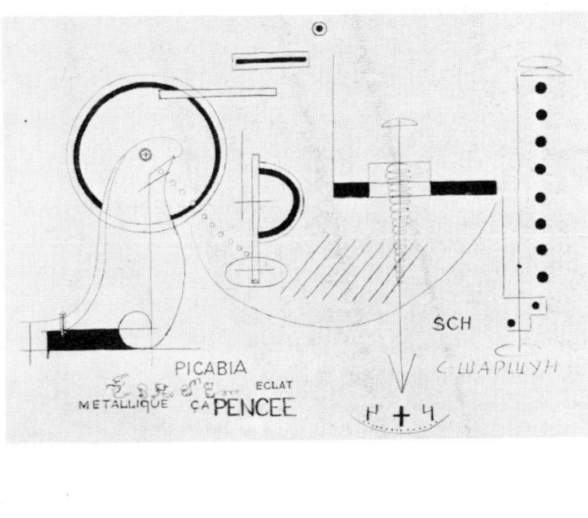

Charchoune, Picabia,
um 1917,
Privatsammlung

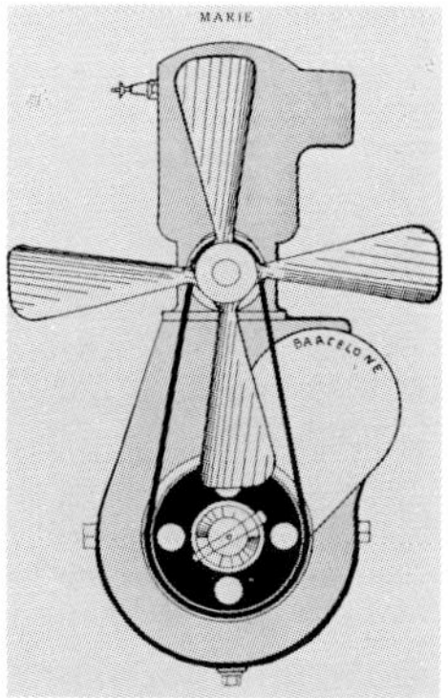

391, Nr. 3, S. 5 "Marie", Paris 1917

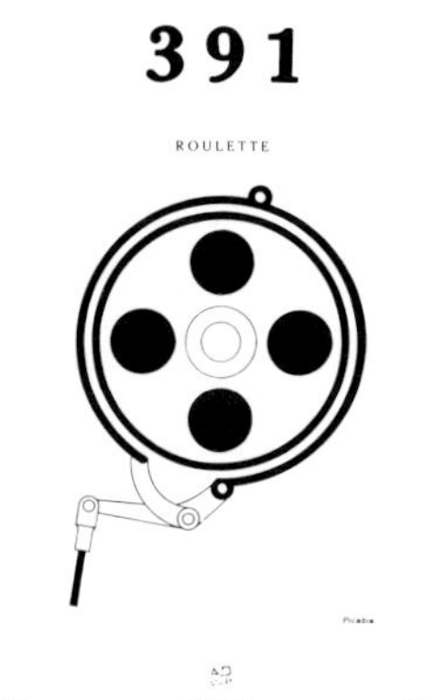

391 Nr. 4, Paris 1917 Umschlagill.: "Roulette"

Mechanismus eine ununterbrochene amouröse Aktivität ohne erkennbare Fortpflanzungsabsicht suggeriert wird. Gekoppelte Räder als Metapher des Geschlechtsakts inspirierten Picabia während seines Aufenthalts in Barcelona zu anderen Kompositionen, bei denen er entweder eine Zahnradübertragung – so bei ‚Le fiancé' und ‚Machine tournez vite' oder Transmissionsriemen verwendete wie bei ‚Fille née sans mère', ‚Volant qui régularise le mouvement.' (Abb. S. 268) Perfekte Beispiele solcher metaphorischen Maschinen sind die beiden Porträts der Marie Laurencin ‚Marie' und ‚Portrait de Marie Laurен*cin*', wo die Darzustellende entsprechend der von Picabia 1915 in der ‚291' entwickelten Korrelation von Maschine und Mensch, in Gestalt eines Ventilators erscheint. In ‚Marie' ist das obere Rad, wie in der ‚Braut' von kleinerem Umfang: Es symbolisiert auch hier das weibliche Element und dreht, wenn es sich bewegt, das untere Rad oder männliche Element, hier ein Roulette-Rad, das man leicht als Selbstbildnis des Künstlers identifiziert. Ein Selbstporträt hat man desgleichen in der ‚Roulette' auf dem Umschlag der Nr. 4 der ‚391' bei der es sich um die schematische Darstellung einer Automobil-Bremse handelt. Das Schema der Maschine ‚Marie' dagegen entspricht, wie Camfield sehr überzeugend nachgewiesen hat, demjenigen eines Propellers. Das ‚Portrait der Marie Laurencin', bei dem auch Sätze aus dem Petit Larousse Verwendung fanden, die sich auf Picabias Umgebung in Barcelona zu beziehen scheinen, bietet demgegenüber einen offensichtlich komplexeren sexuellen Mechanismus: Hier dreht der Ventilator – das feminine Element – das darunter gestellte Zahnrad, und dieses gibt über einer Fahrradkette die Bewegung an eine Art Spule weiter. Der Kommentar, den Marcel Duchamp in ‚Rong Wrong' (3) zu dieser Maschine lieferte, scheint zu beweisen, daß er der Problematik, die Picabia dabei beschäftigte und die er selbst später in seinem ‚Grand Verre' weiter verfolgen sollte, damals noch ziemlich fremd gegenüberstand. Noch mit einem anderen Aspekt seiner Tätigkeit in Barcelona erscheint übrigens Picabia in unmittelbarer Beziehung zu Marcel Duchamp. Der Umschlag der Nr. 2 der ‚391', die am 10. Februar 1917 zum Verkauf kam, zeigt nicht eine Skizze oder Zeichnung, sondern eine Photographie eines nicht weniger als der berühmte Flaschentrockner oder das Pissoir-Becken Duchamps industriell gefertigten Gegenstandes: ‚Peigne' (Kamm) lautet der Titel dieses von Francis Picabia signierten Werks. Darunter liest man einen Aphorismus, der bisher dem Unterzeichner zugeschrieben wurde – tatsächlich hatte sich Picabia aber auch hier nur eines weiteren Ready-Mades bedient, eines Satzes nämlich von Nietzsche (4).

Was den Kampf Cravans gegen Jack Johnson in der Plaza de Toros La Monumental in Barcelona (5) angeht, so ist es an der Zeit, die diesbezügliche üppige Mythologie etwas zurückzustutzen. Das tut indessen der faszinierenden Gestalt Cravans nicht den geringsten Abbruch. Cravan war ohne jeden Zweifel, unbestreitbar ein Vorläufer des Dadaismus. Während seines Aufenthalts in Barcelona war er Boxer. Ob bei seinem Kampf gegen Johnson Schiebung im Spiel war oder nicht – fest steht jedenfalls, daß die Veranstalter in dem herkulischen Cravan (er war 192 cm groß) einen adäquaten Gegner für den legendären Negerboxer gesehen haben, der zwar die ‚weiße Hoffnung' geschlagen, zu dieser Zeit den Höhepunkt seiner Karriere aber schon überschritten hatte und von seinem alten Ruhm zu zehren suchte. Welche Motive Cravan selbst gehabt haben mag? Wer etwas von dem Leben weiß, das er bis zum Augenblick dieser Herausforderung geführt hatte, von seinem Geschmack am Risiko und verrückten Abenteuern aller Art, wird nie auf die Idee kommen, es könnte ihm nur um die angebotene Prämie gegangen sein. Jack Johnson hatte ihn schon fasziniert, als er selbst in Paris zu boxen begann, als er den Titel eines Amateur-Champions im Halbschwergewicht gewann und in den Folies Bergère den sagenhaften Kampf zwischen Johnson und Jeffries zu sehen Gelegenheit hatte. Gegen diesen Mann, gegen Jack Johnson zu kämpfen (‚Ah! laisse-moi rire, rire mais rire comme Jack Johnson!') war für Cravan vor allem ein poetischer Akt.

Maria Lluisa Borras

Übersetzung aus dem Spanischen:
Peter Hahlbrock

Anmerkungen

1. Drei Veröffentlichungen erschienen in Katalonien unter dem Titel ‚Futurisme‘ vor der Publikation des Marinettischen Manifests im Figaro. Über eine von diesen – diejenige vom Gabriel Alomar – berichtet Marcel Robin im Mercure de France, 1907 S. 558–560. Ines Caranucci, in ihrem Buch ‚Il Futurismo‘ (Mailand 1972, S. 95) gibt ebenfalls katalonischen Künstlern die Priorität.
2. Carrouges, Les machines célibataires, Paris 1976, S. 103.
3. Marcel Duchamp, Rong Wrong, einzige Ausgabe, Mai 1917, S. 1
4. ‚Regarde au loin, ne regarde pas en arrière on déraisonne quand on veut toujours connaître les raisons.‘ Es handelt sich um ein Zitat aus der 1909 beim Mercure de France erschienenen Übersetzung des ‚Zarathustra: Les Maximes et les chants de Zarathoustre,‘ S. 233.
5. Der Kampf fand tatsächlich in Barcelona statt und nicht in Madrid, wie dies irrtümlich und wiederholt von Georges Hugnet, José Pierre und W. Rubin behauptet worden ist.

VINCENTE HUIDIBRO

DER CREACIONISMO, DER ULTRAISMO UND DIE LATEINAMERIKANISCHE AVANTGARDE[1]

Schwedische Zahnpasta, französische Handtücher und englische Seife oder das in berauschten Flugzeugen verfrachtete Jahrhundert

A. Der Kristallisator

'Dichtung ist eine elektrische Entladung'
V. Huidobro

Eifriger Leser und Kritiker des von Lugones, Marti, Dario vertretenen Modernismus, des französischen Symbolismus, wie er diesen bei Gustave Kahn, auch bei Rimbaud und dem Mallarmé des Coup de dés kennengelernt, zugleich aufmerksamer Beobachter der ersten futuristischen und kubistischen Vorstöße Marinettis und Apollinaires, entschloß sich der Chilene Vicente Huidobro das heimische Santiago zu verlassen, nachdem er bereits im November 1913 in der Zeitschrift 'Azul' die Grundsätze seiner Arbeit niedergelegt hatte.

'Die Zeiten haben sich geändert, der wahre Dichter aber vibriert mit seiner Zeit, schreitet mit ihr fort, blickt nicht zurück'

Er veröffentlichte den Gedichtband PAGODAS OCULTAS, wo die vier Japonerias de Estio betitelten Gedichte seine späteren typographischen Experimente präfigurieren – sowie bei zwei Gelegenheiten, nämlich 1914 im Ateneo von Santiago und im Juni 1916 im Ateneo von Buenos Aires eine Theorie dessen, was er unter dem Begriff Creacionismo verstanden wissen wollte. Er kam mitten im Krieg nach Paris.

Während dieses ersten langen Aufenthaltes in Frankreich (1917–1925) schrieb er – angeregt durch die Experimente der Dadaisten, von denen er in der kulturell kosmopolitischen Atmosphäre des Europa jener Jahre bald Wind bekam – seine wichtigsten Texte: ALTAZOR, MANIFESTES, ECUATORIAL. Er gründete mit Reverdy die Zeitschrift 'Nord-Sud', war befreundet mit Apollinaire, Picasso, Arp und veröffentlichte in den Zeitschriften 'Esprit Nouveau',

3/219
Huidibro, Paysage,
um 1920
(Dada Almanach)

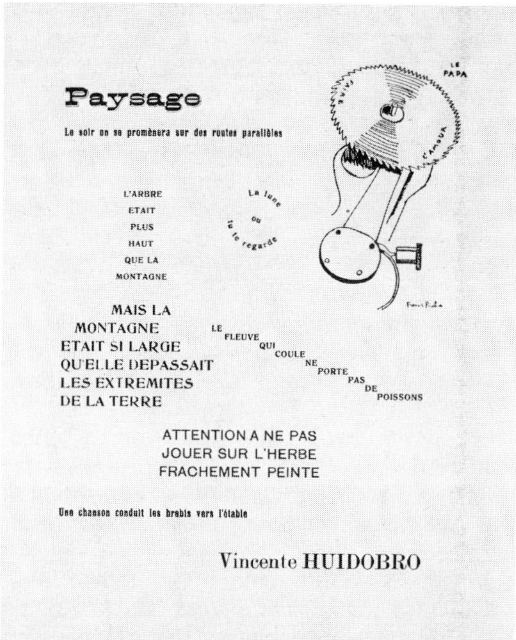
Paysage

Le soir on se promènera sur des routes parallèles

L'ARBRE
ETAIT
PLUS
HAUT
QUE LA
MONTAGNE

La lune ou tu le regarde

MAIS LA
MONTAGNE
ETAIT SI LARGE
QU'ELLE DEPASSAIT
LES EXTREMITES
DE LA TERRE

LE FLEUVE QUI COULE NE PORTE PAS DE POISSONS

ATTENTION A NE PAS
JOUER SUR L'HERBE
FRACHEMENT PEINTE

Une chanson conduit les brebis vers l'étable

Vincente HUIDOBRO

'Cœur à Barbe', 'Manomètre', 'Dadaco' und 'Transition' Beiträge, die ihn an den verschiedensten wichtigen Problemen interessiert zeigen: solchen der typographischen Poesie in den Calligrammes von 1922; solchen der Laut-Dichtung mit dem Chant 7 de Altazor; solchen der Zweisprachigkeit – er schrieb spanisch und französisch; solchen der Übersetzung – man vergleiche die verschiedenen Fassungen, die er ein und demselben Text erst in EL ESPEJO DE AGUA (Wasserspiegel) dann in 'Nord-Sud' und schließlich in HORIZON CARRE (Quadratischer Horizont) gegeben hat.
Eine figura literaria de transición, ein Vermittler, dessen Creacionismo oder Kreationismus einerseits von einem wahren Wissenschaftsenthusiasmus getragen wurde, der ihn zu Untersuchungen über metrische Probleme und zu dem Unternehmen einer neuen Definition dessen, was als Bild gelten sollte, bestimmte, andrerseits jedoch der magischen Kraft des Wortes das Wort redete – hat Victor Huidobro in zweierlei Hinsicht zur Erneuerung der lateinamerikanischen Literatur beigetragen: indem er erstens den Dichtern die schon von Gongora erkannte Notwendigkeit, die eigene poetische Praxis theoretisch zu fundieren, bewußt machte; und zweitens insofern er persönlich als Kristallisator auftrat, Verbindungen stiftete, so namentlich während seines Aufenthalts in Madrid, wo er die Bewegung anregte, aus der später der Ultraismus hervorging.

B. Der Ventilator

'Das war ein Ventilator. Die Atmosphäre der Poesie war voller Mief – voller Rhetorik, Geschichten, Sentimentalität – und der Ventilator reinigte sie'. Antonia Espina

Im Herbst 1918 machte Huidobro im Café Colonial die Bekanntschaft der jungen Ultraisten. Haupt dieses Zirkels war der Sevillaner Cansinos-Asséns, den man einen heidnischen Wundermann, eine triumphierende Statue des Südens, genannt hat. Die Ultraisten wollten vor allem 'ihre Uhren mit denen Europas synchronisieren' oder 'die Nabelschnur, durch die sie sich noch ans neunzehnte Jahrhundert gefesselt fühlten, ein für alle mal durchschneiden'. Sie standen unter dem Einfluß der von Rubén Dario gestifteten poetischen Schule – wichtig in diesem Zusammenhang: die Rolle der Zeitschriften 'Grecia' und 'Cervantes' – waren jedoch zugleich auf dem laufenden der verschiedensten anderen avantgardistischen Bestrebungen, namentlich in Katalonien, wo Picabia 1917 die Zeitschrift '391' gegründet hatte und Salvat-Papasseit 1920 sein 'Primer Manifest catala Futurista: contra els poetes ambo minuscula' veröffentlichen sollte und wo überhaupt avantgardistische Periodika wie Unkraut aus dem Boden schossen, von 'Un enemic del poble' (1917), La Nova Revista (1927) und 'L'Amic des arts' (1928) bis zu 'Helix' (1931). Manche Anregung vermittelte ihnen zudem schon früh die von 1915-1918 von dem anarchistischen und vegetarischen Drucker Emilio G. de Linera herausgegebene Zeitschrift 'Los Quijotes' und die Unternehmungen Ramón Gómez de la Sernas, der in seiner 1908 gegründeten Zeitschrift 'Prometeo' schon 1909 und 1910 Marinettis futuristische Manifeste veröffentlicht hatte, der zudem die erste Ausstellung kubistischer Maler in Madrid veranstaltete und die Gruppe unter dem Namen 'los integros' dort bekannt machte;

der weiterhin den Begriff des Buches neu definierte, indem er 'das unklassifizierbare Buch, das gewalttätige Buch, das 'libro ultravertebrado' oder Buch mit überlangem Rückgrat, das wechselhafte und explorierende Buch, das Buch, durch welches das Buch sich vom Buche befreite, in welchem endlich die Formeln gelöst . . .' herbeirief; und dessen berühmte 'Greguerias' (Humor + Metapher = Gregueria) der Bilderwelt der Ultraisten das unmittelbare Vorbild gaben.

Der Creacionismo war mehr als eine Dichterschule:

'Der Creacionismo', sagt Rivas Panedas, 'ist etwas sehr Konkretes, eine sehr konkrete Sache jedenfalls neben unserem Ultra, das, wie wir nicht müde werden zu wiederholen, weder ein Dogma noch eine Manier ist. Der Creacionismo ist beides'.

Versuche zur Ausbildung einer Theorie der spanischen ultraistischen Bewegung gab es erst spät, und sie blieben beschränkt: 'Man brach mit der Kontinuität des logischen Diskurses, stellte fragmentarische Impressionen in den Vordergrund und glaubte sich derart der Reinheit des lyrischen Flusses versichern zu können.'

Insgesamt gelangte die Bewegung schließlich zur Übereinstimmung mit den Forderungen des Augenblicks, namentlich in der Hinwendung zu einer neuen Typographie – Beispiele hat man in Francesco Cangiullos pentagrammatischer Dichtung und in gewissen Texten von Juan Larrea, Angel Candiz, H. Rivas und Rivas Panedas – sodann in der den klanglichen, musikalischen Qualitäten des Gedichts gewidmeten Sorgfalt und dem Bemühen um Annäherung an gewisse Tendenzen innerhalb der bildenden Kunst, die Verarbeitung von Anregungen von Barradas, Delaunay, Norah Borges oder auch Paszkiewicz und Wladyslaw Jahl. Mit all diesen 'formalistischen' Experimenten – ebenso wie mit der unermüdlichen Suche nach dem Ungewöhnlichen, das nicht als Ausflucht ins Phantastische, sondern als Rohstoff des Alltags verlangt wurde – war man im Spanien der Jahre zwischen der Krise von 1917 und der Errichtung der Diktatur Primo de Riveras 1923 bemüht, Anschluß an eine weitere Welt zu finden.

'Alles in allem', sagt Guillermo de la Torre, 'strebte man nach neuen geistigen Assoziationen und Dissoziationen, die das Bild einer unberührten ursprünglichen Welt freigeben würden'.

Die erst 1919 zur Gruppe formierte Bewegung hat nur wenige Bücher hervorgebracht, so IMAGEN von G. Diego, HELICES (Propeller) von G. de Torre, GALERIE DE GLACES (Spiegelgalerie) von Rafael Lasso de la Vega, SIGNARIO (Zeichenverzeichnis) von Antonio Espina. Desto mehr hat sie sich in zahlreichen Zeitschriften geäußert. Da ist zunächst die 'Grecia' zu nennen, die von 1918 bis 1920 Texte von Cansinos-Asséns, Huidobro und Diego veröffentlichte; dann die 1917 gegründete 'Cervantes,' die, nachdem im Jahre 1919 Cansinos-Asséns ihre Leitung übernommen hatte, zu einem Sprachrohr der Ultraisten wurde. Dann unmittelbar ultraistische Gründungen wie die von 1921–1922 erscheinende 'Ultra' (das Flaggschiff der Bewegung, sozusagen) – hier wurden auch Beiträge von bildenden Künstlern veröffentlicht, Borges war unter den Mitarbeitern; wie gleichfalls die von 1921–1922 erscheinenden 'Tableros'; und eine ganze Reihe ephemerer Gründungen: 'Vertices' (1923), 'Tobogàn' (1924), 'Reflector' (1920). Außerdem verschiedene nicht ausschließlich auf den Ultraismus festgelegte Periodika wie 'Horizonte', wo von 1922–1923 auch Soupault, Lorca, Guillen und Machado veröffentlichten; und schließlich 'Alfar', die, 1921 in La Coruña gegründet, schließlich 'una revista de Casa América' wurde: Die Rückkehr ihres Direktors, des Uruguayers Julio Casal nach Montevideo im Jahre 1929 koinzidierte mit dem Ende des spanischen Ultraismus und bezeichnete den Anfang der Verbreitung des Ultraismus in Lateinamerika.

C. Die Verbreitung (von der literarischen Revolution zur revolutionären Literatur).

'Jeder von uns bekannte sich zu seiner höchstpersönlichen Ästhetik, in prächtiger Heterogenität, die uns alle einander entgegensetzte.'
Leopoldo Marechal

Die Abtrennung der Nabelschnur
Voraussetzung für die Ausbreitung des Ultraismus in Lateinamerika – in Ecuador, Mexico, Cuba und Uruguay, namentlich aber in Argentinien – war einerseits die dort gegebene besondere Situation, die zu jener Zeit von einer gewissen wirtschaftlichen Prosperität gezeichnet war, mit der drei wesentliche soziologische Prozesse einhergingen:
1. Der Aufstieg der Mittelschicht.
2. Die Ausbildung eines städtischen Industrieproletariats und, am Rande der Großstädte, eines ländlichen Proletariats indianischer Landarbeiter.
3. Die im Jahre 1919 von der Universität Cordoba in Argentinien ausgehende, aber bald den gesamten Kontinent erfassende Universitätsreform-Bewegung; andererseits aber DIE RÜCKKEHR VON JORGE LUIS BORGES im Jahre 1921. Borges gründete im März 1922 die Wandzeitung ‚Prisma', im August des gleichen Jahres die Zeitschrift ‚Proa' (Bug). Hier begegneten einander chilenische, mexikanische und argentinische Schriftsteller, und aus den Debatten, die sie miteinander führten, ging eine in zwei Kolonnen gespaltene Avantgarde hervor. Da war einerseits die durch Boedo vertretene realistische Richtung, vom russischen Futurismus beeinflußt und an sozialen Problemen interessiert; andererseits die von Florida angeführte ultraistische, die mehr im engeren Sinne literarische Interessen pflegte. Gelegentlich des Aufenthalts des faschistisch engagierten Futuristen Marinetti in Buenos Aires 1926 bezogen beide Parteien die ihren besonderen Interessen gemäßen konträren Standpunkte.
Folge dieser Polarisierung des Geisteslebens war die Gründung der Zeitschrift ‚Inicial' (1923–1926) und eine Neuorientierung der Zeitschrift ‚Proa'. Während ihrer zweiten Epoche (1924–1925) suchte diese zugleich in stärkerem Maße als bisher einen spezifisch argentinischen Charakter und wurde Zeugin der Glanzzeit jener ersten Phase des Ultraismus, in der sowohl Borges' FERVOR DE BUENOS AIRES als auch Gonzáles Lanunzas PRISMAS und Girondos VEINTE POEMAS PARA SER LEIDAS EN EL TRANVIA (Zwanzig Gedichte, in der Straßenbahn zu lesen) und CALCOMANIAS entstanden – die man jedoch einzig in Jorge Luis Borges' berühmten Artikel in Nosotros annähernd auf Begriffe gebracht findet.
Die im Februar 1924 von Evar Méndez und Oliverio Girondo gegründete Zeitschrift Martin Fierro trat das Erbe der Proa an, die im gleichen Jahr das Erscheinen einstellte. Die um Martin Fierro gescharte argentinische Avantgarde verwarf sowohl den Modernismus und Lakonismus als auch den Nihilismus des ursprünglichen Ultraismus und forderte – obwohl sie die ultraistische ironische, satirische Manier weiterhin pflegte, ja sogar vervollkommnete, indem sie damit nun größere Zielsicherheit bewies – vom argentinischen Künstler 'Amor por lo argentino': Liebe zum Argentinischen. Freilich stellte sie dieser Forderung die Warnung vor dem Genremäßigen voran: Elusion del habito y la costumbre. Die Wahl des Namenspatrons der neuen Bewegung mußte diese Warnung ratsam erscheinen lassen: Niemand sollte auf den Gedanken kommen, daß man etwa vorhätte, den argentinischen Nationalhelden, den epischen Gaucho Martin Fierro, nachzuahmen, wie er sich räusperte und spuckte. Im Manifiesto Martin Fierro hieß es: 'Martin Fierro glaubt an die Wichtigkeit des amerikanischen Beitrags zum Geistesleben – Amerika ist abgenabelt. Wenn wir aber danach streben, die von Rubén Dario im literarischen Bereich ins Leben gerufene Unabhängigkeitsbewegung zu verstärken und auf alle Gebiete des Geisteslebens zu übertragen, heißt das doch keineswegs, daß wir darauf verzichten müßten, uns allmorgendlich einer schwedischen Zahnpasta, französischer Handtücher und englischer Seife zu bedienen oder die Tatsache etwa leugnen sollten (. . .) Martin Fierro hat Vertrauen in unseren Sprachklang, unsere Weltsicht, unsere Eigenart, unser Gehör, unsere Fähigkeit zu verdauen und zu assimilieren.'

Die so hoffnungsvoll als 'Studentische Internationale' aufgebrochene Bewegung verengte sich, schließlich ging ihr der Atem aus, und die wichtigste Veröffentlichung, die sie hervorbrachte, die von Pedro Juan Vignale und Cesar Tiempo herausgegebene ‚Exposicion de la actual poesia argentina' war schon ihr Schwanengesang: Als diese 'Ausstellung der gegenwärtigen argentinischen Dichtung' erschien, war die Bewegung auf Grund der Krise der Jahre 1929–1930 – ohnehin durch den Verlust eines ihrer Führer, des in Paris verstorbenen Ricardo Güiraldes, geschwächt – bereits in voller Auflösung begriffen.

Gérard de Cortanze

Übersetzt aus dem Französischen
von Peter Hahlbrock

Anmerkungen:

1. Anm. d. Red.: Der Beitrag von Cortanze sprengt in seiner ursprünglichen Fassung sowohl thematisch wie mengenmäßig den hier vorgegebenen Rahmen. Deshalb konnte trotz der Bedeutung des Aufsatzes nur der erste Teil wiedergegeben werden. Der zweite Teil schildert die Ausbreitung des ultraistischen Impulses über ganz Lateinamerika und die dadurch hervorgerufene Konsoldierung der lateinamerikanischen Avantgarde sowie die Auswirkung auf das Entstehen einer revolutionären Volkskultur in den lateinamerikanischen Ländern.

Bibl.:

Primärlit.: Almeida, José A. de: Bagaceira, São Paulo 1928; (réedition: 'Livros do brasil', Lisboa) Andrade, C. Drummond de: Antologia poética, Lissabon (Portugália Editora) 1965; Andrade, Mario de: Macunaimá, 1928 (Wiederauflage: 'Livro do Brasil', Lissabon); Borges, J. L.: Obra Poética, Buenos Aires (Emecé Editores) 1960; Diego, G.: Poesía de Creación (antología poética), Barcelona (Seix Barral) 1974; Girondo, O.: En la masvida (poemas escogidos), Barcelona (Llibres de Sinera) 1972; Obras completas, Buenos Aires, 1968; Gómez de la Serna, R.: Obras complétas, Barcelona (Editorial AHR) 1956; Grieff, Leon de: Tergiversaciones, Bógota 1915; Hidalgo, A.: Indice de la nueva poésia americana, México-Buenos Aires (Sociedad de Publicaciones El Inca) 1926 (Einleitung: A. Hidalgo, V. Huidobro y L. Borges); Huidobro, V.: Obras completas, Santiago de Chile (Ed. Zig-Zag) 1963; Larrea, J.: Version Celeste (antologia poética), Barcelona, (Seix Barral) 1970; Navarro Luna, M.: Surco, Havanna 1928. Revista de Antropofagia. (Reprint der revista literária publicada em São Paulo 1928–1929) hg. Augusto de Campos, São Paulo (Editora Abril Ltda) 1975; Revista Klaxon, (Faksimile) São Paulo 1972; Salvat-Papasseit, J.: Poèmes en ondes herzianes, Sitges 1929; Antología (Edición Bilingüe). Barcelona (Ediciones Saturno) 1970; Vallejo, C.: Los Heraldos Negros/Trilce, Barcelona (Ediciones Saturno) 1972.

Sekundärlit.: Bajarlía, Juan-J.: Literatura de Vanguardia, Buenos Aires (Araujo) 1946; Bajarlía, Juan-J.: El vanguardismo poético en América y España, Buenos Aires (Perrot) 1958; Bandeira, M.: Apreçantaçao da poesia brasileira, Rio de Janeiro (Livraria Editora Casa do Estudante do Brasil) 1954; Bopp, R.: Movimiento Modernista do Brasil (1922–1928), Rio de Janeiro (Livraria São José) 1966; Boyd, G. Carter: Las Revistas literarias de Hispanoamérica, Mexico 1959; Cansinos-Asséns, R.: La Nueva Literatura, III. La evolución de la poesía (1917–1927), Madrid (Páez) 1927; Casal, Julio J.: Exposición de la poesía uruguaya desde sus origines haste 1940, Montevideo (Claridad) 1940; Córdoba, I.: La Revolución martinferrista, Buenos Aires (Ediciones Culturales Argentinas) 1962; Costa, R. de: V. Huidobro y el creacionismo, Madrid (Taurus ediciones) 1975; Cortanze, G. de: Huidobro/Altazor/Manifestes, Paris (Champ Libre) 1976; Cruchaga Santa María, A.: Los poetas de vanguardia de Chile, Santiago de Chile 1930; Díaz-Plaja, G.: L'Avantguardisme a Catalunya, Barcelona (La Revista) 1932; Girondo, O.: El Periódico Martín Fierro (1924–1949), Buenos Aires (Fransisco A. Colombo) 1949; Guirao, R.: Orbita de la poesía afrocubana, (1928–1937). Antología, Havanna 1938; Listz-Arzubide, G.: El Movimiento estridentista, Mexico (Ed. de Horinzonte) 1926; Maples Arce, M.: Antología de la poesía mexicana moderna, Rom 1940; Martins, W.: 50 años de literatura brasileira, en Panorama das literaturas das Americas, Angola, I. Nova Lisboa 1958; Monguió, L.: La Poesía postmodernista peruana, México (University of California Press-Fondo de Cultura Económica) 1954; Movimientos literarios de vanguardia en Iberoamérica, Memoria del undécimo Congreso celebrado en la Universidad de Texas, Mexico (University of Texas) 1960; Poesía puertorriqueña. Selección y prólogo de Luis Hernández Aquino, Universidad de Puerto Rico, 1954; Portuondo, José A.: Bosquejo histórico de la letras cubanas, Havanna 1960; Rafols, J. E.: Modernismo y modernistas, Barcelona (Destino) 1949; Cesáreo, Rosa N.: La Poesía en Puerto Rico, Puerto Rico (Campos) 1958; Salvador, N.: Revistas argentinas de vanguardia (1920–1930), Universidad de Buenos Aires, 1962; Sánchez, Luis A.: Indica de la poesía peruana contemporánea, Chile (Ercilla) 1938; Seabra, José A.: F. Pessoa: Le retour des dieux, Paris (Champ Libre) 1973; Serna, Ramón G. de la: Ismos, Montevideo (Ed. Medina) 1969; Torre, G. de: Historia de las literaturas de vanguardia, Madrid (Ed. Guadarrama) 1965; Torres Bodet, J.: Perspectiva de la literatura mexicana actual, México 1928; Ureña, Max H.: Panorama literario de la literatura dominicana, Rio de Janeiro 1925; Los Vanguardismos en la América latina, recopilación de textos, Havanna (Instituto Cubano del libro) 1970; Videla, G.: El Ultraísmo. Estudio sobre los movimientos poéticos de vanguardia en España, Madrid (Gredos) 1963; Yurkievich, S.: Fundadores de la nueva poesia lat.-americ., Barcel. (Barral Editores) 1970.

NEW YORK DADA

New York Dada ist ein Spiegelbild von Hannover Dada oder umgekehrt. Das widergespiegelte Bild unterscheidet sich von dem Gegenstand, den es reflektiert – links ist rechts und rechts ist links. Derart ist die Beziehung zwischen New York Dada und Hannover Dada. In beiden Fällen war es eine Einmann-Bewegung – Man Ray in New York und Kurt Schwitters in Hannover. Während aber der New Yorker Dada (vor allem durch Man Ray) eine reinere, linkere Tendenz des ‚Jung Dada' verkörpert, repräsentiert Hannover Dada (namentlich Kurt Schwitters) eine mehr nach rechts neigende utilitaristische Richtung des ‚Älteren Dadas'.
Aber obwohl mir diese theoretische Vereinfachung sehr fesselnd erscheint, will ich sie rasch berichtigen. Das Leben ist immer sehr viel verwickelter als Theorien. In diesem Fall barg die ‚Dada Linke' zu einem guten Teil auch rechte Elemente und umgekehrt. Die Dada-Mischung von Man Ray ist ebenso eigen und einzigartig wie die von Schwitters.
Schütte in den Mixbecher: ein halbes Glas mit Picabias Liebe zum Paradox und Cravans Nihilismus, ein ganzes Glas mit dem Humor Jarrys, ein anderes volles Glas mit Duchamps Unverbindlichkeit, füge zwei Würfel von amerikanischem, pragmatischem Eis hinzu, gut mixen, eiskalt servieren. Wenn jemand wie Man Ray mit seinem technischen und wissenschaftlichen Hintergrund und seiner Liebe zu Genauigkeit und Vollkommenheit einen großen Schluck von diesem explosiven Cocktail nimmt, muß das Ergebnis einzigartig sein. In der Tat ist Man Rays Dada-Abenteuer ohne Parallele in der Geschichte Dadas. Neben Duchamp ist er wahrscheinlich der einzige Dadaist, der bis heute den ursprünglichen Dada-Vorsätzen treu blieb. Und das ist keine geringe Leistung. Kehren wir jedoch zu unserem Hauptproblem zurück. Die Vermutung, amerikanischer Dada sei eine nur von Man Ray getragene Einmann-Bewegung, mag drastisch klingen. Wir sollten uns zuerst über die Begriffe einigen. Meine Ansicht ist nur dann richtig, wenn man mit New York Dada amerikanischen Dada meint. Wenn man im Auge behält, was über den Dada-Geist, seine Waffen und seine Eroberungen gesagt wurde, stellt man fest, daß in jenen Jahren nichts dem amerikanischen Geist hätte fremder sein können. Tatsächlich war von den drei Männern, die im New York Dada eine entscheidende Rolle spielten, lediglich Man Ray Amerikaner. Die anderen beiden, Duchamp und Picabia, waren Franzosen. Von diesem Trio handelten zwei gemeinschaftlich; Man Ray und Duchamp. Picabia stand der Stieglitz-Gruppe näher, außerdem erwies sich damals die Sprachschranke als hinderlich. Man Rays Unkenntnis des Französischen war ebenso groß wie Picabias Unkenntnis des Englischen. Schließlich waren Picabias Besuche in New York immer zu kurz, als daß es ihm möglich gewesen wäre, an irgendeiner gemeinsamen Tätigkeit aktiv teilzunehmen.
Sogar die zweitrangigen Gestalten des New York Dada waren keine Amerikaner: Der Maler Jean Crott, der 1919 Duchamps Schwester Suzanne heiratete, war Schweizer; die überspannte Baronin Elsa von Freytag-Loringhoven war Deutsche, der Komponist Edgar Varèse war Franzose ebenso wie Henri-Pierre Roché, der Duchamp bei der Veröffentlichung der beiden einzigen Ausgaben von ‚The Blind Man' (April und Mai 1917) half.
Keiner der amerikanischen Mitarbeiter an den amerikanischen Dada-Zeitschriften war Dadaist. Das erste Heft von ‚The Blind Man' enthielt Beiträge von Mina Loy und Beatrice Wood (außer denen von H.-P. Roché). In der zweiten Ausgabe veröffentlichte man Beiträge von Walter C. Arensberg, Robert C. Brown, Frank Crowninshield, Charles Demuth, Charles Duncan, Mina Loy, Allen Norton, Louise Norton, Frances S. Stevens und Alfred Stieglitz (in Ergänzung zum französischen Dadaisten-Clan: Gabrielle Buffet, Francis Picabia und Erik Satie). Die Illustrationen in diesem Heft stammten wiederum von Nicht-Dada-Künstlern: Louis M. Eilshemius, Clara Tice und Joseph Stella (in Ergänzung zu Duchamps berühmter ‚Fontaine', die Stieglitz fotografiert hatte).
Dasselbe gilt für das einzige Heft von ‚Rongwrong' (Juli 1917) und die einzige Ausgabe von ‚New York Dada' (April 1921): Die amerikanischen Mitarbeiter von ‚Rongwrong' waren

Robert C. Brown, Allen Norton und Carl van Vechten; an dem von Duchamp und Man Ray herausgegebenen ,New York Dada' arbeiteten der Karikaturist Rube Goldberg und Alfred Stieglitz mit, der mit einem doppelt belichteten Foto vertreten war.

Die einzigen drei New Yorker Ausgaben von Picabias Blatt *391* (die Nummern 5, 6 und 7 erschienen im Juni, Juli und August 1917) enthielten Beiträge von zwei Amerikanern: Marius De Zayas, einem Karikaturisten und regelmäßigen Mitarbeiter von Stieglitz' Zeitschrift ,Camera Work', und Walter C. Arensberg.

Man Rays frühere und einzige Ausgabe seiner proto-dadaistischen Zeitschrift ,The Ridgefield Gazook' (31. März 1915) war ganz und gar ein Einmann-Unternehmen, und das einzige Heft von *TNT* (März 1919), das Man Ray in Zusammenarbeit mit dem anarchistischen Bildhauer Adolf Wolff veröffentlichte, war politisch ausgerichtet und alles andere als dadaistisch.

Es war eine typische Dada-Gebärde, wenn bei einem Schachspiel zwischen Picabia und Henri-Pierre Roché die Entscheidung fiel, welches von zwei Magazinen verschwinden sollte, um das Feld dem anderen zu überlassen. Das vorzeitige Ende von ,The Blind Man' erklärt sich daraus, daß Picabia das Spiel gewann, dessen Züge in der zweiten und aus genannten Gründen letzten Ausgabe dieser Zeitschrift überliefert sind.

Das einzige Beispiel einer Dada-Abendgesellschaft wurde im Jahre 1917 mit Hilfe Arthur Cravans, eines anderen Exilfranzosen, von Duchamp veranstaltet! An diesem Punkt muß man sich vergegenwärtigen, daß New York Dada ein Vorläufer von Paris Dada war, das noch nicht gegründet war. Wäre nicht der Krieg gewesen, der die drei Hauptgestalten dieses Abenteuers zusammenbrachte (Duchamp und Picabia kamen 1915 nach New York), New York Dada wäre niemals lebendig geworden und Man Ray hätte als isolierte und paradoxe Figur gegolten, aus einer Avantgarde aufgetaucht, welche sich verwirrt an allem orientierte, was auf künstlerischem und literarischem Feld fortschrittlich war. Keiner der Dichter, Schriftsteller und Kritiker, die an den publizistischen Wagnissen von Duchamp, Picabia und Man Ray teilnahmen, waren dadagesinnt. Die Namen der Mitarbeiter an den verschiedenen Dada oder Proto-Dada-Zeitschriften sprechen für sich selbst. Sie alle gehörten zu einer sorglosen, kultivierten und lebenslustigen Bohème, deren Sinn und Streben ebenso unbestimmt und verwirrt war wie das jeder anderen Bohème. Es gab keinen einzigen Exponenten dessen, was eine amerikanische Proto-Dada- oder literarische Dada-Bewegung hätte werden können. Dieselbe Beobachtung trifft für die amerikanischen Künstler zu, die sich damals zu Duchamp, Picabia oder Man Ray gesellten oder von ihnen beeinflußt waren. Die Künstler, die diesem Trio nicht begegnet waren, deren Werke aber Fortschrittlichkeit verrieten, waren nicht weniger weit vom Dada-Geist entfernt. Bilderstürmerische Wut war ihnen völlig fremd. Da sie mit ihren Vorstellungen Kubisten und Futuristen, mit denen viele von ihnen zu wetteifern versuchten, näher standen, ging es ihnen allen um ästhetische Erneuerung und weniger um Infragestellung des Begriffs der Ästhetik. Der Skandal mit allen seinen Verwicklungen war eine Vorstellung, die ihrer Mentalität völlig fremd war. Organisierte Gruppenaktion widerstritt ihrer Norm von Individualität, und was den Humor anbetrifft, so waren sie viel zu ,seriös' dafür.

Das einzige Beispiel einer Dada-Skulptur, Morton Schambergs um 1916 entstandener *Gott*, eine Zusammenfügung von Installationsröhren, die auf eine Gehrungslade montiert waren, blieb isoliert und einzigartig in der Produktion dieses Künstlers. Mehr noch, das Werk wäre vermutlich niemals ohne den Einfluß von Elsa von Freytag-Loringhoven zustande gekommen, die an der Herstellung beteiligt war. Was Schamberg anbetrifft, so war er ein sehr begabter Maler. Seine ,mechanical abstractions' sind mechanische Abstraktionen ohne eine Spur von Dada-Humor. Sie regten die Schule der Präzisionisten an, die auch Charles Sheeler zu einem ihrer Vertreter rechnete. Charles Demuth fügte seinen Bildern Elemente aus dem ikonografischen Arsenal Dadas ein wie beispielsweise Maschinen und Figuren. Er tat dies ,aus unablässiger Neugier für jede Erscheinung, die das Leben bot' (Duchamp). Demuths Bilder waren so elegant und formalistisch, wie man sie

von jedem hochbegabten Vertreter der amerikanischen Avantgarde erwartet haben würde.
Marsden Hartleys Verwendung numerischer Symbole – er nahm darin Demuth vorweg – resultierten aus einer schlecht verhohlenen Bewunderung für den deutschen Militarismus und waren Hartleys Antwort auf das gespannte Klima des amerikanischen Chauvinismus. Aber auch an ihnen gab es nichts Dadaistisches. Hartleys Kapitel über den Dadaismus wurde vom Standpunkt eines auswärtigen Beobachters, nicht jedoch eines überzeugten Teilnehmers geschrieben.
Arthur Dove war einer der ersten abstrakten Maler Amerikas. Als er mit seinen ersten Collagen begann, geschah dies aus dem Bemühen heraus, die jüngste formale Entwicklung der europäischen Avantgarde aufzugreifen. Doves Collagen sind ein verspäteter Versuch, die Dada-*Technik*, nicht aber den Dada-Geist auf die Höhe der Zeit zu bringen.
Dasselbe könnte man über John Covert sagen, der 1923 die Kunst zugunsten des Geschäfts aufgab, oder über Charles Burchfield, der sich in heftigen Ausdrücken von seiner kurzlebigen dada-verwandten Zeit distanzierte.
Die Galerie 291 von Alfred Stieglitz war eine mutige Avantgarde-Galerie. Stieglitz wurde jedoch von dem Wunsch geleitet, lieber die verschiedenen Richtungen der europäischen Avantgarde zu zeigen, als einen kämpferischen Standpunkt einzunehmen und eine Bewegung zu unterstützen. Die Künstler, die Stieglitz zuerst in Amerika vorstellte, waren ebenso hochinteressiert wie verschiedenartig, schlossen jedoch, abgesehen von Picabia, keinen einzigen Dadaisten ein: Matisse (1908), Toulouse-Lautrec (1909), Rousseau (1910), Picasso (1911), Picabia (1913), Brancusi (1914), Severini (1917). Später konzentrierte sich Stieglitz auf die amerikanische Avantgarde und gab seiner neuen Galerie den bezeichnenden Namen ‚Ein amerikanischer Platz'!
Der dadaistische Charakter von Stieglitz' Zeitschrift *291*, die es vom März 1915 bis zum Februar 1916 auf 12 Nummern brachte, wurde direkt von Picabia angeregt und geht auf die Reproduktionen nach seinen Werken zurück.
Arensbergs Salon im Westteil der 67. Straße von New York war der Urtyp des Avantgarde-Salons eines modebewußten reichen Mannes, dem Salon De Woailles in Paris nicht unähnlich. Es war das genaue Gegenteil der traditionellen Treffpunkte der Dadaisten, dem Cabaret Voltaire in Zürich oder dem Cafe Cetra in Paris. Arensbergs Dada-Manifest ist in seinem Gesamtwerk ebenso ein einzigartiges Kunststück wie Morton Schambergs Skulptur *Gott.* Seine Gedichte gehören zur Schule der Imaginisten, doch sicherlich nicht zu Dada.
Benjamin De Casseres, ein regelmäßiger Mitarbeiter von Stieglitz' *Camera Work*, war trotz einiger Schritte im Glanze Dadas ein typisch kleinbürgerlicher Kritiker, d. h. liberal in der Kunst und reaktionär in der Politik.
Katherine Dreier, die mit Hilfe von Marcel Duchamp und Man Ray die *Société Anonyme* gründete, hatte den ausgeprägtesten Anti-Dada-Charakter, den man sich vorstellen kann. Ihre flüchtige Verbindung mit Duchamp und Man Ray ist mir und Man Ray ebenso geheimnisvoll wie sie es für Duchamp gewesen war.
Dem Interview Man Rays über New York Dada ist nicht viel hinzuzufügen. Ein Blick auf die ‚Chronologie' und die ‚Protagonisten' kann helfen, meine von ihnen aus entwickelten theoretischen Überlegungen in ihren lebendigen Zusammenhang zurückzuversetzen.
‚Wir sollten nicht vergessen, daß es unsere Aufgabe ist, frei zu sein . . . Cornegidouille! Wir werden nicht alles niedergerissen haben, solange wir nicht sogar die Ruinen zerstört haben' (Alfred Jarry, Ubu in Ketten, 1900).

Arturo Schwarz

Auszug aus: new york dada, München 1974, S. 36ff.

DADA
CHRONOLOGIE

Mitarbeiter
Beckett, Bergius, Borras, Brendel,
de Cortanze, Giroud, Lista, Pop, Riha,
Roters, Schlichting, Schwarz

Jahr	New York	Zürich/Genf	Paris	Berlin
1902	D. Photogr. Alfr. Stieglitz beg. Veröffentl. v. 'Camera Work' (insges. 50 Nrn., bis Juni 1917) u. org. d. Gruppe 'Photo Secession': erste Ausst. im 'National Arts Club'			
1905	**Nov.** Stieglitz eröffnet 'Little Galleries of the Photo Secession' in der Fifth Avenue 291, bald nur '291' genannt. Anfangs nur Photogr., seit 1907 auch Avantgarde-Kunst. Ausgangsort f. d. Entst. New York Dada			Raoul Hausmann lernt in Berlin Joh. Baader kennen.
1907				Scheerbart, 'Jenseits-Galerie'
1908	J. Covert u. M. Schamberg erstmals nach Europa			
1909				Scheerbart, 'Kater-Poesie', in Leipzig. Protodada-Gedichte.
1910	**Juli** In 'Camera Work' veröffentl. Benjamin de Casseres Theorie des Solipsismus: dadaist. Ideen			Nr. 1 d. v. Herwart Walden hrg. Zeitschr. 'Der Sturm' ersch.
1911	**Okt.** In 'Camera Work' ersch. Aufs. über "Das Unbewußte in der Kunst"			1 Nr. d. v. Franz Pfemfert hrg. Zeitschr. 'Die Aktion' ersch.; Paul Scheerbarts 'Das Perpetuum mobile' Soiréen d. 'Neopathetischen Cab.' v. Erich Loewenson u. Kurt Hiller m. Einstein u. Mynona
1912	**Jan.** In 'Camera Work' betont de Casseres den Wert d. Paradoxes i. d. Kunst **April** de Casseres in 'Camera Work': „Ironie höchste Form der Wahrnehmung" **Jan.-April** Picabia in New York, nimmt an 'Armory Show' teil **Febr./März** Von d. Association of 'American Painters and Sculptors' geförd. Intern. Ausst. Moderner Kunst ('Armory Show') eröffn. Eklat um Duchamps 'Akt eine Treppe herabsteigend' **März** Ausst. Picabia bei '291' **März/April** M. d. Zayas Maschinenbilder bei '291'. Einfl. auf Picabia **Juni** Im 'Camera Work' B. de Casseres: „Die Wiedergeb. d. Irrationalen" u. Picabia: "Towards Amorphism" u. "Manifesto of the Amorphist School", Proto Dada		Duchamps 'Akt eine Treppe herabsteigend' im 'Salon des Indépendents'. Einspr. Le Fauconniers, Zurücknahme. Freundsch. zw. Duchamp, Apollinaire, Picabia; erste Ideen f. Dada Paris. **Mai** 'Impressions d'Afrique' v. Raymond Roussel im Théâtre Antoine. Duchamp, Picabia, Apollinaire sehen das Stück. Freundschaft Ribemont-Dessaignes, Picabia. 'Maintenant' (1912-1915), Hg. Arthur Cravan	Franz Jung, 'Das Trottelbuch'. Carl Einstein, 'Bebuquin oder die Dilettanten des Wunders' **April** Ausst. d. Futuristen im 'Sturm', Flugbl. m. 'Manifest des Futurismus' v. Marinetti
1913		**Okt.** H. Ball sieht Ausst. Futurist. Werke in Dresden	Duchamp in München. Erste Vorstudien f. d. 'Große Glas'. 'Le Piège de Meduse' v. Satie; 'Le Sacre du Printemps' v. Strawinsky; 'La Prose du Transsibérien' v. Blaise, Cendrars: erstes gemal-	**Herbst** Der von der Galerie 'Der Sturm' veranst. 'Erste deutsche Herbstsalon' bringt eine Zusammenschau der europäischen Avantgarde

Köln/Hannover Holland	Italien	Spanien/Portugal Südamerika	Osteuropa	Jahr
				1902
				1905
				1907
			Rumänien Urmuz (D. Demetrescu-Buzau) veröffentl. 'Bizarre Blätter', Protodada-Anti-Literatur	**1908**
				1909
				1910
				1911
	Italien Marinetti veröffentl. 'Techn. Manifest des Futurismus'	Chile Huidobro gründ. Zeitschr. 'Musa Joven'	Rußland Ewrenow veröffentl. in St. Petersburg Serie: "Nacktheit auf der Bühne".	**1912**
	Italien Apollinaire u. Marinetti veröffentl. 'L'Antitradition futuriste'	Chile Huidobro veröffentl. 'La Gruta del Silencio' (Die Grotte des Schweigens), gründet m. Pablo de Rokha Zeitschr. 'Azul', erste Kalligramme.	Rußland Aktivitäten d. Ego-Futuristen in Petrograd: Dichtungen zum Thema Weltende: Gnedow, Gedicht vom Ende; Krjutschkow, Opus O; Ignatiew, Über den Tod. Krutschenik veröffentl. in	**1913**

Jahr	New York	Zürich/Genf	Paris	Berlin
1913			tes Gedicht v. Sonia Delaunay. 'Fahrrad-Rad', erstes Ready-made v. Duchamp; 'Erratum musical', erste verfremdende Musik v. Duchamp	
1914 AUSBRUCH DES 1. WELT-KRIEGES			Duchamps Ready made 'Flaschentrockner'. Arp trifft Max Jacob, Apollinaire, Eggeling, Cravan, Picasso, Delaunay in Paris	Paul Scheerbarts 'Glas-architektur' im Verl. 'Der Sturm'. Franz Jung u. George Grosz als Kriegsfreiw.
1915	**März** Picabia nach New York. Die von Man Ray hrsg. erste u. einzige Nr. von "The Ridgefield Gazook", erstes Protodada-Magazin in USA **Juni** Duchamp u. J. Crotti nach New York. In Ridgefield, New Jersey trifft Duchamp Man Ray, der seinerseits Picabia u. Walter Arensberg in New York kennenlernt. Wohnung Arensberg Treffpunkt avantgardist. Künstl.: Demuth, Duchamp, Picabia, Man Ray, J. Stella, M. Schamberg, E. Varese u. a. Picabias erste Mechanomorphosen: „Mädchen, ohne Mutter geboren" u. a. Duchamps erste in Amerika entst. Readymades: „Pulled at 4 Pins", „In Advance of a broken Arm". **Dez.** E. Varese nach New York.		Varèse, Freund v. Gabrielle Buffet u. Picabia, Kontakt zu Duchamp u. Picabia in New York, Begegn. m. Man Ray. Sonia u. Robert Delaunay seit d. Krieg in Spanien (1914-1920)	Grosz entlassen. Trifft Brüder Herzfelde. Franz Jung desertiert. Jung gr. Vlg. 'Die Freie Straße'. Von d. Zeitschr. ersch. bis 1918 10 Nrn. **12. April** Huelsenbeck u. Ball org. 'Expressionist. Abend' in Berlin
1916	M. Duchamp, Man Ray u. Arensberg gr. "Society of Independent Artists". Man Ray beg. Serie "Revolving Doors". Duchamp lernt Katherine Dreier kennen. Allen und Louise Norton veröffentl. Protodada-Magazin "The Rouque", die bis Dez. ersch. Nr. 1 enth. Text "The" von Duchamp **April** Nr. 1 v. "The Blind Man", New York ersch. Hg. Duchamp u. H. P. Roché **Mai** Nr. 2 v. "The Blind Man" ersch. Duchamp tritt aus 'Society of Independent Artists' aus, nachdem Readymade "Fountain", sign. m. Pseudon. 'R. Mutt' v. Hängekomm. zurückgew. A. Stieglitz photogr. d. Objekt unmittelbar nach Zurückweisung. D. Photo wird zus. m. anonymem Aufs. in Mai-Nr.	**5. Febr.** 1. Vorst. 'Cab. Voltaire', Zürich, Spiegelgasse 1, Gründ.: H. Ball u. E. Hennings, Arp. Janco, Tzara **11. Febr.** R. Huelsenbeck emigr. in d. Schweiz u. schließt sich d. Cab. Voltaire an **4. März** Cab. Voltaire: Russ. Soirée **14. März** Französ. Soirée. Tzara liest Werke v. Max Jacob u. a., Arp liest aus 'Ubu Roi' v. Jarry **30. März** Huelsenbeck, Janco u. Tzara treten m. 'Poème simultan' auf. Ball: „Kontrapunktischer Rezitativ, in dem drei oder mehrere Stimmen gleichzeitig sprechen" **18. April** Erste Erwähnung des Wortes 'Dada' in Tagebüchern Balls **Mai** "Cabaret Voltaire" ersch. **4. Mai** Cab. Voltaire: „Tra-	SIC, Zeitschr. v. P. A. Birot (1916-1919). Mitarbeit v. Futuristen (Severini, Depero, Prampolini), v. Apollinaire, Dermée, Reverdy, Soupault, Aragon, Breton, Tzara	**Anfang** Max Ernst lernt anläßl. einer Ausst. seiner Werke in d. Gal. des 'Sturm' Grosz u. Herzfelde kennen. **21. März** Baader hält bei Christian Wagner, Stuttgart, Vortrag über seine '8 Weltsätze' **Juli** Nr. 1 d. Protodada-Zeitschr. 'Neue Jugend' hg. v. Wieland Herzfelde. Bis März 1917 ersch. 6 Nrn. **Herbst** Baader schreibt pazifist. Brief an Prinzen Fr. Wilh. v. Preußen

Köln/Hannover Holland	Italien	Spanien/Portugal Südamerika	Osteuropa	Jahr
			d. Slg. "Troe": 'Die neuen Wege des Wortes'. Erste Lautgedichte: 'Dyr bul stschyl der Pomada'. Petrograd. Uraufführung d. futurist. Oper 'Der Sieg über die Sonne' v. Krutschenik u. Matjuschin m. Bühnenb. Malewitschs. **Juni** Futurist. Kongr. in Usikirksko, Finnland Rumänien Tzara veröffentl. Gedichte in rumän. Sprache (1913-1915)	**1913**
	Italien **März-Juni** Marinetti u. sein Kreis veranst. in Kabarett-Gal. Sprovieri in Rom u. Neapel Protodada-Soiréen.	Spanien Charchoune reist nach Spanien, stellt 1916 u. 1917 i. d. Gal. Dalmau, Barcelona aus. Chile Huidobro: Vortrag 'No serviam' im 'Ateneo', Santiago de Chile, veröffentl. 'Pagodas occultas' m. d. 4 'Japonerios de Estio'. Beg. s. typogr. Experimente.	Rußland Malewitsch u. Morgunow flanieren mit großen Holzlöffeln im Knopfloch auf Moskaus Straßen.	**1914**
	Italien **April** Balla u. Depero veröffentl. m. Dat. 11. März Manif. 'Die futuristische Rekonstruktion des Universums'. **April/Mai** Sofficis 'Adamfurzistisches Manifest' in Florent. Zeitschr. 'Lacerba'. Auf Bitten Balls schickt Marinetti 'befreite Wörter' typograph. Kompos. u. futurist. Anthologien n. Zürich. **15. Dez.** Ausst.-Eröffn. v. Bildern Ballas in d. Sala d'Arte Angelelli, Rom. Marinetti, Cangiullo u. Balla deklam. gemeins. d. abstr. bruitist. Gedicht 'Futuristischer Marsch' v. Marinetti.	Spanien E. Linera gr. Zeitschr. 'Los Quijotes' (bis 1918). Portugal R. de Carvalho u. L. de Montalvor lancieren die v. Pessoa gegr. Zeitschr. 'Orpheu' – "das Exil der künstlerischen Naturen". Forderung kosmopolit. Kunst. Columbien L. Grieff, später Gründer d. columbianischen Gruppe 'Los Nuevos' gr. Zeitschr. 'Panida'.	Ungarn Kassák ed. Nr. 1 d. aktivist. Zeitschr. 'A Tett' (Die Aktion), 17 Nrn. ersch., 1916 Zeitschr. v. Zensur verb. Rumänien In Nr. 4 d. v. I. Vinea hg. Zeitschr. 'Chemarea' (Der Ruf) ersch. Protodada-'Avertissement' „Wir fordern Steckbomben für unsere Schornsteine und Messer für unsere Bleistifte".	**1915**
10. Juni Hannover Gründung der 'Kestner-Gesellschaft'	Italien **7. Febr.** Auff. einer v. Cangiullo, Marinetti, Janelli, Corra ausgef. vierstimm. Deklamation v. Cangiullos 'Vokalen Gemeinplätzen' auf futurist. Soirée in Neapel **März** Marinetti veröffentl. Manif. 'Dynamische und synoptische Deklamation' **20. April** Bei Eröffn. v. Ausst. plastischer Komplexe u. abstrakt bruitistischer poetischer Texttafeln v. Depero in Rom tragen Marinetti, Ball u. Depero dreistimmig Marinettis Gedicht 'Neunstöckige Schlacht am Monte Altissimo' vor. **Juli** Meriano veröffentl. Slg. 'Nächtlicher Äquator' u. Manif. 'Vom Ideogramm hinaus' in 'Brigita', Bologna	Spanien In Madrid ersch. ultraistische Zeitschr. 'Cervantes', wird unter Leitung v. Cansinos-Asséns zu ibero-amerikan. Monatsschr. Picabia in Barcelona, lernt Marie Laurencin, A. Gleizes, Juliette Riche, M. Gauthier u. A. Cravan kennen. **3. Febr.** Cravan Schiedsrichter bei Boxkampf Cuchet-Hoche im Iris Parc, Barcelona **April** Ankunft v. Marie Laurencin **23. April** Boxkampf Johnson-Cravan in Plaza de Torsos Monumental, Barcelona **29. April** Ausst. S. Charchoune u. Helene Grunhoff in Galeries Dalmau **Juni** Ankunft Juliette u. Albert Gleizes	Ungarn **15. Nov.** Nr. 1 d. v. Kassák hg. Zeitschr. 'MA' (Heute) ersch.	**1916**

Jahr	New York	Zürich/Genf	Paris	Berlin
1916	v. 'The Blind Man' veröffentl. H. P. Roché u. Picabia machen Schachspiel, um zu entsch., welche der beiden Zeitschriften – 'The Blind Man' oder '391' – ihr Ersch. einst. soll. Roché verliert (die Züge s. in d. letzten Nr. von 'The Blind Man' abgedruckt) u. Picabia fährt fort, '391' zu veröffentl. Zum Spott umgeht Duchamp d. Verb. u. publ. einzige Nr. v. 'Rongwrong' **Sommer:** Picabia verläßt New York, geht nach Barcelona	gisch-absurde Tänze" mit den Masken Jancos **23. Juni** Cab. Voltaire: Premiere d. Lautged. Balls **14. Juli** Dada-Abend im Zunfthaus zur Waag **Juli** 1. Veröffentl. d. 'Collection dada': Tzara, 'La première aventure céleste de Mr. Antipyrine' **Aug.** Hans Richter kommt in Zürich an **Sept.** 'Collection dada': Huelsenbeck, 'Phantastische Gebete' **Okt.** 'Collection dada': Huelsenbeck, 'Schalaben, Schalomai, Sçhalamezomai'		
1917	Galerie '291' (Stieglitz) schließt. Zeitschr. 'Camera Work' stellt Ersch. ein. Cravan kommt nach New York. **April** Picabia kommt nach New York **Mitte Juni** Duchamp lädt Cravan zu e. Vortr. in New York ein. Cravan ersch. betrunken, verflucht d. Publikum und zieht sich aus. Er wird verhaftet.	**Jan./Febr.** Erste Dada-Ausst. in Gal. Corray m. Werken v. Arp, Helbig, Janco, Lüthy, van Rees, Richter, Tscharner ("brilland succes"), Tzara **17. März** Eröffn. "Gal. Dada", Bahnhofstr. 19 m. d. 1. 'Sturm'-Ausst. **23. März** Feier z. Eröffn. d. Galerie: Verse v. Hennings, Arp, Tzara, Tänze v. Sophie Taeuber, Claire Walter etc. **31. März** Klee-Vortrag v. Dr. Jollos **April** Sturm-Ausst. m. Werken v. Baumann, Bloch, Ernst, Feininger, Kandinsky, Klee, Kokoschka etc. **7. April** 'Gal. Dada': Kandinsky-Vortr. H. Balls **14. April** 2. ('Sturm')-Soirée: u. a. Auff. des "Kuriosums" 'Sphinx und Strohmann' v. Kokoschka **28. April** 3. Soirée: Kompos. v. Schönberg, Laban u. Perottet; Janco: Über Kubismus und eigene Bilder; Prosa u. Verse von Glauser, Ball, Hennings, Tzara u. a. **Mai** Ausst. m. Werken v. Arp, Baumann, Chirico, Janco, Klee, Lüthy, Macke, Modigliani, Prampolini, van Rees, Rebay, Richter, Segal, Slodky, Tscharner; Kinderzeichn., Negerplast. Hugo Ball verl. Zürich und bricht m. Dada **12. Mai** 4. (geschl.) Soirée: Alte und neue Kunst **Juli** Erste Nr. d. Zeitschrift 'Dada' **Dez.** Zweite Nr. d. Zeitschrift 'Dada'	Huidobro in Paris. Er u. Reverdy gründen Zeitschr. "Nord-Sud" u. veröffentl. Huidobros Buch 'Horizon Carrée' **18. Mai** 'Parade' v. Satie, Ballett m. Dekor. v. Picasso **24. Juni** 'Mamelles de Tiresias' v. Apollinaire, Schauspiel v. d. Zeitschr. SIC org. Begriff 'sur réaliste' ersch. erstmals., Veröffentl. éditions SIC: Perigal-Nohar v. M. Jacob, Zebre v. Cocteau, Mao-Tchá v. Reverdy, Poème en rond v. Birot, Cornet à Dés v. M. Jacob, Aquarium v. Ph. Soupault, Spirales v. Dermée, Le Voleur de Talan v. Reverdy	**Jan.** Huelsenbeck v. Zürich n. Berlin, stößt zum Kreis d. 'Neuen Jugend' um Jung, Grosz, Heartfield **1. März** Heartfield gründet Malik-Vlg. **Mai/Juni** Zeitschr. 'Neue Neue Jugend' im amerikan. Großformat bringt Beiträge über Trivialkultur. **Aug.** Huelsenbeck kündigt in Brief an Tzara Berliner Dada-Zeitschr. u. Dada-Ausst. an. **Herbst** Heartfield u. Grosz arbeiten als Filmausstatter b. Gebr. Grünbaum. Sie werden bei d. 'Militärischen Bildstelle' (UFA) dienstverpflichtet. Baader u. Hausmann planen Gründung 'Christus-GmbH' **9. Okt.** Baader kandidiert als freier Bewerber f. Reichstagswahl in Saarbrücken
1918 **NOVEMBER-REVOLUTION IN DEUTSCHLAND**	Morton L. Schamberg stirbt. Arthur Cravan verschwindet spurlos im Golf von Mexico. Erste Aerographien von Man Ray. **März** Man Ray veröffentl. m. Henry S. Reynolds u.	Zürich **Juli** 'Coll. Dada': Tzara, Vingt-cinq poèmes **23. Juli** Soirée Tzara im 'Saal zur Meise', Manifest Dada 1918 **Sept.** Ausst. 'Die neue Kunst' in Galerie Wolfsberg m. Werken	"Les Mamelles de Tiresias" v. Apollinaire aufgef. im Théâtre Maubel	**22. Jan.** Huelsenbeck: erste Dada-Rede, Galerie I. B. Neumann. **März** Kontakt zwischen Hausmann u. Huelsenbeck. Veröffentl.

Köln/Hannover Holland	Italien	Spanien/Portugal Südamerika	Osteuropa	Jahr
		26. Juni Kampf F. Hoch – A. Cravan im Fronton Condal, Barcelona **Aug.** Die Ehepaare Gleizes u. Picabia, Otho u. Fabian Lloyd, Marie Laurencin, Valentine de St. Point u. a. Künstler in Sommerfrische in Tossa del Mare **29. Nov.** Eröffn. Ausst. A. Gleizes in Galeries Dalmau. **25. Dez.** Cravan verläßt Barcelona in Richtung New York. Argentinien Ortega y Gasset: Vortr. in Buenos Aires über „avantguardismo ultraismo". Huidobro: erster Vortr. über "Creacionismo" in Buenos Aires		**1916**
Hannover **Juni** Gründung 'Hannoversche Sezession'	Italien **Jan.** Cantarelli veröffentl. Gedichtband 'Chromatische Aszendenzen' **April** Nr. d. Zeitschr. 'Procellaria' ersch. in Mantua. **Juni** In Rom ersch. Nr. 1 d. Zeitschr. 'Noi'	Spanien **17. März** Ausst. Helene Grunhoff in Galeries Dalmau **25. März** Nr. 4 d. Zeitschr. 391 **6. April** Ausst. S. Charchoune in Galeries Dalmau: 'Mécanisme cinéma' **23. April** Eröffn. 'Tres Salones de Arte Frances', Barcelona **Sept.** Zweite Serie d. Trocos beg. **Okt.** Bei Dalmau ersch. 'Cinquante Deux Miroirs', Picabias erstes Buch. **5. Nov.** Große Torres Garcia Ausst. an drei Orten zugleich in Barcelona **10. Nov.** Urauff. Ballett 'Parade' in Barcelona. Ehrung Picassos. **15. Nov.** Festalbum f. Marschall Joffre m. Umschlag v. Gargallo Portugal Futurist. Veranst. im 'Teatro Republica', Lissabon. Almeda Negreiros: 'Futurist. Ultimatum an d. Adresse d. Portugiesen d. 20. Jahrhunderts'. Valentine de Saint- Point: 'Manifest der Wollust'. Im Nov. poliz. Beschlagn. d. Zeitschr. 'Portugal Futurista'. Brasilien Veröffentl. d. ersten Dichtungen des 'Modernismo'. Autoren: Mario de Andrade, Manuel Bandeira, Menotti del Picchia, Guillermo de Almeida, Murilo Araujo	Ungarn János Mácza org. erstes Studio-Theater 'MA' Rußland **April** Vortrag d. Dichters Rurik Rok vor dem 'Grünen Kreis' in Rostow am Don. Gründung d. Bewegung d. Nitschewoki (Nichtse). Rok: 'Zerstörung der Kunst' u. 'totale Leugnung jeder Möglichkeit ihrer Existenz'. D. Bewegung entfaltet vor allem in St. Petersburg Aktivitäten bis 1921. Chlebnikow veröffentl. 'Appell an die Präsidenten des Erdballs'.	**1917**
Hannover **18. Jan.** R. Blümner rez. Gedichte v. A. Stramm u. den Dichtern d. 'Sturm'. Schwitters: Erste Gedichte in d. Manier Stramms		Spanien Im Herbst: Huidobro nach Madrid, verkehrt im Zirkel um Cansinos – Asséns im Café Colonial. Entst. d. ultraist. Bewegung. Nach Veröffentl. d. 1. Ul-	UdSSR Golzschmit, d. 'Futurist des Lebens' veranst. Einweihung eines 'Denkmals für sich selbst'. Polen Die Dichter Bruno Jasieński, St. Młodzieniec, Tytus	**1918**

Jahr	New York	Zürich/Genf	Paris	Berlin
1918	Adolf Wolff einzige Ausgabe von 'T N T' **13. Aug.** Duchamp verläßt New York	v. Arp, Baumann, McCouch, Janco, Richter etc. Tzara Kontakt m. Picabia		des 'Club Dada' im Vlg. 'Freie Straße' **12. April** Erster Dada-Abend in d. 'Berliner Sezession', u. a. werden Gedichte v. Marinetti, Buzzi, Altomare, Folgore, Govoni, Palazzischi vorgetragen. **April** Huelsenbeck verläßt Berlin **6. Juni** Dada-Soirée v. Baader u. Hausmann im Café Austria. Hausmann liest nach eigenen Angaben erste Lautgedichte. **Sommer** Hausmann erf. Photomontage als dadaist. Kunstmittel. **19. Juli** Hausmann u. Baader feiern Geburtstag Gottfried Kellers m. Lesungen a. d. Straße. **Spt.** 'Aufnahme Philipp Scheidemanns in Club Dada' **Okt.** Hausmann: 'Material der Malerei, Plastik u. Architektur' im Eigenvlg. **12. Okt.** Baader spricht in Werder **Nov.** Hausmann u. Baader Hg. v. Nr. 9 d. Zeitschr. 'Freie Straße' **17. Nov.** Aktion Baaders im Berliner Dom ('Christus ist euch wurscht!'). Brief Hausmanns a. d. Berliner Kultusminister m. d. Forderung d. Rechtes auf freie Meinungsäußerung f. Baader **Dez.** Baader alleiniger Hg. v. Nr. 10 d Zeitschr. 'Freie Straße' Gründung November-Gruppe. Grosz, Heartfield, Herzfelde, Piscator treten der KPD bei.
1919		Zürich **Jan.** Ausst. 'D. neue Leben' m. Werken v. Arp, Baumann, Giacometti, Ricklin u. a. Vortr. Flake, Einf. z. Verständn. d. neuen Kunst; Tzara, L'art abstrait; Baumann, Was will 'Das neue Leben'?; Janco, Sur l'art abstrait et ses buts **Febr.** Nr. 8 v. Picabias Zeitschr. '391' ersch. in Zürich **9. April** Große Dada-Veranst. im 'Saal zu den Kaufleuten'; Gründung d. Gruppe 'artistes radicaux', Gründungsausst.: Arp, Baumann, Eggeling, Giacometti, Helbig, Henning, Janco, Richter, Morach **Mai** Dada-Anthologie d. Nrn. 4 u. 5 d. Zeitschr. 'Dada' **Okt.** Einzige Nr. d. Dada-Zeitschr. 'Der Zeltweg' **15. Okt.** Bis dahin s. 8590 Artikel über Dada in den Zeitungen u. Zeitschriften u. a. folgender Orte erschienen: Barcelona, New York, Warschau, Mannheim, Prag, Wien, Bordeaux, Hamburg, Bologna, Nürnberg, Kopenhagen, Bukarest, Genf, Boston, Frankfurt, Budapest,	Publ. B. Cendrars 'La fin du Monde filmée par l'Ange N.-D.', P. Dermée 'Films. contes – soliloques – duodrames'. E. Satie 'Rag-time-Parade'. Aragon: erste Versuche m. Ecriture automatique. Duchamp kommt aus New York nach Paris zurück. Kontakt zu Aragon, Breton, Eluard, Tzara u. a. 'Les Champs magnétiques' v. Breton u. Soupault veröffentl. Selbstmord v. Jacques Vaché. **April** Picabia: 'Pensées sans langages, poème précédé. Gründung d. Zeitschr. 'Littérature'.	**Anfang** Schriftwechsel zw. Hausmann, Baader, Berlin u. Tzara, Zürich. Friedensoffensive Baaders. **Jan.** Heft 1 d. v. S. Friedländer u. A. Ruest hg. Zeitschr. 'Der Einzige' **6. Febr.** Dada-Treffen im Kaisersaal d. Ballhauses 'Rheingold'. Ausrufung v. Baader als 'Präsident des Erd- und Weltballs'. „Dadaistenputsch-Sieg auf der ganzen Linie. Beerdigung der in Weimar verunglückten Nationalversammlung auf dem Friedhof Dada" **15. Febr.** Im Malik-Vlg. ersch. einzige Nr. v. 'Jedermann sein eigener Fußball', Hg. J. Heartfield u. W. Herzfelde **März** Herzfelde wird wegen d. Herausg. v. 'Jedermann sein eigener Fußball' verhaftet **Anf. März** Im Café Josty ruft d. Zentralrat d. dadaist. Bewegung d. dadaist. Republik Nikolassee f. den 1. April aus. **12. März** Gründ. d. 'Anationalen Rats unbezahlter Arbeiter'. Gründ. des 'Club Blaue Milch-

Köln/Hannover Holland	Italien	Spanien/Portugal Südamerika	Osteuropa	Jahr
Juni Schwitters: Erste Ausst. v. abstr. Bildern im 'Sturm'. 27. 6. erster Besuch b. Walden. Holland Beginnende Korresp. zw. Th. van Doesburg u. Tzara. Van Doesburg schickt Texte unter seinem Dada-Pseudonym 'I. K. Bonset' zur Veröffentl. In Dada-Publ. wird Bonset als fik- tive Persönlichk. m. fingierten Porträtphotos etc. geführt.		tra-Manif. gründet Adriano del Valle d. Zeitschr. 'Grecia'. Bis Nov. 1920 ersch. u. a. Texte v. Apollinaire, Marinetti, Tzara, Picabia, Huidobro, Guillermo da Torre. Die spanischen Ultraisten bilden Gruppe. Gründung d. Zeitschr. 'Perseo', 'Ultra de Oviedo', 'Cosmopolis'. Casinos-Asséns übern. Leitung d. Zeitschr. 'Cer- vantes', Sprachrohr d. Ultrai- sten. 'Grecia' veröffentl. 'Mani- festo Ultraista' v. Isaac del Vando-Villar. **2. Mai** Im 'Ateneo' von Sevilla 1. öffentl. Abend d. Ultraisten.	Czyzewski gr. in Krakau Futuristenclub 'Spielka- sten' **Juli** Krakauer Club 'Spielkasten' aufgelöst, statt dessen Club 'Die Muskatbirne', dem auch Maler d. Formismus angehören. Ungarn Erstausst.: Moholy-Nagy im 'Nemetzi Salon' **Nov.** Sondernummer 'MA' m. Ausz. aus Lenins 'Staat und Re- volution'	**1918**
Köln Anfang d. Jahres Kontakt Max Ernst u. J. Th. Baargeld **Febr./März** Köln 5 Nrn. d. Protodada-Magazins 'Der Ventilator'. Hg. Jos. Smeets, Köln. Vermutl. Mitarbeit v. Max Ernst Erste Dada-Ausst., Bulletin D, Hg. Max Ernst u. J. T. Baargeld **Ende** Köln beg. Briefwechsel zw. Tzara u. Ernst **8. Dez.-12. Jan.** Hannover Kestner-Ges.: Ausst. 'Junge Berliner Kunst'. Schwitters: Erste Collagen. Erstes Treffen m. R. Hausmann in Berlin. Gescheiterter Vers. einer Aufnahme im 'Club Dada'. Begegn. Arp–Schwitters–Höch Hannover Chr. Spengemann: „Die bildende Kunst im neuen Hannover" **Jan.** Gründ. d. Zeitschr. 'Das Hohe Ufer', Hg. H. Kaiser, lite- rar. unter redakt. Einfluß v. J. Frerking. (Bis gegen Ende 1920) Hannover	**Febr.** Eröffn. d. v. Prampolini gegr. 'Casa d'Arte Italiana' in Rom. D. franz. Avantgarde ge- widm. Sondernr. d. Zeitschr. 'Valori Plastici' ersch. in Rom **März/April** Evola beteiligt s. an d. Großen Nationalen Futu- rist. Ausst. in d. Gall. Centrale d'Arte, Mailand		UdSSR Gründung Moskauer Gruppe der 'Nitschewoki' um R. Rok. W. Zemenkow, E. Nikolajewa u. A. Rapow. Die in Tiflis v. Krutschenik gegr. Gruppe '41' beschäftigt sich m. Laut-Poesie. Mit Terentjew u. den Brüdern Ilja u. Cyrill Zdanewitsch veröf- fentl. Krutschenik Bücher m. Wortspielen.	**1919**

Jahr	New York	Zürich/Genf	Paris	Berlin
1919		Madrid, Zürich, Basel, Bern, Neapel, Köln, Sevilla, München, Rom, Paris, London, Amsterdam, Brüssel, Dresden, Stockholm, Hannover, Florenz, Venedig, Washington **Dez.** Genf. Der 'Erste Weltkongreß der Dadaisten' in d. Grand Salle des Eaux Vives'. Serner u. Tzara provozieren Zwischenfall, Serner gibt Schüsse aus einem nicht scharf geladenen Browning auf Tzara ab. Wegen entst. Tumulte Versammlg. polizeil. geschl. In Presseveröffentl. erkl. Dadaisten Schüsse in d. Versammlung nicht nur f. erlaubt sondern f. erfrischend u. notwendig. Serner im Febr. 1920 zu Geldstrafe v. 2000 sfr. verurteilt.		straße'. „Der Präsident der Republik Dada (Baader) trifft im Flugzeug Cassiopeja aus Weimar ein." **1. April** "Tod des Oberdada". Baader ruft eine neue Zeitrechnung des Weltfriedens aus. **April** Veröffentl. v. Nr. 1 d. Zeitschr. 'Der Gegner' u. Nr. 1 d. Zeitschr. 'Die Pleite', Malik-Vlg. (anstelle d. verbot. Nr. 'Jedermann sein eigener Fußball'; insges. 6 Nrn. bis Jan. 1920) **20. April** Hausmann veröffentl. 'Pamphlet gegen die weimarische Lebensauffassung' in 'Der Einzige', Nr. 14 **30. April** Dada-Abend im Harmonium-Saal m. Beteil. d. Berliner Dadaisten u. Jefim Golyscheff. **15. u. 24. Mai** Dada-Abend im Meistersaal **17. Mai** Baader im Café Josty: „Allah ist groß, aber der Oberdada ist noch größer." **Mai** Erste Berliner Dada-Ausst. im Graph. Kabinett I. B. Neumann **Juni** 'Der Dada', Nr. 1 hg. v. Hausmann u. Baader **21. Juni** Baader: 'Geburtstag der Grünen Leiche' **26. Juni** Baader gibt Veröffentl. des 'HADO' (Handbuch des Oberdada), des Buches des Weltfriedens als Reaktion auf den Vertrag von Versailles bekannt. **16. Juli** Baader wirft, nach eigenen Angaben, Flugblätter in d. Sitzung d. Weimarer Nationalversammlg.: "Präsident des Erdballs". **Sept.** Nr. 1 d. Zeitschr. 'Der blutige Ernst', Hg. J. Höxter **15. Sept.** Dada-Telegramm v. Baader, Grosz u. Huelsenbeck an Gabriele d'Annunzio **Okt.** Dada-Abend in d. Produktenbörse **Nov.** Einstein u. Grosz übernehmen ab Nr. 3 Hg. d. Zeitschr. 'Der blutige Ernst'. **11. Nov.** Baader nimmt v. Drukker Visitenkarte z. Bestätigung s. Rolle als 'Präsident d. Erd- und Weltballs' entgegen. **30. Nov.** Dada-Matinée in d. 'Tribüne'. Wiederholg. 13. 12; u. a. verliest Hausmann 'Manifest gegen d. Puffkreismus d. deutschen Seele'. **Dez.** Im neugegr. Cabaret 'Schall und Rauch' treten Grosz u. Heartfield auf. Huelsenbeck
1920	Arensbergs ziehen nach Californien. Arensbergs Manif. "Dada est américain" ersch. in Sondernr. v. Bretons Zeitschr. 'Littérature', Paris	Genf **Febr.** Im Salon Neri v. Serner org. Ausst. d. Dadaisten Gustave Buchet u. Christian	Aragon veröffentl. 'Feu de Joie'. 'Au Sans Pareil' Verlag u. Galerie d. Pariser Dada-Bewegung. **17. Jan.** Tzara trifft in Paris ein.	veröffentl. 'En avant dada', Hannover **Jan.** Geplantes Datum d. Veröffentl. des DADACO. Arp in Berlin. Zeitschr. 'Die Pleite' aus

Köln/Hannover Holland	**Italien**	**Spanien/Portugal Südamerika**	**Osteuropa**	**Jahr**
19. April Gründung d. Zweemann-Vlg. **2. Mai** Gründung d. Paul Steegemann-Vlg. **29. Juni** Schwitters: Eröffnung d. ersten Ausst. v. Merz-Bildern im 'Sturm' **Juli/Aug.** Schwitters: In d. Zeitschr. 'Sturm' im Juli Manifest 'Die Merzmalerei' u. im August d. Gedicht 'An Anna Blume' **Sept.** Gründung d. 'Kestner-Bühne' **Okt.** Schwitters: Manifest 'Die Merzbühne' ersch. in 'Die Sturm-Bühne'. Erste Bände d. Steegemann-Reihe "Die Silbergäule" **Nov.** Schwitters: Beiträge in d. letzten Zürcher Dada-Publikation 'Der Zeltweg'. Erstes Heft der Zeitschr. 'Der Zweemann' v. Chr. Spengemann u. F. W. Wagner (an dessen Stelle ab Febr. 1920 Hans Schiebelhuth) hg., ersch. bis Sommer 1920. Viele Schwitters-Beiträge. **Dez.** Im Zweemann 'Manifest d. dadaistischen revolutionären Zentralrats' Schwitters: 'Anna Blume' in Reihe 'Die Silbergäule'				**1919**
Köln **April** Kölner Dada-Magazin 'Die Schammade. Dadameter' (Dilettanten	**Jan.** Einzelausst. Evola in d. Casa d'Arte Bragaglia, Rom. Evolas Manif. 'Die Kunst als Freiheit und Egoismus' in 'Noi', Rom	Spanien In 'L'Esprit Nouveau', Paris ersch. Aufsatz v. Dermée über 'La littérature de la langue espagnole'. Zeitschr. 'Grecia'	UdSSR Ram veröffentl. in Moskau erste Anthologie d. 'Nitschewoki': 'Wan' (an uns)	**1920**

Jahr	New York	Zürich/Genf	Paris	Berlin
1920	**Jan.** Duchamp nach New York zurück, Pseudonym Rose (ab 1921 Rrose), Sélavy Arbeit am Großen Glas (Staubbebrütung). Erste Rotary Glas Plates, motorgetr. optische Scheiben **29. April** Duchamp, Man Ray u. Katherine S. Dreyer gründen 'Société Anonyme'; Avantgard. Ausst., Verb. z. d. Dada-Gruppen in Europa	Schad. Eröffn. durch Serner führt zum Tumult. **5. März** Von Serner u. Schad organisierter Grand Bal Dada in der 'Salle communale des Plainpalais', Genf, gesellschaftl. Ereign. d. Saison **April** Salon Neri, Genf, Dada-Ausst. Picabia u. Ribemont-Dessaignes. Dada Meeting unter freiem Himmel auf der Plaine v. Carouge. Serner gibt "dem Kosmos einen Tritt", Publikumstumult.	**23. Jan.** "Premier vendredi" d. Zeitschrif. 'Littérature' im 'Palais des fêtes'. Aragon, Breton u. Soupault, die Herausgeber d. Zeitschr., schließen sich Dada an. **Febr.** Nr. 1 d. Zeitschr. 'Z' herausg. v. Paul Dermée. Tzara veröffentl. Nr. 6 d. bis dahin in Zürich ersch. Zeitschr. 'Dada' als erste Pariser Nr., darin die Präsidenten u. Präsidentinnen von Dada aufgezählt. **1. Febr.** Nr. 1 d. v. P. Eluard herausg. Zeitschr. 'Proverbe' ersch. (Zeitschr. bis Juli 1921) **5. Febr.** Im Grand Palais Matinée Mouvement Dada, 1. große Dada-Veranst. in Paris, Bulletin dada (Dada Nr. 6) Proklamation d. Dada-Präsidenten. **März** Tzara veröffentl. 'Dada 7. Dadaphone' bei 'Au Sans Pareil' **27. März** Manifestation Dada in der Salle Berlioz. 2. großer Dada-Abend in Paris. Schocks, Provokationen, Nihilistische Tendenzen. **14. April** 'Excursion Dada', Besuch d. Kirche Julian le Pauvre, Treffen im Kirchgarten. Alle wichtigen Pariser Dadaisten beteiligt; Vorform d. Happenings. **16.-30. April** Exposition Dada, Francis Picabia in d. Gal. 'Au Sans Pareil' **25. April** Bei 'Au Sans Pareil' 'Cannibale' Nr. 1, Dir. Picabia **Mai** Nr. 13 d. Zeitschr. 'Littérature' als Dada-Nr. Als Dokument der écriture automatique veröffentl. Breton u. Soupault 'Les champs magnétiques' im Vlg. 'Au Sans Pareil' **4. Mai-3. Juni** Exposition Dada Max Ernst i. Gal. 'Au Sans Pareil' **21. Mai** 'Projecteur' Nr. 1, hrg. v. Céline Arnauld, bei 'Au Sans Pareil' **26. Mai** Das 'Grand Festival Dada' in d. Salle Gaveau, 3. große Veranst. d. Pariser Dadaisten **28. Mai-10. Juni** Exposition Dada, Georges Ribemont-Dessaignes in d. Gal. 'Au Sans Pareil' **Juni** 'Cinéma calendrier du Coeur abstrait' von Tzara bei 'Au Sans Pareil' **Juli** Picabias Schrift 'Jesus Christ Rastaquouère' in 'Coll. Dada' b. 'Au Sans Pareil' **Okt.** Nr. 1 v. 'L'Esprit nouveau – Revue intern. d'esthétique', Dir. P. Dermée, bei 'Au Sans Pareil'	polit. Gründen verboten u. beschlagnahmt. **19. Jan.** Dada-Lesung v. Baader, Hausmann, Huelsenbeck im 'Haus der Kaufmannschaft', Dresden. Bekanntschaft m. Dix, Griebel, Voll. **Febr.** Baader gründet 'Deutsche Freiheitspartei' **18. Febr.** Dada-Lesung v. Hausmann u. Baader im Großen Saal d. 'Curio-Hauses', Hamburg **24. Febr.** Dada-Veranst. v. Baader, Hausmann u. Huelsenbeck im Zentraltheater, Leipzig **26. Febr.** Dada-Veranst. v. Baader, Hausmann u. Huelsenbeck in Teplitz-Schönau **1. März** Dada-Veranst. v. Baader, Hausmann u. Huelsenbeck in d. 'Produktenbörse', Prag; 2000 Zuschauer. Baader verläßt d. Gruppe, nach seinen Angaben, weil er den Abend allein bestreiten wollte, nach Angaben Huelsenbecks brannte er mit der Kasse durch. **2. März** Dada-Veranst. v. Hausmann u. Huelsenbeck in Prag **5. März** Dada-Veranst. v. Hausmann u. Huelsenbeck in Karlsbad **15. März** Grosz veröffentl. im 'Gegner' s. Text 'Kunstlump' in Stellungnahme zu d. Schlacht zw. Reichswehr u. Arbeitern auf d. Postplatz in Dresden, nach der es 150 Verwundet u. 59 Tote gab. **April** Im Malik-Vlg. ersch., hg. v. Grosz, Heartfield u. Hausmann Nr. 3 d. Zeitschr. 'Dada' u. Huelsenbecks Schrift 'Dada siegt'. **Frühjahr** Tzara übern. ganz d. Plan z. Hg. d. 'Dadaglobe' **Juni** Baader bewirbt sich am Bauhaus Weimar als Mitglied d. Arbeitslosenfürsorge **24. Juni** Eröffng. d. 'Ersten Internationalen Dada-Messe Berlin' bei Dr. Otto Burchart. Teiln. aller Berliner Dadaisten sowie v. Dix, Schlichter, Scholz, Ernst, Baargeld, Picabia etc. Im Anschluß an d. Dada-Messe veröfftl. Huelsenbeck d. 'Dada-Almanach' im Erich Reiss Vlg. Berlin **28. Juni** Baader gibt Veröffentl. d. HADO (Handbuch des Oberdada), Teil 2 bekannt. **16. Aug.** Grosz veröffentl. Manif. 'Statt einer Biographie" in Zeitschr. 'Der Gegner', II. Jg., H 3 **4. Sept.** Haussuchung b. Baader auf Anordng. d. Staatsanwaltsch. wegen Dada-Messe **15. Dez.** DADA-Abend: Berliner Sezession: Hausmann/Klockmann

Köln/Hannover Holland	Italien	Spanien/Portugal Südamerika	Osteuropa	Jahr
erhebt euch), Federf. Max Ernst. Arp im Febr./März in Köln an Schlußredaktion beteil. **Frühj.** Ausst. 'Dada-Vorfrühling' im Bauhaus Winter, Köln, polizeil. geschl. **Mai** Anläßl. Wiedereröffng. d. Ausst. 'Dada-Vorfrühling' ersch. Plakat 'Dada siegt!' **Spätherbst** Kölner Dada-Sezession um Seifert u. Hoerle stellt im Atelier Raederscheidts aus Katalog 'Stupid I' Hannover Schwitters: Als Band d. 'Silbergäule': 'Die Kathedrale. 8 Lithos'. Im Zweemann-Vlg. erste Monogr. über Schwitters v. Chr. Spengemann: 'Die Wahrheit über Anna Blume'. Aus Umkr. d. lit. Dadaismus bei den 'Silbergäulen': Huelsenbeck, En avant dada; Arp, Die Wolkenpumpe; Melchior Vischer, Sekunde durch Hirn; Serner, Letzte Lockerung; Mynona, Unterm Leichentuch. **Jan.** Huelsenbeck, Dadaist. Manifest (geschr. 1918), Zweemann-Vlg. **4. Jan.** Joh. Frerking liest in v. Zweemann-Vlg. veranst. Matinee Grotesken v. Mynona Hannover NG.-Veröffentl. d. Novembergruppe, ed. v. H. S. v. Heister u. R. Hausmann, Steegemann-Vlg. **Juni** 'An Anna Blume'-Plakat-Aktion Steegemanns. Anschl. ersch. 'Der Marstall' **1. Sept.** Heft 1 d. Wochenbl. 'Die Pille', Hg. Bernh. Gröttrup, ersch. b. Jan. 1922. Beitr. u. Texte v. Berliner Dadaisten u. v. Schwitters **Okt.** Eröffn. d. Galerie von Garvens Holland In 'De Stijl', Jg. III, H. 5 Bonsets X-Bild veröffentl. In d. Zeitschr. 'De Stijl', Jg. III, Nr. 4 Dada erstmals in Holland erwähnt.	**Febr.** 'Procellaria', Mantua, veröffentl. Cantarellis Manif. 'Feuerwerkerei als Kunstmittel' **Mai** Nr. 1 d. Zeitschr. 'L'Enciclopedia' in Florenz **Juli** Nr. 1 d. Zeitschr. 'Bleu' in Mantua **Sept.** Evola veröffentl. Buch 'Arte Astratta & c.' **Dez.** Rieti veröffentl. Partitur seiner 'Drei Märsche'	veröffentl. in Nr. 50 Guillermo la Torres 'Manifesto Vertical'. Argentinien Nr. 1 d. Zeitschr. 'Los Raros: Revista de orientación futurista', Hg. Bartolomé Galindez. Beginn d. Verbreitung v. Futurismus, Kubismus, Simultaneismus, Kreationismus u. Ultraismus in Argentinien.	Polen In Warschau ersch. Almanach d. poln. Futuristengruppe 'WGga', sofort polizeil. beschlagn. Ungarn Mit Empfehlungsbrief Kassáks fährt Moholy-Nagy zu Herwarth Walden n. Berlin, stellt in Gal. Gurlitt aus. **1. Mai** Kassák publ. eine Emigrationsnr. v. 'MA' in Wien m. Veröffentl. d. Manif. 'An die Künstler aller Länder' **13. Nov.** Auf von 'MA' veranst. russ. Abend spricht Konstantin Umanskij über zeitgenöss. russ. Kunst **20. Nov.** Erster literar. Abend von 'MA'. Rezitationen v. Gedichten Huelsenbecks, Schwitters', Bartas u. Kassáks.	**1920**

Jahr	New York	Zürich/Genf	Paris	Berlin
1920				**Ende** Offener Brief an 'Novembergruppe', unterz. u. a. v. Hausmann, Grosz, Höch; veröffentl. in 'Der Gegner', II. Jg., H. 3
1921	Letztes Jahr allgemeiner Dada-Aktivitäten in USA. Im Laufe der vorangegangenen Jahre fast alle Protagonisten zurückgez. oder gestorben. Man Ray nach Paris. **April** Man Ray u. Duchamp veröffentl. einzige Nr. von 'New York Dada'. Am 1. 4. Veranst. 'Société Anonyme' Symposium „What is Dadaism?", Leiter: Marsden E. Hartley		L. Aragon veröffentl. 'Anicet ou le Panorama'. 'Le passager du Transatlantique' erste Gedichtsammlg. v. B. Péret, coll. Dada, 'Au Sans Pareil'. **12.-15. Jan.** Mit Datum v. 12. 1. ersch. Flugblatt 'Dada soulève tout. Manifeste Dada.', von fast allen Pariser Dadaisten unterzeichn., richtet sich gegen die am 15. 1. im 'Théâtre de l'Oeuvre' stattf. Veranst. v. Marinetti. Dadaist. Störungen b. Marinettis Proklamation des 'Taktilismus'. **4.-16. April** Ausst. Suzanne Duchamp u. Jean Crotti in d. Gal. Montaigne **14. April** Eröffn. d. großen Dada-Saison: sechs Manifestationen **13. Mai** 'Mise en accusation et jugement de Maurice Barrès par Dada' in 'Salle des Sociétés'. Fiktiver Prozeß gegen den v. Anarchismus z. Konservativismus konvert. Schriftsteller. Der Prozeß führte zur grundsätzl. Auseinanders. zw. d. aktionistischen Flügel d. Pariser Dadaisten, angef. v. Tzara, u. d. Flügel d. 'Littérature', angef. v. Breton. **Mai** Marcel Duchamp trifft in Paris ein. **11. Mai** Mit einem Artikel in 'Comedia' verläßt Picabia Dada. **16. Mai-2. Juni** Ausst. Vincente Huidobro **6.-18. (30.) Juni** 'Salon Dada. Exp. Internationale', org. v. Tzara in d. Galerie Montaigne. Fast alle Pariser Dadaisten nehmen teil bis auf Breton, d. sich wegen Auseinandersetzungen anläßl. d. Proz. Barrès gekränkt zeigt, Picabia, d. an Dada die Lust verloren hat u. Duchamp, der seit Febr. die Kunst zugunsten des Schachspiels aufgegeben hat. Für 10., 18. u. 30. 6. Dada-Manifestationen geplant. Am 17. 6. dadaistische Protestaktionen gegen Marinettis u. Russolos bruitist. Konzerte. Die Dadaisten erhalten v. d. Galerie Hausverbot. Ausst. am 18. 6. geschlossen. **Juli** Man Ray kommt von New York. Letzte Nr. v. Proverbe. **16. Sept.** Arp, Tzara u. Ernst veröffentl. 'Dada intirol, augrandair der Sängerkrieg' bei 'Au Sans Pareil', entst. anläßl. d. gemeins. Urlaubs in Tirol. **27. Nov.** Vortrag v. Iliazd: 'Nou-	**16. Jan.** van Doesburg in Berlin **22. Jan.** Dada-Ball in Festsälen am Zoo **20. April** Prozeß des Reichswehrministeriums gegen die Dadaisten Baader, Burchard, Herzfeld, Schlichter wegen Grosz-Mappe 'Gott mit uns', der ausgestopften Soldatenpuppe v. Schlichter auf d. Dada-Messe u. Puppe v. Heartfield m. Eisernem Kreuz auf d. Hinterteil **1. Juli** Baader gründet 'Freiland-Dada': Erste Intertellurische Akademie in Potsdam. **6. Sept.** Hausmann, Höch u. Schwitters: Anti-Dada-Merz-Tournee nach Prag, treten dort in Urania auf. Hausmann liest 'Presentismus'. Schwitters lernt Hausmanns Lautgedicht 'fmbsw' kennen, das ihn anregt. **16. Okt.** Rede des Oberdada in Leipzig

Köln/Hannover Holland	Italien	Spanien/Portugal Südamerika	Osteuropa	Jahr
				1920
Hannover Bei den 'Silbergäulen' ersch.: Serner 'Zum blauen Affen': Schwitters: 'Sturm-Bilderbuch IV'. Rezitationsabende bei von Garvens: Einstein, Walden, Schwitters u. a. **Jan.** Schwitters: Merz-Artikel in 'Der Ararat' **20. Febr.-13. März** Teiln. v. Grosz an einer Ausst. in d. Kestner-Ges. Holland B. Vorlesungen in Deutschl. verw. van Doesburg Werke v. Man Ray zur Illustr. Caminis Dada-Werk (dadaistischer Maschinen--Aspekt) wird in 'De Stijl' veröffentl.: Caminoscopie. **April** Van Doesburg trifft Tzara in Paris, sieht Ausst. v. Crotti u. Suzanne Duchamp, sammelt Material für geplante Publ. 'Mecano'. In Mailand entdeckt er d. Schriften d. Malers u. Dichters Aldo Camini **Mai** Van Doesburg kommt nach Weimar **Sommer** Van Doesburg trifft Arp u. Schwitters, gemeins. Ideen für Holland-Dada	**Jan.** Zeitschr. 'Cronache d'Attualità', Rom veröffentl. Evolas Manif. 'Gehst zu Frauen?'. Einzelausst. Evolas im 'Sturm', Berlin. Cantarelli u. Evola unterzeichn. das anläßl. Marinettis Pariser Vortr. über 'tactilisme' durch Tristan Tzara lancierte Antimarinetti-Manif. 'Dada soulève tout'. Evola veröffentl. 'Anmerkungen für die Freunde' in Nr. 3 von 'Bleu', Mantua **März** Cantarelli stört patriotische Propaganda-Veranst. im 'Teatro Andreani', Mantua m. Dada-Flugblättern. **15. April** Cantarellis, Fiozzis u. Evolas Dada-Ausst. bei Bragaglia in Rom **9. Mai** Evola veranst. Dada-Soiree in der von Arturo Ciacelli gegr. u. v. Evola dekor. röm. Kabarett-Gal. 'Grotte dell'Augusteo' **16. Mai** Vortr. über Dada v. Evola an d. Universität Rom, in d. Folgezeit in versch. röm. Zirkeln wiederholt **18. Mai** Dichterischer Vortr. Evolas in d. 'Grotte dell'Augusteo', Rom **23. Mai** Evola org. dadaistische Invasion d. Ballsaals Giovanelli, Rom m. Musik u. simultaner Dante-Deklam. **15. Juni** Von Evola in d. 'Grotte dell'Augusteo' veranst. Dada-Soirée 'Das dunkle Wort aus der inneren Landschaft' wird simultan vorgetr. **Juli** Evolas 'Das dunkle Wort aus der inneren Landsch.' ersch. im Buch	Spanien Huidobro gr. in Madrid Zeitschr. 'Creacion' u. hält im 'Atheneum' Vortr. über 'La Poesia'. Ultraistische Bewegung gr. Zeitschr. 'Ultra', gegen Ende d. Jahres in 'Tableros' umbenannt. Argentinien Borges kehrt nach Argentinien zurück, gründet argentin. Ultraismus. Er veröffentl. in Zeitschr. 'Nostrotos' Manif. 'Ultraismo' u. durch Wandzeitung 'Prisma' eine 'Proclama ultraistica'. Spanien/Uruguay In La Coruna ultraist. Zeitschr. 'Alfar' gegr., später nach Uruguay übergesiedelt.	UdSSR Frühjahr. 'Nitschewoki': Manif. u. Almanach 'Hundekiste' (2 Lieferungen 1921 u. 1922, dazu Supplementbd. 'Sauhund'). Forderungen d. 'Kreativbüros der Nitschewoki' m. ausgeprägt gesellschaftskrit. Tendenz. In Moskau, Charkow u. Rostow über 30 Demonstrationen. Infolge der NEP (Neuen ökonomischen Politik) Auflös. d. Bewegung. Ilia Zdanewitsch (Iliazd) nach Paris. Polen **Mai** Warschau: Ausst. Mieczysław Szczukas m. dadaist. Kommentar d. Dichters E. Miller eröffn. Futuristische u. dadaistische Dichterabende in fast allen großen polnischen Städten. **Juli** Jasieński publ. in Krakau 'Einmalige Veröffentl. der Futuristen' **Sept.** St. I. Wietkiewicz publ. in Zakopane Dada-Flugblatt 'Das Lakmusblättchen' **Okt.** D. phonet. geschr. Dada-Almanach 'Das Messer im Bauch' ersch. in Krakau u. Warschau u. wird sofort polizeil. beschlagn. Ungarn **Jan.** Erste Dada-Nr. von 'MA', darin: Visuelle Poesie v. Kassák, Bartas 'Manifest eines Menschen mit grünem Kopf oder des aktiven Toten an das Fiakerpferd und die Fahrstühle . . .', Aufsatz Spengemanns über 'MERZ-Bühne' u. Gedicht v. Schwitters. **März** März-Nr. v. 'MA' m. ersten konstruktivist. Holzschn. v. Kassák, Gedichten v. Cendrars, Arp, Huelsenbeck, Abb. v. Arb. Moholy-Nagys. **Juni** In Juni-Nr. von 'MA' erste dadaist. Gedichte v. Kassák. **13. Nov.** Dritter literar. Abend v. 'MA': 'Aktivismus, Expressionismus u. Dada'	**1921**

Jahr	New York	Zürich/Genf	Paris	Berlin
1921			velles Ecoles de la poésie russe' **Nov.** Aventure, revue v. Vitrac, Arland, Crevel, gefolgt v. Des (1922) **3.-31. Dez.** Exposition Dada Man Ray in 'Librairie Six'. Man Ray Ende 1921 in Paris eingetroffen, schließt sich Pariser Dadaisten an. **Dez.** Man Ray entdeckt Rayographie = Photographie ohne Apparat.	
1922			Aragon veröffentl. 'Les Aventures de Télémaque'. Vorbereitung f. 'Congrès de Paris' durch Breton, Picabia schließt sich Breton an, Dada gegen Kongreß. Salon des Indépendants: zwei Bilder v. Picabia abgelehnt: 'Chapeau de Paille' u. 'La Veuve joyeuse' **März** 'Repétitions' v. Paul Eluard m. Collagen v. Max Ernst **1. April** Nr. 1 'Le Coeur à Barbe. Journal transparent', herausg. v. Eluard, Ribemont-Dessaignes u. Tzara, ersch. bei 'Au Sans Pareil' **28. April** Vortrag v. Iliazd: 'La poésie après le bain' **Herbst** Salon d'Automne lehnt zwei Bilder Picabias ab: 'La Nuit Espagnole' u. 'La Feuille de Vigne' **Okt.** Nr. 1 d. Zeitschr. 'Manomètre', Dir. E. Malespine, in Lyon (Nr. 1-9 bis Jan. 1928)	Mehring geht nach Paris. Jung geht nach Moskau. Charchoune in Berlin, veröffentl. 'Transbordeur Dada'. Hausmann konstruiert 'Optophone', audiovisuelle Konstr., nimmt Bez. z. ungar. Gruppe 'MA' um Kassak auf. **30. Mai** Intellektuellenkongr. in Düsseldorf, an d. Hausmann teiln. **Juli** Dada-Tournee v. Hausmann u. Schwitters nach Jena, Weimar u. Hannover **Ende Juli** Baader: Zusammenstellung d. 373 Geheimakten d. dadaistischen Bewegung durch den Oberdada **Herbst** Baader zieht nach Stettin **25. Sept.** Konstruktivisten- u. Dadaisten-Kongreß in Weimar
1923			**7. Juli** 'Soirée du Coeur à Barbe' org. v. Tscherez, im 'Théâtre Michel'. Auseinanders. zw. Dadaisten u. Surrealisten,	

Köln/Hannover Holland	Italien	Spanien/Portugal Südamerika	Osteuropa	Jahr
				1921
Hannover Mynona (S. Friedländer) unter dem Pseudonym Felix Brazil: Die Satanspuppe, Verse, Steegemann-Vlg. Schwitters: Erw. Neuaufl. d. 'Anna Blume', weiterh. ersch. 'Elementar', 'Die Blume Anna', 'Die neue Anna Blume' (Vlg. Der Sturm) u. 'Memoiren Anna Blumes in Bleie' (Vlg. Walter Heinrich) **17. März** Blümner rez. Stramm in d. Kestner-Ges. **April** Einzelausst. v. Grosz in Gal. von Garvens **30. Sept.** Schwitters org. m. Arp, Tzara, Hausmann u. van Doesburg Abend DADA-REVON in Galerie von Garvens **Okt./Nov.** Ausst. Schwitters, Gleichmann, Grosz in Galerie von Garvens Hannover Mecano Nr. 1 ersch. in gelb **Mai** Beim Düsseldorfer Intellektuellenkongr. lernt van Doesburg Raoul Hausmann kennen. Mecano 2 ersch. in blau **Sept.** Dadaisten- u. Konstruktivistenkongr. in erster Linie auf Initiative van Doesburgs als Folge d. Auseinanders. m. d. Bauhaus u. der z. T. dazu konträren Haltung. 19. 9. Tzara eingeladen, 'L'Hôtel des artistes invalides Bauhaus' zu besuchen. 23. 9. Schwitters trifft in Weimar ein. 24. 9. Dada-Abend in Jena: van Doesburg hält Vortrag, Arp u. Schwitters lesen Gedichte. 25. 9. in Weimar 'injection du microbe Vierge'. 27. 9. Dadaisten verlassen Weimar. Mecano 3 ersch. u. ref. über Weimarer Kongreß. Van Doesburg kehrt nach Holland zurück. **Dez.** Holland Dada-Soiree im 'Kunstring', Den Haag. Beginn d. 'Dada-Feldzugs' in Holland (Schwitters, van Doesburg, V. Huszar, Höch)	**23. Dez.** Auff. v. Rietis 'Drei Märsche' im Hotel Fürstenberg, Weimar	Portugal Zeitschrift 'Contemporanea', ed. v. Santa Rita u. Sá Carneiro, bezeichn. d. letzte Etappe d. portugies. Modernismus. Huidobro veranst. Ausst. seiner Kalligramme im 'Théâtre Edouard VII', Paris. Brasilien Anläßl. d. in Sao Paulo v. Semana veranst. 'Semana de Arte Moderno' formiert sich 'Modernismo Brasileno' m. Graça Aranha, Menotti del Picchia, Victor Brecheret, Di Calvanti, Villa Lobos, Oswald u. Mario de Andrade, Anita Malfatti. Sprachrohr d. Bewegung: Zeitschr. 'Klaxon' (Hupe). Argentinien Borges u. Macedonio Fernandes geben Zeitschr. 'Proa' (Bug) heraus. Mexiko Manuel Maples Arce veröffentl. 'Andiamos Interiores' u. gr. Zeitschr. 'Actual' als 'Hoja de Vanguardia Nr. 1' im Zeichen Marinettis. In deren Umkreis d. bis 1927 best. 'Movimento Estridentismo'.	Ungarn S. Barta verläßt Red. v. 'MA' u. gr. eigene Zeitschr. 'Akaszott Ember' (Der Erhängte) **Mai** In Mai-Nr v. 'MA' letzte Auseinanders. zw. Dada u. Konstr., die nächste Nr. lanciert bereits den Konstruktivismus.	**1922**
Hannover Schwitters beg. um 1923 'Merzbau' in s. Haus in Hannover. Bei Steegemann ersch.: Serner,	**April** Zeitung 'L'Impero', Rom veröffentl. Kontroverse zw. d. Kritiker Gino Gori u. Evola über d. Bedeutung d. Dadaismus	Brasilien Zweites estridentisches Manif. ersch. Café de Nadie wird zum Treffpunkt d. Anh. d. Bewe-		**1923**

Jahr	Zürich/Genf	Paris	Berlin
1923		Handgreiflichkeiten. Letzte dadaistische Veranst. in Paris.	
1924		**4. Dez.** 'Relâche', Schauspiel v. Picabia; Ballett 'Entracte cinématographique et la queue du chien' v. Francis Picabia (Musik Erik Satie, Film v. René Clair). Letzte Nr. v. '391' (Nr. 19), Titel: 'Journal de l'Instantanéisme'. 'Sept manifestes dada' de Tzara m. zwei Porträts v. Picabia. Erkl. d. Surrealismus.	
1925			

Köln/Hannover Holland	Italien	Spanien/Portugal Südamerika	Osteuropa	Jahr
Der elfte Finger. Schwitters: Auguste Bolte, Vlg. Der Sturm. **Jan.** Erste Nummer d. v. Schwitters hg. Zeitschr. 'Merz', die bis 1932 in 21 (24 gezählten) Nrn. ersch. Mynona rez. 'Satiren' in d. Gal. von Garvens. Hannover **Dez.** Schließung d. Gal. von Garvens Holland Schwitters-Abende in Den Haag, Amsterdam, Haarlem, Rotterdam. Schwitters widmet Nr. 1 von 'Merz' Holland-Dada. **10. Jan.** Auff. v. Rietis 'Drei Märsche' auf Dada-Soirée im Haagsge Kunstring im Haag. **Febr.** Schwitters-Abende in S'Hertogenbosch, Utrecht, Leiden **März** Van Doesburg geht n. Paris **April** Schwitters-Abend in Drachten		gung, Zeitschr.: 'El Universal ilustrado' u. 'Irradiator'. Argentinien Streit zw. Ultraisten u. Realisten führt z. Gründung d. Zeitschr. 'Inicial' unter Leitung v. Roberto A. Ortelli. Puerto Rico Palès Matos gr. 'Euforismo'.		**1923**
Hannover **20. Nov.** Schwitters liest 'Eigene Märchen' in d. Kestner-Ges.	**Nov.** In Mantua einzige Nr. d. Zeitschr. 'Marciare non Marcire' (Marschieren, nicht verfaulen), Hg. Cantarelli u. Fiozzi, die in den Schoß d. Futurismus zurückkehren.	Mexiko Café Nadie in Mexico-City zeigt erste estridentische Kunstausst. m. Bildern v. Leopoldo Méndez, Alva de Canal u. a. Zwei Bücher, Maple Arces 'Urbe' u. Kintaniays 'Radio' geben Bewegung eine entschiedene polit. Richtung	**Mai** Rumänien Das v. Vinea verf. 'Aktivistische Manif. an die Jugend' ersch. in d. Zeitschr. 'Contimporanul' (Der Zeitgenosse). **Okt.** Einzige Nr. d. dadaist. Zeitschr. '75 H. P.' ersch., hg. v. d. Dichtern Ilarie Voronca, Stefan Roll (Georghi Dini) u. d. Maler Victor Brauner	**1924**
22. Mai Hannover Veranst. 'Der Absolute Film' in d. Kestner-Ges., abstrakte Filme v. Eggeling, Richter u. a.	**Febr.** In Mailand Nr. 1 d. Zeitschr. 'Alta Tensione' (Hochspannung)		Ungarn **15. Juni** Letzte Nr. von 'MA' ersch.	**1925**

PRÄ-DADA

Scheerbart, Paul

3/1 Das Paradies. Die Heimat der Kunst. Berlin. Commissions-Vlg. von George und Fiedeler, 1889
4°, m. handschriftl. Besitzvermerk v. Max Taut
Köln, Slg. Matthias Ungers

3/2 Rakkóx, der Billionär. Ein Protzen-Roman. Leipzig, Insel-Vlg., 1901
8°, m. Buchschmuck v. Jossov u. einer Titel-Illustr. v. Felix Valloton
Köln, Slg. Matthias Ungers

3/3 Der Aufgang zur Sonne. Hausmärchen. Minden i. Westf., J.C.C. Bruns Vlg., 1903
Berlin, Eckart Düwal

3/4 Revolutionäre Theaterbibliothek. Berlin, Vlg. v. Eduard Eisselt, 1904
Bd. I (v. IV Bd.), 8°, m. Text-Illustr. nach Federzeichnung. v. Scheerbart
Berlin, Eckart Düwal

3/5 Jenseits-Galerie. Ein Mappenwerk. Berlin, Oesterheld & Co., 1907
4°, Mappe mit Blatt, Reprod. nach Zeichnung. v. Paul Scheerbart
Berlin, Eckart Düwal

3/6 Astrales Wesen. Um 1905/10
Bleistift auf grauem Karton
17 x 13 cm
Bez. u. r.: S
Köln, Slg. Matthias Ungers

3/7 Handschriftl. Notizen über Planetenbewohner m. Zeichng. eines astralen Wesens um 1905/10
Zwei Blatt auf Notizbuchpapier: 21 x 16 cm
Köln, Slg. Matthias Ungers

3/8 Kater-Poesie.
Leipzig, Ernst Rowohlt Vlg., 1909
8°,
Köln, Matthias Ungers

Vorwegnahme dadaistischer Gedichtform

3/9 Konstruktionszeichnung zum Perpetuum mobile, 1909
Tusche auf Papier: 6 x 13 cm, m. Widmung: Meinem lieben Bären, 15. Mai 1909
Rücks.: Tuschzeichng.: Jenseitswesen
Köln, Slg. Matthias Ungers

3/10 Das Perpetuum mobile. Die Geschichte einer Erfindung. Leipzig, Ernst Rowohlt Vlg., 1910
4°, 43 S. u. eine Falttafel, Köln
Slg. Matthias Ungers

Zu seinen Studien über das Perpetuum mobile wurde Scheerbart durch die Schilderung der technischen Probleme angeregt, die dem Künstler im Roman 'Rakkóx, der Billionär' gestellt sind, wenn er die Erde in ein Paradies verwandeln will. Er war fest davon überzeugt, die Erfindung des Perpetuum mobile gelöst zu haben. Mit seiner Schrift ist er ein Vorläufer der dadaistischen Meta-Mechanik und ihrer selbst-ironischen Fiktion: '... so arbeitete meine Phantasie 'gegen meinen Willen' unablässig weiter.' (S. 14) 'Wenn man Maschinen hat, die nur durch Gewichtsauflage perpetuierlich funktionieren, so kann man Terrainveränderungen im allergrößten Stile vornehmen – dann ist man wirklich so weit, die allergrößten Gebirge nach rythmischen Verhältnissen zu gliedern – zu vertiefen und zu erhöhen – so wie man will. Eine kolossale Raumkunst kann dann geschaffen werden.' (S. 16) Ironisches Fazit seiner unermüdlichen Konstruktionsversuche an seinem 'Perpeh': 'E i n Perpetuum mobile ist jetzt jedenfalls endgültig entdeckt – das ist das alte Mühlenrad im eisfreien Fluß, der nicht austrocknet.'

3/11 Die Entwicklung des Luftmilitarismus und die Auflösung der europäischen Land-Heere, Festungen und Seeflotten. Eine Flugschrift. Berlin, Oesterheld & Co., 1909
8°,
Köln, Slg. Matthias Ungers

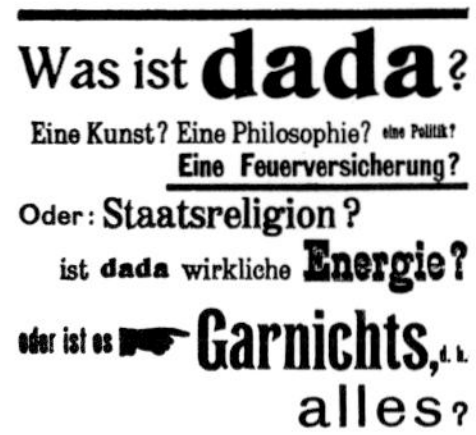

3/190
Anzeige aus „Der Dada Nr. 2“, 1919

1913: REVOLUTION

3/12 Neopathetisches Cabaret
a. Programm der Soirée (Berlin), 16. Dezember 1911
Teiln. u. a. Mynona u. Carl Einstein
Programm (Berlin), 6. Juli 1912, abends 1/2 8 Uhr
'Der Neue Club, Neopathetisches Cabaret für Abenteurer des Geistes'
Marbach, Deutsches Literaturarchiv im Schiller-Nationalmuseum
Bibl.: Hiller, K.: Neopathetisches Cabaret, in: Der Sturm, Berlin 1910/11, Jg. 1, S. 351 ff.; Schneider: Der Neue Club, in: Zerbrochene Formen, Hamburg 1967, S. 33-59

Das Neopathetische Cabaret, Berliner Vorläufer des Cabaret Voltaire, war ein noch expressionistisch gefärbtes Unternehmen im Vorfeld des Dadaismus. In der Aufnahmebestimmung zur ordentlichen Mitgliedschaft im Neuen Club, der von E. Loewenson und K. Hiller geleitet wurde, hieß es u. a.: 'Die Mitgliedschaft zum Neuen Club wird vom Präsidenten angetragen und vom Asozialen angenommen'.

Einstein, Carl
3/13 Bebuquin oder die Dilettanten des Wunders. Berlin, Vlg. Die Aktion, Dez. 1912
Marbach, Deutsches Literaturarchiv im Schiller-Nationalmuseum
Bibl.: Penkert, S.: C. Einstein, Beiträge zu einer Monographie, Göttingen 1969, S. 62 ff.; Oehm, H.: Die Kunsttheorie C. Einsteins, München 1976, S. 86 ff.

Einstein las Teile des 'Bebuquin' am 16. Dez. 1911 in Hillers 'Neopathetischem Cabaret'. Nach Penkert (S. 65/66) geht es Einstein 'um die Verfremdung der Welt ins Groteske, weil sie nur da – in extremer Ausgesetztheit und als Gegenbild zum Ursprünglichen – noch Wahrheit evozieren kann, wenn auch eine unwiderstehlich verlorene'. Das Buch ist als 'metaphysische Groteske' angelegt. Das Wunder wiederzufinden, die Identität zwischen Subjekt und Objekt, ist das Anliegen Bebuquins, der möglicherweise in der Wortschöpfung aus frz. 'bébête = unsinning, kindisch, närrisch' und frz. mannequin = Kunstfigur, Männchen, Gliederpuppe' das lächerliche Ende des Messiasbildes versinnbildlichen soll. Zentrales Thema des Buches: Auflösung des Individuums in ein ständig variierendes, zeitliches Bewegungs- und Relationsgefüge.

Leybold, Hans (Hg.)
3/14 Revolution. München, Heinrich F. S. Bachmair, 1913
Nr. 1 u. Nr. 5 (Sondernummer f. Otto Gross), DIN A4, 7 S. u. 6 S.
Haag, Obb., Kunstarchiv Arntz
Bibl.: Raabe, Nr. 16; Expressionismus, S. 66
Mitarbeiter von Nr. 1: Adam (Ps.), Baas, Ball, Baum, Michael G. Conrad, Essigmann, Hiller, F. M. Huebner, Lotz, Musil. Balls Gedicht 'Der Henker' bewirkte die Beschlagnahme.

Nr. 5 ist von F. Jung hg. m. einer Solidaritätskampagne für den Psychoanalytiker Otto Gross, dessen Vater, ein bekannter Kriminalprofessor in Wien, ihn in eine Irrenanstalt sperrte, um den opiumsüchtigen kritisch revoltierenden Sohn wieder anpassungsfähig zu machen. Stellungnahmen: Baum, Becher, Bass, Cendrars, Guttmann, van Hoddis, Huelsenbeck, Jung, Lasker-Schüler, Lichtenstein, Mühsam, Rubiner, Schickele, Unger.

Scheerbart, Paul
3/15 Glasarchitektur. Berlin, Vlg. Der Sturm, 1914
Vorzugsausgabe, 4°, Expl. Nr. 13, v. Verf. signiert.
Köln, Slg. Matthias Ungers

Dokument, das das Glas als ästhetische Möglichkeit für die Architektur thematisiert, um eine Transparenz von Innen und Außen zu erreichen.

Friedlaender, Salomo
3/16 Schöpferische Indifferenz. München, Vlg. Müller, 1918
Berlin, Eckart Düwal
Bibl.: Friedlaender/Mynona, Nr. 264, 265

Friedlaender setzt im Bewußtsein eines Stirnerianers den zersplitterten 'Dividuen' seiner

Zeit das autonome ganzheitliche 'Individuum' des Künstlers entgegen. 'Das indifferente Subjekt ist der Autokrat, welcher die differenzierten Gewalten äquilibrierend beherrscht'. Das Buch löste das 'Match Ruest/Mynona – Herzfelde/Grosz' nach Hausmann aus: individualanarchistische und kommunistische Tendenzen, die einander nicht annähern konnten.

FUTURISMUS

Marinetti, F. T. (Emilio Filippo Tommaso).
3/17 Manifest des Futurismus, autoris. Übersetzg. v. Jean Jacques, Der Sturm, Berlin April 1912
47 x 32 cm
Zur Ausstellung 'Gemälde der Futuristen' in der Galerie 'der Sturm' von Herwarth Walden Berlin, Privatslg.
Bibl.: Baumgarth, S. 83ff.; Eimert, D.: Der Einfluß des Futurismus auf die deutsche Malerei, Köln 1974

3/18 Die drahtlose Phantasie und die befreiten Worte (L'imagination sans fil et les mots en liberté). Manifest, Milano, 11. Mai 1912,
28 x 22 cm, 4 S.
Paris, Slg. Giovanni Lista
Bibl.: Baumgarth, S. 173

Die Verherrlichung der technischen Dynamik führt für Marinetti zur explosiven Dynamisierung der Sprache und Typographie: 'Das Ungetüm seiner Dampf-Emotion wird das Rohr des Satzes zersprengen, die Ventile der Zeichensetzung und Regulierbolzen der Adjektive'. Die Futuristen haben die Dadaisten durch ihre Identifikation mit der Maschine und ihren Rhythmus stark beeindruckt. Lautgedichte und Typographie der Dadaisten setzen ihre Kritik jedoch dort an, wo die Futuristen zum Ästhetizismus neigen. Die dadaistischen Lautgedichte sollen nach Ball 'die Verschlungenheit der Menschen in den mechanistischen Prozeß' verdeutlichen, 'den Widerstreit der vox humana mit einer sie bedrohenden, verstrickenden und zerstörenden Welt, deren Takt und Geräuschablauf unentrinnbar sind.'

3/19 Le Music-Hall. (Manifest), Mailand, 21. Nov. 1913
28 x 22 cm, 4 S.
Paris, Slg. Giovanni Lista
Bibl.: Daily Mail, London, 21. Nov. 1913; Lista, G.: Futuristie, Lausanne, 1973, S. 249

Manifest gegen die klassische Tradition des Theaters und seine kontemplative Rezeptionsweise. Demgegenüber ist die 'Music-Hall absolut praktisch, weil sie geeignet ist, das Publikum zu zerstreuen und durch komische Effekte, erotischen Reiz sowie geistreiche Pointen zu amüsieren und zu schockieren.' Für den Dadaismus galt das Variété ebenso als reizvolle Alltags-Zerstreuung 'zwischen Massenbezwingung und Kulturfaxerei'. (Vgl. Spalte 'Variété' und 'Kino' in: Neue Jugend, Berlin, Mai/Juni 1917).

Carrà, Carlo
3/20 Die Malerei der Töne, Geräusche und Gerüche (La peinture des sons, bruits et odeurs) Manifest. Mailand, 11. Aug. 1913,
18 x 22 cm, 4 S.
Paris, Slg. Giovanni Lista
Bibl.: Baumgarth, S. 184

'Die drahtlose Phantasie, die befreiten Worte, die systematische Anwendung der Lautmalerei, die anti-graziöse Musik ohne rhythmische Quadratur und die Kunst der Geräusche sind derselben Sensibilität entsprungen, die die Malerei der Töne, der Geräusche und der Gerüche erzeugt hat'. Bedeutend für den futuristischen Einfluß auf den Dadaismus ist die Thematisierung des Alltags: 'Unsere Bilder werden also auch die bildnerischen Äquivalente der Töne, Geräusche und Gerüche des Theaters, der Music-Hall, des Kinos, des Bordells, der Bahnhöfe, der Häfen, der Garagen, der Kliniken, der Fabriken usw. zum Ausdruck bringen'.

Soffici, Ardengo u. **Papini, Giovanni** (Hg.)
3/21 Lacerba. Periodico quindicinale. Florenz, März 1913 – Juni 1914
Jg. 1, Nr. 18, 15. Sept. 1913, 35 x 25 cm, 12 S.
Paris, Slg. Giovanni Lista

1913:
LACERBA

3/22 Lacerba, Jg. 2, Nr. 9, Florenz 1. Mai 1914
35 x 25 cm, 12 S.
Haag, Obb., Kunstarchiv Arntz
Bibl.: Baumgarth, S. 91ff.
Zeugnis des Florentiner Futurismus.
(Vgl. Katalogtext G. Lista)

Apollinaire, Guillaume
3/23 Die futuristische Antitradition (L'Antitradition futuriste), Paris, 1913
28 x 22 cm, 4 S.
Paris, Slg. Giovanni Lista
Bibl.: Lacerba, Florenz, 15. Sept. 1913; Düsseldorf 1974

Apollinaire, der sich schon seit Ende des 19. Jhdts. mit der Lösung der Worte aus ihrem ursprünglichen Sinnzusammenhang und der Ausweitung des Bereichs der Metrik in die Syntax beschäftigte, der den 'vers libre' und das Calligramm in seiner Dichtung anwandte, war dem problematischen Einfluss der futuristischen Dynamik nicht entgangen. Die Futuristen richteten gegen den 'freien Vers' ihre 'befreiten Worte'. A. bewarf Versailles und Bayreuth, die siamesischen Brüder D'Annunzio und Rostand, Montaigne, Poe, Whitman, Baudelaire mit 'mer . . .de', sich selbst, Archipenko, Cendrars, Max Jacob, Kandinsky, Léger, Marinetti, Picasso, Salomon, Strawinsky u. a. streute er 'Rosen'.

Marinetti, F. T.
3/24 Zang Tumb Tumb. Mailand, Edizioni futuristi di 'Poesia', 1914
20 x 14 cm, 228 S.
Paris, Slg. Giovanni Lista (Abb. S. 3/117)
München, Privatslg.

Dokumentiert das futuristische Konzept der 'parole in libertà', Schlachtverse für die futuristische Bewegung, eine Kriegsreportage, Verherrlichung des Krieges als 'einzige Hygiene der Welt', des Militarismus, des Patriotismus und die Vernichtungstat der Anarchisten. Während solche anarchistisch-patriotischen Tendenzen in frühexpressionistischen Kreisen Deutschlands ebenfalls aufgegriffen wurden, lehnten die Dadaisten hingegen den

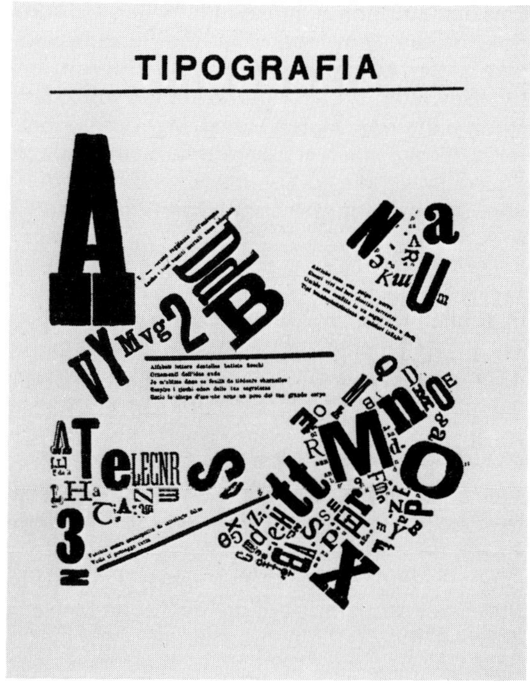

3/27
Soffici, BIF & ZF +18, 1919. Simultaneité Chinismi lirici

Krieg als menschenzerstörende Maschinerie ab, und ihre Verurteilung war Anlaß für die Gründung des 'Cabaret Voltaire'. Dennoch wurde provokativ auf dem ersten Dada-Abend in Berlin daraus rezitiert.

Balla, Giacomo u. **Depero, Fortunato**
3/25 Futuristische Konstruktion des Universums (Ricostruzione futuriste dell'Universo) (Manifest). 11. März 1915
29 x 23 cm, 4 S.
Paris, Slg. Giovanni Lista
Bibl.: Düsseldorf 1974

Manifest des 'plastischen Dynamismus, um den Schwingungen des Universums dynamischen, gleichzeitigen, plastischen, geräuschhaften Ausdruck zu verleihen'.

Govoni, Corrado
3/26 Verdünnungen und befreite Worte (Rarefazioni e parole in libertà). Mailand 1915
31 x 24 cm, 56 S.
Paris, Slg. Giovanni Lista

Soffici, Ardengo
3/27 BIF & ZF + 18. Florenz 1915
20 x 14 cm, 120 S.
Paris, Slg. Giovanni Lista (Abb. S. 3/154)
Bibl.: Baumgarth, S. 297

Russolo, Luigi
3/28 Geräuschkunst (L'Art des bruits) (Manifest). Mailand 1916
21 x 15 cm, 96 S.
Paris, Slg. Giovanni Lista
Bibl.: Baumgarth, S. 223

Zählt u. a. 6 Geräuschfamilien des futuristischen Orchesters auf, die mechanisch verwirklicht werden sollen: 1. Brummen, Donnern, Bersten, Plumpsen, Dröhnen; 2. Pfeifen, Zischen, Pusten; 3. Flüstern, Murmeln, Brummeln, Surren, Brodeln; 4. Knirschen, Knacken, Knistern, Summen, Knattern, Reiben; 5. Geräusche, die durch das Schlagen auf Metall, Holz, Leder, Steine, Terrakotta usw. entstehen; 6. Tier- und Menschenstimmen: Rufe, Schreie, Stöhnen, Gebrüll, Geheul, Gelächter, Röcheln, Schluchzen . . .

Cangiullo, Francesco
3/29 Kaffeekonzert – Alphabet zur Überraschung (Caffeconcerto – alfabeto a sorpresa). 1919
24 x 17 cm, 26. S.
Paris, Giovanni Lista

Prampolini, Enrico (Hg.)
3/30 Noi. Nr. 3–4. Rom Juni/Juli 1923
34 x 25 cm, 24 S.
Paris, Slg. Giovanni Lista
Bibl.: Baumgarth, S. 294

Spezialnr. über futuristisches Kunstgewerbe. Mitarbeiter: Balla, Belling, Depero, Van Doesburg, Engelien, Feuerstein, Huszar-Wils, Kroha, Marascho, Marchi, Morpurgo, Paladini, Picasso, Prampolini, Steiner, Vasari

Cantarelli, Gino u. **Fiozzi, Aldo** (Hg.)
3/31 Procellaria Nr. 5. Mantova, 5. Febr. 1920
24 x 18 cm
Zürich, Hans Bolliger

Literatur- und Kunstzeitschrift
Mitarbeiter: d'Alba, Albert-Birot, Buzzi, Cantarelli, Carbonelli, Janco, Notti, Reverdy u. a.

Zum Unterschied von Futurismus und Dadaismus:
Dynamismus und presentistisches Lebensgefühl, Simultaneität und Bruitismus prägten die künstlerischen Äußerungen beider Gruppen: bei den Futuristen als nationale Zukunftsgläubigkeit durch das Bündnis mit der Technik und den führenden Kräften des Kapitals, das zum Anschluß an die faschistische Bewegung führt; bei den Dadaisten als Bedrohung durch Zerstörung und Zerstückelung des Menschen und seiner schöpferischen Kraft im Prozeß der Kapitalverwertung und des industriellen Aufschwungs.

NEW YORK

Picabia, Francis
3/32 391. Vgl. Kat. 3/65, 3/83 - 3/88 1917: 391

Roché, Henri-Pierre (Hg.)
3/33 The Blind Man. Nr. 1, Independants Number, New York, 10. April 1917 1917: THE BLIND MAN
28 x 20 cm, 8 S.
Paris, Bibliothèque Nationale, Bibliothèque Littéraire Jacques Doucet
Bibl.: ZP 364; New York Dada, 1974 Nr. 24

Mitarbeiter: Mina Loy, H. P. Roché, Beatrice Wood
1923: NOI
Zeitschrift, die sich für die Ausstellung der Unabhängigen einsetzt als publikumswirksame Vermittlung

Duchamp, Marcel (Hg.)
3/34 P.B.T. The Blind Man. Nr. 2, New York, Mai 1917 1917: P.B.T. THE BLIND MAN
28 x 20 cm, 8 S., Titelblatt, Illustration: 'Schokoladenreibe' von M. Duchamp
Paris, Bibliothèque Nationale, Bibliothèque Littéraire Jacques Doucet
Bibl.: ZP 364; New York Dada, 1974, Nr. 25 1920: PROCELLARIA 5

Mitarbeiter: Arensberg, G. Buffet, Crowninshield, Demuth, Norton, M. Loy, Picabia, Stel-

Ball, Karawane, 1917

la, Stieglitz, C. Tice. Die Zeitschrift greift den 'Fall Richard Mutt' (Pseud. v. M. Duchamp) auf, dessen Fontäne (Urinbecken) von den Juroren der 'Gesellschaft für unabhängige Künstler' beiseite gestellt wurde. Die Fontäne ist im Photo von A. Stieglitz abgebildet.

1917: RONGWRONG

3/35 Rongwrong. New York, Mai 1917
28,5 x 20,5 cm, 18 S., Umschlag-Ill. Reprod. einer Streichholzschachtel
Paris, Bibliothèque Nationale, Bibliothèque Littéraire Jacques Doucet
Bibl.: ZP 392; New York Dada, 1974, Nr. 27

Mitarbeiter: Covert, Marcel Douxami (Pseud. v. M. Duchamp), Michio Itow. Norton, Picabia, Marquis de la Torre, Van Vechten, Vernot, Williams. Ursprünglicher Titel 'Wrong-wrong'. 'W' irrtümlich beim Drucken fortgefallen. Enthält u. a. Stellungnahme Duchamps zu Picabias Werk: 'Je le crois capable de faire vibrer ma conscience mécanique, mais il ne fait pas vibrer du tout ma conscience ésthètique, ou s'il la fait vibrer, elle vibrera d'une façon anormale fort désagréable pour mon intellect et dangereuse pour ma raison'.

Duchamp, Marcel u. **Ray, Man** (Hg.)

1921: NEW YORK DADA

3/36 New York Dada. Nr. 1, New York, April 1921
36,6 x 25,5 cm, Umschlag von Marcel Duchamp, vierteiliges Faltblatt
Privatsammlung.
Bibl.: Motherwell/Karpel, Abb. S. 214–218; DB/III, Nr. 201; New York Dada, 1974, Nr. 43

Mitarbeiter: Duchamp, Goldberg, Man Ray, Tzara u. a. Einleitung von Tzaras Stellungnahme zu Dada und seine Propagierung des im Entstehen begriffenen 'Dadaglobe'

Picabia, Francis

1922: THE LITTLE REVIEW

3/37 The Little Review. Picabia-Nr., Administr.: Margaret Anderson, Jaine Heap, Francis Picabia, Ezra Pound. Chicago, New York, London, Paris, Frühling 1922
München, Privatsammlung
Bibl.: Sanouillet, Nr. 240; Picabia, 1976, S. 194; New York Dada, 1974, Nr. 50

KARAWANE
jolifanto bambla ô falli bambla
grossiga m'pfa habla horem
égiga goramen
higo bloiko russula huju
hollaka hollala
anlogo bung
blago bung
blago bung
bosso fataka
ü üü ü
schampa wulla wussa ólobo
hej tatta gôrem
eschige zunbada
wulubu ssubudu uluw ssubudu
tumba ba- umf
kusagauma
ba - umf

1917
Hugo Ball: „KARAWANE", Lautgedicht.

ZÜRICH

Ball, Hugo
3/38 Tenderenda der Phantast. 1914–1920, Roman. Unveröffentlichte Fassung, Manuskript DIN A4, maschinengeschrieben von Emmy Ball-Hennings
Zürich, Hans Bolliger
Einfluß von C. Einsteins 'Bebuquin' wird deutlich. Das 'Karusselpferd Johann' ist eine Anspielung auf DADA, das Holzpferdchen.

Rees, Otto van
3/39 Ausstellung H. Arp, A. van Rees-Dutilh u. O. van Rees
Zürich, Galerie Tanner, 15. Nov.–1. Dez. 1915
Plakat, Collage
Utrecht, Centraal Museum (Abb. S. 3/92)
Bibl.: Schippers, S. 16

Hennings, Emmy
3/40 Gedichte, um 1915/20
Schreibmaschinen-Manuskript o. J. mit handschriftl. Titel 'Gedichte' u. Stempel rücks.: 'Künstlerkneipe Voltaire (Meierei, Spiegelgasse, Zürich)'
8°, 5 Bl. u. 1 Titelbl. in braunem Pappumschlag
Zürich, Hans Bolliger

Ball, Hugo
3/41 Brief an Käthe Brodnitz. Zürich, 27. 1. 1916
6 Bl. m. 5 beigef. Zeitungsausschn.
Marbach, Deutsches Literaturarchiv im Schiller-Nationalmuseum
Bibl.: Sheppard, R. W.: H. Ball an K. Brodnitz, in: Jahrbuch der Deutschen Schillergesellschaft, XVI, Stuttgart 1972

Ball, Hugo (Hg.)
3/42 Cabaret Voltaire. Eine Sammlung künstlerischer und literarischer Beiträge. Zürich, Buchdruckerei J. Heuberger, Meierei, Spiegelgasse 1, 1916
4°, 32 S. m. Umschlag v. H. Arp, 13 Abb., davon 1 Holzschn. v. M. Slodki
Haag/Obb., Kunstarchiv Arntz
Bibl.: H. Ball, Flucht aus der Zeit, S. 91 (4. 6. 1916); Motherwell/Karpel Nr. 61; Düsseldorf Nr. 109; Verkauf-Bolliger S. 177; Raabe Nr. 28; Z.P. Nr. 366

Erste Schweizer Dada-Veröffentlichung. Beiträge v. Apollinaire, Arp, Ball, Canguillo, Cendrars, Emmy Hennings, van Hoddis, Huelsenbeck, Janco, Kandinsky, Marinetti, Modigliani, Max Oppenheimer, van Rees, Slodki, Tzara

3/43 I. DADA-Abend.
Zürich, Zunfthaus zur Waag, 14. Juli 1916
Programm, gedruckt m. handschrftl. Zusatz v. Hugo Ball, 14 x 16,7 cm
Zürich, Hans Bolliger

Ball, Hugo
3/44 Eröffnungsmanifest v. Dada-Abend.
Zürich, Salle zur Waag, 14. Juli 1916
Photographie des Schreibmaschinen-Manuskriptes, 1. Bl.
Zürich, Hans Bolliger

Tzara, Tristan
3/45 La Première aventure céleste de M. Antipyrine. 28. Juli 1916
Zürich, Coll. Dada, 22 x 15 cm, 16 S., m. kol. Holzschn. v. Marcel Janco
Zürich, Hans Bolliger
Bibl.: Z.P. Nr. 348; Bürger, S. 37ff

Erste Buchveröffentlichung Tzaras. Ein gegen den 'gentil bourgeois' gerichtetes Manifest. Zugleich eine Abgrenzung gegen den Futurismus und seine Zukunftsgläubigkeit

Huelsenbeck, Richard
3/46 Phantastische Gebete.
Zürich, Druckerei Jul. Heuberger, Sept. 1916
Coll Dada III, Verse, 23 x 14,5 cm, 16 S.
7 Holzschn. v. Hans Arp, Titelholzschn. auf rotes Papier gedruckt, auf Titelblatt aufgelegt
Zürich, Hans Bolliger
Paris, Bibliothèque Nationale, Bibliothèque Littéraire Jacques Doucet
Bibl.: Z.P. Nr. 323; DB III Nr. 72; H. G. Kemper, S. 94–110

1916: CABARET VOLTAIRE

Dritte Buchpubl. des Züricher Dadaismus, Parodie auf das jüdisch-christl. Glaubensgut. Im Psalmenstil wird nicht der Gott der Schöpfung sondern der des Chaos offenbart; der Dichter begibt sich in nihilistisch-ironische Distanz zum Geschehen.

3/47 Sturm-Ausstellung. Zürich, Galerie Dada, 17. März – 7. April 1917
Plakat, 23 x 14,7 cm
Zürich, Hans Bolliger

Campendonk, van Heemskerk, Kandinsky, Klee, C. Mense, Gabriele Münter, Nell Walden. 17. März, Eröffnung, Tzara und Ball: Einleitungsworte. 21. März, Neitzel: Führung durch die Galerie. 24. März, Tzara: l'expressionisme et l'art abstrait. 28. März, Arp: Führung durch die Galerie. 31. März, Jollos: Paul Klee. 4. April, Neitzel: Führung durch die Galerie. 7. April, Ball: Kandinsky

3/48 Eröffnung der Galerie DADA.
Zürich, 29. März 1917
Programmankündigung, maschinengeschrieben, handschrftl. Unterschrift:
Hugo Ball, Tristan Tzara, 27 x 21,5 cm
Zürich, Hans Bolliger

3/49 Sturm-Soirée. Zürich, Galerie Dada, 14. April 1917
Zürich, Hans Bolliger

Programm: I. Tristan Tzara: Introduction. Hans Heusser: 'Prélude', 'Mond über Wasser', gespielt vom Komponisten. F. T. Marinetti: 'Die futuristische Literatur', gelesen von Hugo Ball, W. Kandinsky: 'Fagott', 'Käfig', 'Blick und Blitz', gelesen von Hugo Ball. Guillaume Apollinaire: 'Rotsoge', 'Le los du Douanier', lecteur F. Glauser. Blaise Cendrars: 'Crépitements', lecteur F. Glauser. Musique et Danse Nègres exécutées par 5 personnes avec le concours de Mlles. Jeanne Rigaud et Maria Cantarelli. (Masques par M. Janco). II. H. S. Sulzberger: 'Cortège et fête', exécuté par le compositeur. Jacob van Hoddis: Verse, zitiert von Emmy Hennings. Herwart Walden: August Macke †, Franz Marc †, August Stramm †, gelesen von F. Glauser. Hans Heusser: 'Burlesques turques', 'Festzug auf Capri', gespielt vom Komponisten. Albert Ehrenstein: Eigene Verse. Ueber Kokoschka. III. Première 'Sphinx und Strohmann', Kuriosum von Oscar Kokoschka, Masken und Inszenierung von Marcel Janco. Herr Firdusi – Hugo Ball, Herr Kautschukmann – Wolfg. Hartmann, Weibliche Seele, 'Anima' – Emmy Hennings, Der Tod – Frederic Glauser

3/50 Soirée Hans Heusser. Zürich, Galerie Dada, Freitag, 25. Mai 1917
Zürich: 14 x 21,6 cm
Zürich, Hans Bolliger

1917: DADA 1

Programm: (1912) 1. a) Prélude. b) Adagio. c) Certosa di Pavia. d) Novellette. (1914) 2. a) Die Wanderer (Hans Rœlli). b) Tiefgelbe Rosen (Hans Rœlli). c) Herbst. d) Tanzweise (Huggenberger). (Gesungen von Frl. Emmy Kaeser, Zürich) (1915) 3. a) Danse triste. b) Danse orientale. (1917) 4. a) Fragmente aus der Bühnenkomposition: 'Der gelbe Klang', (von W. Kandinsky). b) Impressions orientales. (Für Harmonium). (1916) 5. Sheherezade: (Else Lasker-Schüler). a) Ich tanze in der Moschee. b) Apollides und Tino kommen in eine morsche Stadt. c) Das Lied meines Lebens. (Gesprochene Gesänge Käthe Wulff). d) Heimlich zur Nacht. e) Der Tempel Jehovah. f) Der Epilog spricht. (Nietzsche). (Gesungen von Frl. Meta Gump). (1916/17) 6. a) Humoresque turque. b) Mond über Wasser. c) Zwei arabische Tanzrhythmen. (Gespielt vom Componisten)

Hardekopf, Ferdinand
3/51 Briefe an Jacques Olly. Zürich 1917–1919.
a. Zürich, Museumsgesellschaft, 16. Jan. 1917 (Sheppard 1)
b. (Zürich), 13. Mai 1917 (Sheppard 3).
c. Zürich, Hôtel Schwert, 1. Juni 1917 (Sheppard 5)
d. Zürich, hauptpostlagernd, Café de la Terrasse, Samstag Mittag, (vermutl. 19. April 1919) (Sheppard 18)
e. (Zürich), im verstecktesten Winkel des Café des Banques, (Anfang/Mitte Mai 1919) (Sheppard 22)
Marbach, Deutsches Literaturarchiv im Schiller-Nationalmuseum
Bibl.: Sheppard, R. W.: F. Hardekopf und Dada. Schiller-Jahrbuch, XX Stuttgart 1976, S. 132–161

Hardekopf berichtet über tägl. Ereignisse und Entwicklung des Züricher Dadaismus und des Cabaret Voltaire.

3/52 Mouvement Dada Zürich
Briefbogen, Zürich: 14 x 21,6 cm
Zürich, Hans Bolliger (Abb. S. 3/1)

Janco, Marcel (Corresp.)
3/53 Dada 1. Recueil littéraire et artistique. Zürich, Rämistr. 33, Juli 1917
22,8 x 19,7 cm, 18 S., orangefarbener Einband, Titel-Holzschn. v. Marcel Janco
München, Privatsammlung
Bibl.: Motherwell/Karpel Nr. 66; Düsseldorf

Nr. 110; Raabe Nr. 34; Verkauf-Bolliger S. 177; DB III Nr. 148

Beiträge von Arp, H. Guilbeaux, Janco, O. Lüthy, F. Meriano, Prampolini, A. Savinio, Tzara

Arp, Francois (Corresp.)
3/54 Dada 2. Recueil littéraire et artistique. Zürich, Dez. 1917
Administration Mouvement Dada, Zürich, Zeltweg 83.
22,8 x 19,7 cm, 22 S., orangefarbener Einband, Umschlag-Holzschn. v. Hilla von Rebay
München, Privatsammlung
Bibl.: Motherwell/Karpel Nr. 66; Düsseldorf Nr. 111; Verkauf-Bolliger S. 177; Z.P. Nr. 371; DB III Nr. 149

Beiträge: v. Apollinaire, Albert-Birot, M. d'Arezzo, Cantarelli, de Chirico, Delaunay, Helbig, Janco, Kandinsky, Van Rees, Reverdy, Prampolini, Tzara, De Vaulchier

Tzara, Tristan (Hg.)
3/55 Dada 3. Directeur: Tristan Tzara. Administration Mouvement Dada, Zürich, Zeltweg 33, Dez. 1918.
33,7 x 24,6 cm, 15 S., handkol. Umschlagholzschn. v. Marcel Janco
München, Privatsammlung.
Bibl.: Düsseldorf Nr. 112; Z.P. Nr. 371; DB III Nr. 150

Beiträge v. Arp, Albert-Birot, Dermée, Hardekopf, Van Hoddis, Huelsenbeck, Huidibro, Janco, Picabia, Prampolini, Reverdy, Richter, Raimondi, Tzara

3/56 Dada 4/5. Anthologie Dada. Paraît sous la direction de Tristan Tzara. Zürich, Mouvement Dada, 15. Mai 1919
28,1 x 19 cm, 32 S., Umschlagholzschn. v. Hans Arp, Titel-Ill. v. Francis Picabia
München, Privatsammlung (Abb. S. 3/163)
Bibl.: Düsseldorf Nr. 113; Z.P. Nr. 371; DB III Nr. 153

3/57 Umschlag für Vorzugsausgabe DADA 4/5, Arp: Holzschnitt auf grauem Grund, auf Zeitungspapier, 'dada', 15. Mai 1919
27,3 x 18,8 cm
Zürich, Hans Bolliger

Hennings, Emmy
3/58 Das Gefängnis. 1918
m. Illustr. v. Hans Richter
Marbach, Deutsches Literaturarchiv im Schiller-Nationalmuseum

1917: DADA 2

3/59 **Das neue Leben.** Erste Ausstellung, Zürich, Kunsthaus, Jan. 1919.
Kat. m. einf. Texten v. Baumann und Janco, 20 x 13 cm, 16 S.
Zürich, Hans Bolliger

Janco, Marcel
3/60 Einladung zum 11. Juni, (Zürich) 1918
Aquarell, 18 x 12,5 cm
Mailand, Sammlung Guido Rossi

Tzara, Tristan
3/61 Zur Meise (Zürich). Mardi, le 23 juillet (1918) à 8 1/2 du soir. Tristan Tzara lira de ses œuvres et un manifest DADA. Billets à 4 et 2 Frs
Plakat, 45,7 x 32 cm, Linolschnitt, m. Schablonen koloriert
Paris, Bibliothèque Nationale, Bibliothèque Littéraire Jacques Doucet
Bibl.: Dada 3, Dez. 1918 (Manifeste DADA); Z.P. Nr. 418; Sanouillet, S. 137f.; Bürger, S. 42

1918: DADA 3

Der Grundton dieses 'Anti-Manifestes' ist 'ni pour ni contre', provokatorisch-antikünstlerisch für 'le grand spectacle du désastre, l'incendie, la décomposition' (das große Schauspiel der Verwüstung, der Feuersbrunst, der Zerstörung). Das Manifest, in Dada 3 veröffentlicht, begeisterte Breton in Paris, der daraufhin Kontakt mit Tzara aufnahm.

1919: DADA 4/5

3/62 **Ausstellung Neue Kunst.** Zürich, Kunstsalon Wolfsberg, Okt. 1918
Kat. m. Vorwort v. W. Jollas und Holzschn. v. Arp (2), Janco und Richter
Zürich, Hans Bolliger

1919:
391

Tzara, Tristan
3/63 La seule expression de l'homme moderne-Lire DADA. Ecrivez à Tristan Tzara, Zürich, Seehof, Schifflande 28, et à Littérature, 9, Place du Panthéon, Paris. Ont adhéré au Mouvement Dada: Louis Aragon – W. C. Arensberg – Archipenko – Arp – Henri Bergson – J. E. Blanche – André Breton – P. Albert-Birot – Blaise Cendrars – Charlie Chaplin – G. de Chirico – Paul Claudel – Arthur Cravan – Léon Daudet – Paul Dermée – Pierre Drieu la Rochelle – Eggeling – Paul Eluard – Auguste Giacometti – André Gide – Maxime Gorki – Max Jacob – Marie Laurencin – Maurice Maeterlinck – F. T. Marinetti – Darius Milhaud – Prince de Monaco – Paul Morand – Nijinsky – Jean Paulhan – Francis Picabia – Pablo Picasso – Raymond Radiguet – Pierre Reverdy – Jules Romain – André Salomon – Erik Satie – Dr. Serner – Philippe Soupault – Paul Valéry – Mlle. Wulff
Zürich, Paris o. J. (um 1919/20)
Reklame-Handzettel auf rosa Papier, 14 x 11 cm
Paris, Bibliothèque Nationale, Bibliothèque Littéraire Jacques Doucet

Ein kleines Zeugnis für die Reklamestrategie der Dadaisten. Es werden Künstler genannt (u. a. Picasso), die nicht zur Dadabewegung gehören, jedoch zur dadaistischen Werbewirksamkeit beitragen. Die marktfordernde Innovationsgebundenheit benutzt DADA zur ironischen Herausforderung: 'La réclame et les affaires sont aussi des éléments poétiques' (Reklame und Geschäft sind auch poetische Elemente)

Segal, Arthur
3/64 Zürich, Kunstsalon Wolfsberg, Jan./Febr. 1919
Kat. der Kollektivausstellung Segal, 22,8 x 15,8 cm, 16 S.
Zürich, Hans Bolliger

1919:
DER ZELTWEG

Segal hat die Dadaisten, insbesondere Hausmann, mit seinen Prinzipien der simultaneistischen Darstellungsweise theoretisch beeinflußt.

Picabia, Francis (Hg.)
3/65 391, Nr. 8. Zürich, Imprimerie Heuberger, Febr. 1919
43,7 x 27,5 cm, 8 S. auf rosa Papier gedr.
Umschlag – Illustr. 'Construction moléculaire' (dessin mécanique) von Picabia
Zürich, Hans Bolliger
Bibl.: Sanouillet Nr. 257; Z.P. Nr. 396

Einzige – anläßlich des Beginns der Freundschaft zwischen Picabia und Tzara – in Zürich herausgegebene Nummer. Mitarbeiter: Arp (Holzrelief 'Fleur marteau'), Alice Bailly, Gabrielle Buffet, Picabia, Tzara

3/66 Mouvement Dada
8. Dada-Soirée. Zürich, Saal zur Kaufleuten, 9. April 1919
Einladung und Programm, 20,5 x 28 cm, 2 S.
Zürich, Hans Bolliger

I. Teil: 1. Viking Eggeling: Über abstrakte Kunst, 2. Suzanne Perrottet: Kompositionen von a) Cyrill Scott b) Arnold Schönberg c) Erik Satie, 3. Käthe Wulff: Gedichte von Richard Huelsenbeck und W. Kandinsky, 4. Tristan Tzara: La fièvre du male, (simultaneistisches Gedicht unter Mitwirkung von 20 Personen). II. Teil: 5. Hans Richter: Über Kunst und anderes, 6. Hans Heusser: Eigene Kompositionen. a) Vorspiel zu 'Der weiße Berg', b) Drei Tanzrhythmen, 7. Hans Arp: Wolkenpumpe, 8. Suzanne Perrottet: Kompositionen von Arnold Schönberg, 9. Walter Serner: Manifest. III. Teil 10. Noir Cacadou (Tanz, ausgeführt von 5 Personen unter Mitwirkung von Wulff), 11. Walter Serner: Eigene Gedichte, 12. Tristan Tzara: Eigene Gedichte, Proclamation Dada 1919, 13. Hans Heusser: Eigene Kompositionen. a) Intime Harmonien b) Bergsage c) Klavierquartett in S-Dur

Flake, Otto, Serner, Walter u. **Tzara, Tristan** (Hg.)
3/67 Der Zeltweg. Vlg. Mouvement Dada, Zürich, Seehof, Schifflände, 28. Nov. 1919
31 x 22 cm, 32 S., Umschlag-Illustr. v. Hans Arp.
München, Privatsammlung

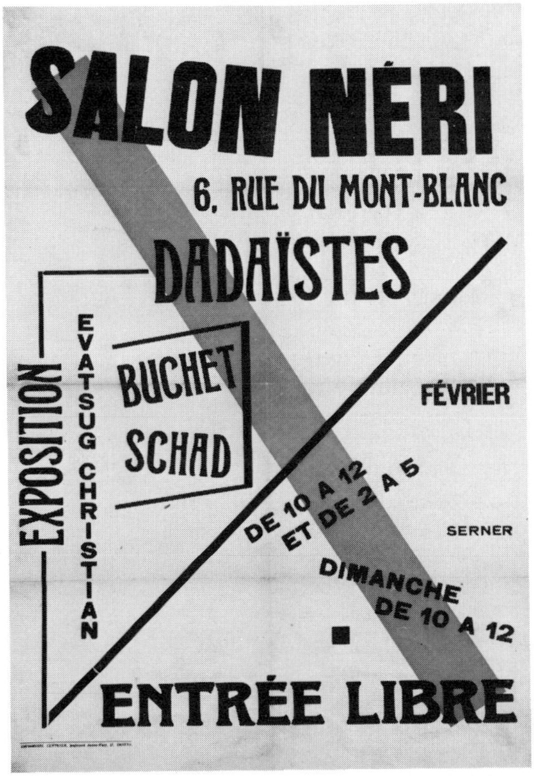

Bibl.: Motherwell/Karpel, Nr. 92; Düsseldorf, Nr. 121; Verkauf,/Bolliger, S. 183; Raabe Nr. 90, DB III, Nr. 245; Z.P. Nr. 401

Letzte gemeinsame Dada-Veröffentlichung in Zürich, Mitarbeiter: Arp, Baumann, Eggeling, Flake, Aug. Giacometti, Helbig, Huelsenbeck, Janço, Richter, Schad, Schwitters, Segal, Taeuber-Arp, Tzara u. a. Holzschn. v. Arp, Baumann, Janco, Schad

Flake, Otto
3/68 Hans Arp. Konstanz 1920
10 S. m. 8 Holzschn. v. Hans Arp
Haag, Obb., Kunstarchiv Arntz

Serner, Walter
3/69 Letzte Lockerung, manifest dada. Hannover, Leipzig, Wien, Zürich, Paul Steegemann Vlg., 1920
Die Silbergäule 62/64, 8°, 48 S.
Marbach, Deutsches Literaturarchiv im Schiller Nationalmuseum
Bibl.: Meyer, Nr. 39

Buchet, Gustave u. **Schad, Christian**
3/70 Salon Neri, Dadaistes: Gustave Buchet et Christian Schad. Genf, Febr. 1920
Plakat der von Serner organisierten Ausstellung, 80 x 55 cm
Genf, Musée d'Art et d'Histoire
Bibl.: DB III Nr. 46

Serner, Walter u.**Schad, Christian** (Org.)
3/71 Innovitation Grand Bal Dada Genève. Salle communale de Plainpalais, 5. März 1920
Plakat für den von W. Serner und Ch. Schad in Genf organisierten Dada-Ball, 28 x 22 cm, rot und schwarzer Druck auf grauem Papier
Genf, Muśé d'Art et d'Histoire (Abb. S. 3/161)
Bibl.: Sanouillet Nr. 309; DB III Nr. 40,1

Serner, Walter u. **Schad, Christian** (Org.)
3/72 Grand Dada Bal, Genf, Salle communale de Plainpalais, 5. März 1920
Plakat, 79,5 x 56 cm, roter und schwarzer Druck auf gelbem Papier
Genf, Musée d'Art et d'Histoire (Abb. S. 3/162)
Bibl.: DB III Nr. 47

Picabia, Francis u. **Ribemont-Dessaignes, Georges**
3/73 Salon Neri, Exposition Dada: Francis Picabia et Georges Ribemont Dessaignes
Genf, April 1920
Plakat der von Serner organisierten Ausstellung, 50 x 70 cm
Genf, Musée d'Art et d'Histoire (Abb. S. 3/58)
Bibl.: DB III Nr. 48

3/74 'Die Originaldadaisten sind nur die Spiegelgassedadaisten'. Zeitungsbericht.
Gera, Tageblatt, 21. März 1920
Photo-Vergrößerung

3/75 Ein 'Bildersturm' in Genf. Zeitungsbericht, gez. K. F., Berlin, Zeitung am Mittag, 17. Febr. 1920
Photo-Vergrößerung
Bericht über den durch eine von Serner geleitete Dada-Veranstaltung ausgelösten Skandal

3/70
Salon Néri, Genf, 1920

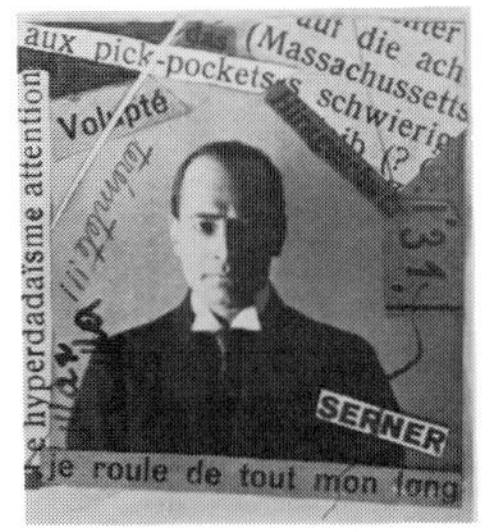

3/379
Serner, um 1920

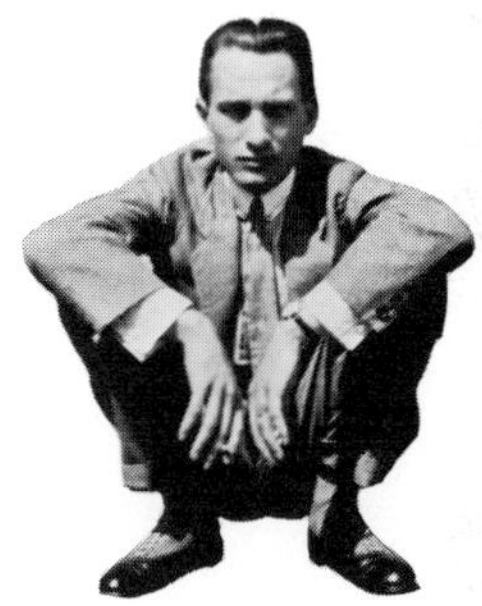

3/377
Schad, um 1920

3/76 Dada-Ball in Genf. Zeitungsbericht, gez. K. F., Prag, Tageblatt, März 1920
Photo-Vergrößerung

3/77 Dadaisten gegen Dadaisten. Zeitungsbericht, unbez., Morgen-Zeitung, Breslau, 10. Juni 1920
Photo-Vergrößerung

3/78 Die internationalen freiwilligen Geisteskranken. Zeitungsbericht, unbez., Köln (?), Tageblatt, 11. Dez. 1920
Photo-Vergrößerung

Arp, Hans
3/79 der vogel selbdritt. Berlin, Druck Otto von Holten 1920
Nr. 41 v.150 numerierten Exemplaren
m. 6 Holzschn. v. Arp auf handgeschöpftem Bütten, 20 Blatt, 25,5 x 21,5 cm
Zürich, Hans Bolliger

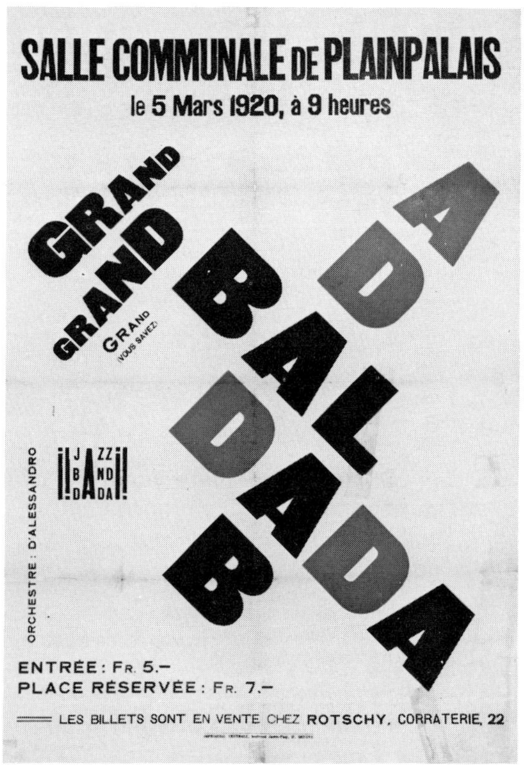

3/72
Grand Dada Bal, Genf, 1920

3/80 Der Pyramidenrock. Gedichte. Erlenbach, Zürich u. München, Eugen Rentsch Vlg., o. J. (1915–1924)
25,5 x 19,5 cm, 70 S.
Marbach, Deutsches Literaturarchiv im Schiller-Nationalmuseum
Bibl.: Döhl, S. 172ff., S. 214

3/80a Die Wolkenpumpe
Hannover, Paul Stegemann Vgl., 1920.
Die Silbergäule 50/51, 8°, Umschlagzeichn. v. Hans Arp.
Berlin, Eckart Düwal.
Bibl.: H. Döhl Motherwell-Karpel 194

Ball, Hugo
3/81 Die Flucht aus der Zeit
München, Duncker & Humboldt, 1927
München, Privatsammlung
Bibl.: Prosenc, M.: Die Dadaisten in Zürich, Bonn 1967; Steinke, G. E.: Anarchistic, Expressionistic and Dadaistic Phases in the Life and Work of H. Ball, Standford Un. Diss. 1955, Pirmasens, 1975

Biographisches Werk Balls, das die Zeit des Züricher Dadaismus tagebuchmäßig erfaßt. 'Romantizismen. Das Wort und das Bild' (14. April 1916): 'Unser Kabarett ist eine Geste. Jedes Wort, das hier gesprochen und gesungen wird, besagt wenigstens das eine, daß es dieser erniedrigenden Zeit nicht gelungen ist, uns Respekt abzunötigen. Was wäre auch respektabel und imponierend an ihr? Ihre Kanonen? Unsere große Trommel übertönt sie. Ihr Idealismus? Er ist längst zum Gelächter geworden, in seiner populären und seiner akademischen Ausgabe. Die grandiosen Schlachtfeste und kannibalischen Heldentaten? Unsere freiwillige Torheit, unsere Begeisterung für die Illusion wird sie zuschanden machen'.

3/56
Tzara, Bilan
in: Dada 4/5
Zürich 1919

BILAN

virement, *crustacée long* bleu règlement
soigne *la parodie* et touche *A BAS*
étale lentement *la taille* paradis *A BAS*
étalon *sur les rails* à travers hypocrisie
sur mes dents *sur tes dents* j'écoute
qui baille extasié extraction de hameçons
hamac perforé *et les insectes* du vide (soude)
des nombres *on réveille* le nombril (sonde)
fini le paragraphe *et la seringue* pour phosphore

cataphalque
ressorts ressemblants
sentis dans les os
ou corridor tricolore
ZZ

Voisinage du fer bravoure gymnastique balustrade
les chiffres astronomiques acclimatisées
S U R B I L L A R D A T O U S L E S V E N T S
gratuitement
drogue halucination transcaspienne sacristie
AVANCE LA COULEUR EN LANGUE DIFFÉRENTE
v i v i s e c t i o n
E X - C A T A P L A S M E P L A I T A U X A M O U R E U X
à 3 fr. 50 ou 3 h. 20 invincible martyrologiste
ton cible et tes cils rappellent la naissance du scorpion en cire
syphilis blanchissant sur les bancs des glaciers
joli TAMBOUR crépuscule
auto gris autopsie cataracte
ô nécrologues prophylactiques des entr'actes antarctiques régions

tRistAn TzaRa

PARIS

1916/17: SIC

3/82 Pierre-Albert Birot (Hg.)
Sic. Nr. 1
Paris Jan. 1916, Juni 1916, Jan. 1917, Juli/Aug. 1917
28 x 22,5 cm.
München, Privatsammlung.
Bibl.: Motherwell-Karpel, Nr. 85; Sanouillet, Nr. 254; DB III, Nr. 219

Mitarbeiter: Apollinaire, Aragon, Breton, Cocteau, Gabory, Reverdy, Radiguet, Soupault, Tzara u. a.
Nr. 1 enthält Calligramme Apollinaires, die den 'Vers libre' der Symbolisten graphisch umsetzten.

Picabia, Francis (Hg.)

1917: 391

3/83 391. Nr. 2. Barcelona, 10. Febr. 1917
4. S., Umschlag-Illustr.: Picabia, 'Miroir de l'apparence'
Mitarbeiter: Max Goth, Max Jacob, Picabia

3/84 391. Nr. 6. New York, Juli 1917
4 S., Umschlag-Illustr.: Francis Picabia, 'Americaine' (Abb. S. 3/165)

3/85 391. Nr. 11. Paris, Febr. 1920.
Gr. Fol., 4 S., Umschlag-Ill.: Tristan Tzara, 'calendrier cinéma du cœur abstrait', u. Zeichng.: Francis Picabia, 'Cynisme sans Echelle'.
Mitarbeiter: Albert-Birot, Breton, Jacob, Picabia, Ribemont-Dessaignes. Tzara

3/86 391. Nr. 13. Paris, Juli 1920.
Gr. Fol., 5 S., Umschlag-Illustr.: Picabia, 'Ce numéro est entouré d'une dentelle rose', Zeichng.: 'La peinture est faite pour les dentistes'.
Mitarbeiter: Duchamp, Man Ray, Ribemont-Dessaignes, Tzara.

3/87 391. Nr. 15. 'Le Pilhaou-Thibaou'. Paris, 10. Juli 1921.
4°, 14 S.
Mitarbeiter: G. Auric, Gabrielle Buffet, Cocteau, Crotti, Dermée, P. de Massot, Pansaers, Pound, G. de Torre

3/88 391.Nr. 18. Paris, Juli 1924, Fol., 4 S., Titel-Illustr.: Photo von Man Ray.
Mitarbeiter: Aragon, Breton, Gabrielle Buffet, Duchamp, P. de Massot, (der von dieser Nummer an als 'le Gerant' zeichnet), Satie, L. Vail
München. Privatsammlung
Bibl.: Sanouillet, M.: F. Picabia et 391, Paris 1966

Picabia, Francis
3/89 Poèmes et dessins de la fille née sans mère
18 dessins, 51 poèmes. Lausanne, Imprimeries réunies, April 1918
24 x 16 cm, 78 S.
Paris, Bibliothèque Nationale, Bibliothèque Littéraire Jacques Doucet
Bibl.: Sanouillet Nr. 136, Z.P. Nr. 336; Picabia 1976, S. 192

Tzara, Tristan
3/90 vingt-cinq poèmes. Zürich, Collection Dada, Juni 1918
20,5 x 14,5 cm, 52 S., Umschlagholzschn. u. 10 Holzschn. im Text v. Hans Arp
Haag, Obb., Kunstarchiv Arntz
Bibl.: Z.P. Nr. 350; Tzara, T.: œuvres complètes, Bd. 1, 1912–1924, Paris 1975, S. 85–117

Cendrars, Blaise
3/91 La fin du Monde filmée par l'Ange N.-D.
Paris, Editions de la Sirène, 1919
Roman, Compositions en couleurs par Fernand Léger
Haag, Obb., Kunstarchiv Arntz

Dermée, Paul
3/92 Films. contes – soliloques – duodrames. Coll. de 'l'Esprit Nouveau', Paris 1919
München, Privatsammlung

Satie, Erik
3/93 Rag-Time Parade
Extrait de Parade. Ballet réaliste. Paris, A. Rouart, Lerolle, 1919.
Partitur, 8 S.
München, Privatsammlung.
Bibl.: D.B. III Nr. 103; E. Satie, Stedelijk Museum, Amsterdam 1976
Partitur zum Ballett 'Parade'

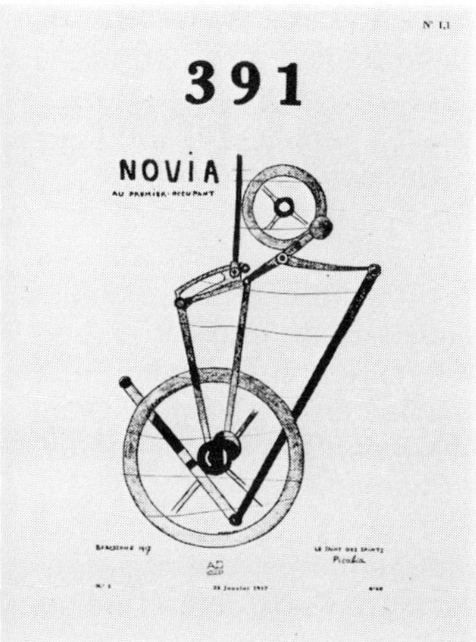

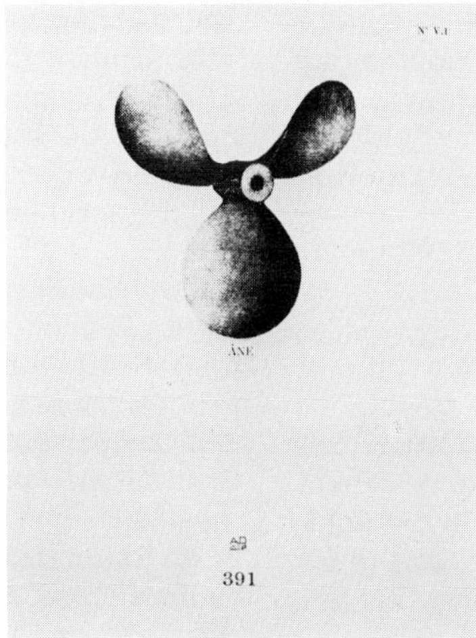

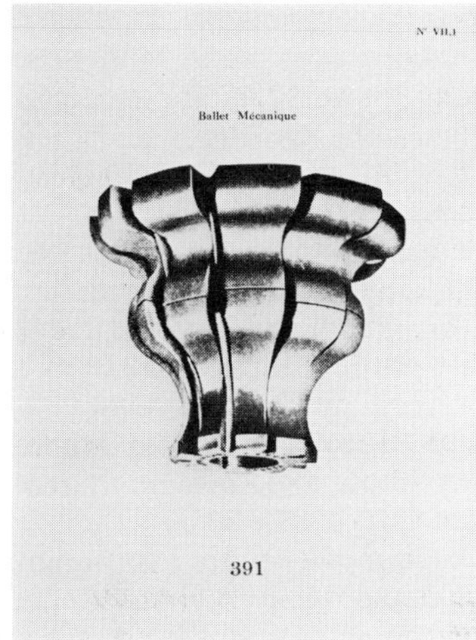

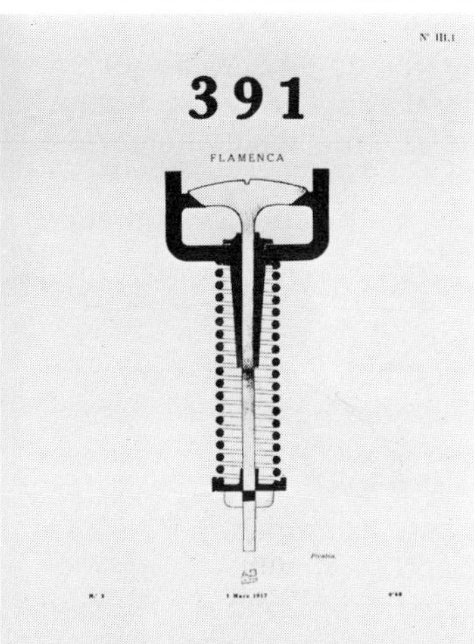

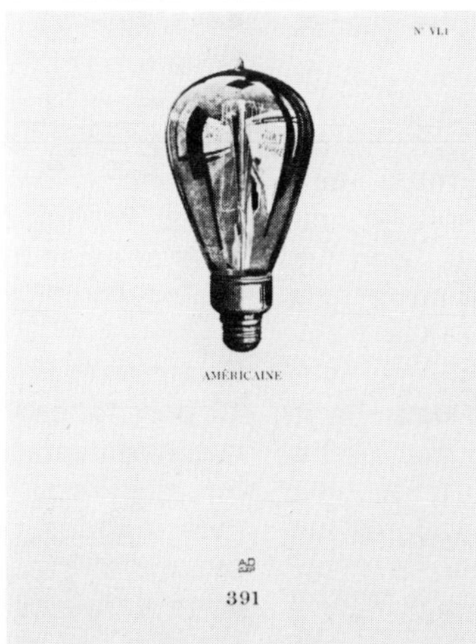

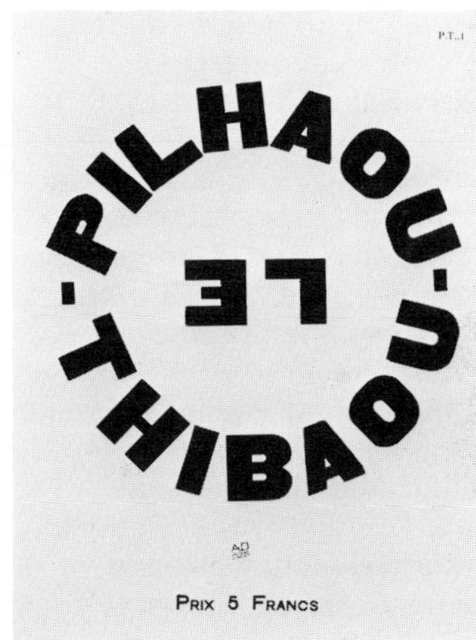

3/84–88
Picabia, 391
Titelblätter v. Nrn.
I,1 V,1 VII,1
III,1 VI,1 P. T., 1

Picabia, Francis

1920: DADA 6

3/94 Pensées sans languages, poème précédé d'une préface par Udnie (Pseud. Picabias), Paris, Eugène Figuière, April 1919
18,5 x 12 cm, 119 S., Umschlagzeichng. v. Picabia
Paris, Bibliothèque Nationale, Bibliothèque Littéraire Jacques Doucet
Bibl.: Sanouillet Nr. 141, S. 111 ff.;
Z.P. Nr. 338; Picabia, 1976, S. 192

3/95 Littérature (Erste Matinée). Au Palais des fêtes, 199, rue Saint Martin, le 23 janvier 1920 à 16 h 30
Einladungskarte m. Programm, 21,5 x 16 cm, m. Gedicht v. Apollinaire u. Zeichng. v. Marie Laurencin
Paris, Bibliothèque Nationale, Bibliothèque Littéraire Jacques Doucet
Bibl.: Sanouillet Nr. 315, S. 101 ff

Seit Anfang 1920 hatten Aragon, Breton, Soupault, die Herausgeber der Zeitschrift 'Littérature', sich DADA angeschlossen, und im Mai 1920 die Nr. 13 von 'Littérature' als DADA-Nummer publiziert

3/96 Au Sans Pareil. 37, avenue Kleber, Paris 16ème, Nos éditions.
Handzettel, 29 x 22,5 cm
Paris, Bibliothèque Nationale, Bibliothèque Littéraire Jacques Doucet

Ankündigung der Dada-Publikationen des Verlags 'Au Sans Pareil'

1920: DADA 7

Dermée, Paul (Hg.)

1920: Z

3/97 Z. Nr. 1. Paris, Au Sans Pareil, Febr. 1920
4°, 4 S.
Paris, Bibliothèque Nationale, Bibliothèque Littéraire Jacques Doucet
Bibl.: Sanouillet Nr. 260; Z.P. Nr. 400

Beiträge von Arnauld, Breton, Dermée, Ferré, Picabia, Ribemont-Dessaignes, Soupault, Tzara

Tzara, Tristan (Hg.)
3/98 Dada 6. Bulletin Dada. Paris, Febr. 1920
37,8 x 27,7 cm, 4 S.
Paris, Bibliothèque Nationale, Bibliothèque Littéraire Jacques Doucet
Bibl.: Sanouillet Nr. 226

Die Pariser Fortsetzung der in Zürich erschienenen Zeitschr. Dada. Aufzählung von: 'Quelques Présidents et Présidentes'. Gleichzeitig Programm der 'Matinée du Mouvement Dada le 5 février 1920' im Salon des Indépendants, Grand Palais des Champs-Elysées.

3/99 Salon des Indépendants. Matinée Mouvement Dada. Invitation. Paris, Grand Palais des Champs-Elysées, jeudi le 5 février (1920) à 4 h 1/2
Einladung m. Programmangabe, 26,5 x 19 cm, schwarzer u. roter Druck auf rosa Papier, Rücks. zwei Texte u. eine mechanomorphe Zeichng. v. Picabia
Paris, Bibliothèque Nationale, Bibliothèque Littéraire Jacques Doucet
Bibl.: Sanouillet Nr. 311

Programm: Francis Picabia, manifeste lu par 10 personnes – Georges Ribemont-Dessaignes, manifeste lu par 9 personnes – André Breton, manifeste lu par 8 personnes – Paul Dermée, manifeste lu par 7 personnes – Paul Eluard, manifeste lu par 6 personnes – Louis Aragon, manifeste lu par 5 personnes – Tristan Tzara, manifeste lu par 4 personnes et un journaliste

Tzara, Tristan (Hg.)
3/100 Dada 7. Dadaphone. Paris, Au Sans Pareil, März 1920
27,1 x 19,1 cm, 8 S.
Paris, Bibliothèque Nationale, Bibliothèque Littéraire Jacques Doucet (Abb. S. 3/167)
Bibl.: Sanouillet Nr. 226

Mitarbeiter: Aragon, Arnauld, Breton, Cocteau, Dermée, Eluard, Evola, Picabia, Pound, Ribemont-Dessaignes, Serner, Soupault, Tzara

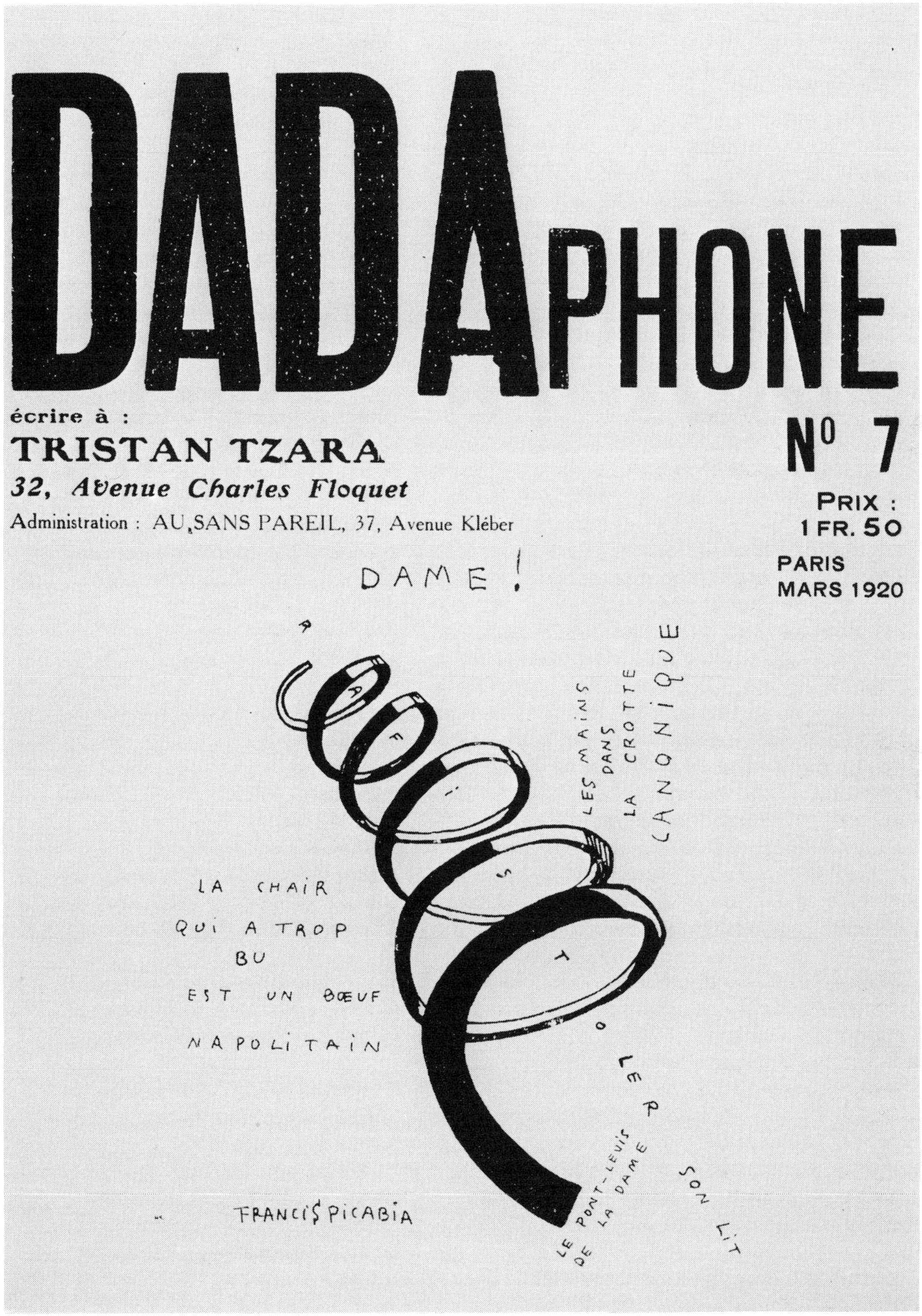

DADAPHONE

écrire à :

TRISTAN TZARA

32, Avenue Charles Floquet

Administration : AU SANS PAREIL, 37, Avenue Kléber

N° 7

PRIX :
1 FR. 50

PARIS
MARS 1920

3/100
Tzara, Dada.
Dadaphone 1920

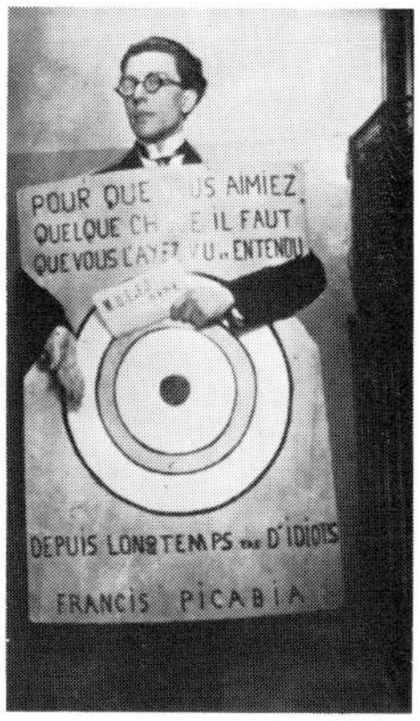

3/349
Breton, um 1920

1920:
CANNIBALE

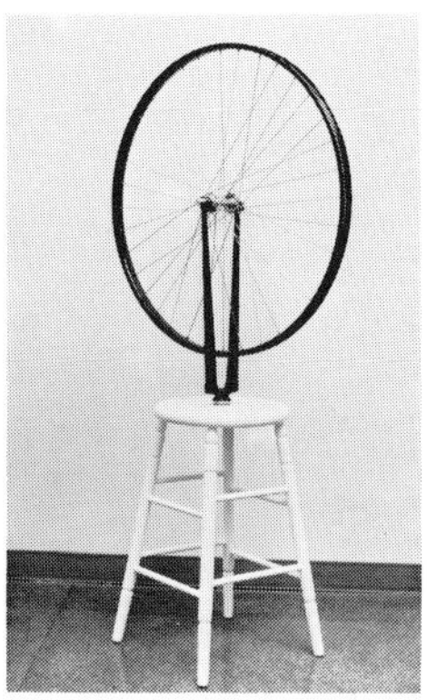

3/505
Duchamp,
Fahrrad-Bad, 1913

3/101 Mouvement Dada Berlin, Genève, Madrid, New-York, Zürich, Paris
Briefbogen mit Verzeichnis der Pariser Dada-Veröffentlichungen am Rande
27,2 x 21 cm
Zürich, Hans Bolliger
Erwähnt sind: Dada, Dir.: Tzara, DdO^{4}H^3, Dir.: Ribemont-Dessaignes, (nicht veröff.) Littérature, Dir.: Aragon, Breton, Soupault, M'amenez-y, Dir.: C. Arnauld (nicht veröff.), Proverbe, Dir.: Eluard, 391, Dir.: Picabia, Z, Dir.: Dermée

3/102 Manifestation Dada. Maison de l'œuvre, Salle Berlioz, 27 mars à 8 h 15 (1920)
Programm, 27 x 18 cm, roter u. schwarzer Druck auf rosa Papier
Paris, Bibliothèque Nationale, Bibliothèque Littéraire Jacques Doucet
Bibl.: Sanouillet Nr. 318, S. 164 ff. Z.P. Nr. 441

Programm: 'Présentations des dadas' par Mac Robber, 'Le Ventriloque désaccorde', parade en un acte de Paul Dermée, 'Le Pas de la chicorée frisée' par Georges Ribemont-Dessaignes, interprété au piano par Mlle Marguerite Buffet, 'dadaphone' par Tristan Tzara, 'manifeste cannibale dans l'obscurité' (Kannibalisches Manifest in der Dunkelheit) lu par André Breton et accompagné au piano par Mlle Marguerite Buffet, texte et musique de Francis Picabia, 'Le serin muet' (der stumme Kanarienvogel) par Ribemont-Dessaignes. 'S'il vous plaît' par André Breton et Ph. Soupault. 'La première aventure céleste de M. Antipyrine' par Tzara'. Einer der größten Dada-Abende in Paris, die Manifeste arbeiteten mit Schocks und Provokationen. Die Manifeste Picabias und Ribemont-Dessaignes betonten die nihilistischen Tendenzen Dadas ... 'Dada ... n'est rien, rien, rien ...', 'Dada doute de tout ...'. Tzaras Theaterstück erregte Aufsehen durch heteroklite Elemente – das Fahrrad-Rad wurde von Duchamp verwendet. Die Schauspieler wurden selbst zu 'objet-acteur', in große Papiersäcke gepackt mit Namensplakaten versehen (von Picabia entworfen). Provoziert hat Picabia das Publikum durch seine Assemblage 'Portrait de Cézanne – Portrait de Rembrandt – Portrait de Renoir – Natures mortes'

Picabia, Francis
3/103 Exposition Dada: Francis Picabia, Au Sans Pareil, Paris, 16.–30. April 1920
Berlin, Bauhaus-Archiv
Bibl.: Picabia, 1976, S. 198

3/104 Excursions et visites Dada. Première Visite Eglise Saint-Julien-le Pauvre, Paris, 14. April (1920) à 3 h
Rendez-vous dans le jardin de l'église, rue Saint-Julien-le Pauvre. Sous la conduite de: L. Aragon, H. Arp, A. Breton, G. Buffet, P. Eluard, Th. Fraenkel, J. Hussar, B. Péret, F. Picabia, G. Ribemont-Dessaignes. J. Rigaut, Ph. Soupault, T. Tzara
Plakat, 27,5 x 22 cm, blaugrünes Papier
München, Privatsammlung.
Bibl.: Sanouillet Nr. 279, S. 244 ff
Nach einem von den Dadaisten angegebenen Zeitungsinserat handelt es sich nicht 'um eine antiklerikale Manifestation wie man glauben könnte, vielmehr um eine neue Interpretation der Natur, dieses Mal nicht in der Kunst sondern im Leben angewandt.' Dieser Ausflug ist als Vorform des Happenings zu werten.

Picabia, Francis (Hg.)
3/105 Cannibale. Revue mensuelle sous la direction de Francis Picabia. Paris, Administration Sans Pareil. Nr. 1, 15. April 1920, Nr. 2, 15. Mai 1920
23,8 x 16 cm, 16. S
Haag, Obb., Kunstarchiv Arntz
Bibl.: Motherwell/Karpel Nr. 62; Verkauf-Bolliger S. 177; Z.P. Nr. 367; DB III Nr. 141/142

Mitarbeiter: Aragon, Arnauld, Breton, Cocteau, Dermée, Duchamp, Eluard, Ribemont-Dessaignes, Soupault, Tzara u. a.

Breton, André u. **Soupault, Philippe**
3/106 Les champs magnétiques, Paris. Au Sans Pareil, Mai 1920
24 x 17,5 cm, 120 S.
Paris, Bibliothèque Nationale, Bibliothèque Littéraire Jacques Doucet
Bibl.: Sanouillet, Nr. 23, S. 123 ff.; Z.P., Nr. 310;

Bürger, S. 150ff: Lenk, S. 24ff.; Pabst, S. 133 mit ausf. Bibl.

Dokument der Methode der 'écriture automatique'. Nach dem surrealistischen Manifest Bretons (1924): 'Denk-Diktat ohne jede Kontrolle durch die Vernunft, jenseits jeder ästhetischen oder ethischen Überlegung.'

Ernst, Max

3/107 'dada invite au vernissage de l'exposition Max Ernst qui aura lieu au Sans Pareil'. . . (Paris), 2. Mai (1920) 20 h 30
Einladungskarte zur Eröffnung der Ausstellung, 8 x 12,7 cm, schwarzer Druck auf braunem Papier
Paris, Bibliothèque Nationale, Bibliothèque Littéraire Jacques Doucet

3/108 Exposition Dada Max Ernst. Au Sans Pareil, Paris, du 3 mai au 3 juin (1920)
Werbeprospekt, 11,8 x 13,2 cm, schwarzer Druck auf rotem Papier, 6 S., Rücks.: Ouverture de la Grande Saison DADA, le 14 avril 1921
Paris, Bibliothèque Nationale, Bibliothèque Littéraire Jacques Doucet
Bibl.: Sanouillet Nr. 285; Z.P. Nr. 444

3/109 Exposition Dada Max Ernst. Au Sans Pareil, Paris, du 4 mai au 3 Juni (1920)
Ausstellungsverzeichnis, Leporello, 21 x 13,5 cm, Vorders. blau, Rücks. weiß, Vorw. v. André Breton
Paris, Bibliothèque Nationale, Bibliothèque Littéraire Jacques Doucet
Bibl.: Z.P. Nr. 444

Arnauld, Céline

3/110 Projecteur. Nr. 1. Au Sans Pareil, Paris, 21. Mai 1920
15 x 22,8 cm, 12 S.
Paris, Bibliothèque Nationale, Bibliothèque Littéraire Jacques Doucet
Bibl.: Sanouillet Nr. 250; Z.P. Nr. 391

Mitarbeiter: Aragon, Arnauld, Breton, Dermée, Dunan, Eluard, Picabia, Ribemont-Dessaignes, Soupault, Tzara. Die Ausgabe enthält eine Anzeige für das Festival Dada, 26. Mai 1920

3/111 Festival Dada. Salle Gaveau, Paris, 26. Mai (1920)
Plakat, 60,5 x 40,5 cm
Paris, Bibliothèque Nationale, Bibliothèque Littéraire Jacques Doucet
Bibl.: Sanouillet Nr. 305; Z.P. Nr. 443

3/112 Festival Dada. Salle Gaveau, Paris, le mercredi 26 mai 1920 à 3 h après-midi
Programm, 37 x 27 cm, schwarzer u. orangef. Druck auf graugrünem Papier
Paris, Bibliothèque nationale, Bibliothèque Littéraire Jacques Doucet
Bibl.: Sanouillet, S. 173ff.; Zu 'Vous m'oublierez' v. A. Breton u. Ph. Soupault: Lenk, S. 38ff.
Die dritte große Dada-Veranstaltung in Paris. Programm: '1. le sexe de dada 2. pugilat sans douleur par Paul Dermée 3. le céleste illusioniste par Philippe Soupault 4. manière forte par Paul Eluard 5. le nombril interlope, Musique de Georges Ribemont-Dessaignes, interprété par Mlle Marguérite Buffet 6. festival manifeste presbyte par Francis Picabia, interprété par André Breton et Henri Houry 7. Corridor par le Docteur Serner 8. Le rastaquouère par André Breton 9. Vaste opéra par Paul Draule (Pseud. Eluard) 10. la deuxième aventure de monsieur l'antipyrine par Tristan Tzara, interprété par Eluard, Breton, Mlle M. Buffet, Ribemont-Dessaignes, Fraenkel, Aragon 11. Vous m'oublierez, sketch par A. Breton et Ph. Soupault 12. la nourrice américaine par Francis Picabia, musique sodomiste interprétée par Mlle Buffet 13. Manifeste baccarat Georges Ribemont-Dessaignes 14. jeu d'échecs par Celine Arnauld 15. danse frontière par G. Ribemont-Dessaignes 16. Système DD par Louis Aragon 17. Je suis des Javanais par Francis Picabia 18. Poids public par Paul Eluard 19. Vaseline symphonique par Tristan Tzara, jouée par 20 personnes.

3/113 Ein Theater-Dada in Paris. Zeitungsbericht zum Festival Dada, gez. T. T., Berliner Börsen-Courier, Berlin, 4. Mai 1920
Paris, Bibliothèque Nationale, Bibliothèque Littéraire Jacques Doucet
Photo-Vergrößerung

1920: PROJECTEUR

3/114 Festival Dada. Karikatur m. Portraits der Pariser Dadaisten, unbezeichnet, v. 3. Juni 1920
Photo-Vergrößerung

3/115 Dada in Paris. Zeitungsbericht zum Festival Dada, Paris. National-Zeitung, Berlin, 4. Juni 1920
Photo-Vergrößerung

1920: L'ESPRIT NOUVEAU

3/116 Der Kannibale. Zeitungsbericht, Polemik gegen Tzaras dadaistische Monatsrevue, unbezeichnet, Eisenach, 4. Juni 1920
Photo-Vergrößerung

Ribemont-Dessaignes, Georges
3/117 Exposition Dada Georges Ribemont-Dessaignes. Au Sans Pareil, Paris, du 28 mai au 10 juin 1920
Ausstellungsverzeichnis und Einladung, 13,7 x 9,8 cm, 4 S., schwarz auf grünem Papier
Paris, Bibliothèque Nationale, Bibliothèque Littéraire Jacques Doucet
Bibl.: Sanouillet Nr. 301; Z.P. Nr. 445

3/383 Man Ray, Porträt T. Tzara, 1920

Tzara, Tristan
3/118 cinéma calendrier du cœur abstrait/maisons. Au Sans Pareil, Paris, Juni 1920
collection dada, 25,5 x 21 cm, 80 S., m. Holzschn. v. Hans Arp. Druck: Otto von Holten, Berlin
München, Privatsammlung.
Bibl.: DB III Nr. 74; Z.P. Nr. 351; Sanouillet Nr. 265, S. 217; Tzara, T.: œuvres complètes, Paris 1975, S. 121 ff. u. Anm. S. 660 f.

Picabia, Francis
3/119 Jesus Christ Rastaquouère. Collection Dada. Au Sans Pareil, Paris, Juli 1920
23 x 17cm, 66 S., Zeichnungen v. Ribemont-Dessaignes
Paris, Bibliothèque Nationale, Bibliothèque Littéraire Jacques Doucet
Bibl.: Sanouillet Nr. 143, S. 218 ff.; Z.P. Nr. 335; Picabia, 1976, S. 192

In dieser dada-'theoretischen' Abhandlung wird der Einfluß und die Verarbeitung der Philosophie Stirners und Nietzsches deutlich: . . .'Ne travaillez pas, n'aimez pas, ne lisez pas, pensez à moi; j'ai trouvé le rire nouveau qui donne le laissez-passer. Vis pour ton plaisir. Il n'y a rien à comprendre rien, rien, rien que la valeur que tu donneras toi-même à tout'.

Dermée, Paul
3/120 L'Esprit nouveau. Revue internationale d'esthétique. Dir. Paul Dermée. Nr. 1, Paris, Okt. 1920
25,5 x 16,5 cm
München, Privatsammlung.
Bibl.: Sanouillet Nr. 232; DB III Nr. 170

Bedeutende avantgardistische Kunst-, Architektur- u. Literaturzeitschr. unter Mitarb. d. Pariser Dadaisten. (Nr. 1–28 ersch. 1920–1925)

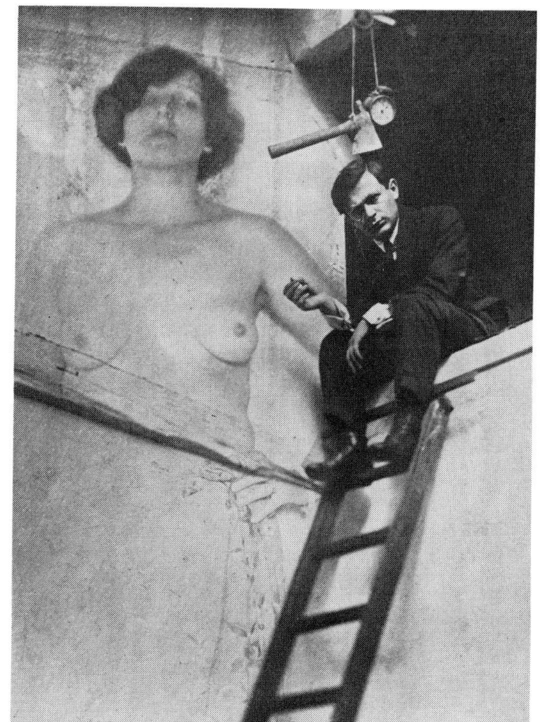

3/121 Tzara, Tristan (Directeur)
Papillons Dada, Paris, Dez. 1920
Dada. Société anonyme pour l'exploitation du vocabulaire
7 x 10,7 cm, graugrünes Papier
Un autre: Taisez-vous, le langage n'est pas steresteno, ni ce qui manque aux chiens!
7 x 11,3 cm, grünes Papier
Chaque spectateur est intigrant s'il cherche à expliquer un mot: connaître.
Expliquer: Amusement des ventres rouges aux moulins de cranes vides
7 x 10,7 cm, gelbes Papier
Dada ne signifie rien . . .
7 x 10,7 cm gelbes Papier
Paris, Bibliothèque Nationale, Bibliothèque Littéraire Jacques Doucet
Bibl.: Z.P., Nr. 446; Sanouillet, Nr. 326, S. 221 ff

Kleine Klebezettel, die zur Reklame Dadas überall in Paris verteilt wurden.

3/122 Dada soulève tout. Manifeste Dada
Paris, 12. Jan. 1921
Flugblatt, 28 x 21 cm
Paris, Bibliothèque Nationale, Bibliothèque Littéraire Jacques Doucet (Abb. S. 3/171)
Bibl.: Sanouillet Nr. 271, S. 235 ff.; Z.P. Nr. 447

Unterzeichnet von fast allen Pariser Dadaisten, u. a.: Arp, Evola, Mehring, Pansaers, Peret, Picabia, Man Ray, Ribemont-Dessaignes, Rigaud, Soupault, Tzara, Varèse. Ausstellende des Salon Dada: Arp, Aragon, Baargeld, Cantarelli, Charchoune, Eluard, Ernst, Evola, Fiozzi, Fraenkel, Franton et Brekel, Mehring, Peret, Man Ray, Ribemont-Dessaignes, Rigaut, Soupault, Stella, Tzara, Vaché, Gala et Paul Eluard, un ami de St. Brice u. a.
Ein Manifest, das sich gegen den Futurismus richtet: 'Le futuriste est mort. De quoi? De DADA'. Es wurde anläßlich der am 15. Jan. 1921 stattfindenden Veranstaltung von Marinetti im Théâtre de l'Œuvre, Paris veröffentlicht. Bei Marinettis Proklamation des 'Taktilismus' kam es zu Auseinandersetzungen und Provokationen, die die Dadaisten auslösten. Sie widersetzten sich vor allem der 'interventionistischen' Vorstellungen Marinettis.

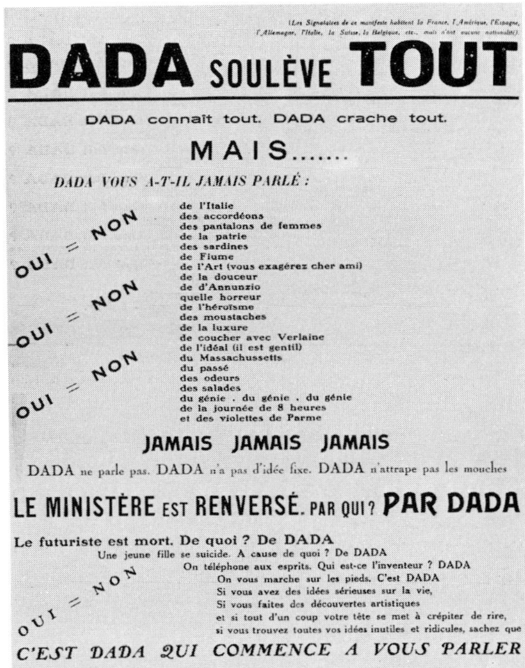
(Les Signataires de ce manifeste habitent la France, l'Amérique, l'Espagne, l'Allemagne, l'Italie, la Suisse, la Belgique, etc., mais n'ont aucune nationalité)

DADA SOULÈVE TOUT

DADA connaît tout. DADA crache tout.

MAIS.......

DADA VOUS A-T-IL JAMAIS PARLÉ :

OUI = NON
OUI = NON
OUI = NON

de l'Italie
des accordéons
des pantalons de femmes
de la patrie
des sardines
de Fiume
de l'Art (vous exagérez cher ami)
de la douceur
de d'Annunzio
quelle horreur
de l'héroïsme
des moustaches
de la luxure
de coucher avec Verlaine
de l'idéal (il est gentil)
du Massachussetts
du passé
des odeurs
des salades
du génie . du génie . du génie
de la journée de 8 heures
et des violettes de Parme

JAMAIS JAMAIS JAMAIS

DADA ne parle pas. DADA n'a pas d'idée fixe. DADA n'attrape pas les mouches

LE MINISTÈRE EST RENVERSÉ. PAR QUI ? PAR DADA

Le futuriste est mort. De quoi ? De DADA
Une jeune fille se suicide. A cause de quoi ? De DADA
On téléphone aux esprits. Qui est-ce l'inventeur ? DADA
On vous marche sur les pieds. C'est DADA
Si vous avez des idées sérieuses sur la vie,
Si vous faites des découvertes artistiques
et si tout d'un coup votre tête se met à crépiter de rire,
si vous trouvez toutes vos idées inutiles et ridicules, sachez que
OUI = NON
C'EST DADA QUI COMMENCE A VOUS PARLER

3/122
Dada soulève tout
Manifest 1921

Eluard, Paul (Hg.)
3/123 Proverbe. Feuille mensuelle (pour la justification des mots). Directeur: Paul Eluard. Nr. 1–6 u. Numéro special d'Art et de Poésie, Paris, 1. Febr. 1920–1. Juli 1921 1920/21: PROVERBE
Nr. 1–3: 22,5 x 13,5 cm, Nr. 4–6: 27,5 x 21,5 cm
Zürich, Hans Bolliger
Bibl.: Motherwell/Karpel Nr. 182; Sanouillet, Nr. 251, S. 211 ff.; Z.P. Nr. 391; DB III Nr. 212

Wichtige literarische Zeitschrift, die die dadaistischen und den Beginn der surrealistischen sprachlichen Auseinandersetzungen festhält. Mitarbeiter: Aragon, Arp, Breton, Dermée, Eluard, Fraenkel, Paulhan, Picabia, Péret, Ribemont-Dessaignes, Serner, Soupault, Tzara u. a.

Duchamp, Suzanne u. **Crotti, Jean**
3/124 Ausst. Kat. Paris, Galerie Montaigne, 4.–16. April 1921
27 x 21 cm, 12 S.
München, Privatsammlung
Bibl.: Sanouillet Nr. 283

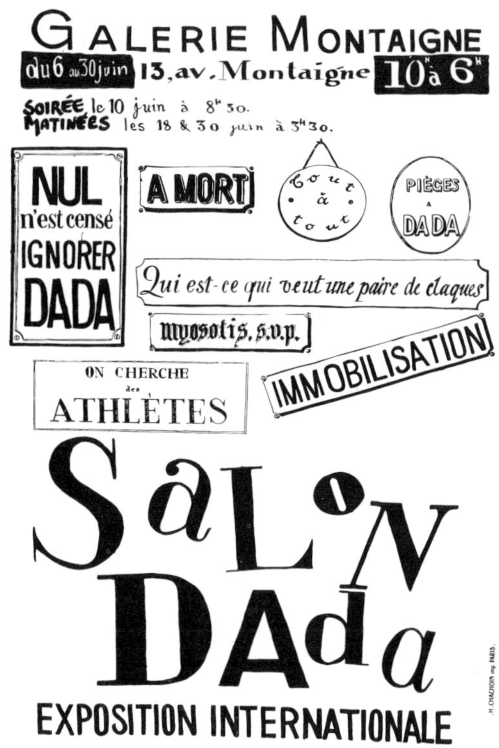

3/127
Salon Dada, 1921,
Plakat

3/125 Mise en accusation et jugement de Maurice Barrès par DADA. Paris, Salle des Sociétés Savantes, 13 mai 1921 à 20 h 30. Le Tribunal: Président: A. Breton Assesseurs: Theodor Fraenkel et Pierre Deval. L'accusateur public: Georges Ribemont-Dessaignes. Le Défense: Louis Aragon et Philippe Soupault. Les Témoins: Tristan Tzara, Jacques Rigaut, Benjamin Péret, Marguerite Buffet, Pierre Drieu la Rochelle, Renée Dunan, Louis de Gonzague-Frick, Henri Hertz, Achille le Roy, Georges Pioch, Rachilde, Serge Romoff, Marcel Sauvage, Giuseppe Ungaretti, Serge Charchoune (nicht i. Programm), u. a.
Einladung, 24,2 x 32 cm, Vorders. gelb, Rücks. weiß
Paris, Bibliothèque Nationale, Bibliothèque Littéraire Jacques Doucet
Bibl.: Sanouillet Nr. 321, S. 254 ff.; Z.P. Nr. 450

Barrès, ein Schriftsteller, dessen anarchistische Positionen – früher von Breton bewundert – sich zum konservativsten Chauvinismus während des Krieges entwickelten, sollte in einem Prozeß gerichtet werden. Im Prozeß, an dem Barrès nicht erschien, wurde er durch eine Modepuppe ersetzt.
In der unterschiedlichen Beurteilung einer moralischen Stellungnahme wurde deutlich, daß die französische Dadaistengruppe auseinanderfiel in den Flügel der 'Littérature': Aragon, Breton, Eluard, Soupault und in den Flügel Picabia, Ribemont-Dessaignes, Tzara. Tzara, als überzeugter Dadaist, verweigert jede moralische Verurteilung, da 'wir alle nur eine Gaunerbande sind und folglich die kleinen Unterschiede, große Gauner oder kleine Gauner, keine Bedeutung haben.' Für Breton ist der Prozeß der Anfang, aus dem Nihilismus Dadas sich zu lösen und die Position des Intellektuellen zu überdenken. Der Prozeß wirkt auslösend für den von Breton 1922 initiierten 'Congrès international pour la détermination et la défense des tendances de l'Esprit moderne' (Kongreß zur Bestimmung und Verteidigung der Tendenzen des modernen Geistes), auf dem Tzara nicht erschien.

3/126 Salon Dada. Paris, Galérie Montaigne, 6.–30. Juni 1921
Einladungskarte, 8°
Paris, Bibliothèque Nationale, Bibliothèque Littéraire Jacques Doucet
Bibl.: Düsseldorf 262

3/127 Salon Dada. Exposition internationale. Paris, Galerie Montaigne, du 6 au 30 juin (1921)
Plakat, 120 x 80 cm
Paris, Privatsammlung (Abb. S. 3/172)
Bibl.:Sanouillet Nr. 303; Z.P. Nr. 452

3/128 Salon Dada, organisiert v. T. Tzara. Exposition Internationale. Paris, Galerie Montaigne, 6.–30. Juni 1921.
Ausst. Kat., 27 x 21 cm, 16 S. m. 4 Bildtafeln v. Arp, Ernst u. Ribemont-Dessaignes
Köln, Slg. Matthias Ungers

Bibl.: Sanouillet Nr. 303, S. 275; Z.P. Nr. 452
Teilnehmer: Arp, Aragon, Baargeld, Cantarelli, Charchoune, Duchamp, Ernst, Evola, Fiozzi, Fraenkel, Mehring, Peret, Man Ray, Ribemont-Dessaignes, Rigaut, Soupault, Tzara, Vaché, Gala u. P. Eluard
Die Teilnahme der Ausstellung umfaßt nicht alle Pariser Dadaisten: 1. Breton fehlt. Folge des Prozesses gegen Barrès. 2. Picabia fehlt. Nach dem Prozeß trennt sich Picabia von ihnen, für den Dada 'le plaisir du jeu' verloren hat. 3. Duchamp, New York, im Katalog genannt, fehlt, da er bereits seit Febr. 1921 nicht mehr malte, sondern sich dem Schachspiel widmete.

3/129 Soirée Dada. Paris, Galerie Montaigne, 10. Juni 1921
Einladungszettel, 27 x 21 cm
Paris, Bibliothèque Nationale, Bibliothèque Littéraire Jacques Doucet
Bibl.: Sanouillet Nr. 340, S. 280 ff.; Z.P. Nr. 451; Tzara, T.: Œuvres complètes, S. 153, Anm. S. 668 ff.

Aufführung von Tzaras Revue: 'Le Cœur à Gaz'. Ausführende: Soupault – Ohr, Ribemont-Dessaignes – Mund, Th. Fraenkel – Nase, Aragon – Auge, B. Péret – Hals, Tzara – Augenbraue, V. Parnak – der Tänzer

3/130 Trois Manifestations Dada. Invitation Permamente. Paris, Galerie Montaigne, le 10, 18, 30 juin (1921)
Einladung, 14 x 9,5 cm
Paris, Bibliothèque Nationale, Bibliothèque Littéraire Jacques Doucet
Bibl.: Sanouillet Nr. 313, S. 283 ff.
Nach Provokationen, die anläßlich eines 'Concert Bruitiste' Russolos und Marinettis am 17. Juni von seiten der Dadaisten stattfanden, wurde den Dadaisten die Erlaubnis vom Direktor der Galerie Montaigne entzogen, seine Säle für Soiréen und die Ausstellung weiterhin zu benutzen. Die Dadaisten reagierten mit noch größeren Provokationen in der Aufführung Cocteaus 'Mariés de la Tour Eiffel'. Die Ausstellung war daher nur bis zum 18. Juni geöffnet. Weitere Soiréen fanden nicht statt.

3/131 Dada intirol augrandair der Sängerkrieg. (Eigentl.: Dada au grand air, Der Sängerkrieg in Tirol). Tarrenz b. Imst., 16 septembre 1886–1921. Paris, Au Sans Pareil, 1921. (Dada, Nr. 8) Zeitschrift, 34 x 21 cm, 4 S.
Paris, Bibliothèque Nationale, Bibliothèque Littéraire Jacques Doucet.
Bibl.: Verkauf-Bolliger S. 178; Sanouillet Nr. 226, S. 286; Spies, S. 88 f.

Mitarbeiter: Arp, Baargeld, Eluard, Ernst, Fraenkel, Ribemont-Dessaignes, Soupault, Tzara.
Anläßlich der Ferien in Tirol entstandene Zeitschrift von Arp, Ernst, Tzara. Angriffe gegen Picabias Veröffentlichung u. „Pilhaou-Thibaou", in der dieser sich als Erfinder des Dadaismus darstellt. Diese Traktate bezeichnen den Beginn eines von Konkurrenzen und Eitelkeiten bestimmten Kleinkriegs.

1921:
DADA INTIROL
AUGRANDAR
DER SÄNGERKRIEG

Iliazd (Ilia Zdanévitch)
3/132 Nouvelles Ecoles dans la poésie russe. Paris, 27. Nov. 1921
Programmzettel, 27 x 21 cm, schwarzer u. gelber Druck auf weiß
Paris, Bibliothèque Nationale, Bibliothèque Littéraire Jacques Doucet

Man Ray
3/133 Exposition Dada Man Ray. Paris, Librairie Six, 1921
Einladungskarte, 20 x 20 cm, dreieckig gefaltet, gelbes Papier
Paris, Bibliothèque Nationale, Bibliothèque Littéraire Jacques Doucet

3/134 Exposition Dada Man Ray. Paris, Librairie Six, du 3 au 31 décembre 1921 (35 Exponate)
Ausstellungsverzeichnis, 21,2 x 20,2 cm
Paris, Bibliothèque Nationale, Bibliothèque Littéraire Jacques Doucet
Bibl.: Sanouillet Nr. 289, S. 297 ff.

Man Ray kommt aus New York und schließt sich DADA an.

3/142
Le Coeur à Barbe,
Titels. 1921

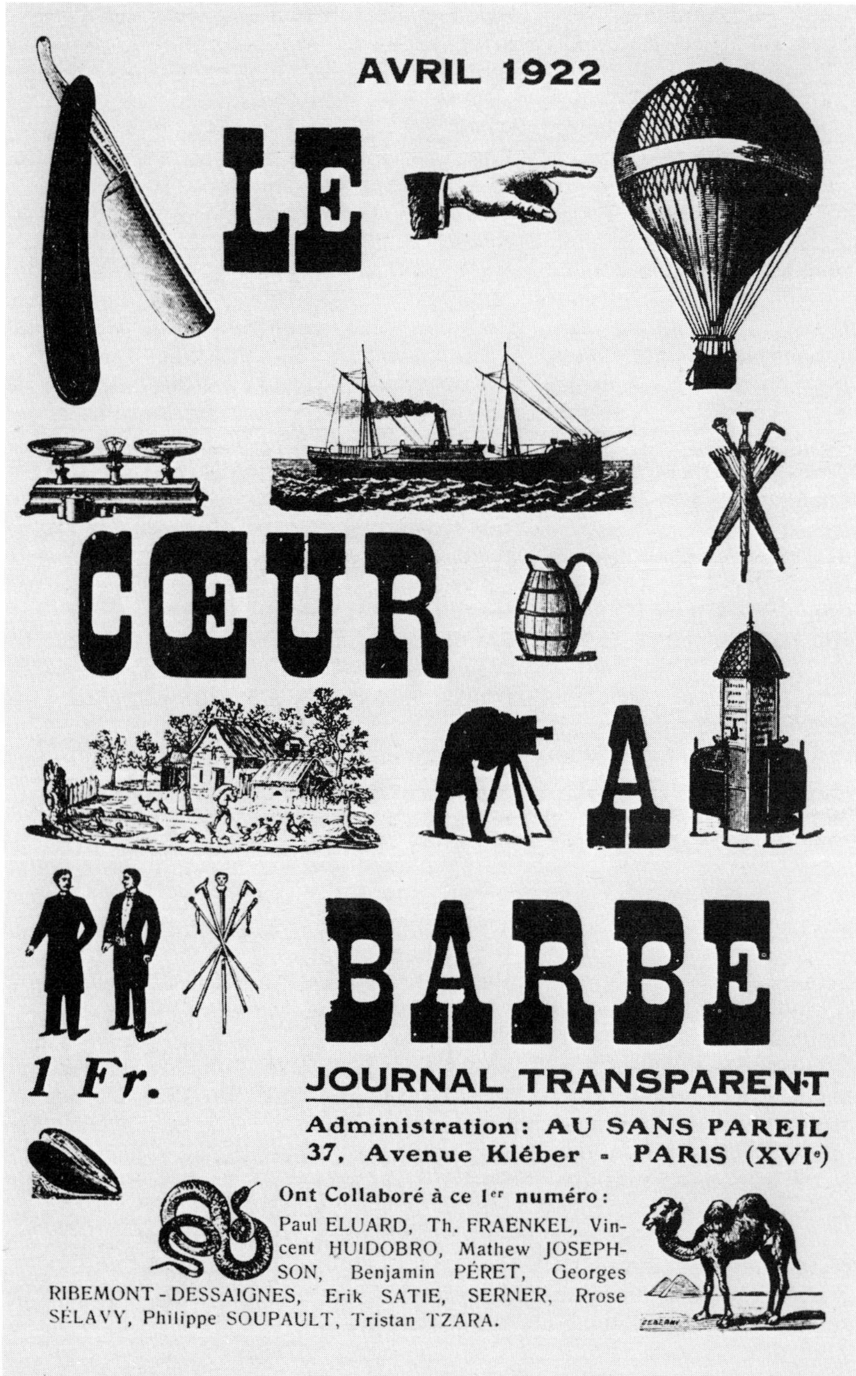

3/135 Plus de cubisme. Tract-manifeste.
Saint Raphael (Var) 1922, 25 x 19,5 cm, rotes Papier
Paris, Privatsammlung
Bibl.: Sanouillet Nr. 327

Dermée, Paul
3/136 Le volant d'Artimon. Collection 'Z'
Paris, Povolozky, 1922
München, Privatsammlung

Iliazd (Ilia Zdanévitch)
3/137 Invitation pour une conférence. Paris 1922
Aquarell, 27 x 21 cm
Paris, Privatsammlung (Abb. S. 3/175)

3/138 Invitation pour une conférence. Paris 1922
Plakat nach Aquarell, 32,5 x 25 cm
Paris, Privatsammlung

Aufzählung sämtlicher Pariser Dadaisten mit Ausnahme von Eluard

3/139 Invitation Atelier Olemine d'Alheim.
Paris 1922
Karte, 15 x 20,5 cm
Paris, Privatsammlung

3/140 Carte Tcherer. Paris 1922
Karte, 10 x 13 cm
Paris, Privatsammlung (Abb. S. 3/91)

3/141 Plakat 41°. Paris 1922
54 x 49 cm
Paris, Privatsammlung

Die Dokumente verweisen auf die am Rande der Pariser Dadaistengruppe entstandenen Aktivitäten der Gruppe Tcherez, einer Gruppe russischer Emigranten unter der Leitung des russ. Künstlers Iliazd.

3/142 Le Cœur à Barbe
Journal transparent, publié par Eluard, Ribemont-Dessaignes, Tzara. Nr. 1. Paris, Au Sans Pareil, April 1922
22,9 x 14 cm, 8 S., rosa Papier
München, Privatsammlung (Abb. S. 3/174)
Bibl.: Sanouillet Nr. 224; Z.P. Nr. 369; DB III Nr. 145

Mitarbeiter: Breton, Fraenkel, Huidobro, Josephson, Péret, Satie, Rrose Selavy (Duchamp), Soupault

Iliazd (Ilia Zdanévitch)
3/143 La poésie après le bain. Paris, 16. April 1922
Einladung zu einem Vortrag, Conférence von Ilia Zdanévitch im Café Caméléon oder an der 'Université du degré 41 faculté russe', Paris
18 x 11,5 cm
Paris, Privatsammlung
Bibl.: Sanouillet Nr. 328

3/144 La maison sur la mer – les intellectuels et l'empire. Paris, 28. April 1922
Einladung zu einem Vortrag, 14,5 x 22 cm
Paris, Privatsammlung
Bibl.: Sanouillet Nr. 319

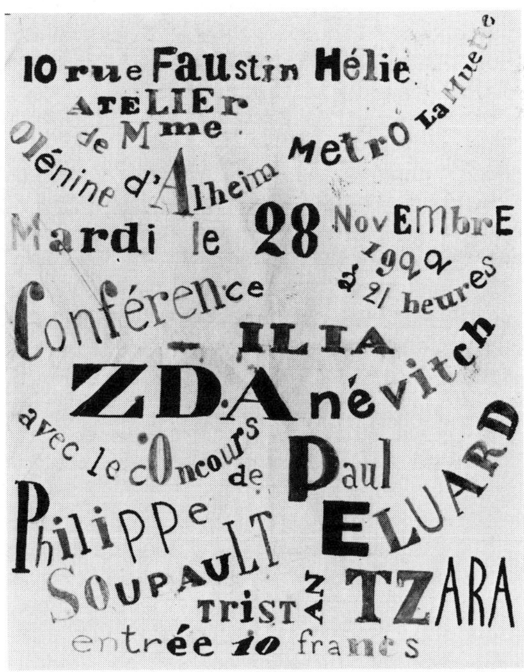

3/137
Iliazd, Invitation, 1922

1922:
LE COEUR A BARBE

1922: MANOMETRE

Malespine, Emile (Hg.)
3/145 Manomètre. Revue trimestrielle, 'Mélange les langues, enregistre les idées, indique la pression sur tous les méridiens, est polyglotte et supranational'. Dir. E. Malespine. Nr. 1, Lyon, Okt. 1922
22,5 x 18 cm
München, Privatsammlung
Bibl.: Sanouillet Nr. 232; DB III Nr. 184
Die Zeitschrift erschien v. Nr. 1–9 bis Jan. 1928
Mitarbeiter: Arp, Huidobro, Kassák, de Massot, Soupault, Tzara u. a.

Iliazd (Ilia Zdanévitch)
3/146 Ledentu le Phare. Poème dramatique en zaoum. Paris, Editions 41°, 1923
19,5 x 14,5 cm, 64 S., Umschlag m. farb. Collage-Elementen, typograph. gestaltet von Naoum Granowsky
Paris, Privatsammlung (Abb. S. 3/99)
Bibl.: Sanouillet Nr. 107
Iliazd erfand eine 'neue' Sprache, 'zaoum' genannt, nach Ribemont-Dessaignes: 'langage d'apparence d'être le support du sens de plusieurs mots de sonorités voisines ... Dans le zaoum, chaque mot comporte donc, plus ou moins appuyés, plusieurs sens d'ordre et de plans différents, concrets ou abstraits, particuliers ou généraux'.

Tcherez (Org.)
3/147 Soirée du Cœur à Barbe. Organisée par Tcherez. Théâtre Michel, Paris, juillet 1923
Paris, Privatsammlung (Abb. S. 3/63)
Bibl.: Sanouillet Nr. 342, S. 380ff.; Z.P. Nr. 457
Programm: 1. Igor Strawinsky – Pièces faciles pour quatre mains 2. Georges Ribemont-Dessaignes – Mouchez-vous (allocution) 3. Darius Milhaud – Caramel mou (shimmy), au piano: Marcel Meyer 4. Marcel Herrand – Poèmes de Jean Cocteau, Philippe Soupault, Tristan Tzara 5. Georges Auric – Foxtrot, au piano: Marcel Meyer. II. 1. Erik Satie – Morceaux en forme de poire, au piano: Marcel Meyer et Erik Satie 2. Pierre Bertin – Poèmes de Guillaume Apollinaire, Pierre Reverdy, Jacques Baron 3. Hans Richter – Film abstrait, Charles Sheeler et Paul Strand – Fumées de New York (film), au piano: Petro van Doesburg, Composition de J. Domsolaer et V. Rietti 4. Iliazd – Poèmes zaoumes 5. Lizica Codreand – Danse (Costumes de Sonja Delaunay-Terck), musique de G. Auric, jouée par l'auteur 6. Darius Milhaud, Quatuor – executé par le Quatuor Capelle ... 7. Man Ray – Le retour de la raison (film) III. Le Cœur à gaz, pièce en trois actes par Tristan Tzara: Bouche – Jaqueline Chaumont, Sourcil – Marcel Herrand, Oreille – Saint Jean, Cou – Jacques Baron, Oeil – René Crevel, Nez – Pierre de Massot. Mise en scène de Sidersky, Costumes de Sonia Delaunay-Terck et Victor Barthe executés avec le concours de I. Zdanévitch, Décors de N. Granowsky, Poème zaoume de Iliazd, Danse par Lizica Codreano.
An diesem Abend kam es zu einer entscheidenden Auseinandersetzung zwischen Dadaisten und Surrealisten. Die von Pierre de Massot außerhalb des Programms vorgetragene monotonische Litanei: 'André Gide mort au champ d'honneur/Pablo Picasso mort au champ d'honneur/Francis Picabia mort au champ d'honneur/Marcel Duchamp, disparu' wurde zum auslösenden Moment für Bretons empörte Verteidigung Picassos. Es kam zu einem Handgemenge, in dem Breton Massot verletzte. Polizisten verwiesen Breton, Desnos, Péret aus dem Saal. Nach dem Stück kam es zu handgreiflichen Auseinandersetzungen zwischen Tzara und Eluard.

Tzara, Tristan
3/148 7 manifestes dada. Paris
Editions du Diorama, 1924
19 x 14 cm, 104 S., m. Illustr.,
Expl. m. Widmung an Hannah Höch
Berlin, Hannah Höch
Bibl.: Sanouillet Nr. 200

3/149 Ein kleines Heft, Sonia und Robert Delaunay gewidmet, 1924
Beschr.: 'Ce cadeau de Noël 1924 de Tristan Tzara'
22 x 16,5 cm
Paris, Sonia Delaunay
Anläßlich der Dada-Tournee veröffentlicht, die Baader, Hausmann und Huelsenbeck Febr./März 1920 unternahmen.

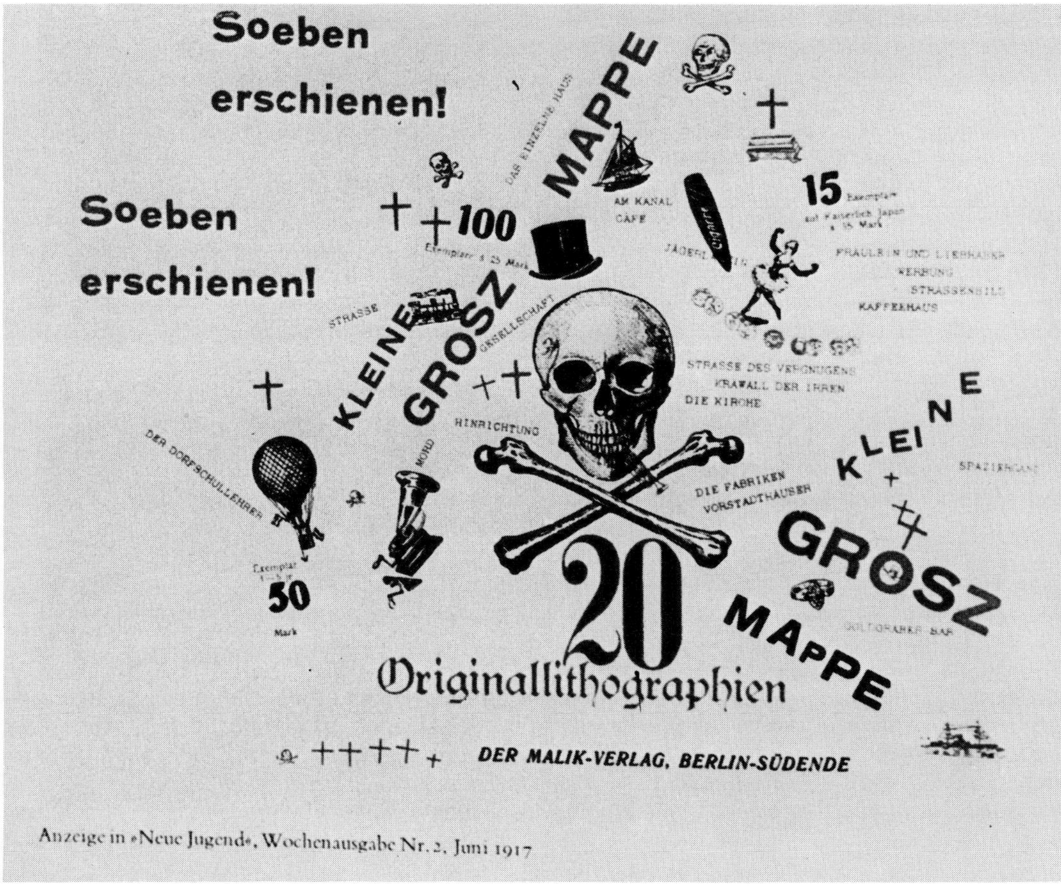

3/155
Neue Jugend Nr. 2,
1917. Anzeige

BERLIN

Baader, Johannes
3/150 Einladung zu einer Unterredung
Berlin 12. Juni 1906, 4 S.
Privatsammlung
Bibl.: DB III Nr. 256,1

Einladung zu einer Unterredung mit Baader in seiner Eigenschaft als 'Medium, durch das Jesus von Nazareth ... mit der modernen Menschheit sich auseinandersetzt'. Vorschlag zum Bau eines Welttempels 'Riesenpyramide von 1000 m Sockelbreite und 1500 m Höhe' für einen interreligiösen Menschheitsbund, als dessen Haupt Baader selbst zu gelten hätte.

Baader, Johannes
3/151 Vortrag bei Christian Wagner
Stuttgart 21. März 1916
25 x 16,5 cm, 4 S.
Marbach, Deutsches Literaturarchiv im Schiller-Nationalmuseum

Gross, Otto (Hg. u. Verf.)
3/152 Um Weisheit und Leben. (Die Freie Straße, Nr. 4). Berlin, Vlg. Freie Straße, 1916
15 S.
Privatsammlung

Mitarbeiter: Jung, Gross, Max Hermann-Neisse

1917:
NEUE JUGEND

3/153 Neue Jugend. Monatsschrift. Illustr. Schriftleitung Wieland Herzfelde, Verantw. Herzfelde, Typographie v. Herzfelde. Berlin, Malik-Vlg., Juli 1916 – März 1917
22 x 16,5 cm
Berlin, Staatl. Museen Preuß. Kulturbesitz, Kupferstichkabinett
Bibl.: Malik Nr. 1

3/154 Neue Jugend. Wochenausgabe. Nr. 1. Berlin, Der Malik-Vlg., 23. Mai 1917
64 x 49,5 cm, 4 S.
Typographie v. Helmut Herzfelde.
Hg. u. Schriftleiter nicht genannt
Berlin, Staatl. Museen Preuß. Kulturbes., Kupferstichkabinett
Beiträge von Huelsenbeck, R. u. Jung, F.: 'Der neue Mensch'; Aufsätze aus 'Die Freie Straße' Nr. 5.

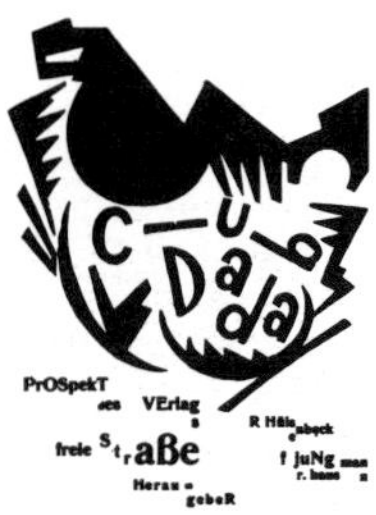

3/163
Club Dada, Berlin 1918, Umschlgill.

3/155 Neue Jugend. Nr. 2. Berlin, Der Malik-Vlg., Juni 1917
Bez. als 'Prospekt zur Kleinen Grosz-Mappe'
64 x 49,5 cm, vierf., Typographie v. Helmut Herzfelde
Berlin, Staatl. Museen Preuß. Kulturbesitz Kupferstichkabinett
Haag, Obb., Kunstarchiv Arntz (Abb. S. 3/178)
Bibl.: Malik Nr. 3; Heartfield, Berlin 1971, Nr. 99, S. 23; Düsseldorf Nr. 461; Raabe Nr. 30

Die Nummern sind die Forts. d. 1916 hg. Zeitschr. im amerikanischen Zeitungsformat. Beiträge v. Grosz, Huelsenbeck, Jung, Mehring u. a. Die Ausgabe wurde v. d. Zensur verboten.

Huelsenbeck, Richard
3/156 Brief an Tristan Tzara, Zürich. Berlin NW 6, Luisenstr. 24, 2. Aug. 1917
Briefbogen. DIN A4, Maschinenschrift, Unterzeichng.: Huelsenbeck, Franz Jung, Georg Schrimpf
Paris, Bibliothèque Nationale, Bibliothèque Littéraire Jacques Doucet

H. berichtet über erste Erfolge von Berlin Dada und bittet um Prospektmaterial v. Zürich Dada. Ankündigung einer Berliner Dada-Zeitschr. u. Dada-Ausstellung.

Baader, Johannes
3/157 Wähler von Saarbrücken, 9. Okt. 1917
Flugblatt, 31,8 x 24 cm
Marbach, Deutsches Literaturarchiv im Schiller-Nationalmuseum

Kandidatur Baaders für den Reichstag als 'Mann . . . der über den Parteien steht'.

Jung, Franz (Hg. u. Verf.)
3/158 Die Technik des Glücks. (Die Freie Straße, Nr. 6), Berlin, Vlg. Freie Straße, 1917
15 S.
Privatsammlung

Mitarbeiter: F. Jung, Cläre M. Öhring-Jung

Jung, Franz
3/159 Das Trottelbuch. Berlin, Vlg. der Wochenschrift Die Aktion, 1918
122 S.
Marbach, Deutsches Literaturarchiv im Schiller-Nationalmuseum

Das Buch wurde von F. Jung schon 1912 geschrieben und in Leipzig veröffentlicht. Die Schriften Jungs fordern als 'Technik des Glücks' hinter der inneren Zerrissenheit und Deformation das 'Erleben' des Gemeinschaftsrythmus.

3/160 Sprung aus der Welt, Ein Roman (Aktionsbücherei der Aeternisten, Bd. 7)
Berlin 1918
Privatsammlung
Bibl.: Fähnders/Rector, S. 159ff.

Huelsenbeck, Richard
3/161 Postkarte an Tristan Tzara. Berlin, 24. Jan. (Poststempel 23. 1.) 1918.
handschrftl.
Paris, Bibliothèque Nationale, Bibliothèque Littéraire Jacques Doucet

H. berichtet über den großen Erfolg seines Dada-Propaganda-Abends v. 22. Jan.

3/162 Programm und Einladung zum Vortragsabend. Berlin, Berliner Sezéssion,

12. April 1918
18 x 12 cm
Limoges, Privatsammlung

Programm: Huelsenbeck, R.: Der Dadaismus im Leben und in der Kunst. Hadwiger, E.: Futuristische und dadaistische Verse. F. T. Marinetti: Verwundetentransport, Beschießung (aus Zang Tumb Tumb). Paolo Buzzi: Brandenburger Tor, Die Wache zieht auf (Aus dem Cyklus: Berlin). Libero Altomare: Die Häuser sprechen. Luciano Folgore: Der Marsch. Corrado Govoni: Seele. Tristan Tzara: Retraite. Aldo Palazzeschi: Laßt mir den Spaß. Grosz, G.: Sincopations, eigene Verse. Hausmann, R.: Das neue Material in der Malerei

3/163 **Club Dada** Prospekt des Verlages Freie Straße. Hg. Huelsenbeck, Jung, Hausmann. Berlin, Vlg. Freie Straße, 1918
26,5 x 19 cm, 16 S.
Haag, Obb., Kunstarchiv Arntz (Abb. S. 3/67, 187)
Bibl.: Raabe Nr. 26; Motherwell/Karpel Nr. 63; Verkauf-Bolliger S. 177; Z.P. Nr. 368; DB III Nr. 144.

Erste Berliner Dada-Veröffentlichung

Huelsenbeck, Richard
3/164 Maiennacht. Dada-Poem. Frühling 1918
Handschrftl. Manuskript. DIN A4, an Tzara geschickt.
Paris, Bibliothèque Nationale, Bibliothèque Littéraire Jacques Doucet

Baader, Johannes
3/165 D.A.D.A., 20. Okt. 1918
Flugblatt,
22,2 x 19,8 cm
Limoges, Privatsammlung

Deutung seiner 'geheimen Zeichen', die ihm seine Weltherrschaft ankündigen.

Baader, Johannes und **Hausmann, Raoul**
3/166 Gegen den Besitz. (Die Freie Straße, Nr. 9), Berlin, Vlg.
Freie Straße, Nov. 1918
42,2 x 29,2 cm 4 S.
Limoges, Privatsammlung
Mitarbeiter: Jung, Hausmann, Baader, Text v. Radek

Hausmann, Raoul
3/167 Gesellschaft Freie Erde. Offener Brief an den Kultusminister von Berlin. Gez. Raoul Hausmann, Berlin, 17. Nov. 1918, 2 S.
Berlin, Bauhaus-Archiv

Hausmann betont das Recht auf Meinungsfreiheit, bezugnehmend auf die Aktion Baaders im Dom, in dem dieser proklamierte 'Jesus Christus ist euch wurscht . . .' und nicht die Möglichkeit bekam, seinen Standpunkt zu verdeutlichen.

Baader, Johannes (Hg. u. Verf.)
3/168 Präsident Baader. (Die Freie Straße, Nr. 10), Berlin, Vlg. Freie Straße, Dez. 1918
4 S.
Berlin, Bauhaus-Archiv

3/169 Postkarte 'Hindenburg'. Berlin, um 1918
Haag, Obb., Kunstarchiv Arntz

Die Karte verdeutlicht das offensichtlich nationalistische, an politischen Autoritäten orientierte Selbstverständnis Baaders.

Hausmann, Raoul
3/170 Lautgedicht. Berlin-Steglitz, 15. Jan. 1919
Postkarte an Tristan Tzara, Zürich
Schreibmaschinentext, handschrftl. bez.: Raoul Hausmann dada
Paris, Bibliothèque Nationale, Bibliothèque Littéraire Jacques Doucet

Baader, Johannes
3/171 Postkarte an Tristan Tzara. Berlin, 16. Jan. 1919
orangef. Briefkopf: Club Dada
Steglitz, Vorders.: handschriftl. dadaistische Notizen, Rücks.: Collage v. Textstellen aus '14 Briefe Christi'
Paris, Bibliothèque Nationale, Bibliothèque Littéraire Jacques Doucet

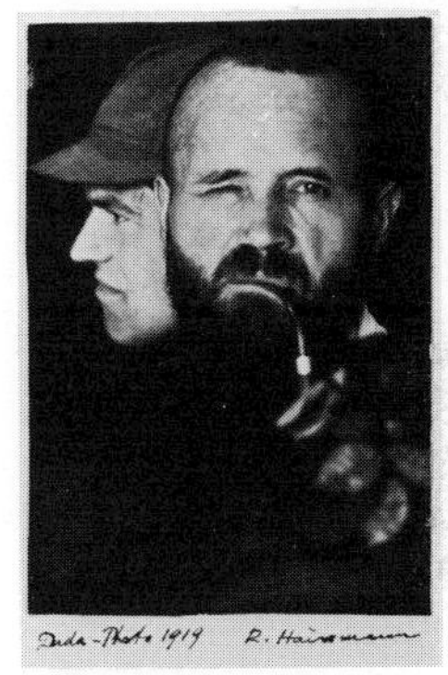

3/596
Baader, 1919

3/175
Dadaisten gegen Weimar, Flugblatt, 1920

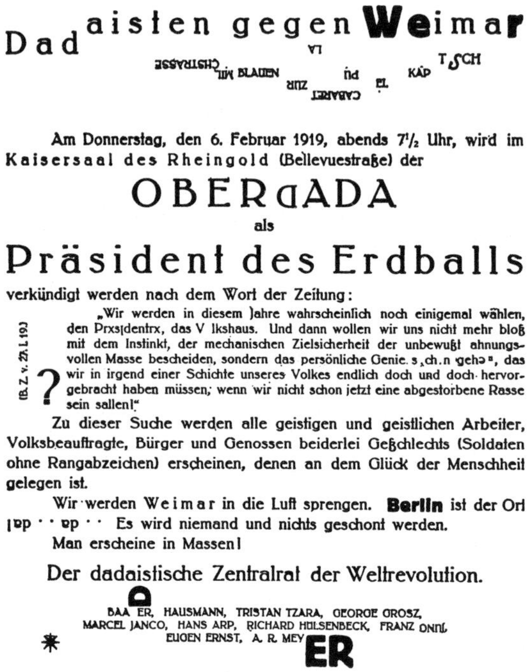

Dadaisten gegen Weimar

Am Donnerstag, den 6. Februar 1919, abends 7½ Uhr, wird im Kaisersaal des Rheingold (Bellevuestraße) der

OBERdADA

als

Präsident des Erdballs

verkündigt werden nach dem Wort der Zeitung:

(B.Z. v. 27.1.19) ? „Wir werden in diesem Jahre wahrscheinlich noch einigemal wählen, den Prxs|dentrx, das V lkshaus. Und dann wollen wir uns nicht mehr bloß mit dem Instinkt, der mechanischen Zielsicherheit der unbewußt ahnungsvollen Masse bescheiden, sondern das persönliche Genie. s‚ch.n ‹ehə", das wir in irgend einer Schichte unseres Volkes endlich doch und doch hervorgebracht haben müssen, wenn wir nicht schon jetzt eine abgestorbene Rasse sein sallen!"

Zu dieser Suche werden alle geistigen und geistlichen Arbeiter, Volksbeauftragte, Bürger und Genossen beiderlei Geßchlechts (Soldaten ohne Rangabzeichen) erscheinen, denen an dem Glück der Menschheit gelegen ist.

Wir werden Weimar in die Luft sprengen. **Berlin** ist der Ort ··· da ··· da ·· Es wird niemand und nichts geschont werden.

Man erscheine in Massen!

Der dadaistische Zentralrat der Weltrevolution.

BAADER, HAUSMANN, TRISTAN TZARA, GEORGE GROSZ, MARCEL JANCO, HANS ARP, RICHARD HÜLSENBECK, FRANZ JUNG, EUGEN ERNST, A. R. MEYER

„Dadaisten gegen Weimar", Flugblatt, Berlin 1920.

3/172 14 Briefe Christi. 2. S., mit herausgeschnittenen Textstellen, die für die Postkarte an Tzara (Kat. Nr. 171) verwandt wurden.
Paris, Bibliothèque Nationale, Bibliothèque Littéraire Jacques Doucet

Baader, Johannes
3/173 Postkarte an Tristan Tzara. Berlin, 19. Jan. 1919
Orangef. Karton, Briefkopf: Club Dada Steglitz 1373
Paris, Bibliothèque Nationale, Bibliothèque Littéraire Jacques Doucet

Bericht über seine persönliche Dada-Friedensoffensive. 'Baader und nicht Wilson schafft Frieden'.

1919: JEDERMANN SEIN EIGENER FUSSBALL

3/174 Brief an Tristan Tzara. Berlin, 29. Jan. 1919
Schreibmaschinenmanuskript auf Briefbogen DIN A4
Paris, Bibliothèque Nationale, Bibliothèque Littéraire Jacques Doucet

'Und der Geist des Herrn sprach . . .'

3/175 Dadaisten gegen Weimar. Berlin, 6. Febr. 1919
Berlin, Bauhaus-Archiv (Abb. S. 3/180)

Flugblatt, abgeworfen in der Nationalversammlung in Weimar (wahrscheinlich am 16. Juli 1919), 'Wir werden Weimar in die Luft sprengen, Berlin ist der Ort; da . . . da . . . Es wird niemand und nichts geschont werden. Der dadaistische Zentralrat der Weltrevolution'. Unterzeichnet: Baader, Hausmann, Tzara, Grosz, Janco, Arp, Huelsenbeck, Jung, Eugen Ernst (der Polizeipräsident – ironisch aufgeführt), Alfred Richard Meyer (provokativ mitaufgeführt).

Baader, Johannes
3/176 Postkarte an Tristan Tzara, Zürich Berlin, 11. Febr. 1919
Orangef. Karton, Briefkopf: Club Dada, handschriftl. Text m. Dada-Kalligrammen verziert.
Paris, Bibliothèque Nationale, Bibliothèque Littéraire Jacques Doucet

Bericht über Querelen mit Hausmann wegen 'Hochverrat an Dada'

Hausmann, Raoul
3/177 Brief an Tristan Tzara, Zürich. Berlin, Febr. 1919
Schreibmaschinenmanuskript auf gelbem Briefbogen
Paris, Bibliothèque Nationale, Bibliothèque Littéraire Jacques Doucet

Lautgedicht 'L'inconnu . . .'

Herzfelde, Wieland u. **Heartfield, John** (Hg.)
3/178 Jedermann sein eigener Fußball. Illustr. Halbmonatsschrift. Jg. 1, Nr. 1, Berlin
Der Malik Vlg., 15. Febr. 1919
42,8 x 29,8 cm, 8 Abb.
Haag Obb., Kunstarchiv Arntz (Abb. S. 3/181)

Bibl.: Malik, Nr. 14, Abb. S. 140, S. 24

Mitarbeiter: Grosz, Herzfelde, Mehring, Mynona u. a. Wegen der Titel-Photomontage 'Wer ist der Schönste' von Grosz und Heartfield wurde die Ausgabe von der Zensur verboten. W. Herzfelde wurde im März verhaftet.

Baader, Johannes
3/179 Dada-Erklärung. Club Milchstraße, um 1919
DIN A4, maschinengeschrieben; eventueller Text für die Soirée am 12. März 1919 im Café Austria
Limoges, Privatsammlung

Baader, Johannes u. **Hausmann, Raoul**
3/180 'Club Milchstraße. Propaganda-Abend'. Einladung, Berlin, Café Austria, 12. März 1919
Limoges, Privatsammlung

'Begründung des Ardua' (Anationaler Rat der unbezahlten Arbeiter).

Hausmann, Raoul
3/181 Club der blauen Milchstraße. 12. März 1919. Dada-Milchstraße v. R. Hausmann, Austria Ac 12 (Ardua), 6 Uhr, Potsdamer Str. 28, Ardua-Depesche Ac 12
Plakat 50,5 x 31 cm
München, Privatsammlung (Abb. S. 3/182)

Plakat zur Dada-Veranstaltung im Café Austria, Berlin (jener v. Hausmann für Juni 1918 angegebenen Veranstaltung), auf der Hausmann das Lautgedicht 'Seelenautomobile' las. Die Bezeichnung 'Club der blauen Milchstraße' für den 'Club Dada' wurde von Baader eingeführt; seine kosmische Bedeutung gliedert sich bruchlos ein in seine phantastischen Konstellationen. Hinzuweisen ist auf die alchemistische Bedeutung der Milchstraße in Duchamps 'Großem Glas'.

3/182 Pamphlet gegen die Weimarische Lebensauffassung. Berlin, 20. April 1919, Aus: Der Einzige, Nr. 14, Berlin 1919

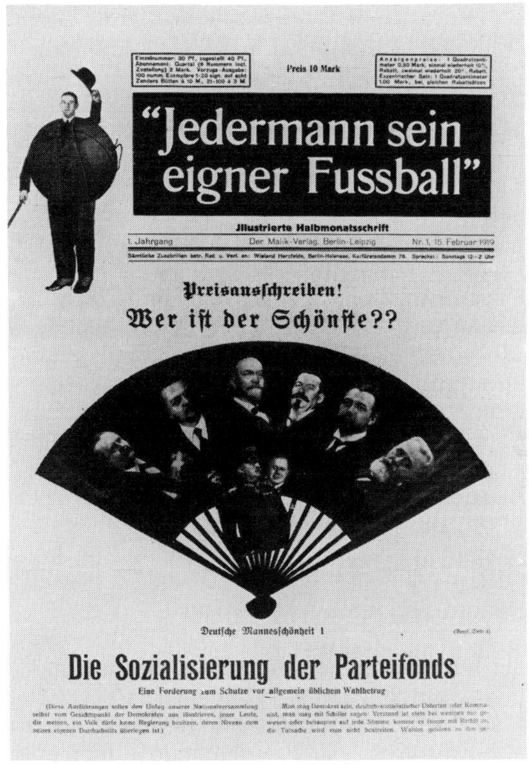
Einzelnummer 30 Pf., zugestellt 40 Pf., Abonnement: Quartal (6 Nummern incl. Zustellung) 2 Mark. Vorzugs-Ausgabe: 100 numm. Exemplare 1-20 sign. auf echt Zanders Bütten à 10 M., 21-100 à 3 M

Preis 10 Mark

Anzeigenpreise: 1 Quadratzentimeter 0,50 Mark, einmal wiederholt 10% Rabatt, zweimal wiederholt 20% Rabatt. Exzentrischer Satz: 1 Quadratzentimeter 1,00 Mark, bei gleichen Rabattsätzen

"Jedermann sein eigner Fussball"

Jllustrierte Halbmonatsschrift

1. Jahrgang — Der Malik-Verlag, Berlin-Leipzig — Nr. 1, 15. Februar 1919

Sämtliche Zuschriften betr. Red. u. Verl. an: Wieland Herzfelde, Berlin-Halensee, Kurfürstendamm 76. Sprechst.: Sonntags 12–2 Uhr

Preisausschreiben!

Wer ist der Schönste??

Deutsche Mannesschönheit 1

Die Sozialisierung der Parteifonds

Eine Forderung zum Schutze vor allgemein üblichem Wahlbetrug

3/178
Brüder Herzfelde, Jedermann sein eigener Fußball, Titels. m. Photomont. v. Grosz u. Hearfield, 1919

S. 163 f. Mit aufgeklebter Widmung und handschriftl. Mitteilungen an Tristan Tzara (Zürich)
Paris, Bibliothèque Nationale, Bibliothèque Littéraire Jacques Doucet
Text vorgesehen für 'Dada 6' oder 'Hirngeschwür'.

Hausmann, Raoul (Typogr.)
3/183 Programm u. Einladung. Berlin, Harmonium-Saal, 30. April 1919
20,5 x 17 cm. Limoges, Privatsammlung

Huelsenbeck: Proclamation dada 1919. DADA-machinel: Simultan-Gedicht – 7 Personen, Bruitistisches Gedicht – Huelsenbeck. Hausmann: Seelenautomobile. Golyscheff: Antisymphonie, 3 Teile (Musikalische Kreisguillotine) a) provokatorische Spritze b) chaotische Mundhöhle oder das submarine Flugzeug c) zusammenklappbares Hyper-Fischendur

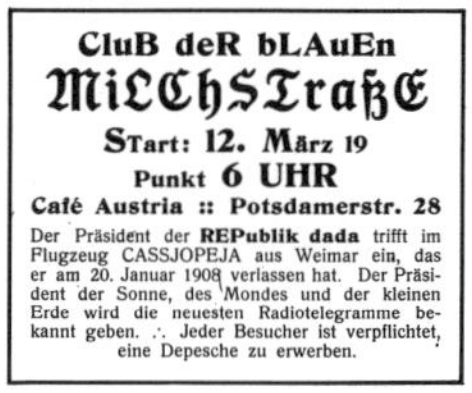

CluB deR bLAuEn
MiLChSTraßE
STart: 12. März 19
Punkt 6 UHR
Café Austria :: Potsdamerstr. 28
Der Präsident der **REPublik dada** trifft im Flugzeug CASSJOPEJA aus Weimar ein, das er am 20. Januar 1908 verlassen hat. Der Präsident der Sonne, des Mondes und der kleinen Erde wird die neuesten Radiotelegramme bekannt geben. .·. Jeder Besucher ist verpflichtet, eine Depesche zu erwerben.

3/181
Club d. Blauen Milchstraße, Anzeige 1919

3/184 Programm u. Einladung. Berlin, Harmonium-Saal, 15. Mai 1919, 'verlegt wegen Landestrauer auf den 24. Mai'
21,5 x 17 cm, sign. dat. r.u.: R. Hausmann 1919, beschr. l. u.: dada-programm
Limoges, Privatsammlung

1919: DER DADA

Huelsenbeck, Einleitung – Mehring, Gedichte – Dadaistischer Tanz mit Masken – Baader, Politik – Simultan-Gedicht 10 Personen – Hausmann, Vom neuen freien Deutschland – Golyscheff, Keuchmaneuver – Chaoplasma (2 Kesselpauken, 10 Knarren) unter Mitwirkung von 10 Damen & 1 Briefträger – Grosz-Mehring, Berliner Dschungelsongs, Sechstagerennen (Schreibmaschine & Nähmaschine)

Baader, Johannes
3/185 Die acht Weltsätze. 1919
Flugschrift, 4 Bl., abgedr. in: Der Komet, Jg. 1, 1919
Haag, Obb., Kunstarchiv Arntz

'Es hat angefangen ein neuer Akt der göttlichen Komödie und sein Leitspruch lautet: Die Menschen wissen, daß sie im Himmel sind; ich aber wünsche, daß es Himmel anständig aussieht . . .'.

3/186 Bartabnahme, um 1919
Postkarte v. einer Porträt-Collage, Porträtphoto in einem Hexagramm
Berlin, Bauhaus-Archiv

1919: DER EINZIGE

Ruest, Anselm u. **Friedlaender, Salomo** (Hg.)
3/187 Der Einzige
Jg. 1, H. 8, Berlin, 9. März 1919
Jg. 1, H. 10, Berlin, 23. März 1919
Jg. 1, H. 18, Berlin, 18. Mai 1919
Marbach, Deutsches Literaturarchiv im Schiller-Nationalmuseum
Bibl.: Raabe, Nr. 61

Nr. 10, Umschlag: 'Der Einzige ruft zum Jahr 1 des tragischen Lebens'. (Vgl. Baaders Zeitrechnung, die ebenfalls mit dem Jahr 1 = 1919 anfängt) Nr. 18, Umschlag: 'Der Einzige bringt endlich des Rätels Lösung . . .'.
'Der Einzige' ist eine individual-anarchistische Zeitschrift. Organ des 'Bundes für individualistische Kultur', die der 'alles vernichtenden Herdengesinnung' ein dionysisch-revoltierendes Ich entgegensetzte. Scheerbart war für sie der 'letzte Dionysier'.

Hausmann, Raoul u. **Baader, Johannes** (Hg.)
3/188 Der Dada. Nr. 1, Juni 1919
8 S., 29 x 21,8 cm, auf rosarotem Papier
Berlin, Bauhaus-Archiv (Abb. S. 3/183)
Bibl.: Düsseldorf Nr. 454/455; Motherwell/Karpel Nr. 68; Raabe Nr. 78, Verkauf-Bolliger S. 178; Z.P. Nr. 372

Mitarbeiter: Baader, Hausmann, Tzara

Baader, Johannes
3/189 Postkarte an Salomo Friedlaender (Mynona), geschickt an Tzara. Berlin, 28. Juni 1919
Grauer Karton m. gedruckt. Text: 'Heute nachmittag 3 Uhr wurde in Berlin das Buch des Weltgerichts veröffentlicht. Dies Buch ist weder Koran noch Bibel noch Tipitakam, sondern HADO. (Depesche in alle Welt. Abgegangen an den amerikanischen Berichterstatter Hecht (Chicago) z. Z. Berlin, Hotel Adler, Zimmer 355)
Paris, Bibliothèque Nationale, Bibliothèque Littéraire Jacque Doucet

HADO = Handbuch des Oberdada, bezieht sich auf das von Baader konzipierte Buch, das, mit Zeitungsausschnitten collagiert, seine politische Weltsicht festhält. Verschollen. (S. Kat. der Ersten Intern. Dada-Messe, Nr. 159–166)

Hausmann, Raoul (Hg.)
3/190 Der Dada
Nr. 2, Berlin, Dezember 1919
7 S., 29,2 x 23 cm, auf weißem Papier
Berlin, Bauhaus-Archiv (Abb. S. 3/183)
Bibl.: vgl. Kat. 3/188

Mitarbeiter: Baader, Grosz, Hausmann, Huelsenbeck. Mit Collage auf dem Umschlag: 'Dada siegt! Tretet Dada bei!' Enthält Anzeige 'Dadaco, Dadaistischer Handatlas'

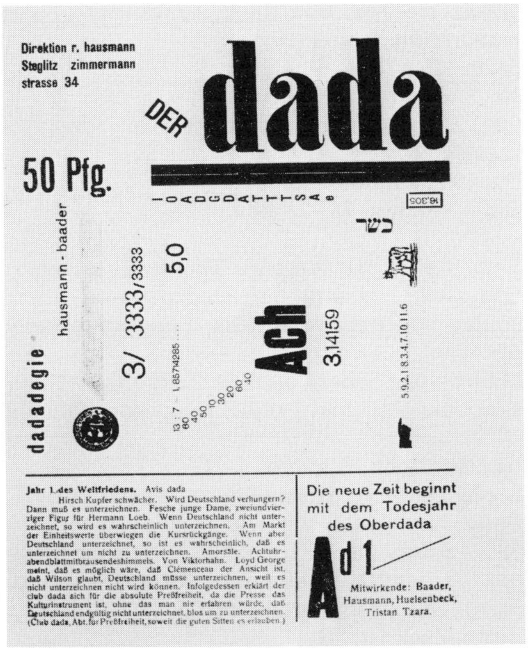

3/188
Der Dada Nr. 1,
Berlin 1919, Titelill.

3/191 Trianon Verlag. Rundschreiben zur Veröffentlichung 'Der blutige Ernst', Berlin, Nov. 1919
Haag, Obb., Kunstarchiv Arntz

'Der blutige Ernst wendet sich nicht an literarische Kreise sondern geht in die breite Masse'

Einstein, Carl u. **Grosz, George** (Hg.)
3/192 Der blutige Ernst. 'Gegen die Ausbeuter'. (Berlin 1919)
Plakat, 36 x 26 cm
Haag, Obb., Kunstarchiv Arntz

''Der blutige Ernst' nagelt die Krankheiten Europas fest, verzeichnet den restlosen Zusammenbruch des Kontinents, bekämpft die tödlichen Ideologien und Einrichtungen, die den Krieg verursachten, stellt den Bankrott der abendländischen Kultur fest.'

3/193 Der blutige Ernst. Satirische Wochenschrift. Jg. 1, Nr. 3–6, Berlin, Trianon Verlag, Mitte Nov. 1919–Febr. 1920
Haag, Obb., Kunstarchiv Arntz
Bibl.: Raabe, Nr. 85

Nr. 3: 'Die Schuldigen'. Umschlagzeichng. v. Grosz: 'Wie der Staatsgerichtshof aussehen müßte'
Mitarbeiter: Einstein, Mehring, Grosz (ganzseit. Zeichng.)

3/194 Nr. 4: 'Die Schieber'.
Umschlagzeichng. v. Grosz: 'Arbeiten und nicht verzweifeln' (Abb. S. 3/69)
Mitarbeiter: Einstein, Huelsenbeck, Mehring Grosz (Illustr.)

3/195 Nr. 5: 'Rückkehr zur Monarchie': Umschlagzeichnung v. Grosz: 'Rückkehr geordneter Zustände'
Mitarbeiter: Einstein, Huelsenbeck, Mehring, Grosz (Illustr.)

3/196 Nr. 6: Einstein, Carl (Hg.), Umschlagphotomontage v. Grosz u. Heartfield: 'Das Geheimnisvollste und Unerklärlichste was je gezeigt wurde'.
Mitarbeiter: Einstein, Hausmann, Hermann-Neisse, Mehring, Grosz

1919:
DER BLUTIGE ERNST

Einstein, Carl
3/197 Brief an Tristan Tzara, Zürich. Berlin 16. Dez. 1919
Masch.geschr. auf Briefbogen DIN A4, Briefkopf: Trianon-Verlag G.m.b.H. 'Der blutige Ernst'
Paris, Bibliothèque Nationale, Bibliothèque Littéraire Jacques Doucet
Einstein schickt einige Exemplare des 'Blutigen Ernst' mit Bitte um Publikationstausch.

Grosz, George u. **Heartfield, John**
3/198 Dada-merika, 1919
Abb. der Fotomontage
Berlin, Akademie der Künste
George Grosz-Archiv

3/199 Sonniges Land, 1919
Abb. der Fotomontage
Berlin, Akademie der Künste
George Grosz-Archiv

3/200 Was ist Dadaismus?
Zeitungsbericht m. vollst. Wiedergabe des

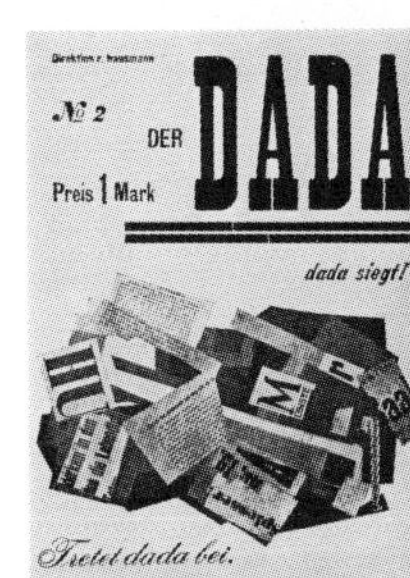

3/190
Der Dada, Nr. 2,
Berlin 1919, Titelill.

Kundgebungstextes des Zentralamts der dadaistischen Bewegung Berlin. Ostpreußische Zeitung, Königsberg, 2. Febr. 1920
Photo-Vergrößerung

3/201 'Intertellurischer' Wahnsinn
Zeitungsbericht über die Absichtserklärung des Oberdada, in Hamburg aufzutreten. Hamburger Fremdenblatt, Hamburg, 7. Febr. 1920
Photo-Vergrößerung

3/202 Sieg des Dadaismus. Motto: Die Reklame ist der sicherste Weg zum Erfolg.
Zeitungsbericht über den Dada-Abend v. 18. Febr. im Curio-Haus, Hamburg
Hamburger Nachrichten, Hamburg
19. Febr. 1920
Photo-Vergrößerung

Baader, Johannes u. **Hausmann, Raoul**
3/203 Vortragsabend der Dadaisten. Programm. Hamburg, Curio-Haus, 18. Febr. 1920
29 x 23,2 cm
Limoges, Privatsammlung

1. Hausmann, Einleitungsrede 2. Hausmann – Baader, Simultangespräch über das Messer 3. Baader, Über den intertellurischen Wahnsinn 4. Hausmann, Dada-Trot (Sixty-one-step) 5. Baader, Mein letztes Leichenbegängnis 6. Baader – Hausmann, Simultangedicht 7. Hausmann, Klassische Beziehungen zur Mittelstandsküche 8. Hausmann, Phantastische Gebete (Verse) v. Huelsenbeck 9. Baader – Hausmann, Die Schweinsblase als Reklamebureau, Bruitistisches Kehraus

Baader, Johannes
3/204 Brief an Tristan Tzara. Zürich, Berlin, Febr. 1920
Maschinengeschr. Manuskript auf Briefbogen
Paris, Bibliothèque Nationale, Bibliothèque Littéraire Jacques Doucet

'Die Deutsche Freiheitspartei als Organ des 'Oberdada' bittet um Veröffentlichung nachstehender Mitteilung'. Es folgt ausführliche Beschreibg. d. Erklärung, die der Oberdada auf dem Dada-Abend v. 18. Febr. 1920 im Curio-Haus, Hamburg, vorgetragen hat.

Grosz, George, Heartfield, John u. **Hausmann, Raoul** (Hg.)
3/205 Der Dada
Nr. 3, Berlin, April 1920
20 S., 23 x 15,8 cm, auf hellgrünem oder rosa Papier
Berlin, Bauhaus-Archiv
Bibl.: vgl. Kat. Nr. 3/188

Schriftleiter: Hausmann, Raoul. Directeurs: Groszfield, Hearthaus, Georgemann. Umschlag von Heartfield: 'Das Pneuma umreist die Welt'
Mitarbeiter neben den Herausgebern Huelsenbeck, Mehring, Preiss, Herzfelde, Picabia

Huelsenbeck, Richard
3/206 Dada siegt. Eine Bilanz des Dadaismus. Berlin, Der Malik Vlg., Abt. Dada, April 1920
22 x 13 cm, 40 S., Umschlag-Photomontage bez.: Grosz/Heartfield mont: 'Sonniges Land'
Haag, Obb., Kunstarchiv Arntz
Bibl.: Malik Nr. 23

Herzfelde, Wieland
3/207 Tragigrotesken der Nacht, 18 Träume
Berlin, Der Malik Vlg., Mai 1920
89 S., Einbandzeichng. u. 23 Illustr. v. Grosz
Marbach, Deutsches Literaturarchiv im Schiller-Nationalmuseum
Bibl.: Malik Nr. 22
'. . . geschrieben in der Zeit vom Sommer 1913 bis Aug. 1919'.

3/208 'Athlet gesucht'
Plakat, Berlin 1920
34,3 x 23 cm
Privatsammlung

3/209 Photo Dada-Messe Berlin.
Mailand, Galleria del Levante. (Abb. S. 3/71)

3/210 Photo Dada-Messe Berlin
aus: Dada-Almanach Berlin 1920 (Abb. S. 3/185)

3/211 Höch, Hannah u. Hausmann, Raoul auf der Dada-Messe Berlin, 1920
Photographie Schwarzweißproduktion, Berlin, Hannah Höch

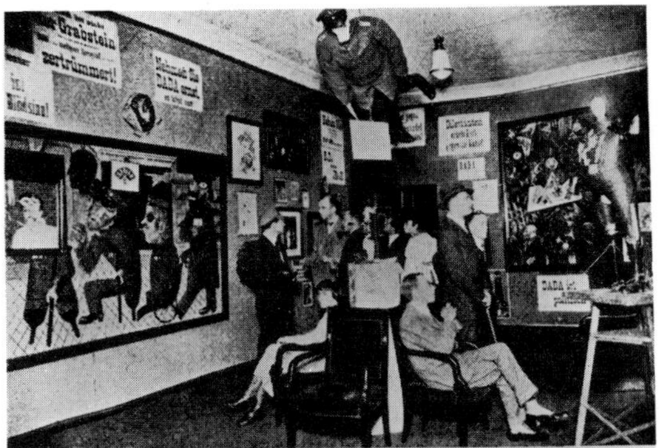

Eröffnung der ersten großen Dada-Ausstellung
in den Räumen der Kunsthandlung Dr. Burchard, Berlin, am 5. Juni 1920.
Von links nach rechts: Hausmann, Hanna Höch, Dr. Burchard, Baader, W. Herzfelde, dessen Frau, Dr. Oz, George Grosz, John Heartfield.

3/210
Dada-Messe,
Berlin 1920

Grosz, George, Hausmann, Raoul und **Heartfield, John.**
3/212 Erste Internationale Dada-Messe
Kunsthandlung Dr. Otto Burchard, Berlin 1920
Veranstaltet v. Marschall G. Grosz, Dadasoph Raoul Hausmann, Monteurdada John Heartfield.
Katalog-Prospekt, 31,5 x 39,5 cm, 4 S.
Umschlag-Photomontage: Grosz u. Heartfield, 'Leben und Treiben in Universal City um 12 Uhr 5 mittags'
Berlin, Bauhaus-Archiv
Krefeld, Ernst Fischer
Bibl.: Motherwell/Karpel Nr. 142; Z.P. Nr. 432

Katalogtext: Hausmann, Herzfelde. Ausstellende: Arp, Baader, Baargeld, Carl Bosner, Hans Citroen, Dix, Alois Erbach, Ernst, Grosz, Maud E. Grosz, Hausmann, Heartfield, Ben Hecht, Höch, Georg Kobbe, Picabia, Max Schlichter, Rudolph Schlichter, Schmalhausen, Scholz, W. Stuckenschmidt.
Huelsenbeck nahm auf der Ersten Intern. Dada-Messe nicht teil.

3/213 Dadaisten-Ausstellung in Berlin
Zeitungsbericht, Lokalanzeiger, Berlin
26. Juni 1920
Photo-Vergrößerung

3/214 Große Monstre Dada-Schau
Zeitungsbericht. Neue Berliner (12 Uhr mittags), Berlin 6. Juli 1920
Photo-Vergrößerung

3/215 Dadaisten-Ausstellung in Berlin
Zeitungsbericht. Frankfurter Oderzeitung, Frankfurt 1. Juli 1920
Photo-Vergrößerung

3/216 Der Bolschewismus. Die Monstre-Dada-Ausstellung bei Dr. Burchard
Zeitungsbericht. Neue Preuss. (Kreuz-) Zeitung, Berlin 3. Juli 1920
Photo-Vergrößerung

3/217 Erste Internationale Dada-Messe
La Domenica Illustrata, Jg. VII, Nr. 22, Milano 25. Juli 1920. Farbige Titel-Illustr.
Paris, Bibliothèque Nationale, Bibliothèque Littéraire Jacques Doucet.
Photo-Vergrößerung. (Blick in die Ausstellung)

3/218 Die Auswüchse der Dada-Messe,
1920. Zeitungsbericht, nicht nachgewiesen
Berlin, Bauhaus-Archiv

Huelsenbeck, Richard (Hg.)
3/219 Dada Almanach. Im Auftrag des Zentralamtes der deutschen Dada-Bewegung hg. v. Richard Huelsenbeck. Berlin, Erich Reiss, 1920
18,2 x 13,3 cm, 8 Bildtaf. Umschlag-Ill. Beethoven-Totenmaske, Photomontage v. Otto Schmalhausen
Berlin, Hannah Höch
München, Privatsammlung (Abb. S. 3/124)
Bibl.: Motherwell/Karpel Nr. 7; Düsseldorf Nr. 456; Raabe Nr. 141; Verkauf-Bolliger S. 106; Z.P. Nr. 326

Mit Beitr. v.: Arp, Baader, Ball, Citroen, Daimonides (Dr. Döhmann), Dermée, Maria d'Arezzo, Max Goth, Hausmann, Huelsenbeck, Huidibro, Mehring, A. Partens, Picabia, Lacroix, Ribemont-Dessaignes, A. Sesqui, Soupault, Tzara

1920:
DADA ALMANACH

Huelsenbeck, Richard ('Geheimrat').
3/220 En avant dada. Eine Geschichte des Dadaismus. Hannover, Leipzig, Wien, Zürich. Paul Steegemann Vlg., 1920
Die Silbergäule, Bd. 50/51, 23 x 13 cm, 44 S.
Haag, Obb., Kunstarchiv Arntz
Bibl.: Meyer Nr. 32

Huelsenbeck, Richard
3/221 Deutschland muß untergehen. Erinnerungen eines alten dadaistischen Revolutionärs. Berlin, Der Malik Vlg., 1920
21 x 15,5 cm, 9 S., m. drei Ausschn. aus dem Gemälde 'Deutschland – ein Wintermärchen' v. Grosz
München, Privatsammlung
Bibl.: Malik Nr. 24

Mehring, Walter
3/222 Das Politische Cabaret. Dresden 1920
Marbach, Deutsches Literaturarchiv im Schiller-Nationalmuseum

Golyscheff, Jefim
3/223 Aismus (Manifest), Berlin 1920
Berlin, Bauhaus-Archiv

Hausmann, Raoul
3/224 Hurrah! Hurrah! Hurrah! Satiren
Berlin, Der Malik Vlg., 1920
12 Satiren.
Haag Obb., Kunstarchiv Arntz
Bibl.: Malik Nr. 33

1919/20/21: DER GEGNER – DIE PLEITE

3/225 Mitteilung an Tristan Tzara
Berlin, 1920
Programmzettel m. handschriftl. Notizen, 8°. Gedruckter Text: Heiterer Abend, Mittwoch, den 15. Dez. 1920 in der Berliner Sezession ... abends 8 Uhr. Elisabeth Klockmann rezitiert aus Paul Scheerbarts Roman: Ich liebe Dich!, Raoul Hausmann enthüllt Puffke.
Paris, Bibliothèque Nationale, Bibliothèque Littéraire Jacques Doucet

3/226 Postkarte an Tristan Tzara
Berlin, 29. Dez. 1920
Orangef. Karton, Briefkopf: Club Dada Steglitz 1373. Handschriftl. Notizen u. aufgeklebtes Paßphoto
Paris, Bibliothèque Nationale, Bibliothèque Littéraire Jacques Doucet

Petry, Walter
3/227 Die dadaistische Korruption. Berlin, Leon Hirsch Vlg., 1920
Umschlag v. Georg Knobbe
Haag, Obb., Kunstarchiv Arntz
Bibl.: Erste Internationale Dada-Messe, Berlin Juni 1920, Nr. 145

Schmalhausen, Otto
3/228 Dada-Oz 1920 'High School Course in Dada'
Reklamezettel
Limoges, Privatsammlung
Berlin, Bauhaus-Archiv
Bibl.: Ausst.-Kat.: Dada Messe, Nr. 67

Grosz, George u. **Heartfield, John**
3/229 Neujahrsgrüße für das Jahr 1921
Photokopie
Berlin, Akademie der Künste,
George Grosz-Archiv
Bibl.: Ausst.-Kat.: G. Grosz, Frühe Druckgraphik, Berlin 1971, Nr. 94.

'... Prompteste Bedienung jedes Auftrags, insbesondere von Kunst-Eil-Aufträgen. Ausführung in jeder Kunstart: expr., futur., dada, meta-mech. garantiert. Grosz Heartfield-Werke, Berlin–London–New York'

Herzfelde, Wieland u. **Gumperz, Julian** (Hg.)
3/230 Der Gegner. Politische Monatsschrift. Berlin, Der Malik Vlg., 1920/21
Jg. II, H. 3, H 8/9, H 12
Marbach, Deutsches Literaturarchiv im Schiller-Nationalmuseum
München, Privatsammlung
Bibl.: Malik Nr. 17

Jg. II, H. 8/9 enthält den Text des 'Offenen Briefes' der Berliner Dadaisten an die Novembergruppe.

Herzfelde, Wieland (Hg.)
3/231 Die Pleite. Illustr. Halbmonatsschrift, 1.Jg., H. 1, Berlin–Leipzig, Der Malik-Vlg., 1919
42 x 30 cm, 4 S.
Berlin, Akademie der Künste, Georg Grosz-Archiv, Haag/Obb., Kunstarchiv Arntz
Bibl.: Malik, Nr. 16

Titelill. v. Grosz: 'Von Geldsacks Gnaden'
Mitarbeiter: Herzfelde, Einstein, Grosz
Inhalt: Aufruf Einsteins 'An die Geistigen', Bericht 'Zum ersten Kongreß der Kommunistischen Internationale', Aufruf Lunartscharskys (Moskau) 'An die deutschen Kollegen'
Einstein: 'Ziel und Handeln der Masse überschritten längst die geschichtlich belastete, zu differenzierte Ideologie des dressierten Bürgers und seiner Narren . . .'
Die Nummer wurde verboten.

3/232 Reichshauptstadt. Ein Dadaisten-Prozeß. Der 'Oberdada' als Reklameartikel
Beleidigung der Reichswehr
Zeitungsbericht zu dem durch eine Beleidigungsklage gegen die Dada-Messe 1920 ausgelösten Prozeß. Deutsche Allgemeine Zeitung, Prag 21. April 1921
Photo-Vergrößerung

3/233 Dada-Reklame-Gesellschaft. Der Vertreter der Dada-Reklame-Gesellschaft, Direktion: H. Ehrlich, Berlin-Charlottenburg, Kantstr. 118
Visitenkarte, 1920
Paris, Bibliothèque Nationale, Bibliothèque Littéraire Jacques Doucet
Photo-Vergrößerung

3/234 Dada-Reklame in Berlin. Zeitungsbericht. Das kleine Journal, Berlin 14. Febr. 1921
Photo-Vergrößerung

Borsdorff, Kurt
3/235 Dadas wahres Gesicht
Zeitungsbericht, (beginnende nationalsozialistische Tendenz). Deutsche Zeitung, Berlin 26. Juni 1921
Photo-Vergrößerung

Hausmann, Raoul
3/236 Presentismus. Gegen den Puffkeismus der teutschen Seele, Febr. 1921
Aus: De Stijl. Jg. 4, Nr. 9, Leiden, Sept. 1921
Limoges, Privatsammlung

Dieses Manifest las Hausmann auf der Tournee in Jena mit Schwitters im Sept. 1921 vor.

Herzfelde, Wieland
3/237 Gesellschaft, Künstler, Kommunismus
Berlin, Der Malik Vlg., 1921
30 S., Umschlagzeichng. v. Heartfield
Marbach, Deutsches Literaturarchiv im Schiller-Nationalmuseum
Bibl.: Malik Nr. 35

Huelsenbeck, Richard
3/238 Dr. Billig am Ende
München, Kurt Wolff Vlg., 1921
Illustr. v. George Grosz, Roman
Marbach, Deutsches Literaturarchiv im Schiller-Nationalmuseum

Vorabdruck bereits in 'Club Dada', Berlin 1918. Erste und letzte Dada-Veröffentlichung des Kurt Wolff Vlgs., der zunächst den DADACO verlegen wollte. Kunst- und literatursatirische Zeichensprache durchdringen einander

Jung, Franz
3/239 Der Fall Gross. Novelle. Hamburg, Hanf, 1921
Marbach, Deutsches Literaturarchiv im Schiller-Nationalmuseum
Bibl.: Meisterzählungen des Expressionismus, hg. v. K. Otten, Stuttgart 1963; Fähnders, Rector, S. 175 f.

'In der Erzählung überträgt Jung den psychoanalytischen Ansatz zur Befreiung durch bedingungloses Ausleben verdrängter Instinkte unmittelbar von der individuell privaten auf die gesellschaftlich-politische Ebene'

Mehring, Walter
3/240 Das Ketzerbrevier. Berlin, Kurt Wolff Vlg., 1921

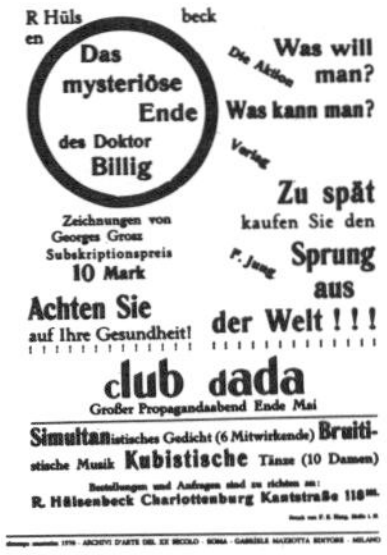

3/163
Club Dada,
Berlin 1918,
Rückseite

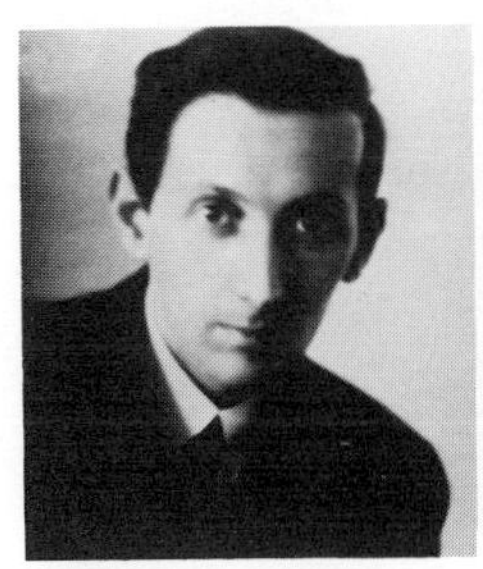
3/371
Mehring, um 1925

Marbach, Deutsches Literaturarchiv im Schiller-Nationalmuseum

U. a. Beiträge zum Dadaismus und zum Kabarett 'Schall und Rauch'

Baader, Johannes
3/241 Freiland Dada Nr. 1. Arbeitsgemeinschaft. Potsdam 1921
München, Privatsammlung
Bibl.: Verkauf-Bolliger, S. 35

Betr. die Gründung der Ersten Intertellurischen Akademie durch Baader in Potsdam

Baader, Johannes u. **Haeusser, Hans**
3/242 Präsident der Vereinigten Staaten von Europa. Hamburg/Berlin 1922
Flugschrift, 44,5 x 30,8 cm, 4 S.
Berlin, Berlinische Galerie

Walden, Herwarth
3/243 Brief an Tristan Tzara. Berlin, 17. März 1922. Schreibmaschinenmanuskript auf Bogen DIN A5 quer m. Briefkopf: Der Sturm. Berlin W 9, Postdamer Str. 134a, handschriftl. unterzeichn.
Paris, Bibliothèque Nationale, Bibliothèque Littéraire Jacques Doucet

Walden wirbt unter Berufung auf Schwitters um die Mitarbeit Tzaras und seiner Freunde für den 'Sturm'.

Herzfelde, Wieland u. **Gumperz, Julian** (Hg.)
3/244 Der Gegner. Politische Monatsschrift. Jg. II, Nr. 1, Berlin, Der Malik Vlg., März 1922
1926: (m. Abb. v. Scholz 'Die Herren der Welt')
G Haag Obb., Kunstarchiv Arntz.
Bibl.: Malik Nr. 17

Grosz, George
3/245 Mit Pinsel und Schere. 7 Materialisationen. Berlin, Der Malik Vlg., Juli 1922
Autotypien auf Kunstdruck nach aquarellierten und collagierten Federzeichnungen,
32 x 25 cm
Berlin, Akademie der Künste,
George Grosz-Archiv.
München, Privatsammlung
Bibl.: Malik Nr. 60; Schneede, U. M.: Grosz 1975, S. 177

Montagen und 'metamechanische Konstruktionen' von Grosz 1920–22

Jung, Franz
3/246 Mehr Tempo! Mehr Glück! Mehr Macht! Ein Taschenbuch für Jedermann. Berlin, Der Malik Vlg., 1923,
(= Jung, Die Technik des Glücks, Teil 2)
Marbach, Deutsches Literaturarchiv im Schiller-Nationalmuseum

Kassák, Lajos
3/247 Gedichte/MA. Berlin 1923
Haag, Obb., Kunstarchiv Arntz

Grosz, George u. **Herzfelde, Wieland**
3/248 Die Kunst ist in Gefahr. Drei Aufsätze. Berlin, Der Malik Vlg., 1925
45 S.
München, Privatsammlung
Bibl.: Malik Nr. 128
S. 22/23: 'Dada als Reaktion auf die Wolkenwanderertendenzen der sogenannten heiligen Kunst . . .'

S. 24:'. . . Der Dadaismus war der mit Gröhlen und höhnischem Gelächter vollzogene Durchbruch aus einem engen, überheblichen und überschätzten Milieu, das, zwischen den Klassen schwebend, keinerlei Mitverantwortlichkeit dem Leben der Allgemeinheit gegenüber kannte.'

Richter, Hans (Hg.)
3/249 G. Zeitschrift für elementare Gestaltung. Berlin 1926, Nr. 5/6: 'Film'
Haag, Obb., Kunstarchiv Arntz

Mitarbeiter: René Clair, Germaine Dulac, L. Hilberseimer, L'Herbier, R. Kurtz, Man Ray, Richter, Soupault

3/250 Brief an Tristan Tzara. Berlin-Friedenau (1922). Schreibmaschinentext auf Bogen m. Briefkopf: 'G', 19,8 x 17,3 cm

Paris, Bibliothèque Nationale, Bibliothèque Littéraire Jacques Doucet

R. stellt Tzara die erste Nr. der Zeitschrift 'G' vor.

PSEUDO-DADA

In Deutschland sind einige Flublatt-Zeitschriften erschienen, die Dada zu imitieren und zu parodieren suchten, jedoch nicht die Qualität von Dada erreichten, da die Verfasser, selbst in dem, was sie für Produktion von Unsinn hielten, den bürgerlichen Klischee-Vorstellungen verhaftet blieben, die Dada zerstören wollte.

Zeitler, J.
3/251 Pressehauptquartier
Leipzig, 19. Dez. 1918
München, Privatsammlung

Sauermann, Alfred (Hg., vermutlich auch Verfasser)
3/252 O Siris. Was ist Dadaismus? Oder der Versuch, einfaches Eiweiß darzustellen
Berlin, Vlg. Groteske Kunst, 1919
28 x 17,6 cm, 8 S., auf braunem Papier
München, Privatsammlung (Abb. S. 3/189)
Bibl.: DB III Nr. 99,1

3/253 Dada Quatsch. Enzyklopädie des Osiris. Berlin, Vlg. Groteske Kunst, 1919
29,8 x 23 cm, 8. S., auf weißem Papier
München, Privatsammlung (Abb. S. 3/189)
Bibl.: DB III Nr. 99,2

3/254 Dada-Tragödie. Das Gewebe reißt oder die Mausefalle . . . Berlin, Vlg. Groteske Kunst, 1920, 16 S., auf verschiedenfarbigem Papier
München, Privatsammlung
Bibl.: DB III Nr. 99,3

Worms, Fried-Hardy (Hg.)
3/255 Das Bordell, eine groteske Publikation.
Berlin, Vlg. Worien und Worms, 1921
22,2 x 15,4 cm
München, Privatsammlung
Bibl.: DB III Nr. 77
Pseudodadaistische Publ. m. Beitrag v. Baader, Brecht, Hausmann, Hermann-Neisse, F. H. Worms

3/256 Der Moloch.
Zeitschrift für internationale Blutokratie. Nr. 1, Dresden 1921
Folioblatt
Haag Obb., Kunstarchiv Arntz
Bibl.: Expressionismus 1960 Nr. 117; Düsseldorf Nr. 460.

KÖLN

Baargeld, Johannes T u. **Ernst, Max** (Hg.)
3/257 Bulletin D. Köln 1919
31,5 x 24 cm, 12 S., Umschlag m. Vignetten v. Max Ernst. Für den Inhalt verantwortlich: Max Ernst
Köln, Slg. Matthias Ungers
Bibl.: Motherwell/Karpel Nr. 60; Verkauf-Bolliger S. 177; DB III Nr. 137; Spies, S. 37

Zugleich Katalog der ersten Dada-Ausstellung im künstl. Rahmen der 'Gesellschaft der Künste'. Räderscheidt und Seiwert, die im Kat. genannt sind, zogen sich jedoch von der Ausstellg. zurück.

Kuhlemann, Johannes Theodor
3/258 Consolamini. Dichtungen. Köln 1919
M. 5 Zeichng. v. Max Ernst, 24,2 x 16,6 cm
Zürich, Hans Bolliger

3/259 Dada-Vorfrühling. Gemälde, Skulpturen, Zeichnungen, Fluidoskreptik, Vulgärdilettantismus. Köln, Brauhaus Winter, 1920
Kat., 21,5 x 15,2 cm, 4 S., vorderseitig rot, rücks. weiß. Beitr. von u. Abb. nach Werken v. Arp, Baargeld, Ernst Picabia
Haag, Obb., Kunstarchiv Arntz
Köln, Slg. Matthias Ungers
Bibl.: Dadamax Köln S. 1975, S. 55, 58;

Kat. der Kölner Dada-Ausstellung, die polizeilich geschlossen wurde. Aussteller: Arp, Baargeld, Ernst, Picabia

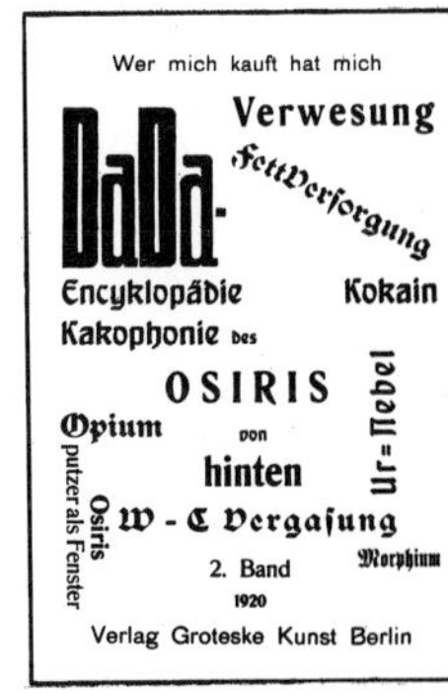

3/252
Sauermann, Osiris,
Berlin 1919

1919:
BULLETIN D

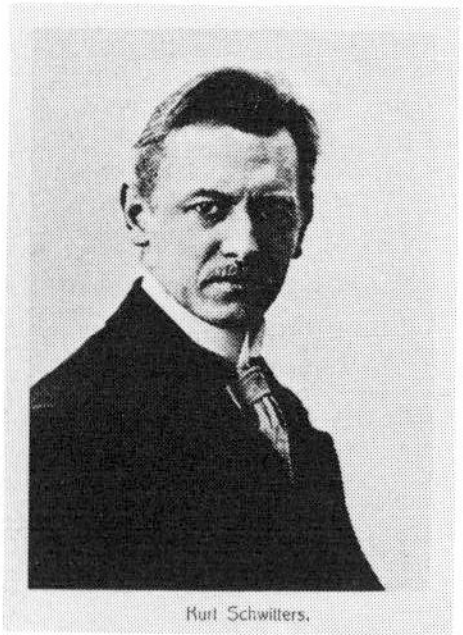

3/378
Schwitters, um 1920

3/260 Dada siegt
Plakat zur Wiedereröffnung der vorübergehend geschlossenen Ausstellung 'Dada-Vorfrühling', 'Dada ist für Ruhe und Ordnung'.
Köln, Brauhaus Winter, Mai 1920
Plakat, Klischeedruck, 42,3 x 63,5 cm
Paris, Privatsammlung (Abb. S. 3/181)
Bibl.: Spies, Nr. 84; Dadamax 1975, M. Ernst Œuvre Kat. Nr. 339

Baargeld, Johannes T u. **Ernst, Max** (Hg.)
3/261 Die Schammade. Dadameter, (Dilettanten erhebt euch). Köln, Schloemilch Vlg., 1920
33 x 25 cm, 32 S., m. Holzschn. und Collage v. Arp.
Zug, Peter Kamm
Paris, Bibliothèque Littéraire Jacques Doucet
Bibl.: Motherwell-Karpel Nr. 84; Düsseldorf Nr. 34c; Verkauf-Bolliger, S. 182; Z.P. Nr. 393; Dadamax 1975

1920:
DIE SCHAMMADE

Mitarbeiter: Aragon, Arp, Baargeld, Breton, Eluard, Ernst, A. und H. Hoerle, Huelsenbeck, Picabia, Ribemont-Dessaignes, Serner, Soupault, Tzara

3/262 die schammade – da da! Das Manifest der Kölner Dadaisten, Zeitungsbericht, Kölner Tageblatt, Köln, 12. April 1920
Photo-Vergrößerung

1920:
STUPID

3/263 Stupid 1. Vlg. Stupid, Köln (1920)
Ausstellungskat., 4°, 28 S., m. 12 Abb. (autotyp. u. Holzschn.) v. Wilhelm Frick, Angelika Hoerle, Anton Räderscheidt, Marta Räderscheidt, Franz Wilhelm Seiwert
Paris, Bibliothèque Nationale, Bibliothèque Littéraire Jacques Doucet
Bibl.: Düsseldorf Nr. 342; Dadamax, 1975, S. 97 ff.

HANNOVER

Schwitters, Kurt
3/264 Porträtphoto. Postkarte,
Vlg. der Sturm, Berlin (um 1920)
Berlin, Hannah Höch
Berlin, Berlinische Galerie

Vischer, Melchior
3/265 Sekunde durch Hirn. Ein Dada-Roman
Hannover, Paul Steegemann-Vlg., 1920
Die Silbergäule, Bd. 59/61, 23,5 x 13 cm
Haag, Obb., Kunstarchiv Arntz
Bibl.: Meyer, Nr. 42

Schwitters, Kurt
3/266 Merzplastik 'Kultpumpe'
Merzplastik 'Lustgalgen'.
2 Postkarten, Vlg. Der Sturm, Berlin (um 1919)
Berlin, Hannah Höch
Bibl.: Schmalenbach, Nr. 167, Nr. 168

3/267 Merkzettel: 'Ich bitte um 1/2 8 geweckt zu werden. Kurt', und mit dem Aufkleber 'Anna Blume'. Berlin, um 1922
Berlin, Hannah Höch

3/268 Die Kathedrale.
Hannover, Paul Steegemann Vgl., 1920
Die Silbergäule Bd. 41/42, 22,5 x 414,5 cm,
8 Lithogr. einschl. des Umschl.-Bildes
Berlin, Kupferstichkabinett, Staatliche Museen Preußischer Kulturbesitz
Bibl.: Schmalenbach-Bolliger Nr. 251;
Meyer, Nr. 38

Ursprünglich mit einem lithographierten Papierstreifen verschlossen mit der Aufschrift: 'Aus sanitären Gründen zugeklebt. Vorsicht: Anti-dada. Man weise aufgebrochene Exemplare zurück. K. S. Merz. 1920'

3/269 Kurt Schwitters-Vortrag in der Kaufmannschaft. Zeitungsbericht. Lokal-Anzeiger, Dresden, 22. Febr. 1921
Photo-Vergrößerung

Anläßlich einer Tournee Schwitters' nach Dresden

3/270 Sturm Bilderbücher IV.
Berlin, Vlg. Der Sturm, 1921, 28,8x22,5cm, 32S., Einl. v. Otto Nebel, 15 Ged., 15 Stempelzeichng.
Haag, Obb., Kunstarchiv Arntz (Abb. S. 3/191)
Bibl.: Schmalenbach-Bolliger 2, S. 379

3/271 Dada-Revon. Kleine Dada-Soirée
Hannover, um 1922.
Plakat u. Programm, 30 x 30 cm, roter u. schwarzer Druck auf weißem Papier
Berlin, Hannah Höch (Abb. S. 3/95)
Bibl.: DB III Nr. 60

'Revon' ist der zweite Teil der Bez. Hannover, rückwärts gelesen.

3/272 Anna Blume. Dichtungen. Neu veränderte Auflage, Hannover, Paul Steegemann Vlg., 1922
Die Silbergäule, Bd. 39/40,
18,5 x 12,5 cm, Pappband v. Schwitters m. Einband-Collage, Expl. 82 S.
Berlin, Berlinische Galerie
Bibl.: Schmalenbach-Bolliger Nr. 3; Meyer, Nr. 85

Bei seinen Rezitationen benutztes Handexemplar.

3/273 Elementar. Die Blume Anna. Die neue Anna Blume. Eine Gedichtsammlung aus den Jahren 1918–1922.
Einbecker Politur Ausgabe, Berlin, 1922 (Der Sturm),
23 x 15,2 cm, 32 S., broschiert
Berlin, Hannah Höch
Bibl.: Schmalenbach, Nr. 4

3/274 Memoiren Anna Blumes in Bleie. Eine leicht faßliche Methode zur Erlernung des Wahnsinns für Jedermann v. Kurt Merz Schwitters. Freiburg i. Br., Vlg. Walter Heinrich, (Schnitterbücher), 1922
18,5 x 11,5 cm, 26 S., Umschl. m. Illustrationen v. Schwitters
Haag Obb., Kunstarchiv Arntz (Abb. S. 3/191)
Bibl.: Schmalenbach-Bolliger, Nr. 5

3/275 Tran 30. Auguste Bolte. (Ein Lebertran) v. Kurt Merz Schwitters. Berlin, Vlg. Der Sturm, 1923
22,7 x 15,2 cm, 48 S., rotbrauner Einbd. m. Titelvign.
Berlin, Hannah Höch
Bibl.: Schmalenbach-Bolliger Nr. 8

Schwitters, Kurt u. **Steinitz, Käte**
3/276 Familie Hahnepeter. Väterchen gewidmet. Hannover, Merzverlag 1924
Haag, Obb., Kunstarchiv Arntz
Schmalenbach-Bolliger Nr. 241

3/277 Das Märchen vom Paradies.
Hannover, Aposs Vlg., 1924
Erscheint als Merz 16/17, 27,2 x 21 cm, 32 S., kart., Umschl. weiß, schwarz, grün bedr., Text v. Schwitters, Illustr. v. Steinitz. Inhalt: 1. Der Hahnepeter, 2. Der Paradiesvogel, 3. Paradies auf der Wiese
Haag, Obb., Kunstarchiv Arntz
Bibl.: Schmalenbach-Bolliger Nr. 244

Schwitters, Kurt (Hg.)
3/278 Merz 1. Holland Dada. Hannover, Januar 1923
22,3 x 14,2 cm, grauer Umschl., schwarz bedr., Inh. auf gelbes Papier gedr.
Haag, Obb., Kunstarchiv Arntz (Abb. S. 3/194)
Bibl.: Schmalenbach-Bolliger Nr. 232

Mitarbeiter: van Doesburg (Bonset), Vilmos Huszar, Picabia, Schwitters

3/279 Merz 2, Nummer i.
Hannover, Merzvlg., April 1923
22,3 x 14,2 cm, grauer Umschl., schwarz bedr.
Haag, Obb., Kunstarchiv Arntz
Bibl.: Schmalenbach-Bolliger Nr. 233

Mitarbeiter: van Doesburg (u. a. Manifest Proletkult), Schwitters, Tzara

3/280 Merz 5. 7 Arpaden
Hannover, Merzvlg., 1923.
Mappe, 45,5 x 35 cm, m. 7 Lithogr. v. Hans Arp, publ. in 50 numerierten Expl.

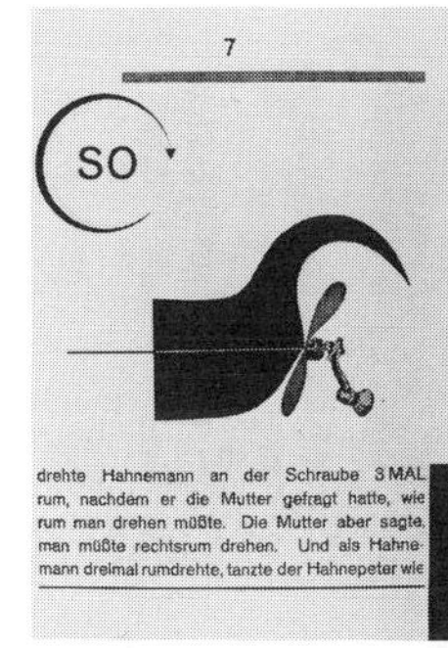

3/270
Schwitters, Seite aus Sturmbilderbücher IV, 1921

1923:
MERZ I

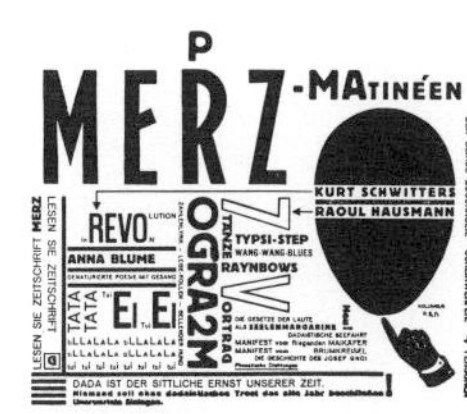

Schwitters, Merz. Matinéen, Anzeige

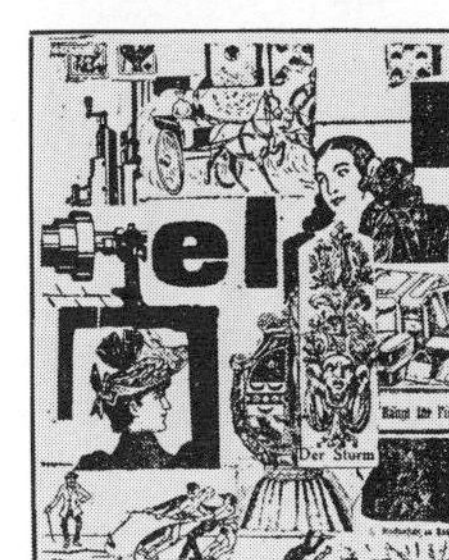

3/274
Schwitters, Umschlagillustr. Memoiren Anna Blumes in Bleie, 1922

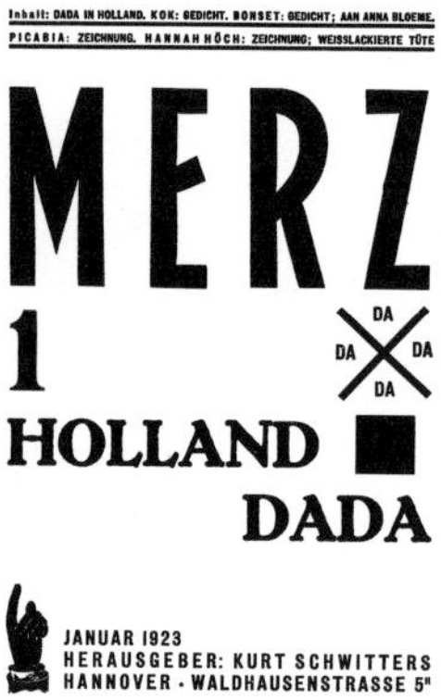

3/278
Merz 1, Holland Dada, Hannover 1923

Köln, Slg. Matthias Ungers
Bibl.: Schmalenbach-Bolliger Nr. 236

3/281 Merz 6. Imitatoren watch step!
Hannover, Merzvlg., Okt. 1923
22,4 x 14,4 cm, 16 S., grauer Umschl., schwarz bedr., Inhalt auf weißem Papier gedr., Vorders. d. Umschl.: Arp I. Propaganda und Arp. Redaktion des Arperverlgs., Hans Arp, Zürich, Okt. 1923
München, Privatsammlung
Bibl.: Schmalenbach-Bolliger Nr. 237

Mitarbeiter: Arp, Brugman, El Lissitzky, Mondrian, Schwitters, Sophie Taeuber-Arp, Tatlin (Denkmal der III. Internationale) u. a.

1924: MERZ 7

3/282 Merz 7. Tapsheft. Hannover, Merzvlg., Jan. 1924
Redaktion des Merzvlgs.
Kurt Schwitters Bd. 2, Nr. 7
31,5 x 23,5 cm, 8 S., hellgrüner Umschl., schwarz bedr., Inhalt auf orangerotes Papier gedr.
Berlin, Hannah Höch
Bibl.: Schmalenbach-Bolliger Nr. 238

Mitarbeiter: Baader, Schwitters, Spengemann, Tzara

1931: MERZ 21

3/282a Merz 21. Erstes Veilchen-Heft. Eine kleine Sammlung von Merzgedichten aller Art von Kurt Schwitters. Hannover, Merzvlg., 1931
21,5 x 31,5 cm, 12 S., gelber Umschl., schwarz u. rot bedr., Inh. auf weißem Papier
München, Privatsammlung
Bibl.: Schmalenbach-Bolliger Nr. 247

Enthält u. a. wichtigen Text von Schwitters über einen Teil des Merz-Baus, 'die große Säule' oder 'Kathedrale des erotischen Elends'.

1923: HET OVERZICHT

HOLLAND

Doesburg, Theo van

1922/23: MECANO

3/283 Mecano. Revue, Gérant littéraire: I. K. Bonset (Pseud. f. van Doesburg), Mécanicien plastique: Theo van Doesburg, Administratie: Utr. Jaagdpad 17, Leiden (Holland). Administratie en Vertegenwoordiging voor Holland: 'De Stijl', Klimopstrast 18, Haag
Paris, Librairie 'Six', 5 avenue Lowental. Leiden 1922/23
Nrn. 1–3, acht geteilte Faltbl., je 16 x 13 cm Nr. 1 auf blauem, Nr. 2 auf gelbem, Nr. 3 auf rotem Papier gedr. Nr. 4/5, 25,3 x 16,2 cm, a. w. Pap. gedr.
Köln, Slg. Matthias Ungers (Abb. S. 3/93)
Bibl.: Motherwell/Karpel Nr. 77; Z.P. Nr. 385; Schippers S. 138
Mitarbeiter: Arp, Beaudin, Boccioni, G. Buffet, Charchoune, Crotti, Eluard, Ernst, Hausmann, Man Ray, Moholy, Mondrian, Peret, Picabia, E. Pound, Röhl, Ribemont-Dessaignes, Schwitters, R. Spotts

3/284 Wat is dada?
Den Haag 1923, Manifest, 15,5 x 12 cm, 14 S.
Haag, Obb., Kunstarchiv Arntz (Abb. S. 3/94)
Bibl.: Z.P. Nr. 314, Schippers, S. 56

EPIZENTREN:

BELGIEN

Ostayen, Paul van (Hg.)
3/285 Bezette Stad. Uitgave van Het Sienjaal
Antwerpen 1921
Haag, Obb., Kunstarchiv Arntz

Berckelaers, Fernant u. **Peeters, Josef** (Hg.)
3/286 Het Overzicht. Nr. 17
Antwerpen, 1. Sept. 1923
München, Privatsammlung
Bibl.: M. Seuphor, Paris 1977
Mitarbeiter u. a.: K. Albert, Berckelaers, Casteels, Seuphor, Tzara, de Torre u. a.

Flämische avantgardistische Zeitschrift mit dadaistischen und konstruktivistischen Einflüssen

Seuphor, Michel
3/287 Carnet Bric à Brac, – Te Paris in trombe
Antwerpen, Vlg. Het Overzicht, 1924.
Gedichtsammlungen,
24 x 15,8 cm u. 25 x 16,5 cm

München, Privatsammlung
Bibl.: DB III Nr. 112; M. Seuphor, Paris 1977
Gedichtsammlungen mit dadaist. Einfluß

3/288 Pansaers, Clement.
Bar Nicanor
Ankündigung, DIN A4
Zürich, Hans Bolliger

ITALIEN

Evola, Julius
3/289 La parole obscure du paysage intérieur – poème à quatre voix. (o. J.) 1920
23 x 18,5 cm, 10 S., Nr. 23 v. 99, Expl., m. Abb. 'Dada-paesaggio' u. m. handschriftl. Widm.: hommage à Paul Eluard, J. Evola
Paris, Bibliothèque Nationale, Bibliothèque Littéraire Jacques Doucet

Simultangedicht von 4 Stimmen, die die '4 Elemente des inneren Lebens' symbolisieren. Evolas Theorie von Dada ist geprägt von Stirner. Das Experiment Dada bedeutet für ihn Selbstentdeckung, zu dem ihm die künstlerischen Untersuchungen verhelfen.

3/290 Abstrakte Kunst. Theoretische Position, 10 Gedichte, 4 Kompositionen. (Arte astratta. positione theoretica, 10 poemi, 4 composizioni). Rom, Meglione et Strini, 1920.
Ed. collection Dada, Zürich,
25,5 x 19,5 cm, 24 S.
Paris, Bibliothèque Nationale, Bibliothèque Littéraire Jacques Doucet
Bibl.: Z.P. Nr. 320

Vgl. Text Dada Italien.

Cantarelli, Gino u. **Evola, Julius** (Hg.)
3/291 Bleu
Casella Postale, Mantova
Nr. 2, Aug./Sept. 1920
38 x 25 cm, 6 S., grüner Druck
Nr. 3. Jan. 1921, 38 x 25 cm, 6 S., roter Druck
Haag, Obb., Kunstarchiv Arntz
Bibl.: Motherwell/Karpel 58; Z.P. Nr. 363; DB III Nr. 135

Mitarbeiter: Aragon, I. K. Bonset (van Doesburg), Dermée, Eluard, Evola, Kahnweiler, Reverdy, Ribemont-Dessaignes, Serner, Tzara u. a. In Nr. 3 Anzeige zum ersten 'Jazzband Dada Ball' von Schad

SERBIEN

Poljanski, Virgil u. **Micic, Ljubomir** (Hg.)
3/292 Dada-Jok.
Zagreb, Tiscara Mercantile, 1922
Faltblatt, 35 x 25,2 cm, 8 S.
München, Privatsammlung (Abb. S. 3/108)
Bibl.: Z.P. Nr. 373; DB III Nr. 162

1922:
DADA-Jok

Aleksitch, Dragan (Hg.)
3/293 Dada-Tank. Nr. 1: Novo-Kosovo.
Zagreb, Stamparija Gaj, 1922
32 x 24 cm, 8 S.
München, Privatsammlung (Abb. S. 3/106)
Bibl.: Z.P. Nr. 375; DB III Nr. 163

1922:
DADA-TANK

Mitarbeiter: Aleksitch, Huelsenbeck, Tzara

3/294 Plakat zu einer Matinée der Zeitschrift Dada-Tank im Royal Kino
Zagreb, 2. Aug. 1922.
München, Privatsammlung
Bibl.: DB III Nr. 163

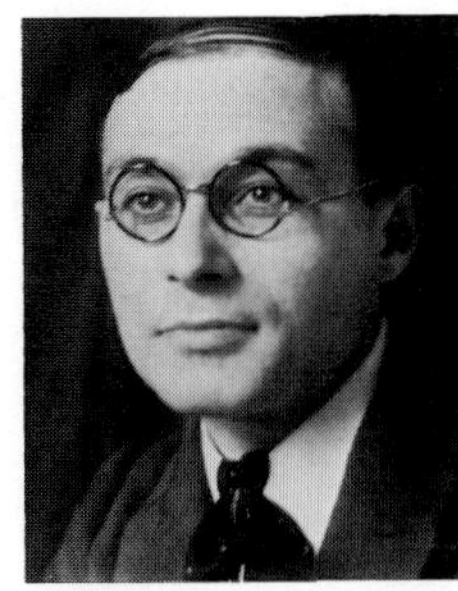

3/372
Pansaers, um 1920

Micic, Ljubomir
3/295 Zenitismus. Neueste Kunstrichtung der Welt. Extra-Ausgabe, München, 14. Juli 1922
München, Privatsammlung

1922:
ZENITISMUS

'Zenitismus wurde durch den Dichter Ljubomir Micic am 1. Febr. 1921 in die Welt geschleudert'

Micic, Ljubomir (Hg.)
3/296 Zenit. Novu Umetnost
Zagreb, mesaca Juna 1921
Mit zenitistischem Manifest von Ivan Goll
München, Privatsammlung (Abb. S. 3/107)
Bibl.: D. B. III Nr. 247
Die Zeitschrift erschien Febr. 1921–Dez. 1926; expressionistisch und dadaistisch beeinflußt. Beiträge u. a. von Einstein, Goll, Hausmann, Schwitters

1920:
BLEU

ÖSTERREICH

Hurewitz, Peter K. (Hg)
3/297 Secession Number one. Wien, Frühling 1922,
23 x 14,2 cm
Zürich, Hans Bolliger
Beiträge v. Aragon, Willy Bray, Malcolm Cowley, Mathew Josephson, Tzara (Antiphilosophie)

SPANIEN

Huidobro, Vincente (Hg.)
3/298 Revista internacional de arte. Nr. 1
Madrid, April 1921
37,5 x 28 cm
Haag, Obb., Kunstarchiv Arntz
Bibl.: Z.P. Nr. 370; DB III Nr. 147

Beiträge von Arnauld, Cocteau, Crevel, Dermée, Eluard, Ernst, C. u. J. Goll, Morand, Radiguet, Raynal, Ozenfant, Jeanneret (Le Corbusier), Satie, Settinelli, Tzara, Wolff. 4-seitige Partitur v. Schönbergs Op 3 Nr.1

Charchoune, Serge.
3/299 Transbordeur Dada. Offizielles Organ der $3^{1}/_{2}$. Internationale. Redakteur u. einziger Collaborateur: Serge Charchoune, Berlin, Charchoune & Cie
Nr. 1: Das homoerotische Europa, Juni 1922.
Nr. 2: Das blinde Auge, 19. Nov. 1922, 4 u. 6 S.
München, Privatsammlung
Bibl.: Sanouillet Nr. 256

Zeugnisse seines Berliner Aufenthaltes zur Ersten Russischen Kunstausstellung in Berlin veranst. von der Galerie van Diemen

3/300 Dada-Kompilation. (Dadaisme compilatsia) Paris, Europe Homéopathe, 1923
16,2 x 12 cm, 16 S.
München, Privatsammlung
Bibl.: Sanouillet Nr. 49; DB III Nr. 164

Charchoune begann seine dadaistischen Aktivitäten um 1916 in Barcelona. Seine Veröffentlichungen haben resümierende Bedeutung.

TSCHECHOSLOWAKEI

Cernik, Krejcar, Seifert u. **Teige** (Hg.)
3/301 Pasmo. revue internationale moderne, Praha, Ed. Devetsil, 1926
Umschlag-Illustr. Rayogramm
Haag, Obb., Kunstarchiv Arntz
Bibl.: DB III Nr. 206, Beiträge von Schwitters u. a.

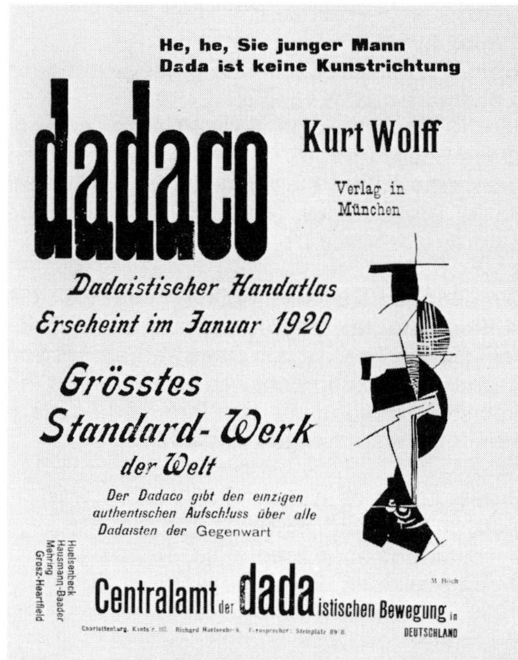

3/190
Dadaco Anzeige,
(aus Der Dada Nr. 2,
1919)

DADA IN EUROPA:

DADACO UND DADAGLOBE

Mit dem Projekt, das künstlerische Äußerungen aller Dadaisten enthalten sollte, beabsichtigten die Dadaisten, den immanenten Wirklichkeitszusammenhang ihrer Gruppe in die tradierte Geschlossenheit der bürgerlichen Kulturgeschichte einzusprengen. Die 'globale' Bedeutung dieses Werkes, die ihm von den Dadaisten selbst beigemessen wurde, schien dieselben Interessen wahren zu wollen, deren Entlarvung sie veranlaßten, den Totalitäts- und Ewigkeitsanspruch der tradierten Kunstauffassung zu destruieren und ihm das Transitorische und Ephemere, das die Gruppe zum Gesetz der 'Moderne' erhob ('Der Tod ist eine durchaus dadaistische Angelegenheit'- Huelsenbeck), entgegenzuhalten. Das presentistische Bewußtsein der Dadaisten, das von jeder Geschichtlichkeit absah, ließ die 'Konservierung' ihrer eigenen Geschichte als die für sie einzige Möglichkeit einer abstrakt utopischen Konstruktion des künstlerischen Individuums erscheinen. Als unveröffentlichtes, nie vollendetes Projekt, das Konzeption blieb, bezog es sich jedoch ironisch auf den Anspruch seiner 'Globalität'.

DADACO

Das Projekt des 'Dadaco' wird im Juli/August 1919 von dem Verlag Kurt Wolff in München aufgenommen, der schon 1917 'aufmerksames Interesse' für die publizistischen Vorschläge der Dadaisten gezeigt hat (vgl. Wolff, K.,: Autoren, Bücher, Abenteuer, Betrachtungen und Erinnerungen eines Verlegers, Berlin 1965, S. 20ff.). Als Initiator trat Huelsenbeck mit Tzara in regen Briefverkehr über den Verlauf des Projektes. Heartfield sollte die typographische Gestaltung übernehmen. Tzara hat zu diesem Projekt seine volle redaktionelle Mitarbeit zugesagt und schon damals sämtliche Beiträge mitorganisiert. Dadaco wird in Der Dada, Nr. 2 (Kat. 3/190) als 'größtes Standardwerk der Welt', als 'dadaistischer Handatlas' für Januar 1920 angekündigt und im 'Zeltweg' (Zürich Nov. 1919) und im 'Bulletin D' (Köln 1919) als 'dadaistischer Weltatlas' propagiert. Aus finanziellen Streitigkeiten hat der Kurt Wolff Verlag das Projekt März 1921 aufgegeben und '13 Blatt' Dadaco-Andrucke an Tzara verkauft. (Kat. 3/302) Wolff hat die 'Pedanterie, die Langeweile und der Stumpfsinn der empfangenen Briefe von dem Wahn geheilt, daß hier schöpferischer Spaß zu finden sei'. Huelsenbeck läßt das Projekt fallen und gibt daraufhin nach der Dada-Messe 1920 den Dada-Almanach beim Erich Reiss Verlag heraus. Dennoch ist 'Dr. Billig am Ende' (Kat. 3/228) 1921 als einziges dadaistisches Buch im Kurt Wolff Verlag erschienen.

3/302 Dadaco. Dadaistischer Handatlas. Verlagsprojekt des Kurt Wolff Vlgs., München, vorgesehen f. Jan. 1920, nicht erschienen
13 Druckbogen, ca. 38 x 46 cm bis 59 x 46 cm
Frankfurt, Jürgen Holstein
Bibl.: DB III Nr. 80.

Mitarbeiter: Arp, Baader, Ball, de Chirico, Golyscheff, Grosz, Hausmann, Heartfield, Höch, Jung, Preiss, Schad, Serner, Schwitters, Taeuber Arp, van Rees.
Auszüge aus der 'Neuen Jugend',
'Die Freie Straße', Nr. 9,
'Der Dada', Nr. 2 und Nr. 3.

3/303 3 Druckbogen
48,5 x 33 cm
Privatsammlung (Abb. S. 3/196, 197)

Text von Grosz, Typographie von Heartfield

3/304 Druckbogen für Dadaco, Reprint 16 S., Rom, Mailand 1970
32,7 x 24,2 cm
Bibl.: Motherwell/Karpel, Nr. 34, Abb. S. 150f.

Mitarbeit: Ball, de Chirico, Hausmann, Heartfield, Huelsenbeck (Text), Huidibro (Gedicht), Grosz

3/303
Dadacodruckbogen,
um 1919/20

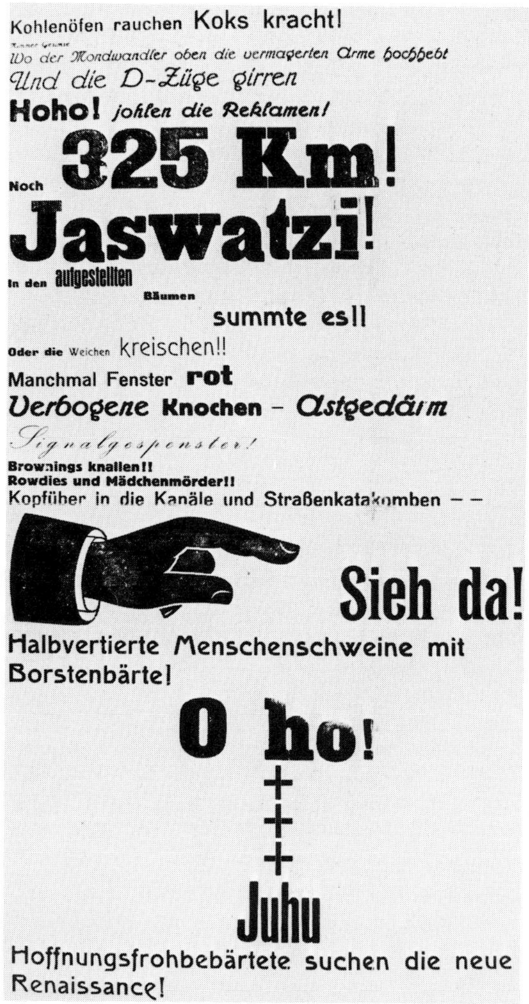

Wolff, Kurt
3/305 Brief an Tzara (Zürich). Berlin, 16. Aug. 1919. Schreibmasch. Manuskr. DIN A4, Briefkopf: Kurt Wolff Vlg., Leipzig, Abänderung: Berlin
Paris, Bibliothèque Nationale, Bibliothèque Littéraire Jacques Doucet

Wolff bestätigt, durch Huelsenbeck erfahren zu haben, daß Tzara sich zur Förderung eines umfassenden Dada-Almanachs bereit erklärt hat, und bittet um baldige Lieferung von Beiträgen der Freunde Tzaras.

Tzara, Tristan
3/306 Brief an Richard Huelsenbeck. Zürich, 22. Aug. 1919.
Schreibmasch. Manuskr. DIN A4, Durchschlag
Paris, Bibliothèque Nationale, Bibliothèque Littéraire Jacques Doucet

T. bestätigt volle redaktionelle Mitarbeit unter der Bedingung, daß auf Zürich als Geburtsort Dadas hingewiesen wird sowie darauf, daß sich sämtliche Dadaisten während des Krieges pazifistisch verhalten haben. Tzara nennt die Künstler, mit denen er wegen Mitarbeit verhandelt.

3/307 Brief an Huelsenbeck. Zürich, (o. D.) Schreibmasch. Manuskr. DIN A4, Kopie m. Briefkopf: Mouvement Dada, Zürich. Unterschrift. handschriftl.: Tristan
Paris, Bibliothèque Nationale, Bibliothèque Littéraire Jacque Doucet

Redaktionelle Notizen

Huelsenbeck, Richard
3/308 Brief an Tzara. (Berlin), 29. 8. 1919
Schreibmasch. Manuskript. DIN A4, Briefkopf: Zentrale der dadaistischen Bewegung (Richard Huelsenbeck), Charlottenburg
Paris, Bibliothèque Nationale, Bibliothèque Littéraire Jacques Doucet

Bericht über Fortgang des Dadaco, dadaistischer Weltatlas, hg. v. Huelsenbeck, montiert v. Heartfield. Plan einer Riesen-Dada-Ausstellung im Winter

3/309 Brief an Tzara. Berlin-Charlottenburg, 12. 1. 1920. Handschriftl. Manuskr. DIN A4
Briefkopf: Centralamt der dadaistischen Bewegung
Paris, Bibliothèque Nationale, Bibliothèque Littéraire Jacques Doucet

Mitteilung über den Fortgang des Dadaco nach langer Stagnation. Schwierigkeiten wegen der wirtschaftl. Katastrophe in Deutschland

3/310 Brief an Tzara. (Berlin, o. D.).
Schreibmasch. Manuskr. DIN A4, Unterschrift. handschriftl.: Huelsenbeck
Paris, Bibliothèque Nationale, Bibliothèque Jacqu es Doucet

Antwort auf Drohung Tzaras, die Beiträge für Dadaco zurückzuziehen

Baader, Johannes
3/311 Brief an Tzara. Berlin-Steglitz, 12. Dez. 1919 ('Am 12')
Handschriftl. Manuskript, 19,5 x 22,5 cm
Briefkopf: Der Oberdada
Paris, Bibliothèque Nationale, Bibliothèque Littéraire Jacques Doucet

B. macht Vorschläge zu Typographie und Layout seiner Beiträge und nimmt für sich die Urheberschaft des Wortes Dadaco in Anspruch. 'Meine Äußerungen in dada haben nicht die dadaistische Facade, aber sie haben die dadaistische Wirkung, und darauf sind sie berechnet.'

Wolff, Kurt (Vlg.)
3/312 Brief an Tzara (Paris). München, 19. März 1921
Einschreiben, Schreibmasch. Manuskr. DIN A4, Briefkopf: Kurt Wolff Vlg. AG, München, unterschriftl. gez.: Seiffert
Paris, Bibliothèque Nationale, Bibliothèque Littéraire Jacque Doucet

Mitteilung über den Versand von 13 Blatt Dadaco-Andrucken an Tzara (vgl. Kat. 3/290)

Richter, Hans
3/313 Brief an Tzara. Berlin, 2. Dez. 1922
Handschriftl. Manuskr. DIN A4, zwei Kontaktstreifen aus Richters Film 'Rhythm 23' über den Briefkopf geklebt
Paris, Bibliothèque Nationale, Bibliothèque Littéraire Jacques Doucet

Angaben zur Technik des Films u. für die Abb. im Dadaco

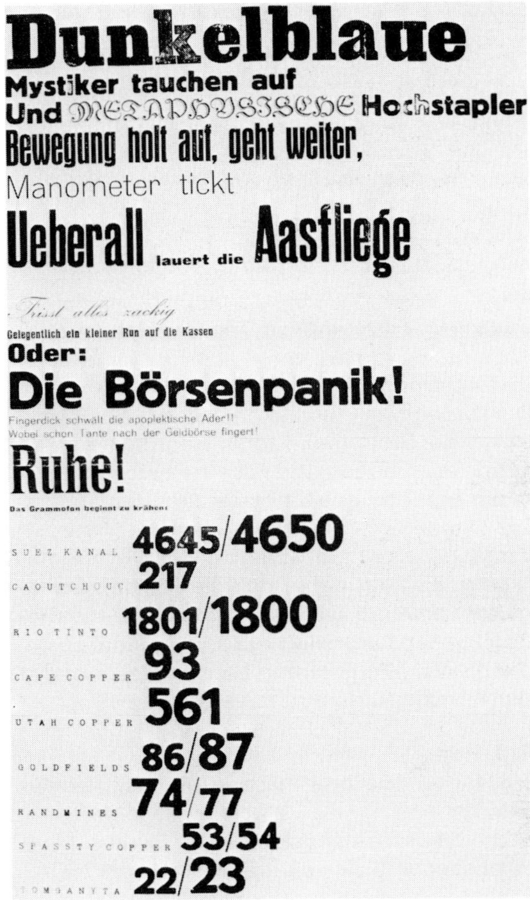

3/303
Dadacodruckbogen, um 1919/20

DADAGLOBE

Tzara leitet das Projekt als 'Dadaglobe' allein weiter. In 'New York Dada' im April 1921 (Kat. 3/36), wirbt er für den 'Dadaglobe', der im Verlag 'La Sirène' herauskommen sollte (vgl. Sanouillet M.,: Le Dossier de 'Dadaglobe', in: Cahiers dada surrealisme, Nr. 1, Paris 1966, S. 111 ff.). Nach Sanouillet wurden jedoch keine dokumentarischen Unterlagen zum Dadaglobe bei den Verlegern J. Cocteau und B. Cendrars gefunden. Die Vielzahl der eingesandten Beiträge (jetzt im Fonds Doucet bef. Nachlaß Tzaras) manifestiert, wie fortgeschritten das Projekt schon war und läßt vermuten,

daß der Umfang des Projekts einer Realisierung im Wege stand. Noch im Febr. 1922 fragt Max Ernst Tzara, was aus seinen eingesandten Arbeiten für 'Ihre Etcetera' geworden ist (vgl. Spies W.,:. Max Ernst Collagen, Kap. Tzaras Projekt 'Dadaglobe'. S. 91 f.). Wahrscheinlich hat sich das Projekt bis zum Ende der Dadazeit hingezogen.
Aus diesen Untersuchungen läßt sich vermuten, daß Dadaco und Dadaglobe ein und dasselbe Projekt vertreten; zunächst von Berlin-Dada (Hg. Huelsenbeck, Montage Heartfield) geplant, wurde es von Tzara im März 1921 übernommen.
Der Dadaglobe umfaßte ca. 150 S. und befand sich in der Bibliothek Tzaras. Nach seinem Tod wurde er zerstreut, und nur ein Restbestand ist in der Bibliothèque Littéraire Jacques Doucet. Die Dokumente Kat. Nr. 3/304–3/318 wurden Tzara gesandt zum Zwecke der Veröffentlichung. Es liegt nahe, daß sie für den Dadaglobe verwandt werden sollten. Um dies jedoch genau feststellen zu können, müßte dazu die die Veröffentlichung betr. Korrespondenz der Künstler untersucht werden.

Arp, Hans
3/314 pup pup pup machen die elektrischen Gewitter . . .
Schreibmasch. Manuskr. DIN A5, Durchschlag, m. handschriftl. Korrekturen, gez. handschriftl.: Arp
Paris, Bibliothèque Nationale, Bibliothèque Littéraire Jacques Doucet

Arp, Hans, Serner, Walter u. **Tzara, Tristan**
3/315 Montgolfier institut für schönheitspflege
Simultangedicht. Schreibmasch. Manuskr., 21,6 x 22,1 cm, m. handschriftl. Korrekturen
Paris, Bibliothèque Nationale, Bibliothèque Littéraire Jacques Doucet

Ball, Hugo
3/316 Totenklage
Gedicht. Schreibmasch. Manuskr. DIN A4, m. handschriftl. Korrekturen, gez. handschriftl.: Hugo Ball
Paris, Bibliothèque Nationale, Bibliothèque Littéraire Jacques Doucet

Bonset, I. K. (Doesburg, Theo van)
3/317 Je jette mon squellette dans le jardin
Manifest, handschriftl. Manuskr., 19 x 21 cm, m. eingedruckten Lettern IKB, unterz.: Pays-Bàh. ik. bonset
Paris, Bibliothèque Nationale, Bibliothèque Littéraire Jacques Doucet

Crotti, Jean
3/318 Sphère de Cristal
Gedicht. Schreibmasch. Manuskr. DIN A4, Durchschlag
Paris, Bibliothèque Nationale, Bibliothèque Littéraire Jacques Doucet

Dermée, Paul
3/319 Poème sans queue ni tête. 'Au cœur de soleil une femme meurt.'
Textcollage, 29,4 cm, Schreibmaschinenzeilen radial auf Papier geklebt
Paris, Bibliothèque Nationale, Bibliothèque Littéraire Jacques Doucet

Eluard, Paul
3/320 Un soupçon
Gedicht. Schreibmasch. Manuskr. DIN A4, Durchschlag
Paris, Bibliothèque Nationale, Bibliothèque Littéraire Jacques Doucet

Griebel, Otto
3/321 Dadaistes de Paris et d'ailleurs, Ahoi !!!
Brief m. aufgekl. Photo, 21 x 19,4 cm
Paris, Bibliothèque Nationale, Bibliothèque Littéraire Jacques Doucet

3/322 Stirbt der Mensch. 1921
Photomontage u. Collage, 13 x 16 cm
Paris, Bibliothèque Nationale, Bibliothèque Littéraire Jacques Doucet

Hausmann, Raoul
3/323 Der baargeld
Aufsatz über Johannes Baargeld
Schreibmasch. Manuskr. DIN A4, Durchschlag auf grünem Papier
Paris, Bibliothèque Nationale, Bibliothèque Littéraire Jacques Doucet

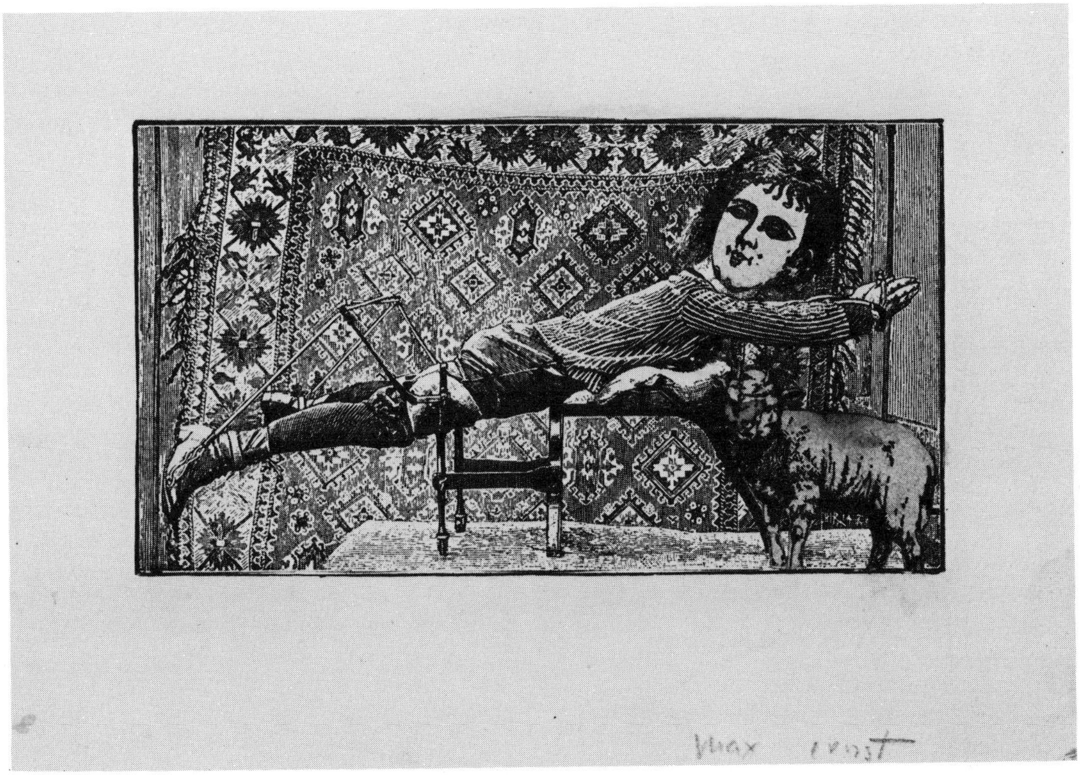

3/585
Ernst, ohne Titel
(enfant), 1921

Bibl.: Hausmann, R.: Der baargeld, in: Neun kurze Beiträge aus den Dada-Jahren von R. Hausmann, Hg. R. Sheppard, in: Sprache im techn. Zeitalter, H. 58, Stuttgart 1976, S. 164

Huelsenbeck, Richard
3/324 Die Arbeiten von Hans Arp
Aufsatz, Schreibmasch. Manuskr., Sept. 1916, m. handschriftl. Korrekturen, 33,6 x 21 cm
Paris, Bibliothèque Nationale, Bibliothèque Littéraire Jacques Doucet

Picabia, Francis
3/325 Manifest percé par derrière
Schreibmasch. Manuskr. DIN A4, Durchschlag.
Paris, Bibliothèque Nationale, Bibliothèque Littéraire Jacques Doucet

Schad, Christian
3/326 Ohne Titel
Collage, Schreibmasch. Typographik, 16,4 x 9 cm
Paris, Bibliothèque Nationale, Bibliothèque Littéraire Jacques Doucet

Tzara, Tristan
3/327 Ribemont-Dessaignes
Schreibmasch. Manuskr. DIN A4, Briefkopf: Mouvement Dada, Zürich
Paris, Bibliothèque Nationale, Bibliothèque Littéraire Jacques Doucet
Bibl.: Cahiers dada surrealisme, Paris 1966, S. 138f.

Varèse, Edgar
3/328 Crazy Dog itself / Corona australis.
Zwei Gedichte, Schreibmasch. Manuskr. DIN A4, Briefkopf: Sternbild des Großen Wagens
Paris, Bibliothèque Nationale, Bibliothèque Littéraire Jacques Doucet

3/415
Hausmann,
L'inconnu, 1918

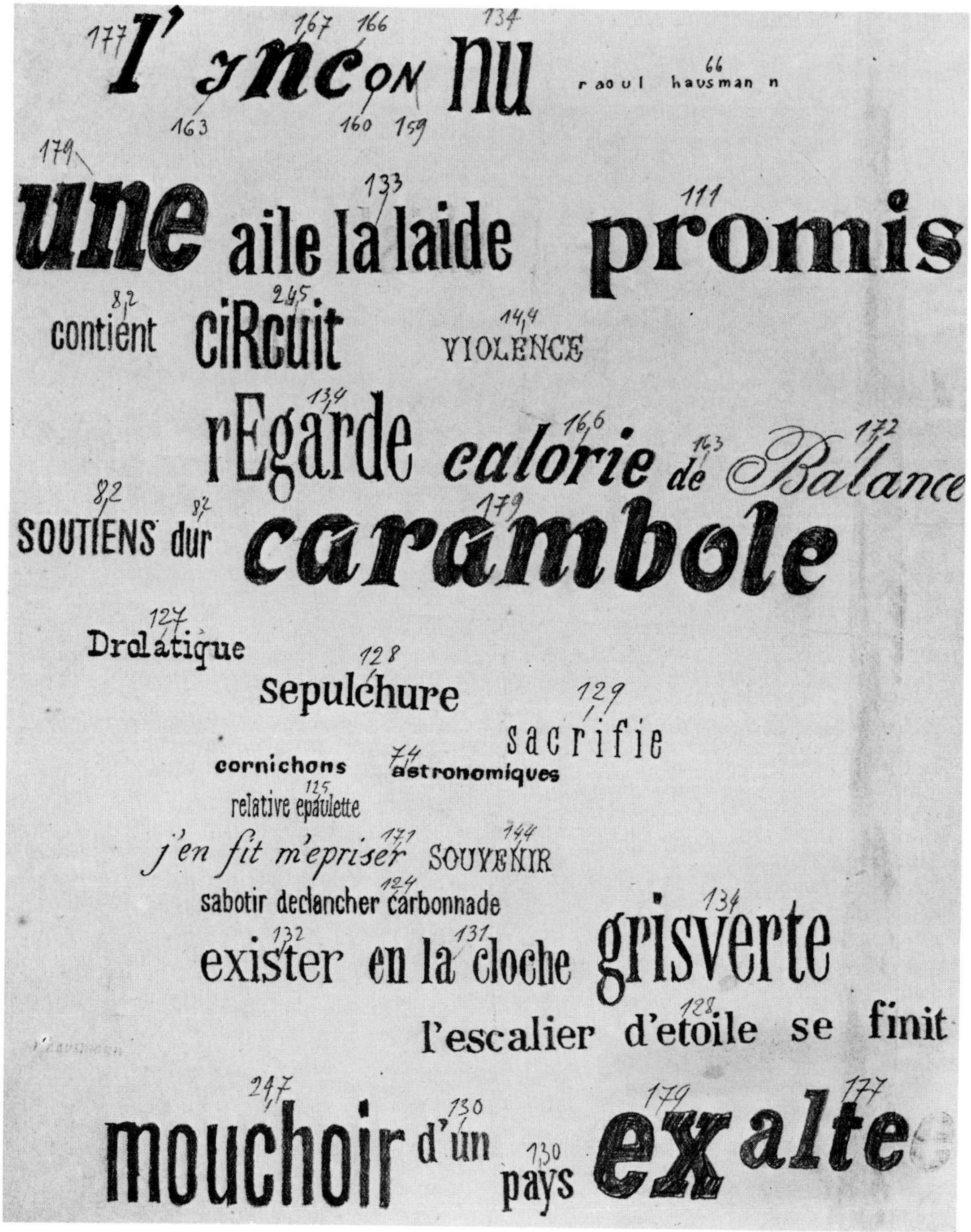

PORTRÄTS

Delaunay, Robert
3/329 Bildnis Louis Aragon, 1922
Kreide auf Papier: 33 x 28 cm
Paris, Sonja Delaunay
Bibl.: Ausst. Kat.: Delaunay, Paris 1976, Nr. 71

3/330 Bildnis Walter Mehring 1924/25
Kreide auf Papier: 63,8 x 49,3 cm
Paris, Sonja Delaunay
Bibl.: Ausst. Kat.: Delaunay, Paris 1976, Nr. 83

3/331 Bildnis Tristan Tzara 1923
Öl auf Leinwand: 105,3 x 75 cm
Paris, Sonja Delaunay
Bibl.: Ausst. Kat.: Delaunay, Paris 1976, Nr. 80

Hausmann, Raoul
3/332 Selbstporträt, 1914
Mischtechnik: 35,5 x 28 cm
Privatsammlung

Grosz, George
3/333 Selbstbildnis, 1917
Rohrfeder-Tusche auf Karton: 51,5 x 36,5 cm
Privatsammlung
Bibl.: Schneede, 1975, Nr. 80

Man Ray
3/334 Bildnis Tristan Tzara, 1921
Photographie, Original-Abzug: 10 x 7 cm
Privatsammlung (Abb. S. 3/170)

3/335 Selbstporträt, 1924
Photographie: 26,5 x 21 cm
Bez. Man Ray 1924
Berlin, Galerie Werner Kunze

Richter, Hans
3/336 Bildnis Raoul Hausmann, 1915
Tusche-Feder, Gouache: 29,9 x 21,6 cm
New York, The Museum of Modern Art, Gift of Celeste G. Bartos

3/337 Bildnis Johannes Baader, 1916
Linolschnitt: 23 x 20 cm
Bez.: HR
Mailand, Slg. Guido Rosi
Bibl.: Galassi, O.: Hans Richter, opera grafica dal 1902 al 1969, collana altrouno 1976, Nr. 33

3/338 Bildnis Enrico Corray, 1916
Pinsel-Tusche auf Papier: 26 x 19 cm
Bez. u. l.: HR 16, u. r.: Corray
Privatsammlung (Abb. S. 3/201)
Bibl.: Galassi, O.: Hans Richter, opera grafica dal 1902 al 1969, Collana altrouno 1976, Nr. 44
Richter, H.: Dada-Profile, Zürich 1961, S. 88/89

3/339 Bildnis Ferdinand Hardekopf, um 1916
Feder-Tusche auf Papier: 26,5 x 21 cm
Bez. u. l.: HR 16, u. r.: Hardekopf
Privatsammlung
Bibl.: Galassi, O.: Hans Richter, opera grafica dal 1902 al 1969, Collana altrouno 1976, Nr. 37
Richter, H.: Dada Profile, Zürich 1961, S. 47f.

3/340 Bildnis Emmy Hennings, 1916
Bleistift auf Papier: 11 x 8 cm
Bez. u. r. von Emmy Hennings selbst
Privatsammlung
Bibl.: Galassi, O.: Hans Richter, opera grafica dal 1902 al 1969, Collana altrouno 1976, Nr. 47
Richter, H.: Dada-Profile, Zürich 1961, S. 21f.

3/341 Bildnis Ludwig Rubiner, 1918
Pinsel-Tusche auf Papier: 26 x 19 cm
Bez. u. r.: HR 18
Privatsammlung (Abb. S. 3/201)
Bibl.: Galassi, O.: Hans Richter, opera grafica dal 1902 al 1969, collana altrouno 1976, Nr. 118
Richter, H.: Dada Profile, Zürich 1961, S. 43

FOTOPORTRÄTS

3/342 Aragon, Louis
Paris, um 1920
Photoporträt, Schwarzweißabzug
Privatsammlung (Abb. S. 3/201)

3/343 Arp, Hans
Schweiz, 1920
Photoporträt, Schwarzweißabzug
Basel, Slg. Arp-Hagenbach (Abb. S. 3/201)

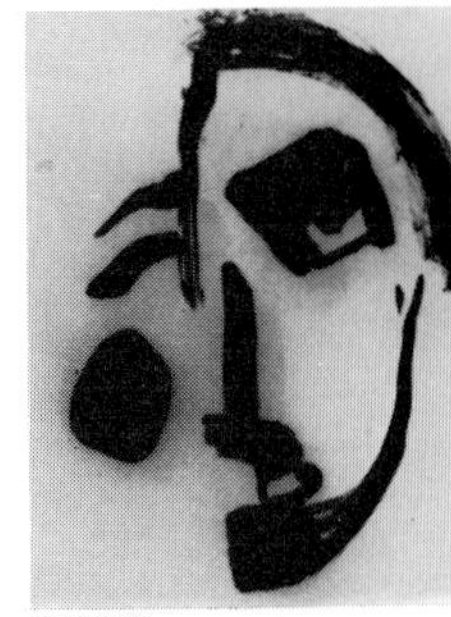
3/338
Richter, Corray, 1916

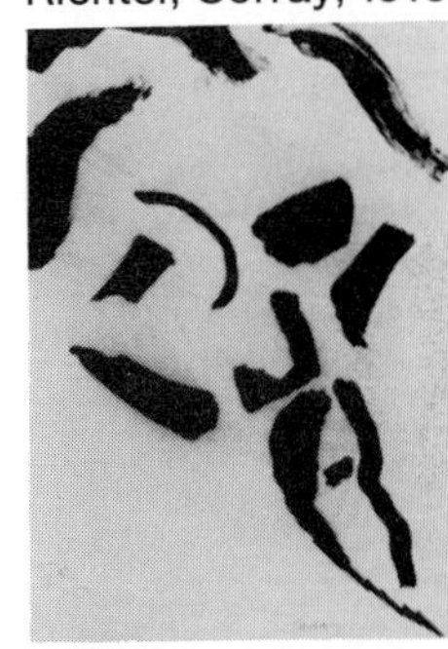
3/341
Richter, Porträt Rubiner, 1918

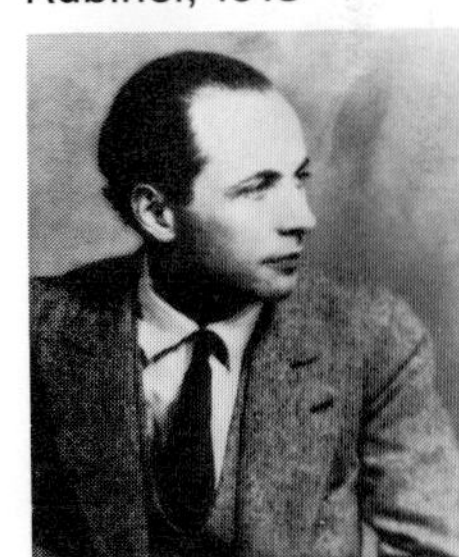
3/342
Aragon, um 1920

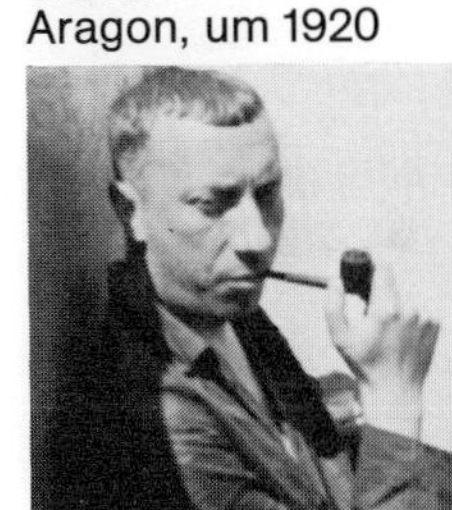
3/343
Arp, 1920

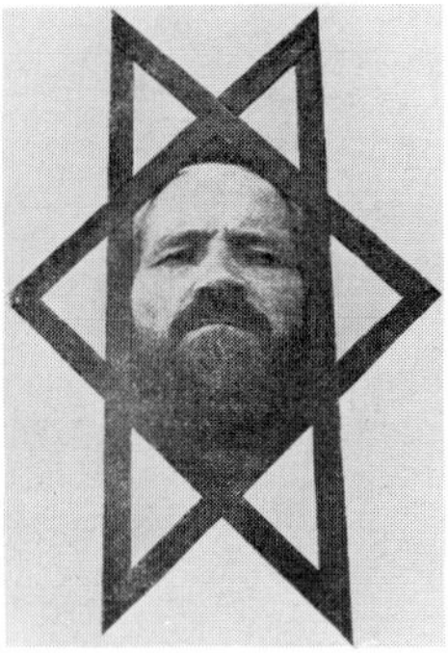

Baader, um 1920

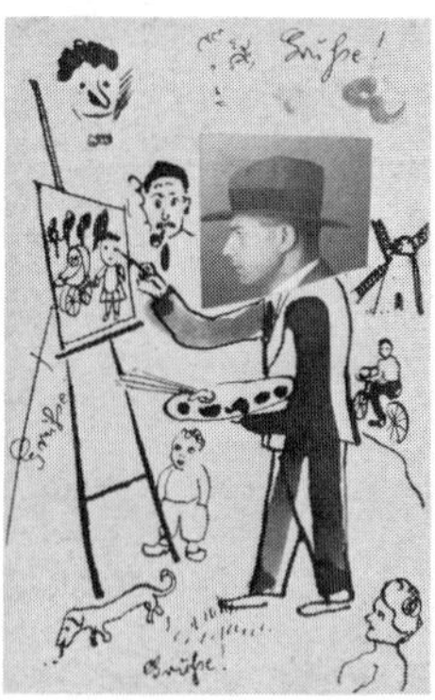

Citroen, um 1920

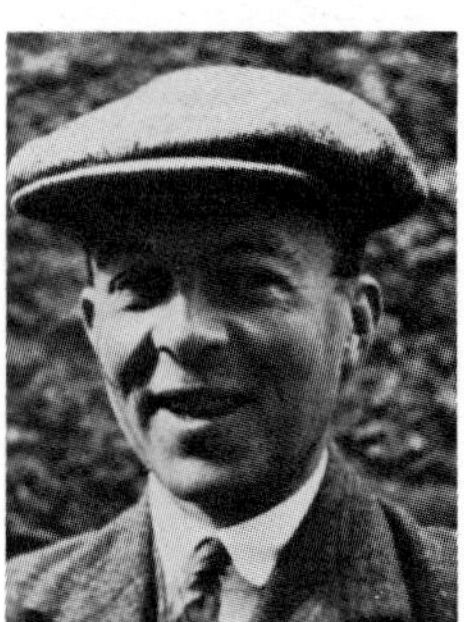

3/365
Hülsenbeck, um 1920

3/344 Baader, Johannes
Berlin, 1921
Photo mit seinen drei Söhnen, Schwarzweißabzug von einer Zeitungsreproduktion
Paris, Archives Nakov

3/345 Baader, Johannes
Berlin, 1915
Photographie, Schwarzweißabzug
Baader kostümiert
Paris, Archives Nakov (Abb. S. 3/26)

3/346 Ball, Hugo
Zürich, 1916
Photographie, Schwarzweißabzug
Ball sein Lautgedicht rezitierend in kubistischem Kostüm
Marbach, Deutsches Literaturarchiv im Schiller-Nationalmuseum

3/347 Ball-Hennings, Emmy
Zürich, um 1916
Photografie, Schwarzweißabzug
Marbach, Deutsches Literaturarchiv im Schiller-Nationalmuseum (Abb. S. 3/52)

3/348 Ball, Hugo und **Hennings, Emmy**
Schweiz, um 1916/20
Zwei Porträtphotos, Postkartenformat in Photo-Etui aus grünem Kunstleder
Zürich, Hans Bolliger

3/349 Breton, André
Paris, um 1920
Photoporträt, Schwarzweißabzug
Privatsammlung (Abb. S. 3/168)

3/350 Charchoune, Serge
um 1919
Photoporträt, Schwarzweißabzug
Paris, Galerie Raymond Creuze (Abb. S. 3/120)

3/351 Citroen, Paul
um 1920
Photoporträt mit Tuschzeichnung
Wassenaar, Paul Citroen (Abb. S. 3/202)

3/352 Daimonides, Dr. Döhmann
Photoporträt, Schwarzweißabzug
Privatsammlung

3/353 Dix, Otto
um 1920
Photoporträt, Schwarzweißabzug
München, Galerie Klihm (Abb. S. 3/203)

3/354 Dix, Otto
um 1920
Photoporträt, Schwarzweißabzug
München, Galerie Klihm

3/355 Duchamp, Marcel
um 1920
Photoporträt von Man Ray
Schwarzweißabzug
Paris, Privatsammlung (Abb. S. 3/203)

3/356 Eluard, Paul
um 1919
Photoporträt, Schwarzweißabzug
St. Denis, Musée d'art et d'histoire

3/357 Ernst, Max
Photoporträt, Schwarzweißabzug
Paris, Privatsammlung (Abb. S. 3/77)

3/358 Grosz, George
um 1920
Photoporträt
Berlin, Akademie der Künste

3/359 Grosz, George
Der Künstler, als Tod kostümiert, um 1920
aus: Der Uhu, Jg. 3, H. 5, Berlin 1926/27, S. 89
(Abb. S. 3/20)

3/360 Grosz, George u. seine Frau 'Daum'
um 1920
Dadaistische Szene: Grosz als 'Frauenmörder'
Berlin, Akademie der Künste

3/361 Hausmann, Raoul
Photoporträt, Schwarzweißabzug
Privatsammlung

3/362 Heartfield, John
um 1918
Photoporträt, Schwarzweißabzug
Berlin, Privatsammlung (Abb. S. 3/203)

3/363 Herzfelde, Wieland
Photoporträt, Schwarzweißabzug
Berlin, Privatsammlung (Abb. S. 3/73)

3/364 Höch, Hannah
Berlin, um 1920
Photo, Schwarzweißabzug
Berlin, Hannah Höch

3/365 Huelsenbeck, Richard
Photoporträt, Schwarzweißabzug
(Abb. S. 3/202)

3/366 Iliazd auf dem Holzpferdchen,
Paris, um 1920/22
14 x 9 cm
Paris, Privatsammlung

3/367 Janco, Marcel
Zürich, um 1920
Jerusalem, Marcel Janco (Abb. S. 3/54)

3/368 Jung, Cläre
Photoporträt, Schwarzweißabzug
Berlin, Privatsammlung

3/369 Jung, Franz
um 1920
Photoporträt, Schwarzweißabzug
Berlin, Privatsammlung

3/370 Man Ray
Paris, um 1920
Photoporträt, Schwarzweißabzug
Privatsammlung (Abb. S. 3/203)

3/371 Mehring, Walter
um 1925
Photoporträt, Schwarzweißabzug
Marbach, Deutsches Literaturarchiv
im Schiller-Nationalmuseum (Abb. S. 3/187)

3/372 Pansaers, Clement
um 1920
Photoporträt, Schwarzweißabzug
Paris, Privatsammlung (Abb. S. 3/195)

3/373 Picabia, Francis
um 1920
Photoporträt, Schwarzweißabzug
Paris, Bibliothèque Nationale,
Bibl. Litt. Jacques Doucet

3/374 Picabia, Francis
um 1920
Photoporträt, Schwarzweißabzug
Privatsammlung (Abb. S. 3/28)

3/375 Preiss, Gerhard
um 1920
Photoporträt, Schwarzweißabzug
Aus: Kat. der Ersten Internationalen
Dada-Messe, Berlin 1920 (Abb. S. 3/185)

3/376 Richter, Hans
1922
Ausschnitt aus Gruppenphoto Weimar,
Schwarzweißabzug
Privatsammlung

3/377 Schad, Christian
um 1920
Photoporträt, Schwarzweißabzug
Keilberg, Slg. Schad (Abb. S. 3/161)

3/378 Schwitters, Kurt
um 1920
Postkarte
Berlin, Hannah Höch (Abb. S. 3/190)

3/378a Schwitters, Kurt
um 1924
Ausschnitt aus Gruppenphoto
Schwarzweißabzug
Berlin, Margit Scharoun

3/379 Serner, Walter
Schweiz, um 1916/20
Schwarzweißabzug: 6 x 9 cm
Paris, Privatsammlung (Abb. S. 3/161)

3/380 Serner, Walter
Rücks. beschr.: Walter Serner, der Philosoph
der Dada-Bewegung, um 1918/20
Schwarzweißabzug: 8 x 6 cm
Paris, Bibliothèque Nationale, Bibliothèque
Littéraire Jacques Doucet (Abb S. 3/23)

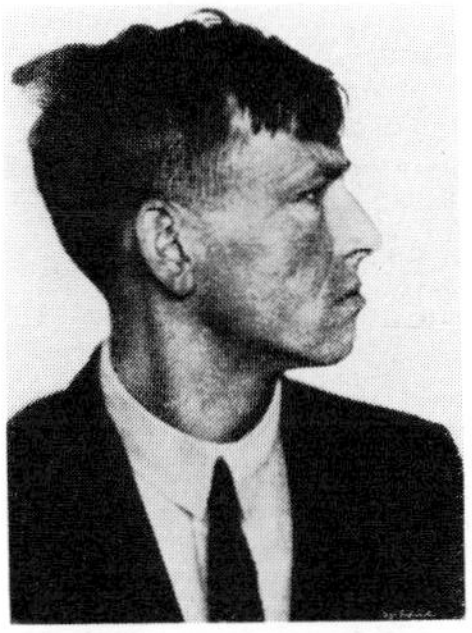
3/353
Dix, um 1920

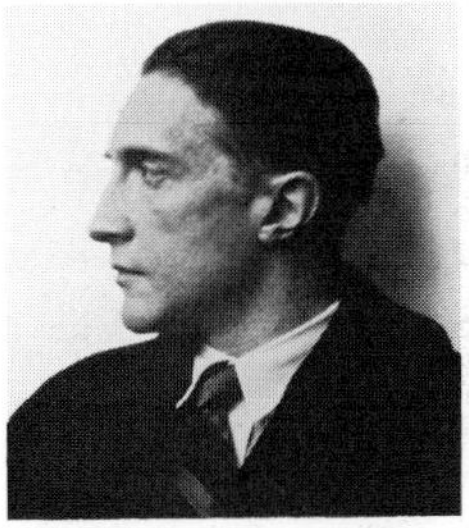
3/555
Duchamp, um 1920

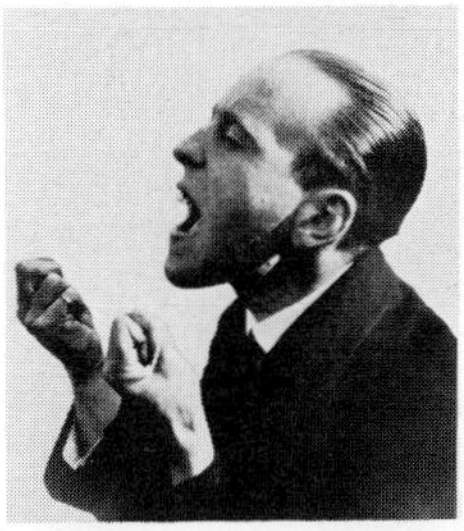
3/362
Heartfield, um 1920

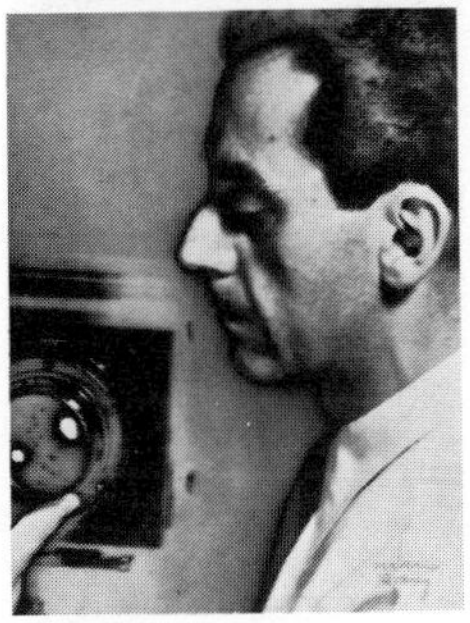
3/370
Man Ray, um 1920

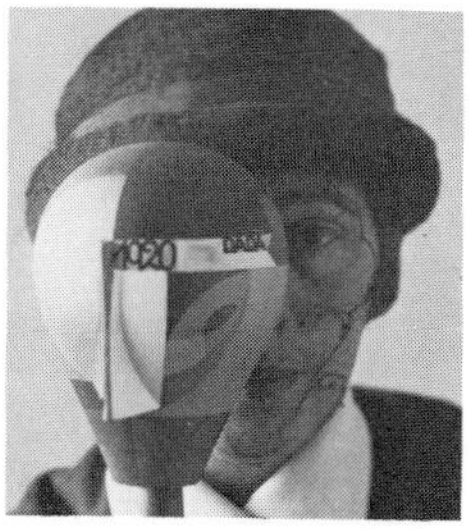

3/381
Sophie Tauber-Arp, Porträtphoto mit Dada Kopf, um 1920

3/381 Täuber-Arp, Sophie
um 1920
Photoporträt, Schwarzweißabzug
Basel, Slg. Marguerite Arp-Hagenbach
(Abb. S. 3/204)

3/382 Tzara, Tristan
Rumänien, 16. Dez. 1915
Photo Curt Regale, Bukarest
Paris, Bibliothèque Nationale, Bibliothèque Littéraire Jacques Doucet

GRUPPENFOTO:

3/383 Arp, Hans u. **Flake, Otto** u. **Tzara, Tristan**
Schweiz, um 1920
Schwarzweißabzug: 6 x 9 cm
Paris, Privatsammlung

3/384 Arp, Hans u. **Richter, Hans** u. **Tzara, Tristan**
Zürich, um 1918
Schwarzweißabzug: 8 x 5,5 cm
Paris, Bibliothèque Nationale, Bibliothèque Littéraire Jacques Doucet

3/385 Breton, André, N. N., Eluard, Paul
Paris, 1919, mit Exemplar Dada 3
Schwarzweißabzug: 5 x 7,2 cm
Paris, Bibliothèque Nationale, Bibliothèque Littéraire Jacques Doucet

3/386 Baargeld, J. T., Ernst, Max, Mme. Ernst (Duldgedalzen), Eluard, Gala u. Eluard, Paul u. Sohn von Ernst
Köln, 1920
Photo im Atelier von Max Ernst: 5,2 x 5,2 cm
Paris, Bibliothèque Nationale, Bibliothèque Littéraire Jacques Doucet

COLLAGE ALS GESTALTUNGSPRINZIP
COLLAGE, ASSEMBLAGE, TYPOGRAPHIE, ZEICHNUNGEN, LAUTGEDICHTE

ZUFALL ALS METHODE – DAS BEDEUTUNGSLOSE ALS MATERIAL
MATERIALBESESSENHEIT UND ENTMATERIALISIERUNG

ABSTRAKTE ZEICHNUNGEN
(Diese wurden deshalb hier aufgenommen, weil sie vergegenwärtigen, in welchem Spannungsfeld und Experimentierstadium sich das Verhältnis zum 'Neuen Material' herauskristallisierte: Beispiel Raoul Hausmann.)

Arp, Hans
3/387 Figur, 1914/15
Holzrelief: 119 x 57 cm
Bez. auf der Rückseite
Privatsammlung
Bibl.: Read, H.: Hans Arp, London 1968, S. 26
Seuphor, M.: L'Art abstrait, Bd. 1,
Paris 1971, Abb. S. 187
Ausst. Kat.: Pioneers of Modern Sculpture, London 1973, Nr. 53

3/388 Abstrakte Komposition, 1915
Collage, Papier auf Stoff: 23,5 x 20 cm
Basel, Kunstmuseum, Kupferstichkabinett, Stiftung Marguerite Arp-Hagenbach
(Abb. S. 3/205)
Bibl.: Ausst. Kat.: Kunstmuseum Basel: Slg. Marguerite Arp-Hagenbach, Basel 1967/68, Nr. 11

3/389 Porträt Tristan Tzara, 1916
Holz, bemalt: 47 x 49 x 9 cm
Genf, Musée d'Art et d'Histoire,
Nachlaß Mme. Jean Arp (Abb. S. 3/206)
Bibl.: Z. P. Nr. 5

3/390 Dada Relief 1916
Holz, bemalt: 24 x 18,5 x 10 cm
Basel, Kunstmuseum
Stiftung Marguerite
Arp-Hagenbach (Abb. S. 3/36)
Bibl.: Ausst. Kat.: Verzameling Marguerite Arp-Hagenbach Rijksmuseum Kröller-Müller, Otterlo, 1970, Nr. 9

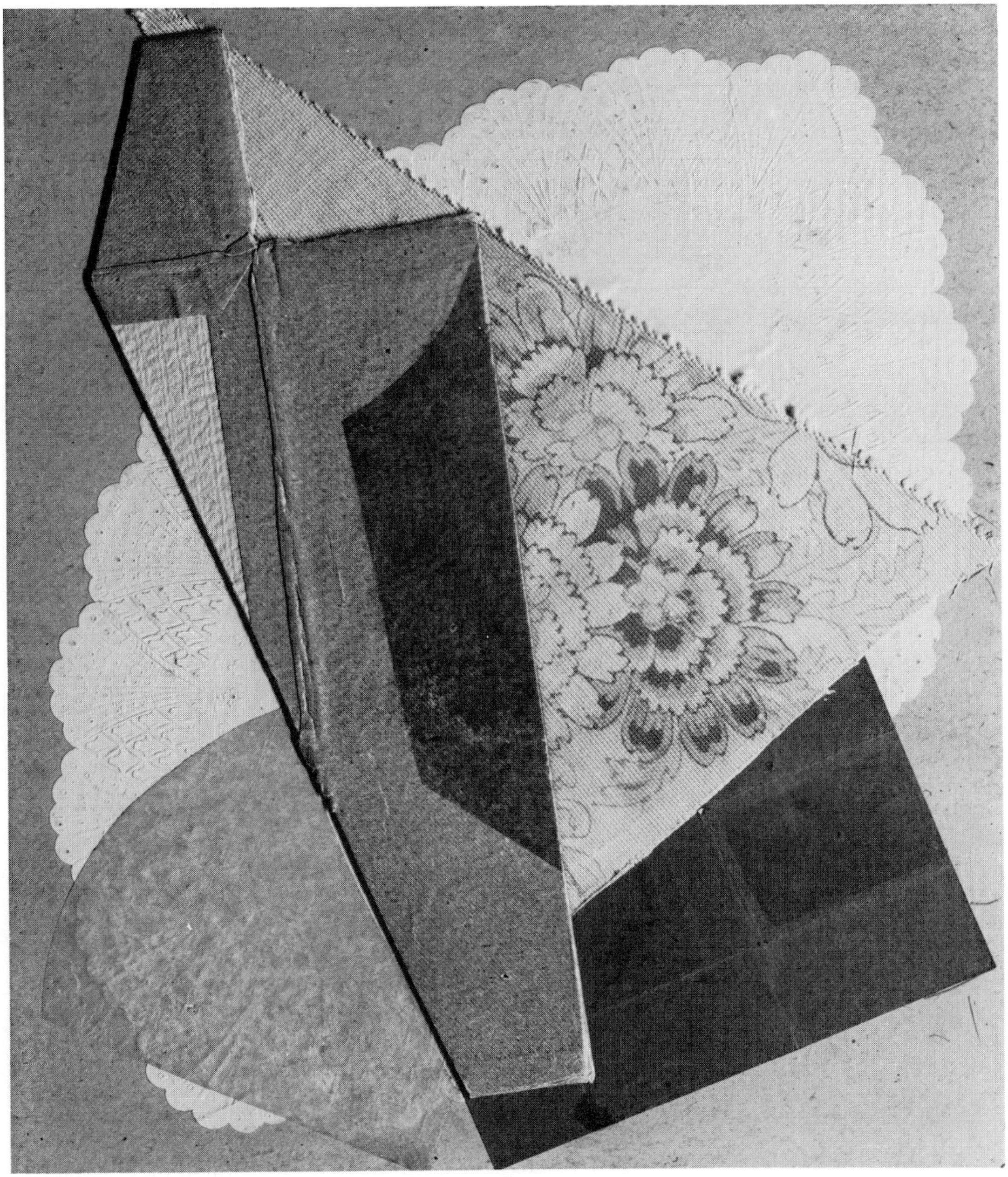

3/388
Arp, Abstrakte
Komposition, 1915

3/389
Arp, Porträt
Tristan Tzara, 1916

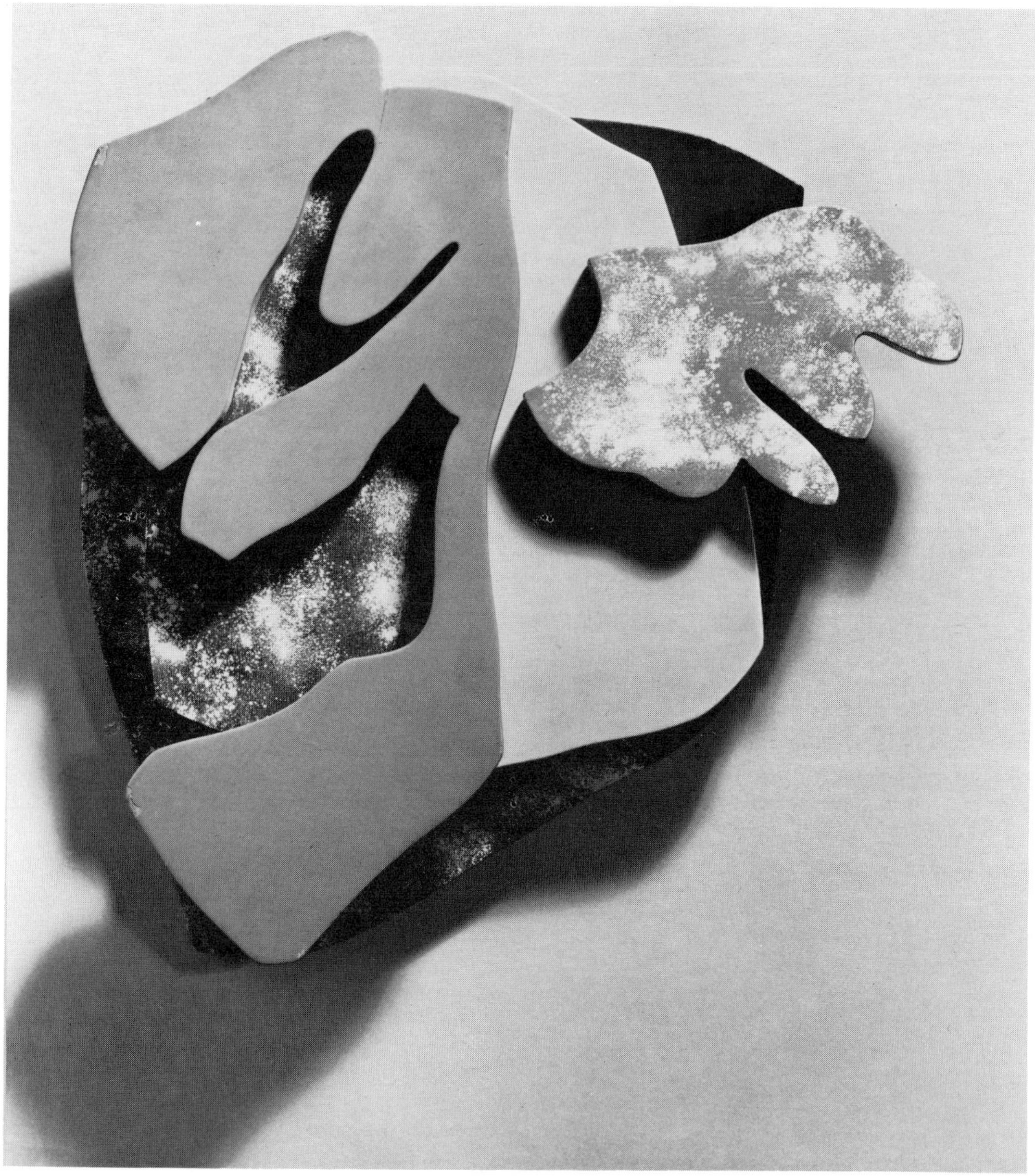

3/391 Dada-Relief, um 1916
Holzrelief, getönt: 42 x 60 x11 cm
Bez.rücks. mit Aufkleber: A
Berlin, Hannah Höch

3/392 Quadrate, nach dem Prinzip des Zufalls geordnet, 1916/17
Collage: 48,5 x 34,6 cm
New York, Museum of Modern Art
Über den Zufall bei Arps Arbeiten: Arp, Die Musen und der Zufall, in: DU, Jg. 20, Okt. 1960, S. 14; Kemper, S. 126ff.; Döhl, S. 55ff.; Spies, Collagen, S. 51ff.; Richter, S. 51ff.; Zufall als Kategorie der Avantgarde: Bürger (2), S. 87ff.

Baader, Johannes
3/393 Ohne Titel
Collage: 29 x 22,5 cm
Privatsammlung

3/394 Ohne Titel
Collage: 30 x 23 cm
Fragmente aus Dokumenten von 1918 (Freie Straße Nr. 10)
Privatsammlung

Baargeld, Johannes Theodor
3/395 Förderbär, um 1919
Bez.: Förderbär? Golla Golla MATT
Tusche-Feder auf Papier: 49 x 36 cm
Mailand, Slg. Guido Rossi
Bibl.: Hugnet, G.: Dictionnaire du Dadaisme, Paris 1976, S. 28

3/396 Ohne Titel, um 1920
Tusche-Feder auf Papier: 32,5 x 22 cm
Bez. u. r.: baargeld
Paris, Privatsammlung
Bibl.: Ausst. Kat.: Dadamax, Abb. S. 70

3/397 Der rote König (Le roi rouge), 1920
Tusche-Feder auf Tapetenpapier: 43,5 x 33,5 cm
Bez. o. l.: Le roi rouge, u. l.: baargeld 20. Beschriftet: enfant je t'ai donné ce que j'avais le Curé, marchez marchez Méfiez vous des loueurs de chambres non concessionés destiné à flotter au bout de son bâton
New York, The Museum of Modern Art
(Abb. S. 3/207)

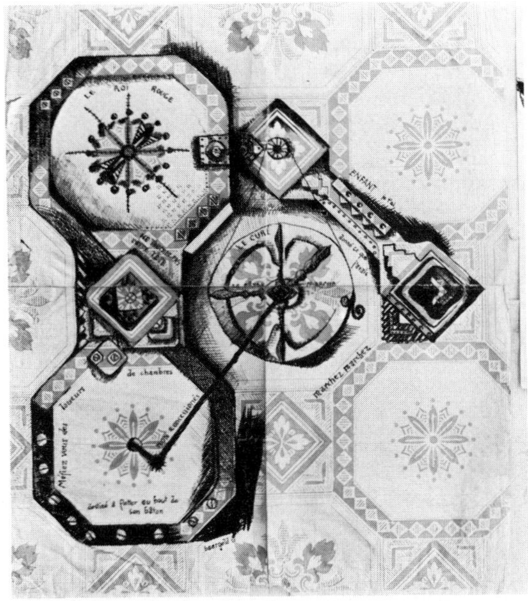

3/397
Baargeld, Der rote König, 1920

3/398 Käfer, 1920
Tusche-Feder auf Leinenfaserpapier: 29,2 x 23,2 cm
Bez. u. r.: baargeld 20
New York, The Museum of Modern Art
Bibl.: Ausst. Kat.: Dadamax, Abb. S. 71

3/399 Das menschliche Auge und ein Fisch, letzterer versteinert, 1920
Tusche-Feder,
New York, Museum of Modern Art (Abb. S. 3/240)
Bibl. Ausst. Kat.: Dadamax, Abb. S. 72

3/400 Factory, 1920
Tusche-Feder und bl. Kreide: 34,8 x 36,1 cm
Bez. o. l.: No 8 P. 54; im Bild: FACTORY
New York, The Museum of Modern Art
(Abb. S. 3/40)

Carrà, Carlo
3/401 Manifestazione interventista, 1914
Collage auf Karton: 38,5 x 30 cm
Bez. u. r.: Carrà
Mailand, Slg. Mattioli (Abb. S. 3/209)
Bibl.: Lacerba, Jg. III, Nr. 15, 1. Aug. 1914
Carrà, M.: Catalogo di Opere de Carlo Carrà, Vol. I, 1900–1930, Mailand 1967/69, Nr. 8/14

Der Titel des Werkes variiert. Marinetti hat für Lacerba folgenden Titel vorgeschlagen: Befreite Malerei – Worte 'patriotisches Fest' (Di pinto paralibero 'festa patriotrica').
Brief v. 21. Juli 1914, Archivi, S. 342

Delaunay-Terk, Sonia
3/402 Poème rideau, gezeichnet von Philippe Soupault, 1922
Seide
Paris, Sonia Delaunay
Bibl.: Damase, J.: Sonia Delaunay, Rhythme et coleurs, Paris 1971, S. 149

3/403 Femme éternelle, Robe poème 1922
Aquarell: 37 x 30,5 cm
Paris, Sonja Delaunay
Bibl.: Damase, J.: Robes poèmes de Sonia Delaunay, Milan 1969

3/404 Le ventilateur tourne dans le cœur de la tête, Robe poème, 1922
Aquarell: 36,5 x 23,5 cm
Bez. u. r.
Paris, Sonja Delaunay
Bibl.: Damase, J.: Robes poèmes de Sonia Delaunay, Milan 1969

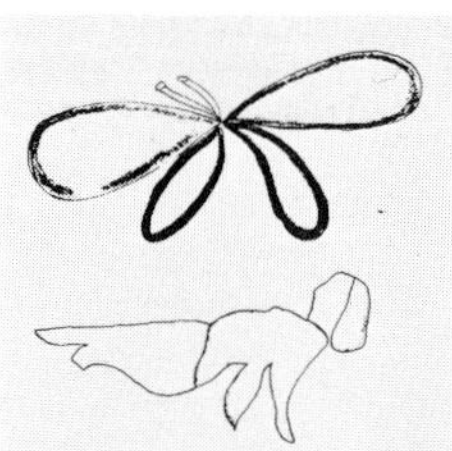

3/405 Eluard, Tänzerin, 1918

Eluard, Paul
3/405 Tänzerin, 1918
Feder und Farbstifte auf Papier: 13,5 x 21 cm
Unbez.
Ville de Saint Denis, Musée d'art et d'histoire
(Abb. S. 3/208)

3/406 Masken I, 1918
Feder und Farbstifte auf Papier: 13,5 x 21 cm
Unbez.
Ville de Saint Denis, Musée d'art et d'histoire
Bibl.: Z. P. Nr. 58

3/407 Masken II, 1918
Feder und Farbstifte auf Papier: 13,5 x 21 cm
Unbez.
Ville de Saint Denis, Musée d'art et d'histoire
Bibl.: Z. P. Nr. 59

Evola, Julius
3/408 DDD 1920/21
Öl auf Leinwand: 97 x 76 cm
Mailand, Slg. Guido Rossi
Bibl.: Padiglione, C.: Dada in Italia, Milano, 1966, Nr. 91 Z. P. Nr. 87

Vgl. Katalogtext: Dada Italien und Dokumentation: Italien

Golyscheff, Jefim
3/409 Ohne Titel, 1918
Federzeichnung auf Papier: 13,5 x 15 cm
Bez. u. l.: Jefim Golyscheff
Berlin, Julia Behne
Bibl.: Behne, A.: Werkstattbesuche. Über Jefim Golyscheff, in: Der Cicerone, Jg. 11, H. 22, Nov. 1919

3/410 Ohne Titel, 1918
Aquarell auf Papier: 22 x 30 cm
Bez.: Berlin Steglitz 1918
Berlin, Julia Behne

Hausmann, Raoul
3/411 Ohne Titel, 1916
Holzschnitt: 18 x 8,5 cm
Limoges, Privatsammlung

3/412 Ohne Titel, 1917
Holzschnitt: 32 x 24 cm
Sign., dat.
Limoges, Privatsammlung
Bibl.: Die Aktion, Hg. F. Pfemfert, Berlin 1917, H. 26

3/413 Ohne Titel, 1917
Holzschnitt auf cremefarb. Japanpapier: 28 x 22,5 cm
Sign. u.
Limoges, Privatsammlung

3/414 Lautgedicht 'grün', 1918
Bleistift auf einem Züricher Dadadokument: 28 x 22 cm
Dat. o. r.
Limoges, Privatsammlung
Bibl.: Ausst. Kat.: Hausmann, 1974/75, Nr. 34

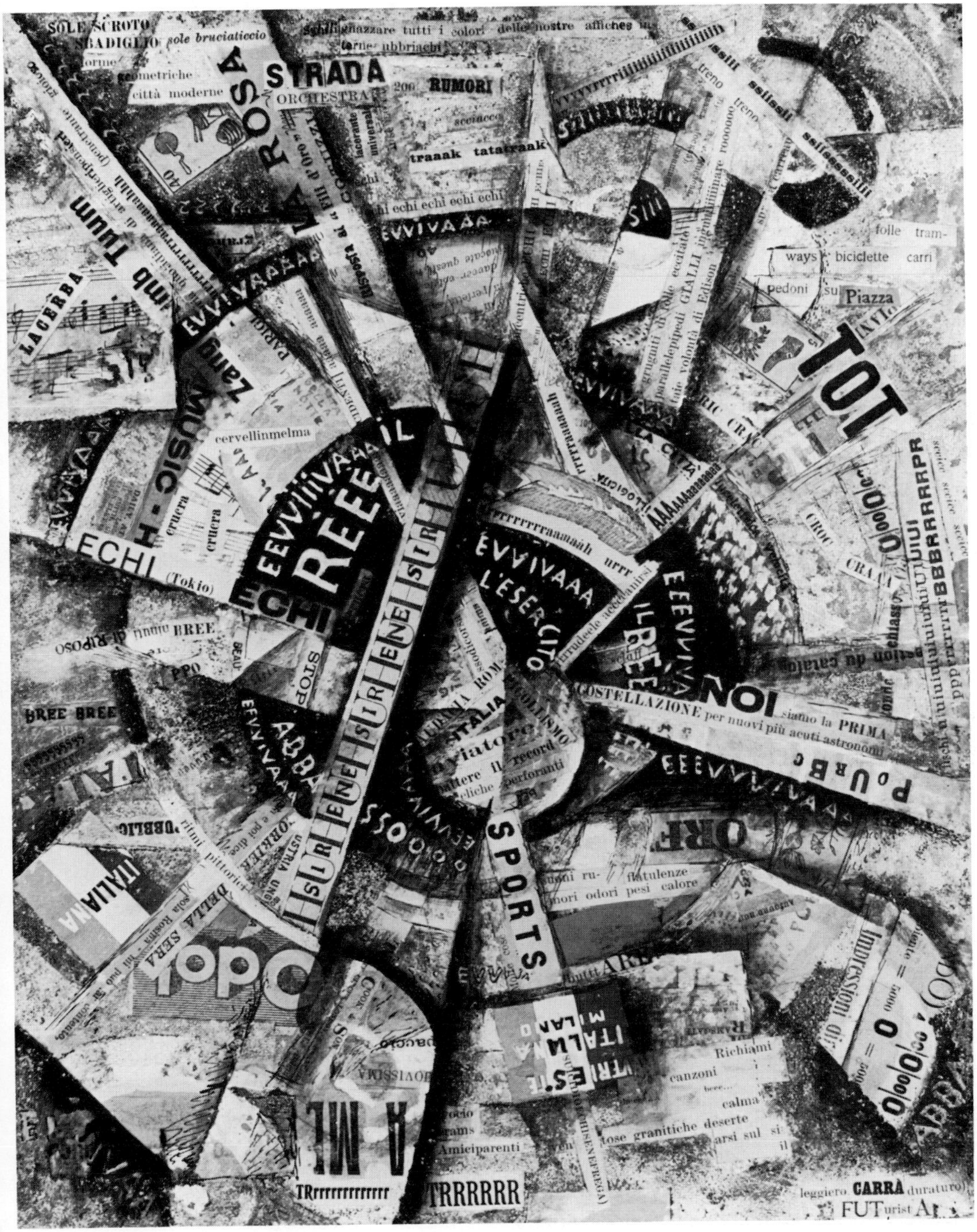

3/401
Carra, Manifestazione interventista, 1914

Hausmann,
kp'erioum . . 1918

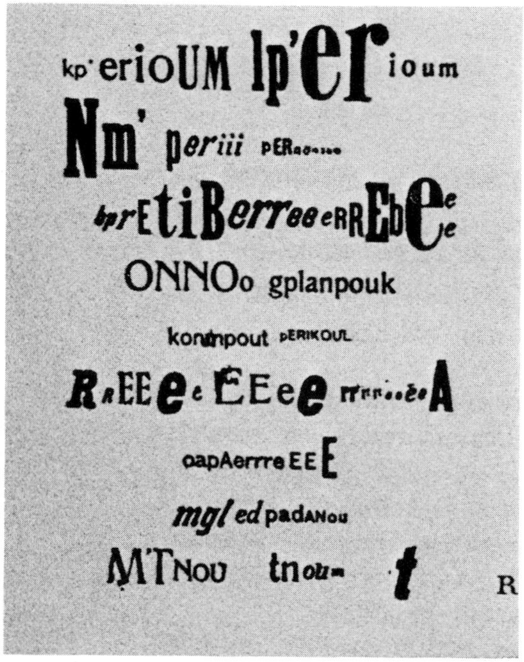

3/415 L'inconnu, 1918
Typografisches Gedicht: 27 x 20,5 cm
Sign. u. l., nicht datiert
Limoges, Privatsammlung (Abb. S. 3/200)
Bibl.: Ausst. Kat.: Hausmann, 1974/75, Nr. 38

3/416 Lautgedicht und Manifest des Lautes, 1918
Optophonetisches Gedicht auf rosa Chinapapier: 34,5 x 54 cm
Sign. dat.
Limoges, Privatsammlung
Bibl.: Ausst. Kat.: Erste Intern. Dada-Messe, Berlin (nicht im Katalog), Raoul Hausmann, 1974/75, Nr. 37

3/417 Synthetisches Cino der Malerei, 1918
Collage: 37,4 x 28,2 cm
Limoges, Privatsammlung
Bibl.: Giroud, 1975, S. 29

Manifest, vorgetragen auf dem 1. Dada-Abend, Berlin, 18. April 1918

3/418 Holzschnitt für 'Material der Malerei, Plastik und Architektur', 1918
Holzschnitt auf rosa Japanpapier: 31 x 19,3 cm
Limoges, Privatsammlung
Bibl.: Hausmann, R.: Material der Malerei Plastik und Architektur, Berlin Okt. 1918

3/419 Holzschnitt für 'Material der Malerei, Plastik und Architektur', 1918
Holzschnitt auf rosa Japanpapier: 35 x 25 cm
Limoges, Privatsammlung
Bibl.: vgl. Kat. Nr.

3/420 Holzschnitt für 'Material der Malerei, Plastik und Architektur', 1918
Holzschnitt: 30,5 x 16,2 cm
Limoges, Privatsammlung
Bibl.: vgl. Kat. Nr.

3/421 Material der Malerei, Plastik und Architektur, Okt. 1918
Collage: 30,5 x 16,2 cm
Bez. u. l.: 'RH 18'
Limoges, Privatsammlung (Abb. S. 3/211)
Bibl.: Ausst. Kat.: Hausmann, 1974/75, Nr. 2

3/422 Gurk, 1918/19
Collage aus Lettern- und Textfragmenten: 27 x 21,5 cm
Unbez.
Haag, Obb., Kunstarchiv Arntz
Bibl.: Der Dada 2, Berlin 1919, Abb.
Vorgesehen für den Dadaco, 1920
Giroud 1976, S. 25
Ausst. Kat.: Stockholm 1967, Nr. 12

3/423 Mynona, 1919
Collage aus Lettern- und Textfragmenten: 25,5 x 21,2 cm
Privatsammlung.
Bibl.: Giroud 1976, S. 24
Ausst. Kat.: Erste Internationale Dada Messe, Berlin 1920, Nr. 18: Porträt einer alten Frau (Dr. S. Friedlander–Mynona)
Hausmann, Paris 1974/75, Nr. 5

3/424 Abstrakte Bildidee, 1918
Aquarell auf Papier: 30,5 x 19 cm
Bez. u. r.: R. H. 18
Wien, Museum des 20. Jahrhunderts
Bibl.: Ausst. Kat.: Hausmann, Stockholm 1967, Nr. 9

3/425 Abstrakte Bildidee 1919
Aquarell auf Papier: 29 x 18 cm
Bez. u. r.: RH 19
Wien, Museum des 20. Jahrhunderts
Bibl.: Ausst. Kat.: Hausmann, Stockholm 1967, Nr. 19

3/426 Abstrakte Bildidee, 1919
Aquarell auf Papier: 29 x 18 cm
Bez. u. r.: RH 19
Wien, Museum des 20. Jahrhunderts
Bibl.: Ausst. Kat.: Hausmann, Stockholm 1967, Nr. 18

3/427 Abstrakte Bildidee, 1921
Tusche auf Papier: 30 x 20 cm
Bez. u. r.: R. H. 21
Wien, Museum des 20. Jahrhunderts

3/428 Zeichnung mit Lautgedicht und Collage, 1921
München, Privatsammlung
Bibl.: Ausst. Kat.: Hausmann, Stockholm 1967, Nr. 24

3/429 D 2818. Phonéme, 1921
Tusche-Feder auf Löschpapier: 21,7 x 28,3 cm
Bez. u. r.: R. Hausmann 1921
Privatsammlung (Abb. S. 3/66)
Bibl.: Ausst. Kat.: Hausmann, Stockholm 1967, Nr. 23

3/430 Collage P, 1921
Collage, 31,2 x 22 cm
Hamburg, Hamburger Kunsthalle

3/431 fms. presentismus, 1922
Feder auf Papier: 22 x 19,5 cm
Bez. u. r.: R. Hausmann, 2. Sept. 1922
Haag/Obb., Kunstarchiv Arntz
Bibl.: Ausst. Kat.: Hausmann, Stockholm 1967, Nr. 25

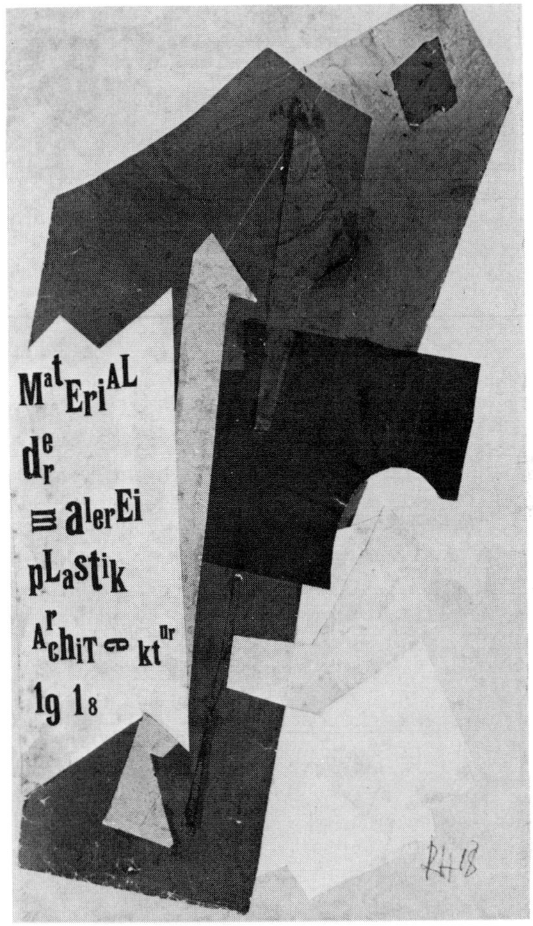

3/421
Hausmann, Material der Mal., Plastik u. Architektur, 1918

3/432 Abstrakte Bildidee, 1922
Tusche auf Papier: 35 x 25 cm
Bez. u. r.: R. Hausmann 1922
Wien, Museum des 20. Jahrhunderts

Höch, Hannah
3/433 Zwei Dada-Puppen, 1916/18
Holz, Stoff, H. jeweils ca. 40 cm
Berlin, Hannah Höch
Bibl.: Ohff 1968, Abb. 27
Ausst. Kat.: Erste Internationale Dada-Messe, Berlin 1920, Nr. 15
Ausst. Kat.: Höch, Paris–Berlin 1976, Nr. 168

3/434 Weiße Form, 1919
Collage: 31 x 26 cm
Bez.: Höch 19
Berlin, Hannah Höch

3/435 Klöppelspitze, um 1920
Tusche-Feder auf Papier: 26,2 x 18 cm
Unbez.
Berlin, Hannah Höch
Bibl.: Ausst. Kat.: Höch, Paris–Berlin 1976 Nr. 48

3/436 Poesie, 1922
Collage und Zeichnung mit Siegel: 22,5 x 19,5 cm
Bez. u. l.: H. Höch 22, Beschr.: 'Die Jungfrau pumpt feierlich Träume / Nacht verstopft / Tandaradei / dunkel ist das Weltgewissen / balzt Trott / Trott
Privatsammlung

3/437 Entwurf für das Denkmal eines bedeutenden Spitzenhemdes, 1922
Collage: 27,4 cm 17 cm
Bez. u. r.: H. H. 22
Hamburg, Hamburger Kunsthalle
Bibl.: H. Ohff, Hannah Höch, Berlin 1968, Abb. 9 Ausst. Kat.: Höch, Paris–Berlin 1976, Nr. 66

3/438 Astronomie, 1922
Collage: 22 x 11 cm
Bez. dat.: HH 22
Berlin, Hannah Höch
Bibl.: Ausst. Kat.: Höch, Paris–Berlin 1976, Nr. 69

Janco, Marcel
3/439 Maske. Porträt Tristan Tzara, 1916
Papier, Karton, Leinwand, Gouache, Tusche: 55 x 25 x 7 cm
Unbez.
Paris, CNAC GP (Abb. S. 3/54)
Bibl.: Ball, H.: Flucht aus der Zeit, S. 96, Z. P. Nr. 147

Die Masken wurden anläßlich des 1. Dada-Abends im Zunfthaus zur Waag, Zürich am 14. Juli 1916 verwendet.
Programm: Drei Dada-Tänze, getanzt von Emmy Hennings. Masques par Marcel Janco, Musik von Hugo Ball (vgl. Kat. Nr. 3/43, 3/44)

3/440 Maske, 1916
Papier, Karton, Fäden, Gouache, Pastell geklebt: 35 x 27 x 5 cm
Unbez.
Paris, CNAC GP
Bibl.: Ball, H.: Flucht aus der Zeit, S. 96, Z. P. Nr. 147

3/441 Maske 1916
Papier, Karton, Faden Gouache, Pastell
Collage: 45 x 22 x 5 cm
Unbez.
Paris, CNAC GP
Bibl.: Ball, H.: Flucht aus der Zeit, S. 96, Z. P. Nr. 147. Henkin-Melzer, A.: Dada performance and the cabaret Voltaire, in: Arts Forum, Nov. 1973, Abb. 76

3/442 Petite architecture lumière, 1919
Gipsrelief: 44,5 x 37 cm
Mailand, Slg. Guido Rossi (Abb. S. 3/55)
Bibl.: José Pierre, Le Futurisme et le Dadaisme, Lausanne 1968, Abb. S. 58

Joostens, Paul
3/443 Ohne Titel, um 1917
Collage: 32 x 24 cm
Unbez.
Hamburg, Galerie Brockstedt (Abb. S. 3/213)
Bibl.: Ausst. Kat.: Joostens, Antwerpen 1976, Nr. 87, Abb. S. 13

3/444 Ohne Titel, um 1917
Collage: 31,5 x 29 cm
Unbez.
Hamburg, Galerie Brockstedt
Bibl.: Ausst. Kat.: Joostens, Antwerpen 1976, Nr. 86

3/445 Ohne Titel, um 1917
Collage: 31,5 x 29 cm
Unbez.
Hamburg, Galerie Brockstedt
Bibl.: Ausst. Kat.: Joostens, Antwerpen 1976, Nr. 88

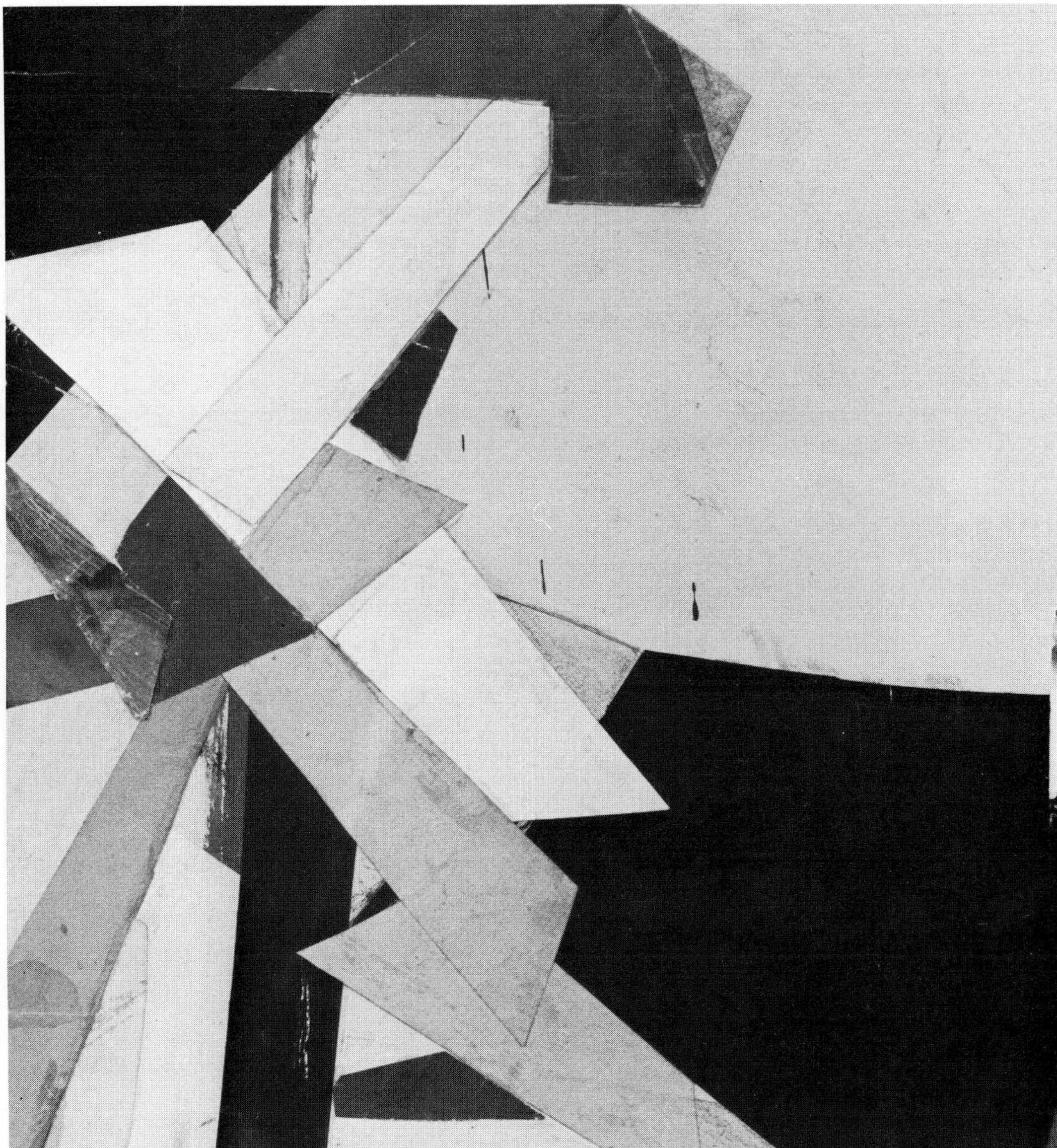

3/443
Joostens, ohne Titel,
1917

3/446 Ohne Titel, 1922
Holz-Objekt: H. 17,5 cm
Hamburg, Galerie Brockstedt
Bibl.: Ausst. Kat.: Joostens, Antwerpen 1976, Nr. 1

3/447 Columbia Phonograph, 1922
Objekt aus Holz, Pappe, Draht: 14 x 14 x 19 cm
Hamburg, Galerie Brockstedt
Bibl.: Ausst. Kat.: Joostens, Antwerpen 1976, Nr. 170

3/448 Ohne Titel, 1923
Holz-Objekt: H. 18 cm
Hamburg, Galeie Brockstedt
Bibl.: Ausst. Kat.: Joostens, Antwerpen 1976, Nr. 176

3/449 Ohne Titel, 1924/25
Holz-Assemblage: 37 x 12 x 10 cm
Hamburg, Galerie Brockstedt
Bibl.: Ausst. Kat.: Joostens, Antwerpen 1976, Nr. 187

3/450 Ohne Titel, 1925
Assemblage; Blech, Muschel, Wolle: 23,5 x 20 x 19,5
Hamburg, Galerie Brockstedt
Bibl.: Ausst. Kat.: Joostens, Antwerpen 1976, Nr. 215

3/451 Ohne Titel, 1925
Relief-Objekt; Holz, Stoff, Metall: 20,5 x 27 x 4,5 cm
Hamburg, Galerie Brockstedt
Bibl.: Ausst. Kat.: Joostens, Antwerpen 1976, Nr. 214

Kassak, Lajos
3/452 Geräusche (Bruits), 1920
Tusche und Tinte auf Papier: 14,8 x 10,7 cm
Sign., dat. von l. u. nach r. o.:
Nürnberg, Kunsthalle (Abb. S. 3/215)
Bibl.: Ausst. Kat.: Kassak, Museum Bochum 1973 Ausst. Kat.: Von der Fläche zum Raum, Kunsthalle Nürnberg 1975

3/453 Vorwärts (Elöre), 1923
Bildgedicht, Tusche auf Papier: 16 x 16 cm
Bez. u. r.: Kassak
Nürnberg, Kunsthalle (Abb. S. 3/105)
Bibl.: Ausst. Kat.: Kassak, Museum Bochum 1973 Ausst. Kat.: Von der Fläche zum Raum, Kunsthalle Nürnberg 1975 Ausst. Kat.: Kassak, Gal. Gmurzynska, Köln 1975

Man Ray
3/454 Theatr (Transmutation), 1916
Collage: 44,5 x 60,5 cm
Bez. l. o.: Man Ray 1916
Stockholm, Moderna Museet (Abb. S. 3/216)
Bibl.: Man Ray, Rotterdam 1971, Nr. 59

3/455 Betonmischer (Concrete Mixer), 1916/17
Collage aus der Serie Revolving Doors: 52,5 x 35,5 cm
New York, Slg. Daniel Weitzmann
Bibl.: Man Ray, Rotterdam 1972, Nr. 60 i)

3/456 Schatten (Shadows), 1916/17
Collage aus der Serie Revolving Doors: 52,5 x 35,5 cm
New York, Slg. Daniel Weitzmann
Bibl.: Man Ray, Rotterdam 1972, Nr. 60 h)

3/457 Karaffe (Decanter), 1917
Collage: 54 x 34 cm
Mailand, Slg. Guido Rossi
Bibl.: Ausst. Kat.: Man Ray, Rotterdam 1972, Nr. 60 i), New York Dada, München-Tübingen 1973/74 Nr. 67

3/458 Wasserjungfrau (Dragon fly), 1916/17
Collage aus der Serie Revolving Doors: 52,5 x 35,5 cm
New York, Slg. Daniel Weitzmann
Bibl.: Ausst. Kat.: Man Ray, Rotterdam 1972, Nr. 60 j)

3/459 Orchester (Orchestra), 1916/17
Collage aus der Serie Revolving Doors: 52,5 x 35,5 cm
New York, Slg. Daniel Weitzmann
Bibl.: Man Ray, Rotterdam 1972, 60 c)

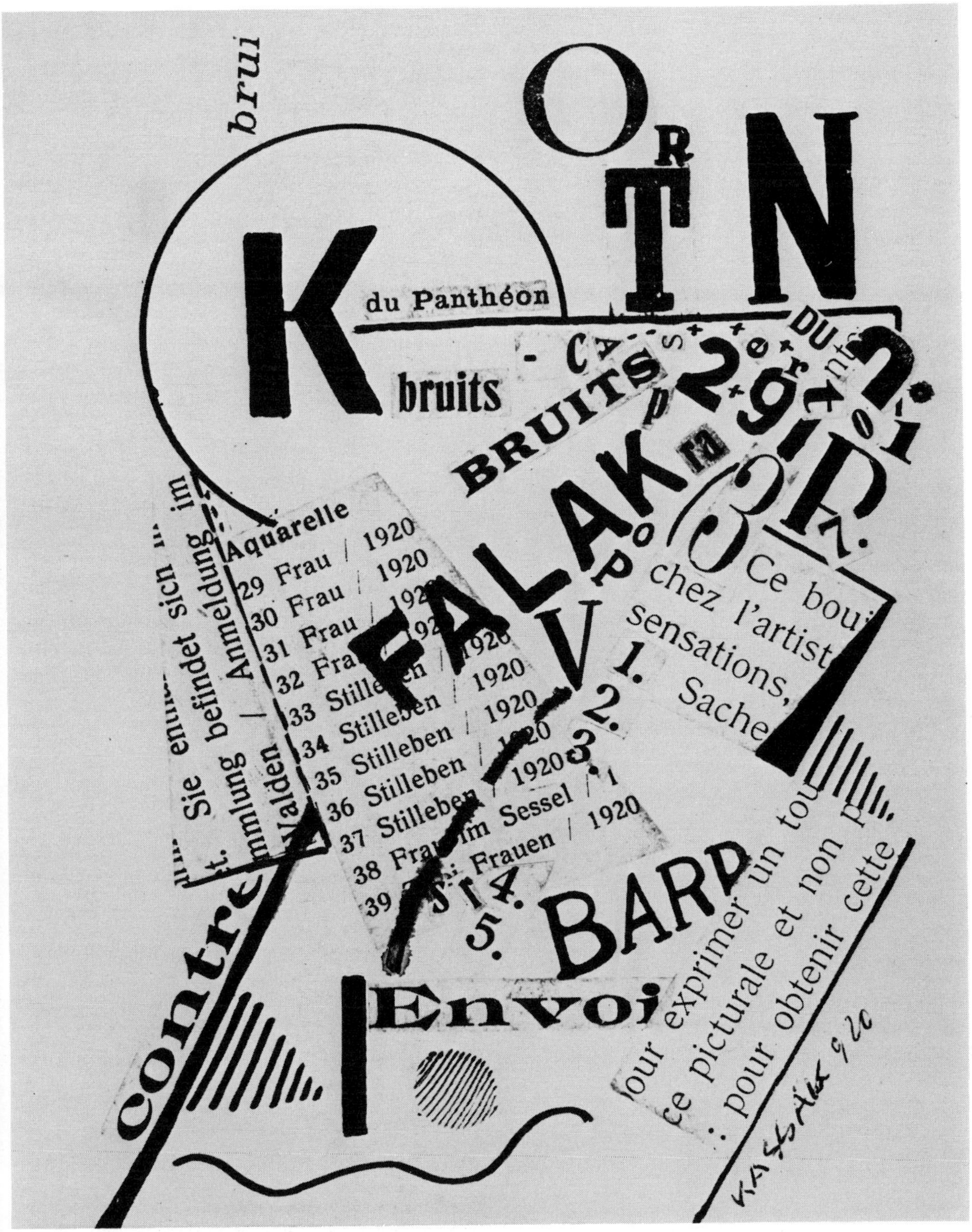

3/452
Kassak, Bruits, 1920

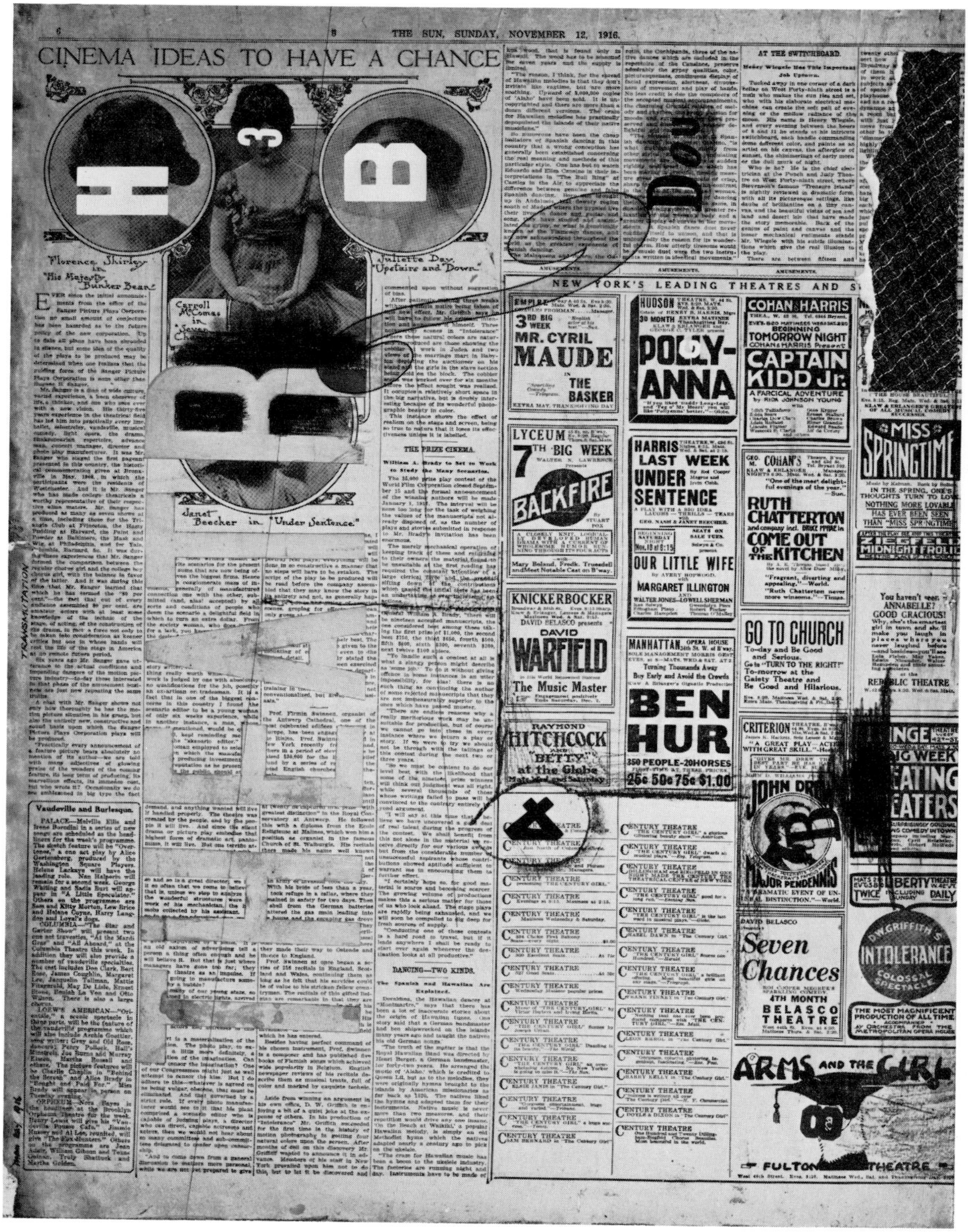

3/454
Man Ray, Theatr (transmutation), 1916

Richter, Hans
3/460 Lokomotivseele. Visionäres Porträt, 1916/17
Öl auf Leinwand: 53,4 x 38,2 cm
Bez. rücks.: HR
Privatsammlung

3/461 In den Sternen . . ., 1917
Tusche: 34 x 42,5 cm
Studie für 'Volksblatt', 1917
Privatsammlung
Bibl.: Hans Richter, opera grafica 1902–1969, Collona altrouno 1976, S. 288

3/462 Dada-Kopf, 1918
Tusche, auf Papier: 19 x 14 cm
Mailand, Slg. Guido Rossi, (Abb. S. 3/217)
Bibl.: Galassi, O.: Hans Richter, opera grafica dal 1902 al 1969, Collona altrouno 1976, S. 137

Rinsema, Thijs
3/463 Ohne Titel 1922–26
Collage, 14,7 x 13,5 cm
Meppel, Slg. Rinsema
Bibl.: Ausst. Kat.: Dada in Drachten, Museum't Coopmanshûs Franeker, Drachten 1972, Nr. 40

3/464 Collagendose, 1922–26
11,9 x 11,7 x 7,6 cm
Meppel, Slg. Rinsema
Bibl.: Ausst. Kat.: Dada in Drachten, Museum't Coopmanshûs Franeker, Drachten 1972, Nr. 43

Schad, Christian
3/465 Composition N, 1919
Holzrelief, bemalt, mit Applikationen: 16 x 25 cm
Bez. auf der Unterkante: Schad 19
Keilberg, Christian Schad (Abb. S. 3/59)
Bibl.: Pierre, J.: Le Futurisme et le Dadaisme, Lausanne 1966, S. 195. Wescher, H.: Die Collage, Köln 1968, S. 134
Ausst. Kat.: Exposition Dada, Galerie Néri, Genf 1920. Ausst.-Kat.: Schad, Mailand, Palazzo Reale 1972

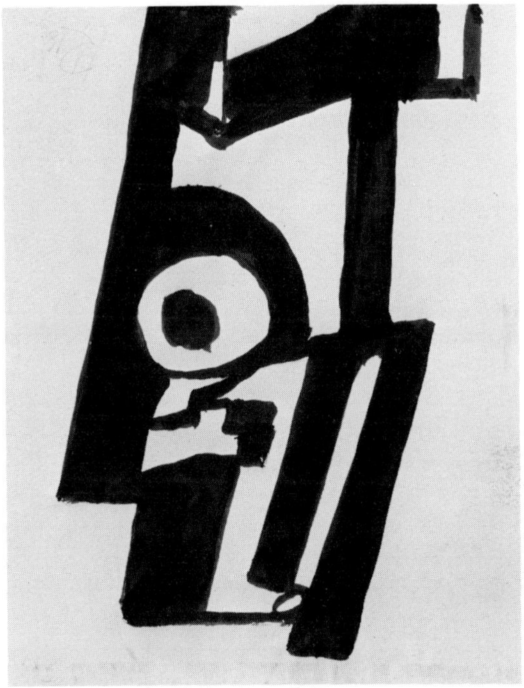

3/462
Richter,
Dada Kopf, 1918

3/466 Erotik, 1920
Holzrelief: 44 x 50 cm
Mailand, Slg. Guido Rossi, (Abb. S. 3/218)
Bibl.: Laszlo, C.: Christian Schad
Basel 1972, Abb. S. 113
Sanouillet, M.: Dada, Galerie Schuler. München 1974, Abb. 6
Ausst.-Kat.: Exposition Dada, Galerie Néri, Genf 1920. Ausst.-Kat.: Schad, Mailand, Palazzo Reale, 1972

3/467 L'image d'une femme, 1920
Holzrelief, bemalt, mit Applikationen: 60 x 30 x 10 cm
Bez. auf Unterkante: Schad 20 (Genf)
Keilberg, Christian Schad
Bibl.: Pierre, J.: Le Futurisme et le Dadaisme, Lausanne 1966, S. 134, Abb. S. 62. Wescher, H.: Die Collage, Köln 1968, S. 134. Laszlo, C.: Christian Schad, Basel 1972, Abb. S. 117
Ausst.-Kat.: Exposition Dada, Galerie Néri, Genf 1920. Ausst.-Kat.: Schad, Mailand, Palazzo Reale, 1972

3/466
Schad, Erotik, 1920

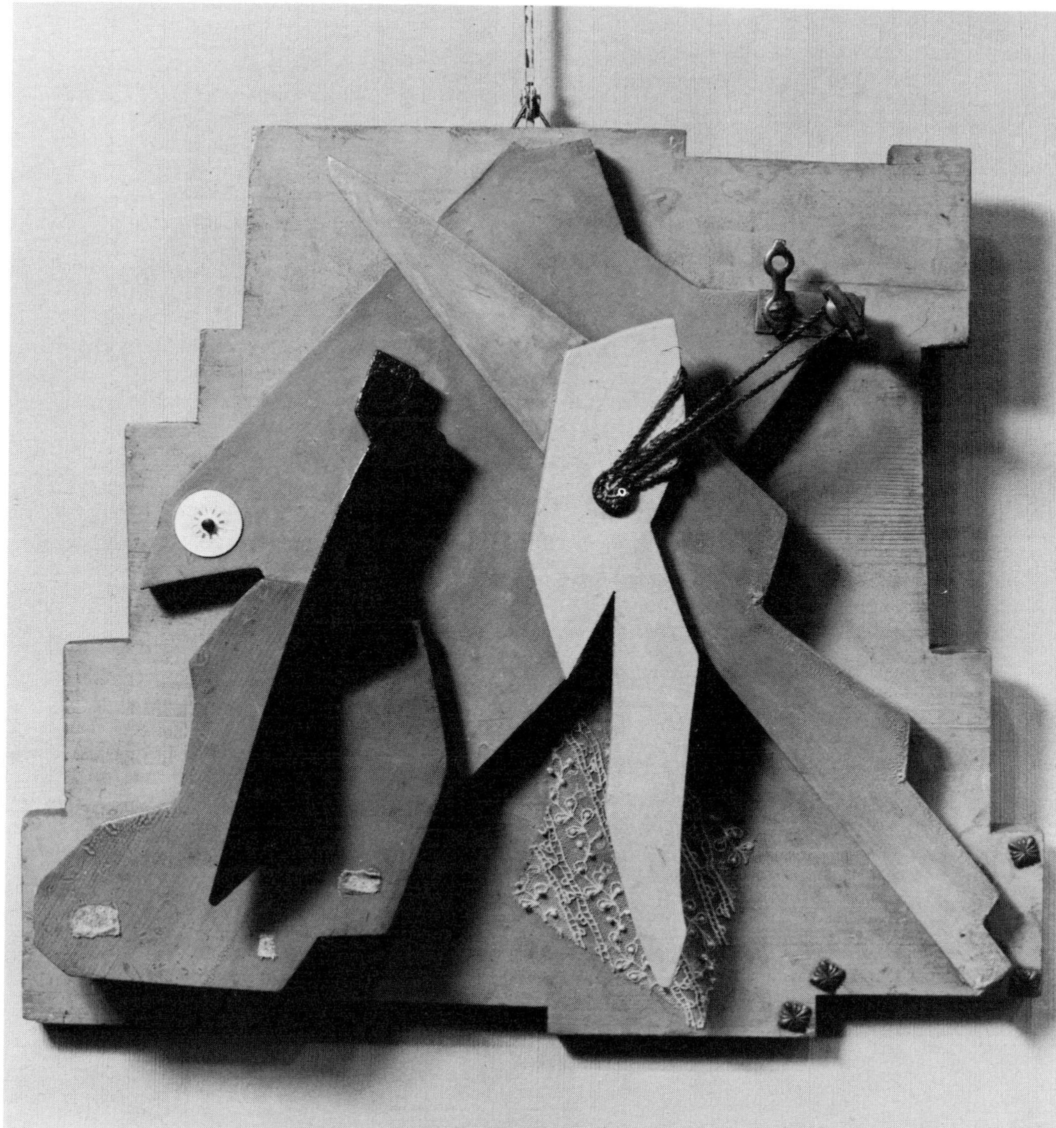

Schwitters, Kurt

3/468 Merzbild 13 A. Der kleine Merzel, 1919
Collage, Applikationen, Mischtechnik: 41,6 x 32,8 (oval)
Bez. u.l.: KS 19
Bloomington, Indiana University Art Museum
Bibl.: Schwitters, Düsseldorf 1971, Nr. 16, Schmalenbach, Abb. Nr. 12

3/469 Ohne Titel (Drucksache), 1919
Stempelbild auf Papier: 23 x 18 cm
Bez. u.l.: Kurt Schwitters
Hannover, Niedersächsisches Landesmuseum (Städtische Galerie), (Abb. S. 3/219)
Bibl.: Schwitters, Düsseldorf 1971 Nr. 37

3/470 Aquarell 16. Porträt E, 1919
Federzeichng. u. Aquarell: 19,3 x 16,3 cm
London, Marlbourough Fine Art Ltd.
Bibl.: Schwitters, Düsseldorf 1971, Nr. 26

3/471 Merzbild 1 A. Der Irrenarzt, 1919
Collage, Applikationen, Mischtechnik auf Leinwand: 48,5 x 38,5 cm
Bez. a. Rücks.: Merzbild I A, Der Irrenarzt 13.2.1919
London, Marlbourough Fine Art Ltd., (Abb. S. 3/219)
Bibl.: Schmalenbach Abb. 13, Schwitters, Düsseldorf 1971, Nr. 17

3/472 Das Herz geht vom Zucker zum Kaffee, 1919
Aquarell, Bleistift: 30,2 x 22,8 cm
London, Marlborough Fine Art Ltd., (Abb. S. 3/83)
Bibl.: Schmalenbach, Abb. 23
Elderfield, J.: The Early Work of Kurt Schwitters, in: Art Forum, Nov. 1971, Abb. 62.
Ausst.-Kat.: Düsseldorf 1971, Nr. 19

3/473 Merzbild 5 B. Bild-Rot-Herz-Kirche, 1919
Collage, Tempera und Kreide auf Leinwand: 83,5 x 60 cm
Bez. u.l.: KS/1919
New York, The Solomon R. Guggenheim Museum

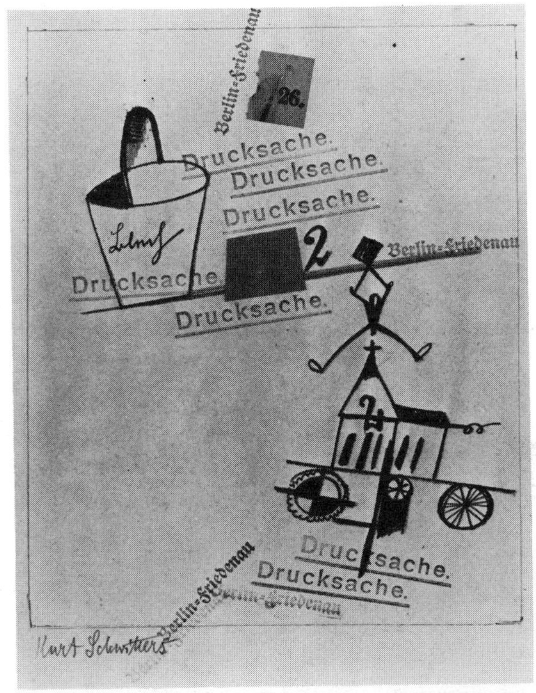

3/469
Schwitters,
Stempelbild, 1919

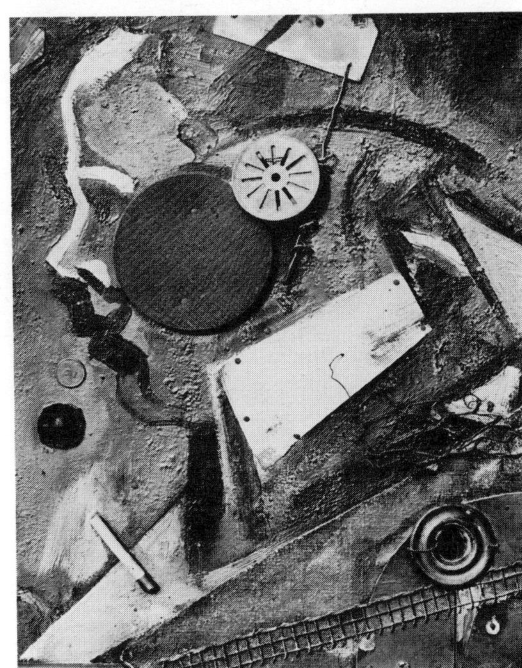

3/471
Schwitters/Merzbild,
1 A. Der Irrenarzt,
1919

Bibl.: Schmalenbach Abb. 17, S. 118.
Schwitters, Düsseldorf 1971, Nr. 23

3/473a Baja 1919
Bleistift, Aqu. u. Collage: 28,5 x 21,5 cm
Bez. a. Rücks.: Kurt Schwitters 1919
Privatsammlung

3/474 Mz 12. Bommbild, 1919
Collage, Zeichng.: 12 x 9,8 cm
Bez.: u.r.: KS 19
Stuttgart, Margaret Baumeister, (Abb. S. 3/85)
Bibl.: Schmalenbach, Beispiele aus den einzelnen Schaffensperioden, Abb. 29
Schwitters, Düsseldorf 1971, Nr. 36
(vgl. Katalogtext Dada-Hannover).

3/475 Konstruktion für edle Frauen, 1919
Reliefassemblage aus Holz, Metall,
Malerei: 103 x 84 cm
Bez. u.l.: KS 19 und Mitte: KS
Los Angeles: Los Angeles County Museum of Art, Museum Purchase (farbige Abb.)
Bibl.: Schmalenbach Abb. S. 31. Schwitters, Düsseldorf 1971, Nr. 21

3/476 Mz. 20 B. Frühlingsbild, 1920
Collage, Mischtechnik: 102,5 x 84 cm
Bez. u.r.: KS 20
Basel, Öffentliche Kunstsammlung,
Schenkung Marguerite Arp-Hagenbach
Bibl.: Schmalenbach Abb. 21
Schwitters, Düsseldorf 1971, Nr. 42

3/477 Merzbild 31 B. Strahlende Welt, 1920
Öl und Collage auf Leinwand: 95,3 x 68 cm
Bez. u.l.: KS 20
Washington, The Phillips Collection
Bibl.: In Memory of Katherine Dreier, Yale University Art Gallery, 1952/53. Special Installation: Collage, National Collection of Fine Arts, Washington D. C. 1974

3/478 Merzzeichnung 101. Dorf, 1920
Collage: 15,5 x 12,7 cm
Bez. u.l.: Merz 101. Dorf ,u.r.: K. Sch. 20; auf d. Rücks. u.M.: 'Mz 101', o.M.: 'Mz 141'
Hannover, Niedersächsisches Landesmuseum
(Städtische Galerie)
Bibl.: Schmalenbach, Abb. 39
Schwitters, Düsseldorf 1971, Nr. 45

3/479 Mz. 158. Kotsbild, 1920
Collage: 27 x 19,4 cm
Bez. o.l.: ccm 26 000, auf d. Rücks. o.l.: Mz 158 'Für Otto Dix, Mai 1921'
Hannover, Niedersächsisches Landesmuseum
(Städtische Galerie), (Abb. S. 3/221)
Bibl.: Schmalenbach, Abb. 36, S. 129.
Schwitters, Düsseldorf 1971, Nr. 37

Der Titel ergibt sich aus dem aufgeklebten Zeitungsausschnitt.

3/480 Merzbild 21 B. Das Haar-Nabelbild, 1920
Öl auf Leinwand mit bemaltem Holz, Tuch, Papier, Leinen, Haar: 91 x 72,5 cm
Bez. auf d. Rücks.: K. Schwitters 1920
Beschr. a. Rücks.:1920 Merzbild 21 B Merz ist nicht Dada
London, Julia Granville, (Abb. S. 3/223)
Bibl.: Schmalenbach, Abb. 18. Schwitters, Düsseldorf 1971, Nr. 40

3/481 Industriegebiet 37, 1920
Collage, Aquarell, Tinte, Bleistift:
23 x 18,5 cm
Bez. u.l. auf dem Rand: Aqu. 37 Industriegebiet, bez. dat. r.: Kurt Schwitters 1920
Hannover, Niedersächsisches Landesmuseum
(Städtische Galerie)

3/482 Merzbild 35 A, 1921
Reliefassemblage, Mischtechnik:
22,3 x 16,8 cm
Stuttgart, Slg. Margaret Baumeister
Bibl.: Schmalenbach Abb. 28. Schwitters, Düsseldorf 1971, Nr. 60

3/483 Merz 334. Verbürgt rein, 1921
Collage: 17,9 x 14,3 cm
London, Marlbourough Fine Art Ltd.
Bibl.: Schmalenbach, Abb. 52

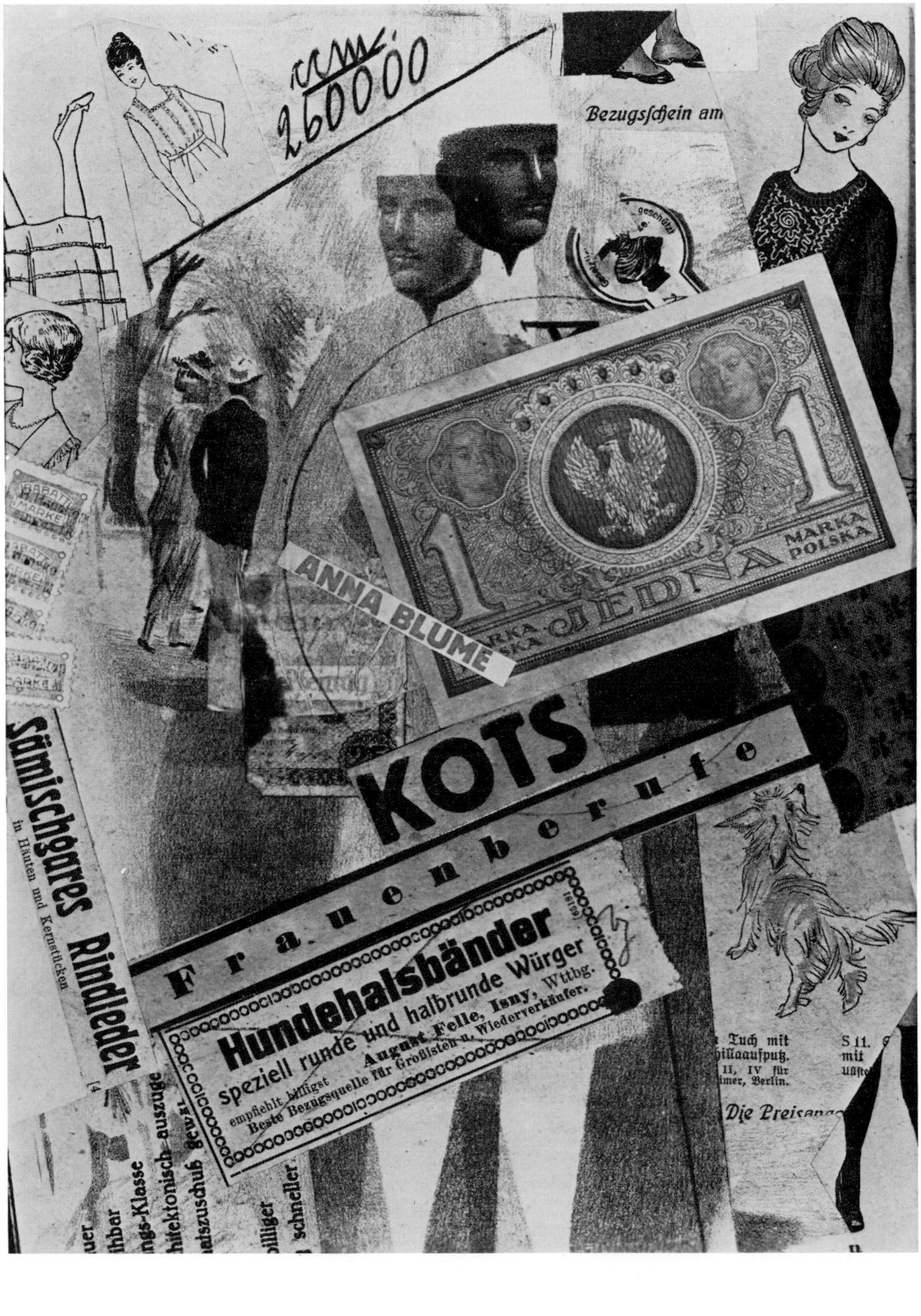

3/479
Schwitters, Mz. 158.
Kotsbild 1920

3/484 Mz 344. Dordrecht, 1922
Collage: 18 x 14,5 cm
Bez. u.r.: K. Schwitters 22, auf dem Passepartout: Mz 344 Dordrecht
Basel, Öffentliche Kunstsammlung, Kupferstichkabinett, Schenkung Marguerite Arp-Hagenbach
Bibl.: Schmalenbach, Verzeichnis der Beispiele aus den einzelnen Schaffensperioden, Abb. 65
Ausst. Kat.: Slg. Marguerite Arp-Hagenbach, Basel 1967/68, Nr. 257

3/485 Siegbild, um 1922
Collage und Öl auf Karton: 38,2 x 32 cm
Bez. auf Rücks.: Kurt Schwitters,
Bibl.: Slg. Wilhelm Hack, Köln
Schmalenbach, Abb. S. 135
Schwitters, Düsseldorf 1971, Nr. 93
Ausst.-Kat.: Slg. Wilhelm Hack, Köln 1969, Nr. 169

3/486 Kasten 7. Anna Blume, 1922
Holzschachtel, collagiert: 5,5 x 16 x 28,8 cm
Bez. auf d. Unters.: Kurt Schwitters 1922
Zürich, Gimpel & Hannover Galerie

3/486a Merz 1922 (rot), 1922
Collage
Privatsammlung

3/487 Breite Schmurchel, 1923
Holz: 36 x 56 cm
Unbezeichnet
Berlin, Hannah Höch, (Abb. S. 3/222)
Bibl.: Schwitters, Düsseldorf 1971, Nr. 107

3/487
Schwitters,
Breite Schmurchel,
1923

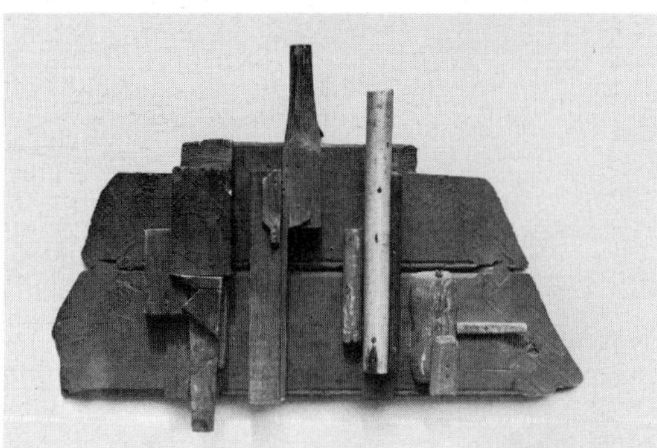

3/488 Merz 607, 1923
Collage: 18,5 x 13,4 cm
Bez. u.l.: MZ 600 Leiden Bez. u.r.: Schwitters 23
Hamburg, Hamburger Kunsthalle

3/489 Merz 32, 1924
Collage auf photographischem Papier: 12,7 x 9,5 cm
New York, The Museum of Modern Art

3/490 Ohne Titel, 1926
Holz auf Karton: 29 x 16 cm
Düsseldorf, K. H. Müller
Bibl.: Schmalenbach Abb. 120

3/491 Merzsäule im Merzbau
Kathedrale des erotischen Elends
Hannover, vernichtet,Photographie
Großphoto, (Abb. S. 3/91)
Bibl.: Schmalenbach, Abb. 160

3/492 Merzbau, Beginn 1923
Photographie
Hannover, Niedersächsisches Landesmuseum
Großphoto, (Abb. S. 3/86)
Bibl.: Schwitters, K.: Merz 21 erstes Veilchenheft, Hannover, Merzvlg., 1931. Schmalenbach, S. 134 ff.

1943 wurde das Haus mit dem MERZbau bei einem Luftangriff auf Hannover zerstört. 1937 begann Schwitters nach seiner Emigration aus Deutschland in Lysaker bei Oslo den zweiten MERZbau, der 1951 von spielenden Kindern in Brand gesetzt und vernichtet wurde. 1945 ließ sich Schwitters in Little Langdale bei Ambleside (West Morland, Lake District, England) nieder und begann in Cylinders Farm (Langdale) einen 3. MERZbau, an dem er bis zu seinem Tode arbeitete.

3/493 Ohne Titel, 1926 Relief-Assemblage,
Holz auf Karton: 29 x 16 cm
Düsseldorf, Slg. Müller

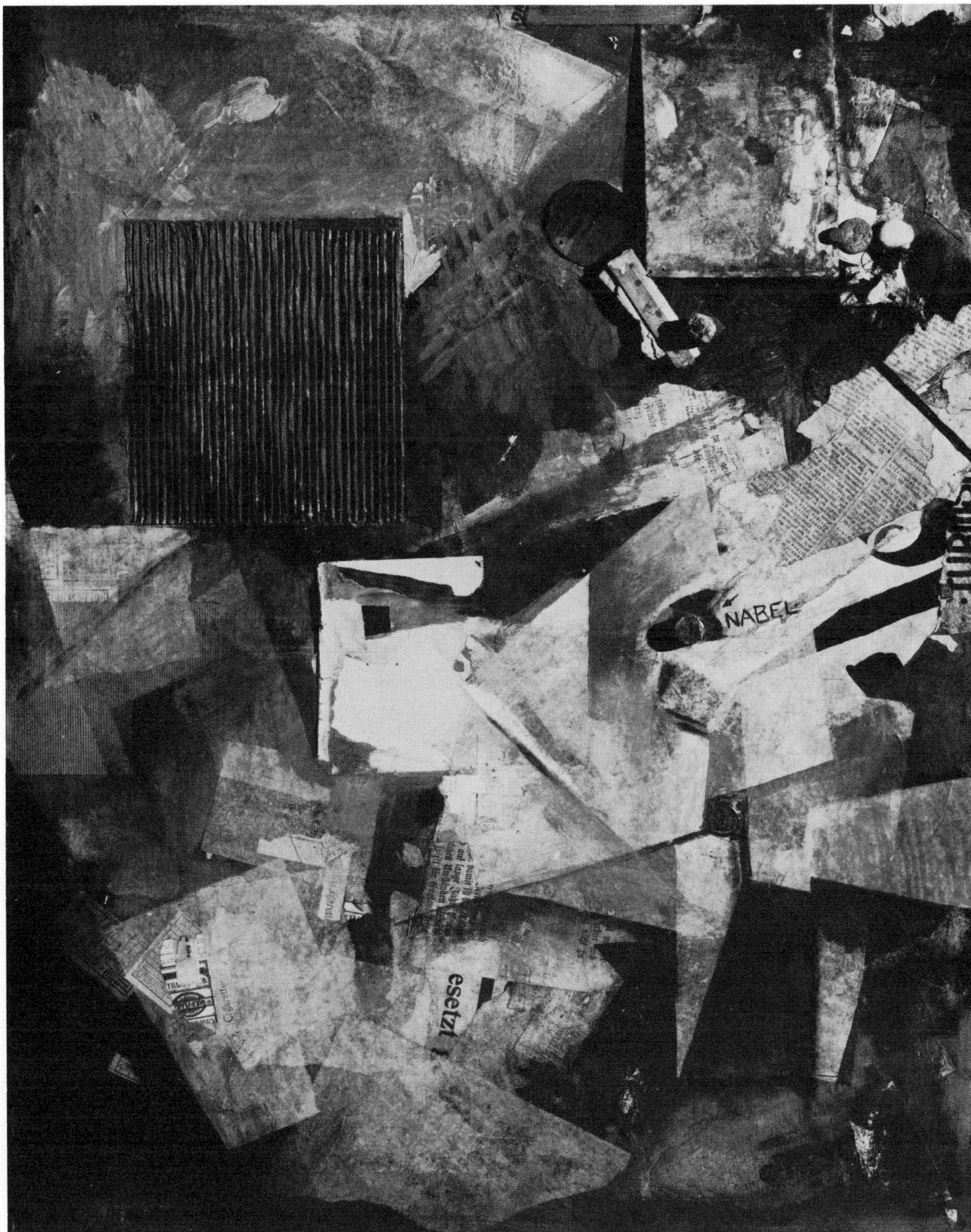

3/480
Schwitters,
Merzbild 21 B.
Das Haar-Nabelbild,
1920

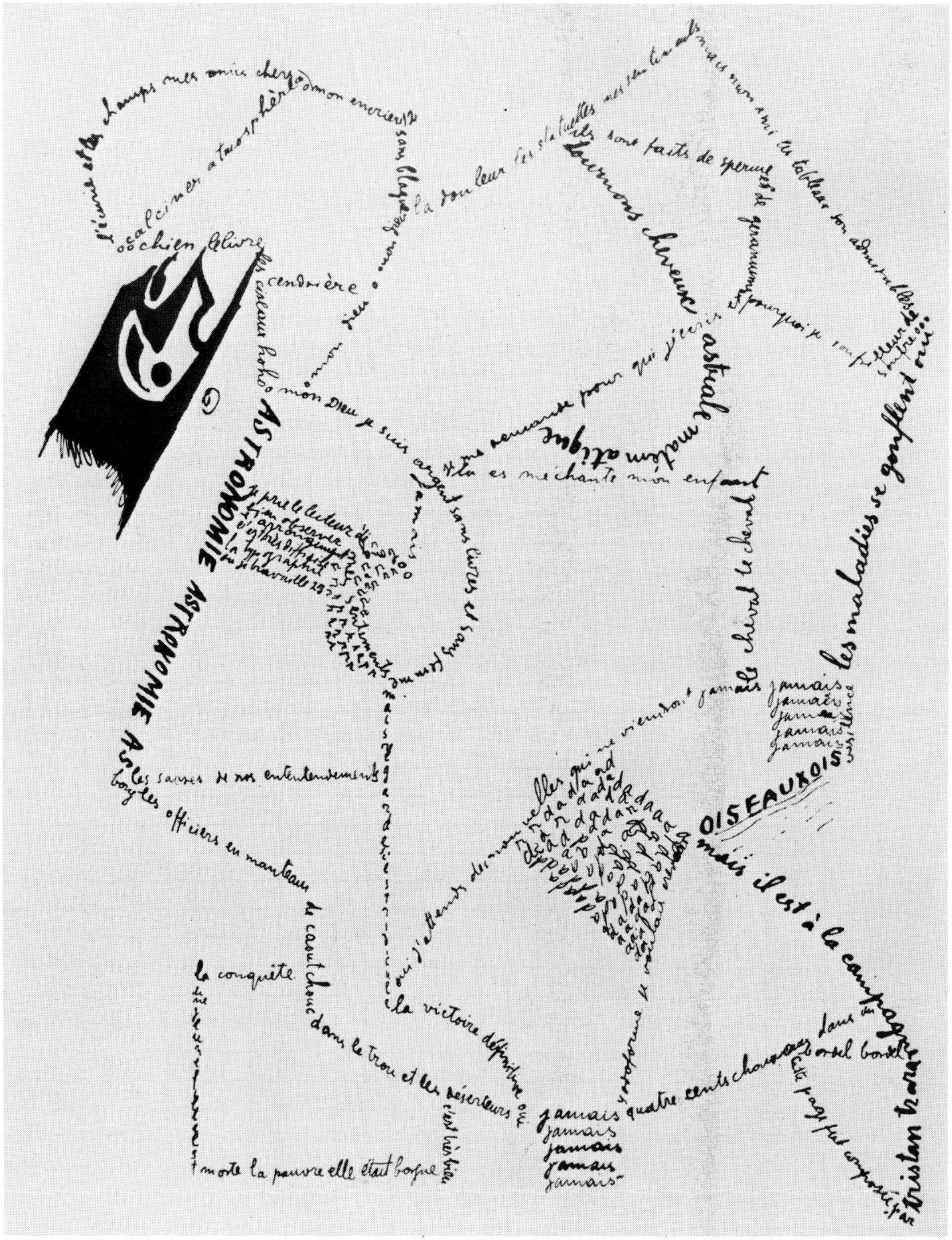

3/495
Tzara, Calligramme, 1916/59

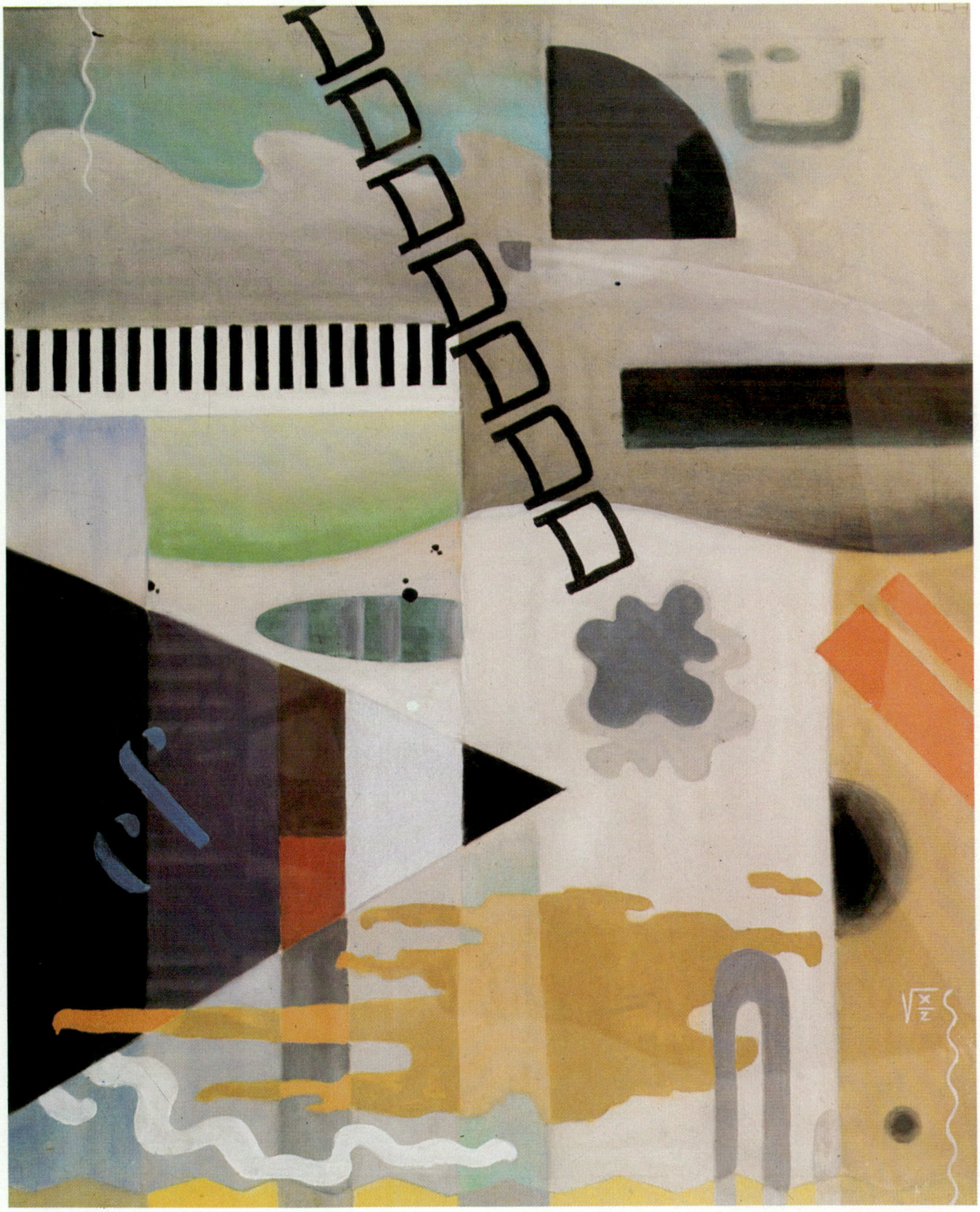

Evola
DDDD
1920/21, Kat. 3/408

Taeuber-Arp, Sophie
3/494 Dada-Kopf. Porträt Hans Arp, 1918
Öl auf gedrechseltem Holz, bunt bemalt: 25 cm hoch
Privatsammlung, (Abb. S. 3/225)
Bibl.: Z. P. Nr. 76

Tzara, Tristan
3/495 Calligramme, 1916–1959
Schrift auf Karton: 22 x 17 cm
Privatslg., (Abb. S. 3/224)

3/496 Dada-Zeichnung, 1920
Tusche: 13,5 x 10 cm
Mailand, Slg. Guido Rossi

PHOTOGRAMM

Man Ray
3/497 Champs délicieux, 1922
12 Rayographien: 37,2 x 18 cm
Privatsammlung

3/498 Schere und Raster, 1924
Rayographie auf ausgerissenem Papier, collagiert auf Bütten: 33,2 x 22,6 cm
Bez. u.r.: Man Ray Paris 1924
Berlin, Staatliche Museen Preußischer Kulturbesitz, Kupferstichkabinett
Bibl.: Ausst.-Kat.: Metamorphose des Dings, Berlin 1971, Nr. 81

Schad, Christian
3/499 Ohne Titel, 1918
Schadographie: 16,3 x 12,6 cm
Bez. rücks.: Christian Schad, 1918 – TT (das Zeichen Tristan Tzaras)
Zürich,
Inge Bondi, (Abb. S. 3/59)

3/500 Oneiroynie en Kowa, 1918
Schadographie: 15 x 16,3 cm
Bez. u.l.: Oneiryonie en Kowa, u. M.: Christian Schad, Genève 1918.
Bez. u.r.: Christian Schad
Zürich, Hans Bolliger

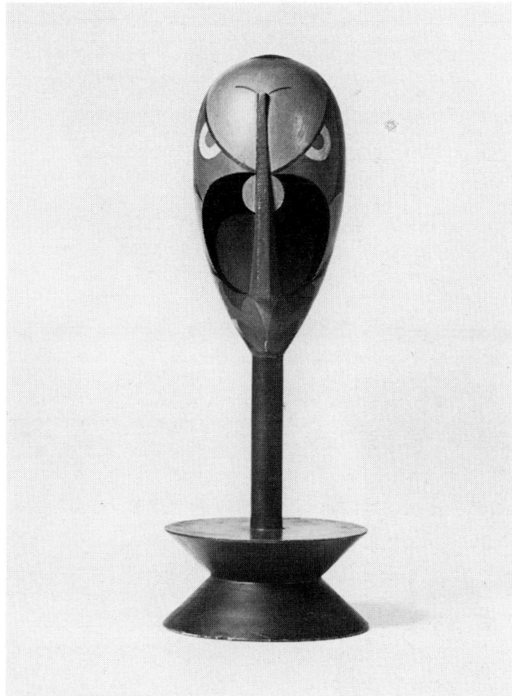

3/494
Taeuber-Arp,
Dada-Kopf, 1918

3/501 Ohne Titel, o. J.
Schadographie: 48 x 38,5 cm
Sign.: Christian Schad
Mailand, Slg. Guido Rossi
Bibl.: Z. P., Nr. 246

Moholy-Nagy, Laszlo
3/502 Ohne Titel,
Photogramm: Reprint
München, Galerie Klihm

3/503 Ohne Titel
Photogramm: Reprint
München, Galerie Klihm

3/504 Ohne Titel
Photogramm: Reprint
München, Galerie Klihm

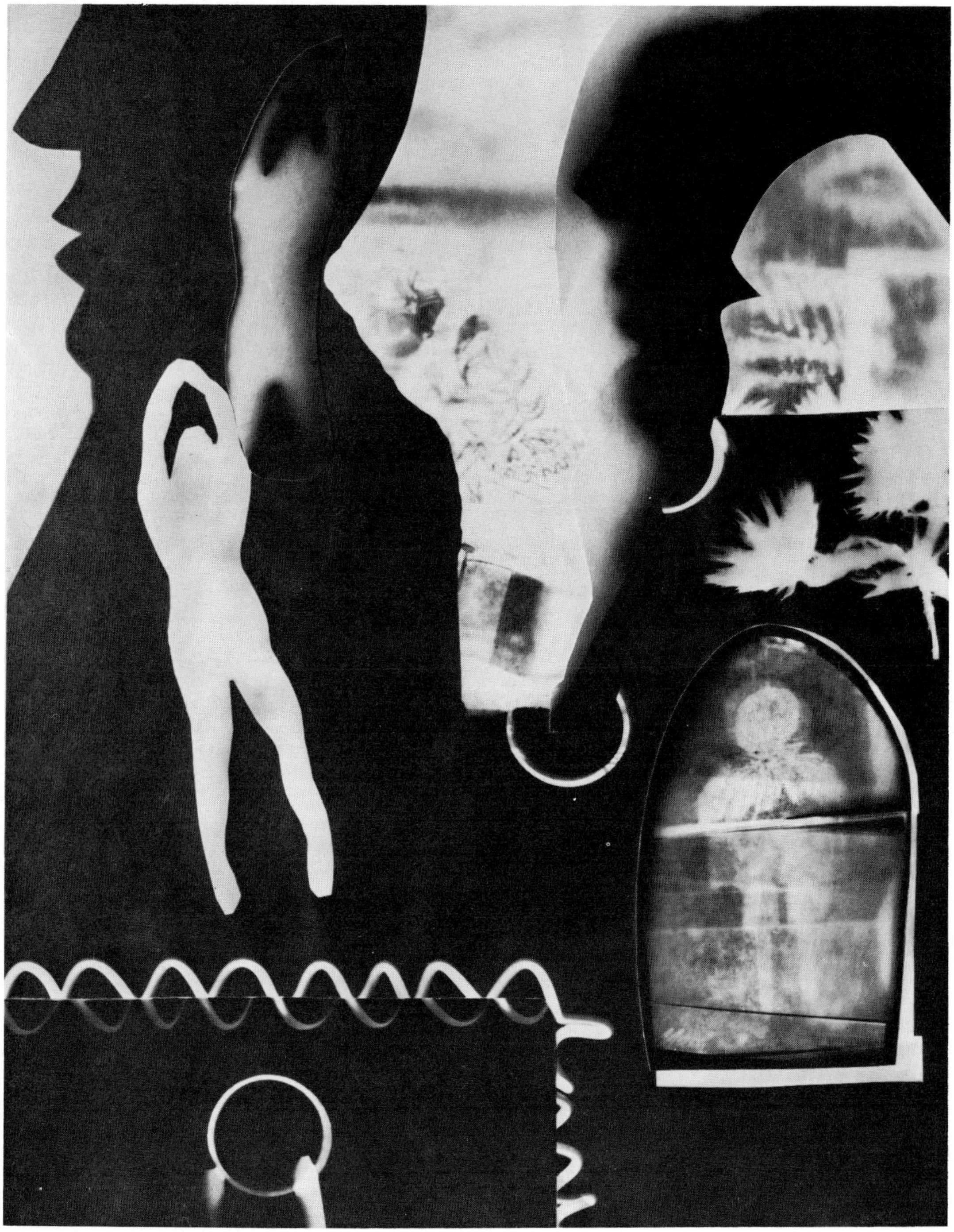

Man Ray, Ohne Titel,
Rayographie,
Privatsammlung

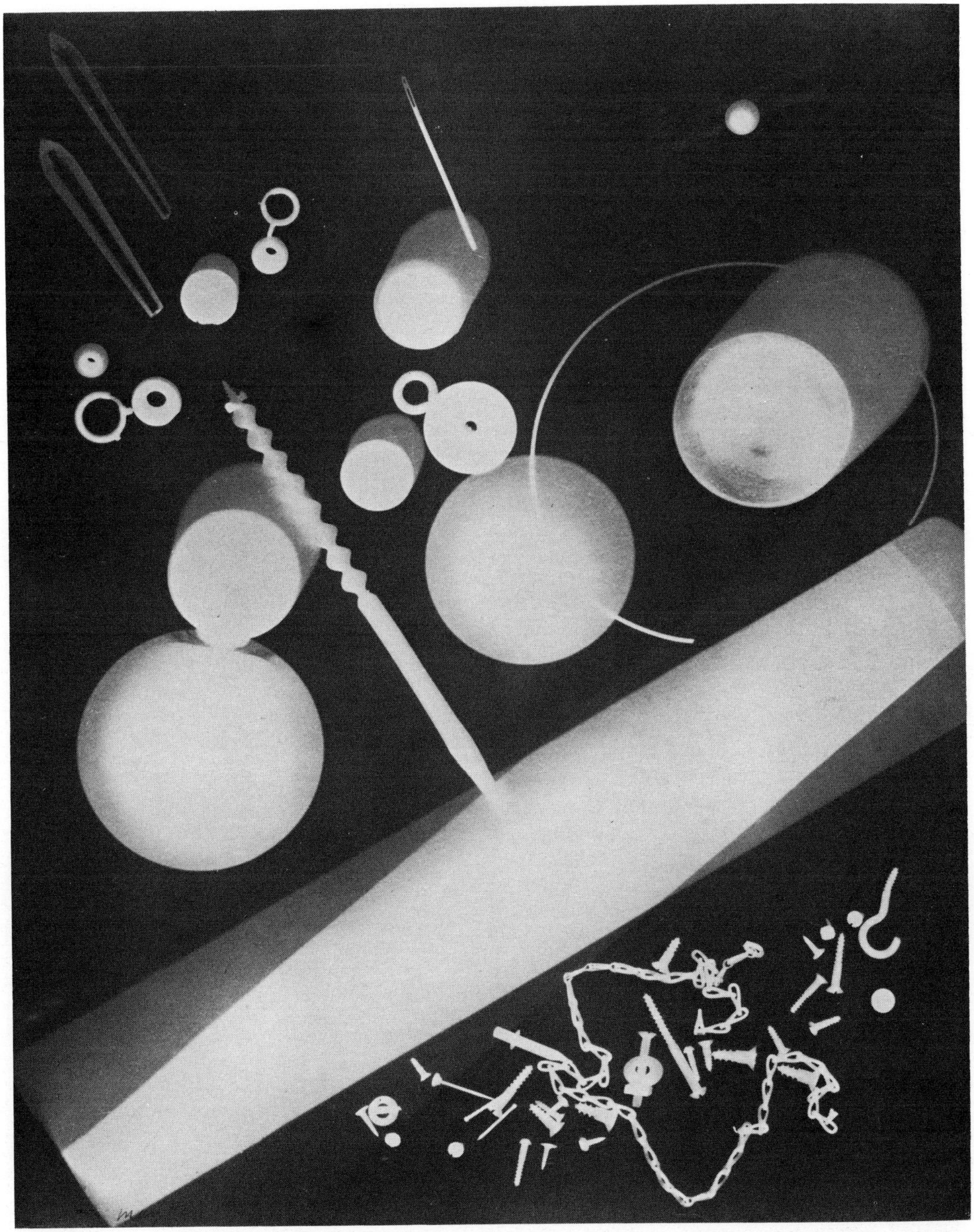

Man Ray, Ohne Titel,
Rayographie 1923,
Privatsammlung

READY MADE

Duchamp, Marcel
3/505 Fahrrad-Rad, Neuilly 1913/1964
Ready made, Fahrrad-Rad, 64,8 cm
montiert auf Schemel, 60,2 cm h.
6. Version,
Expl. von 8 signierten u. numerierten Repliken, hg. v. d. Galleria Schwarz, Mailand 1964
Privatsammlung Abb. S. 3/169
Bibl.: Schwarz, A.: Marcel Duchamp, London 1969, Nr. 205, S. 442/443

Duchamp: 'It still had little to do with the idea of the Ready made. Rather, it had much to do with the idea of chance: In a way, it was simply letting things go by themselves and having a sort of created atmosphere in a studio . . .'
Auf den mechanischen Aspekt in der Ausstellung bezogen, ist das Objekt instrumentaler Zufall geworden.

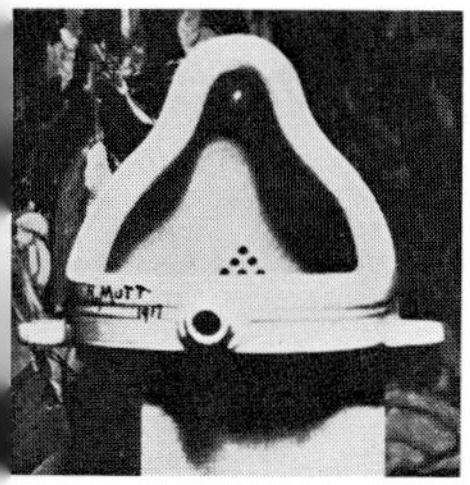

3/506
Duchamp, Fountain, 1917

3/506 Fountain, New York 1917/1964
Ready made, Porzellan-Urinoir.
3. Version, Expl. von 8 signierten u. numerierten Repliken, hg. v. Galleria Schwarz, Mailand 1964. Bez. am unteren Rand l.: R. Mutt/1917
Privatsammlung
Bibl.: Schwarz, A.: Marcel Duchamp, London 1969, Nr. 244, S. 465–467

Das Urinoir, das Duchamp bei der 'Mott Works' – company, New York, erworben hat, wurde für die Juryfreie Schau der Independent Artists Association 1917 eingereicht, jedoch vom Hänge-Komitee zurückgewiesen. Alfred Stieglitz photographierte 'Fountain' unmittelbar nach der Ablehnung. Die Photographie wurde in 'The Blind Man', Nr. 2, Mai 1917 (Kat. Nr. 3/34) abgebildet. Dazu erschien ein anonymer Aufsatz mit der Schlußfolgerung: 'Indes ist Mr. Mutts Fountain nicht unmoralisch, das wäre absurd, genausowenig unmoralisch wie eine Badewanne. Es ist ein Gebrauchsgegenstand, den man jeden Tag im Schaufenster eines Klempnerladens sehen kann. Ob Mr. Mutt 'Fountain' mit seinen eigenen Händen hergestellt hat oder nicht, ist unerheblich. Er WÄHLTE es. Er nahm ein gewöhnliches Erzeugnis aus dem täglichen Leben, plazierte es so, daß seine übliche Bedeutung hinter dem neuen Titel und Gesichtspunkt verschwindet – und schuf dem Objekt eine neue gedankliche Sicht'.

3/507 L. H. O. O. Q., Paris 1919
Rectified Ready made: Bleistift auf einer Kunstdruckreproduktion der Gioconda: 19,7 x 12,4 cm
Bez. u.l.m. Bleistift: Paris, bez. am unteren Rand m. Bleistift: L. H. O. O. Q.
Privatsammlung (farbige Abb.)
Bibl.: 391, Paris, März 1920, Nr. 12, S. 1 (von Picabia angefertigt). Schwarz, A.: Marcel Duchamp, London 1971, Nr. 261
Ausst.-Kat.: Marcel Duchamp, The Museum of Modern Art and The Philadelphia Museum of Art, 1973, Nr. 131

Duchamp: 'Diese Mona Lisa mit einem Schnurrbart und einem Ziegenbart ist ein Ready made kombiniert mit ikonoklastischem Dadaismus. Das Original, ich meine das originale Ready made, ist ein billiger Farbdruck 8 x 5 (inches), an deren unteren Rand ich vier (sic!) Buchstaben schrieb, die, französisch ausgesprochen, einen ziemlich riskanten Witz über die Gioconda ergeben.' Die Buchstaben besagen: 'Elle a chaud au cul'. (Sie ist geil). Nach A. Schwarz ist der Bart nicht nur eine ikonoklastische Geste, sondern auch die 'Vorliebe für Unbestimmbarkeit.'

Duchamp, Suzanne
3/508 Das unglückliche Ready made von Marcel, 1920
Öl auf Leinwand: 81 x 60 cm
Bez. u.r.: Le Ready made malheureux de MARCEL. Suzanne Duchamp 1920
Mailand, Slg. Guido Rossi
Bibl.: Schwarz, A.: Duchamp, 1964, Nr. 260
Ausst.-Kat.: Les Durchamps. Rouen 1967, S. 136

Bild nach Duchamps 'Unglücklichem Ready made' mit der Absicht, seiner Schwester Suzanne ein Hochzeitsgeschenk zu machen. Im April 1919 schickte er ihr ein Geometriebuch, das sie auf ihrem Balkon dem Einfluß des Wetters aussetzen sollte. Suzanne Duchamp malte es – 'das ist alles, was übrig blieb', konstatierte Marcel Duchamp, den die 'Ideen von glücklich und unglücklich in den Ready made' amüsierte.

Duchamp, Marcel
3/509 Belle Haleine, Eau de Violette (Beautiful Breath, Veil Water), New York 1921
Assisted Ready made, Parfümflasche in ovaler Schachtel: 16,3 x 11,2 cm, Höhe der Flasche: 15,2 cm. Bez. auf dem Rücken d. Schachtel: Rrose Sélavy, bez.: inseitig (nach 1945) auf Goldpapier, Rücks. einer Kartonschachtel: Rrose / Sélavy / 1921
Privatsammlung.
Bibl.: Schwarz, A.: Marcel Duchamp, London 1971, Nr. 272
Ausst.-Kat.: Duchamp, New York, Philadelphia 1973, Nr. 140

Die Flasche trägt eine Collage: 29,6 x 20 cm: Imitated Rectified Ready made, photografische Collage in Zusammenarbeit mit Man Ray. Die Photografie auf der Flasche ist von Man Ray und stellt Duchamp als Frau gekleidet dar. Diese Collage wurde für den Umschlag von New York Dada (April 1921) verwandt. Duchamp signiert hier mit seinem weiblichen Pseudonym: Rrose Sélavy.
Die inhaltliche Bestimmung steht in Beziehung zum Großen Glas

Man Ray
3/510 Das Geheimnis der Isidore Ducasse (L'enigme d'Isidore Ducasse),1920 / 71
Verpackung einer Nähmaschine:
45 x 58 x 23 cm
Expl. nach einem Photo (im Besitz der Galleria Schwarz) vom ursprünglichen Objekt hergestellt.
Paris, Privatsammlung
Bibl.: La Révolution Surréaliste, Paris, Dez. 1924 (Titel-Ill.). Janus: Man Ray, München 1973, Abb. 23,
Penrose, R.: Man Ray, London 1975
Ausst.-Kat.: Man Ray, Rotterdam 1971, Nr. 143. Man Ray, Rom 1973, S. 44 f.

Das Prinzip des Automatismus wird in dem Objekt vergegenständlicht vorgeführt. Auslösend für das Objekt war zunächst die Vorliebe der Dadaisten und Surrealisten für Lautréamont, dessen Pseudonym Isidore Ducasse war. In den 'Chants de Maldoror' kommt es zu dieser für sie faszinierenden 'unvermuteten Begegnung einer Nähmaschine und eines Regenschirms auf einem Seziertisch'. Gleichsam noch aktueller scheint für Man Ray die Inspiration, die von Bretons Sketch 'Vous m'oublierez' ausgehen konnte, in dem 'Nähmaschine' 'Regenschirm' liebt. Nach der Deutung von E. Lenk erscheint Regenschirm als 'strenges, männliches Formprinzip' und 'Nähmaschine' als die 'vom Unbewußten beherrschte Hysterikerin', die wiederum auf den Automatismus verweist. Indem Man Ray dieses Objekt umwickelt und verpackt, gibt er das Prinzip des Automatismus nicht preis, denn dieses gehört den Schlafzuständen der Surrealisten: 'je ne la vois pas dans la forêt' . . .

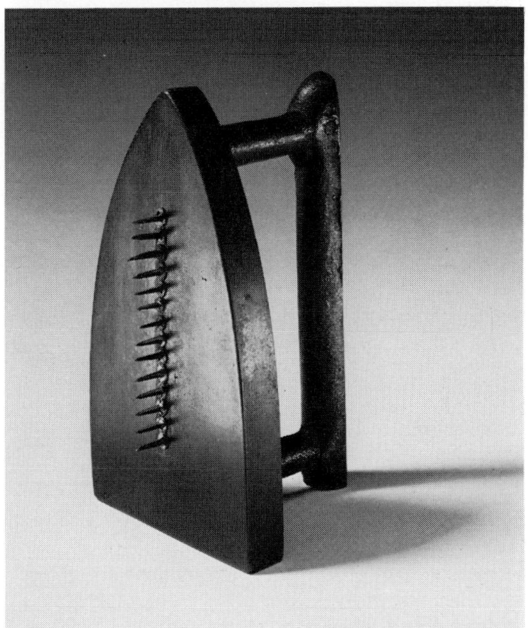

3/511
Man Ray, Cadeau, 1921/63

3/512
Man Ray,
Gegenstand der
Zerstörung, 1923/65

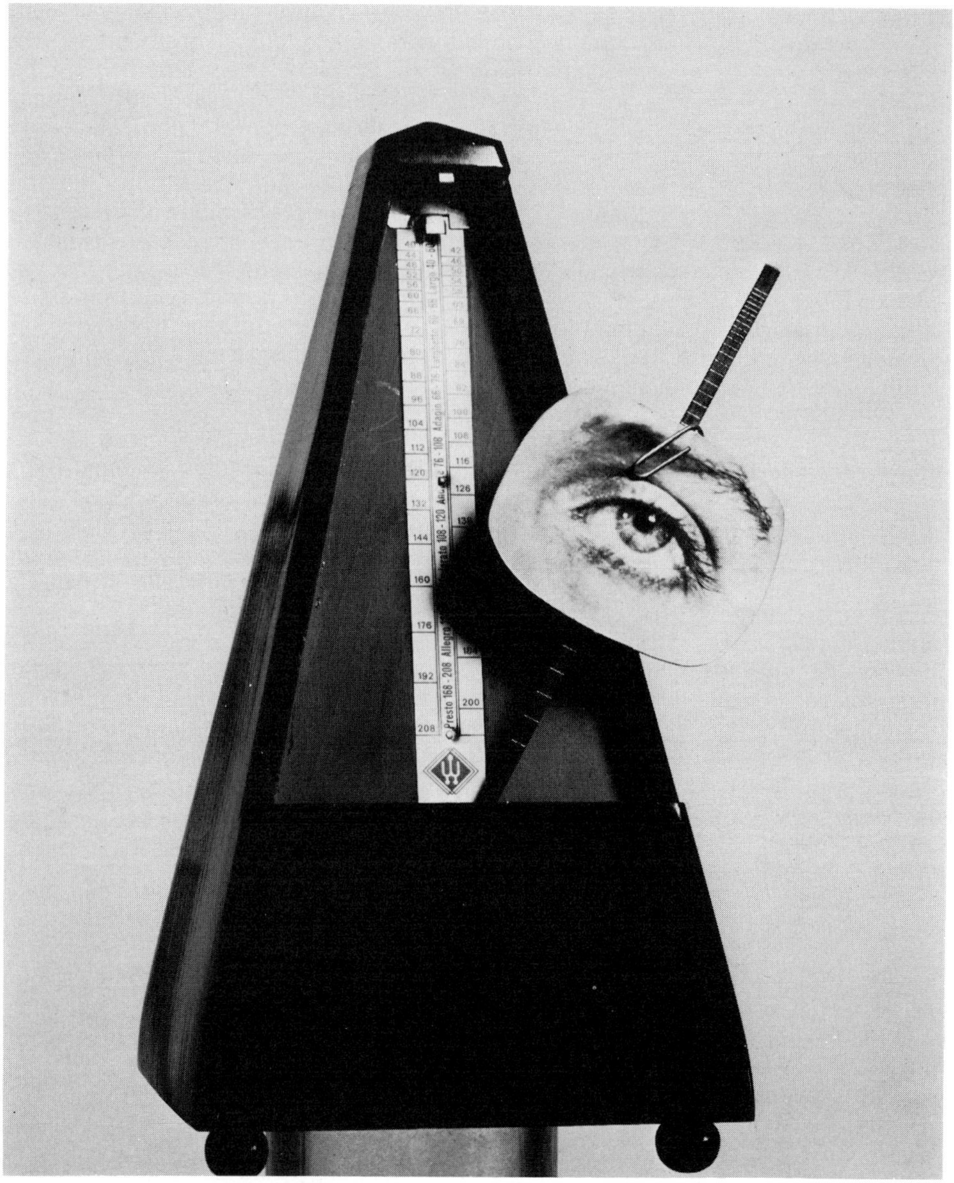

3/511 Cadeau, 1921/63
Bügeleisen mit 14 Nägeln: 16 x 9 x 7,5 cm
Bez. am Griff: E.F./M.R.
Paris, Fred Fischer, (Abb. S. 3/225)
Bibl.: Janus: Man Ray, München 1973, S. 16, Penrose, R.: Man Ray, London 1975, S. 71
Ausst.-Kat.: Man Ray, Libraire Six, Paris 1921
Ausst.-Kat.: Man Ray, Rom 1973, S. 54/55, Man Ray, Galerie Werner Kunze, Berlin 1976/77

Dieses Geschenk widmete Man Ray Erik Satie, mit dem er in Paris schnell Kontakt aufnehmen konnte. Das Objekt spricht für sich: Zerstörender Effekt, Härte der Ironie schließt es in sich ein.

3/512 Gegenstand der Zerstörung (Objet a detruire), 1923/1965
Holz, Metall, Papier: 22 x 11 x 11 cm
Berlin, Galerie Werner Kunze
(Abb. S. 3/230)
Bibl.: Oggetti d'affezione, Turin 1970, Abb. 20.
Hocke, G. R.: Die Welt als Labyrinth, Hamburg 1957, S. 80:

'Hier wird ein Zeitmesser, ein Metronom, mit einer Heftklammer einem einzelnen Auge verbunden. Sollte dies an Paranoia grenzen, so jedenfalls an eine traditionelle Paranoia in der europäischen Kunst ... (Als Objekt der Zerstörung) erlebt das Auge 'fasziniert' die 'Zerstörung des Raumes durch die in ihm wirkende Zeit'. ... der (subjektive Blick) ist ein 'Gegenstand der Zerstörung, d. h. er kann den Raum verändern wie er will.'
Im Unterschied zu Hocke mag die unabdingbare Koppelung des Auges an dem Zeiger des Metronoms auch anzeigen, daß das Auge in der Anspielung auf die mittelalterliche Bedeutung des Auges Gottes nicht nur initiatorische Wirkung (das innere Gesicht) hat, sondern gleichzeitig einen fatalistisch mechanischen Prozeß versinnbildlicht. Diese Ambivalenz ist ebenfalls in dem Objekt 'Danger/Dancer' (Kat. Nr. 3/704) von Man Ray zu erkennen.

DADA BERLIN UND DAS POLITISCHE ENGAGEMENT. DIE AGGRESSIVE GESELLSCHAFTSKRITISCHE SATIRE. SCHWARZWEISSZEICHNUNG, KOLORIERTE ZEICHNUNG, MALEREI.

Dix, Otto
3/513 Sterbender Krieger, 1915
Öl auf Karton: 60 x 54,4 cm
München, Galerie Klihm

3/514 Dada-Selbstbildnis, 1920
Tusche-Feder auf Karton: 24,4 x 30,7 cm
Bez. auf Vorders.: Ahoi! Das ist Dix d. h. A +O zeit + raumlos, auf Rücks.: Ich werde mich an den Sünden und Tugenden meiner Vorfahren rächen! Dix.
Braunschweig, Adolf Dörries
Bibl.: Z. P. Nr. 37

3/515 Selbstbildnis mit Akt, 1920
Tusche-Feder, Bleistift: 22 x 27,8 cm
Bez: 1920
München, Galerie Klihm

3/516 Erinnerungen an die Spiegelsäle in Brüssel, 1920
Öl auf Leinwand: 124 x 84 cm
Bez. u.l.: Dix 1920, bez. auf Rücks.: Erinnerungen an die Spiegelsäle in Brüssel
Privatsammlung, (Abb. S. 3/232)

3/517 Kartenspielende Kriegskrüppel, 1920, vgl. Kat. Nr.3/576

3/518 Der Streichholzhändler, 1920
Kaltnadel und Ätzung: 25,9 x 29,5 cm
Expl. 3 v. 10, bez.-num. auf Rückseite.
Berlin, Staatliche Museen Preußischer Kulturbesitz, Kupferstichkabinett, (Abb. S. 3/69)
Bibl.: Karsch, F.: Otto Dix – Das graphische Werk, Hannover 1970, Nr. 11/II

3/516
Dix, Erinnerungen an die Spiegelsäle in Brüssel, 1920

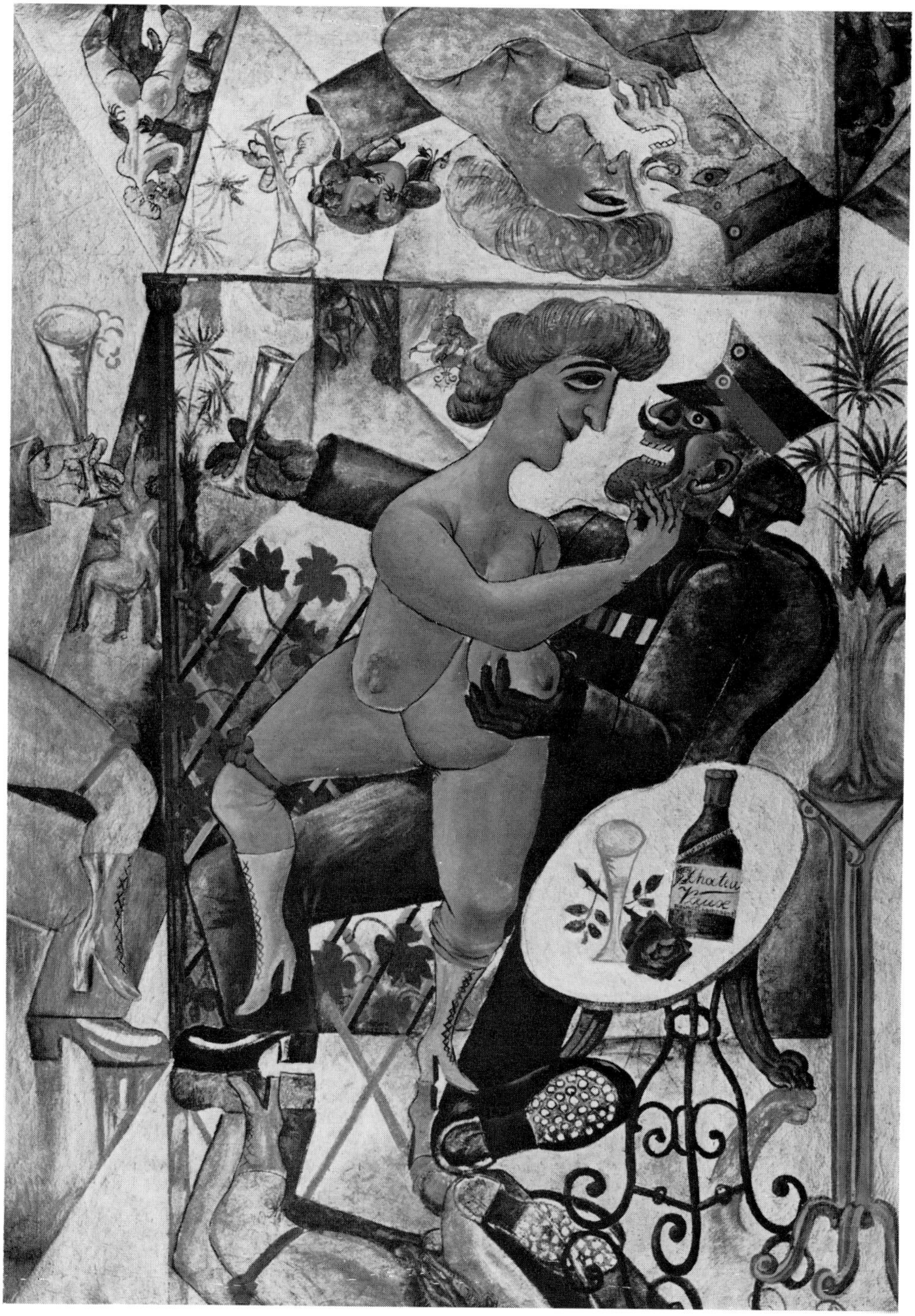

3/519 Kriegskrüppel, 1920
Kaltnadelradierung: 25,4 x 39,6 cm
Bez. u.r. und u. Mitte, num. VI/20
Berlin, Galerie Nierendorf, (Abb. S. 3/19)
Bibl.: Karsch, F.: Otto Dix – Das graphische Werk, Hannover 1970, S. 131, Abb. S. 29

Die Radierung wiederholt das Motiv des Gemäldes, das auf der Berliner Dada-Messe 1920 ausgestellt war. (Ausst.-Kat. Nr. 43). Das Gemälde, früher Stadtmuseum Dresden, ist verschollen.

3/520 Bordellszene, um 1920
Mischtechnik: 52 x 39 cm
München, Galerie Klihm

3/521 Amerikanischer Reitakt, 1922
Radierung: 34,7 x 30,9 cm
Probedruck, Aufl. 50 Expl. in der Mappe 'Zirkus'
Berlin, Staatliche Museen Preußischer Kulturbesitz, Kupferstichkabinett
Bibl.: Karsch, F.: Otto Dix – Das graphische Werk, Hannover 1970, Nr. 38/II, Abb. S. 61

Griebel, Otto
3/522 Ja exzentrisch muß man sein, 1921
Bleistift, Buntstift, Collage: 35 x 43,2 cm
Bez.: Ja exzentrisch muß man sein, Europe, den 13. XI. 1921 nach Christus. Bez. u.r.: Griebel
Haag, Obb., Kunstarchiv Arntz

Grosz, George
3/523 Café Denis, 1914
Feder-Tusche, Buntstift auf Papier:
25,5 x 21 cm. Bez. dat.
New York, Murray B. Cohen
Bibl.: Hess 1974, Abb. 41, S. 55.

3/524 Die Straße, 1915
Öl auf Leinwand: 45,5 x 35,5 cm
Bez. auf Rücks.: GROSZ, und:
GROSZ/1915/Südende,
auf Keilrahmen:
1915
Stuttgart, Staatsgalerie
Bibl.: Hess 1974, Abb. 44, S. 58

3/525 Der Goldgräber, 1916
Feder-Tusche: 41 x 29,5 cm
Sign., dat.
New York, Murray B. Cohen, (Abb. S. 3/67)
Bibl.: Hess 1974, Abb. 48, S. 63. Schneede 1975, Abb. 2, S. 47

3/526 Skizzenbuch, um 1916 bis Sept. 1917
Krankenjournal des Dr. William Thomas, Boston USA: 8°
Berlin, Akademie der Künste,
George Grosz Archiv

3/527 Kleine Grosz-Mappe, 1917
Berlin, Malik Vlg.
20 Lithographien u. 1 Titelblatt: 29 x 22 cm
Unbezeichnet
Berlin, Berlinische Galerie
Bibl.: Malik Nr.5

3/528 Straßenszene mit Zeichner, um 1917
Tusche-Feder: 35 x 21,2 cm
Bez. u. r.: Grosz
Stuttgart, Staatsgalerie, Graph. Sammlung
Bibl.: Schneede 1975, Abb. 18, S. 38
Ausst.-Kat.: George Grosz, Stuttgart 1975, Nr. 70

3/529 Detektivgeschichte, 1917
Tusche-Rohrfeder: 57 x 46,5 cm
Bez. u.l.: GROSZ 1917
Privatsammlung
Bibl.: Ausst.-Kat.: George Grosz, Stuttgart 1975, Nr. 82

3/530 Straße mit Leichenwagen, 1917
Tusche-Rohrfeder: 28,5 x 22,5 cm
Bez. u.r.: 17 Grosz
Privatsammlung

3/531 In der Zelle, 1917
Tusche-Rohrfeder: 51,5 x 36,5 cm
Privatsammlung
Bibl.: Schneede 1975, Nr. 61

3/532 The Christmas Brothers, 1917
Tusche-Rohrfeder: 28,4 x 22,4 cm
New York, The Museum of Modern Art
Gift of Mrs. Richard L. Selle

3/533 Selbstmörder, um 1918
Rohrfeder-Tusche, Aquarell: 50,8 x 36,5 cm
Bez. u.r.: Grosz 1918
Berlin, Galerie Nierendorf
Bibl.: Schneede 1975, Nr. 84
Ausst.-Kat.: Grosz, Berlin, Akademie der Künste 1962, Nr. 53

3/534 Whyski, 1918
Rohrfeder-Tusche, Aquarell auf Karton: 47 x 31 cm
Bez. u.l.: Grosz Sept. 1918 Südende Herrn Kunstkritiker Däubler zur Erbauung und Anregung
Köln, Slg. W. Hack
Bibl.: Grosz, G.: Ecce Homo, Berlin 1923, Abb. 2
Ausst.-Kat.: George Grosz und John Heartfield, Stuttgart 1967, Nr. 14

3/535 Weißer Sklavenhändler, 1918
Feder-Tusche, Bleistift, Aquarell: 31,7 x 23,8 cm
Unbezeichnet
Darmstadt, Hessisches Landesmuseum
Bibl.: Grosz, G.: Ecce Homo, Berlin 1923, Abb. 8
Ausst.-Kat.: Grosz, Berlin 1962, Nr. 56. Hess 1974, Nr. 58

3/536 Chicago, a piece of my world, 1918
Aquarell: 47 x 55 cm. Bez. dat.
New York, Murray B. Cohen
Bibl.: Grosz, G.: Ecce Homo, Berlin 1923, Abb. 8

3/537 Der Fall G, 1918
Feder-Tusche, Aquarell: 47 x 31 cm
Bez. u.r.: Grosz 1918
Berlin, Staatliche Museen Preußischer Kulturbesitz, Nationalgalerie
Bibl.: Grosz, G.: Ecce Homo, Berlin 1923, Farbt. X, betitelt 'Johannisnacht'
Ausst.-Kat.: Grosz, Berlin 1962, Nr. 54. Hess 1974, Abb. 60. Schneede 1975, Abb. 85

3/538 Dr. Castans Panoptikum, um 1918
Rohrfeder-Tusche, Aquarell: 34 x 25 cm
Bez.: Grosz, bez. auf Rücks.: 'Dr. Castans Panoptikum'
Hamburg, Privatbesitz
Bibl.: Ausst.-Kat.: Grosz, Berlin 1962, Nr. 57

3/539 Café-Szene, 1918
Feder-Tusche, Aquarell: 42 x 50 cm
Bez. u.r.: Grosz 1918
New York, Murray B. Cohen
Bibl.: Ähnlich dem Blatt in Grosz, G.: Ecce Homo, Berlin 1923, Abb. 8

3/540 Weit im Süden schönes Spanien, 1919
Aquarell: 38 x 30 cm
Sign., dat.
Hamburg, Klaus Hegewisch
Bibl.: Hess 1974, Abb. 87, S. 101

3/541 Schönheit, dich will ich preisen, 1919
Feder-Tusche, Aquarell: 42 x 30,2 cm
Dat. auf Rücks.: 1919 No 1
Berlin, Galerie Nierendorf
Bibl.: Grosz, G.: Ecce Homo, Berlin 1923. Hess
1974, Abb. 84
Ausst.-Kat.: Grosz, Berlin 1962, Nr. 61

3/542 Das Ende des Tages, um 1919
Tusche-Feder: 47,6 x 37,4 cm
New York, The Museum of Modern Art

3/543 Streit bei Mondlicht, um 1920
Tusche-Feder: 67,6 x 49,8 cm
New York, The Museum of Modern Art, A. Conger Goodyear Fund

3/544 Gott mit uns, 1920
Berlin, Malik Vlg
neun Lithographien,
48 x 39 cm
Berlin, Berlinische Galerie
Bibl.: Malik Nr. 21

3/545 Der Walzertraum, 1921
Feder-Tusche, Aquarell: 50 x 36 cm
Bez. u.r.: Grosz
New York, Murray B. Cohen, (Abb. S. 3/235)
Bibl.: Grosz, G.: Ecce Homo, Berlin 1923, Abb. 13

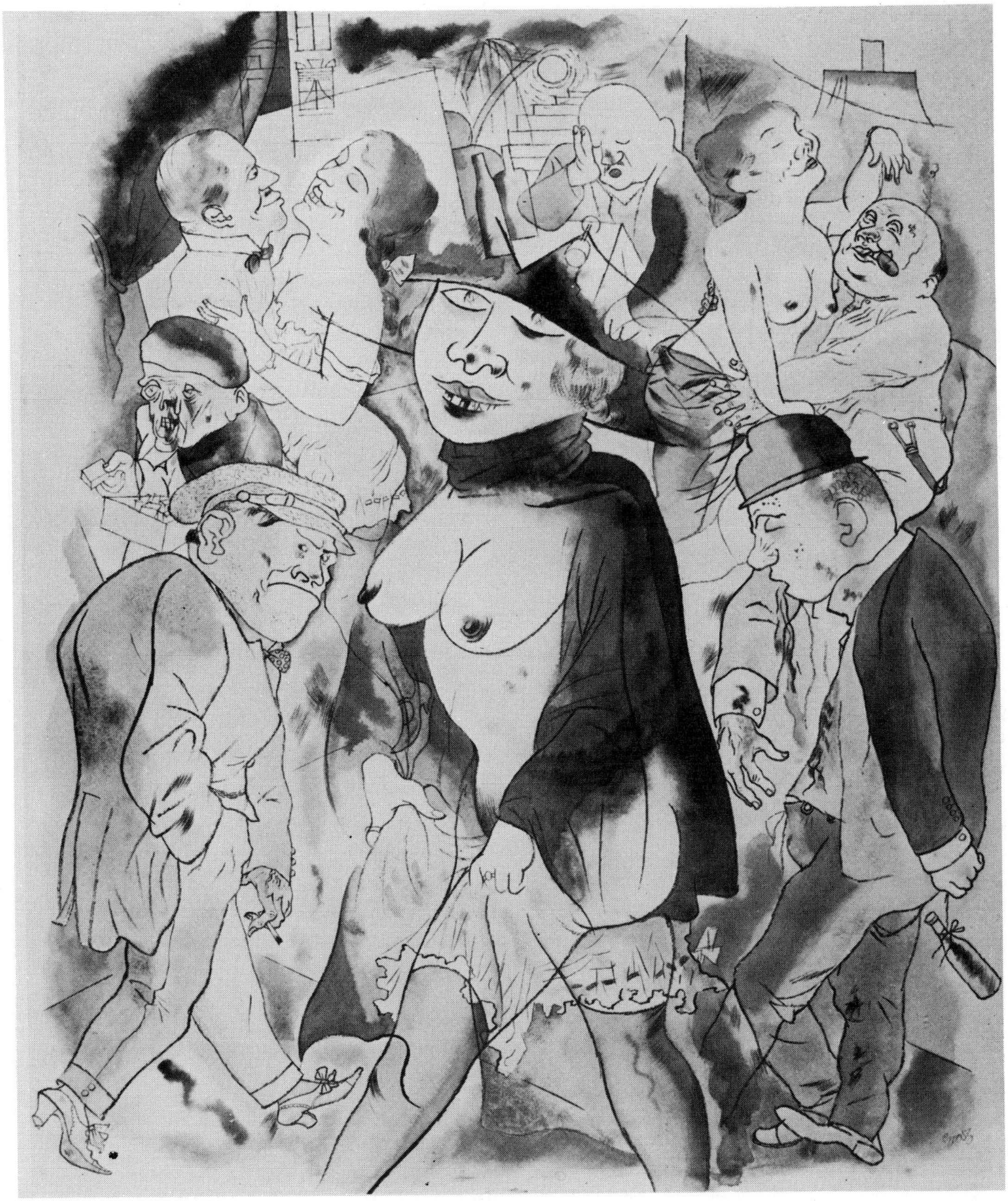

3/545
Grosz, Der
Walzertraum, 1921

3/546
Grosz, Ecce Homo,
1921

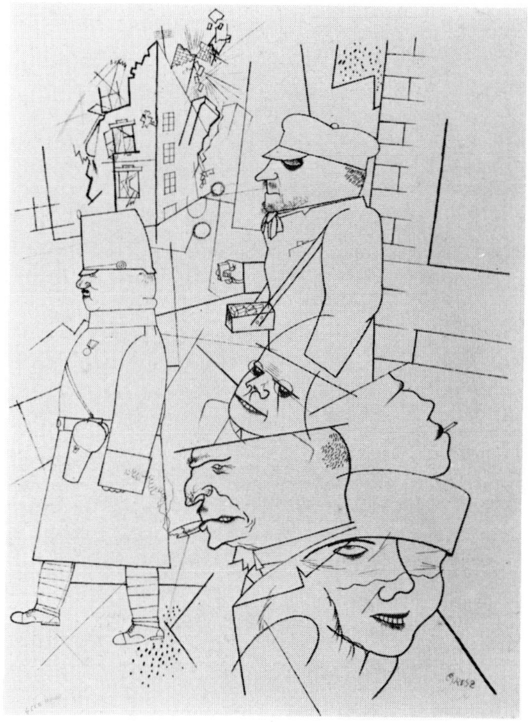

3/546 Ecce Homo, 1921
Feder-Tusche
Bez. u. r.: Grosz, u. l. Ecce Homo
Berlin, Galerie Nierendorf, (Abb. S. 3/236)
Bibl.: Grosz, G.: Ecce Homo, Berlin 1923, Abb. 9.

Hausmann, Raoul
3/547 Hurrah! Hurrah! Hurrah! 1920
Holzschnitt: 23 x 15 cm
Privatbesitz
Bibl.: Titel-Illustr. für 'Hurrah! Hurrah! Hurrah!' von Hausmann, Berlin, Malik Vlg., 1921

Hubbuch, Karl
3/548 Der Sieger und die Herde, 1923
Bleistift, Aquarell: 29,8 x 37,4 cm
Privatsammlung

3/549 Den frommen Bauern, den Pfaffen, den Gendarmen, 1923
Bleistift: 30,2 x 31,9 cm
Privatsammlung

Mehring, Walter
3/550 Im Schwurgerichtssaal, 23. 6. 1919
Tusche auf Papier: 31,5 x 39 cm
Bez. u.r.: W. M.
Berlin, Elefanten Press Galerie

3/551 Im Schwurgerichtssaal, 21. 6. 1919
Tusche auf Papier: 31,5 x 39 cm
Berlin, Elefanten Press Galerie

3/552 Im Schwurgerichtssaal, 21. 6. 1919
Tusche auf Papier: 31,5 x 39 cm
Berlin, Elefanten Press Galerie

Schlichter, Rudolf
3/553 Ohne Titel, 1917
Öl auf Leinwand: 67,5 x 64,5 cm
Bez. auf Rücks.: R. Schlichter 1917
Mailand, Slg. Guido Rossi
Bibl.: Ausst.-Kat.: Berlin – Ort der Freiheit für die Kunst, Berlin 1960, Nr. 114. Ausst.-Kat.: Berlin, XXe siècle, Musée central des beaux arts, Lausanne 1968, Nr. 129

3/554 Sadistische Szene, 1919
Aquarell: 22,3 x 30 cm
Bez. u.l.: R. Schlichter
Privatsammlung
Bibl.: Bertonati, E.: Rudolf Schlichter Feticista, Mailand, 1975

3/555 Zusammenkunft von Fetischisten und manischen Flagellanten, um 1923
Aquarell: 46,8 x 29,8 cm
Privatsammlung, (Abb. S. 3/237)
Bibl.: Bertonati, E.: Rudolf Schlichter Feticista, Mailand 1975

Scholz, Georg
3/556 Industriebauern, 1920
Vgl. Kat. Nr. 3/623

3/557 Hinrichtung, 1920
Lithographie: 21 x 33 cm auf 40,4 x 57,5 cm
Bez.: Scholz Hinrichtung
Waldkirch, Friedel Scholz
Bibl.: Ausst.-Kat.: Scholz, Karlsruhe 1975 Nr. 37

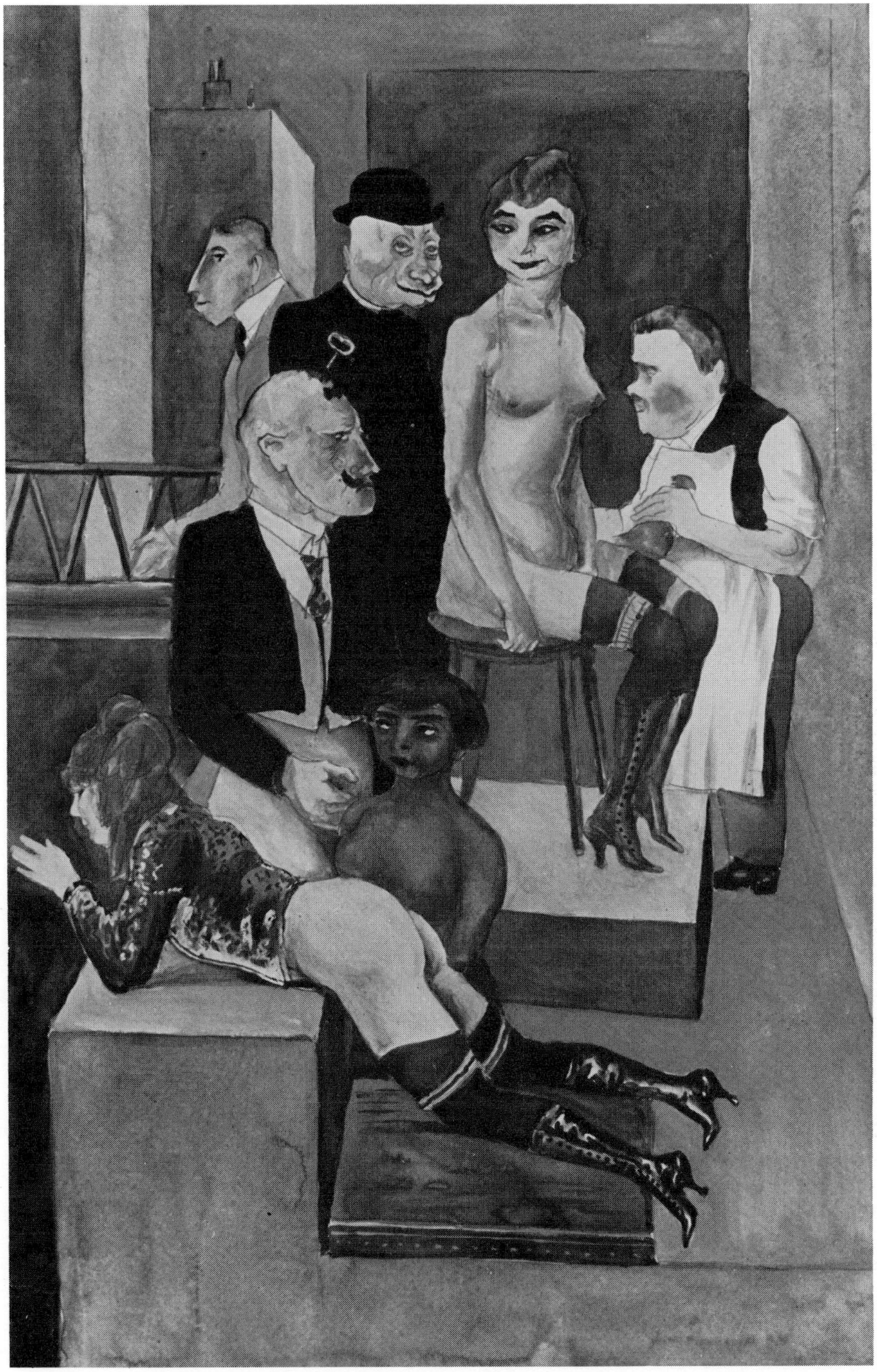

3/555
Schlichter,
Zusammenkunft von
Fetischisten und
manischen
Flagellanten, 1923

3/558 Zeitungsträger (Arbeit schändet), 1921
Aquarell, Bleistift und Tuschfeder auf Papier: 20 x 22,1 auf 30,8 x 48,8 cm
Kaiserslautern, Theodor Kiefer, Leihgabe in der Pfalzgalerie des Bezirksverbands Pfalz
Bibl.: Ausst.-Kat.: Scholz, Karlsruhe 1975, Nr. 41

3/559 Zeitungsträger, 1921
Lithographie: 20 x 22 cm
Karlsruhe, Staatliche Kunsthalle, Kupferstichkabinett
Bibl.: Ausst.-Kat.: Scholz, Karlsruhe 1975, Nr. 42

3/560 Apotheose des Kriegervereins, 1921
Lithographie: 40 x 30 auf 57 x 40 cm
Karlsruhe, Staatliche Kunsthalle,
(Abb. S. 3/68)
Bibl.: Ausst.-Kat.: Scholz, Karlsruhe 1975, Nr. 46

MONTAGE
PHOTO-MONTAGE – SCHLAGZEILEN-MONTAGE – NACHRICHTEN-MONTAGE – ZEITSCHRIFTEN-MONTAGE

Baader, Johannes
3/561 Handschriftl. Brief an Tristan Tzara auf Plakat von Raoul Hausmann 'Dada Milchstraße', 1919
50,5 x 31 cm
New York, Timothy Baum

3/562 Dada Milchstraße, um 1919/20
Collage, Photomontage, Textmontage auf einem Plakat von Raoul Hausmann: 50 x 30,8 cm
Privatsammlung, (Abb. S. 3/239)

3/563 Das Plasto-Dio-Dada-Drama 'Deutschlands Größe und Untergang', 1920
Assemblage, Montage
Photo: Paris, Archives Nakov. (Abb. S. 3/75)
Photographische Vergrößerung
Bibl.: Johannes Baader, Manifeste, Taten, Werke ... Hg. Bergius, Miller, Riha, Gießen 1976
Ausst.-Kat.: Erste Internationale Dada Messe, Berlin 1920, Nr. 174. Baader, J.: Deutschlands Größe und Untergang, in: R. Huelsenbeck, Dada-Almanach, Berlin 1920, S. 91ff.
Vgl. Text S. 74f.

3/564 Denkmal des Weltfriedens. Funkspruch über den Erd- und Weltball, 26. 9. 1924
Eigenhänd. Schriftstück m. Zeitungsausschnitten: 28,5 x 22,5 cm; Privatsammlung
Bibl.: DB III, Nr. 256,2

3/565 An den Völkerbund, Hamburg, 16. Febr. 1925
Eigenhänd. Schriftstück m. Textmontagen: 32,5 x 28,5 cm; Privatsammlung
Bibl.: DB III, Nr. 256,4

3/566 Das Werk der Weltschaft Hamburg, 15./16. Febr. 1925
Textmontage: 77,5 x 28,5 cm und eigenhänd. Brief an Tzara; Privatsammlung
Bibl.: DB III, Nr. 256, Nr. 3

3/567 Blatt aus dem Tagebuch: Es ...
Textmontage: 29 x 22,5 cm
Undatiert
Paris, Privatsammlung

3/568 Blatt aus dem Tagebuch (Nr. 117): Das Sternenbild am 23. Dez. 1914
Zeichnung: 29 x 22,5 cm.
Undatiert
Paris, Privatsammlung

3/569 Blatt aus dem Tagebuch: Der neue Friedenspakt
Zeitungsmontage: 29 x 22,5 cm
Undatiert
Paris, Privatsammlung
Die Zeitungsausschnitte beziehen sich auf den Vertrag von Locarno im Okt. 1925

3/570 Blatt aus dem Tagebuch: Locarno, Die Annahme der Einladung.
Zeitungstextmontage: 29 x 22,5 cm
Zeitungsausschnitte von 1925
Paris, Privatsammlung
Inhalt betrifft Vertrag von Locarno

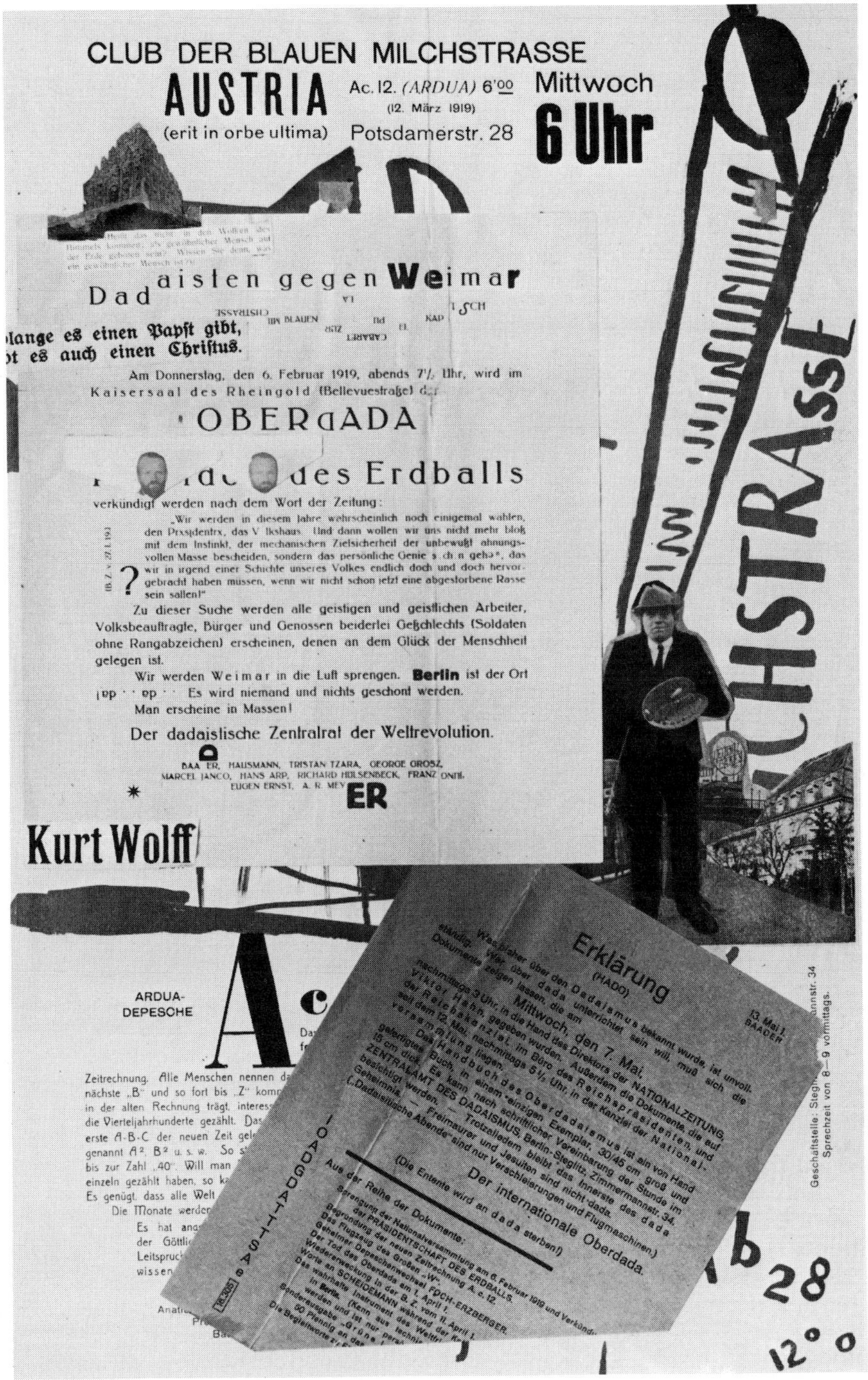

3/562
Baader,
Dada-Milchstraße,
1919/20

3/575
Baargeld, Das menschliche Auge und ein Fisch, letzterer versteinert, 1920

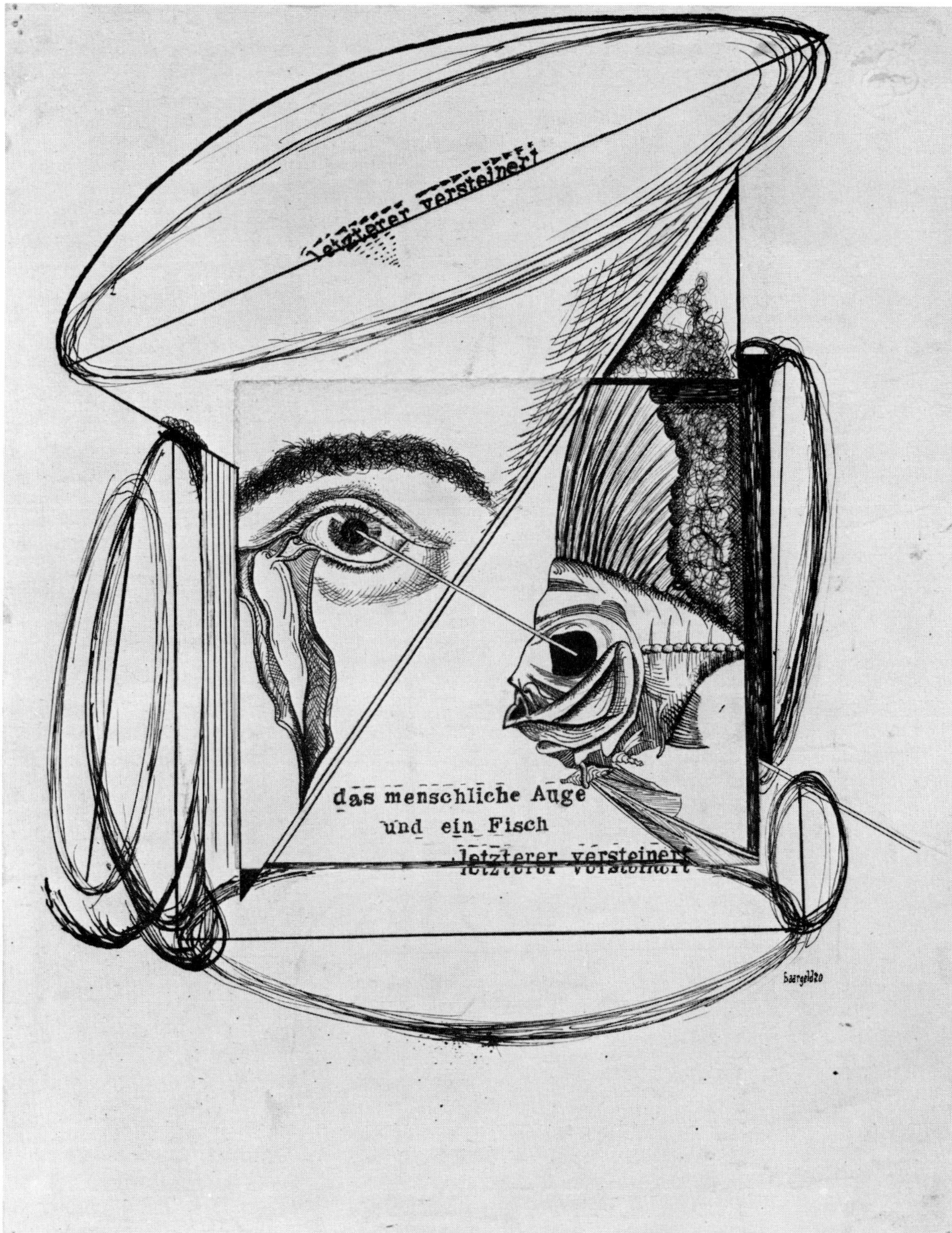

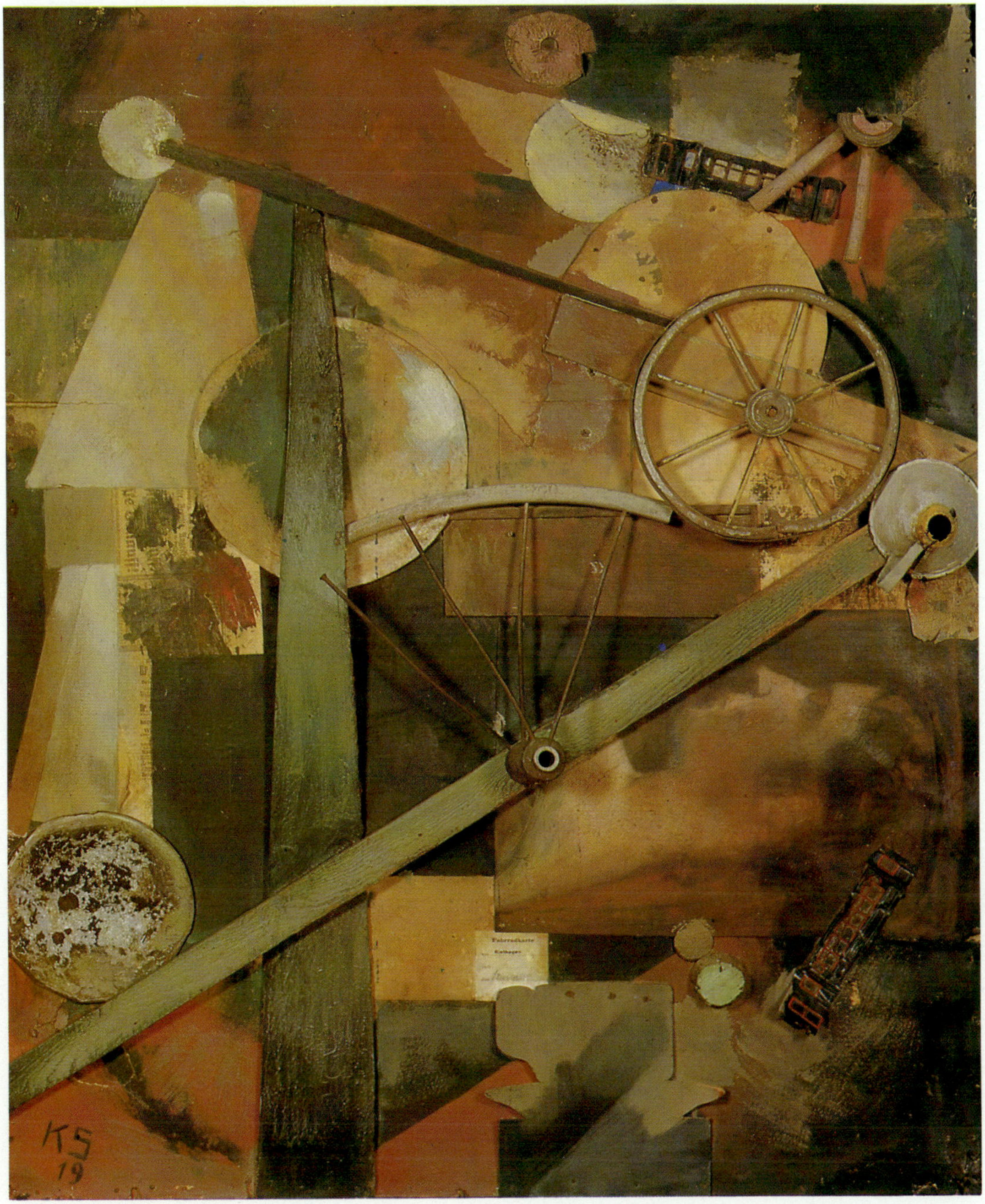

Schwitters
Konstruktion für
edle Frauen
1919, Kat. 3/475

3/571 Blatt aus dem Tagebuch: Letztes Manifest
Textmontage: 28,5 x 22 cm.
Tagebucheintragung (maschinengeschr.)
Undatiert
Paris, Privatsammlung

3/572 Blatt aus dem Tagebuch (S. 71): Größte Denkmal der Welt u. a. Zeitungstextmontage mit Tagebuchnotizen (maschinengeschr.): 29 x 22,5 cm
Zeitungsausschnitte u. a. vom 14. Jan. 1926
Paris, Privatsammlung

3/573 Blatt aus dem Tagebuch (S. 76): Ladung zum Weltgericht u. a.
Textmontage: 29 x 22,5 cm
Zeitungstexte, Titel von Moholy-Nagys Buch: Malerei, Photographie, Film (1927) und Tagebucheintragung (maschinengeschr.)
Paris, Privatsammlung

3/574 Blatt aus dem Tagebuch (S. 55)
Fotomontage m. Tagebucheintragung: 29 x 22,5 cm
W. J. Bryan zwischen Affen. Aus dem Text: 'Woher? Aus dem Himmel! Wohin: In den Himmel! Und wozu? Zum Spiel im Himmel!'
Paris, Privatsammlung

Baargeld, Johannes
3/575 Das menschliche Auge und ein Fisch, letzterer versteinert, 1920
Tusche, Feder, Montage
New York, Museum of Modern Art, (Abb. S. 3/240)
Bibl.: Dadamax, Abb. S. 72

Citroen, Paul
3/575a Metropolis 1923
Photomontage
Photovergrößerung
Leiden, Rijksuniversiteit, Preutenkabinett, (Abb. S. 3/33)

Dix, Otto
3/576 Kartenspielende Kriegskrüppel 1920
Öl auf Leinwand, Montage von Gegenständen und Zeitschriftenteilen: 110 x 87 cm
Bez. u.r.: Dix 1920
Konstanz, Privatsammlung
Bibl.: F. Löffler: Dix, Dresden 1960, Tafel 14

Doesburg, Theo van
3/577 Porträt Frau van Doesburg, um 1922
Photomontage m. Doppelbelichtung: 50,3 x 39,9 cm
Leiden, Kupferstichkabinett der Rijksuniversiteit
Bibl.: Wescher, H.: Collage, Köln, Abb. 263
Ausst.-Kat.: Fotomontage, Kunstverein Ingolstadt 1969, Nr. 47

Ernst, Max u. **Arp, Hans**
3/578 physiomythologisches diluvialbild, 1920
Photomontage, Gouache, Bleistift, Feder-Tusche auf Papier, auf Karton aufgezogen (FATAGAGA): 11,2 x10 cm.
Beschr.: Einem alten diebs gebrauch folgend deponiert der dadaist arp seine exkremente am fuße der leiter, die uhrenvögel zeigen schon 11 uhr, ohne trichter steigen die meerkamele aus dem wasser, die besessene greisin auf dem afterast gehört zum räderwerk. Aber die frauen der vielfarbigkeit bewegen die winde durch freiturnen. die dadaisten gehen von dem gesichtspunkt aus, daß ein vogelfuß nichts schaden kann.
Bez. (von der Hand Sophie Taeuber-Arps) l.u.: Max Ernst/Arp, bez. auf d. Rücks.: 'fatagaga ARP + ERNST'.
Hannover, Kestner-Museum, Fritz Behrens-Stiftung.
Bibl.: Spies, Collagen 1974, Nr. 103, Max Ernst, Œuvre-Kat. 1975, Nr. 370, S. 64ff.

Spies, Collagen, S. 65: Die Bezeichung 'Fatagaga' taucht erstmals in einem undatierten Brief von Max Ernst an Tristan Tzara im Herbst 1920 auf . . .: 'FaTAGaGa ist die von Arp und mir lanzierte Fabrication de Tableaux Gazomètriques Garantis.' Im November 1920 fertigte Max Ernst auf Wunsch Hans Arps zusammen mit jenem Collagen, die sie Fatagaga nannten.

Ernst, Max
3/579 Hier ist noch alles in der Schwebe. Auch: le vapeur et le poisson, 1920.

Photographische Vergrößerung von Photo-Montage, Bleistift (FATAGAGA): 29,4 x 35,7 cm auf 32,5 x 38,8 cm
Bez. u.l.: Max Ernst/20, beschr. am oberen u. unteren Rand: hier ist noch alles in der schwebe/es ist noch keine 2 uhr/niemand dachte noch an die 2 ferdinis mit ihren fliegenden keulen und hüten (immer noch auf der (unten:) höhe! hier wird die armada zum 1. mal definitiv geschlagen/der regenbogenfresser hatte abgesagt/der darmdampfer und der skelettfisch entschlossen sich z. aufbruch/FATAGAGA (FAbrication de Tableaux GAzomètriques (GArantis) Inh. ARP (Zürich), MAX ERNST (Köln)
Clamart, Nachlaß Hans Arp, (Abb. S. 3/243)
Bibl.: Das junge Rheinland 1921, Nr. 99, Max Ernst Au Sans Pareil, Paris 1921, Nr. 53
Spies, Collagen 1974, Abb. 100, S. 65A
Max Ernst Œuvre Katalog, Nr. 375.

3/580 The punching ball ou l'immortalité de buonarotti. Auch: max ernst et caesar buonarotti, 1920
Photomontage und Gouache (FATAGAGA): 17,6 x 11,5 cm
Bez. Mitte r.: dadamax, unteres Drittel r.: caesar buonarotti u.r.: max ernst, auf Rücks.: max ernst et caesar buonarotti.
Chicago, Slg. Arnold Crane, (Abb. S. 3/23)
Bibl.: Spies, Collagen 1974, Nr. 93 Max Ernst Œuvre Katalog, Nr. 372.
Ausst.-Kat.: Photomontage, Ingolstadt 1968, Nr. 57.

Ernst, Luise u. **Ernst, Max**
3/581 Augustine Thomas et Otto Flake 1920
Photomontage von Luise Ernst-Straus, Mitarbeit von Max Ernst: 23 x 13,5 cm
Anderer Titel: Otto Flake synthétise l'art du corset au goût de la finesse de tissu et de la viande métaphysique ARP aime mieux la viande des fleurs du mal. Beschr. auf Rückseite von der Hand Max Ernsts: Armada v. Duldgedalzen (dit la Rosa Bonheur dadaiste)
Hannover, Kestner-Museum, Fritz Behrens Stiftung
Bibl.: Spies, Collagen 1974, Abb. 96, Max Ernst Œuvre Katalog, Nr. 384
Ausst.-Kat.: Max Ernst, Paris 1976, Nr. 37

Ernst, Max
3/582 Ohne Titel. Auch: l'avionne meurtière (vom Künstler als Titel zurückgewiesen), 1920
Photomontage: 5,8 x 14,3 cm
Bez. u.l.: max ernst
Houston/Texas, D. & J. de Menil collection, (Abb. S. 3/243)
Bibl.: Max Ernst Œuvre Katalog, Nr. 395

3/583 Ohne Titel, um 1920
Photomontage auf Postkarte: 13,4 x 8,7 cm
Köln, Ursula Zwirner
Bibl.: Max Ernst Œuvre Katalog, Nr. 382

3/584 Ohne Titel (violon renversé), 1921
Montage mit Holzstichreproduktionsteilen: 14,2 x 9,7 cm
Bez. u.r.: max ernst
Hannover, Galerie Brusberg
Bibl.: Max Ernst Œuvre Katalog, Nr. 458
Ausst.-Kat.: Max Ernst, Paris 1976, Nr. 77.
Montage für Dadaglobe vorgesehen

3/585 Ohne Titel (Enfant), 1921
Montage mit Holzstichreproduktionsteilen: 11 x 4,3 cm
Unbezeichnet
Hannover, Kestner-Museum, Fritz Behrens-Stiftung, (Abb. S. 199)
Bibl.: Spies, Collagen 1974, Nr. 133, S. 27, 91, 116 (vgl. Abb. 569). Max Ernst Œurvre Katalog, Nr. 456
Ausst.-Kat.: Max Ernst, Paris 1975, Nr. 75
Montage für Dadaglobe vorgesehen, Vorlage in: Spies, Collagen, Abb. 569: 'L'enseignement de la Nation'

3/586 Paul Eluard, Répétitions, Paris, Au Sans Pareil, März 1922
21,5 x 13,5 cm, 56 S., Ill.: 11 dessins des Max Ernst. Umschlag-Illustr.: Max Ernst. Bez.: Dedicau à Pierre Massot, Expl. Nr. 331.
Ville de Saint Denis, Musée d'art et d'histoire
Bibl.: Z. P. Nr. 317, Spies, Collagen, 1974 Abb. 120–131.

Montagen vorwiegend aus Holzstichreproduktionen u. a. aus der Zeitschrift 'La Nature' (vgl. Spies, Collagen D. 563).

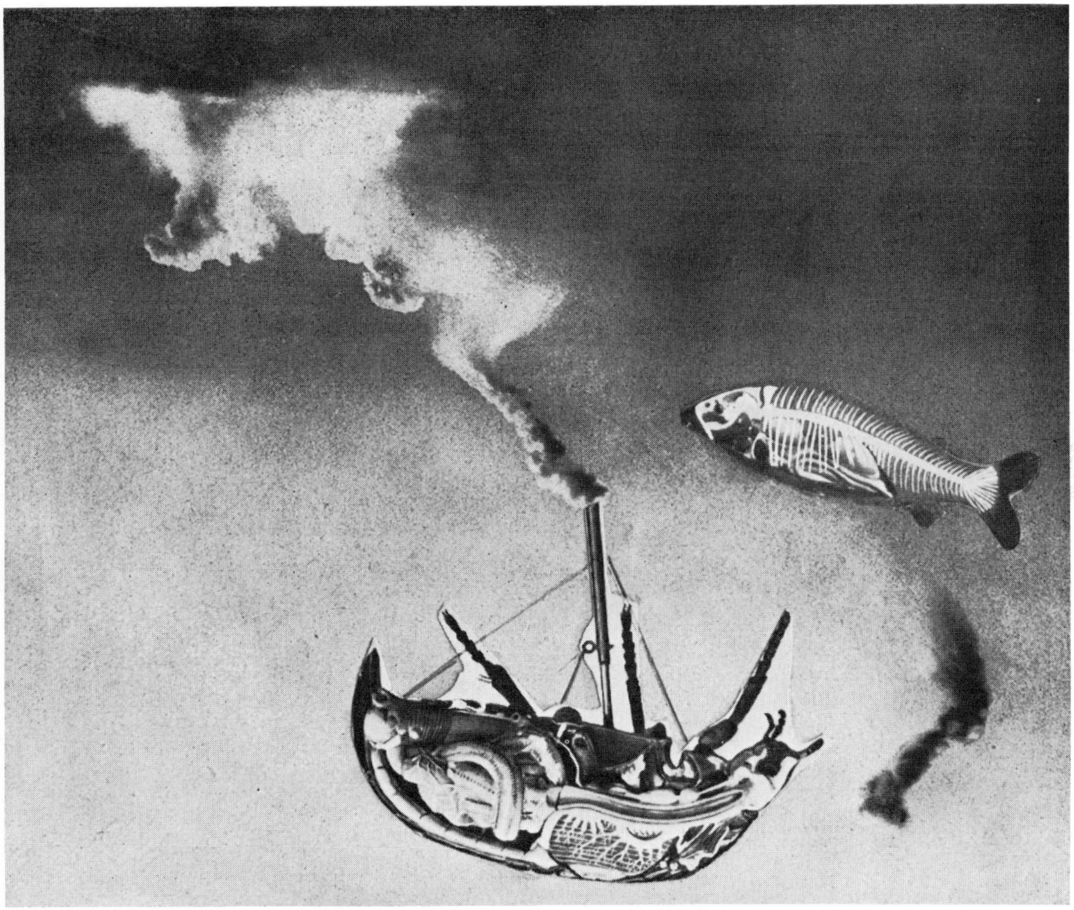

3/579
Ernst, Hier ist noch alles in der Schwebe, 1920

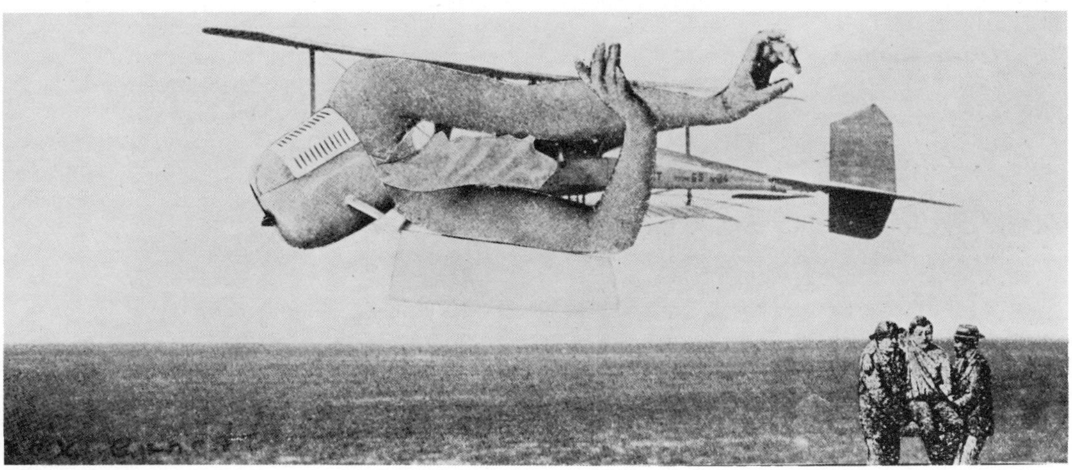

3/582
Ernst, Ohne Titel, . ., 1920

3/587 Ohne Titel. (Inspizierung des Pferdes), um 1923
Öl auf Leinwand: 65 x 98 cm
Unbezeichnet
Berlin, Privatsammlung
Bibl.: Max Ernst Œuvre Katalog, Nr. 633

Grosz, George
3/588 Der Schuldige bleibt unerkannt, 1919
Rohrfeder, Feder-Tusche, Montage mit Photo- und Textfragmenten auf Karton: 50,7 x 35,5 cm
Bez. u.r.: 1919 Der Schuldige bleibt unerkannt, auf Rücks.: Grosz / 1919 / Berlin
Chicago, Art Institute of Chicago, Gift of Mr. and Mrs. Stanley M. Freehling, (Abb. S. 3/245)
Bibl.: Dadaco Druckbögen 1920 (Kat. Nr. 3/292). Hess 1974, Abb. 71, S. 88
Ausst.-Kat.: Erste Internationale Dada-Messe, Berlin 1920, Nr. 4 A. Ausst.-Kat.: George Grosz, Berlin 1962, Nr. 184

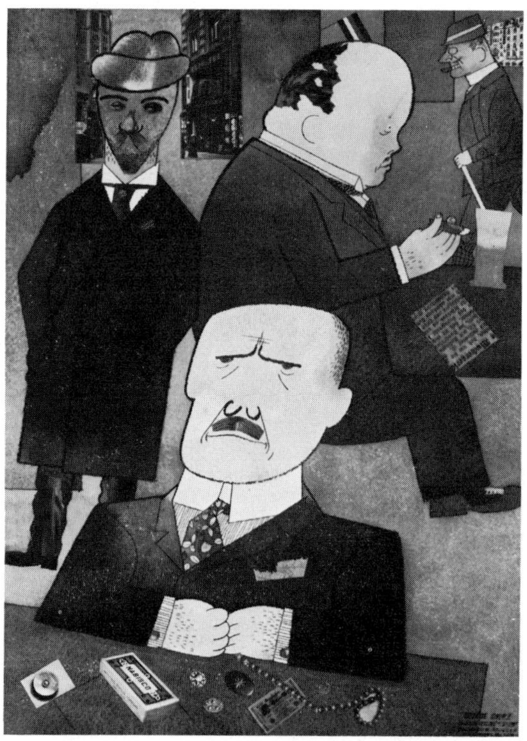
3/589 Grosz, Brillantenschieber, 1920

3/589 Brillantenschieber, 1920
Aquarell, Montage aus Photo- und diversen Reproduktionsteilen: 42 x 30 cm
Bez.: Stempelsignatur: Grosz mont.
Berlin, Galerie Nierendorf, (Abb. S. 3/244)
Bibl.: Grosz, G.: Mit Pinsel und Schere, Berlin 1922 (Abb.) Schneede 1975, Nr. 99
Ausst.-Kat.: Erste Internationale Dada-Messe, Berlin 1920, Nr. 61: 'Tatlinistischer Planriß: Brillantenschieber im Café Kaiserhof'

3/590 Akt, um 1919
Aquarell, Tusche, Montage mit Phototeilen: 41 x 29,2 cm
London, Fischer Fine Art Ltd.
Bibl.: Grosz, G.: Mit Pinsel und Schere, Berlin 1922, (Abb.)

3/591 Daum marries, 1920
Aquarell, Bleistift, Feder-Tusche, Montage aus Photo- und diversen Reproduktionsteilen auf Aquarellkarton: 42 x 30,2 cm
Bez. auf Rücks.: George Grosz 1920 Berlin
Berlin, Galerie Nierendorf (farbige Abb.)
Bibl.: Grosz, G.: Mit Pinsel und Schere, Berlin 1922, (Abb.) Hess 1974, Abb. 88, S. 103
Schneede 1975, Nr. 90
Ausst.-Kat.: Erste Internationale Dada-Messe, Berlin 1920, Nr. 52, W. Wolfradt, George Grosz, Leipzig 1921, Abb. 29: dadaistischer Titel: 'Daum marries her pedantic automaton 'George' in May 1920, John Heartfield is very glad of it. (Meta-Mech. Constr. nach Prof. R. Hausmann)'

3/592 Das Geheimnisvollste und Unerklärlichste was je gezeigt wurde, 1919.
Montage aus Photo-, Text- und weiteren Reproduktionsfragmenten (Titelblatt von 'Der Blutige Ernst', Jg. 1, Nr. 6)
Verschollen
Photographische Reproduktion

Grosz, George u. **Heartfield, John**
3/593 Dada-Mann, 1920
Photomontage für den Dadaco
Modena, Galleria Mutina, (Abb. S. 3/35)

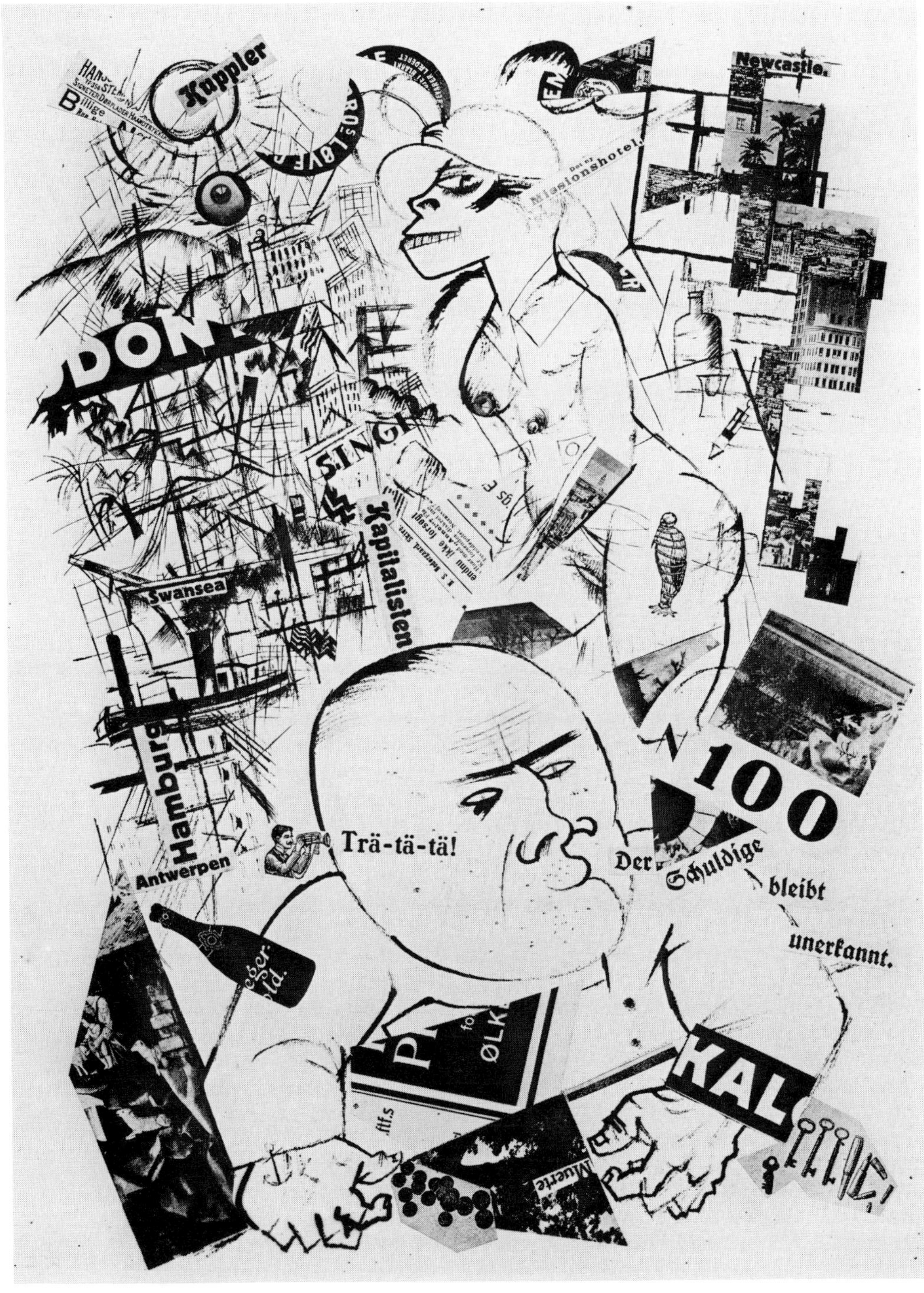

3/588
Grosz, Der Schuldige bleibt unerkannt, 1919

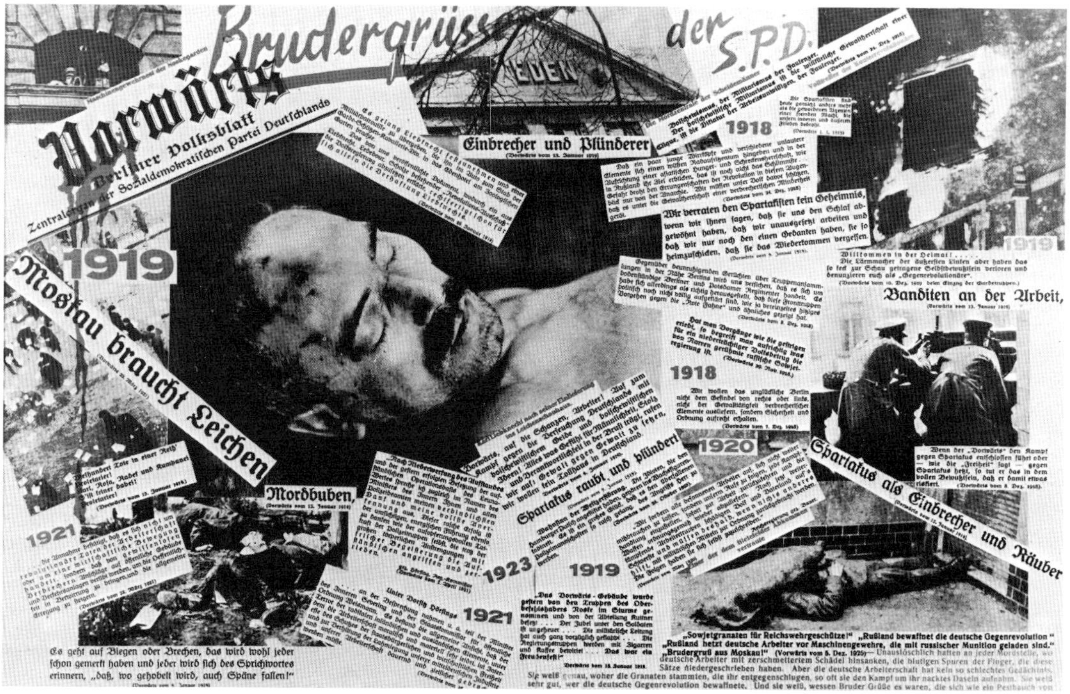

3/603
Heartfield,
Brudergrüsse der
SPD, 1927

Grosz, George u. Heartfield, John
3/594 Dada-merika, 1919
Montage aus Photo-, Zeitungs-, Textfragmenten, einem Messer, Haar, Zentimetermaß
Verschollen
Photographische Reproduktion
Bibl.: Ausst.-Kat.: Erste Internationale Dada-Messe, Berlin 1920, Nr. 113

3/595 Leben und Treiben in Universal City um 12 Uhr 5 mittags, 1920
Feder-Tusche, Montage aus Photo-, Text-, Zeitungs-, Reklameteilen
Verschollen, Photographische Reproduktion, Photo-Vergrößerung, (Abb. S. 3/65)
Bibl.: Herzfelde, W.: John Heartfield, Berlin 1976, S. 26, Bergius, H.: Zur Wahrnehmung und Wahrnehmungskritik in der dadaistischen Phase von Grosz und Heartfield, (Analyse der o. genannten Montage) in: Siepmann, E.: John Heartfield, Berlin 1976, S. 43ff.
Ausst.-Kat.: Erste Internationale Dada-Messe, Berlin 1920, Nr. 152 (Umschlag-Illustr.)
Ausst.-Kat.: Hausmann, Paris 1974/75, Nr. 5

Hausmann, Raoul u. **Baader, Johannes**
3/596 Dadaphoto 1919
Photomontage von Hausmann und Baader. Photographie nach dem verschollenen Original: 12 x 8 cm; Sign., dat.
Limoges, Privatsammlung, (Abb. S. 3/179)

Hausmann, Raoul
3/597 Dada-Cino 1920
Montage aus Photos, Reklame- und Textteilen: 31,7 x 22,5 cm
Bez. u. Mitte: r. hausmann, mit handschrftl. Widmung an Kurt Schwitters
vom 9. April 1921
Genf, Slg. M. Philippe-Guy E. Woog
Ausst.-Kat.: Erste Internationale Dada-Messe, Berlin 1920 (nicht im Katalog) vgl. Photo Raoul Hausmann / Höch auf der Dadamesse

3/598 Tatlin zu Hause, 1920
Montage aus Phototeilen, Aquarell, Feder,
Photographie nach dem Original 1920:
7,8 x 8,5 cm
Limoges, Privatsammlung

3/599 Elasticum, 1922
Montage aus Photo- und Textteilen
Photographie nach dem Original 1920:
7 x 8,5 cm
Limoges, Privatsammlung
Bibl.: Mecano, Nr. 3: Leiden 1922

Heartfield, John
3/600 Jedermann sein eigener Fußball, 1919
Photo- und Schriftmontage. Jedermann sein eigener Fußball, Jg. I, H. 1,
Berlin, 15. Febr. 1919, Titel-Illustr.
Verschollen
Photographische Reproduktion
Bibl.: Herzfelde, W.: John Heartfield
Berlin (DDR) 1976, Abb. (8)
Ausst.-Kat.: Erste Internationale Dada-Messe, Berlin 1920, Nr. 41: George Grosz: Galerie deutscher Mannesschönheit, Preisfrage 'Wer ist der Schönste?'

3/601 Der männliche Geist überschreitet die Schwelle zum Osten, 1920
Photomontage. Illustr. in: Der Dada 3, Berlin, April 1920
Photographische Reproduktion
Bibl.: Herzfelde, W.: John Heartfield, Berlin 1976, Abb. 20, S. 358

Photo-Polemik nach W. Herzfelde gegen die ersten, in der 'Antibolschewistischen Liga' organisierten deutschen Ural-Stürmer.

3/602 Expressionistische Quintessenz. Dame in Blau, 1920
Illustr. in: Der Dada 3, Berlin, April 1920
Photographische Reproduktion

Satirische Anpielung auf den Expressionismus.

3/603 Brudergrüße der SPD, 1927
Montage aus Phototeilen, Zeitschriftentexten.
Illustr. in: Der Knüppel, Jg. V, Nr. 1, Jan 1927
Photographische Reproduktion
(Abb. S. 3/246)
Bibl.: Herzfelde, W.: John Heartfield
Berlin 1971, S. 140/41

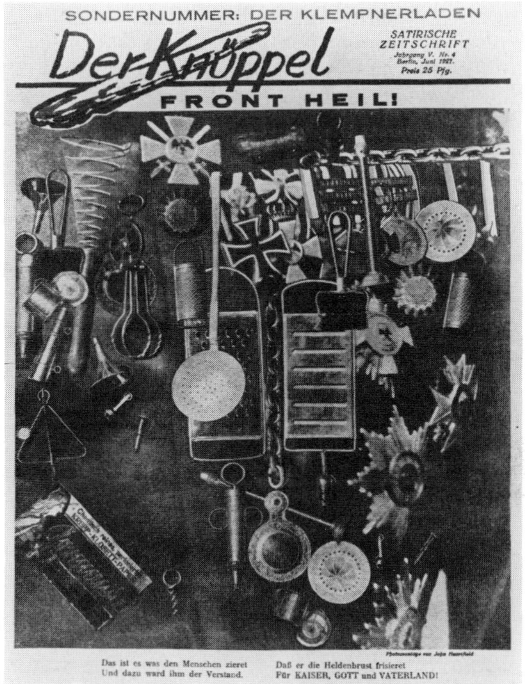

3/605
Heartfield, Front Heil! Für Kaiser, Gott und Vaterland, 1927

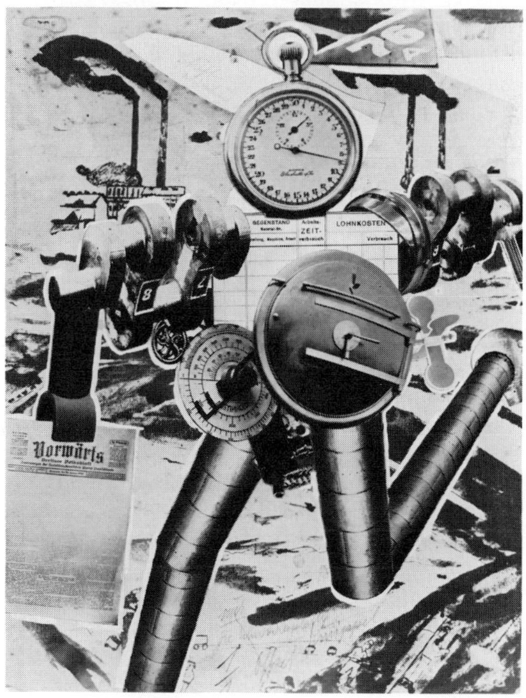

3/604
Heartfield, Ein Gespenst geht um in Europa, 1927

3/604 Ein Gespenst geht um in Europa, Arbeiterzeichnungen und Gedichte, 1927
Montage aus Photo- und Textfragmenten
Illustr. in: Der Knüppel, Jg. V, Nr. 2, Febr. 1927
Photographische Reproduktion
(Abb. S. 3/247)

3/605 Front Heil! Für Kaiser, Gott und Vaterland, 1927
Photomontage, (Abb. S. 3/247) Illustr. in: Der Knüppel, Jg. V, Nr. 4, Juni 1927, Sondernummer: Der Klempnerladen
Photographische Reproduktion
Bibl.: Herzfelde, W.: John Heartfield
Berlin 1976, Abb. 124

Höch, Hannah
3/606 Schnitt mit dem Küchenmesser Dada durch die erste Weimarer Bierbauch-Kulturepoche Deutschlands, 1919
Montage aus Photo-, Textfragmenten und Buchstaben: 114 x 90 cm
Bez. u.l.: HH
Berlin, Staatliche Museen Preußischer Kulturbesitz, Nationalgalerie, (Abb. S. 3/39)
Bibl.: Ohff, H., 1968, Abb. 21. Roters, E., in: Prinzip Collage, Neuwied 1968, S. 42
Ausst.-Kat.: Erste Internationale Dada-Messe, Berlin 1920, Nr. 20: 'Schnitt mit dem Kuchenmesser Dada durch die letzte weimarer Bierbauchkulturepoche Deutschlands'.
Ausst.-Kat.: Höch, Paris – Berlin 1976, Nr. 60

3/607 Da-Dandy, 1919
Montage aus Photo- und weiteren Reproduktionsfragmenten:
30 x 24 cm
Bez. u.r.: Da-Dandy Hannah Höch 19
Privatsammlung (Abb. S. 3/27)
Bibl.: Ausst.-Kat.: Höch, Paris – Berlin, 1976, Nr. 57
Das Blatt war auf der Ersten Internationalen Dada-Messe, Berlin 1920, ausgestellt, ist aber im Katalog nicht verzeichnet.

3/608 Bürgerliches Brautpaar – Streit, 1919
Montage aus Photo-, Reklamefragmenten und Lettern: 38 x 30,8 cm
Bez. u.l.: Hannah Höch 1919
Privatsammlung
Bibl.: Ausst.-Kat.: Höch, Paris–Bln. 1976, Nr. 58

3/609 Dada-Rundschau, 1919
Montage von Photos aus Zeitungen und Texten: 45 x 35 cm
Bez. r.: HH
Rom, Achille Perilli, (Abb. S. 3/249)
Bibl.: Ausst.-Kat.: Höch, Paris–Berlin 1976, Nr. 59

3/610 Das schöne Mädchen, 1920
Montage aus Photo-, Reklamefragmenten: 35 x 29 cm
Bez. u.r.: Hannah Höch 20
Privatsammlung, (farbige Abb.)
Bibl.: Ausst.-Kat.: Höch, Paris–Bln. 1976, Nr. 64

3/611 New York, um 1922
Photomontage: 29,7 x 18,5 cm
Bez.: HH
Berlin, Hannah Höch, (Abb. S. 3/31)
Bibl.: Ausst.-Kat.: Höch Paris – Berlin 1976, Nr. 62

3/612 Meine Haussprüche, 1922
Montage aus Photo-, weiteren Reproduktionsteilen und handschriftl. Zitaten: 31 x 40,5 cm
Bez. o.l.: Meine Haussprüche. Hannah Höch, l.u.: Höch, u.r.: 1922
Berlin, Galerie Nierendorf
Bibl.: H. Ohff 1968, Taf. gegenüber S. 12
Ausst.-Kat.: Höch, Paris – Berlin 1976, Nr. 67

3/613 Die Kokette, 1923/24
Photomontage: 18,5 x 20,5 cm auf 22,3 x 25 cm
Bez.: HH
Berlin, Hannah Höch
Bibl.: Ausst.-Kat.: Höch, Paris–Bln. 1976, Nr. 75

3/614 Die Kokette II, um 1925
Aus der Sammlung 'Liebe'.
Photomontage auf coll. und aqu. Grund: 13 x 13,4 cm
Bez.: H. Höch um 1925
Berlin, Hannah Höch
Bibl.: Ausst.-Kat.: Höch, Paris – Berlin 1976, Nr. 81

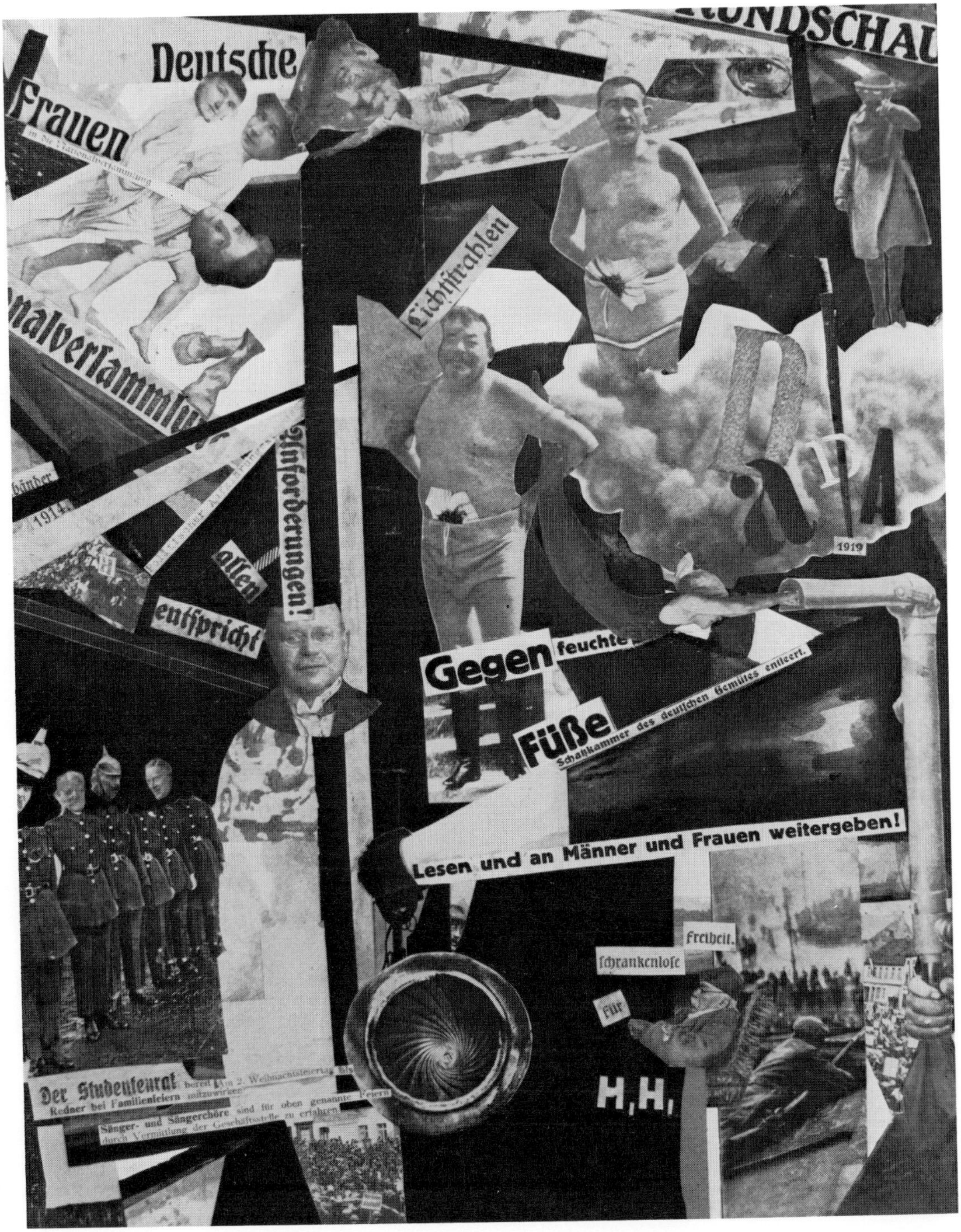

3/609
Höch, Dada-Rundschau, 1919

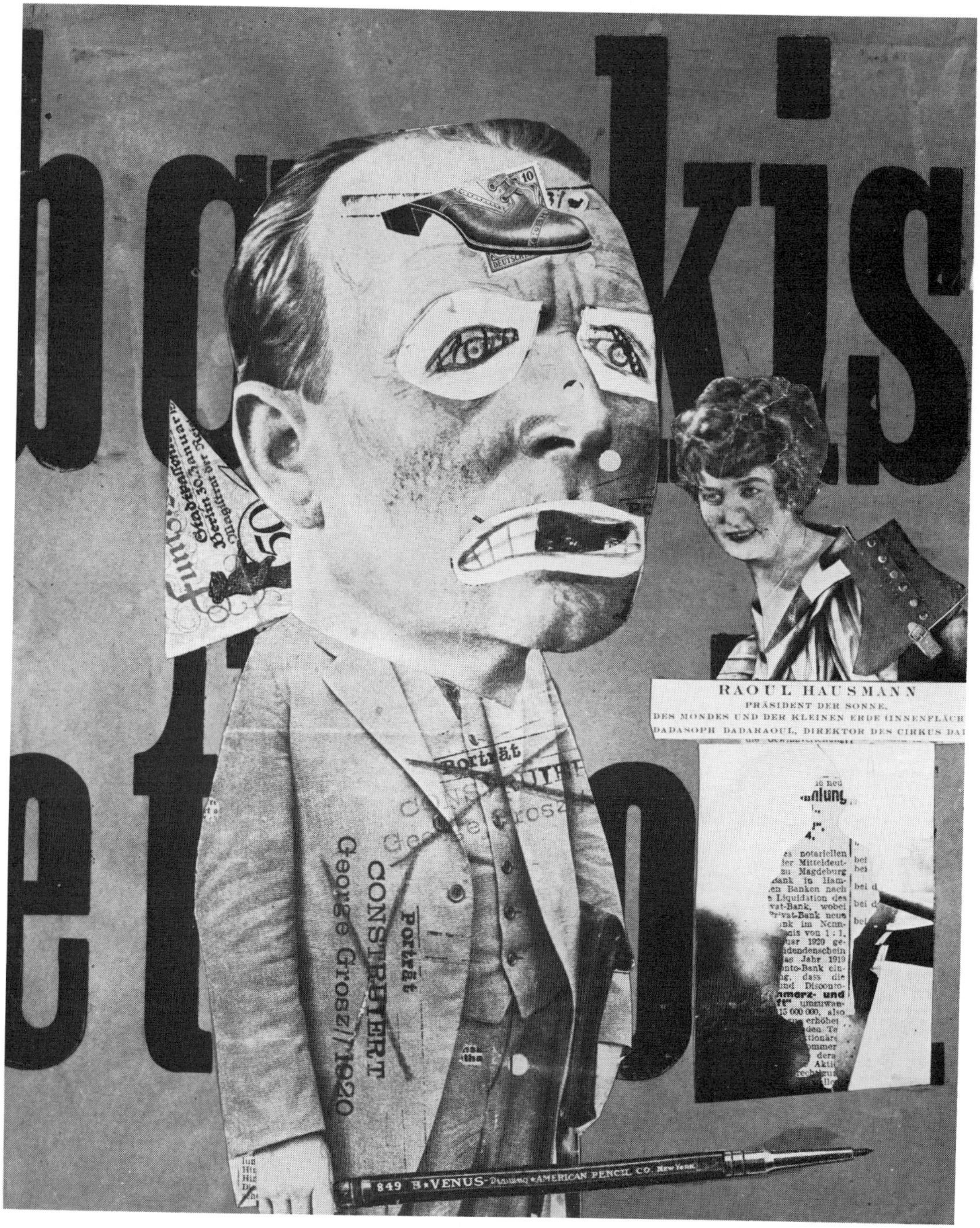

Hausmann,
Der Kunstkritiker
1919 London,
Tate Gallery

3/615 J. B. und sein Engel, 1925–1935
Photomontage auf coll. Grund: 24,3 x 19,8 cm
Beschr.: J. B. und sein Engel
Bez. u.l.: HH
Berlin, Hannah Höch
Bibl.: Ausst.-Kat.: Höch, Paris – Berlin 1976, Nr. 83

J. B. = Johannes Baader

3/616 Roma, 1925
Öl auf Leinwand: 90 x 106 cm
Bez. o.r.: Roma, u.r.: HH 25
Berlin, Berlinische Galerie, (Abb. S. 3/21)
Bibl.: H. Ohff 1968, Abb. 16
Bibl.: Ausst.-Kat.: Höch, Paris-Berlin 1976, Nr. 9

Übersetzung von Photomontage-Elementen in Malerei mit Anspielungen auf das Verfahren der Montage-Technik

3/617 Ohne Titel, 1926
Photomontage: 35 x 25 cm
Mailand, Slg. Guido Rossi
Bibl.: Ausst.-Kat.: Combattimento per un immagine, Torino, Museum Civico, 1973

Moholy-Nagy, Laszlo
3/618 Rüstewüste. Auch: Militarismus, 1924
Photoplastik: 22,4 x 16,5 cm
München, Galerie Klihm
Bibl.: L. Moholy: Marginalien zu Moholy-Nagy, Krefeld 1972, S. 29
Ausst.-Kat.: Moholy-Nagy, Stuttgart 1974, Nr. 89

3/619 Neue Einrichtung in Museen: Jeder kann sich ein Bild schießen, 1925
Photoplastik: 27,4 x 37 cm, Faksimile-Reprod.
München, Galerie Klihm
Bibl.: Ausst.-Kat.: Moholy-Nagy, Stuttgart 1974, Nr. 89

3/620 Mord auf den Schienen, 1925
Photoplastik: 22,4 x 16,5 cm
Faksimile-Reproduktion
München, Galerie Klihm
Bibl.: Ausst.-Kat.: Moholy-Nagy, Stuttgart 1974, Nr. 89

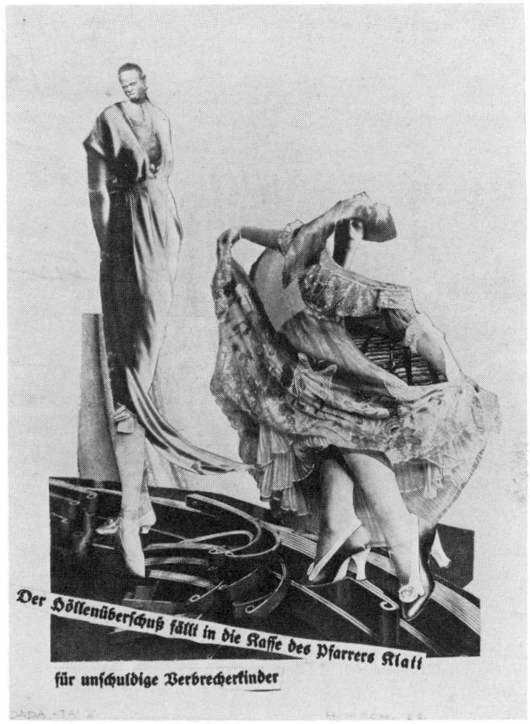

Höch, Dada-Tanz, 1920, Privatsammlung

3/621 Das Weltgebäude, 1925
Photoplastik: 35,2 x 27,7 cm
Faksimile-Reproduktion
München, Galerie Klihm
Bibl.: Ausst.-Kat.: Moholy-Nagy, Stuttgart 1974, Nr. 89

3/622 Die zerrüttete Ehe, 1925
Photoplastik: 12,3 x 16,4 cm
Faksimile-Reproduktion
München, Galerie Klihm
Bibl.: Ausst.-Kat.: Moholy-Nagy, Stuttgart 1974, Nr. 89

Scholz, Georg
3/623 Industriebauern, 1920
Öl und Collage auf Holz: 98 x 70 cm
Wuppertal, Von der Heydt-Museum, (Abb. S. 3/252)
Bibl.: Ausst.-Kat.: Erste Internationale Dada-Messe, Berlin 1920, Nr. 93, Ausst.-Kat.: Scholz, Karlsruhe 1975, Nr. 34

3/623
Scholz,
Industriebauern,
1920

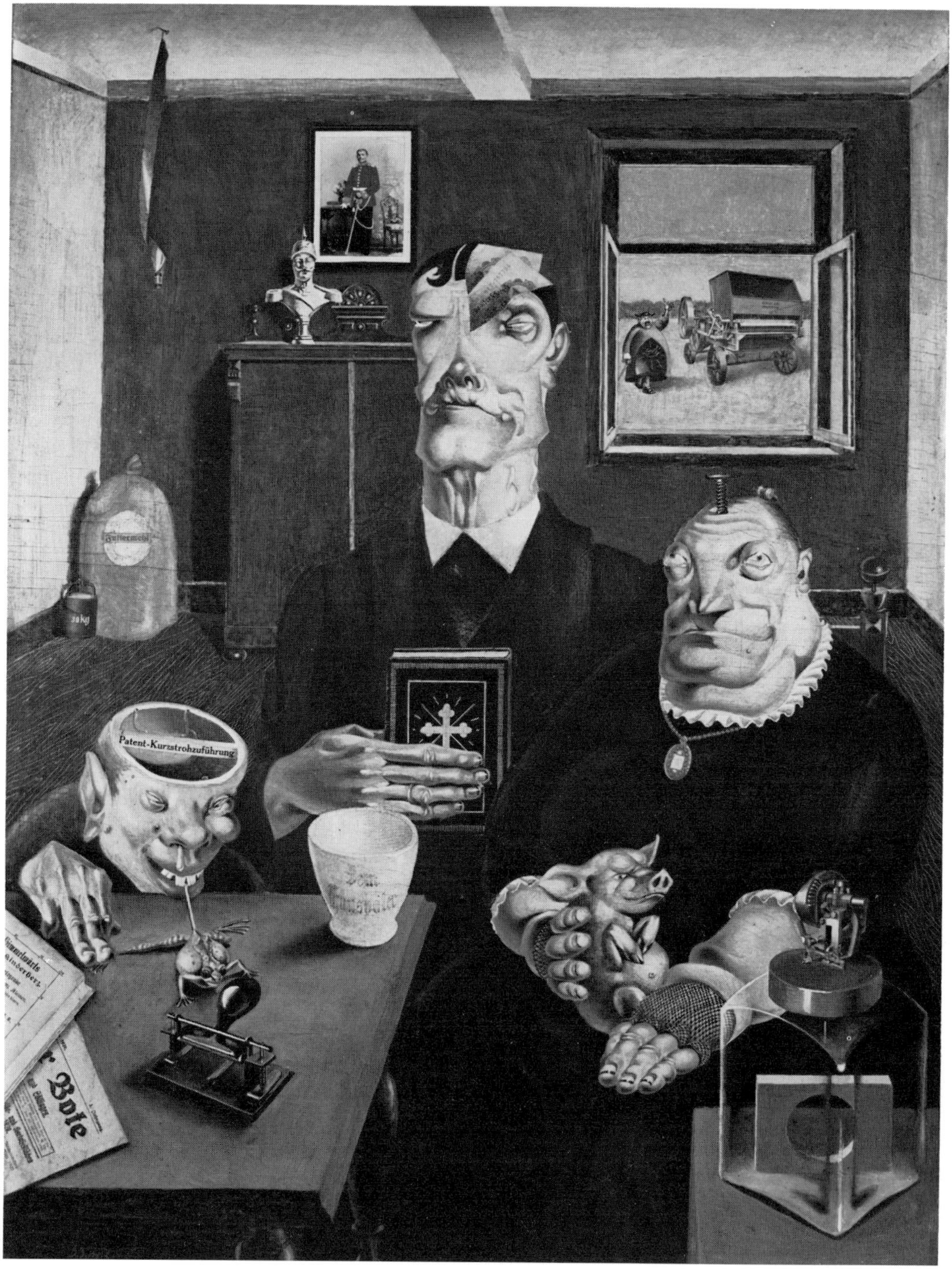

MECHANO – DADA
MECHANOMANNEQUIN
METAMASCHINE

Brockmann, Gottfried
3/624 Frau mit Kaffeemühle, 1924
Getönte Bleistiftzeichnung: 30 x 17 cm
Bez. u. Mitte: B.
Wuppertal, Von der Heydt-Museum
Bibl.: Kruse, J.: Gottfried Brockmann, Schleswig 1970, Nr. 11

3/625 Nähmaschine, 1925
Bleistiftzeichnung, z. T. farbig angelegt: 30 x 18 cm
Bez. u. Mitte: B.
Köln, Westdeutscher Rundfunk,
(Abb. S. 3/253)
Bibl.: Kruse, J.: Gottfried Brockmann, Schleswig 1970, Nr. 16

Carrà, Carlo
3/626 Manichino, 1918
Federzeichnung: 29 x 23 cm
Mailand, Slg. Mattioli
Bibl.: Bigongiari, P. u. Carrà, M.: L'opera completa di Carrà, Milano 1970, Nr. 109
Ausst.-Kat.: Opera grafica di Carlo Carrà, Milano 1967

3/627 L'amante dell'ingegnere, 1921
Öl auf Leinwand: 55 x 40 cm
Dat. u.r.: 1921
Mailand, Slg. Mattioli
Bibl.: Carrà, M.: Carrà – tutta l'opera pittorica, Bd. 1, Mailand 1967, Nr. 7/21

Charchoune, Serge.
3/628 Ohne Titel, 1919
Öl auf Leinwand: 25 x 32 cm
Bez.: Sch.
Mailand, Slg. Guido Rossi
Bibl.: Schwarz, A.: Almanacco Dada, Mailand 1976, S. 133

3/629 Mechanischer Drachen 1917
Gouache auf Papier, auf Leinwand aufgezogen:
32,5 x 34,2 cm
Bez. u.r.: Charchoune

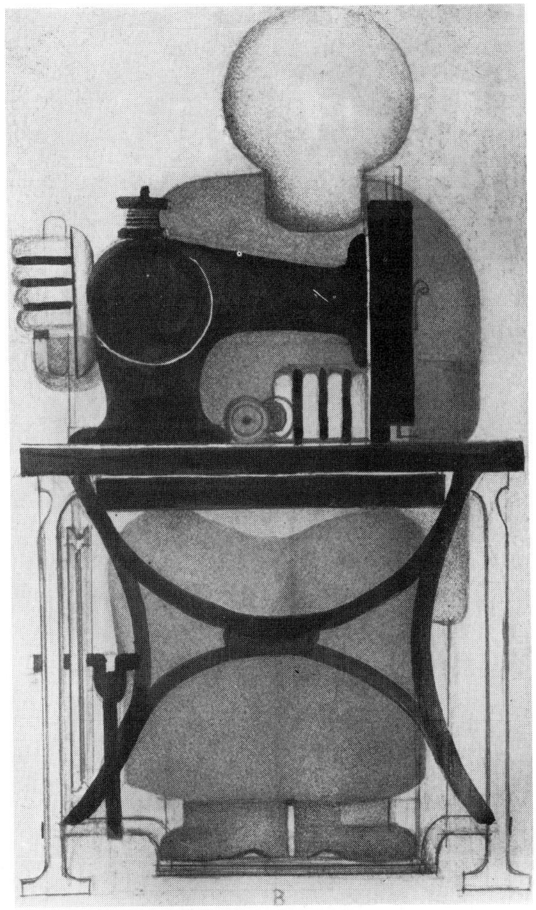

3/625
Brockmann,
Nähmaschine, 1925

Paris, Galerie Raymond Creuze
Bibl.: Z. P. 1966, Nr. 24. Creuze, R.: Serge Charchoune, Bd. I, Paris 1975, Abb. 27

3/630 72 Mouvement d'un film peint 'Russie', 1917
Öl auf Leinwand: 34 x 44,5 cm
Bez. u.l.: (in kyrillischer Schrift). Scharschun, u.r.: Charchoune
Paris, Galerie Raymond Creuze
Bibl.: Creuze R.: Serge Charchoune, Bd. I, Paris 1975, Abb. 28
Ausst.-Kat.: Serge Charchoune, Barcelona, Galerie Dalman, 6.–20. 4. 1917

3/636
Depero, Automi, 1916

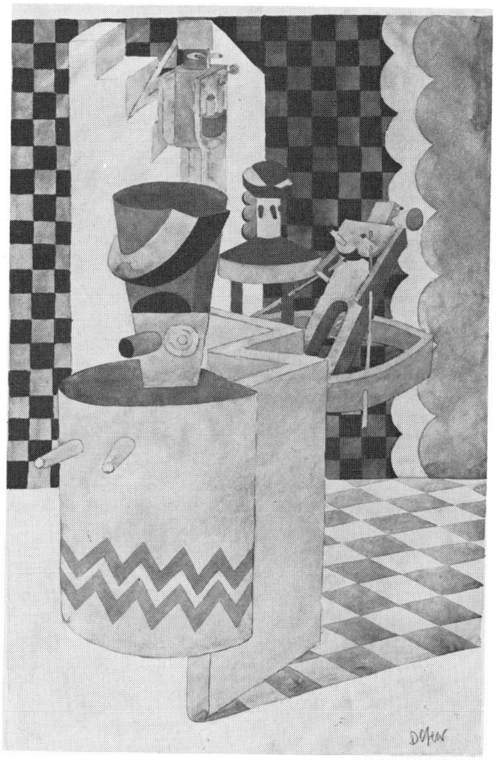

Chirico, Giorgio de
3/631 Mannequin, 1917
Bleistift: 24 x 17 cm
Bez. u. r.
Zürich, Slg. Gustav Zumsteg, (Abb. S. 3/118)
Bibl.: Ausst.-Kat.:
de Chiricio, Hannover 1970, Nr. 202

3/632 Die Mathematiker, 1917
Bleistift: 32,1 x 22 cm
Bez. u.l: New York, The Museum of Modern Art, Gift of Mrs. Stanley B. Resor, (Abb. S.3/43)
Bibl.: Ausst.-Kat.: De Chirico, Hannover 1970, Nr. 203

Crotti, Jean
3/633 Mechanische Dämmerung (Crépuscule mécanique), 1920
Öl auf Leinwand: 95 x 65 cm
Mailand, Slg. Guido Rossi, (Abb. S. 3/255)
Bibl.: Z. P. 1966, Nr. 31, Paviglione, C.: Dada in Italien, Mailand 1966, Nr. 4

Delaunay-Terk, Sonia
3/634 Kostüm-Entwürfe für die Aufführung von Tristan Tzaras Revue 'Le Cœur à Gaz'
a) Männerkostüm,
Aquarell: 39,5 x 29 cm
b) Männerkostüm,
Aquarell: 40,2 x 29 cm
c) Frauenkostüm,
Aquarell: 43 x 29 cm
d) Skizze für ein Frauenkostüm,
Aquarell: 36 x 28 cm
Paris, Slg. der Künstlerin
Bibl.: J. Damase, Le Cœur à Gaz, réédition, Paris 1977

3/635 Photos von den Kostümen (vgl. Kat.Nr. 3/634).
Paris, Slg. der Künstlerin, (Abb. S. 3/63)

Depero, Fortunato
3/636 Automi, 1916
Aquarell: 62 x 40 cm
Mailand, Slg. Mattioli, (Abb. S. 3/254)
Bibl.: Ausst.-Kat.: Fortunato Depero, Bonn, Saarbrücken, Hannover, Kassel 1973, Nr. 27, (vgl. Katalogtext Dada Italien)

Duchamp, Marcel
3/637 Akt eine Treppe herabsteigend, 1912
Photo von Man Ray nach dem Gemälde von Duchamp: 28,9 x 17,1 cm
Paris, Privatsammlung

3/638 Die Braut, 1912
Öl auf Leinwand: 89,5 x 55 cm
Bez.: u.l.: MARIEÉ MARCEL DUCHAMP/august 12
Philadelphia Museum of Art, The Louise und Walter Arensberg Coll., (Abb. S. 3/48)
Bibl.: Schwarz, A.: Marcel Duchamp, London 1969, Nr. 194
Bibl.: Ausst.-Kat.: Fantastic Art, Dada, Surrealism, New York 1937, Kat.-Nr. 217, Ausst.-Kat.: Twentieth Century Art from the Luise and Walter Arensberg Coll., Chicago 1949, Nr. 69

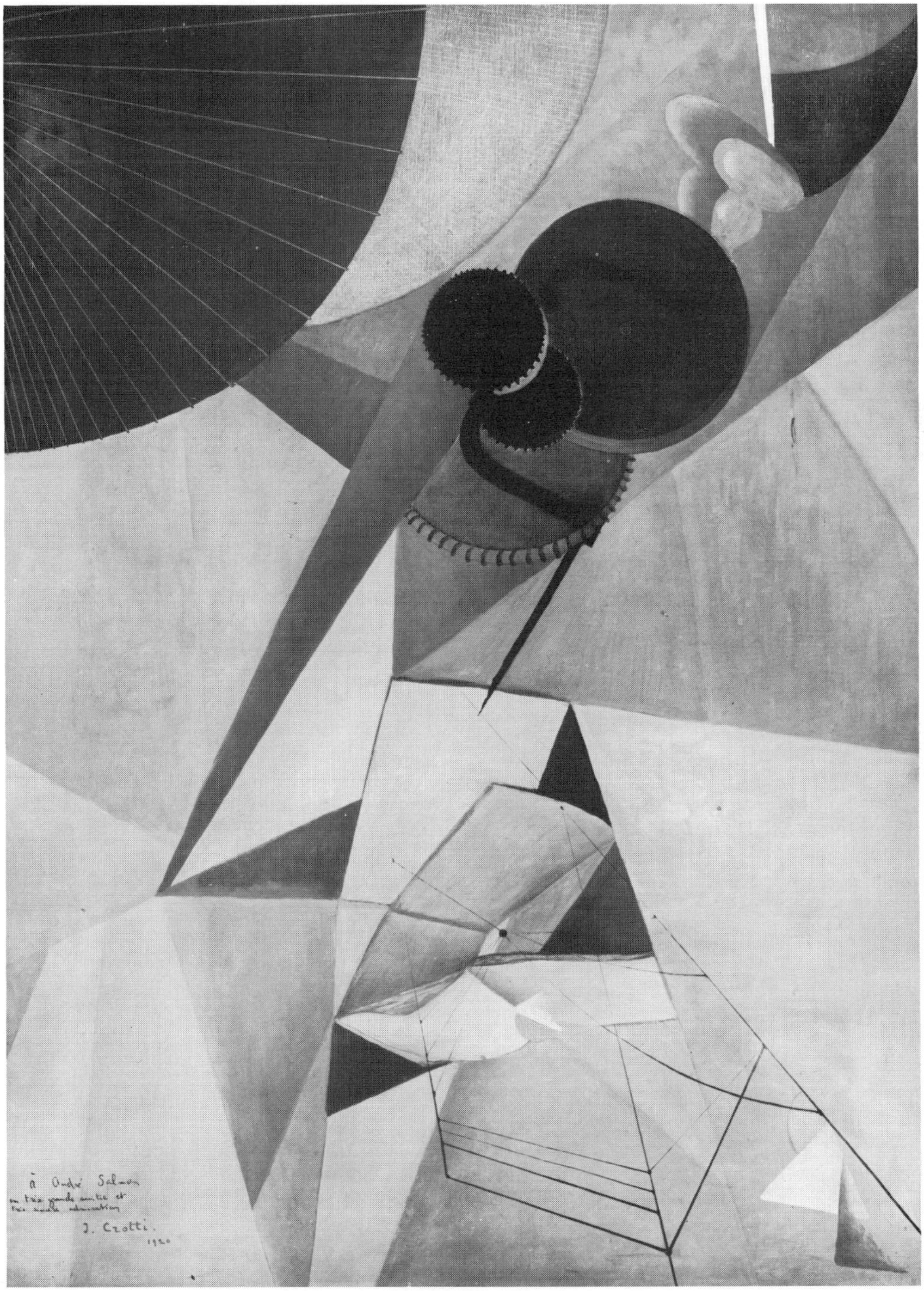

3/633
Crotti, Mechanische Dämmerung, (Crepuscule mécanique, 1920

3/639 Friedhof der Uniformen und Livréen, 1913
Bleistift auf Papier, 32 x 40,5 cm
Bez. u.r.: Marcel Duchamp 13
Philadelphia Museum of Art, The Louise and Walter Arensberg Coll.
Bibl.: Schwarz, A.: Marcel Duchamp, London 1969, Nr. 201
Ausst.-Kat.: Twentieth Century Art from the Luise and Walter Arensberg Coll., Chicago 1949, Nr. 70, Ausst.-Kat.: Duchamp, Pasadena/Californien 1963, Nr. 43, Studie zum 'Großen Glas'

3/640 Boxkampf, 1913
Bleistift und Kreide auf Papier, 42 x 31 cm
Bez. u.l.: Marcel Duchamp, 1913
Philadelphia Museum of Art, The Louise and Walter Arensberg Coll.
Bibl.: Schwarz, A.: Marcel Duchamp, London 1969, Nr. 200
Ausst.-Kat.: Exhibition of Modern Art. New York, Bourgeois Gallery 1916,
Ausst.-Kat.: The Evolution of French Art. New York, Arden Gallery, 1929, Studie zum 'Großen Glas'

3/641 Boxkampf, 1913
Privatsammlung

3/642 Junggesellen-Apparat (Plan), 1913/14
Druck: 26,6 x 35,2 cm
Privatsammlung
Bibl.: Schwarz, A.: Marcel Duchamp, London 1969, Nr. 198
Entwurf für das Große Glas

3/643 Junggesellen-Apparat (elevation), 1913/14
Druck: 26,6 x 35,2 cm
Privatsammlung
Bibl.: Schwarz, A.: Marcel Duchamp, London 1969, Nr. 198, Studie zum 'Großen Glas'T

3/644 Photographische Reproduktion nach Marcel Duchamp's La mariée mise à nu par ses celibataires, même. (Die Braut, von ihren Junggesellen nackt entblößt, sogar) 1915–1923
Original: Öl, Lack, Bleifolie, Bleidraht und Staub auf zwei Glasplatten, jede zwischen zwei Glasplatten montiert, mit fünf Glasstreifen, Aluminiumfolie, in einem Holz- und Stahlrahmen: 227,5 x 175,8 cm
Bez. auf Rücks. der unteren Rahmenkante: LA MARIEE MISE A NU PAR / SES CELIBATAIRES, MEME / MARCEL DUCHAMP / 1915–1923 / – inachevé / – cassé 1931 / – réparé 1936
Das Original, im Philadelphia Museum of Art mit den 1931 auf dem Transport zerbrochenen Glasscheiben, ist nicht mehr transportfähig. Die beiden von Duchamp legitimierten Rekonstruktionen, eine von Ulf Linde, 1961, heute Moderna Museet Stockholm, eine von Richard Hamilton, 1966, heute Tate Gallery London, sind wegen des hohen Transport-Risikos ebenfalls nicht mehr ausleihbar.
Transparentes Farbphoto in Originalgröße, Glas und Aluminium, Hergestellt und gestiftet von der GAF Corporation 1975
New York, The Museum of Modern Art, (Abb. S. 3/46)
Bibl.: Schwarz, A.: Marcel Duchamp, London 1969, Nr. 279
Ausst.-Kat.: Marcel Duchamp, New York, Philadelphia 1973, Nr. 143, Ausst.-Kat.: Junggesellenmaschinen, Venezia-Martellago 1975

3/645 Augenzeugen-Gutachter (Oculist witnesses), 1920/41
Bleistift auf Papier: 50 x 35 cm
Privatsammlung, (Abb. S. 3/257)
Bibl.: Schwarz, A.: Marcel Duchamp, London 1969, Nr. 270, Studie zum 'Großen Glas'

3/646 Staubzüchtung (Elevage de Poussière), New York 1920/64
Bred Ready made
Photographie: 24 x 30,5 cm
Privatsammlung, (Abb. S. 3/258)
Bibl.: Schwarz, A.: Marcel Duchamp, London 1969, Nr. 269
Ausst.-Kat.: Man Ray, Rotterdam 1972, Nr. 251

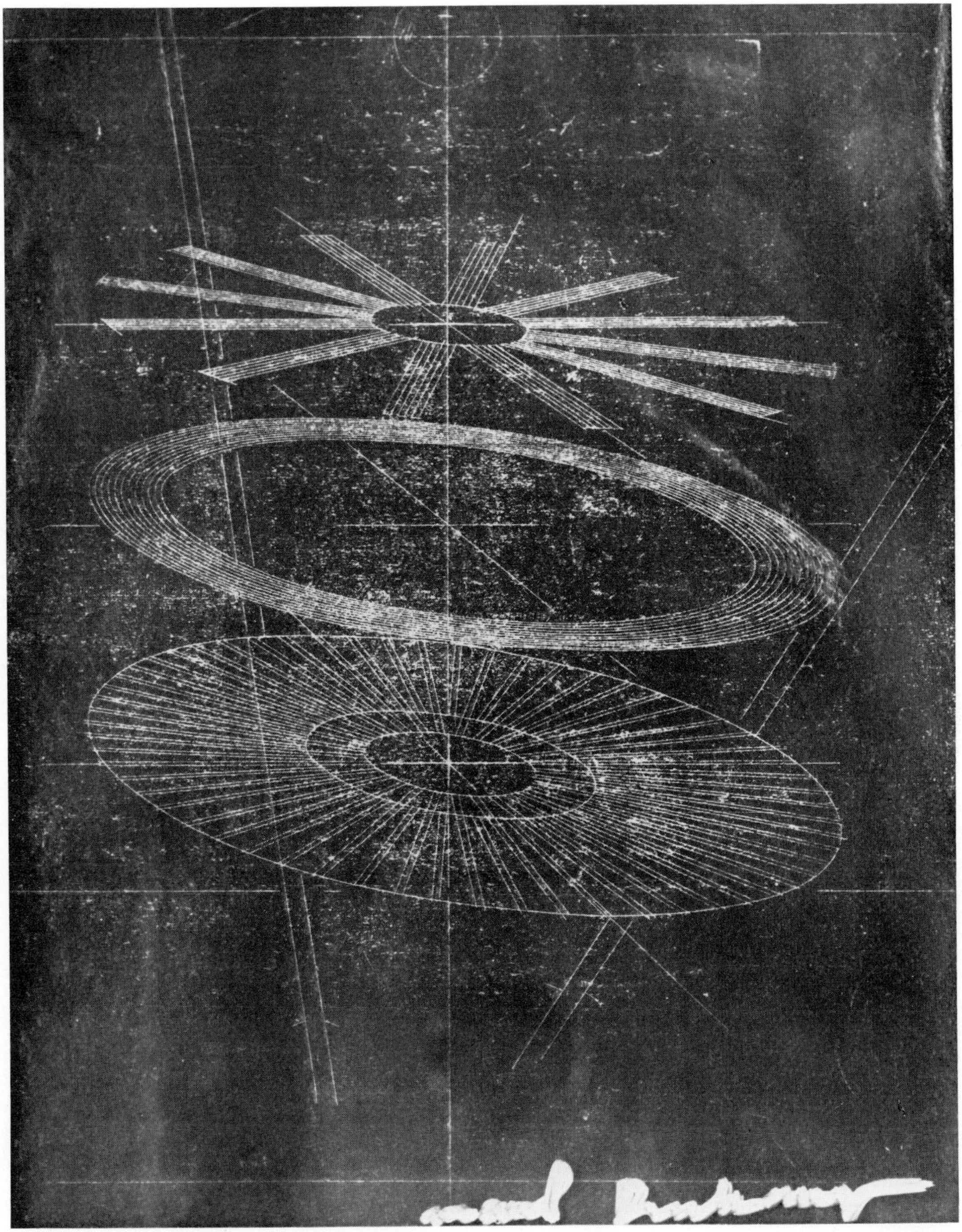

3/645
Duchamp,
Augenzeugen-
Gutachter, 1920/41

3/646
Duchamp,
Staubzüchtung,
New York, 1920/64

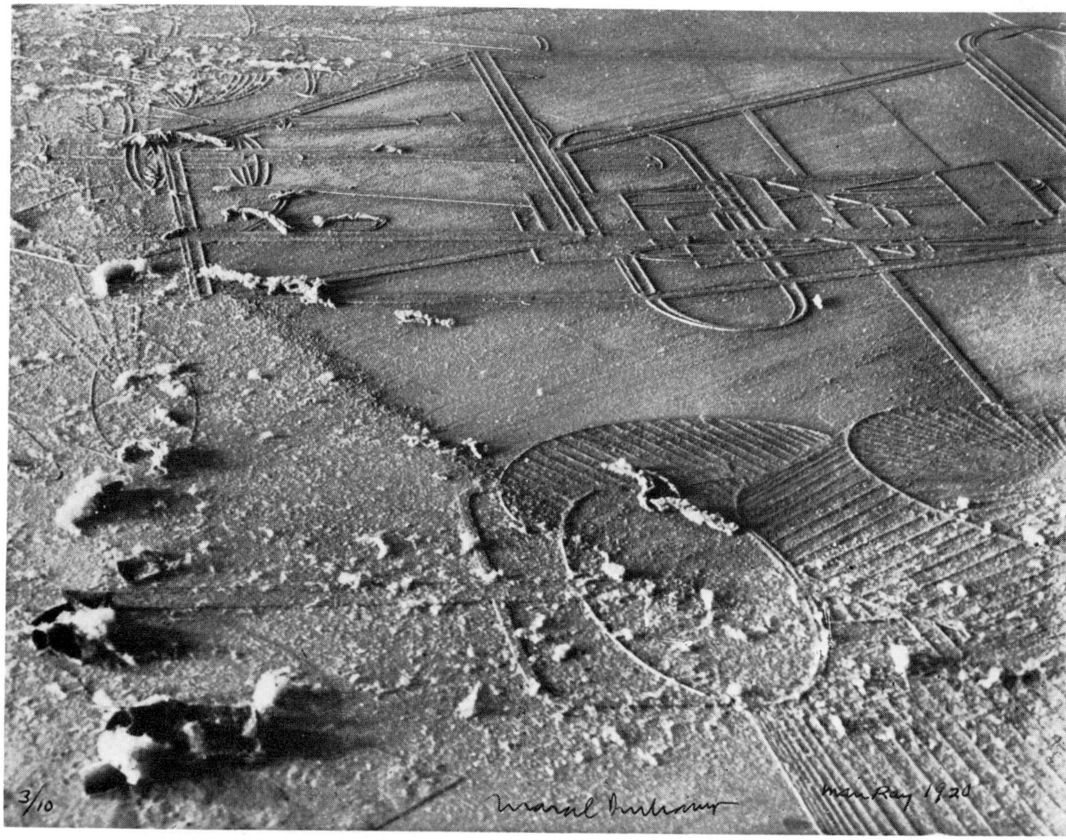

Das Photo zeigt die Staubansammlung auf dem flach liegenden Großen Glas.

3/647 Boîte en Valise, New York 1941
Lederkassette, enthaltend Miniaturnachbildungen von drei Ready mades, Photographien und Farbreproduktionen, z. B. des 'Großen Glases' auf Transparentfolie:
40,7 x 38,1 x 10,2 cm. Vorzugsausgabe in einer Aufl. von 20, einfache Ausgabe in einer Aufl. von 300 Expl.
Zürich, Gimpel und Hannover Galerie.
Bibl.: Schwarz. A.: Marcel Duchamp, London 1969, Nr. 311

Die Boîte en Valise ist ein autobiographischer Werkkatalog in Objektform. Duchamp arbeitete von 1935 bis 1940 in Paris an seinem 'tragbaren Museum.'

Ernst, Max
3/648 adieu mon beau pays de Marie Laurencin, 1919
Klischeedruck, überarbeitet mit Feder-Tusche, auf Papier: 40 x 28 cm
Bez. innerhalb der Zeichng., oben: toujours travailler nix bon, Mitte: MAMAN TOUJOURS FIC-Fick, unteres Drittel r.: au secours!!!, unter der Zeichng.: adieu mon beau pays de MARIE LAURENCIN Hilfe! Hilfe!, r.u.: max ernst.
New York, The Museum of Modern Art,
(Abb. S. 3/259)
Bibl.: Max Ernst Œuvre Katalog, Nr. 313

3/649 Fiat modes pereat ars, 1919
8 Lithographien und Deckblatt in Mappe: 41,5 x 29,5 cm, Expl. Nr. 25
Krefeld, Ernst Fischer, (Abb. S. 3/44)
Bibl.: Max Ernst Œuvre Katalog, Nr. 65–73

3/650 trophée hypertrophique, um 1919/20
Klischeedruck, mit Feder-Tusche überarbeitet, auf Papier: 34,7 x 18,7 cm
Bez. u. r.: für Tristan Tzara,: max ernst
Krefeld, Ernst Fischer, (Abb. S. 3/259)
Bibl.: Ausst.-Kat.: Max Ernst, Au Sans Pareil, Paris 1921, Nr. 44. Max Ernst Œuvres Kat. Nr. 302

3/651 Aquis submersus, 1919
Öl auf Leinwand: 54 x 43,8 cm
Frankfurt/M., Städelsches Kunstinstitut und Städtische Galerie, (Abb. S. 3/261)
Bibl.: Ausst-Kat.: Max Ernst, Paris 1975, Nr. 25. Max Ernst Œuvre Katalog, Nr. 294

3/652 Katharina ondulata, 1920
Gouache und Bleistift, Übermalung eines Reproduktionsdrucks, auf Karton aufgezogen: 31,2 x 27 cm
Bez. u.r.: max ernst 20, darunter: Katharina ondulata d.i. frau wirtin a.d. lahn erscheint als der deutschen engelin u. perlmutter auf korksohlen im tierbild des krebses
London, Privatsammlung
Bibl.: Spies, W.: Collagen, 1974, Abb. 6. Max Ernst Œuvre Katalog, Nr. 356

3/653 la petite fistule lacrimale qui dit tic tac, 1920
Gouache, Übermalung einer Tapete: 36,2 x 25,4 cm
Bez. u.r.: max ernst 1920, darunter: la petite fistule lacrimale qui dit tic tac/max ernst
New York, The Museum of Modern Art, (Abb. S. 3/78)
Bibl.: Max Ernst Œuvre Katalog, Nr. 353

3/654 eislandschaften, eiszapfen und gesteinsarten des weiblichen körpers, 1920
Gouache und Bleistift, Übermalung eines Druckes: 25,3 x 24,4 cm
Stockhom, Moderna Museet, (Abb. S. 3/260)
Bibl.: Max Ernst Œuvre Katalog, Nr. 352

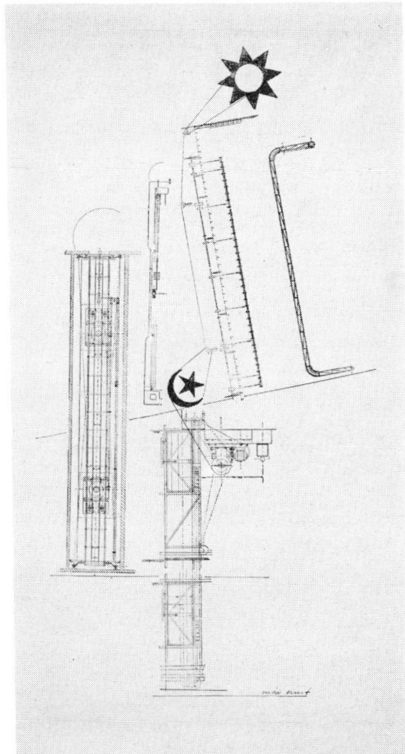

3/650
Ernst, trophée hypertrophique, um 1919/20

3/655 die anatomie als braut, 1921
Photographie einer Collage und weißen Gouache (FATAGAGA): 24 x 18 cm
Bez. u.l.: die anatomie als braut, bez. u.r.: max ernst
Paris, Slg. R.Lebel, (Abb. S. 3/49)
Bibl.: Max Ernst Œuvre Katalog, Nr. 423, Spies: Collagen, 1974, Nr. 114
Ausst.-Kat.: Max Ernst, Paris 1975, Nr. 69

3/656 apollon refuse constamment de marier la fille unique de l'archéologue . . . , 1920
Collage: 4 x 15,2 cm
Bez.: apollon refuse constamment de marier la fille unique de l'archéologue quoiqu'elle est prête à rejeter la couverture pour étaler la voluptueuse richesse de ses belles rondeurs la lionne s'en marche pour manger des fraises et des violets de Parme / max ernst
Privatsammlung
Bibl.: Max Ernst Œuvre Katalog, Nr. 371

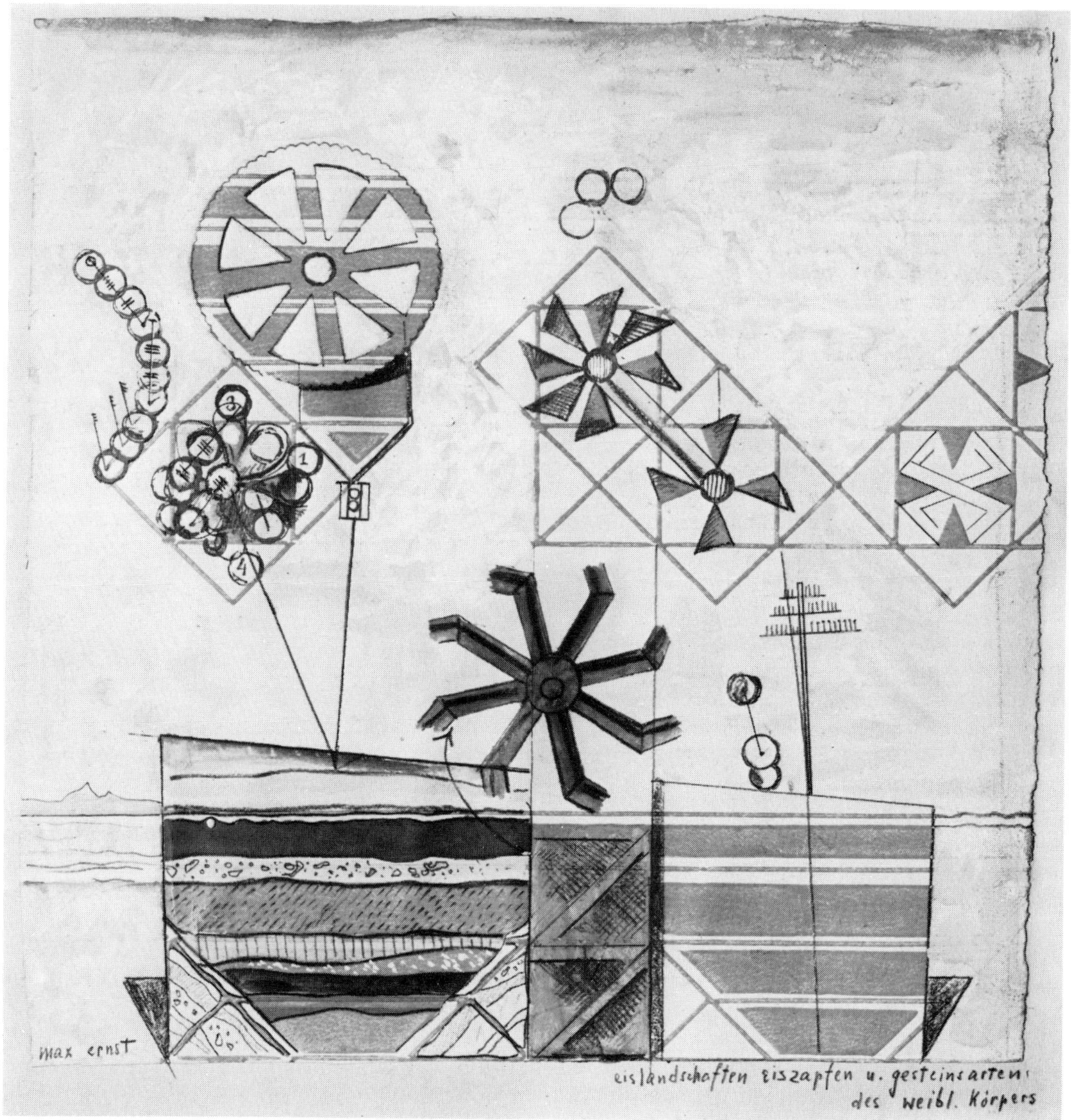

3/654
Ernst, eislandschaften, eiszapfen und gesteinsarten des weiblichen körpers, 1920

3/657 Un peu malade le cheval (auch: la belle saison), 1920
Collage, Bleistift, Feder-Tusche: 14,6 x 20,6 cm
New York, The Museum of Modern Art,
Bibl.: Max Ernst Œuvre Katalog, Nr. 368, Spies: Collagen, 1974, Nr. 7
Ausst.-Kat.: Max Ernst, Paris, Au Sans Pareil, 1921, Nr. 22

3/657 a Ohne Titel, ca. 1921
Gouache, Übermalung eines Drucks: 45,5 x 66 cm
Privatsammlung
Bibl.: Max Ernst Œuvre Katalog, Nr. 427

3/658 santa conversazione, 1921
Photographie einer Collage: 22,5 x 13,5 cm
Bez. u.l.: santa conversazione, u.r.: max ernst,
Widmung: à Werner Spies max
Paris, Privatsammlung
Bibl.: Max Ernst Œuvre Katalog, Nr. 425, Spies: Collagen, 1974, Nr. 115. Spies, W.: Max Ernst 1950–1970. Die Rückkehr der Schönen Gärtnerin, Köln 1971, S. 121ff.
Ausst.-Kat.: Max Ernst, Paris 1975, Nr. 425

3/659 Leimbereitung aus Knochen, 1921
Collage: 7 x 11 cm
Bez. u.l.: Max Ernst, Die Leimbereitung aus Knochen / La préparation de la colle d'os
Paris, Privatsammlung, (Abb. S. 3/16)
Bibl.: Max Ernst Œuvre Katalog, Nr. 435, Spies: Collagen, 1974, Nr. 117
Ausst.-Kat.: Max Ernst, Paris, 1975, Nr. 72

3/660 Un homme peut en cacher un autre. Hinter einem Menschen kann sich noch ein anderer verstecken, 1923
Feder-Tusche, laviert, auf Papier: 64 x 48,5 cm
Bez. u.l. wie angegeben, u.r.: max ernst/23
Paris, Privatsammlung
Bibl.: Max Ernst Œuvre Katalog, Nr. 394. Spies: Collagen, 1974, Nr. 165
Ausst.-Kat.: Max Ernst, Paris 1975, Nr. 165

Grosz, George
3/661 Republikanische Automaten, 1920
Aquarell, Feder-Tusche auf Karton:
60 x 47,3 cm
Unbezeichnet
New York, The Museum of Modern Art, Avisoy Commitee Fund, (Abb. S. 3/262)
Bibl.: Schneede, 1975, Abb. 54
Ausst.-Kat.: Erste Internationale Dada-Messe, Berlin 1920, Nr. 71: 'Tatlinistische mech. Konstruktion. Den sozialistischen Reichstagsabgeordneten, die für den Krieg gestimmt haben, gewidmet'.
Ausst.-Kat.: Grosz, Berlin, 1962, Nr. 68

3/662 Ohne Titel, 1920
Öl auf Leinwand: 81 x 61 cm
Bez. auf Rücks.: Grosz 1920, Stempel: George Grosz 1920 construiert
Düsseldorf,
Kunstsammlung des Landes Nordrhein-Westfalen, (Abb. S. 3/39)
Bibl.: Schneede: 1975, Abb.98 S. 67
Ausst.-Kat.: Internationale Kunstausstellung, Zürich 1925, Nr. 190 (mit dem Titel: Konstruktion).
Ausst.-Kat.: Carrà, C.: Metaphysical Art, London 1971, Abb. 216

3/663 Student. Kostümentwurf für Ivan Golls 'Methusalem', 1922
Aquarell: 52 x 36,9 cm
Ohio, The Cleveland Museum of Art,
(Abb. S. 3/51)
Bibl.: Henning, E. B.: George Grosz. Figure for Ivan Goll's Methusalem, in: The Cleveland Museum of Art Bulletin, Nr. 55, April 1968, S. 89ff.

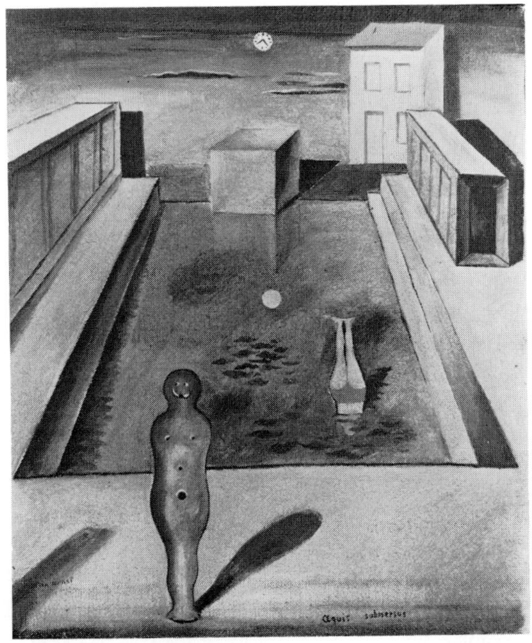

3/651
Ernst, Aquis submersus, 1919

3/661
Grosz,
Republikanische
Automaten, 1920

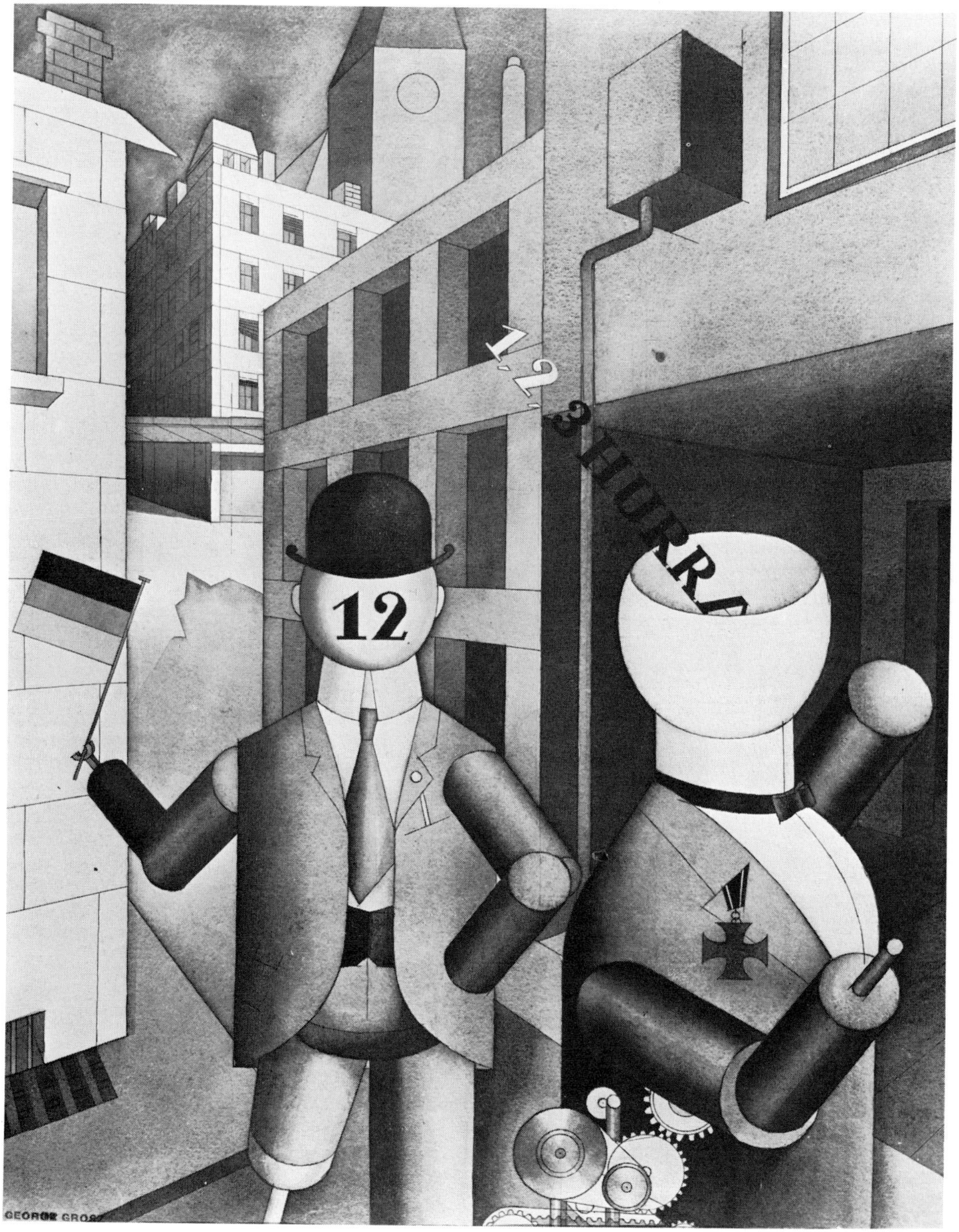

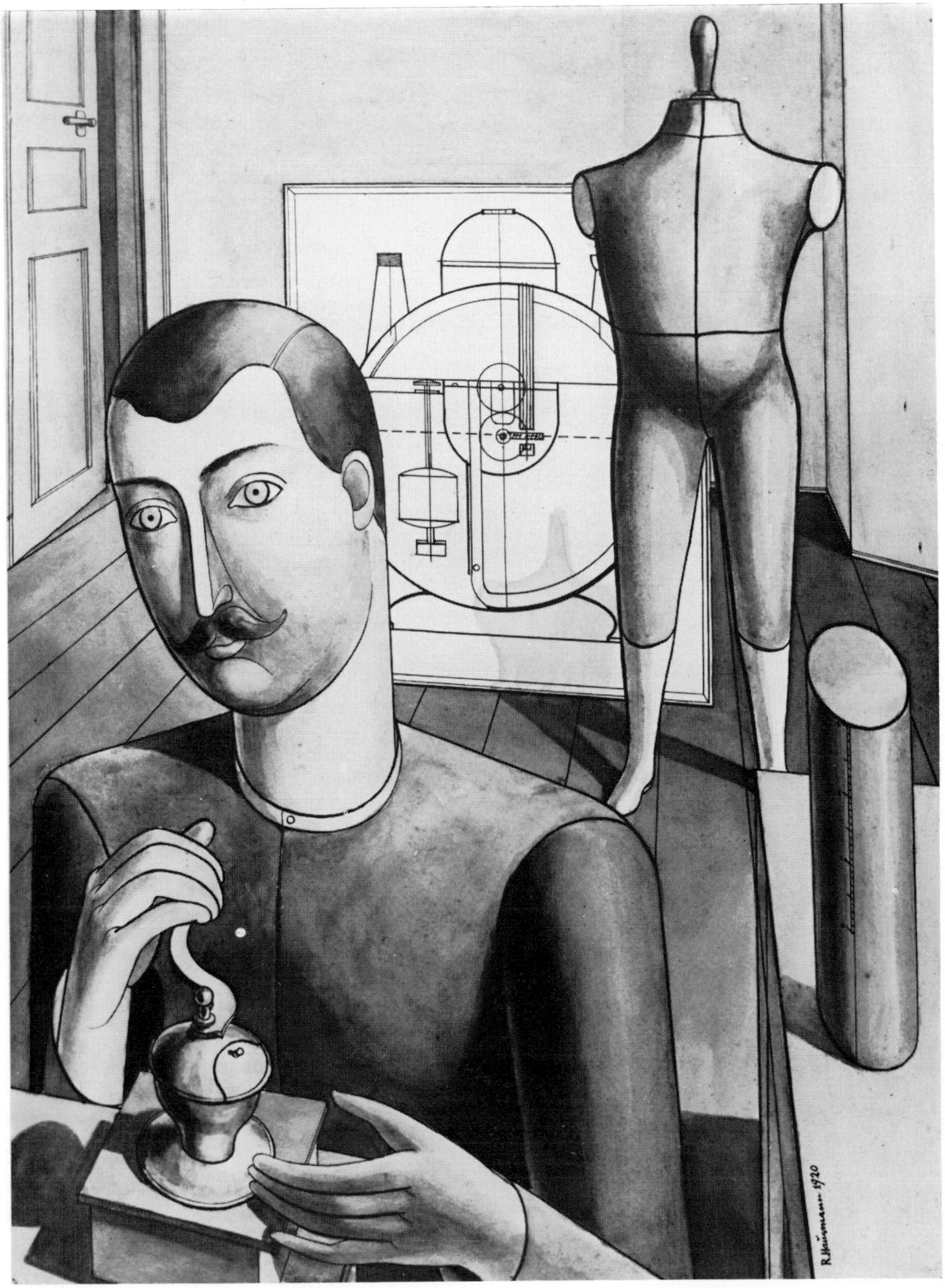

3/667
Hausmann,
Kutschenbauch
dichtet, 1920

3/665
Hausmann, Der eiserne Hindenburg, 1920

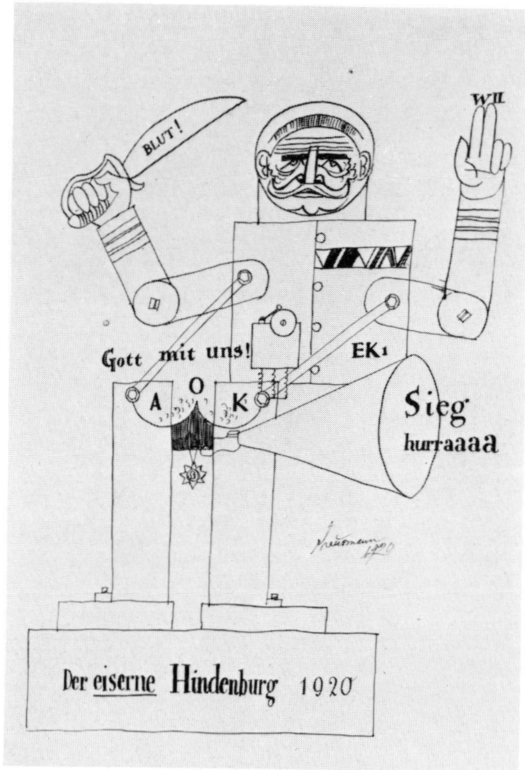

Hausmann, Raoul

3/664 Wir müssen siegen, 1920
Feder-Tusche auf Papier: 31 x 30 cm Bez. u.l.: RH 1920
Privatsammlung
Bibl.: Ausst.-Kat.: Erste Internationale Dada-Messe, Berlin 1920, Nr. 35 Illustr. zu 'Hurrah, Hurrah, Hurrah!', Berlin 1921
Ausst.-Kat.: Hausmann, Paris 1974/75, Nr. 4

3/665 Der eiserne Hindenburg, 1920
Feder-Tusche auf rosa Papier aufgezogen: 40 x 27 cm
Bez. u.r.: RH 20
Privatsammlung, (Abb. S. 3/264)
Bibl.: Ausst.-Kat.: Erste Internationale Dada-Messe, Berlin 1920, Nr. 31 Ill. zu 'Hurrah, Hurrah, Hurrah!', Berlin 1921
Ausst.-Kat.: Hausmann, Paris 1974/75, Nr. 42

3/666 Deutsche Freiheit, 1920
Feder-Tusche auf rosa Papier aufgezogen: 28,4 x 20 cm
Bez. u.r.: R. Hausmann 1920
Privatsammlung, (Abb. S. 3/68)
Bibl.: Ausst.-Kat.: Erste Internationale Dada-Messe, Berlin 1920, Nr. 34
Ausst.-Kat.: Hausmann, Paris 1974/75, Nr. 43

3/667 Kutschenbauch dichtet, 1920
Zeichnung, Aquarell: 42,5 x 32 cm
St. Etienne, Musée d'Art et d'Industrie, (Abb. S. 3/263)
Bibl.: Hausmann, R.: Hurrah, Hurrah, Hurrah!, Berlin 1921, S. 43
Ausst.-Kat.: Hausmann, Paris 1974/75, Nr. 40

3/668 Porträt Felixmüller, 1920
Bleistift auf Papier: 36,5 x 34,5 cm
Bez. u. Mitte: RH 1920
Privatsammlung, (Abb. S. 3/50)
Bibl.: Ausst.-Kat.: Hausmann, Paris 1974/75, Nr. 39

3/669 Porträt Felixmüller, 1920
Bleistift auf Papier: 36,5 x 34 cm
Bez. u.r.: R. Hausmann 20
Berlin, Staatliche Museen Preußischer Kulturbesitz, Nationalgalerie
Bibl.: Kliemann, H.: Die Novembergruppe, Berlin 1969, Abb. S. 106

3/670 Schreiender Matrosenkopf, 1920
Tusche-Feder auf Papier: 30 x 26,5 cm
Bez.: R. Hausmann 20
Genf, Musée d'art et d'histoire

3/671 L'esprit de notre temps. Der Geist unserer Zeit. Mechanischer Kopf, um 1921
Assemblage: Perückenkopf m. applizierten Gegenständen (Metermaß, Karte m. Nr. 22, Taschenuhrenwerk, ausziehbarem Aluminiumbecher, Schraube, Schatulle m. Stempelwalze, Geldbörse, Reißbrett-Lineal): h. 32,5 cm
Paris, CNAC GP, (Abb. S. 3/37, S. 3/50)
Bibl.: Mecano, II, Leiden 1922 (Abb.).
Giroud, M.: Hausmann, Paris 1974/75, Nr. 4.

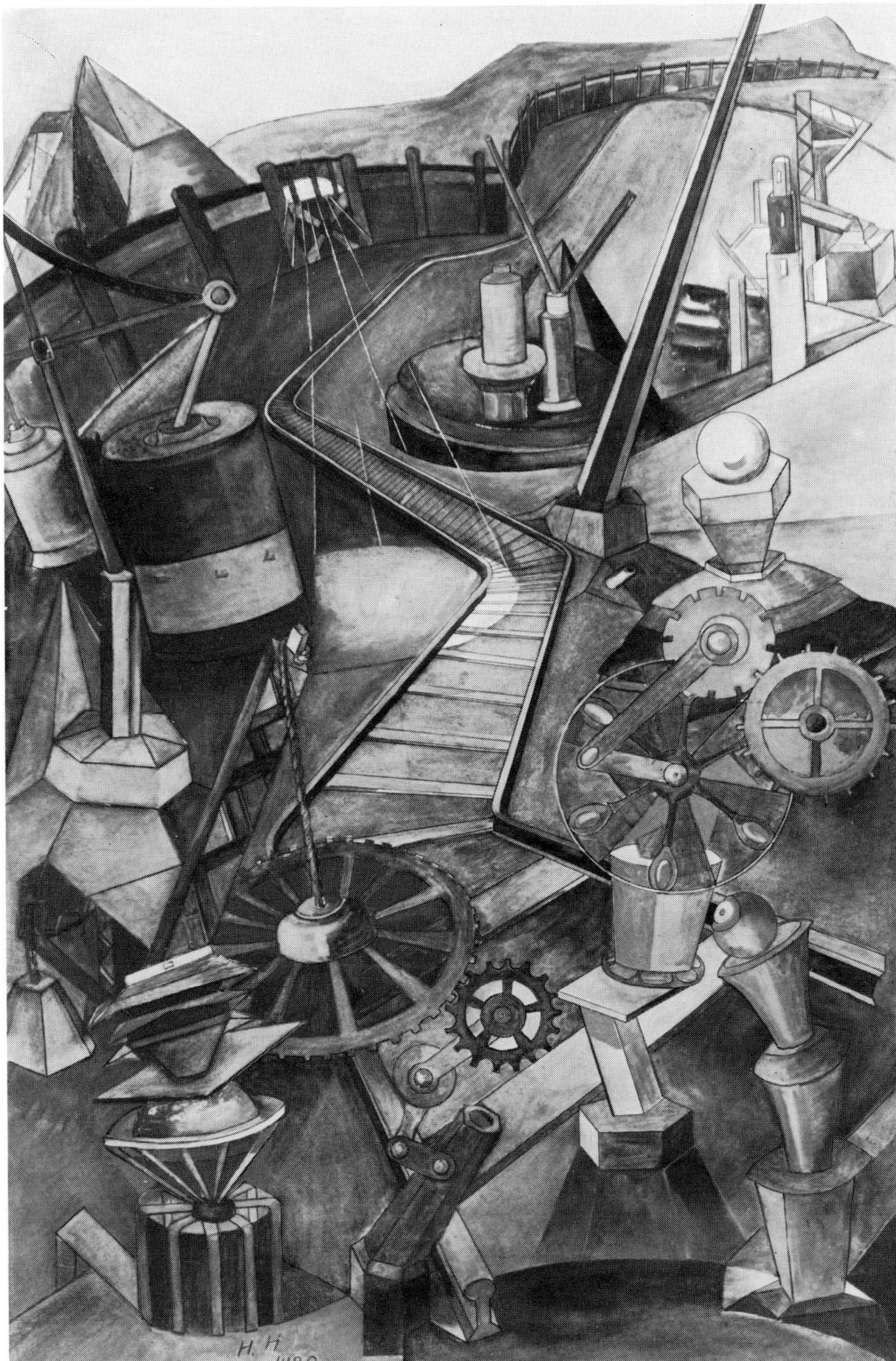

3/673
Höch, Mechanischer Garten, 1920

3/676
Joostens,
Siphilimètre H 3,
1925

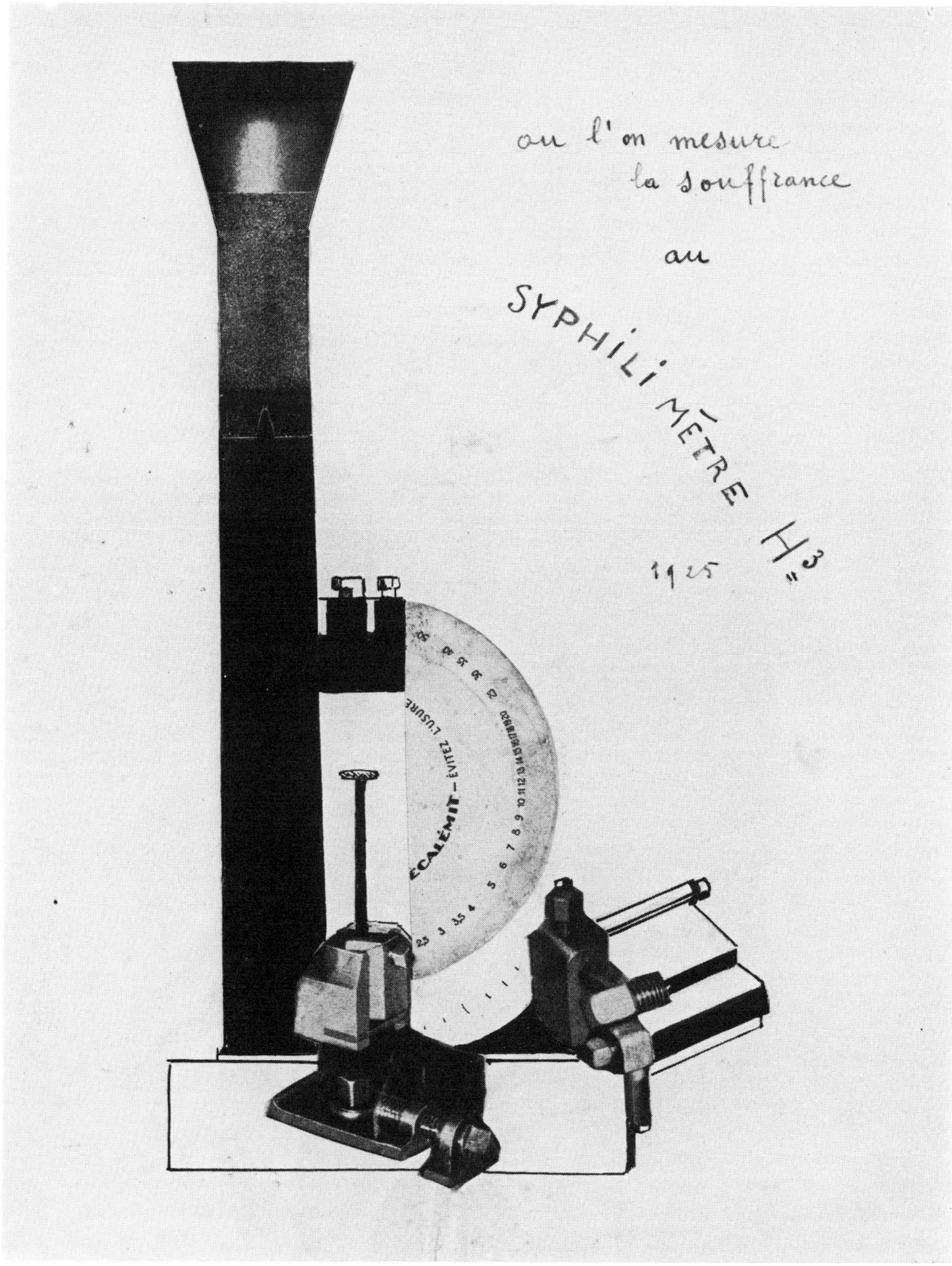

Nicht erwähnt im Katalog der Ersten Internationalen Dada-Messe, Berlin 1920, nicht in den Katalogen der Novembergruppe 1919–1921.
Nach R. Hausmanns Angaben: 1919 und 1920 in der Novembergruppe ausgestellt: (Am Anfang war Dada, Gießen 1970, S. 49)
Vgl. Text S. 50

Höch, Hannah
3/672 Brautpaar, 1920
Aquarell: 39 x 51 cm
Bez. u.r.: H. Höch 20
Paris, Edouard Roditi
Bibl.: Ausst.-Kat.: Höch, Paris – Berlin 1976, Nr. 27

3/673 Mechanischer Garten, 1920
Aquarell: 74 x 48 cm
Bez. u.l.: H. H.
Privatsammlung, (Abb. S. 3/265)
Bibl.: Ohff, H.: Hannah Höch, Berlin 1969, Abb. 20

3/674 Vereinigung, 1922
Aquarell: 68 x 55 cm.
Bez. u. l.: H. Höch 22
Privatsammlung
Bibl.: Ausst.-Kat.: Höch, Paris – Berlin 1976, Nr. 32

3/675 Zeichnung mit Ösen, 1923
Tusche-Feder: 23 x 16,7 cm
Bez.: HH 23
Berlin, Hannah Höch

Joostens, Paul
3/676 Syphilimètre H 3, 1925
Tusche und Collage: 29,4 x 22,2 cm
Privatsammlung, (Abb. S. 3/266)

Michel, Robert
3/677 Herr -As-Sesor- im Bad, 1919/20
Farbstift, Feder-Tusche, Collage auf Papier, auf Dämmplatte aufgezogen: 50,5 x 45 cm
Bez.: m. Widmung an Carl Laszlo
Hamburg, Privatsammlung
Bibl.: Ausst.-Kat.: Non-objective World 1939, Nr. 55

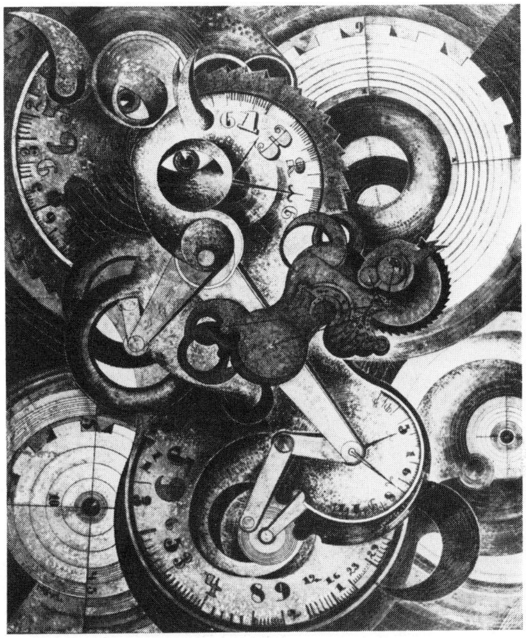

3/679
Michel,
Gezeitenhebel, 1918

3/678 Empfang in Amerika.
Tusche, Collage: 98 x 86 cm
Frankfurt/M., Galerie Loehr

3/679 Gezeitenhebel, 1918
Collage: 91,5 x 81 cm
Frankfurt/M., Galerie Loehr, (Abb. S. 3/267)

3/680 Schützenfest, 1920
Tusche auf Kreidegrund und Collage mit Extracollage ‘der Reitersmann’: 67,5 x 78,5 cm
Frankfurt/M., Galerie Loehr

Bergmann-Michel, Ella
3/681 Libori Sonntag für Jedermann, 1917
Collage: 64,5 x 49 cm
Frankfurt/M., Galerie Loehr

3/682 Meine Fische, 1918
Tusche, Collage: 64,9 x 48,5 cm
Frankfurt/M., Galerie Loehr

Bibl.: Zu Robert Michel und Ella Bergmann-Michel: Wescher, Hertha: Die Collage, Köln 1968, S. 251 ff.

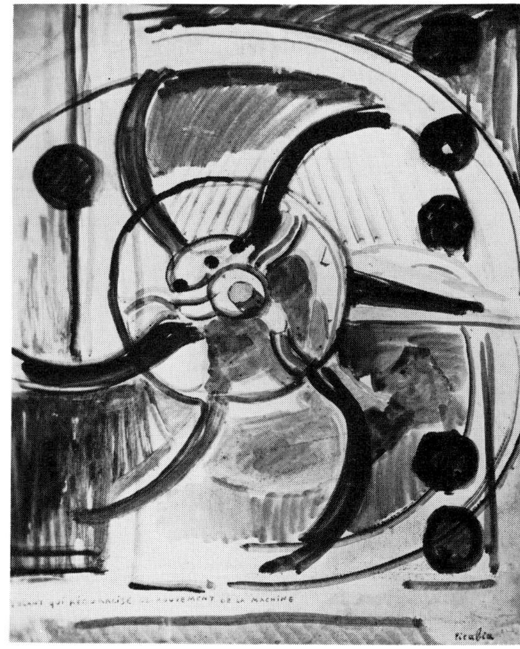

3/691 Picabia, Volant qui régularise le mouvement de la machine, 1918

Ausst.-Kat.: Ella Bergmann – Robert Michel, Paderborn 1970. Ausst.-Kat.: Ella Bergmann-Michel, Robert Michel. Collagen, Zeichnungen 1917–1966, Köln 1974

Moholy-Nagy, Laszlo
3/683 Das große Rad. Die große Gefühlsmaschine, 1920
Öl auf Leinwand: 95,5 x 75 cm
Bez. u.r.: Moholy-Nagy, auf Rücks.: MOHOLY-NAGY 4 (1920)
Eindhoven, Stedlijk van Abbemuseum, (Abb. S. 3/104)
Bibl.: Ausst.-Kat.: Moholy-Nagy, Stuttgart 1974, Nr. 10

Nach Angaben von Lucia Moholy hieß das Bild ursprünglich 'Das große Rad' und hat erst später den Titel 'Die große Gefühlsmaschine' erhalten.

Picabia, Francis
3/684 'Culture physique' H.s.T., 1913
Öl auf Leinwand: 89 x 116,8 cm
Signiert auf Rücks.: Picabia / 13
Philadelphia Museum of Art, Louise and Walter Ahrensberg Coll.
Bibl.: Ausst.-Kat.: Salon des Indépendents, Paris 1914, Nr. 2619
Ausst.-Kat.: First Annual Exhibition, New York, Soc. of Independent Artists, No. 76
Ausst.-Kat.: Francis Picabia, Paris 1976, Nr. 39

3/685 Fille née sans mère, 1913–1915
Kreide auf Papier: 26,3 x 21,6 cm
Bez. u.l.: Picabia
New York, The Metropolitain Museum of Art, Coll. A. Stieglitz, (Abb. S. 3/44)
Bibl.: Ausst.-Kat.: Picabia, New York, Modern Gallery, Jan. 1916, Nr. 12
Ausst.-Kat.: Picabia, Paris 1976, Nr. 44

3/686 Gabrielle Buffet, 1915
Aquarell auf Papier: 58,5 x 47,5 cm
Sign. u.r.: Picabia,: bez. GABRIELLE BUFFET / ELLE CORRIGE LES MOEURS EN RIANT / LE FIDELE Picabia.
Paris, Privatbesitz
Bibl.: Ausst.-Kat.: Picabia, New York, Modern Gallery, Jan. 1916, Nr. 12
Ausst.-Kat.: Picabia, Paris 1976, Nr. 55

3/687 Voilà la femme, 1915
Aquarell, Gouache auf Papier: 73 x 48,5 cm
Sign. u.r.: Picabia, bez.: VOILA LA FEMME
Paris, Slg. R. Lebel
Bibl.: Ausst.-Kat.: Picabia, Paris 1976, Nr. 54

3/688 Paroxyme de la douleur, 1915
Öl auf Karton: 80 x 80 cm
Bez. dat. u.r.: F. Picabia septembre 1915, beschr.: Paroxyme de la douleur, u. r.: Dans la Ville madréporique
Paris, Privatsammlung (Abb. S. 3/273)
Bibl.: Ausst.-Kat.: Picabia, Paris 1976, Nr. 53

3/689 Ici, c'est ici Stieglitz, 1915
Kreide auf Papier: 75,2 x 49,2 cm. Bez.: IDEAL / ICI, C'EST ICI STIEGLITZ / FOI ET AMOUR
New York, The Metropolitain Museum of Art, Coll. A. Stieglitz
Bibl.: Ausst.-Kat.: Picabia, Paris 1976, Nr. 56

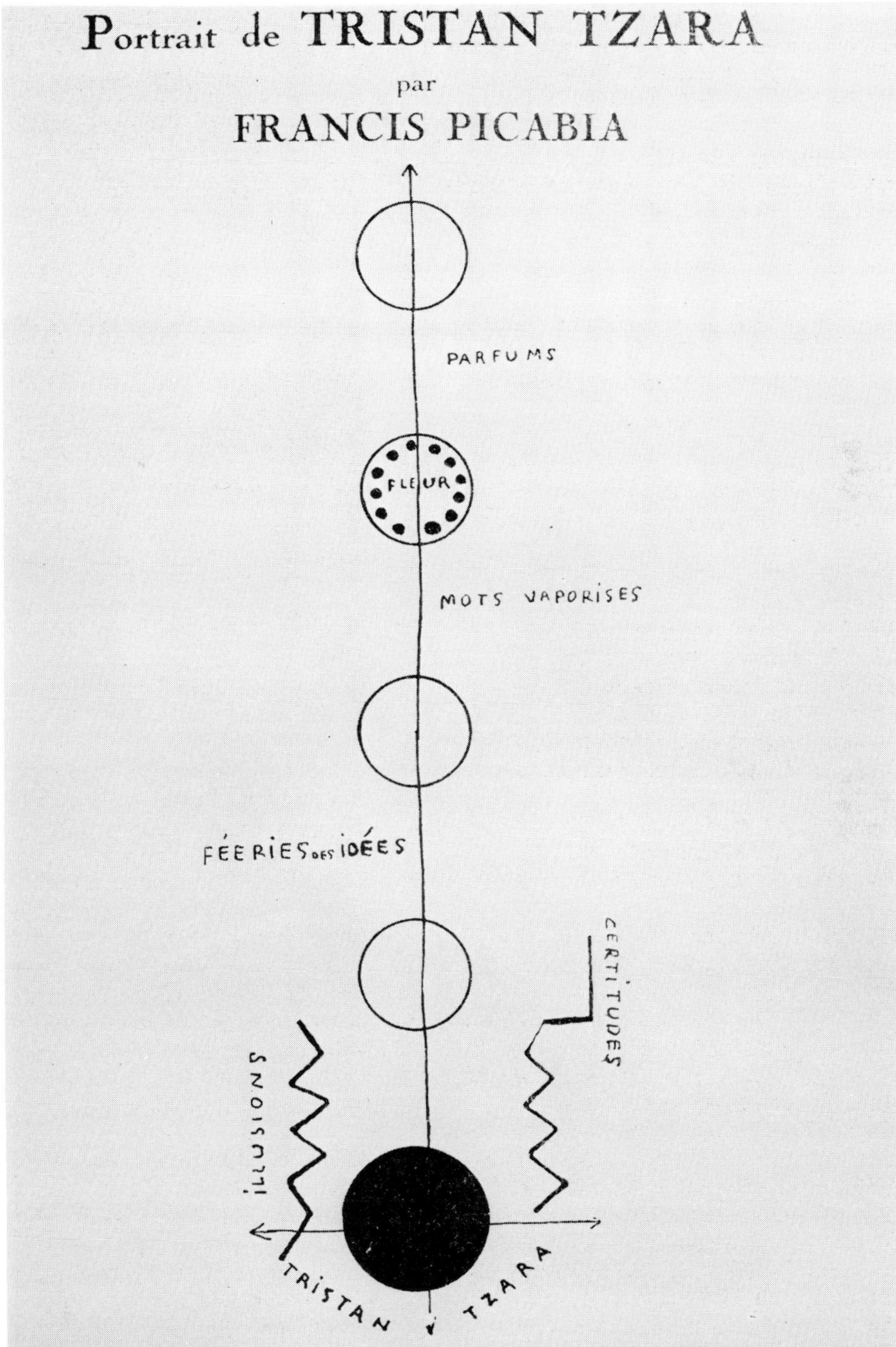

Picabia, Porträt von Tristan Tzara, in: Cannibale, Paris 1920

3/704
Man Ray,
Dancer/Danger,
1920

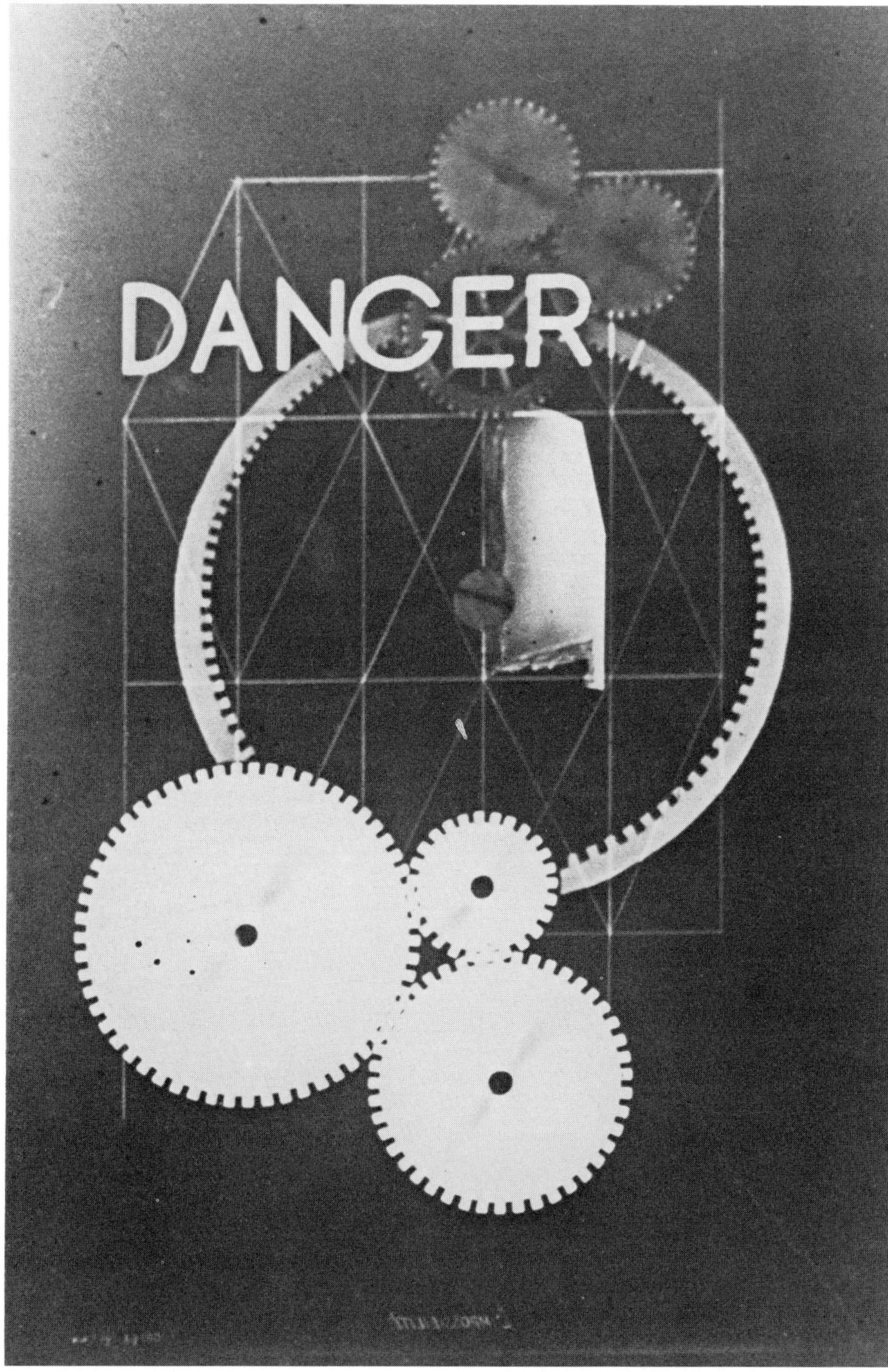

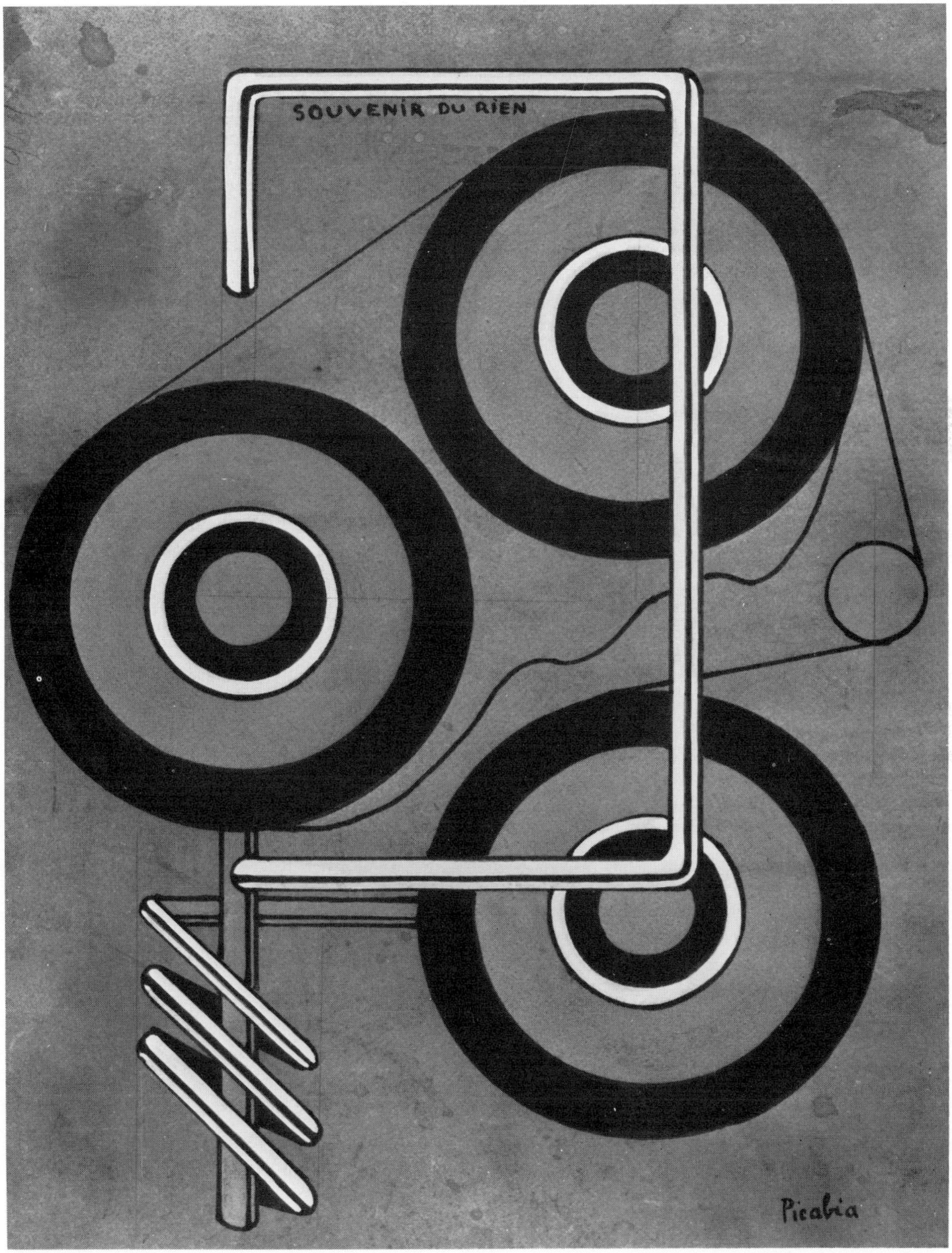

3/696
Picabia,
Souvenir du Rien,
1919/20

3/690 Machine tournez vite, 1916–1917
Gouache auf Karton: 49 x 32 cm
Sign. u.r.: Picabia, bez.: MACHINE TOURNEZ VITE / 1 FEMME / 2 HOMME
U.S.A., Privatsammlung
Bibl.: Ausst.-Kat.: Picabia, Paris 1976, Nr. 62

3/691 Volant qui régularise le mouvement de la machine, 1916-1918
Öl auf Karton: 55 x 45 cm
Sign. u.r.: Picabia, bez.: Volant qui régularise le mouvement de la machine
Paris, Privatsamlung, (Abb. S. 3/268)
Bibl.: Ausst.-Kat.: Picabia, Paris 1976, Nr. 68

3/692 Parade amoureuse, 1917
Öl auf Leinwand: 96,5 x 73,7 cm. Sign. u.l.: Picabia, bez.: PARADE AMOUREUSE
Chicago, Slg. Mr. and Mrs. Morton G. Neumann
Bibl.: Cirque d'Hiver, Paris, Dez. 1919
Ausst.-Kat.: Picabia, Paris 1976, Nr. 72

3/693 Porträt Louis Vauxcelles, 1917
Tusche auf Papier: 40 x 28 cm
Sign. u.r.: Picabia, Barcelone 1917, bez.: Portrait de Louis Vauxcelles / Louis / un critique; object ridicule / ce qu'il fallait demonter
Paris, Privatsammlung
Bibl.: Ausst.-Kat.: Picabia, Paris 1976, Nr. 70

3/694 Colonel, 1918/19
Tusche auf Papier: 26 x 21 cm
Bez.: Colonel
New York, Privatsammlung
Bibl.: Ausst.-Kat.: Picabia, Paris 1976, Nr. 76

3/695 Reveil matin II, 1919
Tusche auf Papier: 33 x 25,5 cm
Sign. dat. u. Mitte: Picabia 1919, bez.: REVEIL MATIN
Mailand, Slg. Guido Rossi
Bibl.: Camfield, W.: Picabia, New York 1970, S. 109
Ausst.-Kat.: Picabia, Paris 1976, Nr. 78

3/696 Souvenir du Rien, 1919/20
Öl auf Karton: 52,1 x 36,8 cm. Sign. u.r.: Picabia, bez.: SOUVENIR DU RIEN
Houston / Texas, Domenique du Menil Institute for Arts Rice University (Abb. S. 3/271)
Bibl.: Ausst.-Kat.: Picabia, Paris 1976, Nr. 84

3/697 M'amenez-y, 1919/20
Öl auf Leinwand: 142,5 x 102,9 cm
Sign. u.r.: FRANCIS PICABIA, bez.: PORTRAIT A L'HUILE DE RICIN! / M'AMENEZ-Y / PEINTURE CROCODILE / RATELIER D'ARTISTE / PONT L'EVEQUE
New York, The Museum of Modern Art
Bibl.: Ausst.-Kat.: Picabia, Paris 1976, Nr. 83

3/698 Chambre Forte, 1921/22
Aquarell, Gouache auf Papier: 75 x 56 cm
Sign. u.l.: Francis Picabia, bez. o.l.: CHAMBRE FORTE
Paris, Slg. R. Lebel
Bibl.: Sanouillet 1969, Abb. S. 109
Ausst.-Kat.: Picabia, Galerie Dalmau, Barcelona 1922
Ausst.-Kat.: Picabia, Paris 1976, Nr. 109

Man Ray

3/699 Der Spaziergang (Le Promenade), 1915
Öl auf Leinwand: 60 x 47,5 cm
New York, Slg. Daniel Weitzmann

3/700 Duchamp, hinter dem Großen Glas liegend, 1917
Photographie, Originalabzug: 15,6 x 20,7 cm
Privatsammlung, (Abb. S. 3/47)

3/701 Der Mensch (L'homme), 1917
clichée verre: 50 x 28,5 cm
Privatsammlung, (Abb. S. 3/274)

3/702 Der Mensch (L'homme), 1918
Photographie, Originalabzug: 50,7 x 38,5 cm
Privatsammlung, (Abb. S. 3/274)
Bibl.: Man Ray, Rotterdam 1972, Nr. 249

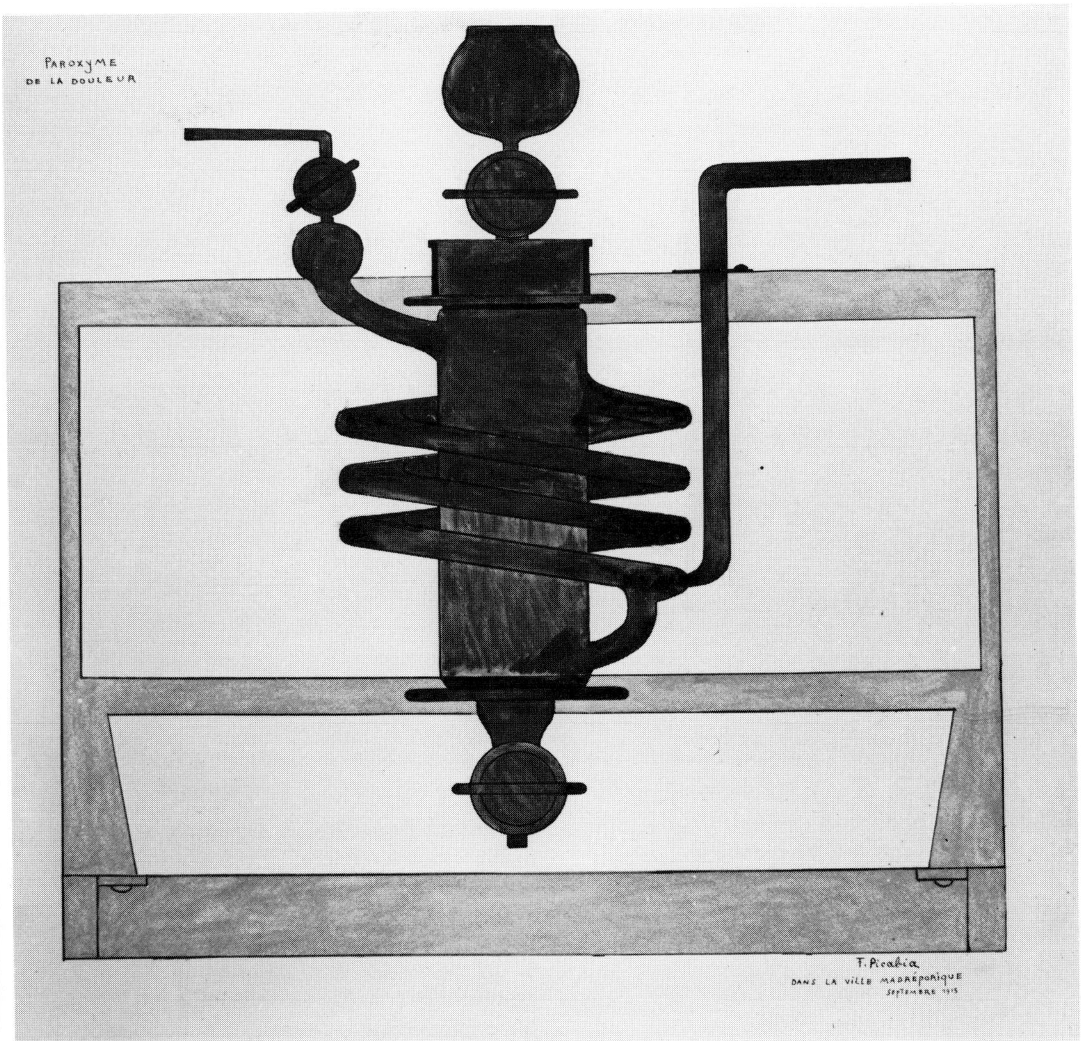

3/688
Picabia,
Paroxyme de la
douleur,
1915

3/702
Man Ray,
Der Mensch, 1918

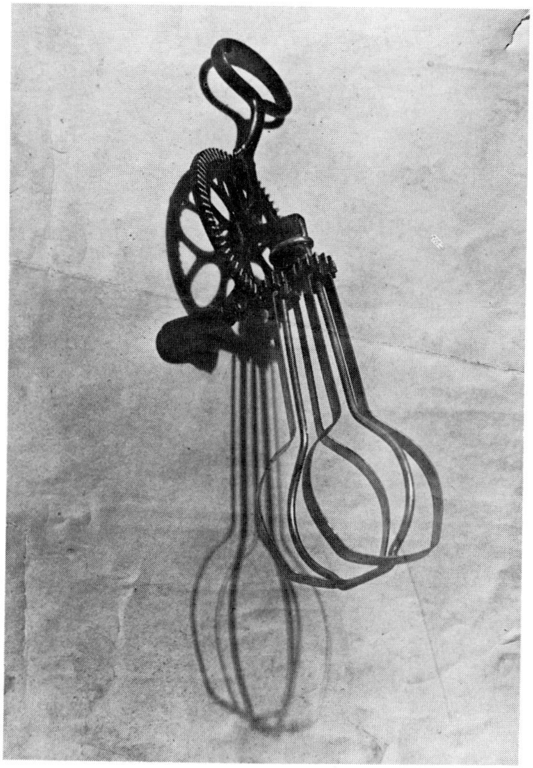

3/701
Man Ray,
Der Mensch, 1917

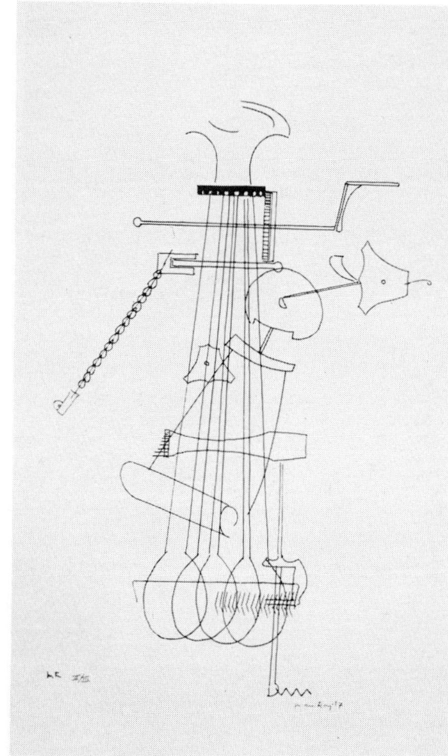

3/703 Die Erschöpfung der Marionetten (La fatigue des marionettes), 1919
Aquarell, Tusche-Feder, Kreide: 36,8 x 32,6 cm
New York, The Museum of Modern Art, (Abb. S. 3/17)

3/704 Dancer/Danger, 1920
Photographie nach dem Objekt 'Dancer'
Privatsammlung (Abb. S. 3/270)
Bibl.: Man Ray, Rom 1973, S. 36

3/705 Garderobenständer (Portemanteau), 1920
Photographie, Originalabzug: 25 x 17 cm. Objektphoto
Privatsammlung, (Abb. S. 3/45)
Bibl.: Man Ray, Oggetti d'affezione, Turin 1970, Nr. 11. Man Ray, Rom 1973, S. 38

Ribemont-Dessaignes, Georges
3/706 Dieu à byciclette, 1920
Zeichnung, Feder-Tusche: 62 x 47 cm
Privatsammlung, (Abb. S. 3/275)

3/707 Je suis plus intelligent que moi, um 1920
Zeichnung-Tusche: 61 x 46,5 cm
Mailand, Slg.Guido Rossi, (Abb. S. 3/275)
Bibl.: D. B.: III, Nr. 328

3/708 Petit désert, um 1920
Federzeichnung: 47 x 60 cm
Bez. Geschenk des Künstlers an André Breton
Paris, Privatsammlung
Bibl.: Z. P. Nr. 227

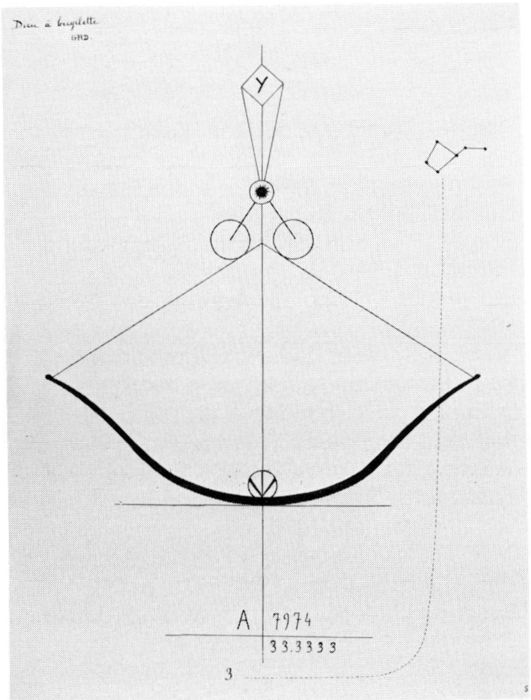

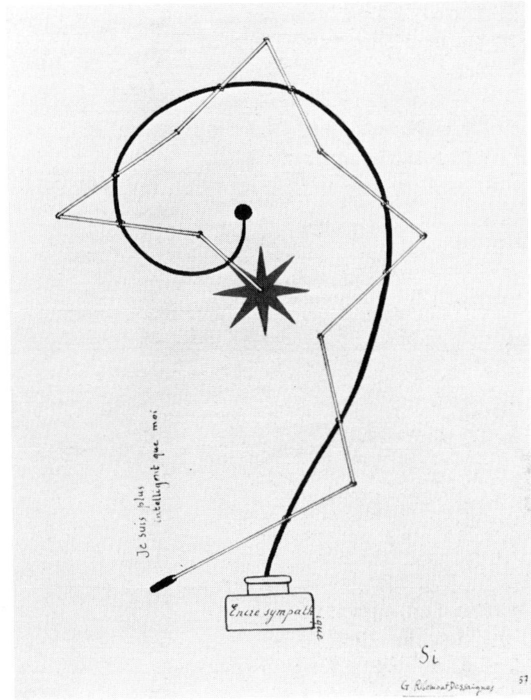

3/706
Ribemont-Dessaignes, Dieu à bicyclette, 1920

3/707
Ribemont-Dessaignes, je suis plus intelligent que moi, um 1920

Schlichter, Rudolf
3/709 Dachatelier, um 1920
Aquarell und Federzeichnung: 45,8 x 63,8 cm
Sign. u.l.: Schlichter
Berlin, Galerie Nierendorf, (Abb. S. 3/13)

Stuckenberg, Fritz
3/710 Mechanik, 1919
Tuschpinsel, grau u. schwarz laviert,
auf Aquarellkarton: 36 x 27 cm
Ludwigshafen, Wilhelm Hack Museum,
Städtische Kunstsammlung

Literaturverzeichnis der im Register abgekürzt zitierten Literatur

Hugo Ball, Flucht aus der Zeit	Ball, H.: Flucht aus der Zeit, Luzern 1946
Baumgarth	Baumgarth, Ch.: Geschichte des Futurismus, Reinbek bei Hamburg 1966
Bürger	Bürger, P.: Der französische Surrealismus, Frankfurt 1971
Bürger (2)	Bürger, P.: Theorie der Avantgarde, Frankfurt 1974
Dadamax	Ausst.-Kat.: Vom Dadamax zum Grüngürtel, Köln (Kölnischer Kunstverein) 1975
DB III	Dokumentationsbibliothek III, Teil der Bibliothek und Sammlung T. Tzara, Paris; Bern (Auktion 126, Kornfeld und Klipstein) 1968
De Chirico, Hannover 1970	Ausst.-Kat.: G. de Chirico, Hannover (Kestner-Gesellschaft) 1970
Döhl	Döhl, R.: Das literarische Werk H. Arps, 1905–1930, Stuttgart 1967
Marcel Duchamp, Philadelphia 1973	Ausst.-Kat.: M. Duchamp, New York (Museum of Modern Art) Philadelphia 1973
Düsseldorf	Ausst.-Kat.: Dada, Dokumente einer Bewegung, Kunstverein für die Rheinlande und Westfalen, Düsseldorf (Städtische Kunsthalle) 1958
Düsseldorf, 1974	Ausst.-Kat.: Wir setzen den Betrachter ins Bild, Futurismus 1909–1917, Düsseldorf (Städtische Kunsthalle) 1974
Max Ernst, Œuvre Katalog	M. Ernst, Œuvre-Katalog, Werke 1906–1925, Hg. W. Spies, Bearbeitet von W. Spies, S. u. G. Metken, Houston/Köln 1975
Max Ernst, Paris 1975	Ausst.-Kat.: M. Ernst, Paris (Galéries Nationales du Grand Palais) 1975
Expressionismus	Ausst.-Kat.: Expressionismus, Literatur und Kunst 1910–1923, Marbach a. N., Stuttgart (Deutsches Literaturarchiv im Schiller-Nationalmuseum) 1960
Fähnders/Rector	Fähnders, W u. Rector, M.: Linksradikalismus und Literatur, Reinbek bei Hamburg 1974, Bd. 1
Friedländer/Mynona	Ausst.-Kat.: S. Friedländer/Mynona, 1871–1946, Berlin (Akademie der Künste) 1972
Grosz, Berlin 1962	Ausst.-Kat.: G. Grosz, Berlin (Akademie der Künste) 1962

George Grosz, Stuttgart 1975	Ausst.-Kat.: G. Grosz, Leben und Werk, Hg. U. M. Schneede, Stuttgart 1975
Giroud 1975	R. Hausmann, ‚Je ne suis pas un photographe', Hg. M. Giroud, Paris 1975
Hausmann, Stockholm 1967	Ausst.-Kat.: R. Hausmann, Stockholm (Moderna Museet) 1967
Hausmann, Paris 1974/75	Ausst.-Kat.: R. Hausmann, Paris (Musée National d'Art Moderne) 1974/75
Hess 1974	Hess, H.: G. Grosz, London 1974
Höch, Paris/Berlin 1976	Ausst.-Kat.: H. Höch, Paris (Musée d'Art Moderne de la ville de Paris) 1975, Berlin (Nationalgalerie, Staatl. Museen Preuss. Kulturbesitz) 1976
Joostens, Antwerpen 1976	Ausst.-Kat.: P. Joostens 1889–1960, Antwerpen (Internationaal Cultureel Centrum) 1976
Kemper	Kemper, H. G.: Vom Expressionismus zum Dadaismus, Kronberg 1974
Lenk	Lenk, E.: Der springende Narziß. André Bretons poetischer Materialismus, München 1971
Malik	Ausst.-Kat.: Herzfelde, W.: Der Malik Verlag 1916–1947, Berlin (Deutsche Akademie der Künste) 1966/67
Man Ray, Rotterdam 1971	Ausst.-Kat.: Man Ray, Rotterdam (Museum Boysmans-van Beuningen) 1972
Meyer	Meyer, J.: Paul Steegemann Verlag, Stuttgart 1975
Moholy-Nagy, Stuttgart 1974	Ausst.-Kat.: L. Moholy-Nagy, Stuttgart 1974
Motherwell/Karpel	Motherwell, R. (Hg): The Dada Painters and Poets (Bibl. v. B. Karpel) New York 1951
New York Dada, 1974	Ausst.-Kat.: Schwarz, A.: New York Dada, Duchamp, Man Ray, Picabia, München (Städtische Galerie im Lenbachhaus) 1973, Tübingen (Kunsthalle) 1974
H. Ohff, 1968	Ohff, H.: H. Höch, Berlin 1968
Pabst	Pabst, W. (Hg.): Die moderne französische Lyrik, Berlin 1976
Picabia 1976	Ausst.-Kat.: F. Picabia, Paris (Galeries Nationales du Grand Palais) 1976
Picabia et 391	Sanouillet, M.: F. Picabia et 391, Paris 1966
Pirmasens	Ausst.-Kat.: Hugo Ball, Pirmasens (Stadtbibliothek) 1976
Raabe	Raabe,P.: Die Zeitschriften und Sammlungen des literarischen Expressionismus 1910–1921, Stuttgart 1964
Richter	Richter, H.: Dada, Kunst und Antikunst, Köln 1964

Sanouillet	Sanouillet, M.: Dada à Paris, Paris 1965
Schippers	Schippers, K.: Holland Dada, Amsterdam 1974
Schneede, 1975	Schneede, U. M.: George Grosz, Der Künstler in seiner Gesellschaft, Köln 1975
Schmalenbach	Schmalenbach, W.: Kurt Schwitters, Köln 1967
Scholz Karlsruhe, 1975	Ausst.-Kat.: Georg Scholz, ein Beitrag zur Diskussion realistischer Kunst, Karlsruhe (Badischer Kunstverein e. V.) 1975
Schwitters Düsseldorf 1971	Ausst.-Kat.: K. Schwitters, Düsseldorf (Städtische Kunsthalle), Berlin (Akademie der Künste), Stuttgart (Staatsgalerie), Basel (Kunsthalle) 1971
Spies, Collagen 1974	Spies, W.: M. Ernst Collagen, Inventar und Widerspruch, Köln 1974
Verkauf-Bollinger	Verkauf, W.: Dada, Monographie einer Bewegung (Bibl. v. H. Bollinger), Teufen 1957
Z. P.	Ausst.-Kat.: Dada Ausstellung zum 50-jährigen Jubiläum, Zürich (Kunsthaus) 1966, Paris (Musée National d'Art Moderne) 1967

Folgende Dokumente und Werke sind nach Redaktionsschluß des Kataloges abgesagt worden:

3/151	Baader, Johannes:	Vortrag bei Christian Wagner, Stuttgart 1916
3/157	Baader, Johannes:	Wähler von Saarbrücken, 1917
3/159	Jung, Franz:	Das Trottelbuch, Berlin 1918
3/222	Mehring, Walter:	Das Politische Cabaret, Dresden 1920
3/442	Janco, Marcel:	Petite architecture lumière, 1919
3/653	Ernst, Max:	La petite fistule qui dit tic tac, 1920
3/692	Picabia, Francis:	Parade amoureuse, 1915
3/689	Picabia, Francis:	Ici c'est ici Stieglitz, 1915
3/697	Picabia, Francis:	M'amenez-y, 1919/20

Albert-Birot, Pierre
Chalonnes 1885/1967
Schriftsteller. Herausgeber der avantgardistischen französischen Zeitschrift 'SIC' (1916–1919), mit 54 Nummern erschienen. Zunächst Schwerpunkt auf Apollinaires literarischer Arbeit. Bekundet Sympathie für französischen Dadaismus, veröffentlicht dadaistische Texte. Freund Severinis und Prampolinis. 1919 'Matoum et Tévibar', Uraufführung in Rom. Albert-Birots Ismus: der 'Nunismus' – eine Form des presentistischen Bewußtseins. Er vereint nicht die Vergangenheit, sondern gerade aus der Kenntnis der Vergangenheit ist Albert-Birot 'Nunist'. 1917 'Trente et un poèmes de poche'; 1919 'Poèmes à hurler et à danser, la joie de sept couleurs'; 1920 'La trilotérie' u. a.
Bibl.: Albert-Birot, P.: 'Sic' et le futurisme, in: Europe, Les Futurismes, H. 1, (März), Paris 1975
Kat. (3/31), (3/55), (3/63), 3/82

Aleksitsch, Dragan
1901/1961
Schriftsteller und Dichter, Jugoslawischer Dadaist, der 1922 in Zagreb eine Anthologie 'Dada-Jazz' und eine Zeitschrift 'Dada-Tank' veröffentlichte und an der zenithistischen Bewegung in Jugoslawien maßgeblich beteiligt war.
Kat. 3/293–294

Apollinaire, Guillaume
(Pseudonym für Wilhelm Apollinaire Albert von Kostrowitzky)
Rom 1880/1918 Paris
Dichter, Schriftsteller. Mutter polnische Adlige, Vater italienischer Offizier. 1898 erster Parisaufenthalt. Unter dem Einfluß der Symbolisten Rimbaud, Mallarmé, Laforgue und Jarry erste Veröffentlichung. Ab 1903 ständiger Parisaufenthalt. 1903 'Les Mamelles de Tiresias', die 1917 uraufgeführt werden; 1909 'L'Enchanteur pourissant'; 1911 'Le bestiaire ou le cortège d'Orphée; 1913 'Alcools', 'Les peintres cubistes' und das Manifest 'L'Antitradition futuriste'. Seit 1913 Mittelpunkt avantgardistischer französischer Kreise, Mittler zwischen Symbolismus und Surrealismus. Förderer des Kubismus, Freund Picassos und Braques. 1914/16 'Le poète assassiné'. Hinwendung zum Futurismus. Freiwillige Meldung zum Militär, 1916 schwere Verwundung. 1918 'Calligrammes'. Starb 1918 an Kriegsverletzung.
Bibl.: Apollinaire, G.: Oeuvres complètes, Hg. M. Decaudin, Paris 1965/66; Apollinaire, G.: Oeuvres poétiques, Hg. M. Adema und M. Decaudin, Paris 1965; Tournadre, C.: Les critiques de notre temps et Apollinaire, Paris 1971 (Bibliographie)
Kat. 3/23, (3/42), (3/49), (3/54), (3/82)

Aragon, Louis
Paris 1897/Lebt in Paris
Schriftsteller, Dichter. Gründet 1919 mit Breton und Soupault die Zeitschrift 'Littérature'. Nimmt an der Pariser DADA-Bewegung teil. Veröffentlicht 1920 'Feu de Joie', 1919/20 Versuche einer 'Ecriture Automatique'. Mitarbeit an fast allen dadaistischen Zeitschriften, interpretiert dadaistische Texte. 1921 Teilnahme am Salon DADA in der Galerie Montaigne und am Prozeß gegen Barrès. Anschluß an die Surealisten. 1927 Eintritt in die Kommunistische Partei Frankreichs. Bruch mit dem Surrealismus. Teilnahme am spanischen Bürgerkrieg, Kodirektor der Zeitschrift 'Ce Soir'. 1940 Anschluß an die Gruppe um den Verleger Seghers zur Gründung einer intellektuellen Résistance gegen die deutsche Besetzung. Ab 1942 im Untergrund. 1945 'La Diane Française', Gedichtsammlung. Aragon hat wesentlich zur Politisierung der Surrealisten beigetragen und versucht, das Problem 'Kunst und Leben' in dialektischer Auseinandersetzung mit zeitpolitischen Fragen anzugehen.
Bibl.: Aragon, L.: Poésies, Anthologie 1917–1960, Préface de J. Dutourd, Paris (Le Club du Meilleur Livre) 1960; Sanouillet, M.: Dada à Paris, Paris 1965; Aragon, L.: La Diane Française, in: Die moderne franz. Lyrik, Berlin 1976, S. 187–210 (Bibl.)
Kat. 3/63, 3/82, 3/95, 3/100, 3/101, 3/104, 3/105, 3/112, 3/123, 3/125, 3/128, 3/129, 3/297, 3/342

Arensberg, Walter Conrad
Pittsburg 1878
Schriftsteller, Dichter, Kritiker, Mäzen. Kritiker und Reporter in der 'Evening Post'. Seit 1912, beeindruckt durch die Armory Show, beginnt er zu sammeln und wird der Mäzen und Gastgeber vieler Schriftsteller und Künstler in New York, u. a. von Picabia, Duchamp, Crotti. 1914 und 1916 zwei Gedichtbände: 'Poems und Idols'. Mitarbeiter an 'Rogue', 'Others', 'The Blind Man', '391', 'T.N.T.' u. a.
Bibl.: Ausst.-Kat.: Dada, Zürich (Kunsthaus) 1966 und Paris (Musée National d'Art Moderne) Paris 1967, S. 28; New York Dada, München (Städtische Galerie im Lenbachhaus) und Tübingen (Kunsthalle) 1974, S. 30, S. 133 ff.
Kat. 3/63

Arnauld, Céline
Gest. 1952
Dichterin, Schriftstellerin. Teilnahme am Pariser Dadaismus und Gründung der Zeitschrift 'Projecteur', an der fast alle Pariser Dadaisten mitarbeiteten. Frau Paul Dermées. Weiteres Zeitungsprojekt 'M'amenez-y' erscheint nicht. Mitarbeit an 'Dada', 'Bleu', '391', 'Littérature', 'Cannibale', 'Proverbe' u. a. Gedicht- und Buchveröffentlichungen: 'Tournevire' (1919), 'Poèmes à Claire-voies' (1920, 'Point de mire' und 'Jeu d'échecs' (1921), 'Guêpier de diamants' (1923).
Bibl.: Sanouillet, M.: Dada à Paris, Paris 1965
Ausst.-Kat.: Dada, Zürich (Kunsthaus) 1966 und Paris (Musée National d'Art Moderne) 1967, S. 29
Kat. 3/97, 3/100, 3/105, 3/110, 3/112, 3/298

Arp, Hans (Jean)
Straßburg (Elsaß) 1887/1966 Basel
Maler, Dichter, Bildhauer. 1904–1908 Kunstgewerbeschule Straßburg, Großherzoglich Sächsische Hochschule für bildende Künste in Weimar bei Ludwig von Hofmann, Académie Julian in Paris. 1910 Schweiz, Gründung des 'Modernen Bundes' mit Wilhelm Gimmi, Walter Helbig und Oskar Lüthy. 1912 München, Besuch bei Kandinsky, Mitarbeit am 'Blauen Reiter'. 1913 Ausstellung im 'Sturm' in Berlin. 1914 Köln, Begegnung mit Ernst auf der Werkbundausstellung. 1914/1915 Paris, Bekanntschaft mit Max Jacob, Modigliani, Eggeling, Cravan, Picasso, Apollinaire. Sommer 1915 Zürich, Ausstellung in der Galerie Tanner mit O. van Rees und A. C. van Rees-Dutilh, Freundschaft mit S. Taeuber. Anfang 1916 Mitbegründer des 'Cabaret Voltaire'. Beteiligungen an den Soiréen durch Maskenentwürfe und eigene Auftritte. Zusammenarbeit mit S. Taeuber: horizontale und vertikale Bilder, Klebearbeiten. 1917 erste Holzreliefs, Mitarbeit an Dada-Publikationen, Illustrationen zu Gedichtbänden Tzaras und Hülsenbecks. Erste Simultangedichte: Tzara/Serner/Arp. 1916 automatische Dichtungen. 1919 Beteiligung an der Gruppe 'Radikaler Künstler', Zürich. 1920 Köln, Beteiligung am Kölner Dadaismus und an der Ausstellung 'Dada Vorfrühling', Serie der 'Fatagaga'-Bilder gemeinsam mit Ernst. Sommer 1920 Paris, Anschluß an den Pariser Dadaismus. Sommer 1921 Ferien in Tirol mit Tzara und Ernst 'Dada Intirol augrandair der Sängerkrieg'. 1922 Beteiligung am Konstruktivistenkongreß in Wei-

mar. 1923 Hannover, Arbeit mit Schwitters am Roman 'Franz Müllers Drahtfrühling' und Mitarbeit am 'Merz', Heft 5, und anderen Zeitschriften. 1924 Publikation 'Pyramidenrock', 'Kunstismen' mit El Lissitzky, Teilnahme an der ersten großen Surrealistenausstellung, Paris. 1932 Anschluß an die Pariser Künstlergruppe 'Abstraction-Création'. 1926 Übersiedlung nach Meudon. 1930 erste 'papiers déchirés', Gedichte 'Weißt du, schwarzt Du'. 'Konfigurationen'. Arps Schaffen ist gekennzeichnet durch die Auseinandersetzung mit der Verwandlungsfähigkeit organischer Formen: 'Ich wanderte durch viele Dinge, Geschöpfe, Welten und die Welt der Erscheinungen begann zu gleiten, zu ziehen und sich zu verwandeln wie in den Märchen. Die Zimmer, Wälder, Wolken, Sterne, Hüte waren abwechselnd aus Eis, Erz, Nebel, Fleisch, Blut gebildet . . .".
Bibl.: Giedeon-Welcker, C.: H. Arp. Dokumentation M. Arp-Hagenbach, Stuttgart 1957; Döhl, R.: Das literarische Werk H. Arps, 1903–1930, Stuttgart 1967; Read, H.: Arp, London 1968; Jiano, I.: Jean Arp, Paris 1973; Arntz, W. F.: Verzeichnis der graphischen Arbeiten von H. Arp 1912–1966, in: Arntz-Bulletin, Haag/Obb. 1974, Bd. I
Kat. 3/39, 3/46–47, 3/53, 3/56–57, 3/62–63, 3/65–66, 3/79–80, 3/104, 3/118, 3/122–123, 3/128, 3/131, 3/145, 3/212, 3/219, 3/259, 3/302, 3/314–315, 3/343, 3/387–392, 3/578

Baader, Johannes
Stuttgart 1875/1956 Adldorf (Bayern)
Vater Klempner für die königlichen Bauten in Stuttgart. 1892–1895 Staatliche Baugewerbeschule in Stuttgart. 1898/99 Architekturstudium an der TH Stuttgart. 1903–1905 Dresden, 'Vereinigung bildender Künstler für monumentalen Grabmalsbau' mit F. Metzner, P. Rößler und O. Hempel. 1905 Freundschaft mit Hausmann. 1906 Plan für einen Welttempel für einen interreligiösen Menschheitsbund. 1914 '14 Briefe Christi', in denen er sich als Jesus redivivus darstellt. 1917 Saarbrükken Kandidatur als Reichstagsabgeordneter. 1918 Beteiligung an der Berliner DADA-Bewegung, Mitarbeit an der 'Freien Straße', Nr. 9 und 10. Gründung einer eigenen Partei, der 'Deutschen Freiheitspartei'. November 1918 Aktion im Berliner Dom. 1. April 1919 Berechnung einer 'Neuen Zeit'. Juni 1919 Ausrufung der Präsidentschaft des Weltalls in der Nationalversammlung. Mitarbeit an 'DADA' 1 und 2. Beteiligung an der ersten Ausstellung im Graphischen Kabinett I. B. Neumann und 1920 an der Berliner DADA-Messe, Mitarbeit am 'Dadaco', DADA-Tourneen mit Hausmann und Huelsenbeck nach Dresden, Leipzig, Teplitz-Schönau, Prag und Hamburg. Veröffentlichung des HADO ('Handbuch des Oberdada'), Assemblage 'Deutschlands Größe und Untergang'. Juni 1921 Gründung der 'Ersten Intertellurischen Akademie' in Potsdam, Veröffentlichung von 'Freiland Dada'. Tournee nach Leipzig. Juli 1922 Zusammenstellung der '373 Geheimakten der dadaistischen Bewegung'. 1925 Journalist beim 'Hamburgischen Korrespondenten'. Januar 1925 letzte DADA-Matinee in Hamburg. 1941 Arbeit als Architekt in Hamburg. 1956 Altersheim Adldorf.
Bibl.: Bergius, H.: Baader, la fantasia politica dell'antipolitica dell'oberdada, dada ovvero: 'elevazione dell'Immacolata Concezione a religione di stato' in: Alfa Beta, Mailand, Nr. 5–6, Jan./März 1976; Baader, J.: Oberdada, Schriften, Manifeste, Flugblätter, Billets, Werke und Taten, Hg. H. Bergius, N. Miller, K. Riha, Gießen 1977
Kat. 3/150–151, 3/157, 3/165–166, 3/168, 3/171–176, 3/179–180, 3/184–186, 3/188–190, 3/203–204, 3/212, 3/219 3/241–242, 3/302, 3/311, 3/344–345, 3/393–394, 3/561–574, 3/596

Baargeld, Johannes
(Pseudonym für Alfred Grundewald)
Stettin 1892/1927 Verunglückt in den Alpen
Vater Bankier. Grundewald legt sich, um den reichen Vater zu provozieren, das Pseudonym 'Baargeld' zu. 1919–1921 Beteiligung an der Kölner Dada-Bewegung zusammen mit Ernst. Herausgabe des 'Ventilator' (von der britischen Besatzungsarmee verboten). Mitarbeit an 'Bulletin D', 'Die Schammade' und den beiden Ausstellungen der Kölner Dada-Bewegung. Collagen und Zeichnungen in automatischer Ausführungsweise. 1921 gibt er zugunsten seines Jurastudiums das Malen auf. Kommt 1927 bei einem Lawinenunglück ums Leben. (Genaue Geburts- und Sterbedaten mitgeteilt von W. Vitt, Köln)
Bibl.: Ausst.-Kat.: Vom Dadamax bis zum Grüngürtel, Köln in den zwanziger Jahren, Köln (Kunstverein) 1975
Kat. (3/128), (3/131), (3/212), 3/257, (3/259), 3/261, 3/395–400, 3/575

Ball, Hugo
Pirmasens 1886/1927 Sant'Abbondio bei Lugano
Vater Fabrikant. Nach dem humanistischen Gymnasium Lehre in einer Lederwarenfabrik. 1906 in München Philosophie- und Germanistikstudium. Dissertation über Nietzsche. 1910 Berlin, Besuch der Reinhardt-Schule. 1912 Dramaturg der Kammerspiele in München. Ideen vom Theater als Gesamtkunstwerk. Freundschaft mit Hans Leybold, gemeinsame bizarre Versmontagen unter der Namensmontage 'Ha-Hu-Baley'. Mitarbeit an der 1913 erschienenen 'Revolution'. 1914 Meldung als Freiwilliger. 1915 Frontsoldat; tiefgreifende Desorientierung. Tod Leybolds. 1915 erster expressionistischer Abend in Berlin. Flucht in die Schweiz mit Emmy Hennings. Herbst-Tour durch die Schweiz mit der Flamingo Variété Truppe. Eröffnung des 'Cabaret Voltaire' in Zürich. Im März/April 1915 findet er angeblich das Wort 'Dada', am 15. Mai im 'Cabaret Voltaire' erstmals benutzt. 1916 erste Dada-Soirée im 'Zunfthaus zur Waag', zeitweilige Rückzüge aus der Dadabewegung. Am 17. 3. 1917 Teilnahme an der Eröffnung der 'Galerie Dada'. Mai 1917 Trennung von der Dadagruppe, Nervenzusammenbrüche. Geht nach Magadino. September 1917 Bern, Redakteur der 'Freien Zeitung', 1918 'Almanach der Freien Zeitung'. 1924–1926 Italienaufenthalt, Leben in höchster Armut, Unterstützung durch Hesse, Hinwendung zu eschatologischem Spiritualismus, Übertritt zum Katholizismus.
Bibl.: Steinke, G. E.: The anarchistic, expressionistic and dadaistic phase in the life and work of H. Ball, o. O. 1955
Ausst.-Kat.: H. Ball, Pirmasens (Stadtbücherei) 1976
Kat. (3/14), 3/38, 3/41–42, (3/43), 3/44, (3/47), 3/48, (3/49), 3/81, (3/219), (3/302), 3/304, 3/316, 3/346

Balla, Giacomo
Turin 1871/1958 Rom
Vater Chemiker. Studium an der Accademia Albertina in Turin. 1895 Übersiedlung nach Rom. 1900 Paris-Aufenthalt; Einfluß durch die französischen Neoimpressionisten. 1910 unterzeichnet er mit Boccioni, Carrà, Russolo und Severini das 'Technische Manifest der futuristischen Malerei' (La pittura futuristica. Manifesto tecnico). 1912 erstes futuristisches Bild. Um 1912/13 abstrakte Rasterkompositionen in seinen 'Compenetrazioni iridescenti'. 1914 nach Düsseldorf; Dekorationen für das